湖北统计年鉴

HUBEI STATISTICAL YEARBOOK

2003

（总第19期）

湖北省统计局 编

中国统计出版社
China Statistics Press

（京）新登字 041 号

图书在版编目（CIP）数据

湖北统计年鉴. 2003/湖北省统计局编. －北京：中国统计出版社，2003. 7
ISBN 7－5037－4081－7
Ⅰ. 湖…
Ⅱ. 湖…
Ⅲ. 社会经济统计－统计资料－湖北省－2003－年鉴
Ⅳ. **C**832. 63－54
中国版本图书馆 **CIP** 数据核字（2003）第 037962 号

湖北统计年鉴—2003

作　　者/湖北省统计局
责任编辑/蔡启新　任伟红　何建忠
E－mail/yearbook@ stats. gov. cn
责任校对/任伟红
出版发行/中国统计出版社
通信地址/北京市西城区三里河月坛南街 75 号　中国统计出版社
电　　话/（010）63262295
彩页印刷/武汉桑田彩印有限责任公司
印刷装订/湖北省统计局印刷厂
经　　销/新华书店
开　　本/890×1240 毫米　1/16
字　　数/80 万字
印　　张/27 印张　　68 彩页
印　　数/2300 册
版　　别/2003 年 7 月第 1 版
版　　次/2003 年 7 月第 1 次印刷
书　　号/**ISBN** 7－5037－4081－7/**F**·1597
定　　价/220. 00 元

编　辑　说　明

一、《湖北统计年鉴—2003》是一本信息密集的资料工具书。他通过大量数据，全面地分析、记载和反映了湖北省2002年经济、社会、科技等方面的发展情况。本年鉴在前几年出版的年鉴基础上作了进一步调整、改进，充实了新的内容。

二、本年鉴内容共分三大部分：第一部分为特载，包括2002年国民经济和社会发展统计公报；第二部分为统计表。包括综合、人口、从业人员和职工工资、固定资产投资、能源生产和消费、财政、物价指数、人民生活、城市概况、农业、工业、建筑业、运输和邮电、国内外贸易、对外经济和旅游、金融和保险业、教育、科技和文化、体育、卫生、社会福利、企业景气与监测、县市概况等20个部分，城市概况部分系市区资料，不包括市辖县。为了便于读者正确地使用本年鉴资料，各类资料后面附有新的统计指标解释，随着统计报表方法制度的改革，我们对统计指标及其解释作了修正；第三部分为附录。

三、本年鉴对过去发表的统计资料重新予以审核，凡与本年鉴资料有出入的，均以本年鉴为准。

四、年鉴中符号使用说明：“…”表示数据不足本表最小单位数；“空格”表示该项统计数据不详或无数据；“#”表示其中项。

五、《湖北统计年鉴》公开出版以来，受到国内外读者的爱护与支持，对本年鉴的内容和编辑工作提出了许多宝贵意见，为此，我们特表谢意。由于水平有限，编辑工作中难免有疏误之处，竭诚欢迎读者批评指正。

湖北省发展计划委员会

与时俱进 开拓创新

省发展计划委员会主任、党组书记：李宗柏

在省委、省政府的领导下，省计委全体干部职工将在职能工作的改革创新中争取主动，在服务发展全省经济社会的大局中树立新的形象，在创造和谐的环境中推进发展计划工作，努力做到工作出成果，事业出人才，不断开创发展计划工作新局面，为全面建设小康社会而努力奋斗。

一、以改革创新争主动

江泽民同志在十六大报告中强调发展要有新思路、改革要有新突破、开放要有新局面、各项工作要有新举措。贯彻党的十六大精神，改革创新应当成为发展计划工作的主旋律。我们将用改革的办法解决社会经济生活中的困难，用创新的思路提高发展计划工作效能，以改革创新争取发展计划工作的主动权。

二、以服务发展树形象

对发展计划委员会来说，服务发展是我们永恒的主题。服务发展最重要的是要服从和服务于关系全省改革、发展、稳定的大局。从计委的职能工作要求来讲就是：经济形势分析预测方面要及时准确地为大局当参谋，中长期规划及重大战略研究方面要为大局出主意，年度计划安排要体现大局的导向和意图，固定资产投资管理要努力为全省经济发展增添后劲。

三、以和谐环境出人才

一个机关形象如何，从根本上讲取决于人才，即具有较高政治业务素质的人。形势在发展，对发展计划工作的要求也在不断提高，计划部门的每一位同志都有一种危机感，将充分认识自己现有的政治素质、业务素质面临与时俱进的挑战，从而不断完善自己，努力充实提高自己。同时，按照德才兼备的原则，对干部既热忱关心，又严格要求，努力为人才成长创造和谐的环境，使人尽其才，才尽其用，人才辈出。

湖北省交通厅

交通部部长张春贤在襄十高速公路检查工作

韩忠学副省长在交通厅调研

任必年厅长在香港招商

湖北省水利厅

厅长段安华（右一）陪同水利部部长汪恕诚（左一）检查我省防汛工作

石首市移民新镇

昔日险点，今日武汉市民休闲场所

荆江分洪工程南闸

黄石长江干堤

湖北省计划生育委员会

省委、省政府领导出席全省人口资源环境工作座谈会，省委书记俞正声发表重要讲话

省委副书记邓道坤、副省长王少阶到省计生委调查研究，现场办公

由于省委、省政府和各级党委政府的高度重视、真抓实干、有关部门的大力支持，全省计生工作在原有基础上取得了新成果：

一是比前五年累计少出生187.5万人，人口再生产类型实现了历史性的转变；

二是符合政策生育率由1997年的88%升至2002年的94%；

三是人口出生率由14.8‰下降到8.38‰，多孩率由3.65%下降到0.54%；

四是如期基本实现了“三为主”工作目标，整体工作上升到一个新的水平；

五是政策法规体系进一步完善和健全。颁布实施了《湖北省人口与计划生育条例》、《湖北省流动人口计划生育工作管理实施办法》等法规；

六是队伍建设和精神文明建设取得新成果，通过“三讲”教育和“三个代表”重要思想学习，开展了做“新时期最可爱的人”活动，涌现出一批文明单位和先进工作者。

七是带来了明显的社会经济效益。1996年，湖北省经济总量居全国第9位，人均居第15位；2002年，湖北省经济总量仍居全国第9位，但人均居第13位。

副省长辜胜阻在潜江市乡、镇查看计生信息系统

省计生委主任施中传在鄂州市慰问带头实行计划生育的农民代表

湖北省妇女联合会

——与时俱进，开拓创新，推动妇女事业全面发展

进入新世纪，我省各级妇联组织以邓小平理论为指导，认真学习，努力实践江总书记“三个代表”重要思想，坚持“一手抓发展，一手抓维权”的工作方针，不断深化“双学双比”、“巾帼建功”和“五好”文明家庭三项主体活动，实施“巾帼社区服务工程”、“巾帼科技致富工程”、“家庭文明工程”和“女性素质工程”，积极配合政府，协调各方面力量，制定和实施我省妇女和儿童发展规划，推动了全省妇女儿童事业向前发展。

面临我省经济和社会发展的重要时期，省委高度重视妇女工作和妇联组织作用的发挥，对我们在新形势下做好妇女工作提出了新的更高的要求，为进一步推动妇女工作的创新与发展提供了强有力的保证。我省各级妇联组织将认真实践“三个代表”重要思想、以与时俱进，开拓创新的工作思路，求真务实，克难奋进的工作作风，扎实开展各项妇女工作，以优异成绩迎接湖北妇女“九大”的胜利召开。

彭珮云同志视察省妇联“双学双比”示范基地，省妇联领导吴雁雁、袁军晶等陪同

吴雁雁主席在黄冈市农村调研

省妇联领导班子带头参加岗位读书活动，左起：赵吉凤、曾玉兰、吴雁雁、袁军晶、张国秀

2001年的“12.4”全国法制宣传日，省妇联吴雁雁主席（右一）亲自带领律师和志愿者上街向广大妇女宣传法制，指导她们依法维护自己的劳动权益

省妇联在蕲春县刘河镇雨湖村为当地农民办好事、办实事

展翅腾

沌口街三角湖小学

沌口街农民居住楼

武汉开发区沌口街紧紧围绕“楚天第一街”发展目标，不遗余力抓经济，创新思路建社区，加大投入发展社会事业，2002年全街经济运行的质量、农村城市化的进程、社会事业发展的速度和社会稳定的局面均创历史之最，并于2002年上半年获市“文明单位”称号。

一、围绕富民强街战略，加快经济发展步伐

突出重点加快支柱工业的发展。在已建立的1200亩民营工业园内，投资3700万元，新建工业标准厂房、商居楼、综合楼共11栋，建筑面积13.6万平方米。按照建设一片、受益一片的基本思路，积极探索“以商引商”、“委托招商”等招商引资新途径，全年引进一棉等知名企业12家，引资额达2亿元。工业园年产值突破15亿元，利税实现8000万元，街村两级在园年租金达1000多万元。**积极稳妥地推进生态农业的发展。**建立了土地流转机制，全年土地流转面积达1500多亩，其中生态农业园达500亩，农民在土地流转中得到了实惠；加快了农业结构调整步伐，以设施农业为重点，大力发展蔬菜、花卉苗木、草莓、芦荟等观赏作物和经济作物，目前全街蔬菜、水产品、多种经营生产面积占全街种养殖业总面积的70%以上，设施农业面积发展到500多亩；启动了龙头企业，街成立广园农业发展有限公司，租赁土地从事花卉苗木生产，全年收入达40多万元，农业园周边村组农民在公司打工当年获得劳务收入20多万元。**因势利导带动第三产业的发展。**把握社区建设机遇，大力发展建筑、劳务、

飞的沌口街

运输等三产业。仅社区建设中的劳务运输，全街全年农民增收2600多万元。

2002年全街实现国内生产总值12.2亿元，比上年增长27.1%，企业总产值42亿元，比上年增长38.3%，其中工业产值19.9亿元，比上年增长32.8%，农业总产值5150万元，比上年稳中有增，人平收入4500元，比上年增长20.3%，全口径财政收入完成7000万元，其中街可用财力3000万元，比上年增长66.7%。

二、强力推进社区建设，彻底改变社会形态

按照建成6大社区，一次性解决6000多散住户入住的总体目标，全年共完成建筑面积84万平方米，其中统建楼78万平方米，学校、福利院等公建设施6万平方米，并已完成后湖、曹庄、大涧口、建华等4个村1125户的搬迁入住。各社区房屋做到了布局合理、风格各异、外型美观、功能完备，煤气管道、电讯有线电视、因特网等设施一应俱全，基本上达到了智能小区的标准。大规模的社区建设从根本上促进了社会形态的转变；较好地处理了国家、集体与个人，长远与近期利益关系，推进了强街富民；节约了大量土地，进一步拓展了区街发展空间；从根本上杜绝了乱搭滥建，规范了城市建设与管理；推动了整个社会事业的发展，从根本上促进了社会的稳定。

三、公益事业蓬勃发展，社会功能不断提升

全年投资200多万元完成福利院别墅式住房的扩建。投资60万元，添置较先进的医疗设备，改善了医疗条件。投资3000万元，新建三角湖、薛峰、李仙学校3所。全年共办理低保689户、1979人，发放生活保障金140多万元，同时处理救灾、救济事项170起，发放救灾、救济款7.82万元。

四、切实为群众办实事，努力维护社会稳定

千方百计扩大就业。区、街、村三级采取推荐就业与自谋职业相结合的办法，新增劳力就业1986人，累计安排劳力就业近8000人，基本上实现了农转非户户平2人就业的目标。**认真协调工程矛盾。**成立专班，强化责任，加大协调力度，把矛盾解决在萌芽状态，维护了建设秩序，保证了重点工程的顺利进行。**扎实抓好社会治安。**对6800多流动人口实行了规范化管理。特别是在社区建设中，对砂霸、石霸、路霸等黑恶势力给予了严厉打击，保障了国家、集体和人民群众的利益。**切实减轻农民负担。**巩固“三个代表”学习教育成果，认真实施农村税费改革，全街全年免除各种税费近700万元，成为全市农村税费改革的唯一一家免检单位。

沌口街民营工业园

丹江口市人

丹江口市是一座古老而又年轻的城市，是一颗正在奋力升腾的城市之星

——丹江口市古有“三阳（郧阳、襄阳、南阳）腹地”之称，今踞“鄂西北东大门”之位。它位于鄂西北东部，地处汉江中上游、鄂豫两省交界处，东临鄂北重镇襄樊市，西连我国新兴的汽车城十堰市，南接千里房县和神秘的神农架林区，北交豫南大市南阳市；闻名遐迩的丹江口水利枢纽工程和驰名中外的武当山座落于市境之内。丹江口市从古及今以其重要的地理位置，成为连接“三阳”、沟通华中原与鄂西北山区乃至祖国大西北经济、文化交流的必经信道和重要窗口。长江第一大支流汉江自西北向东南横贯市境105公里，划市区为江南、江北两大自然区域。辖区版图东西最大横距73公里，南北最大纵距81公里；全市版土总面积3121平方公里，其中耕地面积30万亩，人均约0.6亩；全市辖武当山旅游经济特区和20个乡镇办事处，136个村，1213个村民小组，81个居委会，总人口50.11万。

——丹江口市是一个有着“八区”特点、拥有“八大优势”的“复合型”小城市。丹江口市集“老苏区、大山区、大库区、大风景区、大旅游区、工矿企业区、贫困山区和开放开发区”于一体，发展地方经济优势显著。与同等县市相比，拥有“山、水、路、电、矿、企、游、位”等八大优势。

一是山场面积广阔，植养优势明显。

二是水资源丰富，“湖泊效应”显著。

三是交通成网，四通八达。

市委彭书记在投资会上讲话

市委书记：彭承波

市长：郭清明

四是位居电力基地，电力供应“近水楼台”。

五是地质状况多层级，矿产资源丰富。

六是旅游资源得天独厚，旅游经济日益发展。

境内自然风光秀丽，名胜古迹众多，东有长江支流上最大的水利枢纽工程丹江口大坝，西有“天下第一仙山”武当山，中有亚洲第一大“人工湖”丹江口水库，加上散布于全市境内的“均州八大景”，风景区面积占全市总面积1/10，多达312平方公里。特别是称之为“仙山琼阁”的八百里武当，既是全国著名的道教圣地和武当武术的发祥地，又是饮誉中外的旅游胜地，风景诱人，气候宜人，美不胜收的景观每年吸引着上百万中外游客前来观光旅游。

七是地方工业初具规模，内引外联优势显著。

八是地理位置重要，区位条件优越。

——丹江口市是一块具有浓郁历史传统和现代文明的热土，是汉江中游一颗璀璨的明珠。丹江口市坚持“生态立市，工业兴市”的发展思路，紧紧抓住并坚持打好“实施生态旅游战略”这张“牌”，不断打出花样、打出特色、打出实效，用特色构架“水都经济”，靠发展打造丹江形象。

——坚持走“一主三化”之路，实现市域经济快速发展。围绕省委、省政府关于“一主三化”发展战略，丹江口市始终把解放思

民政府

——鄂西北一颗城市之星在升腾

2003年8月18日上午，丹江口市迄今为止最大的招商引资项目、总投资为3.2亿元的农夫山泉(湖北)丹江口有限公司建设项目开工仪式隆重举行

省人大常委会副主任贾天增同志宣布农夫山泉丹江口建设项目开工

副省长任世茂同志在农夫山泉丹江口建设项目开工仪式上讲话

想作为总揽全市工作、扩大对外开放、促进经济社会快速发展的总动力，按照“生态立市、工业强市、旅游富市、农业稳市、商贸活市”的发展思路，坚持与时俱进，开拓创新，使市域经济综合实力不断增强，各项社会事业取得长足发展。截止到2002年底，全市实现国内生产总值40.5亿元，完成财政收入31468万元。

市“第四届中国武当国际旅游节开幕式”

摄影：谢瑞鹏

荆州市荆州区地方税务局

荆州区地方税务局1994年组建以来，在市局和区委、区政府的正确领导下，忠实实践“三个代表”重要思想，紧紧围绕组织收入这个中心，突出改革主题，强化管理措施，推进文明创建，全面加强队伍的思想作风和道德建设，全面提升地税队伍的整体形象。各项工作实现了历史性的跨越，为荆州区地税事业的新一轮发展打下了坚实基础。

荆州区地方税务局局长曾建平在分局长工作会议上讲话

——地税收入实现大幅增长。1994年地税收入1600万元，到2003年计划9101万元（含4615万元社保费）。其中税收各项收入4486万元，9年来净增2886万元，增长180.38%，平均年增长20.04%。

——“四大管理”质量有了明显提高，各项管理机制更趋规范。近年来，加强了税源、征收、人事及经费票证四大管理等基础工作。人事管理立足机构人事改革，增强激励和约束机制进一步激发了干部的活力。全面建立了税源监控严密、票证管理规范、征管手段先进、税收服务优质、稽查执法有力的现代化管理体系。

——科技兴税有了新突破。增强纳税大厅的服务功能，运用大型数据库与电子触摸屏和滚动屏间的软接口程序，实现了电子触摸屏与大型数据库信息共享，同时将现代化科学技术运用到办理公文、处理信息、统计数据、规范管理等各个工作环节，提高了工作效率。全面提升和完善了会统核算电算化管理。实现了对税金从应征、待征、减免、待解、在途、入库、提退等各种存在形态的全过程核算，通过省地方税收征管信息系统（eTax）全面、及时、准确地产生会计凭证、会计帐簿和各类会计统计报表。规范了会统基础工作， 强化了监督管理职能,促进了征管质量，提高了税收工作的科技含量。

——文明创建活动硕果满枝。丰富创建载体建设，大力开展优质服务，文明办税质量不断提高，地税形象明显好转。档案管理逐项达标，顺利通过省一级复查。区局建成市级文明单位，全区地税建成区级文明系统，各基层分局全部建成区级最佳文明单位。区局党组被区委授予“先进基层党组织”称号。

——干部队伍建设卓有成效。近年来，先后开展了计算机网络、WTO知识、行政执法知识、信息报道、四五普法、新征管法以及湖南大学远程教育学历学习等各种培训，提高了干部职工队伍的整体素质。在领导班子建设方面，坚持民主集中制原则,充分发扬民主，最大限度发挥每个人的潜能，在内部建立完善了勤政廉政制约机制，全局上下形成了艰苦奋斗、廉洁奉公、不讲奢侈、不摆阔气的良好风气。

省局桂文奎局长在荆州市地税局领导的陪同下，到荆州市荆州区地税局检查“提高营业税起征点”后政策执行情况及对税收工作的影响

2003年5月20日，省局局长桂文奎在市局领导的陪同下，到荆州区地税局调研“下岗职工再就业税收优惠政策”落实情况（图右二桂文奎、右一陕大鑫）

省局副局长罗涛在荆州市荆州区地方税务局检查指导税收政策执行情况（左三为罗涛）

荆州市荆州区地方税务局分局长工作会议

沙市区人民政府

——沙市新区的新发展——

湖北蓝星商贸城

区委、区政府研究工业新区建设和招商引资工作

沙市北京路

沙市马志湖特种水产工厂化养殖基地

沙市江汉精细化工有限公司

沙市区是1994年底地市合并设立荆州市后组建的城市新区。全区辖5个街道办事处和2乡、3镇，国土面积492平方公里，总人口55.67万人，其中中心城区45万人。建区以来，沙市区坚持在改革创新中推进持续发展，国民经济稳定增长，经济结构不断改善，各项改革深入推进，社会保障得到加强，社会事业全面进步，奠定了全面建设小康社会的新基础。2002年，全区国内生产总值69.5亿元，八年年均增长13.97%，三次产业结构比重调整为9：51.5：39.5；财政收入1.05亿元，八年年均增长15.68%；城镇居民人均可支配收入6606元，农民人均纯收入3225元，年均分别增长8.9%和5.8%；民营经济主体格局基本形成，全年民营经济缴纳税收占到全区财政收入的80%以上，提供就业岗位10万余个，其中吸纳下岗职工再就业2.5万多人，民间投资和引进资金分别占到全区固定资产投资的85%和61%。以民营化、市场化为取向，改革企业产权制度，全区已有120家国有集体企业全面实现民营改制，盘活资产存量2.27亿元，安置职工1.9万余人。以养老、失业、低保"三条保障线"为基础，配套医疗、生育、工伤保险的社保体系逐步完善，在实现"两个确保"的同时，城市低保对象突破4万人，占全区非农业人口的9.89%。深化社区改革和建设，全区被命名为"全省社区建设示范城区"和"省级社区卫生服务示范区"。全面发展各项社会事业，加强城乡基础设施建设，依法整治市场经营秩序，大力推进精神文明建设，全区投资创业的环境优势明显增强。

沙市中山公园江津湖

洪湖市新堤

湖北洪林集团兴洪纺织有限公司厂区一角

新堤办事处柏枝村居民小区

洪湖市新堤办事处位于市城区，拥有国土面积33.7平方公里，所辖12个村，12个社区居委会，61家处村办企业，现有人口12.6万人，耕地面积7374亩。近年来，我们按照“三个代表”的要求，联系新堤实际，以“工业抓改制，农业抓调整，社区抓服务”为主线，进一步解放思想，开门招商，为全面建设小康乡镇打下坚实的基础。2002年，全处完成国内生产总值77584万元，招商引资3800万元，农村人平纯收入4305元。城市配套设施完善，村村通电、通水、通路，家家安装了电话、有线电视，城市居民和村民生活秩序井然、安家落业，全处上下形成了政令畅，民风顺，人心齐的良好氛围。**我们主要抓了如下几点：**

一、工业富处，促进工业经济实现新突破

1、企业改革不断深化。近几年，我们通过采取“转、股、租、卖、破”等形式，全处处办、村办企业改革面达95.6%。使一批企业走出困境，重现生机。其中已有4家企业扭亏增盈，发展产值近500万元的企业有7家，破产企业1家，卖断企业1家，并安置下岗职工达200余人，缓解了职工的后顾之忧。2002年，全处完成乡镇企业总产值21.2亿元，营业收入20.5亿元，增加值5.2亿元，工业销售收入0.7亿元，企业利润总额6819万，与去年同期相比分别增长12.8%、12.4%、10.2%、11.8%、11.1%。

2、招商引资硕果累累。一是成立以办事处主任为组长，处“四大家”班子成员为副组长，党政办、经济发展办，社会事处办、政法部负责人为成员的招商引资领导小组、并对各村、部门下达招商引资目标和任务、签订责任状，分阶段检查验收结帐。二是制定印发了《新堤办事处招商引资优惠办法》及《全员招商目标奖惩责任制》。同时，由办事处纪委监察部门牵头成立整顿经济环境工作专班，对重点企业实行挂牌保护，下发收费明细卡。并组织人大、政协对处直部门服务经济工作的情况进行民主测评，提高部门服务意识。三是狠抓了重点项目的引资工作。对重大招商引资项目，实行“领导挂帅”工程，班子成员每人包一个村，挂一家乡镇企业。2002年，全处共引进项目8个，引资达3800万元。

二、农业强处，推动结构调整实现新跨越

办事处

——全面提升小康乡镇建设水平

湖北洪林集团洪钢达彩色钢板制品有限公司厂区一角

1、农业调整稳步推进。坚持以市场为导向，以科技为支撑，以项目为重点，以农业增效、农民增收为目的，大力发展城郊特色农业。到目前，全处发展家禽养殖60万只，牲猪喂养1.2万头，精养水面5380亩，农业总产值达11326万元。

2、税费改革有条不紊。按照“减轻、规范、稳定”的原则，制订了《新堤办事处农村税费改革试点方案》及《新堤办事处农税征收实施办法》，成立领导小组及工作专班，广泛开展宣传发动，增强了广大基层干部群众的政策观念和执行政策的自觉性、有效地推动农村税费改革工作顺利进行。截至目前，已全面完成各项征收任务。其中农业税及附加102.34万元、国税672.3万元、地税607.4万。

三、社区稳处，开创社区建设实现新格局

近年来，我们紧紧围绕以社区建设为重点，以社区服务为热点，以发展社区经济为亮点，积极探索城区经济发展新路子。

1、增强社区意识。

2、完善工作机制。

3、提高服务水平。

四、优化环境，加快声调建设实现新步伐

1、强化村庄规划和建设。

2、抓好四项工程建设。

3、加大整顿和规范市场经济秩序的力度。

五、把握重点，推进社会事业实现新目标

1、切实加强计划生育和社会治安综合治理深入开展。

2、文教事业和民政工作成效显著。

柏枝集团水产养殖基地

松/滋/市/刘/家/场/镇/人/民/政/府

湖北省重点中心镇

原省委书记蒋祝平、副省长周坚卫到刘家场镇视察

镇委书记：余剑平

镇长：余远标

刘家场镇地处湖北西南边陲，是鄂湘两省五县市（松滋、宜都、五峰、澧县、石门）的边缘地带中心镇。版图面积291.59平方公里，居荆州首位。现辖43个村，3个居委会，总人口8.3万人，其中城镇人口4.7万人。

这里人杰地灵。该镇是革命老区之一——“江南的抗大”湖北省第四区简易师范旧址所在地，是全国著名的独臂将军贺炳炎的故乡。从革命战争年代到改革开放时期，将军的精神激励着一代代人奋发向上。

这里交通便利。雅澧（枝江雅畈——湖南澧县）、沙刘（沙市——刘家场）、五刘（五峰——刘家场）三条省级干线公路在城镇中心汇合，是北接豫晋、西连川渝、南通湘粤、东达荆沙的交通枢纽，每日过境车辆逾千辆，流动人口逾万人。位于镇北的松宜铁路在枝城与枝柳铁路接轨，大宗物质可经枝城港组成水陆联运。

这里资源丰富。矿产资源主要有煤、铁、石灰石、白云石、重晶石、石英石等，其中原煤和硫铁的储量分别占荆州市总量的80%和50%。距城镇中心6.7公里的文家河水库，由于远离污染源，库水特别清澈卫生。建在库旁的自来水厂，日供水量达3.5万吨，供水普及率达100%。

这里的国民经济健康发展。镇辖范围内已形成煤炭开采、石油化工、水泥建材、纸品加工、火力发电等五大工业支柱，培育出了华松矿业集团、龙海化工公司、鄂松水泥公司、新民煤炭公司、澳利建材公司、明珠纸品公司等“六大工业旗舰”。以“两种三养”（种柑桔、种黄姜、养猪、养羊、养蜂）为主体的十大特色农业基地初具规模。农贸市场、粮油市场、副食品批发市场、服装鞋帽市场、建材市场、五金家电市场、小商品市场等七大专业市场和一大批商业网点星罗棋布，购销两旺。2002年，全镇实现工农业总产值7.95亿元，财政收入1133万元，镇区人均收入5000元，综合经济实力名列荆州十强。

这里的城镇建设日新月异。作为全国小城镇建设试点镇，历届镇委、镇政府凝聚各方力量，搞好城镇建设，给全镇人民营造出了一个清新亮丽、赏心悦目的生活环境和生产经营环境。2000年7月，原省委书记蒋祝平、副省长周坚卫一行来这里视察，对该镇的城镇建设给予了高度评价，并嘱托：“开好南大门，不丢湖北人”。近年来，镇委、镇政府牢记这一嘱托，投资2200万元，认真修编城镇规划，努力搞好园林绿化，全力塑造城镇精品、不断完善基础设施，切实强化城镇管理，使湖北南大门更美、更亮。目前，城镇建成区面积达4.2平方公里，镇区人口达4.8万人，城区道路硬化率、主干道装灯率、垃圾处理率均达100%。2000年，2003年分别荣获荆州市小城镇建设第一届、第二届“明星杯”，连续三年被评为全省小城镇规划建设管理“先进集体”。

这里的社会事业全面进步。镇内有1所高中，4所初中，24所小学，学生人数达8000人，教学条件、教育质量位于全市前列。有1家县级医院、3家镇级卫生院和一批医疗网点，为城乡人民提供防病治病服务。邮政、电信、广播、电视事业设施先进，服务质量堪称一流。

好风凭借力，送我上青云。2000年，刘家场镇委被评为全省“六好乡镇党委”，2003年，该镇三堰淌村被中央文明委授予“全国文明村”称号。

石首市水利局

石首市地处九曲回肠的荆江河段，万里长江，险在荆江。由于所处地理位置特殊，洪涝灾害频繁，石首的发展史，就是一部与水抗争的历史。解放前，堤防低矮、水系紊乱、闸泵全无、沟渠淤塞、易旱易涝、灾患频繁，人民生活在水深火热之中。

新中国成立后，一代又一代的石首水利人在当地政府的领导和上级业务主管部门的指导下前赴后继，克难奋进，用双手、用汗水构筑了一座座水利史上的里程碑，全市水利工程旧貌换新颜，基本做到了“洪可挡、涝能排、旱能灌”。

近年来，石首市水利局遵循可持续性发展观念，发扬“负责、献身、求实”的水利行业精神，努力建设防洪保安、排涝抗旱减灾、水资源与水环境保护、水利工程依法管理“四大体系”，以“建设现代水利”目标，坚持“两手硬”，逐步建立与社会主义市场经济相适应的水利运行机制，走出一条治水与开发相结合、社会效益与经济效益同步发展的新路子，初步实现了水利由单纯为农业服务向为国民经济服务的转变，由社会公益性向产业经营性的转变，为推动石首市国民经济建设和社会稳定发展作出了贡献。2002年3月石首市水利局被湖北省人事厅、水利厅评为“全省水利系统先进集体”，并获得了湖北省委、省政府、省军区授予“抗洪抢险先进集体”的殊荣。

市水利局局长：毕折冰
1998年该同志被湖北省人民政府评为抗洪一等功臣荣誉称号

市上津湖泵站生活区。该站装机4×900千瓦，设计流量32立方米。承雨面积333.1平方公里

市冯家潭二泵站引水渠。该站装机4×800千瓦，设计排水流量32立方米/秒，排涝面积152平方公里

石首市防汛大楼。该楼是全市防汛抗旱工作的指挥中心，主楼十二层，裙楼三层，建筑面积4681平方米

兴山县人民

中共宜昌市委书记、市长李佑才（右三）在兴山县委副书记、县长杨万贵（右二）的陪同下，听取县委常委、兴发集团党委书记李国璋（右四）的汇报

兴山县位于湖北西部、长江西陵峡北侧，是汉明妃王昭君的故乡，国土面积2327平方公里，辖2乡6镇，104个村，9个居委会，总人口18.53万人。

2002年全县人民牢牢把握“搬迁、发展、稳定”的工作大局，团结拼搏，克难奋进，夺取了县城搬迁和经济建设两大胜利。

国民经济持速发展，社会实力进一步增强。2002年，全县国内生产总值达到12.8亿元，比上年同期增长8.43%；财政收入达到1.2亿元，比上年同期增长4.14%。

移民攻坚取得关键性胜利。兴山县是举世瞩目的三峡工程库区，库区及二次占地移民共需动迁1座县城、4个集镇、62家工矿企业、3万多人、150万平方米房屋。经过全县人民十年艰苦创业、重建家园，特别是近三年多来的合力攻坚，移民工作取得重大阶段性成果。2002年9月兴山县城由高阳迁往古夫，140个单位、3700多户、12000多人在新县城工作和生活。二期移民任务已全面完成，并通过省和国家的清库验收。

农村经济在调整中稳定发展。围绕市场、提高效益、增加农民收入，推进农业结构战略性调整，农业产业化初具雏型，畜牧、果茶、烤烟、药材、蔬菜五大特色产业基本形成，增收明显，建成了高山定单蔬菜、10万担烟叶基地和龙头企业。引进推广了纽荷尔脐橙、乌红杂交天麻等十多个高产优质新品种。昭君脐橙被评为全省十大名果，荣获第二届中国国际农业博览会金奖。

工业经济发展速度加快，经济效益明显好转。2002年，全县规模以上企业完成工业总产值9.58亿元，比上年同期增长26.20%。全县大力实施企业改革和结构调整，化工、肉食品加工等优势企业迅速壮大，宜昌兴发集团、宜昌双汇食品有限责任公司等骨干企业的支撑作用明显增强。2002年，兴发集团实现销售收入6.1亿元，在全国同行业中位居第二，六偏磷酸钠、次磷酸钠等主要产品出口达70%以上，出口创汇4202万美元，比上年同期增长46.39%，在全省名列前茅，产品远销日本、美国、欧洲和东南亚市场。全县工业经济的质量和效益明显提高。

以旅游为龙头的第三产业迅猛发展。我县在新县城规划和建设中，突出地域文化特色和鲜明个性，实现规划上磅礴大气、设计上适当超前、布局上科学合理，把新县城定位为现代精神与传统文化、建筑景观与自然景观和谐统一的“山水园林城、旅游文化城、生态环境城”，体现了时代发展的新要求，提升了城镇的文化精神品格。依托长江三峡旅游热线和旅游者的信心指数，开发建设一批独具特色的旅游产品，突出昭君村的龙头地位，举全县之力，建成国家级生态旅游区和三峡旅游的主要景点。2002年，全县接待海内外游客13万人次，实现了历史性突破，创旅游总收入2000万元。全县商品市场和农副产品市场建设取得新的突破，技术、人才等要素市场日益

兴山县高山返季节蔬菜基地

李明 摄影

政府

壮大，信息、房地产、保险等产业迅速发展。城乡市场日趋活跃，全县逐步形成了独具特色的第三产业发展的市场体系，实现社会消费品零售总额5.96亿元，商贸企业完成商品销售总额7000万元。民营经济已成为县域经济发展的主要支柱，民营经济的快速发展已成为我县新的经济增长点。

经济发展后劲明显增强。2002年，全县完成固定资产投资8.2亿元，比上年同期增长39.07%。新开工建设项目43个，投资6亿元，其中与市政府签订的六个市重点考核项目，完成投资3.2亿元。全县国有经济投资比重增大，占总量的94.85%，集体经济投资占总量的2.26%个，个体经济占总量2.89%。抢抓三峡工程对口支援和西部大开发机遇，先后成功引进了海南椰风集团、河南双汇集团、西安助帮药业等全国知名的民营企业集团落户宜昌兴山工业园，投资近2亿元。

城市面貌焕然一新。2002年，兴山人民抓住三峡工程建设机遇，以县城迁建为龙头，坚持以人为本，科学规划，精心设计，建成了100多万平方米环境优美、舒适宜人的8个住宅小区。新县城市政功能完善配套，城市景观协调美观，城镇建设的艺术档次凸显。着力打造了一批具有兴山地域风土人情和历史文化的景观建筑，构成了孕涵丰富的昭君文化。县城绿化覆盖率达到38%。2002年，全县公路通车里程664公里，通车村达99%。全县新增1万门程控电话，装机容量达2.8万门，移动用户达到8000户，乡镇全部开通了数字移动通讯，县城开通了信息宽带网，各类信息可全天候接收和发往世界各地。全县通讯能力和网络建设不断加强。改造扩建后的宜兴二级公路3小时内可直达三峡国际机场和宜昌火车站，正在兴建的峡口港半小时可进入长江黄金水道，贯通全境的209国道直通神农架自然保护区。全县交通得到明显改观。

人民生活水平大提高。2002年，农民人平纯收入实现1928元，城镇居民可支配收入实现6072元，比上年增加733元，比上年同期增长13.71%。全县整体达到低水平小康，居民住房条件进一步改善，储蓄存款逐年上升，消费水平逐步提高，消费结构渐趋合理，物质文化生活日益丰富。

社会事业取得新进步。科教兴县工作稳步推进，普通高中、职教中心、幼儿园各具特色，教育网络逐步形成，教育改革力度加大，教师队伍结构得到优化，以计算机为标志的现代教育技术逐步普及。广播电视综合实力大提高。2002年，全县中央级新闻媒体用稿35篇，市级以上报台头版头条用稿102条，6条新闻中央电视台播出，一批具有影响力的电视专题在美国、台湾进行交流。采取微波定位、光缆回传等高新技术对大型活动进行现场直播。全县广播电视基础设备得到加强。文化卫生事业健康发展，全民健身活动进一步开展，社会保障和再就业得到加强，社会福利事业不断发展。

依托资源优势，打造优势品牌。兴山人民将万众一心，众志成城，与时俱进，不断创新，全面实施"项目强县、科技兴县、开放活县、生态富县"发展战略，努力把兴山建成全国知名的小康电气化县、全国最强的磷化工县、全市创汇最多的外贸出口县、三峡库区经济强县。

兴发集团白沙河化工厂

枝江—

中共枝江市委书记：王松华

枝江市坚持工业立市战略，到2002年底，全市规模以上工业企业已发展到60家。2003年仅上半年，新开工建设项目就达19个，其中，新增投资过亿元工业企业3家。全市已形成食品、化工、纺织、建材四大支柱产业。

纺织工业：以奥美医疗用品、稳健医用纺织品有限公

图为湖北枝江酒业广场

食品工业：以枝江酒业为代表的农业产业化工业企业23家，年创工业产值15.5亿元。

工业立市

图为东大纺织车间

织工业企业12家，年创工业产值4.18亿元。

图为三宁化工硫酸生产车间

化工工业：以湖北三宁化工股份有限公司、省化肥厂为代表的化工企业7家，年创工业产值5.8亿元。

建材工业：以长松钢厂、助力水泥为代表的建材工业5家，年创工业产值3.2亿元。

图为助力水泥生产区

襄樊市建设局

——蓬勃发展中的襄樊市建设事业

襄樊是一座具有2800多年历史的文化名城，是全国第72个大城市。近年来，襄樊市建设局按照“配套完善、提档升级、丰富内涵、构建特色”的总体思路，精心构筑襄樊现代化特质形象，市政府连续三年大投入集中改造了一批基础设施，使襄樊面貌发生了巨大变化。

目前，襄樊市区基础设施不断趋于完善，人均道路面积达到10平方米，主干道路灯照度达15LKX，排水能力达18.53立方米/秒，人行天桥和地下通道的相继建成，基本构建了立体化交通体系；建筑市场得到有力规范，在建工程质量监督率达到100%，安全监督率达到100%，工程报建率达到100%，招标投标率达到100%；公用服务能力逐步增强，市区日供水能力达118.7万立方米/日，供水普及率达100%，年实现供气量1.5万吨，气化率达86%，天然气入樊工作进展顺利，预计2004年9月实现通气点火；勘察设计管理力度不断加大，市区新建工程图纸审查率达到100%，县市覆盖面达到80%，在全省率先实现了设计招投标工作；小城镇建设稳步发展，全市10个重点镇被省确定为2003年重点发展镇，重点镇的确立有力促进了全市小城镇建设竞赛的步伐，小城镇建设呈现出勃勃生机。

局党委书记：卫建国

宽敞整洁的长征路

风景怡人的休闲广场

璀灿夺目的城市亮化景观

亮化后的长虹桥如彩虹般横跨汉江两岸

恩施自治州移民局

三峡库区巴东县新城

省、州领导在三峡库区巴东县调研。韩忠学副省长（左三）、周先旺州长（左二）、彭军副州长（左一）

恩施州移民局主要负责恩施州内的三峡工程、水布垭工程、江垭工程、宜万铁路、沪蓉高速公路以及跨县市和总投资上亿元工程建设所涉及的移民工作。

目前三峡库区已累计完成移民投资16.3亿元，搬迁安置38557人，竣工房屋129万平方米，顺利通过了省政府二期移民初验和国家三建委终验，符合移民工程规划大纲要求，能够满足2003年6月三峡工程蓄水、发电和通航的需要。

水布垭库区已累计完成投资6028.95万元，农村移民搬迁安置896人，落实生产安置864人，拆除房屋2.97万平方米，建房1.38万平方米，库底清理任务全面完成并顺利通过省水布垭工程截流前库区移民搬迁清库验收小组的检查验收，保证了水布垭 主体工程提前一年截流的需要。

江垭库区完成移民总投资11758.74万元，搬迁安置2150人，已顺利通过水利部终验。

彭军副州长在州移民局现场办公。彭军副州长（左一）、李洪敏局长（右一）、尹文清副局长（右二）

水布垭库区工作人员在进行卫生清理

省、州、县移民局领导在水布垭库区调研。易正金副局长（右四）、李洪敏局长（右二）、王金维县长（左三）、顾俊臣局长(左一)

恩施自治州

州局领导班子成员正在商讨公路发展规划(左一副局长沈波、左二党委副书记蒋福成、正中党委书记、局长王和群、右二纪委书记贺齐举、右一副局长李志循)

318国道上的朝东岩隧道

恩施州公路管理局是担负着恩施州境内公路养建管工作的业务主管部门，内设13个科室，现有职工76人，下辖8个县（市）公路段，2个直属单位，185个公路养护管理站，列养公路3217.572公里，其中两条国道（209、318）、13条省道、47条县乡道，全州公路职工3165人，拥有国有资产20多亿元，年养建资金1.2亿元。

到2002年末，全州在册通车里程达7992.67公里，其中二级路达1074.509公里，等级路达4843.802公里，高级、次高级路面达1625.014公里，分别达通车里程的13.44%、60.60%、20.33%，全州公路密度达33.386公里/百平方公里、20.898公里/万人，100%的乡镇、95%以上行政村通公路，州府到各县（市）道路实现二级化、黑色化。初步实现了以自治州首府恩施市为中心、以209、318两条贯穿州境南北、东西的国道为主骨架，以省道、县道为经、纬支干，外接川、湘西、宜昌市、神农架林区，内联区、乡、镇的“四纵三横”公路网络。

新改建的山区公路

公路管理局

文明示范窗口——野三河收费站外景

道工之家——公路养护管理站

语音报价、微机收费

318国道上新建的南里渡大桥

恩施州社会劳动保险管理局

原省劳动保障厅蒋大国厅长(右二)在原副州长周先旺(左一)等陪同下视察州社会保险局

常务副州长陈亚平(中)在州劳动保障局局长肖作文(右)的陪同下，到州社保局调研，现场解决加强信息化基础建设问题

2002年，恩施州社会劳动保险管理局深入实践江总书记“三个代表”重要思想，克难奋进，开拓进取，使全州社会保险工作取得了良好成绩，该局被评为“全省养老保险扩面征缴先进单位”，被授予“文明单位”称号，党支部被评为“先进党支部”。

一年来，全州社会保险机构全力以赴维护稳定，确保了企业离退休人员基本养老金按时足额发放，支付率和社会化发放率均为100%。截止12月底，全州享受社会化发放的离退休人员共21721人（离休513人），其中州直2550人（离休93人）；全州发放养老金11845万元，其中州直发放养老金1555万元；支付丧葬抚恤费371万元。

坚持把巩固和扩大覆盖面作为重点，扎实有效地开展了大量工作，基本上做到了应保尽保。截止12月底，全州参加养老保险人数达73833人（含州直9778），其中国有企业职工30231人，集体企业职工6399人，其他企业职工37203人。全州参加工伤保险31102人（含州直4500人），参加生育保险26602人。全州养老保险扩面7859人，增加扩面征收552万元。

全面建设，喜获丰收。有序推进离退休人员社会化服务管理。拓展宣传空间，强化宣传效果。使社会保险不断深入人心，深得各界关心支持。有效保证社保资金安全运行，得到了国家审计署的充分肯定；同时，会计电算化达标工作在全省处领先地位。信息化建设卓有成效，全州计算机管理实现了县市的远程联网。语音查询热线电话极大方便了群众。统计质量大幅提高，实现了“全面、实在、准确、快速”的目标。

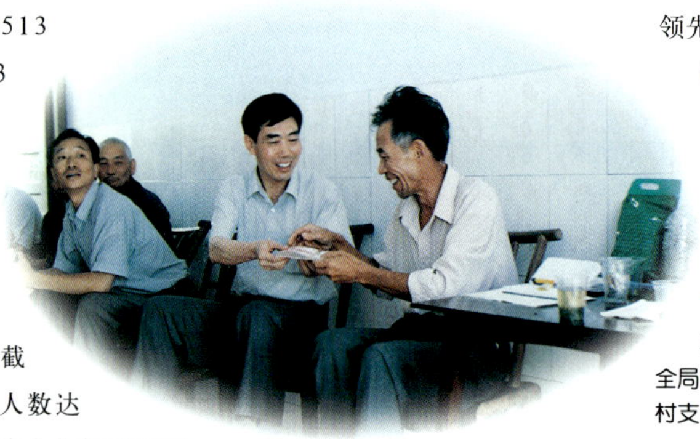

尽力支持农村建设。刘龙书局长（中）代表全局职工把节约出来的资金送到农村建设工作队村支书手中

省社会劳动保险统筹办公室主任曾德海(左)在恩施听取州劳动保障局副局长王家树(中)、州社保局局长刘龙书(右)的工作情况介绍后充分肯定州社保局工作卓有成效

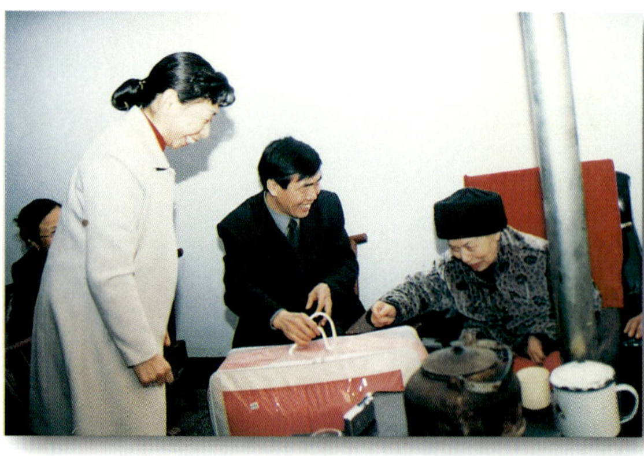

牢纪服务宗旨。刘龙书局长(左二)代表全局深入企业向离退休人员送温暖

恩施州公路规费征收稽查处

州征稽处主任、支部书记：沈恩荣

州公路规费征收稽查处成立于1990年，是隶属省征稽局、州交通局管理的副县级事业单位，下辖8个征稽所。现有职工127人。单位性质是负责全州车辆养路费、客附费、货附费的征管和车购税代征工作。多年来，该单位在上级主管部门和各级政府的领导下，以邓小平理论和江泽民“三个代表”重要思想为指针，按照一个突破（规费征收突破7000万），二个提高（对内管理水平，对外服务质量），三个树立（树立较强政策性、原则性的执法形象，树立讲文明、讲礼貌的优质服务的窗口形象；树立爱岗敬业，勤劳奉献，自觉抵制各种不正之风的勤政廉政形象），四个启动（启动环境优美化、管理规范化、办公文明化、服务优质化）的目标，实施“素质工程、阳光工程、样板工程、形象工程”四大工程。始终坚持两个文明一起抓，两个文明出效果的方针。2002年被授予“州级文明单位”。

单位成立至今已累计征收各种公路规费6亿多元，有力支持了全州交通事业的发展。尤其是2001、2002年，全体征稽人员在极其困难的条件下，发扬“忠于职守、无私奉献、团结拼搏、勇于胜利”的“征稽精神”，养路费等三费均超额完成省征稽局下达的奋斗目标，完成计划名列全省前列。在全州交通系统各二级单位中，业务指标完成名列第一。

该处班子团结协作，勤政廉政好，队伍整体素质明显提高。按照领导抓班子，班子带队伍，队伍保费收的工作思路。干部职工学习自觉性强，单位形成讲学习、讲政治、讲正气的良好氛围，单位职工表现了良好的社会形象。

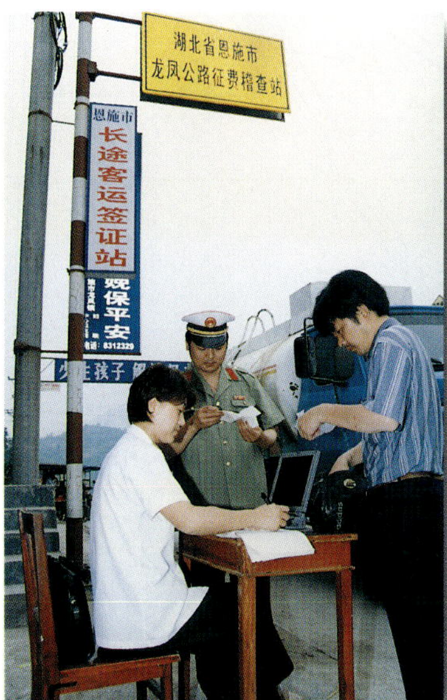

充分利用高科技手段，促公路规费征收。图为征稽人员在稽查站利用笔记本电脑查询欠费车

环境优美，绿草成茵的办公楼

诚实守信、文明规范、廉洁高效的征稽队伍

恩施自治州地方税务局

州地税局刘定双局长关心基层建设

恩施自治州地方税务局组建于1994年6月，现辖8个县（市）地方税务局和2个副处级直属单位（恩施自治州地方税务局清江分局、恩施自治州地方税务局稽查局），59个基层分局，1024名在职地税干部职工。自1994年组建以来，按照中央、省委、省地税局和州委的要求，州地方税务局党组一班人始终坚持“两手抓，两手都要硬”，使物质文明建设和精神文明建设得到同步协调发展。全州地税部门组织地方税收在2000年突破3亿元，实现了翻两番目标。七年来，全州地方税收年均增长29.4%，年均增收3900万元，占地方财政收入比重由1994年的12%增长到30.5%。州地方税务局先后被省地税局评为“组织收入先进集体”；州委、州政府授予“州级最佳文明单位”、“州级文明系统”；所属县（市）局及基层分局96.4%的单位建成县级以上文明单位，其中，1个单位被国家税务总局授予“全国税务系统文明单位”，2个单位创建成“省级最佳文明单位”。

地税干部培植税源大户

组织职工进行警示教育

恩施市公路段

书记、段长：张 生

办公楼全景

恩施市财政局

市财政局领导班子

2002年，恩施市财政局紧紧围绕市委、市政府确定的全年经济工作目标任务，以“三个代表”重要思想为指导，抢抓西部大开发机遇，确立了“一、二、三、四” 的（一个中心、两个确保、三项改革、四个加强）工作目标，即以收入为中心；确保工资兑现，确保收支平衡；实施会计集中核算、政府采购、农村费改税三项改革；加强预算外资金管理，加强财政秩序整顿，加强乡镇财政管理，加强机关作风建设的工作思路；充分利用财政政策，发挥财政在宏观经济调控中的积极作用，加强税收征管，调整优化支出结构，大力推进财政改革，积极构建公共财政框架，创新工作思路，保证财政经济正常运行，促进了社会各项事业的发展。2002年全市财政收入达到16806万元，财政支出连续16年保持平衡。同时局机关以争创省级最佳文明单位为目标，内强素质，外树形象，积极开展“三优一满意”、“文明细胞工程”、“首问服务责任制”等活动，提高机关服务质量，举办了“庆五一、迎民运”等多种形式的财政系统运动会、演讲赛和文艺演出，培育健康向上的财政文化，形成了浓郁的创建氛围，有力地促进了各项工作的全面完成。年终，局机关和各科室受省、州、市、表彰达30多项，文明创建面达到100%。

加强文明创建，举行“公民道德知识竞赛”

改善农业基础设施，实施农业综合开发

加强乡镇财政建设

实施“财政扶优工程”，积极帮扶民营企业

利川市财政局

座落在清江源头、长江之滨的利川市财政局，由1949年利川县人民政府财粮科发展成为拥有111人的利川市财政局。近年来，利川财政局坚持深化财政改革，在改革中求发展；坚持更新理财观念， 在观念更新中求完善；坚持创新财政工作，在创新中求进步。始终牢记“三个代表”重要思想，弘扬勤奋好学、开拓进取、谦虚负责、廉洁高效的利川财政精神，践行为人民服务、对人民负责、做人民公仆、让人民满意的承诺，实行财政改革冒进不得、财政工作冒险不得、财政干部冒失不得的策略。在改革与发展中稳健前行，各项工作取得了新的进步和发展，先后多次受到省、州、市的表彰和奖励。

财政收入均衡入库，进度快于往年，2002年完成财政收入24100万元，同比增长5.7%；财政支出有保有压，结构优于往年，全市累计财政支出30300万元，同比增长18%；财政改革不断深化，力度大于往年，通过深入推进财会集中核算，改革工资发放形式，统一全市行政事业单位工资、奖金、津补贴标准，强化政府采购，建立国有资产管理新模式，加大项目工作力度，加强预算外资金管理，平稳推进税费改革；财政环境日趋好转，面貌胜于往年、通过以人为本，苦练“内功”，着力党风廉政建设和财政监督管理，促进文明创建健康发展，效果好于往年。

2002年，利川市财政局被省委、省政府授予“省级最佳文明单位”，成绩只能说明经历，明天，任重而道远，鲜花与荆棘同存，阳光与风雨同在。利川财政人将再接再励，再鼓干劲，为建立平衡、稳固、强大的财政而不懈努力。

地址：利川市清江大道255号
电话：(0718)7282678

局党组书记、局长：郑烗在全市财政工作会议上讲话

“问渠哪得清如许，唯有源头紧把关”，利川会计集中核算制度改革取得可喜成就

烟叶作为利川市的支柱产业为财政和农民创造了不菲的效益

农业综合开发项目的实施，农业基础设施的改造为产业结构调整夯实了基础

随着税费改革的平稳推进，老百姓积极主动的纳税意识普遍高涨

目　　录
CONTENTS

特　　载
Special issue

统 计 资 料
Statistical data

四、固定资产投资

Fixed assets investment

五、能源生产和消费

Production and consumption of energy

六、财　　政

Government finance

九、城市概况

General survey of cities

十、农　业

Agriculture

十一、工　业

Industry

十二、建 筑 业
Construction

十三、运输和邮电

Transportation ,postal and telecommunication services

十四、国内外贸易

Domestic trade and foreign economic trade

十五、对外经济和旅游

Foreign economy and tourism

十六、金融和保险

Banking and insurance

十七、教育、科技和文化

Education ,science and culture

十八、体育、卫生、社会福利和其他

Sport, public health , social welfare and others

十九、企业景气与监测

Boom and observe of enterprises

二十、县市概况

General information of counties

附　　录

Appendix

特　　　　　载

湖北省统计局关于
2002年国民经济和社会发展统计公报

（2003年3月4日）

2002年，全省上下在省委、省政府的正确领导下，以邓小平理论和“三个代表”重要思想为指导，认真贯彻落实中央和省各项方针政策，努力克服不利因素的影响，加快经济结构调整，积极推进各项改革，不断扩大开放，国民经济继续保持了良好的发展势头，教育、科技和各项社会事业全面进步，城乡居民生活水平稳步提高。

一、综　　合

国民经济继续保持稳定增长。2002年，全省国内生产总值达到4975.63亿元，按可比价格计算，比上年增长9.1%，增幅高于全国平均水平1.1个百分点。从三次产业看，第一产业完成增加值707亿元，增长2.0%；第二产业增加值2446.05亿元，增长10.3%；第三产业增加值1822.58亿元，增长10.3%。三次产业增加值结构由2001年的14.9:49.6:35.5调整为14.2:49.2:36.6，第三产业比重进一步提高。市场价格总水平略有下降。全年居民消费价格总指数为99.6，比上年下降0.4%。其中，城市下降0.8%，农村上涨0.8%。分品种看，食品价格下降0.6%，烟酒及用品上涨1.2%，衣着上涨0.9%，娱乐教育文化用品及服务上涨1.7%，其余商品和服务价格则均有不同程度下降。全年工业品出厂价格下降1.8%，其中，轻工业品下降2.3%，重工业品下降1.6%；原材料、燃料、动力购进价格下降2.3%。全年固定资产投资价格下降0.2%。就业规模继续扩大。年末全省从业人员3443万人，比上年末增加28.5万人。其中城镇从业人员1177万人，比上年末增加28.3万人。全省私营个体从业人员331万人，增加19万人。年末全省国有企业下岗职工46.7万人，比上年末减少1.4万人。全年通过多种途径使10.6万下岗职工实现了再就业。年末城镇登记失业率为4.3%。国民经济和社会发展中存在的主要困难和问题：一是投资需求和出口需求不足；二是产业和产品结构不优；三是县域经济和民营不强；四是劳动力供求矛盾依然突出，社会就业压力较大。

二、农　　业

全年粮食总产量为2047万吨，比上年减产91.49万吨，减幅为4.3%；棉花总产量为32.26万吨，减产5.09万吨，减幅为13.6%；油料产量245.29万吨，减产34.16万吨，减幅为12.2%。全年造林面积256.88千公顷，比上年增长61.0%；幼林抚育面积达315.34千公顷，增长9.2%；退耕还林还草面积63.28千公顷，增长1.59倍。全年肉类总产量达到295.53万吨，比上年增长2.4%。水产品产量达到272.04万吨，比上年增长12.3%，再创历史最高水平。年末全省拥有农业机械总动力1557.43万千瓦，比上年增长6.0%；大中小型拖拉机33.33万台，增长5.9%；农村用电量60.74亿千瓦时，比上年略有增加。

三、工业和建筑业

工业生产持续增长。全省国有及年产品销售收入500万元以上的非国有工业企业完成增加值1198.95亿元，按可比价格计算，比上年增长12.3%。其中国有及国有控股企业完成增加值641.05亿元，增长12.4%；国有企业增加值526.21亿元，增长9.7%；集体企业增加值127.79亿元，增长7.5%；股份合作企业增加值16.84亿元，增长8.9%；股份制企业增加值331.95亿元，增长14.8%；外商及港澳台投资企业增加值134.66亿元，增长14.8%；其他经济类型企业增加值59.50亿元，增长17.1%。重工业增长快于轻工业，全年轻工业增加值401.91亿元，增长8.5%；重工业增加值797.04亿元，增长14.6%。轻重工业结构由2001年的1:1.71，变为1:1.98。工业产品结构继续改善。全年工业新产品产值407.18亿元，比上年增长1.17倍；新产品产值率11.2%，比上年提高5.3个百分点。工业产销衔接较好，产品销售率稳步回升。全省工业完成销售产值3564.52亿元，比上年增长15.3%。工业产品销售率为97.94%，比上年提高0.3个百分点。工业经济效益继续提高。全省工业经济效益综合指数为120.61，比上年提高8.28个百分点，经济效益综合指数及增幅均为近几年来最好水平。全年工业企业实现利润148.41亿元，比上年增长42.6%；其中国有及国有控股企业实现利润96.85亿元，增长53.2%。建筑业发展步伐加快。全年建筑企业完成增加值165.52亿元，比上年增长23.6%；实现利润8.88亿元，增长32.9%；税金17.62亿元，增长23.2%。建筑业改革进一步推进，招投标制度逐步完善。建筑单位施工工程3.3万个，其中招投标承包工程1.6万个，招投标面为48.5%。? 建筑市场管理加强，市场体系进一步完善。建筑企业劳动生产率为6.58万元/人，增长23.2%；房屋建筑施工面积7071.2万平方米，比上年增加287.2万平方米；房屋竣工面积3961.5万平方米，增加89.5万平方米。

四、固定资产投资

全社会完成固定资产投资1695.22亿元，比上年增长9.2%。按经济类型划分，国有经济投资963.18亿元，增长4.9%；集体经济投资121.42亿元，下降3.9%；城乡居民个人投资263亿元，增长5.4%；其他经济投资347.62亿元，增长35.0%。按投资管理渠道划分，基本建设投资751.73亿元，增长10.0%；技术改造投资308.45亿元，增长9.1%；房地产开发投资178.64亿元，增长18.1%。全省农林水利、电力、交通邮电共完成投资648.64亿元，占全社会投资额的38.3%。全年36个重点建设项目完成投资312.28亿元，占全省基本建设投资额的41.5%，其中武汉江堤加固、黄广大堤加固、长荆铁路、京珠高速公路湖北南段、荆沙长江公路大桥、鄂黄长江公路大桥、宜昌至利川二级公路改造工程、湖北剧场等一批项目在年内建成投产。新增的主要生产能力有：发电装机容量19.62万千瓦，新改建公路2415公里，其中高速公路110公里，水泥346万吨。

五、国内贸易和市场物价

全年实现社会消费品零售总额2198.42亿元，比上年增长11.3%。分城乡看，城市实现消费品零售额1462.15亿元，比上年增长15.4%；县及县以下农村实现零售额736.27亿元，增长4.0%。分行业看，批发零售贸易业实现零售额1376.12亿元，比上年增长12.6%；餐饮业266.93亿元，增长18.3%；其他行业555.37亿元，增长5.2%。

六、对外经济

全年进出口总额39.55亿美元，比上年增长10.5%。出口总额20.99亿美元，增长16.8%；进口总额18.56亿美元，增长4.2%。在外贸出口中，一般贸易出口增长12.1%，加工贸易出口增长29.9%。全年新批外商投资企业486个，比上年增加137个，其中总投资在1000万美元以上的项目达30个。全年实际利用外资总额22.66亿美元，比上年增长12.3%。其中，外商实际直接投资14.02亿美元，增长15.8%；间接利用外资5.05亿美元，增长10.8%；外商其他投资3.59亿美元，增长2.2%。

七、交通、邮电和旅游

全年交通运输和邮电通信业完成增加值306.43亿元，比上年增长8.6%。全年货物周转量981.57亿吨公里，比上年增长20.8%，旅客周转量520.62

亿人公里，增长4.8%。邮电通信业完成邮电业务总量166亿元，比上年增长31.7%。长途光缆线路总长度达到13600公里；新增局用交换机60.4万门，达到813.3万门；新增固定电话用户100万户，达到738万户，其中城市电话用户540万户，乡村电话用户198万户；新增移动电话用户174万户，达到600万户。全省电话普及率达到22.4部/百人。数据通信用户达到2.6万户，计算机互联网用户达到155万户。全省国内旅游人数6670万人次，比上年增长10%；国内旅游收入384亿元，增长14%。全年湖北入境旅游人数102.43万人次，比上年增长53.4%。其中：外国游客75.57万人次，增长39.2%；港、澳、台胞26.86万人次，增长114.7%。国际旅游外汇收入2.84亿美元，增长41.4%。

八、财政、金融和保险

全年完成地方一般预算收入243.37亿元，比上年增长11.2%。其中，工商税收159.86亿元，增长9.2%；农业税收31.09亿元，增长48.1%。全年财政支出516.42亿元，比上年增长8.4%。其中：支农支出和教育事业费支出分别增长37.3%和18.8%。

年末全省金融机构各项存款余额5022.85亿元，比年初增加790.93亿元。其中：城乡居民储蓄存款余额2754.96亿元，增加473.54亿元。金融机构各项贷款余额4312.79亿元，比年初增加504.70亿元。其中：短期贷款余额2331.64亿元，增加121.61亿元；中长期贷款1559.39亿元，增加297.70亿元。全年保费收入91.38亿元，增长30.3%。其中，财产险保费收入22.47亿元，寿险保费收入68.91亿元。支付各类赔款及给付28.51亿元，其中，财产险赔款给付13.10亿元，寿险赔款给付15.41亿元。

九、教育和科学技术

教育事业稳步发展，高等教育改革逐步深化，九年义务教育得到巩固、提高。年末全省普通高校75所，招生20.7万人，比上年增招4.8万人，在校生58.5万人；研究生培养单位39个，招生1.6万人，在校研究生4.0万人；成人高校26所，成人高等教育招生12.3万人，在校生32.0万人。全省高等教育入学率已达到18%。普通中等专业学校168所，在校生18.9万人。普通高中599所，在校生94.2万人。各类高级中等职业学校在校生17.5万人(不含技工学校学生)。成人中等专业学校在校生5.4万人。全省普通初中在校生322.4万人，小学毕业生升入初中的升学率达98.29%；小学在校生580万人，小学学龄儿童入学率达99.62%。全年共扫除文盲3.8万人。科学研究和技术开发取得新的成果。全年共取得省级重大科技成果775项。获省级科学技术奖244项。全年专利申请4960件，授权专利2209件。技术市场更加活跃。全省共签订技术合同9832份。技术合同成交金额34.9亿元，比上年增长3%。

十、文化、卫生和体育

文化事业健康发展。年末全省共有文化馆137个，公共图书馆103个，博物馆95个，艺术表演团体97个，电影放映管理机构85个。全年出版全国性和省级报纸6.2亿份，各类杂志1.7亿册，图书3.1亿册。卫生事业不断进步。年末全省共有卫生机构1.1万个，卫生技术人员23.3万人，病床床位14.5万张。体育事业蓬勃发展。在国内外的各项比赛中，全省运动健儿共获得37枚金牌，28枚银牌，34枚铜牌。全民健身活动进一步开展。

十一、环境保护

居民环境保护意识增强，环保事业加快发展。年末全省环境保护系统共有7055人，各级环境监测站96个，环境监测人员1961人。自然保护工作取得了新的成就。全省生态示范区建设试点单位总数已达到17个，自然保护区达到35个，其中国家级自然保护区7个。环境法制建设取得新进展。全年完成环境污染限期治理项目227个，总投资2.09亿元。污染物总量控制计划与跨世纪绿色工程规划的实施工作有序进行。至2002年12月止，已竣工项目9个，完成投资额1.81亿元。环境保护形势依然严峻。一些大中城市污染没有得到根本改观，垃圾、农药、化肥等污染和水土流失、森林、草地功能衰退等生态问题仍然存在。

十二、人　　口

人口自然增长率继续下降。全年出生人口50.1

万人，出生率为8.38‰；死亡人口36.9万人，死亡率为6.17‰；全年净增人口13.2万人，自然增长率为2.21‰，比上年下降0.02个千分点。年末全省总人口为5987.8万人，其中：城镇人口为2496.9万人，占41.7%；农村人口为3490.9万人，占58.3%。男性人口3118.4万人，占52.08%；女性人口2869.4万人，占47.92%。0－14岁人口比重为22.19%，15－64岁人口比重为71.03%，65岁以上老年人口比重为6.78%，老年人口达到406万人。平均每户家庭人口为3.28人。

十三、人民生活和社会保障

城乡居民收入增加，生活质量继续提高。全省城镇居民人均可支配收入6789元，按可比口径计算，比上年增长11.0%。农民人均纯收入2444元，比上年增加92元，增长3.9%。社会保障进一步加强。年末全省参加失业保险职工人数416.05万人，领取失业保险金人数33.7万人；有481.55万职工和147.23万离退休人员参加了企业基本养老保险；有338.1万职工和退休人员参加了基本医疗保险。社会福利事业不断发展。年末全省各类社会福利院床位达7.85万张，收养6.71万人。城镇建立起各种社区服务设施8100处，其中社区服务中心185个。全省城镇已全部建立了最低生活保障制度，有133.7万城镇居民享受最低生活保障。全年销售社会福利彩票4.02亿元，接收社会捐赠1.24亿元。

统计资料

综　合　1

资料整理:任伟红　陶　萍

1-1 土地面积与行政区划

项　　目	单位	1990 年	1995 年	1999 年	2000 年	2001 年	2002 年
全省人口	万人	5439.29	5772.07	5938.03	5960.00	5974.56	5987.80
土地面积	万平方公里	18.59	18.59	18.59	18.59	18.59	18.59
耕地面积	千公顷	3476.77	3358.01	3310.40	3282.96	3242.85	3094.03
行政区划							
省辖市	个	8	10	11	12	12	12
地区	个	6	1				
自治州	个	1	1	1	1	1	1
林区	个	1	1	1	1	1	1
县级市	个	22	24	25	24	24	24
＃省辖行政单位	个		4	4	3	3	3
县	个	48	43	41	41	39	39
乡政府	个	1121	1040	491	476	231	227
镇政府	个	844	861	864	853	738	739
村民委员会	个	32765	32802	32509	32400	31616	28671
村民小组	个	260847	260641	259965	259250	253047	232367

1-2 市、州行政区划

(2002 年底)　　单位:个

地　　区	县级市	县	区	乡政府	镇政府	村民委员会	村民小组
全　　省	**24**	**39**	**37**	**227**	**739**	**28671**	**232367**
武　汉　市			13	16	21	2073	18564
黄　石　市	1	1	4	1	27	718	8157
十　堰　市	1	5	2	43	62	2293	13654
荆　州　市	3	3	2	16	87	2888	23848
宜　昌　市	3	5	5	26	61	1964	13283
襄　樊　市	3	3	3	4	72	2505	16953
鄂　州　市			3	3	17	319	4045
荆　门　市	1	2	1	2	50	1578	10576
孝　感　市	3	3	1	23	72	2978	23631
黄　冈　市	2	7	1	20	95	4256	39066
咸　宁　市	1	4	1	11	52	1405	13196
恩施自治州	2	6		46	37	2476	23185
随　州　市	1		1	11	36	1334	9576
仙　桃　市	1				15	682	4773
天　门　市	1			1	21	787	6781
潜　江　市	1				10	334	2635
神农架林区				4	4	81	444

1－3 国民经济和社会发展总量指标

指标	总量指标						
	1978年	1980年	1985年	1990年	1995年	2000年	2002年
人口与就业							
人口(万人)							
年底总人口	4574.91	4684.45	4980.19	5439.29	5772.07	5960.00	5987.80
农业人口	3905.73	3936.60	3921.30	4223.94	4257.83	4292.72	4272.90
非农业人口	669.18	747.85	1058.89	1215.35	1514.24	1667.28	1714.90
男性人口	2348.22	2401.74	2565.32	2805.46	2959.55	3102.78	3118.40
女性人口	2226.69	2282.71	2414.87	2633.83	2812.52	2857.22	2869.40
就业(万人)							
从业人员数	1910.37	1986.94	2238.12	3040.40	3232.50	3384.90	3443.00
♯职工人数	457.34	504.32	615.50	698.55	742.38	529.38	483.42
城镇登记失业率(%)				1.7	2.7	3.5	4.3
宏观经济							
国民核算(亿元)							
国内生产总值	151.00	199.38	396.26	824.38	2391.42	4276.32	4975.63
第一产业	61.11	71.22	144.44	289.45	619.77	662.30	707.00
第二产业	63.71	91.67	174.35	313.39	1029.85	2123.70	2446.05
第三产业	26.18	36.49	77.47	221.54	741.80	1490.32	1822.58
国内支出总额							
♯最终消费	81.70	107.79	240.02	535.49	1333.82	2146.54	2669.70
居民消费	74.70	93.51	203.23	434.62	1122.60	1699.45	2114.11
政府消费	7.00	14.28	36.79	100.87	211.22	447.09	555.59
资本形成总额	43.11	40.10	135.43	261.95	987.03	1952.36	1994.77
固定资产形成	31.40	33.19	96.71	147.13	778.25	1451.85	1699.78
存货增加	11.71	6.91	38.72	114.82	208.78	500.51	294.99
固定资产投资(亿元)							
全社会固定资产投资总额	33.58	35.50	102.91	144.44	826.50	1421.55	1695.22
♯国有单位	33.19	34.19	61.66	100.35	518.76	857.01	963.18
财政(亿元)							
财政收入	31.37	34.01	50.26	77.85	99.69	214.35	243.44
财政支出	29.98	26.53	43.50	84.82	162.43	368.77	511.39

注:1994年开始,全国实行分税制财政体制、财政收入为地方收入(不含上划中央收入)。

1－3　续表1

指　　标	总　量　指　标						
	1978年	1980年	1985年	1990年	1995年	2000年	2002年
物价总指数(上年＝100)							
零售物价总指数	100.2	104.6	107.5	102.9	116.6	97.8	98.8
居民消费价格总指数	100.3	106.8	110.3	103.1	120.1	99.0	99.6
利用外资(亿美元)							
实际利用外资额				1.70	11.09	13.04	22.60
能源生产与消费(万吨标准煤)							
一次能源生产量	755.57	652.74	1352.42	1742.48	1554.66	1486.69	1490.24
能源消费总量		2010.66	3094.20	4002.39	5107.35	6156.28	6900.40
产　　业							
农业							
耕地面积(千公顷)	3768.07	3738.51	3584.61	3476.77	3358.01	3282.96	3094.03
农林牧渔业劳动力(万人)	1354.92	1393.69	1324.44	1453.96	1329.18	1159.13	1130.97
农林牧渔业总产值(亿元)	84.46	94.95	192.32	402.23	988.53	1125.64	1203.30
主要产品产量(万吨)							
粮　　食	1725.65	1536.45	2216.13	2475.03	2463.84	2218.49	2047.00
棉　　花	36.67	31.63	49.22	51.73	58.60	30.43	32.26
油　　料	23.71	20.58	72.98	95.75	189.44	269.98	245.29
甘　　蔗	8.65	4.47	39.64	34.63	73.58	101.66	91.91
茶　　叶	1.74	1.73	2.27	2.84	3.90	6.37	6.72
水　　果	10.27	11.39	21.73	26.89	114.70	215.68	223.11
肉　　类		55.40	101.63	146.83	279.40	271.19	295.53
水 产 品	11.00	13.57	37.49	70.98	150.91	234.34	272.04
工业							
主要工业产品产量							
纱(万吨)	14.37	22.93	30.14	34.85	49.84	64.73	67.03
布(亿米)	6.70	10.62	11.29	14.09	23.24	17.15	18.28
机制纸及纸板(万吨)	11.00	16.34	34.61	43.03	83.08	54.42	103.46
原盐(万吨)	49.29	68.40	79.11	142.42	177.12	240.57	281.17
化学农药(万吨)	2.97	2.84	1.46	1.07	20.50	5.18	5.33
农用化肥(万吨)	27.62	58.65	87.93	132.07	186.89	221.11	253.22
平板玻璃(万重量箱)	30.00	41.46	122.22	80.29	496.54	625.98	1098.17
原　　煤(万吨)	644.01	383.52	885.98	924.26	1533.31	389.34	372.55
原　　油(万吨)	105.70	104.13	102.41	83.04	85.03	75.11	78.30

注:主要工业产品产量指标1998年以后为全部国有和年销售收入500万元以上非国有工业企业统计口径(表1－5,1－6同)。

1－3　续表 2

指　　标	总量指标						
	1978 年	1980 年	1985 年	1990 年	1995 年	2000 年	2002 年
发电量(亿千瓦小时)	91.64	131.00	220.54	340.39	452.74	538.11	606.57
钢(万吨)	307.97	363.74	515.15	629.25	711.57	895.92	1108.35
成品钢材(万吨)	184.63	246.96	437.51	533.07	661.34	811.10	993.52
水　泥(万吨)	328.65	427.78	736.03	987.00	1838.25	2460.92	2948.66
汽　车(万辆)	0.80	3.90	8.95	11.38	15.52	19.57	41.64
国有及国有控股工业企业财务指标							
固定资产原价(亿元)	149.66	204.63	325.35	548.72	1382.74	2595.52	2780.14
年末固定资产净值年平均余额(亿元)	111.27	157.06	234.81	375.33	724.28	1659.54	1751.62
流动资产年平均余额(亿元)	48.13	59.51	88.23	195.11	903.49	1550.89	1583.83
产品销售收入(亿元)				548.59	1176.62	1856.42	2107.37
利税总额(亿元)	25.41	36.41	70.03	79.79	109.80	205.79	291.34
建筑业							
建筑业企业人数(万人)	25.94	30.71	39.49	41.88	57.28	82.76	93.50
建筑业总产值(亿元)	11.11	13.19	28.01	49.30	227.41	454.35	639.11
国有施工房屋面积(万平方米)	596.0	747.2	955.7	1061.4	2122.8	2889.1	2836.0
国有竣工房屋面积(万平方米)	297.4	352.3	425.7	455.9	622.2	1096.3	1261.8
交通运输							
货物周转量(亿吨公里)	281.09	326.85	507.57	670.53	776.44	831.64	922.00
铁　路	191.72	206.14	320.37	415.17	544.40	618.37	680.00
公　路	9.22	9.85	16.59	14.72	9.62	10.00	5.00
水　运	80.15	110.85	169.94	235.04	222.20	202.71	236.00
空　运	0.00	0.01	0.02	0.01	0.21	0.56	0.46
旅客周转量(亿人公里)	69.38	95.88	185.25	225.85	285.29	398.32	449.07
铁　路	30.72	41.79	84.00	82.83	129.47	232.00	283.00
公　路	24.85	36.20	81.33	112.83	117.76	132.00	135.00
水　运	13.64	17.52	19.40	29.28	22.71	8.84	1.00
民　航	0.07	0.37	0.52	0.91	15.35	25.48	30.07
邮电通信业							
邮电业务总量(亿元)	0.56	0.81	1.20	4.80	29.80	116.60	136.86
函　件(亿件)	1.18	1.38	1.92	2.39	4.13	3.62	5.85
本地电话用户数(万户)	8.62	9.34	13.05	23.85	175.03	546.14	735.50

1-3 续表3

指标	总量指标						
	1978年	1980年	1985年	1990年	1995年	2000年	2002
国内商业							
社会消费品零售总额(亿元)	59.84	81.91	181.07	326.36	931.80	1789.35	2198.42
对外经济贸易和旅游							
进出口总额(亿美元)	1.73	2.67	6.89	11.90	36.99	32.10	39.55
出口额	1.59	2.51	5.30	10.72	23.30	19.31	20.99
进口额	0.14	0.16	1.60	1.18	13.69	12.79	18.56
旅游人数(人次)		15784	84500	155734	270890	450805	1024312
旅游外汇收入(万美元)			954	1557	7317	14572	28390
金融保险							
银行机构存款余额(亿元)	42.16	72.21	163.27	406.56	1325.60	3037.22	4342.71
银行机构贷款余额(亿元)	96.78	120.44	319.81	732.77	1750.41	3147.77	3924.34
保险费收入(亿元)				6.19	19.60	60.53	91.38
保险赔款(亿元)				3.81	12.28	20.88	28.51
教育							
专任教师数(人)							
普通高等学校	14190	16217	22678	24624	25220	30363	39624
中等专业学校	5110	7095	9050	14407	17124	15549	10006
普通中学	191101	173279	143380	154388	171408	198486	215544
小　学	284543	299368	282996	295710	305852	274979	245773
在校学生数(万人)							
普通高等学校	4.94	6.53	11.11	13.04	18.27	34.66	58.50
中等专业学校	5.36	6.63	8.28	14.58	29.93	27.86	18.87
普通中学	372.38	319.55	244.43	211.56	247.59	350.93	416.62
小　学	765.73	755.85	672.05	623.06	674.16	667.74	579.99
小学学龄儿童入学率(%)	96.90	97.00	98.50	99.04	99.24	99.53	99.62
教育事业经费支出(亿元)		3.98	6.28	11.45	28.49	53.69	88.54
文化							
出版数量							
图　书(万册)	16200	16998	24239	40252	35207	28842	31511
杂　志(万册)	926	989	8278	7346	11389	22028	15651
报　纸(万份)	19706	31290	72016	62382	72159	134228	150040
家庭							
城镇居民平均每户家庭人口(人)		4.20	3.84	3.47	3.22	3.14	3.07
农村居民平均每户家庭人口(人)	6.02	5.86	5.07	4.67	4.38	4.11	4.09

1-3 续表4

指标	总量指标						
	1978年	1980年	1985年	1990年	1995年	2000年	2002年
婚姻							
结婚数(千对)		348.00	373.02	408.69	482.06	353.78	321.52
离婚数(千对)		6.13	6.48	9.48	13.34	21.26	23.64
居住							
城市居民人均居住面积(平方米)		5.05	7.88	9.80	11.92	13.90	26.20
农村居民人均居住面积(平方米)		14.00	21.18	25.73	25.92	30.11	31.55
生活							
城镇居民人均可支配收入(元)		413.68	704.16	1427.15	4016.68	5524.50	6788.0
农村居民人均纯收入(元)	110.52	169.96	421.24	670.80	1511.22	2268.50	2444.1
城乡居民储蓄存款余额(亿元)	6.96	13.36	59.37	244.38	952.43	1908.80	2754.96
工资							
工资总额(亿元)	25.80	35.02	61.67	131.24	345.63	405.34	470.56
职工年平均工资(元)	581	719	1027	1903	4685	7565	9611
卫生							
卫生机构数(个)	5940	6146	9885	10472	9744	11065	10045
卫生机构人员数(万人)	17.84	19.94	23.58	26.75	29.55	30.14	25.34
♯医生	5.82	6.32	7.27	8.68	9.58	10.30	8.61
卫生机构床位数(万张)	11.52	12.59	14.70	16.34	15.78	14.96	12.68
市政建设							
自来水供应量(亿吨)	5.23	6.17	9.16	23.97	37.67	29.83	26.92
下水道长度(公里)	946	1017	1438	2923	4839	7519	8181
公共汽(电)车总数(辆)	1539	1704	2287	3845	8979	17621	17536
铺装道路长度(公里)	1520	1583	1965	5053	9695	13096	14018
绿地面积(公顷)	4776	5351	8409	17480	84269	77478	68957
环境、灾害							
火灾发生数(起)		2614	1768	1757	1393	6780	5456
火灾损失(万元)		6831	1284	3368	3221	1754	1759
交通事故发生数(起)			3278	6862	8336	20148	20469
交通事故损失(万元)			151	738	4460	7041	8155
工业治理污染资金使用额(万元)				18051	27433	85238	71079
工业安排治理项目(个)				1545	939	851	449
工业废水处理量(万吨)				103758	118213	168784	
工业粉尘回收量(万吨)				108.0	124.4	233.2	257.5

注:2002年起为建筑面积,以前年份为居住面积。

1－4 国民经济主要比例关系

单位：%

指　　　　标	1990 年	1995 年	1999 年	2000 年	2001 年	2002 年
一、工业总产值中轻重工业比例						
轻 工 业	47.3	50.6	39.2	38.4	36.9	33.0
重 工 业	52.7	49.4	60.8	61.6	63.1	67.0
二、农业总产值中农林牧渔业比例						
农　　业	62.9	61.9	57.4	54.7	56.1	55.8
林　　业	3.5	2.9	3.6	3.6	2.3	2.4
牧　　业	24.4	27.1	27.7	30.1	30.1	29.4
渔　　业	5.9	8.1	11.3	11.6	11.5	12.4
三、国有固定资产投资中三次产业比例						
第一产业	4.0	1.6	5.4	5.4	5.0	9.1
第二产业	58.8	58.5	40.2	41.8	42.0	42.5
第三产业	37.2	39.9	54.4	52.8	53.0	48.4
四、国有固定资产投资中农轻重投资比例						
农　　业	4.1	1.6	5.4	5.4	5.0	9.1
轻 工 业	10.6	4.9	3.3	3.6	3.7	3.6
重 工 业	47.1	52.2	33.5	35.6	37.9	36.4
五、国有固定资产投资中能源交通投资比例						
能源工业	18.1	28.1	24.7	27.4	26.5	26.1
交通邮电业	14.5	15.7	22.3	20.7	21.6	19.6
六、基建拨款占财政支出的比例	**6.6**	**3.9**	**12.7**	**7.6**	**15.9**	**9.7**
七、文教卫科学事业费占财政支出的比例	**24.0**	**29.5**	**23.0**	**23.5**	**21.3**	**22.9**

注：本表价值量指标均按当年价格计算，工业总产值指标 1998 年以后为全部国有和年销售收入 500 万元以上非国有工业企业统计口径。

1-5 主要指标人均水平

指　　标	单位	1990年	1995年	1999年	2000年	2001年	2002年
国内生产总值(当年价格)	元	**1556**	**4162**	**6514**	**7188**	**7813**	**8319**
财政收入	元	**146.92**	**173.51**	**330.12**	**360.31**	**388.69**	**406.90**
主要农产品产量							
粮　　食	千克	467.10	428.83	416.23	372.92	358.37	341.86
棉　　花	千克	9.76	10.20	4.78	5.12	6.26	5.39
油　　料	千克	18.07	32.97	38.76	45.38	46.83	40.96
麻　　类	千克	2.32	1.42	0.83	0.87	0.86	1.09
烟　　叶	千克	2.03	1.93	2.37	2.31	2.06	1.81
茶　　叶	千克	0.54	0.68	1.04	1.07	1.08	1.12
水　　果	千克	5.07	19.96	35.40	36.25	112.69	37.26
肉类总产量	千克	27.71	48.63	45.14	45.59	48.36	49.36
水 产 品	千克	13.40	26.27	38.87	39.39	40.58	45.43
主要工业产品产量							
布	米	26.59	40.45	25.64	28.83	28.64	30.53
机制纸及纸板	千克	8.04	14.46	8.72	9.15	9.70	17.28
水　　泥	千克	184.52	319.95	375.17	413.67	436.33	492.44
原　　煤	千克	174.43	269.30	75.47	65.45	55.95	62.22
发 电 量	千瓦小时	639.62	788.00	862.49	904.54	963.40	1013.01
成品钢材	千克	100.60	115.10	129.38	136.34	152.78	165.92

注:1994年因全国实行分税制财政体制,财政收入口径有所变化,故人平财政收入也有所变化(下表同)。

1-6 平均每天创造的财富

指　　标	单位	1990 年	1995 年	1999 年	2000 年	2001 年	2002 年
国内生产总值	万元	22586	65518	105698	117159	127734	136319
财政收入	万元	2133	2731	5327	5873	6355	6670
交通部门铁路货运量	万吨	10.69	10.92	10.86	10.57	11.72	20.27
交通部门公路货运量	万吨	8.06	7.12	5.87	6.10	6.30	2.56
港口吞吐量	万吨	18.22	9.28	11.82	8.92	6.26	9.15
全社会竣工房屋建筑面积	万平方米	11.42	15.35	21.78	20.57	21.14	21.36
主要工业产品产量							
钢	吨	17240	19495	23330	24546	27504	30366
成品钢材	吨	14605	18119	20878	22222	24978	27220
水　　泥	吨	27041	50363	60540	67422	71334	80785
原　　油	吨	2275	2330	2330	2058	2115	2145
原　　盐	吨	3902	4853	6480	6591	7188	7703
原　　煤	吨	25322	42382	12179	10667	9147	10207
发　电　量	万千瓦小时	9326	12404	13918	14743	15750	16618
汽　　车	辆	312	425	613	536	608	1141
布	万米	386	637	414	470	468	501
主要农产品产量							
粮　　食	吨	67808	67502	67175	60781	58589	56082
棉　　花	吨	1417	1605	771	834	1023	884
油　　料	吨	2623	5190	6254	7397	7656	6720
肉　　类	吨	4023	7655	7284	7430	7906	8097
禽　　蛋	吨	1421	2409	2889	2810	2964	3071
蔬　　菜	吨	26746	45572	72083	74446	81919	83534
水　　果	吨	737	3142	5712	5909	18424	6113
水　产　品	吨	1945	4135	6273	6420	6635	7453

注:本表价值指标均按当年价格计算。

1-7 国内生产总值和构成

（按当年价格计算）

年 份	国内生产总值（亿元）	第一产业	第二产业	第三产业	构成（%）	第一产业	第二产业	第三产业	人平国内生产总值（元）
1978	151.00	61.11	63.71	26.18	100.0	40.5	42.2	17.3	332
1980	199.38	71.22	91.67	36.49	100.0	35.7	46.0	18.3	428
1981	219.75	87.00	92.85	39.90	100.0	39.5	42.3	18.2	466
1982	241.55	101.73	94.97	44.85	100.0	42.1	39.3	18.6	506
1983	262.58	105.40	106.50	50.68	100.0	40.1	40.6	19.3	549
1984	328.22	126.36	136.50	65.36	100.0	38.5	41.6	19.9	676
1985	396.26	144.44	174.35	77.47	100.0	36.5	44.0	19.5	808
1986	442.04	163.61	187.96	90.47	100.0	37.0	42.5	20.5	891
1987	517.77	183.99	224.53	109.25	100.0	35.5	43.4	21.1	1031
1988	626.52	214.66	271.25	140.61	100.0	34.3	43.3	22.4	1228
1989	717.08	239.07	300.46	177.55	100.0	33.3	41.9	24.8	1383
1990	824.38	289.45	313.39	221.54	100.0	35.1	38.0	26.9	1556
1991	913.38	279.30	359.86	274.22	100.0	30.6	39.4	30.0	1689
1992	1088.39	303.00	444.61	340.78	100.0	27.8	40.9	31.3	1986
1993	1424.38	346.39	627.69	450.30	100.0	24.3	44.1	31.6	2565
1994	1878.65	501.44	812.56	564.65	100.0	26.7	43.2	30.1	3341
1995	2391.42	619.77	1029.85	741.80	100.0	25.9	43.1	31.0	4162
1996	2970.2	716.34	1344.36	909.50	100.0	24.1	45.3	30.6	5122
1997	3450.24	767.92	1606.98	1075.34	100.0	22.2	46.6	31.2	5899
1998	3704.21	748.22	1752.91	1203.08	100.0	20.2	47.3	32.5	6289
1999	3857.99	653.99	1887.93	1316.07	100.0	17.0	48.9	34.1	6514
2000	4276.32	662.30	2123.70	1490.32	100.0	15.5	49.7	34.9	7188
2001	4662.28	692.17	2313.66	1656.45	100.0	14.9	49.6	35.5	7813
2002	4975.63	707.00	2446.05	1822.58	100.0	14.2	49.2	36.6	8319

1-8 国内生产总值指数

单位：%

年 份	（上年＝100）总指数	第一产业	第二产业	第三产业	（1978年＝100）总指数	第一产业	第二产业	第三产业
1978	113.5	103.4	128.4	107.4	100.0	100.0	100.0	100.0
1980	106.4	86.9	123.5	111.0	123.0	103.3	139.7	127.0
1981	106.5	113.3	101.5	104.9	131.1	117.1	141.8	133.2
1982	112.1	115.7	104.7	121.6	146.7	135.5	148.4	161.9
1983	105.8	99.6	109.9	111.5	155.4	125.0	163.2	180.5
1984	120.9	114.4	125.0	125.2	187.9	154.4	204.0	225.9
1985	116.2	108.3	124.7	112.4	218.3	167.2	254.3	254.0
1986	105.5	103.3	105.2	110.2	230.4	172.6	267.6	279.8
1987	108.4	103.1	111.3	110.7	249.8	178.0	298.0	309.8
1988	107.8	94.9	113.7	114.3	269.3	168.9	338.7	354.0
1989	104.5	105.2	102.1	109.3	281.4	177.6	346.0	386.7
1990	105.0	107.5	99.0	114.8	295.5	190.6	342.5	443.8
1991	106.6	95.1	111.1	115.4	315.1	181.5	380.6	512.2
1992	114.1	108.2	116.6	116.9	359.5	196.3	443.9	598.9
1993	114.3	105.8	119.6	115.3	412.8	207.6	530.8	690.5
1994	115.2	107.1	122.1	112.6	473.4	222.3	648.2	777.2
1995	114.6	108.9	118.9	112.7	542.5	242.1	770.5	875.6
1996	113.2	104.5	118.3	112.1	614.2	252.9	911.2	981.2
1997	113.0	106.9	115.8	112.9	694.0	270.4	1055.2	1107.8
1998	110.3	100.2	113.1	112.8	765.5	270.9	1193.4	1249.6
1999	108.3	101.9	109.7	109.9	829.0	276.0	1309.2	1373.3
2000	109.3	102.5	110.8	110.6	906.1	282.9	1450.6	1518.8
2001	109.1	102.5	110.2	110.4	988.6	290.0	1598.6	1676.8
2002	109.1	102.0	110.3	110.3	1078.6	295.8	1763.3	1849.5

1-9 分项目、分行业国内生产总值

单位:亿元

项　　目	1990年	1995年	1999年	2000年	2001年	2002年
一、增加值的项目构成	**824.38**	**2391.42**	**3857.99**	**4276.32**	**4662.28**	**4975.63**
劳动者报酬	498.23	1291.82	2246.66	2528.86	2708.15	2885.62
固定资产折旧	97.92	283.65	685.77	676.49	690.06	752.63
生产税净额	84.45	325.76	568.04	669.88	701.65	738.07
营业盈余	143.78	490.19	357.52	401.09	562.42	599.31
二、分行业的国内生产总值	**824.38**	**2391.42**	**3857.99**	**4276.32**	**4662.28**	**4975.63**
第一产业	289.45	619.77	653.99	662.30	692.17	707.00
第二产业	313.39	1029.85	1887.93	2123.70	2313.66	2446.05
工　业	284.15	925.75	1692.46	1903.28	2066.47	2168.42
建筑业	29.24	104.10	195.47	220.42	247.19	277.63
第三产业	221.54	741.80	1316.07	1490.32	1656.45	1822.58
农林牧渔服务业	0.97	3.28	5.01	5.38	6.38	7.16
地质勘探水利业	1.78	4.14	8.26	8.89	9.73	10.55
运输仓储和邮电业	37.25	114.92	215.85	256.94	282.45	306.43
批发零售贸易餐饮业	69.35	239.16	403.66	442.82	473.35	510.53
金融、保险业	33.77	107.01	193.68	205.99	232.78	250.35
房地产业	11.38	40.15	76.23	87.75	106.46	124.23
社会服务业	10.26	55.49	118.47	146.79	175.43	199.16
卫生、体育和社会福利事业	9.41	30.67	65.23	71.24	79.08	81.59
教育文艺广播电视事业	16.58	48.23	90.63	106.67	117.44	153.30
科学研究和综合技术服务业	4.63	15.68	24.30	26.58	30.11	27.75
党政机关和社会团体	25.16	79.02	113.24	129.52	141.95	148.30
其　　他	1.00	4.05	1.51	1.75	1.29	3.23

注:本表按当年价格计算。

1-10 三次产业增长速度比较

年份	国内生产总值平均每年增长(%)	第一产业	第二产业	第三产业	一、二、三产业增长速度之比（以第一产业为1）
1952	13.8	9.6	27.4	18.5	1:2.85:1.93
1957	7.4	6.4	15.3	2.6	1:2.39:0.43
1965	18.1	11.5	32.5	14.9	1:2.83:1.30
1970	26.9	12.2	61.2	11.3	1:5.02:0.93
1975	11.4	-5.5	39.0	16.0	
1978	13.5	3.4	28.4	7.4	1:8.35:2.18
1980	6.4	-13.1	23.5	11.0	
1985	16.2	8.3	24.7	12.4	1:2.98:1.49
1986	5.5	3.3	5.2	10.2	1:1.58:3.09
1987	8.4	3.1	11.3	10.7	1:3.65:3.45
1988	7.8	-5.1	13.7	14.3	
1989	4.5	5.2	2.1	9.3	1:0.40:1.79
1990	5.0	7.5	-1.0	14.8	
1991	6.6	-4.9	11.1	15.4	
1992	14.1	8.2	16.6	16.9	1:2.02:2.06
1993	14.3	5.8	19.6	15.3	1:3.38:2.64
1994	15.2	7.1	22.1	12.6	1:3.11:1.77
1995	14.6	8.9	18.9	12.7	1:2.12:1.43
1996	13.2	4.5	18.3	12.1	1:4.07:2.69
1997	13.0	6.9	15.8	12.9	1:2.29:1.87
1998	10.3	0.2	13.1	12.8	1:65.5:64.0
1999	8.3	1.9	9.7	9.9	1:5.11:5.21
2000	9.3	2.5	10.8	10.6	1:4.32:4.24
2001	9.1	2.5	10.2	10.4	1:4.08:4.16
2002	9.1	2.0	10.3	10.3	1:5.15:5.15

1-11 第三产业构成

单位：%

项目	1978年	1980年	1990年	1995年	1999年	2000年	2001年	2002年
合计	100.0	100.0	100.0	100.0	100.0	100.0	100.0	100.0
农、林、牧、渔服务业	0.4	0.4	0.4	0.4	0.4	0.4	0.3	0.4
地质勘探水利业	0.6	0.6	0.8	0.6	0.6	0.6	0.5	0.6
运输仓储和邮电业	16.4	13.3	16.8	15.5	16.4	17.2	17.1	16.8
批发零售贸易餐饮业	37.0	38.6	31.3	32.2	30.7	29.7	28.6	28.0
金融、保险业	17.3	15.1	15.2	14.4	14.7	13.8	14.1	13.7
房地产业	5.4	7.8	5.1	5.4	5.8	5.9	6.4	6.8
社会服务业	5.4	5.9	4.6	7.5	9.0	9.8	10.6	10.9
卫生、体育和社会福利事业	2.5	2.3	4.3	4.1	5.0	4.8	4.8	4.5
教育文艺广播电视事业	7.6	7.2	7.5	6.5	6.9	7.2	7.1	8.4
科学研究和综合技术服务业	1.6	1.5	2.1	2.1	1.8	1.8	1.8	1.5
党政机关和社会团体	5.5	7.1	11.4	10.7	8.6	8.7	8.6	8.1
其他	0.3	0.3	0.5	0.6	0.1	0.1	0.1	0.2

1－12 资本形成及最终消费

单位:亿元

项　　　目	2001 年	2002 年	项　　　目	2001 年	2002 年
总　投　资	**1963.46**	**1994.77**	3.第三产业	1104.87	1063.97
固定资本形成	1610.93	1699.78	固定资本形成	918.19	968.64
存货增加	352.53	294.99	存货增加	186.68	95.33
1.第一产业	141.14	136.40	**总　消　费**	**2408.84**	**2669.70**
固定资本形成	93.01	82.32	一、居民消费	1899.35	2114.11
存货增加	48.13	54.08	1.农业居民	823.42	886.53
2.第二产业	717.45	794.40	2.非农业居民	1075.93	1227.58
固定资本形成	599.73	648.82	二、政府消费	509.49	555.59
存货增加	117.72	145.58			

注:本表按当年价格计算。

1－13 最终消费和资本形成指数

(按可比价格计算,1978 年＝100)

单位:%

年　份	总　消　费	居民消费	政府消费	总　投　资	固定资本形成	存货增加
1978	100.0	100.0	100.0	100.0	100.0	100.0
1980	124.0	117.7	191.3	81.0	91.0	54.1
1981	141.1	134.7	209.8	95.1	82.9	127.8
1982	163.8	156.7	239.2	128.3	122.7	143.5
1983	183.1	172.6	239.9	137.1	142.7	122.3
1984	213.4	197.2	385.4	188.6	187.0	192.8
1985	235.0	219.1	404.1	239.3	225.9	275.4
1986	273.6	254.0	481.9	239.9	222.6	286.4
1987	286.6	264.1	529.9	255.4	261.9	237.9
1988	301.2	269.9	633.8	281.4	265.4	324.0
1989	209.1	279.9	618.6	267.7	231.2	365.5
1990	320.4	291.8	625.1	305.4	247.4	461.0
1991	341.9	305.4	722.2	316.3	282.7	414.1
1992	372.2	325.2	853.1	364.3	344.8	431.1
1993	399.0	343.2	964.9	441.2	444.2	458.9
1994	446.5	388.7	1036.8	558.3	589.2	515.8
1995	491.6	434.7	1080.2	673.8	710.4	624.4
1996	560.4	495.1	1235.7	865.8	978.9	645.0
1997	586.2	521.8	1260.4	1089.2	1132.6	1025.6
1998	668.9	582.3	1557.9	1248.2	1311.6	1144.6
1999	707.7	604.4	1780.7	1368.0	1404.7	1326.6
2000	758.7	642.5	1958.8	1489.8	1541.0	1422.1
2001	849.7	715.1	2244.8	1482.4	1684.3	1008.3
2002	956.8	810.9	2462.5	1528.4	1805.6	856.0

1-14 市、州国内生产总值

(2002年)

单位:亿元

市、州	国内生产总值	第一产业	第二产业	第三产业
全　　省	**4975.63**	**707.00**	**2446.05**	**1822.58**
武汉市	1492.74	89.54	660.46	742.74
黄石市	245.45	19.94	130.19	95.32
十堰市	231.52	28.87	127.22	75.43
宜昌市	444.06	59.70	246.36	138.00
襄樊市	456.62	103.50	207.90	145.22
鄂州市	111.34	15.65	57.16	38.53
荆门市	293.46	61.26	129.23	102.97
孝感市	314.06	75.98	131.67	106.41
荆州市	359.10	96.71	148.56	113.83
黄冈市	362.27	82.87	168.69	110.71
咸宁市	156.59	35.95	70.16	50.48
随州市	143.01	36.60	63.10	43.31
恩施自治州	130.09	50.59	38.85	40.65
仙桃市	110.13	24.05	45.56	40.52
天门市	99.52	20.34	44.05	35.13
潜江市	85.44	14.63	40.73	30.08
神农架林区	3.53	0.59	1.11	1.83

注:本指标为分级核算数,故市州相加数不等于全省数。

1-15 2002年市、州国内生产总值指数

(上年=100)

单位:%

市、州	国内生产总值	第一产业	第二产业	第三产业
全　　省	**109.1**	**102.0**	**110.3**	**110.3**
武汉市	111.8	103.9	112.2	112.4
黄石市	109.8	102.7	110.8	110.0
十堰市	113.9	105.1	118.2	110.7
宜昌市	108.7	95.5	110.2	112.7
襄樊市	108.5	102.7	110.5	109.9
鄂州市	110.1	103.1	111.2	111.6
荆门市	108.5	101.9	110.7	109.9
孝感市	109.3	104.1	111.8	110.3
荆州市	109.0	102.1	112.2	111.0
黄冈市	106.0	101.6	106.2	109.2
咸宁市	109.0	101.0	109.1	115.1
随州市	109.5	105.9	112.3	108.6
恩施自治州	104.0	96.9	108.7	109.7
仙桃市	109.2	102.9	112.5	109.4
天门市	107.2	100.5	107.9	110.4
潜江市	107.1	101.5	107.5	109.5
神农架林区	113.2	107.1	111.1	116.8

主要统计指标解释

【总产出】　是一定时期内生产的所有货物和服务的价值。它是货物和服务的全部价值，包括转移价值和新增价值两部分，即等于中间投入与增加值之和。

【中间投入】　是常住单位在生产或提供货物与服务过程中消耗和使用的所有非固定资产货物和服务价值。中间投入也称为中间消耗，分为物质产品投入和非物质性服务投入。

【国内生产总值和净值】　国内生产总值是按市场价格计算的国内生产总值的简称，它是我国所有常住单位中一定时期内生产活动的最终成果。国内生产总值有三种表现形态，即价值形态、收入形态和产品形态。从价值形态看，它是所有常住单位在一定时期内所生产的全部货物和服务价值超过同期投入的全部非固定资产货物和服务价值的差额，即所有常住单位的增加值之和；从收入形态看，它是所有常住单位在一定时期内所创造并分配给我们常住单位和非常住单位的初次分配收入之和，即固定资产折旧、劳动者报酬、生产税净额和营业盈余之和；从产品形态看，它是最终使用的货物和服务减去进口货物和服务，等于总消费、总投资与净出口之和。在核算中，国内生产总值的三种表现为三种计算方法，即生产法、收入法和支出法。三种方法分别从不同的侧面反映国内生产总值及其构成。所谓常住单位是指一经济单位在我国的经济领土上具有经济利益中心，则称之为我国的常住经济单位。经济利益中心则是指一经济单位在我国经济领土范围内具有一定的场所，如住房、厂房或其它建筑物，从事一定规模的经济活动并超过一定时期（一般以一年为操作准则），则说该经济单位在我国具有经济利益中心。

国内生产净值是按市场价格计算的国内生产净值的简称，它等于国内生产总值减去所有常住单位的固定资产折旧。

【国民生产总值和净值】　国民生产总值是按市场价格计算的国民生产总值的简称。它是我国所有常住单位在一定时期内收入初次分配的最终成果。它等于国内生产总值加上来自国外的劳动者报酬和财政收入，减去支付给国外的劳动者报酬和财政收入。与国民生产总值不同，国内生产总值是一个生产概念，而国民生产总值是个收入概念。

国民生产净值是按市场价格计算的国民生产净值的简称，它等于国民生产总值减所有常住单位的固定资产折旧。

【总消费】　是指常住单位在一定时期内对于货物和服务的全部最终消费，也就是常住单位为满足人们物质、文化和精神生活需要，从本国经济领土或外国购买的货物和服务。不包括非常住居民在本国经济领土内的消费。总消费分为居民消费和社会消费。

居民消费是指常住居民在核算期内对于货物和服务的全部最终消费。包括居民以货币直接购买的用于生活消费的各种货物，既有各种耐用消费品又有非耐用消费品，不包括居民购买的房屋和用于生产目的的支出；居民直接购买的用于生活消费的各种服务支出，如交通费、学杂费、房租、洗理、日用修理、医疗保健（自己直接支付）、教育、文化、家庭保姆等支出；居民自产自用的计入核算期社会产品中的货物；自有住房的虚拟消费；居民以实物工资获得的各种生活消费包括免费和低于市场价格获得的各种货物和服务；职工从单位享受的公费医疗和集体福利设施及补贴。

居民消费不包括居民销售旧货、废品、废料得到的净收入。

社会消费指政府部门的总产出扣除销售收入后的价值。换句话讲，就是指社会公共服务部门将其生产活动总成果提供给政府，由政府部门购买并提供给全社会享用的消费品和劳务。

【总投资】　是指常住单位在核算期内对固定资产和库存的投资支出合计，分为固定资产形成和存货增加两项。固定资产形成是生产过程中生产的，在其他生产过程中反复使用一年以上的有形和无形资产。固定资产形成是指常住单位在核算期内购置、转入和为自用而生产的固定资产，扣除已有固定资产的销售和转出后的价值。有形固定资产形成包括建筑工程、安装工程、设备与工具器具购置和其他费用四部分，不包括拥有的耐用消费品和作为纯军事目的而使用的耐用品。无形固定资产形成包括矿藏的勘探、计算机软件、娱乐、文学艺术品原件等。

存货增加即存货变动，是指常住单位在核算期内库存实物量变动的市场价值。期初与期末差额为正值，表示库存增加；负值表示库存减少。具体包括：一是生产单位从其他单位购买的原材料、燃料和各种储备物资等。这部分购买入库的商品应按本期购买者价格估计。二是生产单位生产的各种产成品、在制品、半成品等。生产单位生产入库和各种产成品应按本期生产者价格估价。

【净出口】 是指出口与进口的差额，即出口减进口。出口是指常住单位向非常住单位出售或无偿转让的货物和服务总值；进口是指常住单位从非常住单位购买或无偿得到的货物和服务总值。

国内生产总值使用中的进出口由物质产品进出口和服务进出口两部分组成。

【当年价格】 指报告期的实际价格，如工厂的出厂价格，农产品的收购价格，商业的零售价格等。按当年价格计算，是指一些以货币表现的物量指标，如工农业总产值、国民生产总值等，按照当年实际价格来计算总量。使用当年价格计算的数字，是为了使国民经济各项指标互相衔接，便于考察当年经济效益，便于生产和流通、生产和分配、生产和消费进行经济核算和综合平衡。

按当年价格计算的价值指标，在不同年份之间进行对比时，因为包含有各年价格变动的因素，不能确切地反映物量的增减变动。必须消除价格变动因素后，才能真实反映经济发展动态。因此，在计算增长速度时都使用按可比价格计算的数字。

【可比价格】 指在不同时期的价格指标对比时，扣除了价格变动的因素，以确切表示实物量的变化。按可比价格计算有两种方法：一种是直接按产品产量和其不变价格计算；一种是用物价指数换算。

【不变价格】 用某一时期的同类产品的平均价格作为固定价格，来计算各个时期的产品价格。新中国成立后，随着工农业产品价格水平的变化，国家统计局先后五次制定了全国统一的工业产品不变价格和农业产品不变价格，从1949年到1957年使用1952年工（农）业产品不变价格，从1957年到1971年使用1957年不变价格，从1971年到1981年使用1970年不变价格，从1981年到1991年使用1980年不变价格，从1991年开始使用1990年不变价格。

【国民经济指标的指数】 如“国民生产总值指数”，是按可比价格计算的。如计算有关年份产值增长情况，可用指数直接进行对比。

【平均每年增长速度】 在我国计算平均增长速度有两种方法，一种是习惯上经常使用的“水平法”，又称几何平均法，是以间隔期最后一年的水平同基期水平对比来计算平均每年增长（或下降）速度。另一种是“累计法”，又称代数平均法或方程法，是以间隔期内各年水平的总和同基期水平对比来计算平均每年增长（或下降）速度。

在一般正常情况下，两种方法计算的平均每年增长速度比较接近，但在经济发展不平衡，出现大起大落时，两种方法计算的结果差别较大。

人　口　2

资料整理:孙再明

2-1 总人口

（年底数）

单位:万人

年份	总人口	男	女	农业人口	非农业人口
1952	2751.20	1427.30	1323.90	2435.65	315.55
1957	3062.41	1579.69	1482.72	2640.73	421.68
1965	3504.54	1793.37	1711.17	3014.58	489.96
1975	4408.15	2261.64	2146.51	3807.31	600.84
1978	4574.91	2348.22	2226.69	3905.73	669.18
1979	4632.78	2376.57	2256.21	3914.44	718.34
1980	4684.45	2401.74	2282.71	3936.60	747.85
1981	4740.35	2430.91	2309.44	3969.46	770.89
1982	4800.92	2464.27	2336.65	4010.39	790.53
1983	4865.73	2501.19	2364.54	4048.82	816.91
1984	4917.75	2532.33	2385.42	3985.97	931.78
1985	4980.19	2565.32	2414.87	3921.30	1058.89
1986	5047.83	2603.60	2444.23	3954.64	1093.19
1987	5120.27	2640.76	2479.51	3995.83	1124.44
1988	5184.94	2673.09	2511.85	4027.75	1157.19
1989	5258.83	2712.57	2546.26	4066.97	1191.86
1990	5439.29	2805.46	2633.83	4223.94	1215.35
1991	5512.33	2839.16	2673.17	4264.27	1248.06
1992	5579.85	2875.36	2704.49	4283.14	1296.71
1993	5653.48	2913.30	2740.18	4308.48	1345.00
1994	5718.81	2947.57	2771.24	4265.75	1453.06
1995	5772.07	2959.55	2812.52	4257.83	1514.24
1996	5825.13	3004.79	2820.34	4265.17	1559.96
1997	5872.60	3016.55	2856.05	4271.14	1601.46
1998	5907.23	3032.67	2874.56	4281.65	1625.58
1999	5938.03	3031.96	2906.07	4293.48	1644.55
2000	5960.00	3102.78	2857.22	4292.72	1667.28
2001	5974.56	3071.52	2903.04	4284.95	1689.61
2002	5987.80	3118.40	2869.40	4272.90	1714.90

注:总人口是指常住人口;除1982年、1990年、2000年总人口以人口普查数为基数推算外,1982年及以后年份人口数为人口抽样调查推算数;农业、非农业人口数按公安年报比重推算。

2－2 人口出生率、死亡率、自然增长率

年 份	人口变动数(万人)			变动系数(‰)		
	出 生 数	死 亡 数	自然增长数	出 生 率	死 亡 率	自然增长率
1965	121.48	34.75	86.73	35.10	10.04	25.06
1975	90.80	34.52	56.28	20.74	7.88	12.86
1978	84.91	32.12	52.79	18.67	7.06	11.61
1980	94.84	32.59	62.25	20.36	7.00	13.36
1985	97.83	37.37	60.46	19.95	7.62	12.33
1986	107.09	39.45	67.64	21.01	7.74	13.27
1987	108.56	36.12	72.44	21.43	7.13	14.30
1988	97.62	32.95	64.67	19.08	6.44	12.64
1989	110.13	36.24	73.89	21.09	6.94	14.15
1990	114.40	38.66	75.74	21.60	7.30	14.30
1991	113.34	40.30	73.04	20.70	7.36	13.34
1992	105.60	38.08	67.52	19.05	6.87	12.18
1993	112.55	38.92	73.63	20.04	6.93	13.11
1994	103.31	37.98	65.33	18.17	6.68	11.49
1995	92.96	39.70	53.26	16.18	6.91	9.27
1996	93.24	40.18	53.06	16.08	6.93	9.15
1997	86.62	39.13	47.49	14.81	6.69	8.12
1998	74.09	39.46	34.63	12.58	6.70	5.88
1999	68.52	37.73	30.79	11.57	6.37	5.20
2000	57.76	35.75	22.01	9.71	6.01	3.70
2001	50.84	36.27	14.57	8.51	6.07	2.44
2002	50.10	36.90	13.20	8.38	6.17	2.21

注:1985 年以后人口变动系数为人口抽样调查数,其余为公安年报数。

2－3 分年龄性别人口比重

(2002 年抽样调查数)

单位:%

年龄别(岁)	总人口	男	女	性别比(女=100)	年龄别(岁)	总人口	男	女	性别比(女=100)
总 计	100.00	52.08	47.92	108.68	40－44	7.11	3.78	3.33	113.33
0－4	3.95	2.20	1.75	125.40	45－49	7.15	3.69	3.46	106.49
5－9	7.07	3.72	3.35	111.06	50－54	5.78	3.05	2.73	111.45
10－14	11.17	5.98	5.19	115.31	55－59	4.03	2.11	1.92	109.61
15－19	7.54	4.00	3.54	113.03	60－64	3.33	1.74	1.59	109.66
20－24	5.80	2.96	2.84	104.33	65－69	2.88	1.54	1.34	114.61
25－29	8.13	4.13	3.99	103.51	70－74	1.83	0.91	0.92	98.06
30－34	10.88	5.56	5.32	104.59	75－79	1.20	0.54	0.66	82.28
35－39	11.27	5.92	5.36	110.48	80 岁及以上	0.87	0.25	0.62	41.32

2-4 分年龄、性别、婚姻状况人口比重

(2002 年抽样调查数)

单位:%

年龄别(岁)	合计			未婚			初婚有配偶		
	小计	男	女	小计	男	女	小计	男	女
总计	100.00	51.64	48.36	18.86	11.83	7.03	73.01	36.50	36.51
15-19	9.70	5.15	4.55	9.56	5.10	4.47	0.13	0.05	0.08
20-24	7.46	3.81	3.65	5.15	3.18	1.98	2.31	0.64	1.68
25-29	10.45	5.31	5.13	2.32	1.81	0.51	8.00	3.43	4.56
30-34	13.98	7.15	6.83	0.74	0.70	0.05	12.87	6.29	6.57
35-39	14.49	7.60	6.88	0.44	0.42	0.01	13.50	6.84	6.66
40-44	9.14	4.86	4.28	0.13	0.13	0.00	8.43	4.41	4.02
45-49	9.19	4.74	4.45	0.25	0.24	0.01	8.34	4.20	4.14
50-54	7.43	3.92	3.51	0.11	0.10	0.00	6.61	3.51	3.11
55-59	5.18	2.71	2.47	0.05	0.05	0.00	4.54	2.46	2.08
60-64	4.28	2.24	2.04	0.07	0.07	0.00	3.41	1.85	1.55
65 岁及以上	8.71	4.16	4.55	0.04	0.03	0.01	4.88	2.81	2.07

2-4 续表

年龄别(岁)	再婚有配偶			离婚			丧偶		
	小计	男	女	小计	男	女	小计	男	女
总计	1.83	0.90	0.93	0.66	0.46	0.20	5.64	1.95	3.69
15-19	0.00	0.00	0.00	0.00	0.00	0.00	0.00	0.00	0.00
20-24	0.00	0.00	0.00	0.00	0.00	0.00	0.00	0.00	0.00
25-29	0.05	0.01	0.03	0.07	0.05	0.02	0.02	0.00	0.02
30-34	0.20	0.07	0.13	0.08	0.04	0.03	0.10	0.05	0.05
35-39	0.26	0.15	0.11	0.13	0.11	0.02	0.16	0.08	0.08
40-44	0.28	0.13	0.15	0.12	0.08	0.04	0.18	0.10	0.08
45-49	0.28	0.12	0.16	0.10	0.07	0.04	0.22	0.11	0.11
50-54	0.28	0.11	0.18	0.08	0.05	0.02	0.35	0.15	0.20
55-59	0.13	0.07	0.06	0.04	0.03	0.01	0.42	0.09	0.32
60-64	0.11	0.08	0.03	0.02	0.02	0.00	0.67	0.22	0.45
65 岁及以上	0.23	0.15	0.08	0.02	0.01	0.01	3.54	1.15	2.39

2-5　市、州、县(市、区)年底户籍人口数

单位:万人

单　位	2001年	2002年	单　位	2001年	2002年
武汉市	758.2	768.1	丹江口市	48.0	48.5
江岸区	62.9	63.3	宜昌市	397.5	397.3
江汉区	46.0	46.1	西陵区	38.3	38.4
硚口区	53.7	53.7	伍家岗区	14.2	14.4
汉阳区	45.6	46.6	点军区	10.4	10.5
武昌区	88.4	90.9	猇亭区	5.0	5.0
青山区	43.8	44.8	夷陵区	51.4	51.5
洪山区	64.7	67.9	远安县	20.7	20.4
东西湖区	22.9	23.6	兴山县	18.8	18.5
汉南区	10.9	10.8	秭归县	39.5	39.4
蔡甸区	47.8	48.1	长阳县	41.3	41.1
江夏区	65.9	66.4	五峰县	20.7	20.6
黄陂区	110.6	110.8	宜都市	38.2	38.2
新洲区	94.9	95.2	当阳市	48.2	48.4
黄石市	252.7	253.3	枝江市	50.7	50.8
黄石港区	22.0	22.5	襄樊市	576.0	577.4
西塞山区	22.1	22.1	襄城区	26.9	47.7
下陆区	15.3	15.4	樊城区	49.2	69.5
铁山区	6.1	5.9	襄阳区	140.1	100.5
阳新县	98.2	98.3	南漳县	58.8	58.8
大冶市	88.9	89.1	谷城县	54.4	54.4
十堰市	337.3	338.7	保康县	29.2	29.2
茅箭区	22.5	23.0	老河口市	51.2	51.2
张湾区	25.7	26.0	枣阳市	109.9	109.9
郧　县	59.8	60.4	宜城市	56.3	56.3
郧西县	50.4	50.3	鄂州市	103.1	103.6
竹山县	44.7	44.7	梁子湖区	18.6	19.0
竹溪县	36.0	36.0	华容区	26.2	26.3
房　县	50.1	49.7	鄂城区	58.3	58.3

注:年底人口数为公安年报户籍人口数;襄城区、樊城区、襄阳区行政区划有变动。

2-5 续表

单位	2001年	2002年	单位	2001年	2002年
荆门市	299.0	300.5	浠水县	102.9	102.9
掇刀区	35.4	36.1	蕲春县	95.5	95.6
东宝区	35.3	35.7	黄梅县	97.5	97.8
京山县	64.2	64.5	麻城市	116.3	116.3
沙洋县	60.8	60.7	武穴市	73.0	73.0
钟祥市	103.3	103.5	咸宁市	277.6	277.8
孝感市	505.3	506.3	咸安区	55.3	55.6
孝南区	88.0	88.2	嘉鱼县	36.3	36.4
孝昌县	63.2	63.3	通城县	45.6	45.8
大悟县	60.6	60.7	崇阳县	47.0	47.1
云梦县	57.9	57.9	通山县	42.0	42.0
应城市	66.9	67.0	赤壁市	51.5	51.0
安陆市	62.1	62.4	随州市	257.1	257.2
汉川市	106.6	106.8	曾都区	165.7	165.7
荆州市	645.5	647.5	广水市	91.4	91.5
沙市区	51.6	52.1	恩施州	380.1	381.0
荆州区	56.8	57.7	恩施市	76.6	76.8
公安县	107.5	107.6	利川市	82.3	82.9
监利县	144.6	144.6	建始县	50.9	50.9
江陵县	40.2	40.2	巴东县	48.4	48.3
石首市	66.7	67.3	宣恩县	33.9	34.1
洪湖市	91.0	91.1	咸丰县	35.6	35.7
松滋市	87.0	86.9	来凤县	30.6	30.7
黄冈市	722.7	724.0	鹤峰县	21.8	21.6
黄州区	35.3	35.8	省直管市		
团风县	37.5	37.3	仙桃市	159.8	160.0
红安县	64.8	65.1	潜江市	101.2	101.3
罗田县	59.7	59.7	天门市	175.8	176.3
英山县	40.5	40.6	神农架林区	7.9	7.9

2-6 各市州人口密度

(2002年)

市、州	总人口 (万人)	土地总面积 (平方公里)	人口密度 (人/平方公里)
全省	5987.8	185888.43	322
武汉市	768.1	8549.09	898
黄石市	253.3	4582.85	553
十堰市	338.7	23674.41	143
宜昌市	397.3	21227.00	187
襄樊市	577.4	19724.41	293
鄂州市	103.6	1593.54	650
荆门市	300.5	12479.54	241
孝感市	506.3	8922.72	567
荆州市	647.5	14068.68	460
黄冈市	724.0	17446.63	415
咸宁市	277.8	9749.84	285
随州市	257.2	9614.94	268
恩施自治州	381.0	24061.25	158
仙桃市	160.0	2519.83	635
潜江市	101.3	1929.51	525
天门市	176.3	2528.35	697
神农架林区	7.9	3215.83	25

注:市州总人口数为公安年报户籍人口数。

主要统计指标解释

【总户数】 指家庭户、集体户之和。

【家庭户】 指有家庭成员关系人口（或者还有其他人口）居住并生活在一起的作为一个家庭户。单身独居的也作为一个家庭户。

【集体户】 指户内没有家庭成员关系，集体居住在某一个单位集体宿舍及其他住所、共同生活的人口，视为一个集体户。

【总人口】 年度统计人口数均为12月31日的常住人口和未落常住户口的人（包括持出生、迁移、复员转业、释放解除劳教等证件的未落常住户口和定居一年以上的流动人口，1995年以后为半年以上），以及被注销户口的在押犯、劳改、劳教人员。总人口中不包括现役军人（含人民武装警察）。

【非农业人口】 指城乡中常年从事第二、三产业的人口及其所抚养的那部分人口。

【性别比】 指以女性人口为100时所对应的男性人口数。计算公式为：

$$性别比=\frac{男性人数}{女性人数}\times 100$$

【出生率】 指一年内出生人数与年平均人数之比。计算公式为：

$$出生率=\frac{年出生人数}{年平均人数}\times 1000‰$$

$$年平均人数=\frac{年初人数+年末人数}{2}$$

【死亡率】 指一年内死亡人数与年平均人数之比。计算公式为：

$$死亡率=\frac{年死亡人数}{年平均人数}\times 1000‰$$

【自然增长率】 指一年内人口的自然增加数（出生人数减死亡人数）与年平均人数之比。计算公式为：

$$自然增长率=\frac{年出生人数-年死亡人数}{年平均人数}\times 1000‰$$

【受教育程度】 指6岁及6岁以上的，按照国家教育体制的规定，被登记人接受教育的最高学历。通过自学或成人学历教育经国家统一考试合格的，可分别归入相应的受教育程度。“大专及以上”指接受的最高一级教育为大学专科、大学本科、硕士或博士研究生；“高中及中专”，指正在高中和相当于高中的中专、职业高中等有关学校学习，或已毕业、肄业或辍学的人；“初中”、“小学”，分别指正在“初中”、“小学”学习或已经毕业、肄业或辍学的人；“扫盲班”指参加过各种扫盲班或成人识字班学习，且以后再没有接受过各级各类学校教育的人；“未上过学”指从未接受过国家或其他办学机构实施的各级各类学校教育的人。

【文盲】 指15岁及15岁以上人口中不识字或识字未达到国务院脱盲标准（城市居民和乡、镇企业职工识字2000个，乡村居民识字1500个），不能阅读通俗书报、不能写便条的人。

【城乡人口】 城乡人口的统计口径具体为：

（1）市人口：指人口密度在1500人/平方公里以上的城区全部人口，以及其他城区和县级市的所有街道、区（县级市）政府驻地及其城区建设已延伸到的周边建制镇（乡）的全部人口；

（2）镇人口：指镇辖所有居委会和镇政府驻地及其城区建设已延伸到的周边村委会的全部人口；

（3）乡村人口：指除了市人口、镇人口以外的所有人口。

城镇人口指市人口和镇人口。

从业人员和职工工资 3

资料整理:何志华

3-1 从业人员

（年底数）

单位:万人

年份	合计	按城乡分		按产业分		
		城镇	乡村	第一产业	第二产业	第三产业
1952	1020.3	141.6	878.7			
1957	1139.9	173.6	966.3			
1965	1404.2	222.7	1181.6			
1970	1618.5	278.0	1340.8			
1975	1802.5	381.7	1420.8			
1978	1910.4	458.0	1452.3	1470.6	269.0	170.8
1980	1986.9	507.2	1479.7	1453.7	286.3	247.0
1985	2238.1	637.6	1600.5	1383.3	485.4	369.5
1990	3040.4	890.8	2149.6	1859.8	628.5	552.1
1991	3082.7	909.4	2173.3	1897.4	623.0	562.3
1992	3118.6	923.1	2195.5	1869.0	650.9	598.7
1993	3157.6	940.9	2216.7	1818.8	684.6	654.2
1994	3196.9	980.1	2216.8	1760.5	717.1	719.3
1995	3232.5	1015.0	2217.5	1697.0	743.5	792.0
1996	3275.5	1050.8	2224.7	1677.1	746.8	851.6
1997	3311.2	1070.5	2240.7	1663.2	752.0	896.0
1998	3328.2	1093.6	2234.6	1612.5	705.6	1010.1
1999	3358.1	1110.5	2247.6	1612.6	697.8	1047.7
2000	3384.9	1123.8	2261.1	1625.1	702.4	1057.4
2001	3414.5	1148.7	2265.8	1639.0	706.8	1068.7
2002	3443.0	1177.0	2266.0	1652.6	704.1	1086.3

注:1.1978年以后乡村劳动力不包括外出合同工、临时工。

2.1990年以后从业人员总数及分城乡、三次产业人数系按国家要求根据人口普查和人口变动调查资料推算。

3-2 分行业年底在岗职工人数

单位:万人

行业	2001年			2002年		
	国有经济单位	城镇集体经济单位	其他经济单位	国有经济单位	城镇集体经济单位	其他经济单位
总计	**379.53**	**52.36**	**69.71**	**343.50**	**42.50**	**97.42**
农、林、牧、渔业	37.09	0.69	0.35	31.93	0.61	0.31
采掘业	7.51	1.00	0.69	5.83	1.65	1.78
制造业	77.12	23.35	46.38	62.97	17.06	63.48
电力、煤气及水的生产和供应业	9.97	0.11	1.74	8.76	0.22	2.82
建筑业	14.25	7.14	3.09	12.23	6.71	5.17
地质勘查业、水利管理业	6.85	0.07	0.05	5.57	0.05	0.01
交通运输、仓储及邮电通信业	27.93	2.45	1.94	27.31	2.83	2.94
批发和零售贸易、餐饮业	22.39	11.37	9.38	16.88	6.81	12.82
金融、保险业	8.68	2.52	1.44	8.14	2.41	1.31
房地产业	2.53	0.14	0.73	2.65	0.15	1.71
社会服务业	13.92	1.75	3.12	13.10	1.87	4.37
卫生、体育和社会福利业	24.16	1.02	0.10	23.54	0.72	0.09
教育、文化艺术及广播电影电视业	67.18	0.16	0.07	66.04	0.93	0.27
科学研究和综合技术服务业	6.16	0.05	0.60	6.11	0.02	0.22
国家机关、政党机关和社会团体	50.97	0.20	0.03	47.50	0.14	0.06
其他行业	2.81	0.35	0.01	4.94	0.32	0.07

3-3 分行业年底在岗女职工人数

单位:万人

行业	2001年			2002年		
	国有经济单位	城镇集体经济单位	其他经济单位	国有经济单位	城镇集体经济单位	其他经济单位
总计	**144.49**	**23.01**	**32.09**	**129.34**	**17.49**	**45.41**
农、林、牧、渔业	15.54	0.16	0.13	13.66	0.14	0.13
采掘业	2.43	0.14	0.14	1.95	0.31	0.44
制造业	31.00	11.96	21.51	23.91	8.71	30.66
电力、煤气及水的生产和供应业	3.48	0.04	0.60	3.05	0.09	0.97
建筑业	3.66	1.52	0.68	3.10	1.13	1.20
地质勘查业、水利管理业	2.17	0.01	0.03	1.67	0.02	0.00
交通运输、仓储及邮电通信业	8.55	0.67	0.58	8.04	0.95	0.91
批发和零售贸易、餐饮业	9.27	5.44	5.81	6.56	2.98	7.62
金融、保险业	3.85	1.18	0.90	3.82	1.15	1.01
房地产业	0.99	0.04	0.29	1.01	0.05	0.62
社会服务业	6.36	0.94	1.10	5.93	1.01	1.50
卫生、体育和社会福利业	13.78	0.53	0.08	13.56	0.39	0.07
教育、文化艺术及广播电影电视业	27.82	0.11	0.03	27.19	0.42	0.13
科学研究和综合技术服务业	2.10	0.02	0.20	2.12	0.01	0.08
国家机关、政党机关和社会团体	12.42	0.11	0.02	11.82	0.03	0.03
其他行业	1.08	0.12		1.97	0.10	0.03

3-4 职工工资总额及指数

年 份	工资总额（亿元）	国有经济单位	城镇集体经济单位	其他经济单位	指数（上年=100）	国有经济单位	城镇集体经济单位	其他经济单位
1978	25.80	21.49	4.34		111.4	110.4	116.7	
1980	35.02	29.26	5.95		121.7	121.3	123.4	
1985	61.67	48.42	13.22	0.03	121.6	122.0	119.8	27.2
1986	73.16	57.43	15.67	0.06	118.6	118.6	118.5	182.4
1987	82.86	65.26	17.50	0.10	113.3	113.6	111.7	156.3
1988	104.93	83.43	21.36	0.14	126.6	127.8	122.0	142.1
1989	116.28	92.84	23.21	0.23	110.8	111.3	108.7	163.4
1990	131.24	105.95	24.96	0.33	112.9	114.1	107.5	144.1
1991	147.01	118.05	28.29	0.67	112.0	111.4	113.4	204.7
1992	171.39	139.36	30.94	1.09	116.6	118.1	109.3	163.7
1993	214.34	173.67	34.90	5.77	125.4	124.6	112.8	529.0
1994	295.62	242.81	41.12	11.69	137.9	139.8	117.8	202.8
1995	345.63	282.75	45.14	17.74	116.9	116.5	109.8	151.7
1996	372.71	304.07	47.39	21.25	107.8	107.5	105.0	119.8
1997	391.00	317.82	45.67	27.51	104.9	104.5	96.4	129.4
1998	387.82	311.83	40.54	35.45	99.2	98.1	88.8	128.9
1999	399.99	321.96	38.09	39.94	103.1	103.2	94.0	112.7
2000	405.34	328.17	32.91	44.26	101.3	101.9	86.4	110.8
2001	438.30	352.04	30.41	55.85	108.1	109.4	92.4	126.2
2002	470.56	360.88	28.07	81.61	107.4	102.5	92.3	146.1

注:1998 年以后为在岗职工工资总额。

3-5 国有经济单位分行业职工工资总额

单位:亿元

行 业	1995 年	1999 年	2000 年	2001 年	2002 年
总 计	**282.75**	**321.96**	**328.17**	**352.04**	**360.88**
农、林、牧、渔业	17.55	18.16	17.17	16.55	15.57
采掘业	8.29	7.98	9.68	9.82	7.08
制造业	90.96	70.59	68.64	73.30	68.59
电力、煤气及水的生产和供应业	8.32	10.07	10.38	11.40	10.34
建筑业	17.87	15.99	16.18	14.46	13.41
地质勘查业、水利管理业	4.38	5.59	5.68	5.66	5.59
交通运输、仓储及邮电通信业	22.55	28.11	29.47	31.78	34.16
批发和零售贸易、餐饮业	22.49	15.98	15.50	15.44	12.27
金融、保险业	6.74	9.51	9.59	9.87	9.74
房地产业	1.32	2.02	2.19	2.30	2.70
社会服务业	6.63	9.86	10.16	10.80	11.15
卫生、体育和社会福利业	13.37	20.10	20.60	23.05	25.17
教育、文化艺术及广播电影电视业	31.94	54.14	56.53	65.03	75.42
科学研究和综合技术服务业	4.72	6.62	6.84	7.52	8.82
国家机关、政党机关和社会团体	24.94	44.18	47.21	52.40	56.43
其他行业	0.67	3.05	2.35	2.64	4.42

注:1998 年以后不含离岗职工生活费。

3-6　城镇集体经济单位分行业职工工资总额

单位:亿元

行　　业	1995年	1999年	2000年	2001年	2002年
总　　计	**45.14**	**38.09**	**32.91**	**30.41**	**28.07**
农、林、牧、渔业	0.45	0.33	0.33	0.35	0.27
采掘业	0.18	0.62	0.76	0.74	1.02
制造业	22.00	16.36	13.75	13.10	11.41
电力、煤气及水的生产和供应业	0.07	0.09	0.09	0.10	0.17
建筑业	4.37	4.62	4.60	4.44	4.69
地质勘查业、水利管理业	0.01	0.01	0.01	0.04	0.03
交通运输、仓储及邮电通信业	2.22	2.05	1.98	1.20	1.80
批发和零售贸易、餐饮业	11.84	9.15	6.77	5.58	3.24
金融、保险业	1.45	2.02	2.03	2.20	2.22
房地产业	0.07	0.09	0.10	0.10	0.12
社会服务业	1.28	1.37	1.30	1.33	1.41
卫生、体育和社会福利业	0.68	0.64	0.57	0.67	0.50
教育、文化艺术及广播电影电视业	0.21	0.22	0.15	0.11	0.77
科学研究和综合技术服务业	0.02	0.04	0.03	0.04	0.02
国家机关、政党机关和社会团体	0.01	0.13	0.16	0.15	0.14
其他行业	0.26	0.35	0.28	0.26	0.28

注:1998年以后不含离岗职工生活费。

3-7　职工平均工资及指数

年份	平均货币工资(元)				指数(上年=100)							
	合　计	国有经济单位	城镇集体经济单位	其他经济单位	货币工资	国有经济单位	城镇集体经济单位	其他经济单位	实际工资	国有经济单位	城镇集体经济单位	其他经济单位
1978	581	592	532		104.5	104.5	106.4		104.2	103.9	106.1	
1980	719	744	619		116.0	115.9	116.4		108.6	108.5	109.0	
1985	1027	1082	867	988	115.5	116.3	112.9		104.7	105.4	102.4	
1986	1170	1241	969	1168	113.9	114.7	111.8	118.2	107.5	108.2	105.5	111.5
1987	1284	1364	1054	1525	109.7	109.9	108.8	130.6	100.9	101.1	100.1	120.1
1988	1580	1683	1273	1842	123.1	123.4	120.8	120.8	102.2	102.4	100.2	100.2
1989	1713	1830	1363	2110	108.4	108.7	107.1	114.5	95.0	95.3	93.9	100.4
1990	1903	2045	1467	2259	111.7	107.6	107.1	107.1	107.8	108.3	104.4	103.9
1991	2081	2213	1662	2363	109.4	108.2	113.3	104.6	103.0	101.9	106.7	98.5
1992	2370	2532	1837	2575	113.9	114.4	110.5	109.0	103.1	103.5	100.0	98.7
1993	2933	3141	2183	3248	123.8	124.1	118.8	126.1	106.6	106.8	102.3	108.6
1994	4050	4348	2845	4352	138.1	138.4	130.3	134.0	108.7	109.0	102.6	105.5
1995	4685	4991	3308	5093	115.7	114.8	116.3	117.0	96.3	95.6	96.8	97.4
1996	5099	5411	3590	5754	108.8	108.4	108.5	113.0	95.1	94.0	95.3	99.9
1997	5401	5741	3731	5740	105.9	106.1	103.9	99.8	97.6	96.6	95.9	96.6
1998	6436	6783	4748	6166	108.7	109.1	109.2	99.1	110.2	110.2	110.8	100.5
1999	6991	7381	5001	6681	108.6	108.8	105.3	108.4	110.0	111.0	107.4	110.6
2000	7565	7989	5090	7327	108.2	108.2	101.8	109.7	109.3	109.3	102.7	110.8
2001	8619	9133	5677	8035	113.9	114.3	111.5	109.7	113.6	114.0	111.2	109.3
2002	9611	10403	6534	8180	111.5	113.9	115.1	101.8	112.0	114.4	115.6	102.2

注:1998年以后为在岗职工平均工资及指数。

3－8 分行业在岗职工平均工资

单位:元

行业	2001年			2002年		
	国有经济单位	城镇集体经济单位	其他经济单位	国有经济单位	城镇集体经济单位	其他经济单位
总计	**9133**	**5677**	**8035**	**10403**	**6534**	**8180**
农、林、牧、渔业	4447	5038	5074	4829	4355	5510
采掘业	11323	7316	6499	12114	6243	7901
制造业	9172	5529	7233	10730	6587	7718
电力、煤气及水的生产和供应业	11377	8980	13791	11775	7910	15005
建筑业	9940	6239	8736	10859	7313	7899
地质勘查业、水利管理业	8217	5759	5591	9825	5956	5538
交通运输、仓储及邮电通信业	11215	4818	8818	12139	6304	8497
批发和零售贸易、餐饮业	6564	4590	7970	7079	4403	7615
金融、保险业	11218	8639	16227	11738	9161	18227
房地产业	9072	7538	14586	10113	8194	9815
社会服务业	7827	7551	9804	8544	7735	8790
卫生、体育和社会福利业	9522	6581	10187	10671	6893	10019
教育、文化艺术及广播电影电视业	9722	6675	7366	11395	8257	9197
科学研究和综合技术服务业	12105	7599	17037	14378	9169	14375
国家机关、政党机关和社会团体	10263	7631	4577	11847	9828	7850
其他行业	9402	7463	7889	8809	8878	6758

3－9 全省城镇单位分行业下岗职工情况

单位:万人

行业	2000年		2001年		2002年	
	合计	国有经济单位	合计	国有经济单位	合计	国有经济单位
总计	**148.57**	**99.87**	**134.57**	**90.36**	**117.03**	**74.70**
农、林、牧、渔业	4.72	4.64	5.22	5.14	3.85	3.76
采掘业	3.70	3.56	2.79	2.59	2.34	1.88
制造业	76.55	47.63	66.85	39.59	58.48	31.97
电力、煤气及水的生产和供应业	0.99	0.91	1.37	1.17	1.96	1.27
建筑业	9.54	7.18	8.96	7.01	7.53	6.17
地质勘查业、水利管理业	1.07	1.06	1.28	1.26	1.13	1.09
交通运输、仓储及邮电通信业	7.68	5.13	7.56	5.28	7.24	5.28
批发和零售贸易、餐饮业	36.22	22.53	30.56	19.41	22.26	12.62
金融、保险业	0.68	0.61	0.99	0.81	1.21	1.00
房地产业	0.53	0.45	0.69	0.53	0.80	0.58
社会服务业	2.36	1.90	2.46	1.99	2.64	2.00
卫生、体育和社会福利业	1.01	0.95	1.48	1.42	1.84	1.76
教育、文化艺术及广播电影电视业	1.50	1.45	1.81	1.76	1.95	1.85
科学研究和综合技术服务业	0.50	0.49	0.40	0.39	0.53	0.52
国家机关、政党机关和社会团体	1.14	1.11	1.75	1.73	2.05	2.04
其他行业	0.39	0.28	0.38	0.27	1.24	0.91

3－10 全省城镇单位分行业下岗职工生活费

单位：万元

行业	2000年		2001年		2002年	
	合计	国有经济单位	合计	国有经济单位	合计	国有经济单位
总计	**251445**	**193024**	**270226**	**206915**	**291509**	**220013**
农、林、牧、渔业	3172	3119	3211	3164	3747	3650
采掘业	9222	9053	5915	5313	5900	4831
制造业	131246	96679	129695	92597	128673	86329
电力、煤气及水的生产和供应业	4109	3701	9076	7134	13150	8597
建筑业	17789	14769	21291	18471	21863	19191
地质勘查业、水利管理业	2051	2030	2955	2909	3497	3450
交通运输、仓储及邮电通信业	14420	11745	18265	15542	25176	22405
批发和零售贸易、餐饮业	46036	30081	41155	26149	31783	18965
金融、保险业	3277	3045	8465	7408	10637	9217
房地产业	1572	1380	1996	1618	2858	2321
社会服务业	5134	4423	6789	5656	8598	6813
卫生、体育和社会福利业	2370	2272	5080	4979	6829	6684
教育、文化艺术及广播电影电视业	4368	4308	6769	6675	9337	8792
科学研究和综合技术服务业	1408	1401	1494	1465	2307	2262
国家机关、政党机关和社会团体	4480	4406	7003	6946	14429	14340
其他行业	801	612	1067	891	2726	2164

3－11 市、州按经济类型在岗职工人数与平均工资(2002年)

市、州	在岗职工人数(万人)	国有经济单位	城镇集体单位	其他经济单位	平均工资(元)	国有经济单位	城镇集体单位	其他经济单位
全省	**483.42**	**343.50**	**42.50**	**97.42**	**9611**	**10403**	**6534**	**8180**
武汉市	133.11	93.24	8.94	30.94	12162	13157	8027	10443
黄石市	25.31	14.81	2.82	7.67	9017	9643	6370	8793
十堰市	28.91	21.28	2.70	4.93	11994	12968	9806	9034
宜昌市	36.38	24.20	2.88	9.30	9299	10566	6621	6810
襄樊市	46.24	32.75	3.77	9.72	7499	8038	4472	6856
鄂州市	13.60	6.27	2.01	5.32	7646	9741	5283	6016
荆门市	19.96	14.88	2.30	2.78	8766	9360	6544	7378
孝感市	33.02	21.15	6.13	5.73	7480	7895	6323	7122
荆州市	37.34	27.65	1.99	7.70	7775	8280	5277	6700
黄冈市	29.87	24.27	2.30	3.30	7554	8085	4927	5518
咸宁市	17.60	12.90	1.36	3.33	7686	8098	5924	6861
随州市	12.00	8.70	1.95	1.35	7340	7900	5531	6542
恩施州	12.43	11.22	0.46	0.75	9581	9726	7062	8890
仙桃市	7.54	4.36	0.54	2.64	6807	7762	4978	5565
天门市	4.72	3.97	0.38	0.37	7096	7395	4990	6353
潜江市	12.65	10.04	1.06	1.55	8909	9730	4943	6345
神农架	0.77	0.73	0.00	0.03	9582	9649	7261	8437

主要统计指标解释

【劳动力资源总数】 指在劳动年龄内（16岁以上），具有劳动能力，在正常情况下，可能或实际参加社会劳动的人口数。包括从业人员、城镇失业人员和其他在劳动年龄内有劳动能力的人口数。但不包括劳动年龄内的在押犯人、丧失劳动能力的人员和16岁以下实际参加社会劳动的人员。

【经济活动人口】 指劳动年龄内，有劳动能力，参加或要求参加社会经济活动的人口。包括从业人员和失业人员。

【从业人员】 指从事一定社会劳动并取得劳动报酬或经营收入的人员。按就业身份分组包括：

①职工

②再就业的离退休人员

③私营业主

④个体户主

⑤私营企业和个体从业人员

⑥乡镇企业从业人员

⑦农村从业人员

⑧其他从业人员

这一指标反映了一定时期内全部劳动力资源的实际利用情况，是研究我国基本国情国力的重要指标。

各单位从业人员是指在各级国家机关、政党机关、社会团体及企业、事业单位中工作，并取得劳动报酬的全部人员。包括职工、再就业的离退休人员、民办教师以及在各单位中工作的外方人员和港、澳、台方人员。

目前全社会从业人员的资料来源于：

①城镇单位全部职工和其他从业人员

②城镇私营企业和个体从业人员

③乡村劳动力

④人口普查和人口变动调查在业人口

【使用的农村劳动力】 指国有经济、城镇的集体经济、联营经济、股份制经济、外商和港、澳、台投资经济、其他经济单位的从业人员中，现仍保留农村户籍关系的人员。

【职工】 指在国有经济、城镇的集体经济、联营经济、股份制经济、外商和港、澳、台投资经济、其他经济单位及其附属机构中工作，并由其支付工资的各类人员。不包括城镇私营企业和乡镇企业从业人员。

【在岗职工】 指在本单位工作并由单位支付工资的人员，以及有工作岗位，但由于学习、病伤产假等原因暂未工作，仍由单位支付工资的人员。

【合同制职工】 指单位根据国务院国发（1986）77号文件和国务院令第99号的规定，通过签订有固定期限劳动合同、无固定期限劳动合同和以完成一项工作为期限的劳动合同所使用的职工。包括实行全员劳动合同制单位的全部职工。

【正式职工】 指在机关和事业单位中，经国家有关部门分配、安排或批准招收录用的职工。包括原固定职工和使用期限在一年以上的合同制职工。

【长期职工】 指用工期限在一年以上（含一年）的职工。包括原固定职工、合同制职工、长期临时工以及国有单位使用的城镇集体经济单位的人员和其他使用期限在一年以上的原计划外用工。

【临时职工】 指用工期限不超过一年的职工。包括各单位根据国家有关规定招用的，签订一年以内的劳动合同或使用期限不超过一年的临时性、季节性用工。

【国有经济单位职工】 指在各级国有经济单位工作，并由其支付工资的各类人员。

【城镇集体经济单位职工】 指在城镇集体经济单位及其管理部门中工作，并由其支付工资的各类人员。

【其他各种经济类型单位职工】 指在城镇的联营经济、股份制经济、外商投资经济、港、澳、台投资经济及其他经济单位工作，并由其付工资的人员。

【其他从业人员】 各单位其他从业人员是指劳动统计制度规定不作职工统计，但实际参加各单位生产或工作并取得劳动报酬的人员。包括再就业的离退休人员、民办教师以及在各单位中工作的外方人员和港、澳、台方人员。全社会其他从业人员还包括宗教职业者。

【下岗职工】 指由于用人单位的生产和经营状况

等原因，已经离开本人的生产或工作岗位，并已不在本单位从事其他工作，但仍与用人单位保留劳动关系的职工。包括放长假、下岗待工、退出工作岗位休养等职工，不包括下岗后仍在企业参加转岗培训的职工。

【离岗职工】 指由于各种原因，已经离开本人的生产或工作岗位，并已不在本单位从事其他工作，但仍与用人单位保留劳动关系的职工。

【内部退养职工】 指接近正常退休年龄但因各种原因退出工作岗位，并办理了内退手续，在办理正式退休手续前由单位按月发给一定生活费的职工。

【城镇私营企业和个体从业人员】 指在工商行政管理部门登记和批准并领取营业执照的城镇私营企业或个体经营者所经营的机构中劳动并领取劳动报酬的帮工、学徒、雇佣人员，以及直接参加生产经营管理活动，并从生产经营的盈利中取得劳动收入的私营业主和个体户主。包括离退休后在私营企业从业或从事个体劳动的人员，但不包括个体经营者所经营的机构中户口在农村的人员。

【乡村劳动力】 指劳动年龄内的乡村人口中实际参加各种行业劳动并取得实物或货币收入的劳动力人数。包括在农村从事个体劳动，以及在私营企业、乡镇企业工作的人员，但不包括外出合同工、临时工。

【城镇失业人员】 指有非农业户口，在劳动年龄以内，有劳动能力无业而要求就业，并在当地就业服务机构进行求职登记的人员。包括失业青年、失业职工和其他失业人员。

【城镇失业率】 是城镇失业人数同城镇从业人数加城镇失业人数之比。计算公式为：

$$\text{城镇失业率}=\frac{\text{城镇失业人数}}{\text{城镇从业人数}+\text{城镇失业人数}}\times 100\%$$

这一指标反映了一定时期内城镇可能参加社会劳动的人数中，实际失业人数的比重。

【非经济活动人口】 指劳动年龄内，有劳动能力，未参加或不要求参加社会经济活动的人口。包括16岁以上在校学生、待学人员、离退休后不再要求就业的人员，家务劳动者，无就业愿望的其他人员。

【从业人员劳动报酬】 指各单位在一定时期内直接支付给本单位全部从业人员的劳动报酬总额。包括职工工资总额和本单位其他从业人员劳动报酬两部分。

【职工工资总额】 指各单位在一定时期内直接支付给本单位全部职工的劳动报酬总额。包括：计时工资、计件工资、奖金、津贴和补贴、加班加点工资和其他工资。

职工工资总额的计算原则应以直接支付给职工的全部劳动报酬为依据。各单位支付给职工的劳动报酬以及其他根据有关规定支付的工资，不论是计入成本的还是不计入成本的，不论是以货币形式支付的还是以实物形式支付的，均应列入工资总额的计算范围。

【计时工资】 指按计时工资标准和工作时间支付给个人的劳动报酬，以及根据国家法律、法规和政策规定，因病、工伤、产假、计划生育假、婚丧假、事假、探亲假、定期休假、停工学习、执行国家或社会义务等原因按计时工资标准或计时工资标准的一定比例支付的工资。

【计件标准工资】 指实行计件工资制的单位，按照批准的计件单价和规定的劳动定额或工作量支付给计件工人的劳动报酬。

【奖金】 指支付给职工的超额劳动报酬和增收节支的劳动报酬。包括生产（业务）奖、节约奖、劳动竞赛奖、机关事业单位各类人员的年终一次性奖金、机关工人的奖金、体育运动员的平时训练奖、其他奖金等。

【计件超额工资】 指计件工人超额完成定额任务后所得的工资。即计件工人实得的全部计件工资减去应得的计件标准工资后的数额。某些企业的工人由于从事生产的工作物等级高于本人工资等级，因而其计件标准工资高于本人标准工资，其计件超额工资也应是全部工资减去应得的计件标准工资后的数额。

【津贴和补贴】 指为了补偿职工特殊或额外的劳动消耗和因其他特殊原因支付给职工的津贴，以及为了保证职工工资水平不受物价影响支付给职工的物价补贴。

【年功性津贴】 包括工龄工资、工龄津贴、教龄津贴和护士工龄津贴。

【物价补贴】 指为保证职工工资水平不受物价上涨或变动影响而支付的各种补贴，如副食品价格补贴（含肉类等价格补贴）、粮油、蔬菜等价格补贴、煤价补贴、房贴、水电贴、房改补贴以及提高煤炭价格后，部分地区实行的民有燃料和照明电价格补贴等。

【加班加点工资】 指对法定节假日和公休假日工作的职工以及在正常工作日以外延长工作时间的职

【职工平均工资】 指企业、事业、机关单位的职工在一定时期内平均每人所得的货币工资总额。它表明一定时期职工工资收入的高低程度，是反映职工工资水平的主要指标。计算公式为：

$$\text{职工平均工资}=\frac{\text{报告期实际支付的全部职工工资总额}}{\text{报告期全部职工平均人数}}$$

【职工平均实际工资】 指扣除物价变动因素后的职工平均工资。计算公式：

$$\text{职工平均实际工资}=\frac{\text{报告期职工平均工资}}{\text{报告期城镇居民消费价格指数}}$$

【其他从业人员劳动报酬】 指各单位在一定时期内直接支付给本单位其他从业人员的全部劳动报酬。

【下岗职工生活费】 指离岗职工在离开本单位仍保留劳动关系期间从本单位领取的生活费用。

【离岗职工生活费】 指离岗职工在离开本单位仍保留劳动关系期间从本单位领取的生活费用。

【职工保险福利费用】 指企业、事业、机关单位在工资以外支付给职工个人以及用于集体的劳动保险和福利费用的总称。不包括用于职工的劳动保护费用，由保险福利费用开支的医务人员的工资，集体福利机构工作人员和病伤休息满六个月以上人员的工资。

【医疗卫生费】 指实行医疗保险企业的职工及供养的直系亲属的医疗费、医务经费、职工因工负伤就医路费以及住院伙食补助费等；卫生部门开支的机关事业单位职工的公费医疗经费；未实行医疗保险企业和未参加公费医疗的机关事业单位职工的医疗费。

【丧葬抚恤救济费】 指职工死亡的丧葬费、丧葬补助费和所遗供养直系亲属的抚恤费、救济费、生活补助费以及职工供养直系亲属死亡时的丧葬补助费等。

【职工生活困难补助】 指单位对于因各种原因造成的生活困难的职工，在经济上给予临时的或定期的补助，以保证其基本生活需要的一种福利制度。

【文体宣传费】 指企业、事业和机关单位实际支付的文娱体育宣传费，不包括学习费。

【集体福利事业设施费和集体福利事业补贴】 指对职工浴室、理发室、洗衣房、哺乳室、托儿所等集体福利设施各项支出与收入相抵后的差额补助费，以及职工所在单位为满足本单位职工的共同物质生活需要，按照国家规定开支的集体福利设施费用，如职工食堂炊事用具的购置费、修理费，职工宿舍的修缮费用等，但不包括由企业、事业、机关单位自筹经费开支的职工福利设施的基本建设费用。

【计划生育补贴】 指发给职工的独生子女补贴、保健费。

【冬季取暖补贴】 指按有关规定发给职工的冬季取暖补贴费。

【其他保险福利费】 指上述费用以外用于职工保险福利的支出，如防暑降温费、支付职工的探亲路费等。

【离休、退休、退职人员保险福利费用】 指社会保险管理机构或企业、事业、机关单位实际支付给离休、退休、退职人员的保险福利费用的总称。

【离休费】 指发给离休人员的工资和按1982年国务院发布的“关于老干部离职休养制度的几项规定”发给符合规定的离休干部相当1—2个月标准工资的生活补贴、1988年增发的生活补贴费以及发给离休人员的生活补贴和物价补贴。

【退休费】 指按照国家有关规定发给退休人员的退休费和1988年增发的生活补贴费以及发给退休人员的生活补贴和物价补贴。

【退职生活费】 指按照1978年国务院《关于工人退休退职的暂行办法》发给退职人员的生活费用和1988年增发的生活补贴费以及发给退职人员的生活补贴和物价补贴。

【医疗卫生费】 指离休、退休、退职人员的医疗费、住院费以及住院伙食补助等费用。

【交通费补贴】 指按月发给离休人员的交通费补贴。

【丧葬抚恤救济费】 指离休、退休、退职人员死亡的丧葬费、丧葬补助费和所遗供养直系亲属的抚恤费、救济费、生活补助费以及供养直系亲属死亡时的丧葬补助费等。

【其他保险福利费】 指上述费用以外，支付给离休、退休、退职人员的保险福利费，包括易地安置的离休、退休、退职人员的安家补贴费，离休、退休、退职人员的生活困难补助费以及护理费、书报费、洗理费、少数民族补贴和老干部活动经费开支的旅游费用等。

固定资产投资 4

资料整理:孟宪启　王行刚

4-1 全社会固定资产投资

单位:亿元

年份	总计	国有经济单位	基建	技改	房地产	专项及其他	其他经济单位
1978	33.58	33.19	31.15	2.04			
1980	35.50	34.19	29.44	4.75			
"六五"时期	**315.82**	**207.57**	**141.92**	**65.65**		**4.96**	
1985	102.91	61.66	40.73	18.36		2.58	
"七五"时期	**680.12**	**435.31**	**256.13**	**155.95**	**5.94**	**17.29**	
1990	144.44	100.35	56.78	33.30	5.94	4.33	
"八五"时期	**2211.67**	**1497.69**	**935.17**	**397.23**	**123.71**	**41.58**	**262.07**
1991	168.19	119.07	68.08	37.72	7.87	5.40	
1992	240.73	182.86	111.50	52.79	12.55	6.02	
1993	383.18	275.84	173.01	71.12	22.95	8.76	36.35
1994	593.07	401.16	249.53	107.37	34.42	9.84	90.46
1995	826.50	518.76	333.05	128.23	45.92	11.56	135.26
"九五"时期	**6022.80**	**3425.23**	**2213.15**	**786.50**	**217.49**	**208.09**	**1080.06**
1996	984.38	593.32	362.26	161.25	44.59	25.22	169.78
1997	1083.60	567.60	357.22	142.56	38.86	28.96	248.32
1998	1231.10	661.94	426.03	160.87	40.77	34.27	257.72
1999	1302.17	745.36	505.97	154.17	44.78	40.44	189.45
2000	1421.55	857.01	561.67	167.65	48.49	79.20	214.79
"十五"时期							
2001	1551.75	918.21	611.60	185.40	45.39	75.82	257.54
2002	1695.22	963.18	660.87	178.60	35.81	87.90	347.62

4-1 续表

年份	集体经济单位	城镇	农村	城乡私人投资	城镇	农村
1978	0.39	0.39				
1980	1.31	1.31				
"六五"时期	**49.41**	**18.48**	**30.93**	**58.84**	**7.77**	**51.07**
1985	17.44	6.98	10.46	23.81	3.84	19.97
"七五"时期	**94.18**	**44.05**	**50.13**	**150.63**	**33.88**	**116.75**
1990	15.59	6.00	9.59	28.50	4.88	23.62
"八五"时期	**190.04**	**81.32**	**108.72**	**261.87**	**79.14**	**182.73**
1991	19.49	8.35	11.14	29.63	5.16	24.47
1992	22.52	11.86	10.66	35.35	7.79	27.56
1993	30.62	15.41	15.21	40.37	9.88	30.49
1994	44.83	18.97	25.86	56.62	15.08	41.54
1995	72.58	26.73	45.85	99.90	41.23	58.67
"九五"时期	**573.74**	**146.31**	**427.43**	**943.77**	**434.27**	**509.50**
1996	96.50	27.55	68.95	124.78	49.98	74.80
1997	107.12	29.74	77.38	160.56	65.26	95.30
1998	116.92	29.94	86.98	194.52	82.78	111.74
1999	124.88	29.71	95.17	242.48	121.47	121.01
2000	128.32	29.37	98.95	221.43	114.78	106.65
"十五"时期						
2001	126.41	31.30	95.11	249.59	141.50	108.09
2002	121.42	28.82	92.60	263.00	154.43	108.57

4－2　全社会各种分组固定资产投资

单位:亿元

项　　　目	全	省		#地		方
	2000 年	2001 年	2002 年	2000 年	2001 年	2002 年
总　　　计	**1421.55**	**1551.75**	**1695.22**	**1003.13**	**1141.79**	**1288.17**
#住　　宅	290.24	294.41	311.15	271.35	279.44	301.69
一、按登记注册类型分						
国有经济单位	857.01	918.21	963.18	464.48	540.48	588.72
集体经济单位	128.32	126.41	121.42	126.50	126.41	121.42
私营个体经济单位	221.43	249.59	263.00	221.43	249.59	263.00
港澳台投资单位	36.57	36.90	42.55	34.84	31.87	39.96
外商投资单位	23.90	26.81	41.41	15.81	20.51	30.32
其他经济单位	154.32	193.83	263.66	140.07	172.93	244.75
二、按管理渠道分						
基本建设	620.87	692.83	761.96	320.13	416.76	473.22
技术改造	245.16	290.02	320.17	159.77	188.14	223.62
房地产开发	134.63	151.24	178.64	129.83	145.38	175.10
其　　他	78.45	74.92	76.21	76.94	71.23	76.21
三、按三次产业分						
第一产业	103.05	112.01	148.25	92.75	103.12	130.11
第二产业	521.58	572.19	648.81	261.19	323.55	375.77
第三产业	796.92	867.55	898.16	649.19	715.12	782.29
四、按构成分						
建筑安装工程	814.66	890.60	974.73	645.16	739.97	829.11
设备、工具、器具购置	371.56	419.20	418.55	239.33	276.93	303.57
其　　他	235.33	241.95	301.94	118.64	124.89	155.49
五、按资金来源分						
国家预算内投资	141.48	174.03	200.95	47.36	76.84	104.69
国内贷款	243.90	241.96	280.11	109.15	145.43	154.35
利用外资	28.28	29.89	63.22	20.30	22.95	47.58
自筹投资	781.50	874.60	717.24	654.85	739.40	601.18
其他投资	226.39	231.27	433.70	171.47	157.17	380.37

4－3 全社会固定资产投资主要指标

（2002 年）

单位:亿元

项 目	总 计	第一产业	第二产业	第三产业	商 业、运输邮电
全 省 总 计	**1695.22**	**148.25**	**648.81**	**898.16**	**292.40**
一、国有经济单位	**963.18**	**87.48**	**409.83**	**465.87**	**209.43**
＃房地产开发	35.81			35.81	
二、集体经济单位	**121.42**	**28.41**	**44.40**	**48.61**	**15.12**
城 镇	28.82	0.94	12.21	15.67	2.51
＃房地产开发	7.22			7.22	
农 村	92.60	27.47	32.19	32.94	12.61
三、其他经济单位	**347.62**	**5.42**	**168.57**	**173.63**	**43.01**
＃房地产开发	93.93			93.93	
四、私人投资	**263.00**	**26.94**	**26.01**	**210.05**	**24.84**
城镇私人投资	154.43	1.31	26.01	127.11	24.84
农村私人投资	108.57	25.63		82.94	

4－3 续表

项 目	建筑工程	安装工程	设备工器具购 置	其 他	本年新增固定资产
全 省 总 计	**866.01**	**108.72**	**418.55**	**301.94**	**1230.53**
一、国有经济单位	**462.01**	**70.45**	**219.07**	**211.65**	**635.76**
＃房地产开发	27.36	1.36	0.17	6.92	26.18
二、集体经济单位	**67.42**	**5.89**	**32.45**	**15.66**	**98.98**
城 镇	15.49	1.96	7.84	3.53	25.70
＃房地产开发	4.81	0.35	0.11	1.95	6.90
农 村	51.93	3.93	24.61	12.13	73.28
三、其他经济单位	**159.12**	**26.07**	**103.96**	**58.47**	**252.85**
＃房地产开发	61.68	4.34	1.84	26.07	85.20
四、私人投资	**177.46**	**6.31**	**63.07**	**16.16**	**242.94**
城镇私人投资	94.52	6.31	37.44	16.16	134.37
农村私人投资	82.94		25.63		108.57

4－4 全社会按资金来源分的固定资产投资

单位：亿元

年份	全省合计	国家投资	国内贷款	利用外资	自筹投资	其他
1978	33.58	25.94	0.14		6.06	1.44
1980	35.50	14.56	4.16	0.33	14.80	1.65
“六五”时期	**315.82**	**47.88**	**67.90**	**1.28**	**178.26**	**20.50**
1985	102.91	10.99	24.86	0.23	62.27	4.56
“七五”时期	**680.12**	**61.15**	**124.56**	**12.34**	**437.57**	**44.50**
1990	144.44	11.38	22.22	4.79	92.96	13.09
“八五”时期	**2211.67**	**183.74**	**528.46**	**171.67**	**1143.63**	**184.17**
1991	168.19	11.83	37.98	5.25	104.41	8.72
1992	240.73	12.72	63.14	14.64	131.39	18.84
1993	383.18	39.92	86.20	24.74	199.37	32.95
1994	593.07	60.87	167.67	38.33	285.54	40.66
1995	826.50	58.40	173.47	88.71	422.92	83.00
“九五”时期	**6022.80**	**475.45**	**1055.66**	**224.81**	**3404.25**	**862.63**
1996	984.38	72.53	206.15	74.86	537.31	93.53
1997	1083.60	68.08	172.05	51.24	651.08	141.15
1998	1231.10	85.18	225.95	33.86	703.44	182.67
1999	1302.17	108.18	207.61	36.57	730.92	218.89
2000	1421.55	141.48	243.90	28.28	781.50	226.39
“十五”时期						
2001	1551.75	174.03	241.96	29.89	874.60	231.27
2002	1695.22	200.95	280.11	63.22	717.24	433.70

4－4 续表

年份	地方合计	国家投资	国内贷款	利用外资	自筹投资	其他
1978	14.89	7.87	0.14		5.47	1.43
1980	19.53	4.10	3.38	0.02	11.10	0.93
“六五”时期	**222.77**	**16.32**	**50.14**	**0.73**	**144.44**	**11.14**
1985	81.03	3.76	19.10	0.23	53.78	4.16
“七五”时期	**537.95**	**24.10**	**108.33**	**9.63**	**361.80**	**34.09**
1990	110.00	5.60	17.52	2.50	75.60	8.78
“八五”时期	**1580.56**	**39.42**	**362.84**	**127.53**	**906.70**	**144.07**
1991	131.06	6.41	30.77	3.48	83.95	6.45
1992	187.01	5.80	53.07	11.24	109.64	7.26
1993	288.02	8.58	73.00	21.64	159.48	25.32
1994	410.59	8.63	108.41	29.47	231.65	32.43
1995	563.88	10.00	97.59	61.70	321.98	72.61
“九五”时期	**4300.81**	**139.73**	**541.94**	**161.14**	**2802.28**	**655.72**
1996	692.48	13.69	132.47	49.54	415.59	81.19
1997	779.04	14.36	93.77	41.12	527.53	102.26
1998	888.43	22.10	102.75	24.87	601.88	136.83
1999	937.73	42.22	103.80	25.31	602.43	163.97
2000	1003.13	47.36	109.15	20.30	654.85	171.47
“十五”时期						
2001	1141.79	76.84	145.43	22.95	739.40	157.17
2002	1288.17	104.69	154.35	47.58	601.18	380.37

4－5　全社会按国民经济行业分的固定资产投资

单位:亿元

行业	全省			#地方		
	2000年	2001年	2002年	2000年	2001年	2002年
总计	**1421.55**	**1551.75**	**1695.22**	**1003.13**	**1141.79**	**1288.17**
一、农、林、牧、渔业	**70.60**	**77.48**	**80.08**	**70.24**	**77.33**	**79.02**
农业	59.85	66.78	65.52	59.85	66.72	64.72
林业	2.77	3.00	5.72	2.55	2.91	5.46
畜牧业	1.15	2.01	1.82	1.15	2.01	1.82
渔业	3.06	1.37	1.69	3.06	1.37	1.69
农林牧渔服务业	3.77	4.32	5.33	3.63	4.32	5.33
二、采掘业	**23.97**	**24.94**	**25.63**	**10.51**	**8.84**	**12.75**
煤炭采选业	1.71	1.80	4.59	1.71	1.74	4.50
石油和天然气开采业	13.71	16.05	12.79	0.51		
黑色金属矿采选业	1.71	2.36	2.29	1.71	2.36	2.29
有色金属矿采选业	1.41	1.81	1.37	1.41	1.81	1.37
非金属矿采选业	4.28	2.19	3.40	4.12	2.19	3.40
其他矿采选业	0.79	0.47	0.74	0.79	0.47	0.74
木材及竹材采运业	0.36	0.26	0.45	0.26	0.26	0.45
三、制造业	**215.12**	**274.85**	**311.36**	**185.26**	**241.85**	**270.52**
食品加工业	7.19	9.05	14.11	7.19	9.05	14.07
食品制造业	5.77	5.95	7.32	5.77	5.95	7.32
饮料制造业	9.40	10.03	8.07	9.40	10.01	8.07
烟草加工业	4.27	5.02	4.81	3.46	3.57	4.19
纺织业	13.16	14.33	23.82	12.10	13.93	23.43
服装及其他纤维制品制造业	7.50	7.67	6.57	7.47	7.59	6.57
皮革、毛皮、羽绒及其制品业	0.64	0.89	0.20	0.64	0.89	0.20
木材加工及竹、藤、棕、草制品业	4.01	4.65	3.11	4.01	4.64	3.11
家具制造业	2.19	2.60	1.62	2.19	2.60	1.62
造纸及纸制品业	9.12	11.13	7.79	9.12	11.13	7.79
印刷业、记录媒介的复制	3.22	5.08	4.17	3.21	5.01	4.00
文教体育用品制造业	0.47	0.42	0.53	0.47	0.42	0.53
石油加工及炼焦业	5.01	4.41	4.20	1.69	0.12	0.45
化学原料及化学制品制造业	14.75	18.21	23.63	14.16	17.97	23.40
医药制造业	9.37	11.75	21.77	9.34	11.25	21.32
化学纤维制造业	1.28	1.56	2.41	1.28	1.56	2.41
橡胶制品业	1.01	0.65	0.87	1.01	0.65	0.87
塑料制品业	8.60	9.59	9.23	8.60	9.28	8.87
非金属矿物制品业	17.12	21.48	18.86	15.54	20.67	18.22
黑色金属冶炼及压延加工业	24.81	45.44	48.84	24.81	45.42	48.82
有色金属冶炼及压延加工业	3.23	5.49	6.10	2.78	4.05	5.49
金属制品业	5.86	8.01	8.80	5.53	7.81	8.46
普通机械制造业	6.49	6.37	7.90	5.76	4.99	7.47

4－5　续表1

行　　　　业	全		省	♯地		方
	2000年	2001年	2002年	2000年	2001年	2002年
专用设备制造业	6.81	7.11	9.09	5.66	6.75	7.96
交通运输设备制造业	22.15	19.99	32.08	6.16	6.60	9.40
电气机械及器材制造业	6.52	7.61	7.12	6.52	7.50	7.12
电子及通信设备制造业	3.40	14.02	13.75	3.06	7.26	8.06
仪器仪表及文化、办公用机械制造业	0.92	0.99	2.89	0.11	0.40	1.64
其他制造业	10.85	15.34	11.70	8.22	14.77	9.66
四、电力、煤气及水的生产和供应业	**254.05**	**261.64**	**281.23**	**50.00**	**48.59**	**67.81**
电力、蒸汽、热水的生产和供应业	245.71	253.80	271.38	41.67	40.85	57.96
煤气生产和供应业	2.46	0.74	1.79	2.45	0.74	1.79
自来水的生产和供应业	5.88	7.10	8.06	5.88	7.00	8.06
五、建筑业	**28.45**	**28.58**	**30.59**	**15.42**	**24.28**	**24.69**
土木工程建筑业	27.85	26.83	29.94	15.28	23.01	24.39
线路、管道和设备安装业	0.48	0.65	0.51	0.02	0.16	0.16
装修装饰业	0.12	1.11	0.14	0.12	1.11	0.14
六、地质勘查业、水利管理业	33.07	35.02	68.59	22.70	26.02	51.23
地质勘查业	0.62	0.49	0.42	0.20	0.22	0.14
水利管理业	32.45	34.53	68.17	22.50	25.80	51.04
七、交通运输、仓储及邮电通信业	209.40	238.76	239.37	109.82	146.49	167.30
铁路运输业	21.07	13.13	18.06	8.06	5.14	7.02
公路运输业	60.14	84.41	84.92	57.06	78.74	83.84
管道运输业	0.05			0.05		
水上运输业	0.55	1.49	0.68	0.30	0.80	0.68
航空运输业	0.50		0.32	0.45		0.32
交通运输辅助业	30.67	47.61	61.00	29.19	44.20	57.96
其他交通运输业	0.14	0.12	0.05	0.14	0.12	0.05
仓储业	4.15	4.13	3.63	2.98	3.32	3.34
邮电通信业	92.13	87.87	70.71	11.59	14.18	14.09
八、批发和零售贸易、餐饮业	**50.02**	**54.09**	**53.03**	**43.44**	**46.33**	**47.06**
食品、饮料、烟草和家庭日用品批发业	15.35	8.52	6.14	13.91	8.10	5.82
能源材料和机械电子设备批发业	8.10	4.00	6.83	3.05	3.67	4.31
其他批发业	1.81	1.10	1.14	1.81	1.02	1.14
零售业	17.30	31.45	41.94	17.22	24.52	31.98
商业经纪与代理业	0.13	0.08	0.46	0.13	0.08	0.46
餐饮业	7.33	8.93	3.35	7.32	8.93	3.35
九、金融、保险业	**16.06**	**11.85**	**10.69**	**5.46**	**5.90**	**5.48**
金融业	15.51	11.51	10.48	5.34	5.74	5.39
保险业	0.55	0.34	0.21	0.12	0.16	0.09

4－5 续表2

行业	全省			#地方		
	2000年	2001年	2002年	2000年	2001年	2002年
十、房地产业	**141.88**	**160.53**	**189.87**	**135.86**	**154.57**	**184.86**
房地产开发与经营业	140.95	159.60	188.30	134.93	153.64	183.29
房地产管理业	0.93	0.93	1.57	0.93	0.93	1.57
房地产经纪与代理业						
十一、社会服务业	**73.17**	**77.94**	**80.74**	**70.44**	**77.19**	**79.37**
公共设施服务业	53.36	52.21	52.58	50.86	52.21	52.56
居民服务业	7.40	3.59	2.22	7.40	3.59	2.22
旅馆业	3.72	4.35	5.69	3.72	4.14	5.60
租赁服务业		0.15	0.02		0.15	0.02
旅游业	1.48	2.88	3.57	1.25	2.88	3.57
娱乐服务业	3.62	3.53	2.47	3.62	3.53	2.47
信息咨询服务业	0.73	0.42	0.03	0.73	0.42	0.03
计算机应用服务业	1.83	0.08	1.53	1.83	0.08	1.53
其他社会服务业	1.03	10.73	12.63	1.03	10.19	11.37
十二、卫生、体育和社会福利业	**17.47**	**18.66**	**21.92**	**15.84**	**17.42**	**18.18**
卫生	15.35	13.75	17.55	13.72	12.53	13.81
体育	1.59	3.96	3.03	1.59	3.96	3.03
社会福利保障业	0.53	0.95	1.34	0.53	0.93	1.34
十三、教育、文化艺术及广播电影电视业	**47.07**	**47.40**	**52.47**	**38.54**	**34.97**	**40.58**
教育	36.68	41.92	45.68	28.15	29.50	34.04
文化艺术业	7.20	2.61	2.72	7.20	2.61	2.47
广播电影电视业	3.19	2.87	4.07	3.19	2.86	4.07
十四、科学研究和综合技术服务业	**11.31**	**8.48**	**10.56**	**4.96**	**5.85**	**6.24**
科学研究业	8.27	2.96	3.92	2.70	1.22	0.91
综合技术服务业	3.04	5.52	6.64	2.26	4.63	5.33
十五、国家机关、政党机关和社会团体	**72.23**	**73.66**	**71.73**	**69.47**	**69.16**	**68.45**
国家机关	66.63	66.70	65.94	63.87	62.31	62.72
政党机关	1.23	1.93	2.15	1.24	1.82	2.09
社会团体	0.18	0.72	0.52	0.18	0.72	0.52
基层群众自治组织	4.18	4.31	3.12	4.18	4.31	3.12
十六、其他行业	**157.68**	**157.87**	**167.36**	**155.17**	**157.00**	**164.63**

4-6 全社会按用途分的固定资产投资

单位:亿元

年份	全省 生产性建设	全省 非生产性建设	全省 #住宅	#地方 生产性建设	#地方 非生产性建设	#地方 #住宅
1978	27.78	5.80	2.73	11.40	3.49	1.85
1980	24.57	10.93	6.78	11.75	7.78	4.96
“六五”时期	**180.40**	**135.42**	**91.24**	**113.11**	**109.66**	**78.41**
1985	56.91	46.00	30.87	41.87	39.16	27.90
“七五”时期	**419.74**	**260.38**	**174.64**	**312.30**	**225.65**	**159.11**
1990	92.39	52.05	34.98	65.25	44.75	31.22
“八五”时期	**1469.75**	**741.92**	**449.68**	**918.06**	**662.50**	**409.03**
1991	110.63	57.56	39.61	81.03	50.03	35.56
1992	160.45	80.28	52.07	114.92	72.09	46.71
1993	247.38	135.80	77.70	165.47	122.55	70.20
1994	397.34	195.73	121.32	235.01	175.58	110.52
1995	553.95	272.55	158.98	321.63	242.25	146.04
“九五”时期	**3779.97**	**2242.83**	**1222.44**	**2244.86**	**2055.95**	**1128.33**
1996	663.90	320.48	172.91	406.99	285.49	158.87
1997	679.89	403.71	206.39	418.35	360.69	190.12
1998	758.41	472.69	264.11	447.14	441.29	243.17
1999	793.72	508.45	288.79	465.18	472.55	264.82
2000	884.05	537.50	290.24	507.20	495.93	271.35
“十五”时期						
2001	977.05	574.70	294.41	619.50	522.29	279.44
2002	1089.45	605.77	311.15	720.24	567.93	301.69

4-7 全社会按构成分的投资额

单位:亿元

年份	全省 建筑安装工程	全省 设备工具器具购置	全省 其他投资	#地方 建筑安装工程	#地方 设备工具器具购置	#地方 其他投资
1978	20.30	9.98	3.30	9.89	4.51	0.49
1980	23.85	9.76	1.89	14.01	4.55	0.97
“六五”时期	**216.19**	**83.11**	**16.52**	**155.63**	**59.71**	**7.43**
1985	67.53	28.67	6.71	54.64	23.00	3.39
“七五”时期	**434.43**	**195.59**	**50.10**	**352.24**	**152.75**	**32.96**
1990	92.64	41.02	10.78	73.58	29.31	7.11
“八五”时期	**1300.95**	**606.68**	**304.04**	**972.09**	**429.78**	**178.69**
1991	108.07	45.11	15.01	86.74	33.68	10.64
1992	149.34	68.03	23.36	119.61	51.46	15.94
1993	227.25	98.91	57.02	174.02	74.17	39.83
1994	361.89	146.12	85.06	261.27	99.72	49.60
1995	454.40	248.51	123.59	330.45	170.75	62.68
“九五”时期	**3392.01**	**1596.34**	**1034.45**	**2593.68**	**1108.81**	**598.32**
1996	510.52	307.89	165.97	392.06	218.14	82.28
1997	600.04	264.16	219.40	405.69	171.97	201.38
1998	695.55	323.47	212.08	556.36	230.59	101.48
1999	771.24	329.26	201.67	594.41	248.78	94.54
2000	814.66	371.56	235.33	645.16	239.33	118.64
“十五”时期						
2001	890.60	419.20	241.95	739.97	276.93	124.89
2002	974.73	418.55	301.94	829.11	303.57	155.49

4-8 全社会按三次产业划分的投资额

单位:亿元

年　份	全	省		#地	方	
	第一产业	第二产业	第三产业	第一产业	第二产业	第三产业
1978	2.24	25.28	6.06	2.24	8.80	3.85
1980	2.11	22.75	10.64	2.03	9.98	7.52
"六五"时期	**24.77**	**155.02**	**136.03**	**24.05**	**83.83**	**114.89**
1985	8.37	47.42	47.12	8.09	31.48	41.46
"七五"时期	**49.76**	**335.53**	**294.83**	**47.24**	**245.00**	**245.71**
1986	7.89	50.33	53.22	7.40	34.88	46.62
1987	9.52	70.17	60.39	9.07	52.40	50.98
1988	11.11	85.76	63.59	10.53	67.14	53.59
1989	9.08	61.86	52.76	8.63	44.28	42.43
1990	12.16	67.41	64.87	11.61	46.30	52.09
"八五"时期	**78.98**	**1074.06**	**1058.63**	**73.97**	**674.84**	**831.75**
1991	12.48	77.95	77.76	12.12	55.25	63.69
1992	12.42	121.00	107.31	11.04	87.18	88.79
1993	11.89	170.93	200.36	10.10	114.05	163.87
1994	14.97	302.49	275.61	14.38	173.32	222.89
1995	27.22	401.69	397.59	26.11	220.95	316.82
"九五"时期	**365.49**	**2298.38**	**3358.93**	**347.00**	**1265.99**	**2687.82**
1996	36.24	451.28	496.86	34.92	272.79	384.77
1997	49.36	436.04	598.20	48.38	269.87	460.79
1998	75.83	450.16	705.11	74.17	234.94	579.32
1999	101.01	439.32	761.84	96.78	227.20	613.75
2000	103.05	521.58	796.92	92.75	261.19	649.19
"十五"时期						
2001	112.01	572.19	867.55	103.12	323.55	715.12
2002	148.25	648.81	898.16	130.11	375.77	782.29

4－9　全社会固定资产投资新增主要生产能力(或效益)

生产能力名称	单　位	1990 年	1995 年	1999 年	2000 年	2001 年	2002 年
原煤开采	万吨/年	26.00	14.00	28.00	10.50	14.00	2.00
铁矿开采	万吨/年	11.00		2.90	48.00	4.00	3.00
炼　　钢	万吨/年	6.75	9.00	0.20	40.00	5.00	70.00
铁合金	吨/年	13492	6000	10000			
电解铝	吨/年	4900	7800	5000		25000	40433
磷矿开采	万吨/年	98.00	252.00	93.00		18.00	44.00
发电机组容量	万千瓦	42.98	24.00	171.46	48.88	11.46	19.62
＃水　　电	万千瓦	1.75	16.00	45.46	36.18	9.96	10.22
火　　电	万千瓦	41.20	8.00	124.00	12.70	1.50	4.00
输电线路(11 万伏以上)	公里	955.47	234.00	796.09	690.50	621.65	964.04
变电设备(11 万伏及以上)	万千伏安	234.51	59.00	210.45	96.10	108.80	301.20
水　　泥	万吨/年	37.70	314.00	230.36	395.60	234.60	346.20
合成氨	万吨/年	10.00	3.50	9.88	4.60	5.05	5.50
化肥(折合量)	万吨/年	11.16	10.86	37.00	23.12	28.45	51.20
化学农药	吨/年	3162	12195	360	120	1000	6150
金属切削机床制造	台/年	276	926			1000	
汽车制造	辆/年	556	6850	1000		500	500
＃载货汽车	辆/年		4200	500			
化学纤维	吨/年	2300	3400	1800	13000	10200	
棉纺锭	万锭	6.87	23.00	3.05	5.34	2.00	32.52
棉布织机	台	581	2043	208	888	100	690
毛纺锭	万锭	0.18	0.32	1.50	0.40	0.03	
原　　盐	万吨/年	15.00				4.00	
酒	万吨/年	0.76	14.84	130.72	23.68	269.34	22.65
＃啤　　酒	万吨/年		14.03	4.20	17.50	265.04	18.20
卷　　烟	万箱/年	47.10	44.00	1.80	0.20	1.00	2.40
机制纸及纸板	万吨/年	6.38	15.00	5.93	10.60	28.99	17.80
程控交换机	万线/年	3.90	96.42	15.35	20.72	44.69	19.16
新改建公路	公里	938.00	2033.00	2041.21	2162.35	2970.34	2275.07
新扩建港口码头年吞吐量	万吨	478.00	965.00	303.00	312.00	70.00	
船舶购置	吨	6418	15615	1200	2270	168	100
	艘	23	32	3	2	1	2
水库容量(总库容)	亿立方米	0.10	1.00	1.79	0.15	3.20	5.84
有效灌溉面积	万亩	139.33	12.00	135.90	123.49	25.45	41.50
商业、物资石油库	万立方米	10.02		20.00			
商业冷藏库	万吨	0.18		0.03	10.20		
粮食仓库	万公斤	42089	6330	43778	7550	60022	19600
	万平方米	19.72	1.71	9.87	2.58	15.63	5.38
高等院校学生席位	个	14101	11804	3000	10500	9170	15026
中等学校学生席位	个	15874	123544	30136	29460	24296	27973
小学学生席位	个	32862	55269	20910	18050	8350	11060
医院病床床位	张	5263	3385	2052	1306	1909	2780
城市自来水供水能力	万吨/日	57.18	37.00	61.27	64.70	46.00	61.60

4-10 全社会竣工房屋建筑面积及竣工率

年　份	施工面积（万平方米）	#住　宅	竣工面积（万平方米）	#住　宅	竣工率（%）	#住　宅
1978	1343.27	513.20	666.76	280.16	49.6	54.6
1980	1951.16	1004.17	1024.51	586.27	52.5	58.4
"六五"时期			**25700.97**	**19626.87**		
1985	8079.90	5965.71	6899.59	5434.20	85.4	91.1
"七五"时期			**29202.17**	**22387.23**		
1986	8760.15	6686.78	7754.53	6308.96	88.5	94.3
1987	7922.23	5684.88	6803.61	5233.59	85.9	92.1
1988	7225.98	4892.04	6060.44	4484.69	83.9	91.7
1989	5250.24	3590.22	4414.47	3301.59	84.1	92.0
1990	5103.48	3507.53	4169.12	3058.40	81.7	87.2
"八五"时期			**23403.26**	**16559.28**		
1991	5300.98	3652.67	4211.39	3157.13	79.4	86.4
1992	5954.84	4066.51	4621.87	3383.72	77.6	83.2
1993	5807.24	3540.57	4050.56	2798.42	69.8	79.0
1994	7158.68	4476.46	4916.24	3482.20	68.7	77.8
1995	8294.84	5304.79	5603.20	3737.81	67.6	70.5
"九五"时期			**35861.86**	**26378.48**		
1996	8749.65	5581.32	6073.43	4485.82	69.4	80.4
1997	8963.28	5976.86	6430.48	4790.34	71.7	80.1
1998	10485.86	7179.25	7897.96	5792.97	75.3	80.7
1999	10228.93	7219.06	7951.03	5891.97	77.7	81.6
2000	9920.42	6831.02	7508.96	5417.38	75.7	79.3
"十五"时期						
2001	10040.11	7273.21	7716.37	5850.25	76.9	80.4
2002	10301.00	7019.76	7796.76	5583.27	75.7	79.5

4-11 国有经济单位按国民经济行业分的固定资产投资

单位:亿元

行业	全	省	＃地			方
	2000年	2001年	2002年	2000年	2001年	2002年
总计	**857.01**	**918.21**	**963.18**	**464.48**	**540.48**	**588.72**
一、农、林、牧、渔业	**16.24**	**14.45**	**21.73**	**15.87**	**14.32**	**20.84**
农业	8.72	6.71	11.13	8.72	6.67	10.49
林业	2.53	2.92	5.36	2.31	2.83	5.11
畜牧业	0.63	0.66	0.73	0.63	0.66	0.73
渔业	1.27	0.56	0.68	1.27	0.56	0.68
农林牧渔服务业	3.09	3.60	3.83	2.94	3.60	3.83
二、采掘业	**16.13**	**18.74**	**15.89**	**2.66**	**2.64**	**3.01**
煤炭采选业	1.01	0.61	1.39	0.88	0.56	1.30
石油和天然气开采业	13.20	16.05	12.79			
黑色金属矿采选业	0.54	0.80	0.97	0.54	0.80	0.97
有色金属矿采选业	0.66	0.96	0.15	0.66	0.96	0.15
非金属矿采选业	0.52	0.28	0.59	0.49	0.28	0.59
其他矿采选业						
木材及竹材采运业	0.20	0.04	0.05	0.09	0.04	0.05
三、制造业	**84.73**	**119.13**	**117.16**	**65.83**	**97.02**	**90.51**
食品加工业	1.09	1.91	1.85	1.09	1.91	1.82
食品制造业	0.81	0.26	0.40	0.81	0.26	0.40
饮料制造业	0.64	2.46	1.11	0.64	2.44	1.11
烟草加工业	4.05	4.38	4.06	3.23	2.94	3.44
纺织业	7.10	5.54	8.60	6.04	5.15	8.21
服装及其他纤维制品制造业	0.69	0.30	0.44	0.67	0.22	0.44
皮革、毛皮、羽绒及其制品业	0.01	0.13	0.02	0.01	0.13	0.02
木材加工及竹、藤、棕、草制品业	0.86	0.06	0.01	0.86	0.05	0.01
家具制造业	0.03	0.27	0.02	0.03	0.27	0.02
造纸及纸制品业	0.64	0.52	0.18	0.64	0.52	0.18
印刷业、记录媒介的复制	0.70	1.37	0.80	0.69	1.30	0.63
文教体育用品制造业	0.04			0.04		
石油加工及炼焦业	3.33	2.79	1.80	0.01	0.01	0.05
化学原料及化学制品制造业	5.03	3.68	6.37	4.46	3.59	6.20
医药制造业	2.10	3.38	2.35	2.07	2.88	2.08
化学纤维制造业	0.71	0.70	1.80	0.71	0.70	1.80
橡胶制品业	0.30	0.05	0.01	0.30	0.05	0.01
塑料制品业	1.87	0.50	0.72	1.87	0.19	0.36
非金属矿物制品业	4.53	8.16	2.50	4.15	7.82	2.19
黑色金属冶炼及压延加工业	23.66	42.82	45.57	23.66	42.80	45.55
有色金属冶炼及压延加工业	1.69	3.22	2.85	1.29	1.79	2.24
金属制品业	1.10	3.48	1.35	1.01	3.27	1.01
普通机械制造业	1.94	1.69	2.43	1.62	1.47	2.02

4－11　续表1

行　　　　业	全		省	＃地		方
	2000年	2001年	2002年	2000年	2001年	2002年
专用设备制造业	2.74	2.99	2.84	1.58	2.83	1.70
交通运输设备制造业	8.33	12.62	16.86	1.40	2.26	1.73
电气机械及器材制造业	2.29	1.67	0.68	2.29	1.57	0.68
电子及通信设备制造业	0.75	3.61	2.60	0.41	0.93	0.41
仪器仪表及文化、办公用机械制造业	0.83	0.41	0.90	0.02	0.13	0.21
其他制造业	6.87	10.16	8.04	4.23	9.54	5.99
四、电力、煤气及水的生产和供应业	**234.72**	**243.61**	**251.62**	**32.88**	**31.35**	**38.83**
电力、蒸汽、热水的生产和供应业	229.98	237.69	245.01	28.14	25.53	32.22
煤气生产和供应业	0.44	0.38	0.77	0.44	0.38	0.77
自来水的生产和供应业	4.30	5.54	5.84	4.30	5.44	5.84
五、建　筑　业	**22.70**	**21.91**	**25.16**	**9.68**	**17.99**	**20.26**
土木工程建筑业	22.19	20.47	24.68	9.63	17.04	20.12
线路、管道和设备安装业	0.48	0.65	0.45	0.02	0.16	0.11
装修装饰业	0.03	0.79	0.03	0.03	0.79	0.03
六、地质勘查业、水利管理业	**30.67**	**31.62**	**66.17**	**20.30**	**22.62**	**48.81**
地质勘查业	0.62	0.50	0.42	0.20	0.22	0.14
水利管理业	30.05	31.12	65.75	20.10	22.40	48.67
七、交通运输、仓储及邮电通信业	**177.66**	**198.70**	**188.46**	**86.46**	**121.95**	**130.79**
铁路运输业	17.13	13.11	18.01	4.12	5.12	6.98
公路运输业	42.26	63.56	58.17	39.19	57.88	57.06
管道运输业						
水上运输业	0.49	1.40	0.63	0.24	0.71	0.63
航空运输业	0.50			0.45		
交通运输辅助业	30.03	45.61	55.69	28.55	42.20	52.66
其他交通运输业	0.09	0.03	0.03	0.09	0.03	0.03
仓　储　业	3.55	3.33	2.47	2.37	2.52	2.18
邮电通信业	83.61	71.66	53.46	11.45	13.49	11.25
八、批发和零售贸易、餐饮业	**18.59**	**18.34**	**20.97**	**12.07**	**10.75**	**15.20**
食品、饮料、烟草和家庭日用品批发业	1.50	2.73	2.26	1.39	2.31	1.94
能源材料和机械电子设备批发业	6.59	1.06	3.07	1.58	0.90	0.68
其他批发业	0.32	0.24	0.09	0.32	0.16	0.09
零　售　业	9.69	13.84	15.28	8.29	6.91	12.22
商业经纪与代理业		0.08	0.15		0.08	0.15
餐　饮　业	0.49	0.39	0.12	0.49	0.39	0.12
九、金融、保险业	**12.94**	**7.80**	**7.97**	**3.43**	**2.49**	**3.56**
金　融　业	12.39	7.48	7.76	3.31	2.35	3.47
保　险　业	0.55	0.32	0.21	0.12	0.14	0.09

4-11 续表2

行业	全省			#地方		
	2000年	2001年	2002年	2000年	2001年	2002年
十、房地产业	**54.75**	**49.22**	**40.38**	**51.73**	**47.09**	**36.50**
房地产开发与经营业	54.19	48.84	39.83	51.17	46.71	35.95
房地产管理业	0.56	0.38	0.55	0.56	0.38	0.55
房地产经纪与代理业						
十一、社会服务业	**50.82**	**52.48**	**52.20**	**48.08**	**51.72**	**50.85**
公共设施服务业	42.36	44.81	44.19	42.36	44.81	44.19
居民服务业	0.32	0.34	0.25	0.32	0.34	0.25
旅馆业	1.00	1.28	0.93	1.00	1.07	0.85
租赁服务业		0.15			0.15	
旅游业	0.60	0.66	1.12	0.38	0.66	1.12
娱乐服务业	0.04	0.78	0.75	0.04	0.78	0.75
信息咨询服务业	0.26		0.03	0.26	0.03	
计算机应用服务业		0.02	0.04		0.02	0.04
其他社会服务业	6.24	4.44	4.89	3.72	3.89	3.62
十二、卫生、体育和社会福利业	**14.30**	**15.92**	**19.81**	**12.67**	**14.69**	**16.09**
卫生	12.81	12.20	16.49	11.18	10.99	12.77
体育	0.96	3.41	2.98	0.96	3.41	2.98
社会福利保障业	0.53	0.31	0.34	0.53	0.29	0.34
十三、教育、文化艺术及广播电影电视业	**37.50**	**42.21**	**47.30**	**28.96**	**29.78**	**35.41**
教育	30.92	37.21	41.34	22.39	24.79	29.70
文化艺术业	3.41	2.48	2.38	3.41	2.48	2.13
广播电影电视业	3.17	2.52	3.58	3.16	2.51	3.58
十四、科学研究和综合技术服务业	**10.23**	**7.31**	**9.86**	**4.07**	**4.68**	**5.54**
科学研究业	3.74	2.93	3.84	0.78	1.19	0.83
综合技术服务业	6.49	4.38	6.02	3.29	3.49	4.71
十五、国家机关、政党机关和社会团体	**65.77**	**67.98**	**66.56**	**63.01**	**63.47**	**63.30**
国家机关	64.65	64.98	63.22	61.89	60.58	60.02
政党机关	0.91	1.81	1.99	0.91	1.70	1.93
社会团体	0.16	0.72	0.52	0.16	0.72	0.52
基层群众自治组织	0.05	0.47	0.83	0.05	0.47	0.83
十六、其他行业	**9.26**	**8.79**	**11.94**	**6.78**	**7.92**	**9.22**

4-12　国有经济单位按资金来源分的固定资产投资

单位:亿元

年　份	全省合计	国家投资	国内贷款	利用外资	自筹投资	其　他
1978	33.19	25.84	0.11		5.80	1.44
1980	34.19	14.46	3.80	0.33	13.95	1.65
"六五"时期	**207.57**	**47.39**	**48.44**	**1.16**	**93.65**	**16.93**
1985	61.66	10.91	16.77	0.20	30.69	3.09
"七五"时期	**435.31**	**60.57**	**89.72**	**10.79**	**241.77**	**32.46**
1990	100.35	11.31	17.73	4.54	56.24	10.53
"八五"时期	**1497.69**	**180.03**	**415.99**	**100.92**	**686.76**	**113.99**
1991	119.07	11.68	31.51	4.57	65.66	5.65
1992	182.86	12.07	55.79	13.63	85.28	16.09
1993	275.84	37.60	68.35	15.46	128.58	25.85
1994	401.16	61.55	126.15	17.67	167.67	28.12
1995	518.76	57.13	134.19	49.59	239.57	38.28
"九五"时期	**3425.23**	**451.16**	**756.20**	**81.01**	**1679.89**	**456.97**
1996	593.32	70.47	135.62	35.40	295.12	56.71
1997	567.60	66.19	107.31	8.36	319.03	66.71
1998	661.94	80.45	157.35	7.67	324.28	92.19
1999	745.36	98.27	162.91	13.87	344.31	126.01
2000	857.01	135.79	193.01	15.71	397.15	115.35
"十五"时期						
2001	918.21	160.65	181.29	15.49	443.36	117.42
2002	963.18	194.89	206.06	30.99	419.22	112.02

4-12　续表

年　份	地方合计	国家投资	国内贷款	利用外资	自筹投资	其　他
1978	14.50	7.75	0.10		5.21	1.44
1980	18.22	3.99	3.02	0.02	10.25	0.94
"六五"时期	**114.58**	**15.83**	**30.68**	**0.62**	**59.87**	**7.58**
1985	39.83	3.67	11.02	0.20	22.25	2.69
"七五"时期	**293.85**	**23.52**	**73.50**	**8.09**	**166.70**	**22.04**
1990	66.18	5.52	13.03	2.26	39.13	6.24
"八五"时期	**906.42**	**34.61**	**264.40**	**68.86**	**461.73**	**76.82**
1991	82.48	6.26	24.32	2.80	45.69	3.41
1992	129.21	5.09	44.81	10.23	62.53	6.55
1993	181.32	6.72	55.34	13.40	88.51	17.35
1994	237.06	7.79	75.31	12.93	120.12	20.91
1995	276.35	8.75	64.62	29.50	144.88	28.60
"九五"时期	**1895.77**	**118.04**	**299.71**	**46.46**	**1120.80**	**310.76**
1996	336.85	11.62	71.62	21.98	182.52	49.11
1997	306.49	12.98	42.30	7.05	202.08	42.08
1998	376.22	17.39	60.15	2.95	230.38	65.35
1999	411.73	35.48	66.94	6.39	227.25	75.67
2000	464.48	40.57	58.70	8.09	278.57	78.55
"十五"时期						
2001	540.48	65.13	91.07	8.88	321.83	53.57
2002	588.72	99.92	92.13	14.87	322.67	59.13

4－13　国有经济单位按用途分的固定资产投资

单位:亿元

年　份	全		省	＃地		方
	生产性建设	非生产性建设	＃住　宅	生产性建设	非生产性建设	＃住　宅
1978	27.47	5.72	2.70	11.10	3.40	1.82
1980	23.50	10.69	6.58	10.69	7.53	4.76
“六五”时期	**133.70**	**73.87**	**40.51**	**66.46**	**48.12**	**27.69**
1985	38.44	23.22	11.92	23.44	16.39	8.96
“七五”时期	**319.68**	**115.63**	**52.97**	**212.58**	**81.27**	**37.71**
1990	75.03	25.32	12.62	48.04	18.14	8.93
“八五”时期	**1111.63**	**386.06**	**189.43**	**597.75**	**308.67**	**150.40**
1991	88.28	30.79	15.87	59.00	23.48	12.00
1992	135.16	47.70	22.86	91.53	37.68	17.54
1993	195.26	80.58	36.50	113.52	67.80	29.23
1994	300.80	100.36	53.26	154.69	82.37	43.06
1995	392.13	126.63	60.94	179.01	97.34	48.57
“九五”时期	**2403.26**	**1021.97**	**416.46**	**1050.35**	**845.42**	**329.73**
1996	441.96	151.36	59.93	224.28	112.57	46.29
1997	380.61	186.99	63.90	160.64	145.85	48.29
1998	463.39	198.55	93.25	205.41	170.81	73.22
1999	516.49	228.87	105.76	214.46	197.27	84.46
2000	600.81	256.20	93.62	245.56	218.92	77.47
“十五”时期						
2001	648.18	270.03	79.88	318.40	222.08	68.44
2002	706.73	256.45	70.14	368.12	220.60	61.64

4－14　国有经济单位按构成分的固定资产投资

单位:亿元

年　份	全		省	＃地		方
	建筑安装工　程	设备工具器具购置	其他投资	建筑安装工　程	设备工具器具购置	其他投资
1978	20.06	9.83	3.30	9.65	4.36	0.49
1980	23.01	9.29	1.89	13.17	4.08	0.97
“六五”时期	**135.92**	**55.65**	**16.00**	**75.43**	**32.23**	**6.92**
1985	38.20	17.05	6.41	25.35	11.39	3.09
“七五”时期	**254.88**	**133.23**	**47.20**	**173.32**	**90.46**	**30.07**
1990	59.68	30.18	10.49	40.84	18.50	6.84
“八五”时期	**865.99**	**406.02**	**225.68**	**549.11**	**244.00**	**113.31**
1991	73.30	32.20	13.57	52.33	20.95	9.20
1992	107.26	54.50	21.10	77.58	37.95	13.68
1993	163.54	67.81	44.49	110.74	43.13	27.45
1994	245.33	98.08	57.75	149.72	57.09	30.25
1995	276.56	153.43	88.77	158.74	84.88	32.73
“九五”时期	**1913.21**	**828.71**	**683.31**	**1240.66**	**412.23**	**242.88**
1996	294.37	182.80	116.15	179.76	106.56	50.53
1997	313.90	143.21	110.49	201.72	70.86	33.91
1998	376.48	143.46	142.00	256.29	69.97	49.96
1999	451.84	144.52	149.00	288.55	72.10	51.08
2000	476.62	214.72	165.67	314.34	92.74	57.40
“十五”时期						
2001	514.88	232.94	170.39	373.78	110.02	56.68
2002	532.46	219.07	211.65	398.64	121.77	68.31

4－15　国有经济单位按三次产业分的固定资产投资

单位:亿元

年　份	全	省		#地	方	
	第一产业	第二产业	第三产业	第一产业	第二产业	第三产业
1978	2.19	24.79	6.21	2.20	8.49	3.81
1980	2.09	21.62	10.48	2.02	9.11	7.09
"六五"时期	**8.03**	**129.48**	**70.06**	**7.31**	**58.35**	**48.92**
1985	2.17	37.24	22.25	1.89	21.43	16.51
"七五"时期	**15.84**	**275.23**	**144.24**	**13.33**	**184.92**	**95.60**
1990	4.06	59.02	37.27	3.51	38.11	24.56
"八五"时期	**28.03**	**853.49**	**616.17**	**24.01**	**473.18**	**409.23**
1991	4.19	66.43	48.45	3.84	43.90	34.74
1992	5.80	106.73	70.33	4.42	73.29	51.55
1993	4.42	146.79	124.63	3.85	93.46	84.02
1994	5.27	230.26	165.63	4.65	117.30	115.11
1995	8.35	303.28	207.13	7.25	145.28	123.82
"九五"时期	**137.22**	**1510.85**	**1777.16**	**118.65**	**578.18**	**1198.94**
1996	12.42	318.86	262.04	11.01	152.94	172.90
1997	14.02	258.45	295.13	13.05	97.91	195.53
1998	24.34	275.33	362.27	22.68	110.62	242.92
1999	40.15	299.94	405.27	35.93	105.66	270.14
2000	46.29	358.27	452.45	35.98	111.05	317.45
"十五"时期						
2001	45.57	385.57	487.07	36.71	148.99	354.78
2002	87.48	409.83	465.87	69.51	152.61	366.60

4－16　国有经济单位按建设性质分的固定资产投资

单位:亿元

年　份	全	省		#地	方	
	新　建	扩　建	改　建	新　建	扩　建	改　建
1978	18.31	14.18		8.81	5.69	
1980	20.53	13.00		9.31	8.45	
"六五"时期	**69.53**	**121.16**		**25.73**	**75.89**	
1985	16.58	25.41	10.69	7.17	17.43	7.51
"七五"时期	**118.93**	**198.45**	**82.39**	**70.76**	**143.85**	**53.00**
1990	33.42	42.17	18.88	19.47	32.03	10.22
"八五"时期	**559.25**	**591.85**	**195.71**	**269.86**	**377.05**	**135.39**
1991	42.11	48.64	20.23	28.26	35.91	12.02
1992	64.89	71.91	34.96	43.52	51.83	25.09
1993	92.72	101.69	43.36	47.01	70.03	31.32
1994	153.32	139.70	50.61	68.55	81.78	36.44
1995	206.21	229.91	46.55	82.52	137.50	30.52
"九五"时期	**1504.42**	**1080.26**	**526.79**	**748.57**	**565.46**	**345.09**
1996	219.87	245.10	63.43	102.79	145.26	37.53
1997	230.31	202.97	79.48	116.66	90.80	54.44
1998	289.57	221.72	91.25	153.38	104.62	71.52
1999	355.05	204.30	122.60	183.48	101.10	79.86
2000	409.60	206.17	170.03	192.26	123.68	101.74
"十五"时期						
2001	428.73	255.64	162.05	237.55	141.51	115.18
2002	441.49	236.58	218.84	234.77	147.23	161.08

4－17　国有经济单位新增固定资产及交付使用率

单位:亿元

年　份	全		省	＃地		方
	投资额	新增固定资产	固定资产交付使用率（%）	投资额	新增固定资产	固定资产交付使用率（%）
1978	33.19	18.19	54.8	14.50	10.60	73.1
1980	34.19	33.84	99.0	18.22	13.42	73.7
“六五”时期	**207.57**	**172.47**	**83.1**	**114.58**	**92.69**	**80.9**
1985	61.61	43.16	70.1	39.83	31.09	78.1
“七五”时期	**435.31**	**342.18**	**78.6**	**293.85**	**220.16**	**74.9**
1990	100.35	80.76	80.5	66.18	51.93	78.5
“八五”时期	**1497.69**	**945.11**	**63.1**	**906.42**	**602.55**	**66.5**
1991	119.07	95.86	80.5	82.48	65.17	79.0
1992	182.86	104.51	57.2	129.21	77.12	59.7
1993	275.84	184.50	66.9	181.32	126.22	69.6
1994	401.16	238.04	59.3	237.06	149.86	63.2
1995	518.76	322.20	62.1	276.35	184.18	66.6
“九五”时期	**3425.23**	**2506.11**	**73.2**	**1895.77**	**1634.62**	**86.2**
1996	593.32	487.17	82.1	336.85	342.48	101.7
1997	567.60	403.23	71.0	306.49	255.58	83.4
1998	661.94	507.39	76.7	376.22	316.44	84.1
1999	745.36	518.84	69.6	411.73	343.71	83.5
2000	857.01	589.48	68.8	464.48	376.41	81.0
“十五”时期						
2001	918.21	609.40	66.4	540.48	431.31	79.8
2002	963.18	635.76	66.0	588.72	456.12	77.5

4－18　国有经济单位竣工房屋面积及竣工率

年　份	施工面积（万平方米）	＃住　宅	竣工面积（万平方米）	＃住　宅	竣工率（%）	＃住　宅
1978	1307.45	508.49	648.55	275.45	49.6	54.2
1980	1847.05	987.71	964.89	566.59	52.2	57.4
“六五”时期			**4997.40**	**2895.25**		
1985	2269.59	1158.78	1201.95	660.65	53.0	57.0
“七五”时期			**5275.39**	**2413.79**		
1990	1850.82	906.07	978.88	483.75	52.9	53.4
“八五”时期			**6642.10**	**3452.86**		
1991	2058.96	978.76	1062.92	516.57	51.6	52.8
1992	2532.83	1187.37	1267.31	627.92	50.0	52.9
1993	2742.09	1251.97	1385.12	658.00	50.5	52.6
1994	2793.97	1431.60	1400.19	779.69	50.1	54.5
1995	2985.98	1559.65	1526.56	870.68	51.1	55.8
“九五”时期			**8988.30**	**5230.46**		
1996	2933.69	1434.15	1525.80	810.16	52.0	56.5
1997	3003.38	1532.63	1497.53	783.69	49.9	51.1
1998	3653.54	2132.40	1979.39	1161.62	54.2	54.5
1999	3552.11	2169.48	2125.31	1336.40	59.8	61.6
2000	3182.00	1909.68	1860.27	1138.59	58.5	59.6
“十五”时期						
2001	2882.77	1581.86	1700.20	969.15	59.0	61.3
2002	2644.06	1300.68	1643.51	873.20	62.2	67.1

4－19　按国民经济行业分的基本建设投资

单位:亿元

行　　　业	全	省		#地		方
	2000 年	2001 年	2002 年	2000 年	2001 年	2002 年
总　　　计	**620.87**	**692.83**	**761.96**	**320.13**	**416.76**	**473.22**
一、农、林、牧、渔业	**12.72**	**14.65**	**20.04**	**12.36**	**14.53**	**19.62**
农　　业	4.98	5.22	7.37	4.98	5.19	7.21
林　　业	2.59	2.92	5.47	2.37	2.83	5.21
畜　牧　业	0.68	1.70	0.96	0.68	1.70	0.96
渔　　业	1.72	1.02	1.46	1.72	1.02	1.46
农林牧渔服务业	2.75	3.79	4.78	2.61	3.79	4.78
二、采　掘　业	**7.66**	**4.00**	**7.64**	**1.60**	**2.03**	**1.28**
煤炭采选业	0.21	0.09	0.25	0.21	0.09	0.25
石油和天然气开采业	6.06	1.97	6.36			
黑色金属矿采选业	0.52	0.87	0.10	0.52	0.87	0.10
有色金属矿采选业	0.54	0.54	0.30	0.54	0.54	0.30
非金属矿采选业	0.32	0.49	0.61	0.32	0.49	0.61
其他矿采选业	0.00					
木材及竹材采运业	0.01	0.04	0.02	0.01	0.04	0.02
三、制　造　业	**39.64**	**58.45**	**63.51**	**26.08**	**48.67**	**50.84**
食品加工业	0.65	1.73	3.91	0.65	1.73	3.91
食品制造业	0.91	0.82	2.08	0.91	0.82	2.08
饮料制造业	2.61	3.29	1.51	2.61	3.27	1.51
烟草加工业	0.68	0.68	1.28	0.43	0.66	1.28
纺　织　业	1.74	1.70	3.65	1.65	1.61	3.65
服装及其他纤维制品制造业	0.60	0.78	0.73	0.60	0.78	0.73
皮革、毛皮、羽绒及其制品业	0.01	0.08	0.01	0.01	0.08	0.01
木材加工及竹、藤、棕、草制品业	0.63	0.11	0.23	0.63	0.10	0.23
家具制造业	0.01	0.63	0.23	0.01	0.63	0.23
造纸及纸制品业	0.31	0.30	0.58	0.31	0.30	0.58
印刷业、记录媒介的复制	0.43	0.67	0.73	0.43	0.67	0.73
文教体育用品制造业	0.06			0.06		
石油加工及炼焦业	0.00	1.58	2.05		0.08	0.05
化学原料及化学制品制造业	2.17	2.57	1.98	2.15	2.38	1.81
医药制造业	2.32	1.89	3.86	2.32	1.56	3.56
化学纤维制造业	0.00	0.02			0.02	
橡胶制品业	0.00		0.11			0.11
塑料制品业	0.39	0.86	0.69	0.39	0.86	0.69
非金属矿物制品业	1.74	2.15	3.01	1.41	1.78	2.81
黑色金属冶炼及压延加工业	5.79	17.41	14.18	5.79	17.38	14.18
有色金属冶炼及压延加工业	0.25	0.24	0.61	0.14	0.21	0.61
金属制品业	0.62	1.06	1.65	0.53	1.06	1.33
普通机械制造业	1.52	1.90	1.77	0.88	0.62	1.47

4-19 续表1

行业	全		省	#地		方
	2000年	2001年	2002年	2000年	2001年	2002年
专用设备制造业	2.10	0.83	0.92	1.05	0.81	0.92
交通运输设备制造业	11.48	6.80	7.58	0.88	2.34	1.80
电气机械及器材制造业	1.85	1.82	1.29	1.85	1.72	1.29
电子及通信设备制造业	0.59	3.28	5.25	0.32	2.46	2.64
仪器仪表及文化、办公用机械制造业		0.65	1.39		0.17	0.40
其他制造业	0.18	4.60	2.23	0.07	4.57	2.23
四、电力、煤气及水的生产和供应业	**224.04**	**246.34**	**257.17**	**35.94**	**39.71**	**49.09**
电力、蒸汽、热水的生产和供应业	219.70	240.86	251.79	31.60	34.33	43.71
煤气生产和供应业	0.79	0.59	1.39	0.79	0.59	1.39
自来水的生产和供应业	3.55	4.89	3.99	3.55	4.79	3.99
五、建　筑　业	**17.06**	**17.67**	**19.78**	**7.58**	**15.57**	**17.37**
土木工程建筑业	16.70	16.30	19.26	7.56	14.60	17.17
线路、管道和设备安装业	0.35	0.56	0.45	0.01	0.16	0.13
装修装饰业	0.01	0.81	0.07	0.01	0.81	0.07
六、地质勘查业、水利管理业	**28.90**	**29.87**	**63.80**	**19.13**	**20.99**	**47.17**
地质勘查业	0.55	0.43	0.08	0.20	0.22	0.07
水利管理业	28.35	29.44	63.72	18.93	20.77	47.10
七、交通运输、仓储及邮电通信业	**123.25**	**133.68**	**132.44**	**69.23**	**101.60**	**109.86**
铁路运输业	17.14	8.78	11.06	7.98	5.12	6.69
公路运输业	32.48	53.14	47.31	32.47	52.14	47.31
管道运输业						
水上运输业	0.17	1.29	0.44	0.09	0.69	0.44
航空运输业	0.50			0.45		
交通运输辅助业	24.26	39.45	51.37	23.41	36.66	48.91
其他交通运输业	0.09	0.04	0.04	0.09	0.04	0.04
仓　储　业	3.76	3.56	2.47	2.59	2.80	2.19
邮电通信业	44.85	27.42	19.75	2.15	4.15	4.28
八、批发和零售贸易、餐饮业	**8.64**	**11.30**	**14.26**	**8.34**	**10.52**	**12.20**
食品、饮料、烟草和家庭日用品批发业	1.95	5.21	2.59	1.86	4.79	2.27
能源材料和机械电子设备批发业	1.62	1.80	2.99	1.49	1.58	1.53
其他批发业	0.75	0.57	0.24	0.75	0.57	0.24
零　售　业	4.01	3.21	7.09	3.93	3.07	6.81
商业经纪与代理业			0.45			0.45
餐　饮　业	0.31	0.51	0.90	0.31	0.51	0.90
九、金融、保险业	**7.01**	**2.99**	**1.96**	**1.18**	**1.02**	**0.98**
金　融　业	6.46	2.65	1.83	1.07	0.86	0.96
保　险　业	0.55	0.34	0.13	0.11	0.16	0.02

4－19 续表2

行业	全省			#地方		
	2000年	2001年	2002年	2000年	2001年	2002年
十、房地产业	**3.11**	**2.51**	**4.01**	**3.11**	**2.51**	**4.01**
房地产开发与经营业	2.18	1.71	3.13	2.18	1.71	3.13
房地产管理业	0.93	0.80	0.88	0.93	0.80	0.88
房地产经纪与代理业						
十一、社会服务业	**41.25**	**55.82**	**55.92**	**41.03**	**55.62**	**55.83**
公共设施服务业	33.83	45.14	47.61	33.83	45.14	47.61
居民服务业	0.33	0.47	0.34	0.33	0.47	0.34
旅馆业	2.21	2.91	2.39	2.21	2.71	2.30
旅游业	1.36	2.77	2.34	1.14	2.77	2.34
娱乐服务业	1.33	1.17	1.09	1.33	1.17	1.09
信息咨询服务业	0.27		0.02	0.27		0.02
计算机应用服务业	1.22		0.34	1.22		0.34
其他社会服务业	0.70	3.36	1.79	0.70	3.36	1.79
十二、卫生、体育和社会福利业	**9.69**	**10.16**	**13.21**	**9.11**	**9.56**	**10.86**
卫生	8.16	6.37	9.62	7.58	5.79	7.27
体育	1.00	3.45	2.91	1.00	3.45	2.91
社会福利保障业	0.53	0.34	0.68	0.53	0.32	0.68
十三、教育、文化艺术及广播电影电视业	**34.70**	**34.14**	**38.40**	**27.27**	**26.26**	**28.77**
教育	25.95	29.46	33.12	18.52	21.59	23.74
文化艺术业	6.71	2.60	2.13	6.71	2.60	1.88
广播电影电视业	2.04	2.08	3.15	2.04	2.07	3.15
十四、科学研究和综合技术服务业	**4.92**	**6.26**	**8.82**	**1.96**	**4.47**	**5.12**
科学研究业	2.65	2.86	3.71	0.38	1.21	0.88
综合技术服务业	2.27	3.40	5.11	1.58	3.26	4.24
十五、国家机关、政党机关和社会团体	**55.08**	**54.01**	**52.89**	**53.12**	**52.71**	**52.11**
国家机关	53.86	50.14	48.29	51.90	48.94	47.57
政党机关	0.91	1.93	2.00	0.91	1.83	1.94
社会团体	0.18	0.72	0.52	0.18	0.72	0.52
基层群众自治组织	0.13	1.22	2.08	0.13	1.22	2.08
十六、其他行业	**3.20**	**10.98**	**8.11**	**3.09**	**10.25**	**8.11**

4－20　按资金来源分的基本建设投资

单位:亿元

年　份	全省合计	国家投资	国内贷款	利用外资	自筹投资	其　他
1978	31.15	25.67			4.27	1.21
1980	29.44	14.26	2.98	0.32	10.36	1.52
“六五”时期	**141.92**	**41.74**	**26.93**	**0.94**	**60.42**	**11.89**
1985	40.73	10.15	7.96	0.07	21.29	1.26
“七五”时期	**256.13**	**57.52**	**35.63**	**8.87**	**136.50**	**17.61**
1990	56.78	10.74	8.77	3.93	26.77	6.57
“八五”时期	**1013.17**	**171.60**	**273.54**	**109.21**	**394.00**	**64.82**
1991	68.08	11.15	15.81	3.29	33.88	3.95
1992	111.50	11.40	29.18	12.08	47.93	10.91
1993	184.95	37.36	37.35	17.12	75.94	17.18
1994	282.31	58.91	93.35	20.63	95.39	14.03
1995	366.33	52.78	97.85	56.09	140.86	18.75
“九五”时期	**2555.53**	**444.11**	**637.54**	**128.06**	**968.97**	**376.85**
1996	416.11	68.76	107.87	46.65	156.15	36.68
1997	438.47	65.99	90.43	25.15	201.97	54.93
1998	520.65	80.07	143.31	20.39	195.32	81.56
1999	559.43	97.03	128.18	18.19	210.49	105.54
2000	620.87	132.26	167.75	17.68	205.04	98.14
“十五”时期						
2001	692.83	153.54	161.83	19.30	250.97	107.19
2002	761.96	189.62	175.42	37.30	262.57	97.05

4－20　续表

年　份	地方合计	国家投资	国内贷款	利用外资	自筹投资	其　他
1978	12.88	7.58			4.10	1.21
1980	15.64	3.83	2.20	0.01	8.79	0.81
“六五”时期	**71.99**	**12.19**	**10.42**	**0.42**	**45.66**	**3.30**
1985	23.81	3.23	2.94	0.07	16.62	0.95
“七五”时期	**156.50**	**21.79**	**22.39**	**6.51**	**96.08**	**9.73**
1990	34.24	5.11	5.13	1.99	18.97	3.04
“八五”时期	**550.10**	**30.69**	**135.73**	**76.81**	**272.20**	**34.67**
1991	43.37	5.74	10.20	2.08	23.39	1.96
1992	73.25	4.66	20.29	8.89	36.93	2.48
1993	117.71	6.19	30.14	15.37	56.61	9.40
1994	150.41	6.59	41.70	15.50	76.98	9.64
1995	165.36	7.51	33.40	34.97	78.29	11.19
“九五”时期	**1304.48**	**113.47**	**216.89**	**66.70**	**685.87**	**221.55**
1996	203.48	10.46	44.08	23.26	98.64	27.04
1997	217.04	11.19	24.32	15.33	133.53	32.67
1998	269.20	16.92	41.58	11.50	145.67	53.53
1999	294.63	34.88	52.66	7.03	143.23	56.83
2000	320.13	40.02	54.25	9.58	164.80	51.48
“十五”时期						
2001	416.76	60.36	85.36	13.23	213.52	44.29
2002	473.22	96.91	79.64	22.01	228.73	45.93

4－21　按建设性质分的基本建设投资

单位:亿元

年　份	全	省		＃地		方
	新　建	扩　建	改　建	新　建	扩　建	改　建
1978	17.61	12.84		8.44	4.43	
1980	18.84	10.16		8.62	6.59	
“六五”时期	**66.59**	**64.82**		**23.42**	**39.92**	
1985	15.94	15.75	2.69	6.57	9.99	1.98
“七五”时期	**105.99**	**101.88**	**24.08**	**59.90**	**64.28**	**13.99**
1990	25.88	20.97	6.16	13.76	13.91	3.71
“八五”时期	**535.89**	**364.96**	**50.68**	**220.11**	**246.68**	**36.63**
1991	30.50	27.87	4.87	18.95	17.42	3.41
1992	47.42	47.10	9.29	29.64	31.75	5.86
1993	96.28	65.74	11.51	50.27	49.52	9.07
1994	177.47	77.07	11.71	75.02	54.28	8.36
1995	184.22	147.18	13.30	46.23	93.71	9.93
“九五”时期	**1507.02**	**674.97**	**186.17**	**633.30**	**373.82**	**143.80**
1996	212.89	153.30	17.64	65.18	98.43	13.48
1997	250.54	130.23	23.92	103.50	65.57	19.78
1998	321.46	125.80	29.74	142.34	63.29	27.06
1999	338.90	137.53	40.55	153.13	70.55	36.86
2000	383.23	128.11	74.32	169.15	75.98	46.62
“十五”时期						
2001	424.42	147.22	91.52	231.53	98.74	61.25
2002	453.25	147.98	128.71	251.56	103.30	92.18

4－22　按用途分的基本建设投资

单位:亿元

年　份	全	省		＃地		方
	生产性建设	非生产性建设	＃住　宅	生产性建设	非生产性建设	＃住　宅
1978	25.65	5.50	2.56	9.66	3.22	1.70
1980	19.40	10.04	6.21	8.36	7.28	4.63
“六五”时期	**77.82**	**64.10**	**36.47**	**29.83**	**42.16**	**25.46**
1985	19.66	21.07	11.18	8.94	14.87	8.50
“七五”时期	**166.37**	**89.76**	**40.21**	**95.37**	**61.13**	**27.72**
1990	41.53	15.25	6.17	23.71	10.53	4.15
“八五”时期	**774.06**	**239.11**	**99.78**	**373.75**	**176.35**	**68.42**
1991	49.39	18.69	8.72	30.20	13.17	5.94
1992	80.89	30.61	12.77	49.99	23.26	9.07
1993	131.10	53.85	19.61	74.93	42.78	13.40
1994	221.10	61.21	27.49	105.44	44.97	19.05
1995	291.58	74.75	31.19	113.19	52.17	20.96
“九五”时期	**1846.86**	**708.67**	**264.45**	**727.82**	**576.66**	**197.07**
1996	321.28	94.83	33.40	134.81	68.67	22.17
1997	300.87	137.60	43.44	107.66	109.38	30.59
1998	360.47	160.18	65.42	146.78	122.42	49.97
1999	402.88	156.55	69.93	158.52	136.11	52.34
2000	461.36	159.51	52.26	180.05	140.08	42.00
“十五”时期						
2001	515.53	177.30	44.29	253.40	163.36	35.25
2002	578.57	183.39	41.24	307.37	165.85	34.87

4-23 按构成分的基本建设投资

单位:亿元

年　　份	全		省	#地		方
	建筑安装工　　程	设备工具器具购置	其　　他	建筑安装工　　程	设备工具器具购置	其　　他
1978	18.89	8.98	3.28	8.79	3.61	0.48
1980	20.64	6.95	1.85	12.02	2.68	0.94
“六五”时期	**104.58**	**24.01**	**13.33**	**57.34**	**9.33**	**5.32**
1985	29.23	6.15	5.35	18.93	2.60	2.28
“七五”时期	**172.29**	**49.23**	**34.61**	**111.72**	**24.88**	**19.90**
1990	36.70	12.55	7.53	24.20	5.55	4.49
“八五”时期	**622.47**	**209.58**	**181.12**	**361.74**	**113.58**	**74.78**
1991	47.38	11.42	9.28	31.71	5.91	5.75
1992	71.20	25.87	14.43	49.31	15.67	8.27
1993	116.45	34.00	34.50	76.42	21.59	19.70
1994	182.27	50.11	49.93	101.67	28.50	20.24
1995	205.17	88.18	72.98	102.63	41.91	20.82
“九五”时期	**1519.50**	**397.23**	**638.80**	**956.80**	**168.43**	**179.25**
1996	208.57	100.57	106.97	118.51	50.61	34.36
1997	249.53	83.17	105.77	157.05	34.40	25.59
1998	310.51	63.37	146.77	201.20	26.18	41.82
1999	370.39	54.79	134.25	229.18	29.11	36.34
2000	380.50	95.33	145.04	250.86	28.13	41.14
“十五”时期						
2001	435.52	101.18	156.16	327.41	42.66	46.69
2002	463.70	101.19	197.07	360.93	52.56	59.73

4-24 按三次产业分的基本建设投资

单位:亿元

年　　份	全		省	#地		方
	第一产业	第二产业	第三产业	第一产业	第二产业	第三产业
1978	2.15	22.92	6.08	2.15	7.12	3.44
1980	2.06	17.75	9.63	1.98	6.92	6.75
“六五”时期	**7.56**	**78.56**	**55.80**	**6.84**	**25.69**	**39.46**
1985	1.98	20.06	18.69	1.69	8.10	14.00
“七五”时期	**15.06**	**132.39**	**108.68**	**12.52**	**72.75**	**71.19**
1990	3.95	29.55	23.28	3.40	15.90	14.94
“八五”时期	**25.49**	**621.36**	**366.32**	**22.36**	**286.54**	**226.19**
1991	3.97	34.71	29.40	3.61	19.98	13.84
1992	4.95	63.22	43.33	4.19	37.78	22.21
1993	4.24	99.62	81.09	3.67	60.15	53.89
1994	4.88	184.23	93.20	4.30	79.15	66.96
1995	7.45	239.58	119.30	6.59	89.48	69.29
“九五”时期	**118.15**	**1271.00**	**1166.38**	**101.35**	**380.39**	**822.74**
1996	8.88	246.84	160.39	8.38	95.23	99.87
1997	11.48	247.39	179.60	10.56	73.91	132.57
1998	20.54	251.17	248.94	19.06	69.06	181.08
1999	36.18	237.20	286.05	32.06	71.00	191.57
2000	41.07	288.40	291.40	31.29	71.19	217.65
“十五”时期						
2001	44.09	326.46	322.28	35.30	105.98	275.48
2002	83.76	348.10	330.10	66.73	118.58	287.91

4－25　基本建设新增固定资产及交付使用率

年　份	全	省		#地	方	
	投资额（亿元）	新增固定资产（亿元）	固定资产交付使用率（%）	投资额（亿元）	新增固定资产（亿元）	固定资产交付使用率（%）
1978	31.15	16.81	54.0	12.88	9.49	73.7
1980	29.44	30.29	102.9	15.64	11.52	73.7
“六五”时期	**141.92**	**122.69**	**86.5**	**71.99**	**59.14**	**82.2**
1985	40.73	26.64	65.4	23.81	18.42	77.4
“七五”时期	**256.13**	**200.74**	**78.4**	**156.50**	**110.94**	**70.9**
1990	56.78	44.33	78.1	34.24	24.28	70.9
“八五”时期	**1013.17**	**576.68**	**56.9**	**550.10**	**348.97**	**63.4**
1991	68.08	46.55	68.4	43.37	26.72	61.6
1992	111.50	52.60	47.2	73.25	37.00	50.5
1993	184.95	121.87	65.9	117.71	83.05	70.6
1994	282.31	141.83	50.2	150.41	89.68	59.6
1995	366.33	213.83	58.4	165.36	112.52	68.0
“九五”时期	**2555.53**	**1752.39**	**68.6**	**1304.48**	**1107.40**	**84.9**
1996	416.11	328.01	78.8	203.48	227.82	112.0
1997	438.47	280.34	63.9	217.04	183.25	84.4
1998	520.65	407.00	78.2	269.20	233.99	86.9
1999	559.43	374.82	67.0	294.63	223.93	76.0
2000	620.87	362.22	58.3	320.13	238.41	74.5
“十五”时期						
2001	692.83	393.11	56.7	416.76	305.83	73.4
2002	761.96	450.89	59.2	473.22	340.58	72.0

4－26　基本建设竣工房屋面积及竣工率

年　份	施工面积（万平方米）	#住　宅	竣工面积（万平方米）	#住　宅	竣工率（%）	#住　宅
1978	1221.95	487.18	599.58	261.27	49.1	53.6
1980	1691.10	934.90	874.74	530.06	51.7	56.7
“六五”时期			**4120.49**	**2607.27**		
1985	1922.58	1080.78	986.47	607.67	51.3	56.2
“七五”时期			**3803.94**	**1904.08**		
1990	1059.96	453.39	548.73	248.72	51.8	54.9
“八五”时期			**4310.27**	**2155.44**		
1991	1230.68	532.36	611.31	300.67	49.7	56.5
1992	1526.34	646.16	777.30	369.95	50.9	57.3
1993	1713.67	698.42	897.81	406.09	52.4	58.1
1994	1866.91	856.84	953.11	504.93	51.1	58.9
1995	1943.29	870.78	1070.74	573.80	55.1	65.9
“九五”时期			**6832.32**	**3620.15**		
1996	2027.40	852.90	1102.08	536.09	54.4	62.9
1997	2192.83	961.95	1206.14	550.64	55.0	57.2
1998	2746.63	1491.38	1527.47	833.00	55.6	55.9
1999	2637.91	1429.79	1706.50	998.50	64.7	69.8
2000	2219.47	1122.73	1290.13	701.92	58.1	62.5
“十五”时期						
2001	2041.38	910.61	1180.92	583.29	57.8	64.1
2002	1983.45	744.53	1223.52	577.10	61.7	77.5

4－27 全省基本建设项目及投产率

年份	建设项目(个)				建设项目投产率(%)	
	施工项目	#大中型	建成投产项目	#大中型		#大中型
1978	2604		718		27.6	
1980	4547		1825		40.1	
"六五"时期			**14085**	**8**		
1985	5742	45	3338	8	58.1	17.8
"七五"时期			**13452**	**34**		
1990	3637	61	2064	10	56.8	16.4
"八五"时期			**16310**	**50**		
1991	4251	67	2427	9	57.1	13.4
1992	5321	61	3253	7	61.1	11.5
1993	5215	68	3390	12	65.0	17.6
1994	5309	82	3331	11	62.7	13.4
1995	5655	78	3909	11	69.1	14.1
"九五"时期			**20493**	**38**		
1996	5425	67	3683	12	67.9	17.9
1997	5962	53	3919	8	65.7	15.1
1998	7480	41	5127	6	68.5	14.6
1999	6483	34	4463	5	68.8	14.7
2000	4888	29	3301	7	67.5	24.1
"十五"时期						
2001	4780	25	3061	7	64.0	28.0
2002	4438	22	2820	5	63.5	22.7

4－28 基本建设新增主要产品生产能力

产品名称	单位	1990年	1995年	1999年	2000年	2001年	2002年
煤炭开采	万吨/年	22.00	6.00	6.00		6.00	
炼钢	万吨/年	6.00	9.00				
发电机组容量	万千瓦	31.79	11.66	164.87	36.22	9.96	12.22
输电线路长度	公里	926.00	181.00	456.49	690.50	607.65	964.04
水泥	万吨/年		134.00	47.00	35.00	20.00	18.00
烧碱	万吨/年	0.50	2.00			0.42	
合成氨	万吨/年	2.50	2.50				
化学肥料	万吨/年	2.06	22.31		5.98	0.10	
汽车制造	辆/年		7200				
化学纤维	万吨/年	0.20		0.10		0.42	
机制纸及纸板	万吨/年	0.20				0.25	
新建公路	公里	132.49	681.40	519.20	456.29	562.59	460.47
改建公路	公里	300.00	784.85	777.81	938.19	1383.33	1162.53
城市自来水供水能力	万吨/日	33.37	31.50	39.77	27.40	36.00	41.00

4－29　基本建设大中型项目一览表

（2002 年末）

单位：万元

建设项目名称	隶属关系	建设性质	开工年月	投产年月	计划总投资	自开始建设至本年底止累计完成投资	#新增固定资产	未完工程尚需投资
一、筹建项目								
武汉市汉口机场建设开发有限公司迁建	地	迁			180000	28850		151150
湖北天宇电业马度河电站	县	新			60600	1250		59350
湖北宣恩洞坪电站	县	新			80500	8102		72398
二、正式施工项目								
中国长江三峡水利枢纽工程	中央	新	199411		9009000	8920737		88263
武汉工程建设指挥部襄渝线扩能	中央	扩	200010	200212	192779	192779	192779	
湖北长荆铁路有限公司	省	新	199811	200212	185407	175391	153372	10016
武汉市多福科技股份公司	其他	新	199802		12181	9351		2830
武汉市轨道交通有限公司一期	地	新	200012		219913	73253		146660
武钢二热扎	地	扩	200012		580000	309522		270478
武汉市水务局江堤整险加固工程	地	改	199810	200212	379900	271701	271701	108199
十堰市陡岭子水利枢纽工程	地	新	199303	200212	40000	40000	40000	
宜昌夷陵长江大桥	地	新	199812	200212	61000	58613	58613	2387
鄂州市水利局杷铺大堤整险加固	地	扩	199901		50500	21686		28814
湖北省洪湖分蓄洪区二期工程	中央	新	198801		46956	41674	41674	5282
荆州市长江公路大桥建设管理处	地	新	199803		137000	125190		11810
湖北省鄂黄长江大桥开发公司	省	新	199910		96000	88300		7700
黄梅县黄广大堤加固工程	地	新	199710		44853	31080	31080	13773
赤壁火电厂	其他	新	200210		400000	50000	50000	350000
湖北清江水电开发有限责任公司	省	新	200202		1061707	228568	2735	833139
江汉石油管理局油田基建	中央	扩	200203		63589	63589	63589	
三、本年收尾项目								
湖北省京珠高速公路湖北北段	省	新	199812		682162	682162	682162	
湖北清江水电开发隔河岩电站	省	新	198701		516953	495176	437698	21777
湖北清江水电开发高坝洲电站	省	新	199610		307620	312867	292053	
汉江王甫洲水电枢纽	中央	新	199502		200365	190950		9415

4－29　续表　　　　　　　　　　　　(2002年末)

建设项目名称	本年计划投资	本年完成投资	本年新增固定资产	建设规模和新增能力(或效益)				
				生产能力(或效益)名称	计量单位	建设规模	累计新增	本年新增
一、筹建项目								
武汉市汉口机场建设开发有限公司		27914		民航机场跑道	米	3000		
湖北天宇电业马度河电站	100	15		水力发电	万千瓦	5.1		
湖北宣恩洞坪水电有限责任公司	6200	5414		水力发电	万千瓦	11		
二、正式施工项目								
中国长江三峡水利枢纽工程	1513600	1588723		水力发电	万千瓦	1820		
武汉工程建设指挥部襄渝线扩能	33122	33122	33122	电气化铁路主线正线	公里	46.1	46.1	46.1
湖北长荆铁路有限公司	38000	41841	2946	新建铁路主线正线	公里	176.36	176.4	176.4
武汉市多福科技股份公司	1000	1025						
武汉市轨道交通有限公司一期	50038	27411						
武钢二热扎	169376	133846		热轧钢材	万吨/年	400		
武汉市水务局江堤整险加固工程	220127	226202	226202	城市防洪堤长度	公里	346.37	346.4	124.4
十堰市陡岭子水利枢纽工程	11000	11000	40000	水力发电	万千瓦	7.05	7.05	7.05
宜昌夷陵长江大桥	4603	4603	58613					
鄂州市水利局粑铺大堤整险加固	18190	5126		城市防洪堤长度	公里	23	23	5
湖北省洪湖分蓄洪区二期工程	7000	686	686					
荆州市长江公路大桥建设管理处	14570	14640		新建独立公路桥梁	延长米	4177		
湖北省鄂黄长江大桥开发公司	21000	21010		新建独立公路桥梁	延长米	4235		
黄梅县黄广大堤加固工程	8893	6893	6893					
赤壁火电厂	40700	40700		火力发电	万千瓦	60		
湖北清江水电开发有限责任公司	44100	83639	2735	水力发电	万千瓦	160		
江汉石油管理局油田基建	63589	63589	63549	天然原油开采	万吨/年	28	28	28
三、本年收尾项目								
湖北省京珠高速公路湖北北段	67162	67162						
湖北清江水电开发隔河岩电站	6192	6192	16125	水力发电	万千瓦	121.2	121.2	
湖北清江水电开发高坝洲电站	19200	12300		水力发电	万千瓦	25.2	25.2	
汉江王甫洲水电枢纽	5000	1550						

4－30 按国民经济行业分的技术改造投资

单位:亿元

行业	2000年		2001年		2002年	
	全省	地方	全省	地方	全省	地方
总计	**245.16**	**159.77**	**290.02**	**188.14**	**320.17**	**223.62**
一、农、林、牧、渔业	**2.32**	**2.32**	**1.16**	**1.15**	**1.30**	**1.30**
农业	0.67	0.67	0.51	0.50	0.28	0.28
农林牧渔服务业	0.84	0.84	0.41	0.41	0.54	0.54
二、采掘业	**7.69**	**1.85**	**16.32**	**2.26**	**10.11**	**3.68**
煤炭采选业	0.21	0.21	0.12	0.12	0.73	0.73
石油和天然气开采业	5.82		14.06		6.43	
黑色金属矿采选业	0.28	0.28	0.65	0.65	1.43	1.43
有色金属矿采选业	0.65	0.65	0.92	0.92	0.53	0.53
非金属矿采选业	0.73	0.71	0.58	0.58	0.93	0.93
三、制造业	**115.42**	**101.30**	**159.79**	**140.42**	**190.20**	**163.85**
食品加工业	1.64	1.64	1.88	1.88	3.98	3.94
食品制造业	3.22	3.22	3.51	3.51	2.66	2.66
饮料制造业	4.20	4.20	4.72	4.72	4.81	4.81
烟草加工业	3.59	3.02	4.33	2.91	3.46	2.84
纺织业	7.83	6.85	9.43	9.12	15.26	14.87
服装及其他纤维制品制造业	1.66	1.64	1.51	1.42	2.18	2.18
皮革、毛皮、羽绒及其制品业	0.06	0.06	0.43	0.43	0.05	0.05
木材加工及竹、藤、棕、草制品业	1.26	1.26	1.94	1.94	1.34	1.34
家具制造业	0.35	0.35	0.24	0.24	0.54	0.54
造纸及纸制品业	6.86	6.86	9.05	9.05	5.37	5.37
印刷业、记录媒介的复制	1.46	1.45	3.13	3.06	2.58	2.41
文教体育用品制造业	0.09	0.09	0.07	0.07	0.36	0.36
石油加工及炼焦业	4.93	1.61	2.81	0.02	1.94	0.19
化学原料及化学制品制造业	8.88	8.31	12.35	12.29	18.24	18.18
医药制造业	6.45	6.42	9.33	9.16	15.04	14.90
化学纤维制造业	1.02	1.02	1.27	1.27	2.02	2.02
橡胶制品业	0.43	0.43	0.48	0.48	0.52	0.52
塑料制品业	5.15	5.15	5.63	5.32	6.11	5.75
非金属矿物制品业	9.46	8.20	15.12	14.67	12.31	11.86
黑色金属冶炼及压延加工业	18.51	18.51	27.62	27.62	33.76	33.74
有色金属冶炼及压延加工业	2.54	2.19	5.01	3.61	5.06	4.45
金属制品业	3.65	3.41	5.29	5.08	4.85	4.83
普通机械制造业	2.71	2.65	3.25	3.15	4.21	4.08
专用设备制造业	3.10	2.99	5.48	5.15	6.67	5.53
交通运输设备制造业	9.18	3.78	12.19	3.26	22.97	6.07
电气机械及器材制造业	3.25	3.25	4.85	4.85	4.07	4.07
电子及通信设备制造业	2.26	2.20	6.61	4.27	8.00	4.92
仪器仪表及文化、办公用机械制造业	0.91	0.10	0.34	0.24	1.23	0.97
其他制造业	0.77	0.44	1.92	1.63	0.61	0.40
四、电力、煤气及水的生产和供应业	**19.11**	**6.14**	**9.57**	**4.14**	**17.95**	**13.26**
电力、蒸汽、热水的生产和供应业	17.90	4.93	8.48	3.05	14.69	10.00
煤气生产和供应业	0.01	0.01	0.09	0.09	0.34	0.34
自来水的生产和供应业	1.20	1.20	1.00	1.00	2.92	2.92

行业	2000年		2001年		2002年	
	全省	地方	全省	地方	全省	地方
五、建筑业	**4.26**	**2.07**	**3.51**	**2.02**	**5.85**	**2.97**
土木工程建筑业	4.11	2.04	3.42	2.02	5.79	2.94
线路、管道和设备安装业	0.13	0.01	0.09		0.03	
装修装饰业	0.02	0.02			0.03	0.03
六、地质勘查业、水利管理业	**0.61**	**0.37**	**0.89**	**0.82**	**1.24**	**0.68**
地质勘查业	0.06		0.07		0.34	0.07
水利管理业	0.55	0.37	0.82	0.82	0.90	0.61
七、交通运输、仓储及邮电通信业	**57.92**	**15.44**	**72.70**	**17.22**	**68.61**	**20.21**
铁路运输业	3.88	0.04	4.35	0.02	7.00	0.33
公路运输业	2.34	2.34	1.75	1.75	2.79	2.79
水上运输业	0.32	0.15	0.20	0.10	0.25	0.25
航空运输业					0.32	0.32
交通运输辅助业	3.98	3.35	5.86	5.24	6.51	5.95
其他交通运输业			0.03	0.03	0.01	0.01
仓　储　业	0.15	0.14	0.06	0.05	0.77	0.76
邮电通信业	47.25	9.42	60.45	10.03	50.96	9.80
八、批发和零售贸易、餐饮业	**10.68**	**5.77**	**4.75**	**4.15**	**5.94**	**4.87**
食品、饮料、烟草和家庭日用品批发业	0.22	0.19	0.18	0.18	0.18	0.18
能源材料和机械电子设备批发业	4.99	0.11	0.14	0.07	2.19	1.12
其他批发业			0.09	0.01	0.01	0.01
零　售　业	5.29	5.29	4.07	3.62	3.37	3.37
餐　饮　业	0.18	0.18	0.27	0.27	0.17	0.17
九、金融、保险业	**2.69**	**1.78**	**1.98**	**0.92**	**3.62**	**0.43**
金　融　业	2.69	1.78	1.98	0.92	3.55	0.36
十、房地产业	**0.00**	**0.00**	**0.01**	**0.01**	**0.01**	**0.01**
房地产开发与经营业			0.01	0.01	0.01	0.01
房地产管理业						
房地产经纪与代理业						
十一、社会服务业	**13.60**	**13.60**	**6.76**	**6.47**	**4.09**	**4.04**
公共设施服务业	12.46	12.46	5.79	5.79	3.42	3.40
旅　馆　业	0.31	0.31	0.49	0.48	0.44	0.44
其他社会服务业	0.83	0.83	0.48	0.20	0.23	0.20
十二、卫生、体育和社会福利业	**1.09**	**0.91**	**2.31**	**1.96**	**3.17**	**2.37**
卫　生	1.09	0.91	2.31	1.96	3.05	2.25
十三、教育、文化艺术及广播电影电视业	2.35	1.79	4.24	1.06	3.26	1.65
教　育	0.74	0.18	3.43	0.26	2.30	0.69
文化艺术业	0.46	0.46	0.01	0.01	0.30	0.30
广播电影电视业	1.15	1.15	0.80	0.79	0.66	0.66
十四、科学研究和综合技术服务业	2.04	1.08	0.57	0.11	0.56	0.08
科学研究业	1.27	0.41	0.10		0.21	0.03
综合技术服务业	0.77	0.67	0.47	0.11	0.35	0.05
十五、国家机关、政党机关和社会团体	4.27	4.24	3.64	3.61	3.35	3.30
国家机关	4.24	4.23	3.50	3.47	3.19	3.14
政党机关					0.15	0.15
十六、其他行业	**1.11**	**1.11**	**1.82**	**1.82**	**0.91**	**0.91**

4－31　按资金来源分的技术改造投资

单位:亿元

年　　份	全省合计	国家投资	国内贷款	利用外资	自筹投资	其　　他
1978	2.04	0.17	0.11	0.00	1.53	0.23
1980	4.74	0.19	0.83	0.00	3.59	0.13
“六五”时期	**60.69**	**5.64**	**21.48**	**0.22**	**32.16**	**1.19**
1985	18.36	0.76	8.79	0.13	8.34	0.34
“七五”时期	**155.94**	**2.30**	**52.77**	**1.92**	**92.34**	**6.61**
1990	33.30	0.44	7.72	0.61	23.22	1.31
“八五”时期	**442.64**	**3.63**	**149.16**	**21.96**	**247.87**	**20.02**
1991	37.72	0.27	13.58	1.26	21.76	0.85
1992	52.79	0.42	21.75	1.16	28.19	1.27
1993	79.02	1.08	30.84	1.59	41.56	3.95
1994	122.17	0.96	39.77	6.09	69.43	5.92
1995	150.94	0.90	43.22	11.86	86.93	8.03
“九五”时期	**1099.72**	**22.82**	**225.39**	**43.24**	**696.71**	**111.56**
1996	191.97	2.26	37.28	9.28	118.84	24.31
1997	212.57	3.09	42.28	15.13	133.43	18.64
1998	227.79	4.08	51.07	7.48	137.71	27.45
1999	222.23	7.61	48.66	5.95	135.57	24.44
2000	245.16	5.78	46.10	5.40	171.16	16.72
“十五”时期						
2001	290.02	8.39	44.67	5.97	213.29	17.70
2002	320.17	6.23	71.01	11.86	219.37	11.70

4－31　续表

年　　份	地方合计	国家投资	国内贷款	利用外资	自筹投资	其　　他
1978	1.62	0.17	0.11		1.12	0.22
1980	2.57	0.17	0.81		1.46	0.13
“六五”时期	**38.98**	**3.61**	**20.22**	**0.19**	**13.93**	**1.03**
1985	14.26	0.44	8.05	0.13	5.35	0.29
“七五”时期	**121.46**	**1.55**	**50.23**	**1.57**	**62.18**	**5.93**
1990	24.68	0.30	7.09	0.26	15.87	1.16
“八五”时期	**297.53**	**2.72**	**119.14**	**12.41**	**149.26**	**14**
1991	28.43	0.26	12.31	0.70	14.39	0.77
1992	41.21	0.30	21.27	0.97	18.34	0.33
1993	55.32	0.84	24.96	1.57	24.75	3.2
1994	76.58	0.77	31.33	3.20	38.43	2.85
1995	95.99	0.55	29.27	5.97	53.35	6.85
“九五”时期	**709.28**	**10.65**	**128.07**	**40.23**	**440.89**	**89.44**
1996	121.67	1.58	28.72	7.15	63.90	20.32
1997	141.81	1.50	27.58	14.41	81.90	16.42
1998	146.92	1.52	26.11	7.43	90.24	21.62
1999	139.11	3.21	21.14	5.76	88.29	20.71
2000	159.77	2.84	24.52	5.48	116.56	10.37
“十五”时期						
2001	188.14	5.09	28.47	5.23	139.02	10.33
2002	223.62	4.24	41.14	11.23	156.23	10.78

4－32　按建设性质分的技术改造投资

单位:亿元

年　份	全	省		#地	方	
	新　建	扩　建	改　建	新　建	扩　建	改　建
1978	0.70	1.34		0.36	1.26	
1980	1.69	2.84		0.50	1.87	
“六五”时期	**2.84**	**52.82**		**2.22**	**33.80**	
1985	0.54	8.83	7.70	0.51	7.35	5.33
“七五”时期	**5.33**	**89.54**	**53.25**	**5.09**	**76.53**	**33.70**
1990	0.83	19.38	11.37	0.79	17.33	5.22
“八五”时期	**15.23**	**252.25**	**144.59**	**13.13**	**159.49**	**101.96**
1991	1.22	19.50	14.21	1.17	17.35	7.53
1992	1.74	23.72	24.42	1.73	19.01	18.04
1993	3.51	40.75	31.17	3.39	25.44	24.37
1994	3.44	72.39	37.95	3.41	39.70	27.32
1995	5.32	95.89	36.84	3.43	57.99	24.70
“九五”时期	**59.78**	**540.02**	**369.59**	**47.96**	**320.67**	**237.17**
1996	9.09	104.92	47.08	8.50	61.18	26.58
1997	10.63	111.26	57.89	9.31	65.13	40.58
1998	12.63	119.67	75.13	8.68	65.86	56.63
1999	11.98	94.60	91.21	8.77	56.87	53.38
2000	15.45	109.57	98.28	12.70	71.63	60.00
“十五”时期						
2001	29.89	154.47	81.49	25.99	84.15	63.20
2002	41.16	151.63	104.23	33.82	95.59	78.13

4－33　按用途分的技术改造投资(一)

单位:亿元

年　份	全	省		#地	方	
	生产性建设	非生产性建设	#住　宅	生产性建设	非生产性建设	#住　宅
1978	1.82	0.22	0.13	1.44	0.18	0.12
1980	4.10	0.64	0.37	2.33	0.24	0.13
“六五”时期	**52.14**	**8.55**	**3.34**	**34.79**	**4.19**	**1.56**
1985	16.93	1.43	0.58	13.44	0.82	0.30
“七五”时期	**138.91**	**17.03**	**6.98**	**108.15**	**13.31**	**5.25**
1990	29.53	3.77	1.59	21.61	3.07	1.22
“八五”时期	**405.15**	**37.49**	**8.57**	**268.24**	**29.29**	**5.77**
1991	33.06	4.66	1.62	24.56	3.87	1.26
1992	47.92	4.87	1.69	37.41	3.80	1.28
1993	72.50	6.52	1.69	49.68	5.64	1.18
1994	112.40	9.77	1.52	68.35	8.23	0.90
1995	139.27	11.67	2.05	88.24	7.75	1.15
“九五”时期	**964.82**	**134.90**	**16.65**	**600.84**	**108.44**	**4.63**
1996	172.14	19.83	2.49	106.92	14.75	1.32
1997	178.82	33.75	2.27	117.33	24.48	0.83
1998	203.37	24.42	4.33	127.20	19.72	0.85
1999	192.54	29.69	3.49	114.15	24.96	0.94
2000	217.95	27.21	4.07	135.24	24.53	0.69
“十五”时期						
2001	268.62	21.40	1.53	172.19	15.95	0.83
2002	300.85	19.32	0.55	210.75	12.87	0.46

4－34　按用途分的技术改造投资(二)

单位:亿元

年　份	增　产	节约能源	其他节约	增加品种	提高产品质量	三废治理	其　他
1980	2.53	0.27	0.01		0.35		1.58
“六五”时期	**21.74**	**3.43**	**0.54**	**6.11**	**4.73**	**1.01**	**23.13**
1985	7.07	0.92	0.10	3.05	1.61	0.39	5.22
“七五”时期	**66.15**	**6.14**	**0.95**	**23.74**	**10.85**	**2.05**	**46.06**
1990	12.96	1.32	0.10	5.57	2.76	0.38	10.21
“八五”时期	**137.20**	**17.74**	**3.24**	**72.67**	**36.57**	**5.03**	**170.19**
1991	12.17	1.55	0.37	6.17	3.28	0.32	13.86
1992	18.14	1.99	0.28	9.42	4.43	0.50	18.03
1993	27.72	2.60	0.69	10.20	6.87	0.41	30.53
1994	38.91	6.31	1.40	19.61	10.99	0.51	44.44
1995	40.26	5.29	0.50	27.27	11.00	3.29	63.33
“九五”时期	**329.24**	**38.17**	**6.00**	**132.89**	**95.93**	**9.86**	**487.63**
1996	49.67	3.17	0.78	32.27	15.19	2.33	88.56
1997	66.51	7.58	1.98	23.55	16.86	1.10	94.99
1998	78.44	8.47	1.45	28.03	18.57	0.95	91.88
1999	58.79	10.86	0.77	23.71	21.20	1.13	105.77
2000	75.83	8.09	1.02	25.33	24.11	4.35	106.43
“十五”时期							
2001	103.35	6.45	2.72	51.33	19.18	6.74	100.25
2002	106.40	16.73	1.61	49.87	46.17	4.62	94.77

4－35　按构成分的技术改造投资

单位:亿元

年　份	全省			#地方		
	建筑安装工　程	设备工具器具购置	其　他	建筑安装工　程	设备工具器具购置	其　他
1978	1.17	0.85	0.02	0.86	0.75	0.01
1980	2.38	2.34	0.02	1.15	1.40	0.02
“六五”时期	**27.92**	**30.35**	**2.42**	**15.85**	**21.74**	**1.39**
1985	7.48	9.98	0.9	5.57	7.96	0.73
“七五”时期	**64.73**	**80.17**	**11.04**	**49.30**	**63.15**	**9.01**
1990	14.11	16.87	2.32	10.33	12.46	1.89
“八五”时期	**163.02**	**239.98**	**39.64**	**108.15**	**163.62**	**25.76**
1991	15.32	19.62	2.78	11.68	14.54	2.21
1992	21.27	27.04	4.48	16.19	21.42	3.6
1993	31.18	40.99	6.85	20.81	29.38	5.13
1994	46.91	65.66	9.6	28.53	41.56	6.49
1995	48.34	86.67	15.93	30.94	56.72	8.33
“九五”时期	**361.85**	**647.49**	**90.38**	**232.17**	**414.74**	**62.37**
1996	60.16	117.33	14.48	33.57	77.85	10.25
1997	68.21	128.07	16.29	44.03	87.73	10.05
1998	77.41	134.19	16.19	53.02	81.83	12.07
1999	74.48	125.28	22.47	47.22	75.66	16.23
2000	81.59	142.62	20.95	54.33	91.67	13.77
“十五”时期						
2001	93.68	176.44	19.90	60.90	111.70	15.54
2002	113.58	180.37	26.22	79.90	123.11	20.61

4-36 按三次产业分的技术改造投资

单位:亿元

年 份	全	省		#地		方
	第一产业	第二产业	第三产业	第一产业	第二产业	第三产业
1978	0.05	1.76	0.23	0.05	1.36	0.21
1980	0.03	3.86	0.85	0.03	2.19	0.35
"六五"时期	**0.31**	**48.97**	**11.41**	**0.31**	**31.84**	**6.83**
1985	0.12	16.02	2.22	0.12	12.93	1.21
"七五"时期	**0.47**	**135.22**	**20.25**	**0.47**	**110.07**	**10.92**
1990	0.03	27.94	5.33	0.03	21.86	2.79
"八五"时期	**1.14**	**322.21**	**119.29**	**0.53**	**255.01**	**41.99**
1991	0.12	30.12	7.48	0.12	23.60	4.71
1992	0.72	41.26	10.81	0.11	35.01	6.09
1993	0.10	59.79	19.13	0.10	48.79	6.43
1994	0.04	81.46	40.67	0.04	62.21	14.33
1995	0.16	109.58	41.2	0.16	85.40	10.43
"九五"时期	**9.01**	**657.72**	**432.99**	**8.79**	**502.26**	**198.23**
1996	0.52	117.45	74	0.52	91.81	29.34
1997	1.65	121.63	89.29	1.65	98.72	41.44
1998	1.99	139.37	86.43	1.95	109.58	35.39
1999	1.99	132.78	87.46	1.99	90.80	46.32
2000	2.86	146.49	95.81	2.68	111.35	45.74
"十五"时期						
2001	1.98	189.19	98.85	1.97	148.85	37.32
2002	2.20	224.10	93.87	1.91	183.76	37.95

4-37 技术改造新增固定资产及交付使用率

年 份	全	省		#地		方
	投资额（亿元）	新增固定资产（亿元）	固定资产交付使用率（%）	投资额（亿元）	新增固定资产（亿元）	固定资产交付使用率（%）
1978	2.04	1.38	67.6	1.62	1.19	73.5
1980	4.74	3.55	74.9	2.57	1.90	73.9
"六五"时期	**60.69**	**45.69**	**75.3**	**38.98**	**30.41**	**78.0**
1985	18.36	14.49	78.9	14.26	11.14	78.1
"七五"时期	**155.94**	**120.92**	**77.5**	**121.46**	**95.03**	**78.2**
1990	33.30	25.72	77.2	24.68	20.13	81.6
"八五"时期	**442.64**	**305.14**	**68.9**	**297.53**	**201.45**	**67.7**
1991	37.72	37.89	100.5	28.43	29.37	103.3
1992	52.79	38.94	73.8	41.21	30.16	73.2
1993	79.02	54.64	69.1	55.32	37.72	68.2
1994	122.17	81.72	66.9	76.58	47.92	62.6
1995	150.94	91.95	60.9	95.99	56.28	58.6
"九五"时期	**1099.72**	**984.91**	**89.6**	**709.28**	**657.07**	**92.6**
1996	191.97	182.49	95.1	121.67	117.10	96.2
1997	212.57	194.54	91.5	141.81	130.95	92.3
1998	227.79	188.34	82.7	146.92	121.28	82.5
1999	222.23	198.63	89.4	139.11	137.61	98.9
2000	245.16	220.91	90.1	159.77	150.13	94.0
"十五"时期						
2001	290.02	236.51	81.5	188.14	153.44	81.6
2002	320.17	235.15	73.4	223.62	164.49	73.6

4－38　技术改造竣工房屋面积及竣工率

年　份	施工面积（万平方米）	#住　宅	竣工面积（万平方米）	#住　宅	竣工率（%）	#住　宅
1978	85.50	21.32	48.97	14.18	57.3	66.5
1980	155.93	52.81	90.14	36.52	57.8	69.2
“六五”时期			**743.31**	**238.76**		
1985	295.13	62.61	170.78	39.65	57.9	63.3
“七五”时期			**1054.53**	**279.72**		
1990	327.37	114.09	182.02	62.34	55.6	54.6
“八五”时期			**812.20**	**199.24**		
1991	330.53	102.73	185.01	57.56	56.0	56.0
1992	379.42	90.50	195.58	57.64	51.5	63.7
1993	295.25	53.93	175.28	40.50	59.4	75.1
1994	273.45	44.22	125.58	26.51	45.9	60.0
1995	231.16	28.06	130.75	17.03	56.6	60.7
“九五”时期			**504.75**	**179.06**		
1996	219.07	36.46	122.84	21.96	56.1	60.2
1997	178.06	41.36	96.65	18.78	54.3	45.4
1998	193.94	70.29	119.36	50.87	61.5	72.4
1999	137.05	69.07	75.92	38.77	55.4	56.1
2000	126.90	70.92	89.98	48.68	70.9	68.6
“十五”时期						
2001	212.22	18.02	147.34	17.12	69.4	95.0
2002	239.72	7.17	149.54	5.11	62.4	71.3

4－39　全省技术改造项目及投产率

年　份	建设项目(个)				建设项目投产率（%）	#限上项目
	施工项目	#限上项目	建成投产项目	#限上项目		
1978						
1980	1746	130	942	31	54.0	23.8
“六五”时期			**7708**	**73**		
1985	3192	53	1833	10	57.4	18.9
“七五”时期			**6152**	**19**		
1990	2115	27	1119	7	52.9	25.9
“八五”时期			**6990**	**53**		
1991	2526	25	1401	6	55.5	24.0
1992	2738	32	1516	5	55.4	15.6
1993	2054	44	1225	13	59.6	29.5
1994	2183	63	1308	5	59.9	7.9
1995	2392	93	1540	24	64.4	25.8
“九五”时期			**10073**	**102**		
1996	2673	85	1784	24	66.7	28.2
1997	2802	74	1992	27	71.1	36.5
1998	3137	58	2272	20	72.4	34.5
1999	2864	48	1958	19	68.4	39.6
2000	2756	28	2067	12	75.0	42.9
“十五”时期						
2001	2936	35	2019	7	68.8	20.0
2002	2698	39	1750	11	64.9	28.2

4－40　技术改造新增主要产品生产能力

能力名称	单位	1990年	1995年	1999年	2000年	2001年	2002年
煤炭开采	万吨/年	4.00	7.50	14.50	5.00		
炼铁	万吨/年			0.20	10.00		4.50
炼钢	万吨/年	0.75		0.20	40.00	5.00	70.00
初轧	万吨/年	0.40					
发电机组容量	万千瓦	11.13	12.34	5.63	11.60	1.50	7.40
#水电	万千瓦	0.50	11.08	0.13	10.30		0.50
火电	万千瓦	10.60	1.26	4.00	1.30	1.50	4.00
水泥	万吨/年	37.70	145.03	164.76	328.10	180.60	293.20
胶合板	万立方米/年	1.00	0.10				
烧碱	万吨/年	0.50	3.30		1.00		0.32
合成氨	万吨/年	10.00	3.50	9.88	4.50	5.05	5.50
化肥	万吨/年	11.16	85.27	36.85	15.14	28.05	51.10
塑料树脂及共聚物	吨/年	12100	400	4350	5640	1140	9800
轮胎外胎	万条/年	3.50	4.00				
电动机	万千瓦/年	25.00	4.00	4.00			
金属切削机床制造	台/年	276	926				1000
汽车制造	辆/年	556	6850	500			500
#载重汽车制造	辆/年		4200				
棉纺锭	万锭	1.80	14.85	3.00	4.84	2.00	22.52
棉布织机	台	433	1076	208	861	100	690
棉印染	万米/年	344		202	1008	2924	1773
毛纺锭	锭	400	3200	15000	2000	300	
糖果	吨/年	1000					
酒	万吨/年	0.68	14.62	10.72	20.55	18.34	21.15
卷烟	万箱/年	34.10	43.08	1.80	0.20	1.00	2.40
机制纸及纸板	万吨/年	1.42	13.09	4.73	10.60	28.24	16.30
合成洗涤剂	万吨/年		0.63	0.09	0.50		
制革	万张/年	7.00					
皮鞋	万双/年	8.00	0.02	50.00			
灯泡	万只/年	1120	1427	1100.20	4000		
市内程控电话交换机	万线	2.53	58.70	15.35	20.72	35.69	13.86
新建公路	公里			18.98	25.30		
改建公路	公里	11.00	267.10	321.92	359.62	657.63	347.07
新(扩)建港口码头吞吐能力	万吨		80.00				
新(扩)建港口码头泊位	个		1				
商业冷藏库	万吨			0.03	0.10		
粮食仓库	万平方米	0.51			0.40	1.25	
粮食仓库	万公斤	6450			500	3000	
医院病床床位	张	400					30
城市自来水供水能力	万吨/日	27.40	4.50	21.50	37.00	10.00	20.60

4－41 技术改造限额以上项目一览表

（2002 年末）

单位：万元

建设项目名称	隶属关系	建设性质	开工年月	投产年月	计划总投资	自开始建设至本年底止累计完成投资	#新增固定资产	未完工程尚需投资
武汉船用机械厂药芯焊丝	中央	改	200102		6790	5298		1492
汉阳特种汽车制造厂底盘	省	改	199904		5306	2356	2356	2950
华新水泥武钢粉磨站	地	改	200101	200208	9953	9560	9560	393
湖北西塞山发电大代小	省	扩	200208		277595	73685		203910
冶钢集团铁水热装节能工程	地	改	200101	200203	12000	12000	12000	
冶钢集团 2 号合金钢连铸机	地	改	200101	200203	11400	11400	11400	
冶钢集团 650 二期工程	地	改	200101		24000	21095	16800	2905
冶钢集团 850 半连轧改造	地	改	200204		18000	4776		13224
三环集团智能卡机具黄石基地	省	扩	200108		19600	6200		13400
大冶有色公司 ISA 铜精炼技改	省	改	200105	200207	12900	7203	7203	5697
大冶有色公司转炉烟气制酸技改	省	改	200208		19977	1276		18701
阳新县阳华万吨铝环保技改	其他	扩	200105		16000	15020	10800	980
东汽公司军车技改	中央	扩	200011		8914	5516	279	3398
东汽公司技术中心技改	中央	扩	200009		19599	18954	11934	645
东风汽车公司 EQ145 技改	中央	扩	200104		19776	19776	19776	
东风汽车公司无内胎车轮技改	中央	扩	200109		5690	4533	2058	1157
东汽公司西班牙贷款车轮技改	中央	扩	200111		4392	4392	3952	
黄龙滩 2x17 万千瓦时水电机组改造	省	扩	200206		57200	9848		47352
汉江丹江铝业有限责任公司三期	中央	扩	200007	200212	23015	23015	23015	
湖北丹晶电子铌酸锂人工晶体	县	新	200109		7157	808	630	6349
湖北华强化工厂丁基胶塞生产线	中央	扩	200109	200212	8585	6192	6192	2393
宜化集团尿素节能技改	地	扩	200201		16500	7100	7100	9400
宜化集团季戊四醇扩建	地	扩	200201	200212	8600	9500	9500	
湖北安琪酵母年产 5000 吨酵母	地	扩	200207		4980	2400		2580
湖北兴发化工 10000 吨/二甲基	县	新	200203		14442	6200		8242
湖北力帝机床大型废钢加工设备	地	扩	200011		5500	2880	1534	2620
宜都阳之光化成箔生产线改造	县	新	200105	200211	12800	22308	22308	
宜都市华新水泥年产 150 万吨	县	扩	200111		19704	24265		
宜都市华新水泥矿石开采	县	扩	200111		6195	4562		1633
枝江市湖北南辉科技化成箔生产	县	新	200212		8000	1000		7000
襄阳汽车轴九五双加技改	地	扩	199810		19500	10769	8100	8731
襄樊车桥大客车车桥技术改造	地	扩	200001	200212	10500	10000	10000	500
鄂钢集团公司一炼钢改造	省	改	200106	200211	23971	23971	23900	
湖北多佳远红外多功能针织面料	地	扩	200109		9453	5965		3488
程潮铁矿球团矿厂一期	省	扩	200205		15000	9400		5600
湖北沙隆达 50/Y 口引口熟酯等	地	扩	200007		18116	13730	13730	4386
湖北中基包装材料有限公司	地	扩	200101		11306	9306	9306	2000
湖北省八峰药化氨基酰化酶技术	县	改	200108	200212	7501	7501	7501	
江汉石油管理局钻头生产线改造	中央	扩	199601		16712	11513	9742	5199

4－41　续表

建设项目名称	本年计划投资	本年完成投资	本年新增固定资产	建设规模和新增能力(或效益)				
				生产能力(或效益)名称	计量单位	建设规模	累计新增	本年新增
武汉船用机械厂药芯焊丝	5298	3434						
汉阳特种汽车制造厂底盘	854	854	854	其它汽车制造	辆/年	2500		
华新水泥武钢粉磨站	1494	1101	9560	水泥	万吨/年	60	60	60
湖北西塞山发电大代小	60000	50000		火力发电	万千瓦	66		
冶钢集团铁水热装节能工程	1861	1861	12000					
冶钢集团2号合金钢连铸机	2016	2016	11400	连铸坯	万吨/年	15	15	15
冶钢集团650二期工程	17905	15000		热轧钢材	万吨/年	15		
冶钢集团850半连轧改造	18000	4776		热轧钢材	万吨/年	20		
三环集团智能卡机具黄石基地	6140	2540						
大冶有色公司ISA铜精炼技改	6105	6105	7203	电解铜	吨/年	55000	55000	55000
大冶有色公司转炉烟气制酸技改	6434	1215		硫　酸	吨/年	150000		
阳新县阳华万吨铝环保技改	10800	10800	10800	氧化铝	吨/年	20000	20000	20000
东汽公司军车技改	3101	806	279					
东汽公司技术中心技改	19500	18954	11934					
东风汽车公司EQ145技改	2698	2698	300					
东风汽车公司无内胎车轮技改	2735	2909	1051					
东汽公司西班牙贷款车轮技改	2736	225						
黄龙滩2x17万千瓦时水电机组改造	21075	9848		水力发电	万千瓦	34		
汉江丹江铝业有限责任公司三期	6094	6094	23015	电解铝	吨/年	20433	20433	20433
湖北丹晶电子铌酸锂人工晶体	178	178						
湖北华强化工厂丁基胶塞生产线	5187	5187	6192					
宜化集团尿素节能技改	5000	7100	7100	氮肥	吨/年	14600		
宜化集团季戊四醇扩建	8600	9500	9500					
湖北安琪酵母年产5000吨酵母	2000	2400						
湖北兴发化工10000吨/二甲基	6000	6200						
湖北力帝机床大型废钢加工设备	3399	785	600					
宜都阳之光化成箔生产线改造	12000	14200	14200					
宜都市华新水泥年产150万吨	15000	19215		水泥	万吨/年	77.5		
宜都市华新水泥矿石开采	4995	4562						
枝江市湖北南辉科技化成箔生产	1000	1000						
襄阳汽车轴九五双加技改	810	810	720					
襄樊车桥大客车车桥技术改造	2800	2600	2600					
鄂钢集团公司一炼钢改造	22000	21360	23900	炼钢	万吨/年	50	50	50
湖北多佳远红外多功能针织面料	7896	4475						
程潮铁矿球团矿厂一期	15000	9400						
湖北沙隆达50/Y口引口熟酯等	2000	2000	2000	化学农药原药	吨/年	5650	5650	5650
湖北中基包装材料有限公司	7306	7306	7306					
湖北省八峰药化氨基酰化酶技术	4201	4201	7501					
江汉石油管理局钻头生产线改造	1500	1500	1500					

4－42 房地产开发与经营主要指标

单位：亿元

指标	1995年	1998年	1999年	2000年	2001年	2002年
一、投资总额	**121.13**	**131.23**	**123.87**	**134.63**	**151.24**	**178.64**
按构成分						
建筑工程	85.07	83.31	86.37	94.07	104.05	119.19
安装工程	4.49	11.38	6.55	5.52	6.87	8.35
设备工器具购置	4.47	5.98	6.03	2.83	3.00	3.00
其他费用	27.10	30.56	24.92	32.21	37.32	48.10
按工程用途分						
住　　宅	61.78	65.09	80.43	93.15	112.40	132.48
办公楼	15.12	21.24	13.06	9.28	8.86	6.92
商业营业用房	23.69	22.80	13.78	10.73	8.20	13.69
其　　他	20.54	22.10	16.60	21.47	21.78	25.55
二、新增固定资产	**45.26**	**111.83**	**78.68**	**97.50**	**122.61**	**144.16**
三、房地产开发本年资金来源	**138.88**	**127.02**	**112.43**	**117.88**	**147.25**	**264.83**
国家预算内资金	0.62	0.15	0.69	0.22	6.22	3.18
国内贷款	39.01	24.86	17.83	18.08	22.77	31.88
利用境外资金	16.35	4.19	7.46	1.15	0.89	1.06
自筹资金	41.26	47.33	44.12	47.27	54.42	74.99
其他资金	41.64	50.49	42.33	51.16	62.95	153.72
四、开发经营情况						
1.资产总计	352.65	499.42	487.06	520.33	500.40	577.91
负债总计	233.97	360.81	356.27	373.08	359.08	390.71
2.经营收入总计	38.45	66.02	55.29	72.60	91.68	104.31
土地转让收入	3.86	2.20	2.22	2.37	1.66	2.14
商品房屋销售收入	29.94	58.43	45.93	63.50	82.29	93.69
房屋出租收入	0.51	0.70	0.96	1.15	0.98	0.93
其他收入	4.14	4.69	6.18	5.58	6.75	7.55
3.经营成本	34.30	53.87	45.10	59.61	72.62	80.89
4.经营税金及附加	1.69	2.72	3.04	3.51	4.70	5.09
5.利润总额	2.46	－3.97	－3.31	－2.11	－1.54	3.98
五、房屋建筑面积(万平方米)						
施工面积	2049.30	1857.22	1875.59	2102.86	2381.61	2551.14
#住　宅	1299.03	1233.47	1423.78	1673.84	1958.54	2141.51
竣工面积	518.88	735.68	685.53	843.55	1049.46	1072.45
#住　宅	427.19	565.48	580.26	733.27	893.07	915.77

4－43　房地产销售与出租主要指标

指　　标	1995 年	1998 年	1999 年	2000 年	2001 年	2002 年
一、商品房实际销售面积(万平方米)	**240.00**	**437.65**	**438.18**	**612.05**	**745.08**	**805.69**
住　　宅	211.00	381.61	401.48	571.04	697.20	724.65
＃别墅、高档公寓	6.00	11.54	13.28	11.17	29.66	41.72
经济适用房	40.00	114.02	117.38	172.99	183.83	185.54
办公楼	6.00	22.16	8.92	13.98	15.94	15.96
商业营业用房	17.00	30.62	24.80	24.07	25.79	60.93
其　　他	6.00	3.26	2.98	2.96	6.15	4.15
二、商品房预售面积(万平方米)	**162.00**	**102.45**	**117.82**	**172.02**	**161.94**	**204.74**
住　　宅	119.00	92.52	111.42	161.95	151.80	185.87
＃别墅、高档公寓	6.00	0.68	9.85	1.96	2.34	12.77
经济适用房	20.00	29.33	23.55	55.84	41.82	56.74
办公楼	11.00	4.63	2.34	5.92	1.30	2.46
商业营业用房	27.00	5.17	3.98	4.02	8.82	15.38
其　　他	5.00	0.13	0.08	0.13	0.02	1.03
三、商品房空置面积(万平方米)	**47.00**	**252.92**	**311.02**	**357.85**	**400.43**	**425.85**
住　　宅	116.00	172.23	243.50	270.46	305.18	320.82
＃别墅、高档公寓	3.00	9.19	14.37	12.75	14.06	9.49
经济适用房	15.00	6.50	32.97	37.59	31.53	37.65
办公楼	4.00	31.60	32.46	31.68	36.64	35.63
商业营业用房	16.00	33.63	30.18	48.38	53.42	62.98
其　　他	11.00	15.46	4.88	7.33	5.19	6.42
四、商品房出租面积(万平方米)	**12.00**	**36.50**	**58.92**	**76.54**	**73.16**	**46.06**
住　　宅	7.00	8.80	22.43	9.65	28.07	12.50
＃别墅、高档公寓		1.02	0.25	1.82	2.02	1.03
经济适用房		0.10	0.20	2.30	2.37	2.39
办公楼	1.00	7.25	10.84	23.95	17.13	5.24
商业营业用房	3.00	14.64	20.42	41.28	26.79	22.85
其　　他	1.00	5.81	5.23	1.66	1.17	5.47
五、商品房实际销售额(万元)	**31.00**	**70.56**	**56.80**	**83.74**	**101.59**	**117.31**
住　　宅	24.00	46.93	49.66	73.10	91.43	102.05
＃别墅、高档公寓	1.00	2.57	2.45	3.08	5.44	9.53
经济适用房	3.00	10.24	10.49	16.47	18.94	18.87
办公楼	1.00	10.14	1.83	3.21	3.30	2.95
商业营业用房	5.00	13.00	4.87	7.12	5.67	11.57
其　　他	1.00	0.49	0.44	0.31	1.19	0.74

4－44 其他固定资产投资

单位:亿元

项目	1990年	1995年	1999年	2000年	2001年	2002年
一、投资总额	**10.34**	**33.28**	**57.77**	**78.45**	**74.92**	**76.21**
♯住宅	0.94	1.95	4.46	5.52	2.99	2.61
按资金来源分						
国家预算内投资	0.17	0.58	0.53	0.77	0.26	0.56
国内贷款	1.87	9.60	4.24	4.08	6.06	4.60
利用外资	0.25	3.40	0.18	0.33	0.05	7.55
自筹资金	5.60	17.72	37.18	46.16	49.70	49.91
其他资金	2.45	1.98	15.64	27.11	18.85	13.59
按构成分						
建筑安装工程	6.57	1.58	30.83	34.90	32.44	42.50
设备、工器具购置	3.32	14.38	24.66	33.13	33.91	25.41
其他费用	0.45	17.32	2.28	10.42	8.57	8.30
按三次产业分						
第一产业	0.28	0.17	1.78	1.97	1.25	2.83
第二产业	6.12	23.64	23.53	30.43	31.94	30.97
第三产业	3.94	9.47	32.46	46.05	41.73	42.41
二、新增固定资产	**11.07**	**20.74**	**51.38**	**69.07**	**70.99**	**61.41**
三、建设项目(个)						
施工项目(个)	950	960	1906	1861	2373	985
建成投产项目(个)	610	722	1511	1628	2181	751
四、房屋建筑面积(万平方米)						
施工房屋面积	235.35	232.48	224.79	226.62	163.01	267.17
♯住宅	76.61	61.79	94.19	91.65	54.74	65.46
竣工房屋面积(万平方米)	163.77	131.68	179.23	180.92	134.38	166.11
♯住宅	49.79	37.31	80.04	79.79	44.83	33.90

4-45 零星固定资产投资

单位:亿元

项　　目	1990年	1995年	1999年	2000年	2001年	2002年
一、投资总额	**1.62**	**9.06**	**34.50**	**74.35**	**72.77**	**84.22**
#住　宅	0.25	0.68	2.53	6.38	8.05	8.17
按构成分						
建筑工程	0.94	3.41	12.40	26.10	24.05	27.66
安装工程	0.01	0.45	1.81	5.60	4.58	5.73
设备工器具购置	0.63	4.48	15.69	33.24	36.46	40.72
其他费用	0.04	0.72	4.60	9.41	7.68	10.11
按建设性质分						
新　建	0.18	0.67	4.28	9.27	10.63	13.24
扩　建	0.53	2.39	11.15	21.12	22.43	26.02
改　建	0.53	2.94	9.66	20.34	13.57	18.80
按行业分						
农、林、牧、渔业	0.09	0.64	2.33	3.45	3.69	5.22
采掘业		0.05	0.59	0.58	0.44	0.64
制造业	0.38	1.51	3.13	6.37	5.38	6.61
电力、煤气及水的生产和供应业		0.40	1.88	5.32	2.90	3.36
建筑业	0.08	0.40	1.16	2.55	2.41	2.84
地质勘查业、水利管理业		0.13	0.47	1.16	0.91	1.12
交通运输、仓储及邮电通信业	0.13	1.03	3.68	7.58	8.96	9.14
批发和零售贸易、餐饮业	0.26	0.92	3.29	6.50	11.11	11.44
金融、保险业	0.06	0.67	2.28	5.95	4.62	4.16
房地产业		0.28	1.44	3.72	1.91	2.98
社会服务业	0.03	0.48	2.47	5.84	3.24	4.46
卫生、体育和社会福利业	0.08	0.32	1.72	4.03	3.68	4.15
教育、文化艺术及广播电影电视业	0.13	0.59	2.50	4.43	5.18	6.29
科学研究和综合技术服务业	0.02	0.27	1.48	3.86	0.78	0.94
国家机关、政党机关和社会团体	0.32	1.17	4.01	7.20	13.03	12.45
其他行业	0.04	0.20	2.07	5.81	4.53	8.42
二、竣工房屋建筑面积(万平方米)	**56.84**	**52.90**	**117.10**	**210.15**	**256.07**	**341.07**
#住　宅	16.74	16.06	43.54	104.36	122.36	157.60

4－46　农村集体经济单位固定资产投资

单位:亿元

项　　　目	1990 年	1995 年	1999 年	2000 年	2001 年	2002 年
一、投资总额	**9.59**	**45.85**	**95.17**	**98.95**	**95.11**	**92.60**
＃住　　宅	0.74	0.27	8.56	10.68	6.08	7.87
按资金来源分						
＃银行信用社贷款	2.64	7.46	7.39	6.83	6.07	7.11
集体自有资金	4.39	30.19	53.33	57.35	56.35	47.80
按国民经济行业分						
＃农林牧渔业	2.18	4.08	21.68	25.65	27.01	25.23
工　　业	3.65	24.69	36.60	37.36	27.87	30.56
建 筑 业	0.12	0.75	2.45	4.08	3.41	1.63
交通运输、仓储及邮电通信业	0.48	1.53	3.88	4.49	6.65	6.22
卫生体育和社会福利业	0.76	0.15	1.62	1.04	0.48	0.65
教育、文化艺术及广播电影电视业	1.14	4.71	6.77	4.89	3.23	3.39
二、竣工房屋建筑面积(万平方米)	**275.75**	**396.06**	**414.77**	**722.55**	**387.91**	**460.17**
＃住　　宅	75.18	56.52	147.70	147.23	108.86	160.52

4－47　城镇工矿区私人投资和建房情况

项　　　目	1990 年	1995 年	1999 年	2000 年	2001 年	2002 年
一、本年竣工房屋建筑面积(万平方米)	**371.21**	**703.45**	**1275.80**	**1326.15**	**1398.81**	**1424.34**
＃农 业 户	245.30	411.47	673.05	737.95	782.12	782.70
＃竣工住宅建筑面积	329.99	615.03	1172.70	1144.11	1250.85	1276.69
＃农 业 户	227.60	369.96	625.33	647.59	726.13	718.12
二、本年竣工房屋投资额(亿元)	**4.88**	**21.14**	**48.73**	**49.91**	**53.42**	**55.22**
＃农 业 户	2.91	11.08	24.55	26.79	28.08	29.24
＃竣工住宅投资额	4.36	18.02	42.90	43.03	48.35	47.99
＃农 业 户	2.71	9.97	22.26	23.41	26.15	26.01
三、建房户数(户)	**35798**	**48801**	**72581**	**85582**	**83820**	**91303**
＃农 业 户	25630	28105	40149	50112	49059	52726
四、生产性固定资产投资(亿元)			**39.46**	**12.58**	**13.35**	**17.61**

注:城镇私人生产性投资 1995 年纳入统计。

4－48 农村个人固定资产投资和建房情况

单位:亿元

项 目	1990年	1995年	1998年	1999年	2000年	2001年
总 计	**23.62**	**58.67**	**121.01**	**106.65**	**108.09**	**108.57**
一、私人竣工房屋投资	**17.90**	**44.88**	**87.21**	**82.10**	**78.33**	**82.94**
#住 宅	16.58	41.24	76.48	73.15	70.71	70.24
私人竣工房屋间数(万间)	110.73	103.15	147.41	116.26	135.11	109.34
#住 宅	100.50	93.58	115.55	98.54	120.53	97.80
私人竣工房屋建筑面积(万平方米)	2443.73	2568.70	3442.52	2784.86	3161.48	2959.37
#住 宅	2136.97	2346.91	2829.46	2456.05	2829.88	2456.59
二、购买生产性固定资产的投资	**5.72**	**13.79**	**33.80**	**24.55**	**29.76**	**25.63**

4－49 市、州全社会固定资产投资

单位:亿元

市、州	1990年	1995年	1999年	2000年	2001年	2002年
全 省	**144.44**	**826.50**	**1302.17**	**1421.55**	**1551.75**	**1695.22**
武 汉 市	38.87	323.71	431.25	461.93	508.44	570.48
黄 石 市	5.68	20.63	35.83	40.86	47.35	54.45
十 堰 市	6.83	30.51	30.19	30.90	37.17	45.70
宜 昌 市	18.29	130.53	213.90	229.37	248.35	264.91
襄 樊 市	11.63	42.50	78.56	80.47	87.73	96.78
鄂 州 市	2.52	26.41	27.24	26.10	29.08	32.28
荆 门 市	11.11	36.72	51.84	57.12	56.52	61.72
孝 感 市	12.17	46.19	74.93	74.67	73.50	81.39
荆 州 市	15.15	37.93	70.76	81.28	90.28	100.57
黄 冈 市	6.16	38.23	78.28	87.10	92.34	95.35
咸 宁 市	3.69	17.31	39.38	44.53	49.22	53.94
随 州 市		8.20	14.01	22.09	26.01	30.87
恩施自治州	3.36	10.35	26.45	31.63	42.62	52.01
仙 桃 市		10.61	22.79	26.21	29.20	32.32
天 门 市		10.50	22.23	24.53	24.95	26.32
潜 江 市		11.80	19.15	20.88	23.53	23.82
神农架林区	0.27	0.49	0.99	1.21	1.90	2.17
不分地区	8.71	23.88	64.39	80.67	83.56	70.14

4－50 市、州国有经济单位固定资产投资

单位:亿元

市、州	1990年	1995年	1999年	2000年	2001年	2002年
全　　省	**100.35**	**518.76**	**745.36**	**857.01**	**918.21**	**963.18**
武 汉 市	33.64	190.14	225.88	269.50	278.65	306.82
黄 石 市	4.17	12.96	19.64	23.04	24.89	24.02
十 堰 市	5.07	21.58	18.66	19.12	25.55	30.68
宜 昌 市	13.27	101.27	173.08	174.17	193.10	208.50
襄 樊 市	7.02	22.90	37.29	44.31	51.71	51.89
鄂 州 市	1.25	22.98	17.04	16.98	16.78	17.76
荆 门 市	7.19	25.47	24.84	29.72	28.89	23.46
孝 感 市	6.85	32.60	43.63	43.66	38.91	40.20
荆 州 市	5.88	16.65	31.75	39.98	37.42	47.78
黄 冈 市	2.29	13.90	29.01	36.84	38.82	40.76
咸 宁 市	2.59	11.20	21.90	27.07	28.36	24.94
随 州 市		2.64	6.18	9.69	11.46	13.32
恩施自治州	2.15	7.26	13.93	19.47	22.65	26.64
仙 桃 市		3.69	7.03	9.84	10.33	12.15
天 门 市		2.67	3.89	6.84	6.37	5.39
潜 江 市		6.58	12.34	15.81	19.24	17.14
神农架林区	0.26	0.38	0.67	1.07	1.56	1.59
不分地区	8.72	23.89	58.60	69.90	83.52	70.14

4－51 市、州按经济类型分的全社会固定资产投资

(2002年)

单位:亿元

市、州	合　计	国有经济单位	#投资单位	#房地产开发	集体经济单位	城　镇	农　村
全　　省	**1695.22**	**963.18**	**843.15**	**35.81**	**121.42**	**28.82**	**92.60**
武 汉 市	570.48	306.82	236.44	25.05	20.05	6.59	13.46
黄 石 市	54.45	24.02	22.84	0.62	9.58	1.93	7.65
十 堰 市	45.70	30.68	28.49	1.47	5.14	3.72	1.42
宜 昌 市	264.91	208.50	202.61	2.03	9.27	1.94	7.33
襄 樊 市	96.78	51.89	42.17	1.20	9.38	1.79	7.59
鄂 州 市	32.28	17.76	16.96	0.05	2.67	0.91	1.76
荆 门 市	61.72	23.46	20.94	0.77	11.94	2.46	9.48
孝 感 市	81.39	40.20	34.44	1.20	10.18	2.23	7.95
荆 州 市	100.57	47.78	43.57	1.04	8.24	1.29	6.95
黄 冈 市	95.35	40.76	33.32	1.02	13.22	1.90	11.32
咸 宁 市	53.94	24.94	21.43	0.59	5.15	0.68	4.47
随 州 市	30.87	13.32	11.26	0.31	5.27	0.97	4.30
恩施自治州	52.01	26.64	25.54	0.03	1.46	0.27	1.19
仙 桃 市	32.32	12.15	10.84	0.07	1.61	0.89	0.72
天 门 市	26.32	5.39	4.37	0.01	7.71	1.03	6.68
潜 江 市	23.82	17.14	16.31	0.35	0.50	0.19	0.31
神农架林区	2.17	1.59	1.48		0.05	0.03	0.02
不分地区	70.14	70.14	70.14				

4－51 续表

市、州	其他经济单位	投资单位	房地产开发	城乡私人	城镇	农村
全省	**347.62**	**253.69**	**93.93**	**263.00**	**154.43**	**108.57**
武汉市	191.21	116.71	74.50	52.40	44.76	7.64
黄石市	15.42	14.21	1.21	5.43	2.76	2.67
十堰市	3.37	0.97	2.40	6.51	4.31	2.20
宜昌市	26.77	23.41	3.36	20.37	11.11	9.26
襄樊市	14.45	8.94	5.51	21.06	11.90	9.16
鄂州市	8.39	7.75	0.64	3.46	2.80	0.66
荆门市	11.46	10.51	0.95	14.86	5.80	9.06
孝感市	13.06	10.32	2.74	17.95	8.33	9.62
荆州市	20.59	19.44	1.15	23.96	10.94	13.02
黄冈市	5.96	5.78	0.18	35.41	16.47	18.94
咸宁市	11.03	10.84	0.19	12.82	6.55	6.27
随州市	4.56	4.24	0.32	7.72	3.83	3.89
恩施自治州	13.48	13.11	0.37	10.43	3.43	7.00
仙桃市	2.65	2.32	0.33	15.91	13.04	2.87
天门市	0.72	0.72		12.50	7.32	5.18
潜江市	4.09	4.01	0.08	2.09	1.02	1.07
神农架林区	0.41	0.41		0.12	0.06	0.06
不分地区						

4－52 市、州基本建设投资

单位:亿元

市、州	1990年	1995年	1999年	2000年	2001年	2002年
全省	**56.78**	**366.33**	**559.43**	**620.87**	**692.83**	**761.96**
武汉市	14.16	111.50	132.26	141.12	167.03	197.38
黄石市	3.73	7.89	13.97	14.13	16.06	18.43
十堰市	2.57	12.64	10.05	9.86	13.89	16.65
宜昌市	8.67	89.06	158.43	167.92	186.79	201.41
襄樊市	3.78	13.59	30.76	27.89	32.49	31.00
鄂州市	0.62	15.53	13.24	12.28	13.24	15.66
荆门市	4.00	7.67	17.32	14.84	21.11	19.79
孝感市	4.87	28.28	30.30	24.62	25.78	27.22
荆州市	2.67	23.67	27.79	33.55	38.45	45.13
黄冈市	1.45	10.24	17.66	22.69	23.23	25.73
咸宁市	0.86	8.55	15.34	17.90	20.36	22.73
随州市		3.12	2.52	6.97	8.89	12.30
恩施自治州	1.44	5.23	14.86	17.39	26.32	36.45
仙桃市		1.75	5.22	6.19	7.31	7.96
天门市		1.94	1.62	2.38	2.06	2.01
潜江市		2.75	6.03	7.39	5.54	11.58
神农架林区	0.23	0.23	0.46	0.82	1.12	1.17
不分地区	7.73	22.69	61.60	92.93	83.16	69.36

4-53 市、州技术改造投资

单位:亿元

市、州	1990年	1995年	1999年	2000年	2001年	2002年
全　　省	**33.30**	**150.94**	**222.23**	**245.16**	**290.02**	**320.17**
武 汉 市	15.45	73.17	96.52	104.52	116.62	129.66
黄 石 市	0.98	6.96	11.52	13.13	16.01	19.92
十 堰 市	2.28	7.94	7.23	8.01	13.67	15.71
宜 昌 市	3.53	11.18	15.71	17.39	21.30	23.90
襄 樊 市	2.74	9.85	14.82	16.52	19.05	21.47
鄂 州 市	0.42	4.75	6.51	6.53	7.55	9.01
荆 门 市	1.08	6.63	11.65	12.62	10.57	14.17
孝 感 市	1.30	3.26	11.57	12.41	14.19	15.75
荆 州 市	3.28	8.67	12.65	14.51	16.27	19.76
黄 冈 市	0.54	4.91	10.04	12.58	16.14	16.91
咸 宁 市	0.60	4.21	6.96	8.10	8.48	9.30
随 州 市		0.88	1.51	2.26	3.00	4.08
恩施自治州	0.44	1.95	2.54	3.05	3.39	3.13
仙 桃 市		1.61	3.23	3.46	3.81	4.37
天 门 市		1.49	1.49	2.68	3.23	2.36
潜 江 市		2.30	5.33	7.31	15.81	9.15
神农架林区	0.01	0.12	0.13	0.08	0.54	0.73
不分地区	0.65	1.06	2.82		0.39	0.79

4-54 市、州房地产开发投资

单位:亿元

市、州	1990年	1995年	1999年	2000年	2001年	2002年
全　　省	**5.94**	**121.13**	**123.87**	**134.63**	**151.24**	**178.64**
武 汉 市	3.35	91.62	96.71	101.31	115.33	132.50
黄 石 市	0.18	1.32	1.72	2.24	2.55	3.32
十 堰 市	0.16	2.34	2.50	2.84	3.68	6.27
宜 昌 市	0.67	12.52	5.23	6.80	6.56	7.80
襄 樊 市	0.39	2.50	4.30	5.66	7.24	9.08
鄂 州 市	0.16	4.20	1.38	1.22	1.65	1.82
荆 门 市	0.11	0.12	1.23	1.20	1.68	3.50
孝 感 市	0.41	1.18	3.83	3.83	3.90	4.75
荆 州 市	0.31	2.62	3.13	3.72	3.93	4.01
黄 冈 市	0.06	0.76	1.23	1.20	1.79	1.93
咸 宁 市	0.11	0.57	0.47	0.53	0.73	0.89
随 州 市		0.30	0.31	0.57	0.69	0.83
恩施自治州	0.03	0.04	0.32	0.71	0.64	0.85
仙 桃 市		0.79	1.08	1.35	0.68	0.65
天 门 市			0.10	0.13	0.02	0.01
潜 江 市		0.25	0.33	0.22	0.17	0.43
神农架林区						
不分地区						

主要统计指标解释

【固定资产投资】 固定资产投资是建造和购置固定资产的经济活动，即固定资产再生产活动。固定资产再生产过程包括固定资产更新（局部更新和全部更新），改建、扩建、新建等活动。新的企业财务会计制定规定，固定资产局部更新的大修理作为日常生产活动的一部分，发生的大修理费用直接在成本费用中列支。按照现行投资管理体制及有关部门的规定，凡属于大修理、养护、维护性质的工程（如设备大修、建筑物的翻修和加固、农田水利工程和堤防及水库的岁修、铁路大修等）都不纳入固定资产投资管理，也不作为固定资产投资统计。

固定资产投资属于实物投资的一部分，这一点区别于金融投资。固定资产投资的目的是建造和购置固定资产，它的承担物表现为机器、设备、建筑物等固定资产。而金融投资（如股票和债券投资）则表现为金融资产的增加。

固定资产投资是国民经济再生产活动的一个重要部分。通过固定资产投资，可以扩大社会再生产的规模，提高社会生产的技术水平，调整经济结构，改变生产力的地区分布，增强国家的经济实力，提高和改善人民物质和文化生活水平。

【固定资产投资额】 是以货币表现的建造和购置固定资产活动的工作量，是反映固定资产投资规模、速度、比例关系和使用方向的综合性指标。全社会固定资产投资按经济类型分，包括国有经济、集体经济、联营经济、股份制经济、外商投资、港澳台投资、其他经济；按报表种类分，包括基本建设、技术改造、其他投资、房地产开发、城乡集体投资、城乡个体私人建房及购买生产性固定资产的投资。

【基本建设投资】 基本建设是指国民经济各部门以扩大生产能力或工程效益为主要目的的新建、扩建工程及有关工作。包括工厂、矿山、铁路、桥梁、港口、农田水利、商店、住宅、学校、医院等工程的建造和机器、车辆、船舶、飞机等的购置。

基本建设投资额是以货币表现的基本建设完成的工作量，是反映一定时期内基本建设规模和建设进度的综合性指标，它是根据工程的实际进度，原则上按实际价格（建安工程按施工图预算时所用的价格）计算的工作量。没有形成工程实体的建筑材料和没有开始安装的设备，都不计算投资完成额。

基本建设投资完成额与基本建设财务拨款贷款额和财务支出是含义完全不同的指标。“基本建设投资完成额”是按实际价格计算的工作量，财务拨款贷款额是银行根据国家计划拨给或贷给建设单位用于基本建设的资金，财务支出额是建设单位实际支出金额。使用时应加以区别。

【技术改造投资】 技术改造指企业、事业单位对原有设施进行固定资产更新和技术改造，以及相应配套的工程和有关工作（不包括大修理和维护工程）。技术改造投资是以货币表现的技术改造完成的工作量。根据我国现行统计制度，基本建设和技术改造的划分是：(1) 列入基本建设计划的项目作为基本建设投资，列入技术改造计划的项目作为技术改造投资；(2) 技术改造计划与基本建设计划结合安排的项目和未列入计划的项目，根据工程性质分别作为基本建设投资或技术改造投资。属于对企业事业单位原有设施进行技术改造或更新的项目和增建主要生产车间、分厂等，其新增生产能力或效益尚未达到大中型标准的项目，以及由于城市环境保护和安全生产的需要而进行的迁建工程，作为技术改造投资。

【其他固定资产投资】 其他固定资产投资是指按照国家规定不纳入基本建设和技术改造计划管理的固定资产投资，具体包括：国有单位其他固定资产投资，城镇集体单位固定资产投资，不纳入基建、技改计划的联营企业、有限责任公司、股份有限公司、外商投资企业、港澳台商投资企业及城镇私营、个体单位的固定资产投资。

【房地产开发投资】 房地产开发投资是指各种经济类型的房地产开发公司、商品房屋建设公司及其他房地产开发单位统一开发的商品住宅、厂房、仓库、饭店、宾馆、度假村、写字楼、办公楼等房屋建筑物及配套的服务设施，以及土地开发工程所完成的投资额。

【零售固定资产投资】 零售固定资产投资是指国

家统计制度规定的固定资产投资统计起点以下的固定资产投资，即2－50万元的固定资产建造和购置投资。

【固定资产投资的资金来源】 是指基本建设单位，技术改造企、事业单位和其他固定资产投资单位及房地产开发投资单位在报告期收到的，用于固定资产建造和购置或房屋建造和土地面积开发的各种资金。

固定资产投资资金来源是用于固定资产再生产的货币资金，是固定资产投资得以进行的前提和基础。

固定资产投资资金来源不同于固定资产投资额。固定资产投资资金来源是准备用于固定资产投资的资金数量，而固定资产投资额则是以货币形式表现的建造和购置固定资产或房屋建造和土地面积开发的实物量；固定资产投资资金来源表示一定时间可能进行的投资量，而投资完成额则是已经完成的固定资产建造和购置或房屋建造和土地面积开发的工作量。

固定资产投资资金来源统计是固定资产投资统计的重要组成部分，是反映固定资产投资的资金投入规模、结构以及投资过程中的资金运转情况（如应付款等）的重要指标。根据固定资产投资的资金来源不同，分为国家预算内投资、国内贷款、债券、利用外资、自筹资金和其他投资六种。

【国家预算内投资】 又称国家投资，分为国家预算内拨款和国家预算内“拨改贷”两部分。包括中央财政和地方财政中由国家统筹安排的基本建设拨款和技术改造拨款、中央财政安排的专项拨款（包括煤代油拨款、以港养港拨款等）中用于基本建设的资金和基本建设拨款改贷款的资金。资料取自会计科目“基建拨款”中的①本年预算拨款；②本年进口设备转帐拨款；③由国家算内拨款开支的本年器材转帐拨款；④本年煤代油专用基金拨款；⑤预收下年度预算拨款。“基建投资借款”中的“拨改贷投资借款”和“特种拨改贷投资借款”。

【国内贷款】 指报告期固定资产投资单位或房地产开发投资单位向银行及非银行金融机构借入的用于固定资产投资或房地产开发投资的各种国内借款，包括银行利用自有资金及吸收的存款发放的贷款、上级主管部门拨入的国内贷款、国家专项贷款（包括煤代油贷款、劳改煤矿专项贷款等），地方财政专项资金安排的贷款、国内储备贷款、周转贷款等。

银行贷款是指向各商业银行、政策性银行借入的用于固定资产投资或房地产开发投资的各项贷款。

非银行金融机构贷款：是指向除上述银行之外从事金融业务的机构借入的用于固定资产投资或房地产开发投资的各项贷款。非银行金融机构包括城市信用社、农村信用社、保险公司、金融信托投资公司、证券公司、财务公司、金融租赁公司、融资公司（中心）等。

【债券】 是企业（公司）或金融机构通过发行各种债券，筹集用于固定资产投资或房地产开发投资的资金。包括由银行代理国家专业投资公司发行的重点企业债券和基本建设债券。

【利用境外资金】 是指报告期收到的用于固定资产建造和购置投资或房地产开发投资的境外资金（包括设备、材料、技术在内）。包括外商直接投资、对外借款（外国政府贷款、国际金融组织贷款、出口信贷、外国银行商业贷款、对外发行债券和股票）及境外其他投资（包括补偿贸易和加工装配由外商提供的设备价款、国际租赁）。不包括我国自有外汇资金（包括国家外汇、地方外汇、留成外汇、调剂外汇和中国银行自有资金发行的外汇贷款等）。

境外直接投资是指境外投资商要与中国企业（政府）合资、合作或独资中以外汇现金、设备（或实物）、技术、专利或其他方式投入的资金总量。

对外借款是指通过中国政府（包括中央、各个部门、地方政府）、银行或非银行金融机构等中介机构引进，最终用于固定资产投资或房地产开发投资项目建设的外国资金（含设备、技术、专利等折算款）。

其中：国家统借统还的境外资金是指由我国政府出面同外国政府、团体或金融组织签订贷款协议，并负责偿还本息的国外贷款。

【自筹资金】 是指固定资产投资或房产开发和经营单位报告期收到的，由各地区、各部门及企事业单位筹集的用于固定资产投资或房地产开发投资的预算外资金，包括中央各部门、各级地方和企事业单位的自筹资金。

【其他资金来源】 是指在报告期收到的除以上各种资金之外其他用于固定资产投资或房地产开发投资的资金，包括群众集资、个人资金、无偿捐赠的资金及其他单位拨入的资金等。

【固定资产投资按国民经济行业分】 建设项目归哪个行业按它建成投产后的主要产品种类或主要用途及社会经济活动种类来确定，基本建设按建设项目划分国民经济行业，技术改造、其他固定资产投资根据整个企业、事业单位所属的行业来划分。一般情况下，一个建设项目或一个企业、事业单位只能属于一种国民经济行业。为了更准确地反映国民经济各行业之间的比例关系，联合企业（总厂）所属分厂属于不同行业的除按联合性企业划分国民经济行业外，还要按其下属单位划分行业。

【固定资产投资按建性质分】 建设项目的性质一般分为新建、扩建、改建、恢复等。基本建设按建设项目划分建设性质，技术改造、其他固定资产投资按整个企业、事业单位的建设情况确定建设性质。房地产开发单位免填。

【新建】 一般是指从无到有，“平地起家”新开始建设的单位。有的单位原有的基础很小，经过建设后其新增加的固定资产资产价值超过企业、事业和行政单位原有固定资产价值（原值）三倍以上的也算新建。

【扩建】 一般是指为扩大原有产品的生产能力，在厂内或其他地点增建主要生产车间、独立的生产线或总厂之下的分厂的企业；事业单位和行政单位在原单位增建业务用房（如学校增建教学用房、医院增建门诊部或病床用房、行政机关增建办公楼等）也作为扩建。

【改建】 是指对原有设施进行技术改造或更新（包括相应配套的辅助性生产、生活福利设施），没有增建主要生产车间、分厂等的企、事业单位。现有企、事业单位为适应市场变化的需要，而改变企业的主要产品种类（如军工企业转产民用品等），或原有产品生产作业线由于各工序（车间）之间能力不平衡，为填平补齐充分发挥原有生产能力而增建不增加本企业主要产品设计能力的车间，也应作为改建。

【固定资产投资按构成分】 固定资产投资活动按其工作内容和实现方式分为建筑安装工程，设备、工具、器具购置，其他费用三个部分。

【建筑安装工程（建安工作量）】 包括建筑工程和安装工程，这两部分投资必须兴工动料，通过施工活动实现。

【建筑工程（建筑工作量）】 是指各种房屋、建筑物的建造工程。包括：

(1) 各种房屋建造工程，如厂房、仓库、办公室、住宅、商店、学校、医院、俱乐部、食堂、车库、招待所的建设，包括列入房屋工程预算内的暖气、卫生、通风、照明、煤气等设备的价值及其装设油饰工程，列入建筑工程预算内的各种管道（如蒸汽、压缩空气、石油、给排水等管道）、电力、电讯电缆导线的敷设等工程。

(2) 设备基础、支柱、操作平台、梯子、烟囱、凉水塔、水池、灰塔等建筑工程、炼焦炉、裂解炉、蒸汽炉等各种窑炉的砌筑工程及金属结构工程。

(3) 为施工而进行的建筑场地布置，工程地质勘探，原有建筑物和障碍物的拆除、平整土地，施工临时用水、电、汽、道路工程，以及完工后建设场地的清理、环境绿化美化工作等。

(4) 矿井的开凿，井巷掘进延伸，露天矿的剥离，石油、天然气钻井工程和铁路、公路、港口、桥梁等工程。

(5) 水利工程，如水库，堤坝、灌渠以及河道整治等工程。

(6) 防空、地下建筑等特殊工程。

【安装工程（安装工作量）】 指各种设备、装置的安装工程。包括：

(1) 生产、动力起重、运输、传动和医疗、实验等各种需要安装设备的装配与设备相连的工作台，梯子，栏杆等装设工程，附属于被安装设备的管线，敷设工程，被安装设备的绝缘、防腐、保温、油漆等工作。

(2) 为测定安装工作质量，对单个设备、系统设备进行单机试运，系统联动无负荷试运工作（投料试运工作不包括在内）。

在安装工程中，不包括被安装设备本身价值。

【设备、工具、器具购置】 是指把工业企业生产的产品转为固定资产的购置活动，包括建设单位或企、事业单位购置或自制达到固定资产标准的设备、工具、器具的价值。固定资产的标准按财务部门规定，新建单位、扩建单位的新建车间，按照设计和计划要求购置或自制的全部设备、工具、器具、不论是否达到固定资产标准均计入“设备、工具、器具购置”中。

【其他费用】 指除建筑安装工程和设备工具、器具购置以外的各种应分摊计入固定资产的费用，具体包括：旧房屋购置；农林建设单位的基本畜禽支出；各种经济林木的造林费用；新建、扩建、改建项目投产初期购置的办公生活用家具和器具购置；

建设单位管理费；土地征用及迁移补偿费、勘察设计费、研究实验费；可行性研究费；临时设施费施工机构转移费；设备检验费、负荷联合试车费、土地占用、使用费；投资方向调节税；建设期应付利息；包干节余；企业债券发行费等。

【基本建设项目按大中小型划分】 基本建设划分大中小型项目原则上应按照上级批准的设计任务书或初步设计所确定的总规模或总投资划分，没有正式批准设计任务书或初步设计的，按国家或省、自治区、直辖市年度基本建设投资计划中所列的总规模或总投资划分。上述两条均不具备的，按本年计划施工工程的建设总规模或总投资划分。生产单一产品的工业项目，按产品的设计能力划分；生产多种产品的工业项目，按其主要产品的设计能力划分；品种繁多，难以按生产能力划分的按全部计划投资额划分。划分标准以国家颁发的《基本建设项目大中小型划分标准》为依据。国家曾在1958年、1962年、1972年和1979年先后五次修订《大中小型建设项目划分标准》。因此各历史时期的大中型项目数不完全可比。

【技术改造限额以上项目】 根据技术改造项目的计划总投资进行划分，有关部门规定目前能源交通、原材料工业项目在5000万元以上，其他行业项目在3000万元以上的项目为技术改造限额以上项目。历史上不同时期限额不同。

【施工项目】 指报告期内曾进行建筑或安装施工活动的建设项目。包括报告期内新开项目，报告期以前开工跨入报告期继续施工的项目，报告期施过工并在报告期内全部建成投产的项目。

【全部建成投产项目】 工业项目是指设计文件规定形成生产能力的主体工程及其相应配套的辅助设施全部建成，经负荷试运转，证明具备生产设计规定合格产品的条件，并经过验收鉴定合格或达到竣工验收标准，与生产性工程配套的生活福利设施可以满足近期正常生产和需要，正式移交生产的建设项目；非工业项目是指设计文件规定的主体工程和相应的配套工程全部建成，能够发挥设计规定的全部效益，经验收鉴定合格或达到竣工验收标准，正式移交使用的建设项目。

【新增生产能力】 指通过固定资产投资活动而增加的设计能力或工程效益，它是用实物形态表示的固定资产投资的成果。新增生产能力的计算，是以能独立发挥生产能力或效益的单项工程（或项目）为对象，当单项工程（或项目）建成，经有关部门鉴定合格，正式移交投入生产，即可计算新增生产能力。

新增生产能力或工程效益有以下几种表现形式：

（1）以建设项目或单项工程建成后的年产能力表示。如煤炭开采、石油开采等。

（2）以建设项目或单项工程建成后处理原料的能力表示。如选矿工程的年处理矿石能力，洗煤厂年洗原煤能力等。

（3）以新增的主要设备数量或容量表示。如发电机组容量、棉纺锭枚数等。

（4）以建筑物容积、容量、面积或长度表示。如铁路公路里程、水库容量等。

新增生产能力的数量一般按设计能力计算。设计能力是指设计文件中规定的在正常情况下能够达到的生产能力，而不论投产后的实际产量如何。以设备数量、建筑物容积、面积、长度等表示的新增生产能力（或效益）、则按建成的实际数量计算。

【施工和竣工房屋建筑面积】 房屋建筑面积是从房屋的外墙线算起，包括房屋结构（中柱、墙）占用的面积和地下室面积。多层建筑按各自然层面积总和计算，包括房屋内的楼隔层，突出墙面的眺望间、门斗、有柱雨罩的面积。不包括突出墙面结构的构件、艺术装饰等所占的面积，如台阶等。凹阳台、挑阳台按其水平投影面积一半计算建筑面积。

【施工面积】 指报告期内施工的全部房屋建筑面积。包括本期新开工的面积和上期开工跨入本期继续施工的房屋面积，以及上期已停建在本期继续施工的房屋建筑面积。

【竣工面积】 指在报告期内房屋建筑按照设计要求已全部完工，达到住人和使用条件，经验收鉴定合格，正式移交使用单位的建筑面积。

能源生产和消费 5

资料整理:张利阳

5-1 能源生产量

产　　品	计量单位	1999年	2000年	2001年	2002年
能源生产量合计	**万吨标煤**	**4 064.80**	**4 095.47**	**4 042.26**	**4 292.29**
一次能源生产量	万吨标煤	1 456.71	1 486.69	1 390.51	1 490.24
原　　煤	万吨	444.52	389.34	338.86	372.55
原　　油	万吨	78.51	75.11	77.20	78.30
天然气	亿立方米	0.92	0.91	0.76	0.91
水　　电	亿千瓦时	251.45	269.86	254.69	272.58
二次能源生产量	万吨标煤	2 608.09	2 608.77	2 651.75	2 802.04
火　电	亿千瓦时	282.99	264.99	322.88	333.98
洗精煤	万吨				
其他洗煤	万吨				
型　　煤	万吨				
焦　　煤	万吨	401.74	410.52	408.23	415.56
其他焦化产品	万吨				
焦炉煤气	亿立方米	14.00	16.00	16.25	14.27
高炉煤气	亿立方米				
其他煤气	亿立方米	1.21			
汽　　油	万吨	118.98	154.97	130.38	144.65
煤　　油	万吨	20.34	16.38	17.66	17.47
柴　　油	万吨	214.93	247.01	219.31	227.27
燃料油	万吨	39.77	40.24	28.96	26.59
液化石油气	万吨	44.08	45.64	40.99	40.52
炼厂干气	万吨	10.86	13.62	12.74	11.31
其他石油制品	万吨	99.69	85.50	20.35	74.96
热　　力	万百万千焦	4 889.51	4 465.56	4 498.61	4 737.90
其他燃料	万吨标煤				

注：统计范围为全部国有工业企业及年产品销售收入在500万以上的非国有工业企业。电力折算系数为0.4040千克标准煤/千瓦小时。

5-2 能 源 消 费 量

产　　品	计量单位	1999年	2000年	2001年	2002年
能源消费量合计	**万吨标煤**	**5 726.80**	**6 156.28**	**6 204.81**	**6 900.40**
原　煤	万吨	2 889.08	2 866.27	2 989.88	3 582.80
洗精煤	万吨	557.78	555.85	569.77	567.61
其他洗煤	万吨	2.64	4.13	6.56	1.76
型　煤	万吨	3.04	1.89	0.47	0.30
焦　炭	万吨	443.54	456.84	457.05	478.46
其他焦化产品	万吨	2.73	6.04	4.58	1.40
焦炉煤气	亿立方米	16.40	16.65	15.39	16.85
高炉煤气	亿立方米	8.13	12.34	14.45	12.01
其他煤气	亿立方米		0.03	0.46	1.97
天然气	亿立方米	0.10	0.20	0.29	0.12
原　油	万吨	559.19	660.31	573.98	597.99
汽　油	万吨	10.73	11.34	12.87	12.80
煤　油	万吨	0.54	1.14	1.37	1.26
柴　油	万吨	35.57	28.57	24.09	34.43
燃料油	万吨	87.37	49.92	51.71	54.99
液化石油气	万吨	10.43	4.33	3.92	4.49
炼厂干气	万吨	20.43	15.08	20.16	19.71
其他石油制品	万吨	75.73	100.33	152.74	218.22
热　力	万百万千焦	4 357.65	4 456.06	5 122.64	5 318.78
电　力	亿千瓦时	322.84	401.75	384.07	410.52
其他燃料	万吨标煤	8.83	9.42	49.89	30.04

注:统计范围为全部国有工业企业及年产品销售收入在500万以上的非国有工业企业。

5-3 分行业原煤消费量

单位:万吨

行业	1999年	2000年	2001年	2002年
总计	**2 889.08**	**2 866.27**	**2 989.88**	**3 582.80**
煤炭采选业	10.90	36.48	47.36	19.17
石油和天然气开采业	9.34	12.19	10.66	12.83
黑色金属矿采选业	0.93	0.06	3.90	0.50
有色金属矿采选业	0.07	0.23	0.79	1.04
非金属矿采选业	53.57	43.03	43.99	44.77
其他矿采选业				
木材及竹材采运业				
食品加工业	33.94	32.06	33.58	33.87
食品制造业	18.90	22.55	16.96	15.89
饮料制造业	40.18	22.63	20.00	21.88
烟草加工业	10.72	10.03	22.45	17.51
纺织业	54.90	44.52	37.01	48.72
服装及其他纤维制品制造业	5.67	5.26	6.55	8.01
皮革、毛皮、羽绒及其制品业	0.74	0.44	0.68	0.37
木材加工及竹、藤、棕、草制品业	9.14	4.36	7.04	6.42
家具制造业	0.21	0.19	0.82	0.09
造纸及纸制品业	45.23	51.59	62.63	62.59
印刷业、记录媒介的复制	0.23	0.27	0.12	0.09
文教体育用品制造业	0.14	0.18	0.12	
石油加工及炼焦业	3.52	1.11	2.12	5.23
化学原料及化学制品制造业	396.17	405.81	440.14	470.29
医药制造业	27.06	35.31	32.98	39.34
化学纤维制造业	32.81	30.05	28.91	27.58
橡胶制品业	12.07	10.45	12.26	4.53
塑料制品业	3.04	3.19	2.35	3.03
非金属矿物制造业	475.61	449.75	446.83	483.55
黑色金属冶炼及压延加工业	183.09	201.11	201.02	213.09
有色金属冶炼及压延加工业	10.58	11.87	11.78	68.55
金属制品业	8.63	7.23	8.62	8.50
普通机械制造业	16.11	16.38	15.57	16.45
专用设备制造业	8.52	3.78	7.76	3.71
交通运输设备制造业	121.19	113.30	121.77	227.87
武器弹药制造业	1.45	1.18	0.92	1.24
电气机械及器材制造业	3.33	3.58	3.41	4.19
电子及通信设备制造业	0.77	1.33	1.28	1.12
仪器仪表及文化办公用机械制造业	0.99	0.67	0.59	1.15
其它制造业	1.46	0.29	1.20	0.56
电力、蒸汽、热水的生产和供应业	1 271.82	1 267.21	1 322.18	1 691.40
煤气生产和供应业	15.96	16.53	13.51	17.63
自来水的生产和供应业	0.09	0.07	0.02	0.04

注:统计范围为全部国有工业企业及年产品销售收入在500万以上的非国有工业企业。

5-4 分行业汽油消费量

单位:万吨

行业	1999 年	2000 年	2001 年	2002 年
总计	**10.73**	**11.33**	**12.87**	**12.80**
煤炭采选业	0.07	0.04	0.04	0.04
石油和天然气开采业	0.83	0.85	0.82	0.75
黑色金属矿采选业	0.24	1.13	0.80	0.65
有色金属矿采选业	0.02	0.03	0.04	0.02
非金属矿采选业	0.32		0.30	0.24
其他矿采选业				
木材及竹材采运业	0.02	0.01	0.02	0.01
食品加工业	0.15	0.60	0.23	0.12
食品制造业	1.41	0.38	0.41	0.39
饮料制造业	0.08	0.07	0.06	0.08
烟草加工业	0.06	0.05	0.04	0.04
纺织业	0.07	0.20	1.33	0.66
服装及其他纤维制品制造业	0.07	0.31	0.09	1.67
皮革、毛皮、羽绒及其制品业	0.01	0.01	0.04	0.04
木材加工及竹、藤、棕、草制品业	0.06	0.05	0.02	0.02
家具制造业	0.02	0.07	0.02	0.02
造纸及纸制品业	0.14	0.07	0.15	0.09
印刷业、记录媒介的复制	0.08	0.01	0.11	0.08
文教体育用品制造业				
石油加工及炼焦业	0.12	0.11	0.09	0.10
化学原料及化学制品制造业	0.90	0.57	0.78	0.64
医药制造业	0.19	0.18	0.21	0.42
化学纤维制造业	0.06	0.04	0.03	0.01
橡胶制品业	0.19	0.10	0.10	0.06
塑料制品业	0.06	0.12	0.06	0.05
非金属矿物制造业	0.94	1.26	2.77	0.89
黑色金属冶炼及压延加工业	0.88	0.88	1.36	0.88
有色金属冶炼及压延加工业	0.23	0.27	0.23	0.24
金属制品业	0.17	0.17	0.21	0.82
普通机械制造业	0.26	0.20	0.19	0.20
专用设备制造业	0.29	0.22	0.26	0.22
交通运输设备制造业	1.06	2.81	1.47	2.83
武器弹药制造业	0.02	0.01	0.01	0.01
电气机械及器材制造业	0.13	0.10	0.19	0.11
电子及通信设备制造业	0.08	0.04	0.07	0.07
仪器仪表及文化办公用机械制造业	0.06	0.02	0.04	0.03
其它制造业	0.02			0.01
电力、蒸汽、热水的生产和供应业	1.40	0.25	0.17	0.22
煤气生产和供应业	0.02	0.02	0.03	0.01
自来水的生产和供应业		0.08	0.08	0.06

注:统计范围为全部国有工业企业及年产品销售收入在500万以上的非国有工业企业。

5-5 分行业柴油消费量

单位:万吨

行　　　业	1999年	2000年	2001年	2002年
总　　　计	**35.57**	**28.57**	**24.09**	**34.43**
煤炭采选业	0.05	0.03	0.02	0.04
石油和天然气开采业	2.55	2.73	2.69	2.92
黑色金属矿采选业	0.35	0.18	0.19	0.13
有色金属矿采选业	0.03	0.09	0.15	0.04
非金属矿采选业	1.70	1.10	1.24	0.83
其他矿采选业				
木材及竹材采运业				
食品加工业	0.19	0.35	0.52	0.36
食品制造业	0.07	0.12	0.04	0.05
饮料制造业	0.18	0.12	0.11	0.14
烟草加工业	0.36	0.41	0.46	0.60
纺织业	0.76	0.21	0.38	0.28
服装及其他纤维制品制造业	0.16	0.33	0.17	0.17
皮革、毛皮、羽绒及其制品业	0.01	0.83		0.01
木材加工及竹、藤、棕、草制品业	0.16	0.65	0.30	0.03
家具制造业	0.03	0.01	0.02	0.01
造纸及纸制品业	0.12	0.11	0.15	0.14
印刷业、记录媒介的复制	0.15	0.03	0.01	0.02
文教体育用品制造业		0.02		0.01
石油加工及炼焦业	0.09	0.21	0.14	0.31
化学原料及化学制品制造业	12.09	1.17	1.48	1.61
医药制造业	0.05	0.11	0.06	0.05
化学纤维制造业	0.40	0.04	0.03	0.01
橡胶制品业	0.05	0.05	0.06	0.05
塑料制品业	0.55	0.19	0.14	0.32
非金属矿物制造业	7.04	6.91	6.87	2.11
黑色金属冶炼及压延加工业	1.69	1.69	1.83	1.85
有色金属冶炼及压延加工业	0.73	0.73	0.75	0.82
金属制品业	0.85	0.33	0.51	0.70
普通机械制造业	0.35	0.78	0.37	0.48
专用设备制造业	0.20	0.23	0.43	0.37
交通运输设备制造业	2.11	2.53	2.28	17.79
武器弹药制造业	0.02	0.01	0.01	0.01
电气机械及器材制造业	0.19	0.24	0.45	0.33
电子及通信设备制造业	0.09	0.08	0.09	0.10
仪器仪表及文化办公用机械制造业			0.02	0.03
其它制造业	0.02			
电力、蒸汽、热水的生产和供应业	2.11	5.89	2.04	1.65
煤气生产和供应业	0.05	0.04	0.05	0.02
自来水的生产和供应业	0.02	0.02	0.03	0.04

注:统计范围为全部国有工业企业及年产品销售收入在500万以上的非国有工业企业。

5-6 分行业电力消费量

单位:亿千瓦时

行　　　业	1999年	2000年	2001年	2002年
总　　　计	**322.84**	**401.75**	**384.07**	**410.52**
煤炭采选业	2.47	1.49	2.07	2.21
石油和天然气开采业	3.89	4.43	4.52	4.66
黑色金属矿采选业	0.73	0.66	0.73	0.72
有色金属矿采选业	0.88	1.01	1.14	1.27
非金属矿采选业	4.73	2.21	2.91	3.01
其他矿采选业			0.01	
木材及竹材采运业	0.01	0.03	0.01	
食品加工业	4.35	3.82	10.39	7.12
食品制造业	3.24	17.84	1.78	2.44
饮料制造业	1.78	1.78	1.88	2.24
烟草加工业	1.89	1.46	1.31	1.08
纺织业	19.29	21.79	22.99	24.96
服装及其他纤维制品制造业	1.99	4.19	2.93	1.77
皮革、毛皮、羽绒及其制品业	0.24	0.26	0.17	0.18
木材加工及竹、藤、棕、草制品业	1.27	1.68	2.05	2.62
家具制造业	0.34	0.20	0.37	0.27
造纸及纸制品业	4.26	4.98	5.64	8.01
印刷业、记录媒介的复制	0.70	0.67	1.33	1.33
文教体育用品制造业	0.07	0.04	0.09	0.11
石油加工及炼焦业	5.09	4.81	4.55	4.74
化学原料及化学制品制造业	52.27	55.11	64.87	74.97
医药制造业	2.20	5.46	7.26	5.02
化学纤维制造业	4.52	3.96	3.99	1.80
橡胶制品业	5.89	1.16	1.31	0.86
塑料制品业	3.52	2.16	2.79	3.58
非金属矿物制造业	25.66	26.00	29.79	29.40
黑色金属冶炼及压延加工业	63.79	62.23	67.09	62.57
有色金属冶炼及压延加工业	24.78	25.00	29.29	39.80
金属制品业	4.52	6.39	5.86	5.36
普通机械制造业	4.64	5.41	4.79	5.69
专用设备制造业	4.49	23.43	5.13	3.38
交通运输设备制造业	19.69	21.33	27.80	40.43
武器弹药制造业	0.36	0.29	0.32	0.31
电气机械及器材制造业	2.61	2.53	4.58	4.27
电子及通信设备制造业	1.23	1.89	12.21	2.04
仪器仪表及文化办公用机械制造业	0.42	0.55	5.25	1.50
其它制造业	0.16	0.30	0.24	0.18
电力、蒸汽、热水的生产和供应业	38.15	76.14	39.14	54.98
煤气生产和供应业	0.25	2.25	0.24	0.03
自来水的生产和供应业	6.47	6.81	5.25	5.60

注:统计范围为全部国有工业企业及年产品销售收入在500万以上的非国有工业企业。

主要统计指标解释

【能源购进量】 是指报告期内企业在生产过程中实际消费的本年及本年以前购入的（包括借入和调剂串换的）各种一次能源和二次能源。一次能源生产企业用于本企业生产方面的自用量视同购入量统计。不包括企业自产自用的二次能源。

【能源消费量】 是指报告期内某一企业各种能源消费量的总和。不仅包括生产用的能源，而且包括非生产用的能源。它是企业生产用和非生产用的全部能源的数量。

【工业生产能源消费总量】 是指报告期内企业直接用于产品生产过程的原材料、燃料、动力消耗和工艺消耗的各种能源。包括基本生产系统能源消费量和辅助生产系统能源消费量，即各基本生产车间消费的各种能源的数量和专为基本生产车间生产产品提供一定条件的辅助生产系统消费的各种能源的数量。

【非工业生产能源消费量】 是指报告期内企业除生产用能以外的其他能源消费量。包括：企业所属的非独立核算单位所消费的能源，以及企业附属的文教、卫生、福利设施如学校、医院、食堂、幼儿园等消费的能源。但不包括企业内独立核算的非工业生产单位如农场、建筑公司、运输公司等消费的能源。

【能源库存量】 是指报告期某一时点上实际结存的各种能源的数量。按观察的时点不同通常分为年初库存和年末库存。年初库存指一月一日的库存量，亦即上一年度十二月三十一日的库存量，二者必须一致。核算库存量的基本原则是“谁保管，谁统计”。

【综合能源消费量】 是指报告期内企业生产消费的各种能源消费量的总和。根据企业性质的不同，该指标有两种不同的情况：1. 对非能源加工转换企业，是指购入的各种一次能源和二次能源消费量的总和。2. 对于能源加工转换企业，是指扣除向社会提供的自产二次能源后的消费量。计算公式为：

企业综合能源消费量＝购入能源消费量－由本企业加工转换的二次能源生产量＋由本企业加工转换的二次能源自用量。

【能源加工转换投入量】 是指为生产能源产品而投入加工转换装置的各种能源消费量。不包括：加工转换装置本身的工艺用能，车间用能，辅助生产系统用能，经营管理用能以及上述各项以外的其他非生产用能。能源加工转换按加工转换类别分为：1. 火力发电和供热。2. 洗煤、炼焦、炼油、制气。火力发电和供热的能源转换投入量指电站锅炉、燃汽轮机、内燃机等消费的煤炭、原油、燃料油、柴油、天然气等能源。洗煤、炼焦、炼油、制气类别的能源转换投入量分别指构成洗煤产品、炼焦产品、炼油产品、制气产品等实体而消费的各种能源。洗煤投入的为原煤；炼焦投入的为洗精煤或原煤；炼油投入的为原油；制气投入的为煤炭、焦炭、燃料油。

【能源加工转换产出量】 指经过加工转换后产出的各种能源产品的生产量。火力发电产出的是电力，热电联产还同时产出热力；供热产出的是蒸汽和热水，统称为热力；洗煤产出的是洗精煤、其他洗煤（洗中煤、煤泥等）；炼焦产出的是焦炭、焦炉煤气和其他焦化产品；炼油产出的是汽油、煤油、柴油、燃料油、液化石油气、炼厂干气和其他石油制品（石油脑、各种原料油、溶剂油、石蜡、润滑油、石油沥青等）；制气产出的是焦炉煤气、其他煤气、焦炭和其他焦化产品（煤焦油、精苯等）。

财　政 6

资料整理:陶　萍

6－1　财政收支额及指数

年　份	地方一般预算收入（亿元）	财政总支出（亿元）	指　数（上年＝100）	
			总　收　入	总　支　出
1953	4.87	1.96	100.0	100.0
1957	6.27	3.55	167.3	250.1
1965	11.26	6.85	122.4	105.2
1970	15.20	15.73	128.4	158.1
1975	24.05	17.52	139.5	103.9
1978	31.37	29.98	149.0	148.6
1980	34.01	26.53	107.6	94.5
1985	50.26	43.60	119.3	137.5
1990	77.85	84.82	100.8	106.1
1991	95.09	99.53	122.2	117.3
1992	94.14	98.97	99.0	99.4
1993	115.07	114.58	122.2	115.8
1994	77.46	137.20		119.7
1995	99.69	162.43	128.7	118.4
1996	124.51	197.44	124.9	121.6
1997	139.89	223.70	112.4	113.3
1998	168.95	280.12	120.8	125.2
1999	194.44	336.46	115.1	102.1
2000	214.35	368.77	110.2	109.6
2001	231.94	484.40	108.2	131.4
2002	243.44	511.39	105.0	105.6

注：从1994年开始，全国实行分税制财政体制，财政收入为地方一般预算收入（不含上划中央收入），财政支出为一般预算支出（下表同）。

6-2 分项财政收入

单位:万元

项目	2000年	2001年	2002年
收入合计	**2143450**	**2319410**	**2434403**
#增值税	337775	371308	399715
营业税	441120	446806	511932
企业所得税	254244	365089	244294
企业所得税退税	-4300	-51	
个人所得税	105913	166625	130776
资源税	15295	15010	15147
固定资产投资方向调节税	16039	4039	872
城市维护建设税	118426	114028	150032
房产税	55886	58800	70181
印花税	14048	15688	20101
城镇土地使用税	39993	38042	45124
土地增值税	559	682	1722
车船使用和牌照税	6984	6580	7775
屠宰税	30747	27249	1548
筵席税			
农业税	94921	78291	230660
农业特产税	83895	83428	21164
牧业税	28		
耕地占用税	15329	14682	14114
契税	22321	33488	45000
国有资产经营收益	5184	8825	10268
国有企业计划亏损补贴	-50036	-47861	-41138
行政性收费收入	185416	179925	229330
罚没收入	165092	192236	197378
海域场地矿区使用费收入	573	1263	222
专项收入	59955	56474	64158
其它收入	128043	88764	64028

注:1997年以前国有资产经营收入为国有企业上缴利润。

6－3 分项财政支出

单位:万元

项　　目	2000 年	2001 年	2002 年
支　出　合　计	**3687701**	**4844034**	**5113895**
基本建设支出	282037	770397	501009
企业挖潜改造资金	73745	101111	84166
地质勘探费	14817	17548	18741
科技三项费	39921	46217	46724
流动资金	11388	29111	2977
支援农村生产支出	74360	74223	70928
农业综合开发支出	31535	34712	38696
农林水利等部门的事业费	112524	134230	223136
工业交通等部门的事业费	39536	41455	55396
流通部门事业费	10357	11592	15078
文体广播事业费	98803	112788	125538
教育事业费	576580	704577	833209
科学事业费	15419	16902	18518
卫生事业费	190881	215028	223590
税务等部门的事业费	138291	191577	271135
抚恤和社会福利救济费	88514	134987	179952
行政事业单位离退体费	132295	175653	218113
社会保障补助支出	285541	314381	377824
国防支出	1820	2246	6760
行政管理费	369245	446871	517537
外交外事支出	1131	1096	8
武装警察部队支出	2434	6123	3527
公检法司支出	233733	282802	355989
城市维护费	125192	135336	150063
政策性补贴支出	135968	190273	153279
支援不发达地区支出	41868	40389	43799
海域开发建设和场地使用费支出	378	1277	158
专项支出	60217	56197	61992
其他支出	499171	554935	516053

6－4 市、州财政收入

单位:万元

市、州	1990 年	1995 年	1999 年	2000 年	2001 年	2002 年
全 省	**778496**	**996864**	**1944425**	**2143450**	**2319410**	**2434403**
省 级	47766	115703	178016	217588	230992	592811
武汉市	296266	288353	563975	631278	782256	702263
黄石市	31288	28553	69684	76037	82344	74335
十堰市	38833	44314	73907	79260	82238	80820
荆州市	87088	79645	114269	128626	143540	126856
宜昌市	57548	70111	156400	165443	182360	157320
襄樊市	66515	64662	156655	172055	186494	150970
鄂州市	13372	16439	33713	38038	42948	32007
荆门市	14258	17291	75320	76319	80308	80138
孝感市	38048	41224	97407	97679	107492	88899
黄冈市	36048	66953	140064	153444	155425	126015
咸宁市	23132	29713	59138	61137	65979	52954
恩施自治州	27810	28131	59303	63112	63411	57337
随州市		23325	43373	58478	34333	36021
仙桃市		29196	43984	47599	35960	29153
天门市		26606	36698	32534	18445	18938
潜江市		25934	40957	43447	23262	26154
神农架林区	524	711	1562	1376	1623	1412

6－5 市、州财政支出

单位:万元

市、州	1990 年	1995 年	1999 年	2000 年	2001 年	2002 年
全 省	**828242**	**1624296**	**3364552**	**3687701**	**4844034**	**5113895**
省 级	238602	333374	910976	891452	1561326	1582949
武汉市	155791	313718	695209	826258	1048132	1055822
黄石市	17122	47425	92144	107803	123100	134841
十堰市	38662	92062	126749	151051	166938	196612
荆州市	87594	127072	171792	194853	233612	264793
宜昌市	59241	119004	222942	244950	280714	315385
襄樊市	61581	97023	212309	244626	284876	282596
鄂州市	9180	24683	45670	53693	60847	60575
荆门市	12034	25655	98446	109349	126247	144077
孝感市	44603	81715	156284	155115	188955	211095
黄冈市	47514	111831	213256	233430	272848	288441
咸宁市	32129	57407	95813	103289	123020	130651
恩施自治州	42419	72284	124620	137892	177912	205286
随州市		29164	57573	84236	73369	88099
仙桃市		30667	50447	54190	47716	56689
天门市		27739	38782	36366	30261	38398
潜江市		30272	46525	50646	33504	39901
神农架林区	1769	3201	5015	8502	10657	17685

注:1. 1997 年荆州市和荆门市按新行政区划分。

2. 从 1994 年开始,全国实行分税制财政体制,收入口径有所变化。

主要统计指标解释

【财政收入】 通过财政分配渠道集中于国家预算的资金。由于从 1994 年起实行新的分税制财政管理体制，财政收入为地方一般预算收入（不含上划中央收入）。包括国有资产经营收入、专款收入和各项税收及其它收入。(1) 专款收入包括征收排污费收入，教育费附加收入。(2) 各项税收包括工商税收、农牧业税和耕地占用税、企业所得税等。

【财政支出】 通过国家预算支出的资金。指国家财政根据国民经济发展和行政事业管理需要由财政拨付的资金，主要有：基本建设支出、企业挖潜改造资金，科技三项费用，支持农村生产支出、各部门的事业费，抚恤和社会福利救济费、行政管理费、价格补贴支出、专款支出等。

物价指数 7

资料整理:杨春花　李　红

7-1 物 价 总 指 数

（2002年）

基 期	零售物价总指数	居民消费价格总指数
以1950年价格为100	478.0	694.8
以1952年价格为100	426.5	611.3
以1957年价格为100	386.2	541.9
以1965年价格为100	345.9	476.7
以1970年价格为100	348.7	478.5
以1975年价格为100	349.2	473.9
以1978年价格为100	346.4	472.1
以1980年价格为100	326.6	431.0
以1985年价格为100	284.8	362.4
以1990年价格为100	176.7	228.6
以1995年价格为100	94.7	107.5
以1996年价格为100	89.0	97.5
以上年价格为100	98.8	99.6

7-2 市、县各种物价指数

（2002年、上年=100）

市 县	零售物价指数	居民消费价格指数	农业生产资料价格指数
武 汉 市	97.7	98.6	
黄 石 市	99.5	100.8	
襄 樊 市	98.8	100.1	
荆 州 市	98.4	99.8	
宜 昌 市	102.5	101.2	
十 堰 市	99.5	98.3	
孝 感 市	99.6	99.2	
麻 城 市	101.3	100.4	101.4
天 门 市	99.4	99.7	98.2
洪 湖 市	98.6	99.6	104.3
浠 水 县	98.2	99.6	98.6
咸 宁 市	98.4	100.0	108.4
恩 施 市	99.1	100.5	96.7
老河口市	98.8	99.1	98.3
竹 山 县	98.9	98.3	104.0
崇 阳 县	98.2	99.2	100.6
宜 都 市	100.5	100.6	100.1

7-3 零售物价、居民消费价格分类指数

（2002年、上年=100）

类别	全省(区)	城市	农村
商品零售价格指数	**98.8**	**98.4**	**99.5**
一、食品类	101.0	100.7	101.2
粮食	98.0	96.6	99.3
鲜菜	108.7	108.6	109.0
干菜	97.9	97.8	98.4
肉禽蛋	100.1	100.2	99.7
水产品	94.8	94.1	95.8
二、饮料烟酒类	99.2	98.8	100.0
三、服装鞋帽类	99.5	99.6	99.4
四、纺织品类	99.9	100.9	99.6
五、中西药品类	90.6	88.6	94.5
六、化妆品类	96.5	97.5	95.6
七、书报杂志类	101.5	102.7	100.2
八、文化体育用品类	97.0	96.7	98.0
九、日用品类	98.6	99.5	97.6
十、家用电器类	94.1	93.4	94.9
十一、首饰类	98.8	102.5	94.8
十二、燃料类	99.3	100.5	98.3
十三、建筑装璜材料类	100.8	102.0	99.6
十四、机电产品类	93.5	93.1	95.2
农业生产资料价格指数	**101.0**		**101.0**
居民消费价格总指数	**99.6**	**99.2**	**100.8**
一、食品	99.4	99.0	100.6
二、烟酒及用品	101.2	101.9	100.0
三、衣着	100.9	100.8	101.4
四、家庭设备用品及维修服务	96.1	95.4	98.8
五、医疗保健和个人用品	96.3	94.3	100.1
六、交通和通讯	98.6	98.0	99.9
七、娱乐教育文化用品及服务	101.7	101.4	102.5
八、居住	99.7	99.3	100.7

7-4 工业品出厂价格指数

分　　类	上年=100				1990年=100				
	1990年	1995年	2000年	2002年	1993年	1995年	1997年	2000年	2002年
总　指　数	**109.0**	**113.1**	**101.7**	**98.2**	**151.6**	**216.4**	**129.3**	**209.9**	**204.0**
一、按轻重工业分									
1.轻工业	111.4	121.8	98.7	97.7	120.7	188.1	186.4	170.6	162.8
以农产品为原料	113.1	123.2	98.2	97.9	123.8	200.4	199.0	181.2	174.1
以非农产品为原料	103.1	115.6	101.0	95.8	107.4	137.9	134.9	124.7	112.6
2.重工业	106.4	106.4	103.6	98.4	180.7	240.6	247.7	244.4	239.5
采掘工业	103.7	114.9	116.1	101.9	174.4	226.5	233.6	265.6	281.0
原料工业	108.6	100.1	107.8	99.2	206.9	286.9	298.7	298.9	296.5
加工工业	100.6	113.9		97.5	139.0	181.1	185.5	178.8	172.0
二、按两大部类分									
1.生产资料	106.2	108.4	103.4	98.0	174.3	234.9	240.0	235.9	229.8
采　　掘	103.7	114.9	116.1	101.9	174.4	226.5	233.7	265.3	281.1
原　　料	108.5	103.0	107.4	99.0	171.3	241.2	246.7	245.0	242.5
加　　工	100.9	115.2	99.2	97.1	137.1	175.9	180.4	174.8	167.4
2.生活资料	112.1	120.4	97.7	98.5	122.0	189.9	189.7	172.2	165.6
食　　品	119.3	123.6	95.4	100.0	136.4	204.8	205.1	187.6	184.4
衣　　着	109.8	118.0	101.0	98.7	113.2	192.5	191.0	171.7	167.0
一般日用品	106.2	125.6	97.8	97.6	124.2	182.4	187.2	168.9	162.6
耐用消费品	100.4	104.8		95.6	100.9	114.0	110.7	98.8	89.1

7-5 原材料、燃料、动力购进价格指数

分　　类	上年=100				1990 年=100				
	1990 年	1995 年	2000 年	2002 年	1993 年	1995 年	1997 年	2000 年	2002 年
总　指　数	**108.4**	**118.2**	**105.6**	**97.7**	**196.8**	**232.6**	**252.1**	**244.0**	**238.9**
燃料、动力类	107.3	109.4	121.2	99.0	209.7	229.4	249.8	308.5	315.0
黑色金属材料类	111.2	98.6	99.3	99.2	215.4	212.4	214.5	193.9	195.5
#钢　　材		100.3	100.9	98.2					
其　　他		95.9	97.7	100.5					
有色金属材料类	92.1	130.2	107.8	98.5	142.8	185.9	172.3	178.9	166.3
化工原料类	94.3	118.2	105.9	96.4	136.9	161.8	172.5	155.7	148.4
木材及纸浆类	101.0	112.6	104.7	96.5	122.2	137.6	130.9	143.5	133.7
建筑材料及非金属矿类	126.2	108.0		99.3	185.8	200.7	212.1	207.9	203.7
其它工业原材料及半成品类	100.0	97.7	98.4	99.0	147.2	143.8	143.9	115.1	115.2
农副产品类	119.6	159.3	98.8	92.0	168.3	268.1	333.8	269.6	246.7
纺织原料类	117.0	124.3	102.1	97.7	159.8	198.6	182.9	164.5	156.7

7-6 固定资产投资价格指数

分　　类	上年=100				1990 年=100				
	1990 年	1995 年	2000 年	2002 年	1993 年	1995 年	1997 年	2000 年	2002 年
总　指　数	**106.3**	**105.0**	**101.7**	**99.8**	**174.2**	**182.9**	**190.2**	**197.5**	**197.3**
建筑安装工程	104.8	103.5	103.0	100.6	175.6	181.7	191.1	200.7	203.1
设备、工器具	109.6	107.9	98.9	97.1	167.8	181.1	184.4	182.7	174.6
其他费用	107.0	106.4	101.4	101.2	178.0	189.4	195.8	210.0	214.2

主要统计指标解释

【零售物价指数】 是指全面反映市场零售物价总水平变动趋势和程度的相对数。通过它可以观察国营商业零售价、集市贸易价格和个体商业价格总升降水平，说明货币购买力的强弱。零售物价指数采用加权算术平均公式计算。每年根据住户调查资料调整一次权数。所选商品有 16 个大类，225 个基本分类共 520 种调查商品，每种商品的指数采用代表规格品的平均价格计算。

【居民消费价格指数】 指反映城乡居民所购买的生活消费品的价格和服务项目价格变动趋势和程度的相对数。根据居民消费价格指数，可以观察和分析消费品零售价格和服务项目价格变动对居民生活费用支出的影响程度，消除物价变动对职工货币工资的影响，并计算实际工资指数，作为研究居民生活和确定工资政策的依据。居民消费价格指数根据消费品零售价格指数与有关服务项目价格汇编。目前计算指数所选商品有 8 个大类，252 个基本分类，共 530 种商品及服务项目的价格。

【农业生产资料价格指数】 是工业、商业及其他单位和个人向农民出售农业生产资料的价格。它的任务是系统地调查、搜集和整理市场农业生产资料价格资料，编制农业生产资料价格指数，据此测定全国市场农业生产资料价格变动趋势和变动程度。其内容主要是调查统计小农具、饲料、幼禽家禽、大牲畜、半机械化农具、机械化农具、化学肥料、农药农药械、农用机油等 10 个基本分类，约 50 种农业生产资料的零售价格。

【农村工业品零售价格指数】 反映农村市场工业零售价格水平变动趋势和程度的相对数。用它可以观察工业品零售价格变动对农民货币支出的影响。农村工业品零售价格指数根据农村零售物价指数中有关类别加权计算。

【主要农产品与工业品的交换比价】 反映农产品和工业品交换比价变化情况的经济指数。用以说明计算期农产品对工业品的交换量比基期增了还是减少了。根据农产品收购价格和农村工业品零售价格计算。

【固定资产投资价格指数】 指反映固定资产投资的规模、速度和分析各项价格因素变动对固定资产投资额的影响程度的相对数。他不仅是国民经济核算和宏观经济调控的主要指标，而且还是计算、考核实际投资规模和制定国民经济计划的重要依据。由于固定资产投资额是由建筑安装工程投资完成额，设备、工器具购置投资完成额和其它费用投资完成额三部分组成，因此编制固定资产投资价格指数应首先分别编制上述三部分投资的价格指数，然后采取加权算术平均法计算求出。

【建筑业产值价格指数】 建筑业产值是以当年的预算价格为基础计算的。预算价格可由于受建筑材料、人工费价格及取费标准的变动而不断调整，造成建筑产品价格不可比。编制建筑业产值价格指数就是为了消除价格因素对建筑产品的影响，使其正确反映建筑业的发展速度和企业经济效益。

建筑业产值价格指数的计算方法，是以报告期全部竣工的单位工程为对象，采取等距抽样（或划类选点）调查方法，确定所调查的样本单位工程。然后根据样本单位工程的竣工决算资料和样本施工企业报告期、基期建筑材料、人工费、机械台班单价及取费标准、运用价格指数计算方法，分别求得各样本工程的材料费、人工费、机械使用费和其他费用价格指数。再采取加权调和平均数的计算方法，求得样本工程产值价格指数和样本总体的各类费用价格指数，并用样本总体的价格指数代替全部整体的价格指数。

人民生活 8

资料整理：任伟红 陶 萍
肖久云 徐 菁

8-1　人民物质文化生活改善情况

项　　　　　目	单位	1990 年	1995 年	1999 年	2000 年	2001 年	2002 年
一、城乡就业							
每一农村劳动力负担人数	人	1.65	1.58	1.55	1.49	1.49	1.46
每一城镇就业者负担人数	人	1.70	1.68	1.69	1.73	1.75	1.87
城镇登记失业率	%	1.7	2.7	3.3	3.5	4.0	4.3
二、城乡居民收入							
农村居民人均纯收入	元	670.8	1511.2	2217.1	2268.5	2352.2	2444.1
农村居民人均纯收入指数(1990=100)	%	100.0	225.3	330.5	338.2	350.7	364.4
城镇居民人平年可支配收入	元	1427.15	4016.68	5212.80	5524.50	5856.0	6789.0
城镇居民人平年可支配收入指数(1990=100)	%	100.0	281.5	365.3	387.1	410.3	475.6
国有职工平均工资	元	2045	4991	7381	7989	9133	10403
三、城乡居民人平消费水平							
农业居民	元	665	1325	1698	1760	1916	2072
非农业居民	元	1353	3759	5295	5719	6442	7211
四、储　　　蓄							
城乡居民人平储蓄存款余额	元	455	1658	2873	3203	3833	4601
五、平均每人居住面积							
城　　市(大、中)	平方米	9.8	11.9	13.2	13.9	15.2	26.2注
农　　村	平方米	25.73	25.92	29.87	30.11	31.19	31.55
六、交　　　通							
每百人拥有自行车	辆	25.71	33.82	33.94	34.46	32.33	30.87
七、文　　　化							
每百人拥有电视机	部	15.76	23.89	26.91	28.84	30.46	32.60
每百人每天有报纸	份	3.18	3.32	5.75	6.17	6.33	6.87
每人每年有图书、杂志	册	8.86	8.07	8.56	8.54	7.72	7.88
八、教　　　育							
学龄儿童入学率	%	99.04	99.24	99.51	99.53	99.54	99.62
每万人口有大学生数	人	23.97	31.65	43.69	57.49	75.20	97.70
九、卫　　　生							
每千人有医院病床数	张	2.45	2.29	2.07	2.18	2.18	1.98
每千人有医生	人	1.62	1.68	1.74	1.74	1.72	1.43

注:2002 年起为建筑面积,以前年份为居住面积。

8－2 居民消费水平

年份	居民消费（亿元）			居民消费水平（元）		
		非农业居民	农业居民		非农业居民	农业居民
1952	19.78	4.26	15.52	73	139	64
1957	32.59	7.72	24.87	108	192	96
1965	42.89	11.64	31.25	124	240	106
1970	48.41	14.46	33.95	122	280	98
1975	59.40	19.06	40.34	136	323	106
1978	74.70	23.81	50.89	164	362	131
1980	93.51	32.04	61.47	201	437	156
1985	203.23	73.45	129.78	414	744	332
1990	434.62	161.35	273.27	820	1353	665
1991	575.85	189.77	286.08	879	1559	682
1992	546.61	245.01	301.60	998	1949	713
1993	700.07	329.13	370.94	1261	2520	873
1994	858.77	412.82	445.95	1527	2984	1052
1995	1122.60	557.77	564.83	1954	3759	1325
1996	1390.56	698.42	692.14	2398	4544	1624
1997	1496.82	753.66	743.16	2559	4768	1741
1998	1593.62	827.54	766.08	2706	5129	1791
1999	1593.94	865.82	728.12	2691	5295	1698
2000	1699.45	942.27	757.18	2857	5719	1760
2001	1899.35	1075.93	823.42	3183	6442	1916
2002	2114.11	1227.58	886.53	3535	7211	2072

8－3 居民消费水平指数

（1978年＝100）

单位：%

年份	居民消费			居民消费水平		
		非农业居民	农业居民		非农业居民	农业居民
1979	115.1	111.8	116.7	114.0	105.8	116.0
1980	117.7	121.0	116.1	115.2	108.5	114.5
1981	134.7	123.6	140.4	130.2	107.1	137.1
1982	156.7	132.2	169.1	149.6	111.5	163.4
1983	172.7	145.3	186.5	163.4	119.2	179.4
1984	197.2	181.3	205.4	185.2	137.4	199.1
1985	219.1	233.2	212.2	203.6	155.5	209.3
1990	291.8	312.9	281.5	250.6	172.6	264.0
1991	305.4	346.5	284.5	257.0	187.4	261.6
1992	325.2	409.1	281.6	270.1	214.1	256.8
1993	343.2	449.4	287.8	281.4	226.5	261.2
1994	388.7	528.8	315.5	314.7	251.5	286.6
1995	434.7	615.1	340.1	344.4	272.8	307.7
1996	495.1	685.2	395.9	388.8	317.5	330.8
1997	521.8	734.5	410.5	406.3	331.2	342.0
1998	582.3	843.9	445.4	450.2	372.9	370.0
1999	604.4	902.1	448.1	464.6	393.4	371.5
2000	642.5	966.1	472.7	491.5	418.2	390.4
2001	715.1	1095.6	513.4	545.1	468.0	424.4
2002	810.9	1288.4	554.0	616.5	540.1	460.0

8－4　城镇居民家庭生活基本情况

年份	调查户数（户）	平均每户家庭人口（人）	平均每户就业人口（人）	每一就业者负担人数（人）	平均每户就业面（%）	平均每人实际收入（元）	#可支配收入	平均每人实际支出（元）	消费性支出	#食品	平均每人居住面积（平方米）
1962	205	5.24	1.67	3.14	31.87	241.1	241.1	245.0	225.8	144.4	
1963	240	5.30	1.63	3.25	30.75	238.1	238.1	237.2	218.4	133.9	
1964	299	5.36	1.61	3.33	30.04	232.9	232.9	228.3	211.7	122.7	
1965	370	5.22	1.60	3.26	30.65	224.3	224.3	218.8	204.4	118.0	3.3
1980	571	4.20	2.32	1.81	55.24	413.7	413.7	394.2	369.3	210.6	5.1
1981	979	4.21	2.28	1.85	54.16	456.4	456.4	454.8	422.7	241.2	5.4
1982	981	4.16	2.32	1.79	55.77	481.4	481.4	460.2	430.7	248.0	5.8
1983	980	4.04	2.31	1.75	57.18	520.0	511.2	497.6	465.0	273.1	6.5
1984	980	3.97	2.30	1.73	57.93	599.7	590.6	552.8	516.4	291.1	6.8
1985	1658	3.84	2.15	1.79	55.99	713.3	704.2	693.1	644.2	324.5	7.9
1986	1910	3.76	2.13	1.77	56.65	861.5	851.3	815.5	751.5	387.5	8.2
1987	1900	3.73	2.12	1.76	56.84	960.6	951.8	919.1	836.1	443.2	8.4
1988	1950	3.61	2.07	1.74	57.34	1136.4	1128.1	1153.1	1058.8	538.9	8.9
1989	1990	3.52	2.05	1.72	58.24	1271.6	1262.6	1250.0	1130.7	607.0	9.1
1990	1990	3.47	2.04	1.70	58.79	1437.1	1427.2	1349.4	1220.3	652.4	9.8
1991	1990	3.45	2.04	1.69	59.13	1603.7	1592.9	1538.2	1380.2	717.4	9.6
1992	1940	3.36	2.02	1.66	60.12	1886.4	1874.2	1799.9	1577.7	799.0	9.9
1993	1890	3.29	1.98	1.66	60.18	2453.5	2438.7	2358.1	2097.6	941.5	10.5
1994	1330	3.23	1.95	1.66	60.37	3360.0	3346.0	3588.6	2733.1	1307.1	11.1
1995	1330	3.22	1.92	1.68	59.63	4031.9	4016.7	3977.3	3433.8	1680.6	11.9
1996	1390	3.24	1.95	1.66	60.19	4367.0	4350.2	4290.6	3713.5	1731.4	11.8
1997	1790	3.23	1.89	1.71	58.51	4693.8	4673.2	4549.7	3855.6	1773.6	12.8
1998	1640	3.19	1.90	1.68	59.56	4849.4	4826.4	4903.1	4074.4	1787.7	12.7
1999	1540	3.15	1.86	1.69	59.04	5234.5	5212.8	5333.8	4340.6	1783.4	13.2
2000	1540	3.14	1.81	1.73	57.64	5542.6	5524.5	5643.6	4644.5	1779.4	13.9
2001	1540	3.10	1.77	1.75	57.10	5888.7	5856.0	5774.8	4804.8	1799.4	15.2
2002	1600	3.07	1.64	1.87	53.42	7142.16	6789.0	7159.7	5608.9	2087.8	26.2

注：由于2002年方法制度重新修订、部分指标有所变化：原“平均每人居住面积”现改为“平均每人建筑总面积”；原“平均每人实际收入”现改为“平均每人总收入”；原“平均每人实际支出”现改为“平均每人总支出”。

8－5 城镇居民家庭收支情况

(2002 年)

单位:元

项　　目	总　计	最　低 收入户	低收入户	中　等 偏下户	中　等 收入户	中　等 偏上户	高收入户	最　高 收入户
调查户数(户)	1600	160	160	320	320	320	160	160
比　重(%)	100	10	10	20	20	20	10	10
平均每户家庭人口(人)	3.07	3.36	3.34	3.22	3.07	2.96	2.82	2.67
平均每户离退休人口(人)	0.43	0.29	0.28	0.37	0.43	0.51	0.63	0.52
平均每一就业者负担人数(人)	1.87	2.30	1.91	1.89	1.84	1.79	1.79	1.71
平均每户就业面(%)	53.42	43.45	52.40	52.80	54.40	56.08	56.03	58.43
平均每人总收入	7142.1	2236.6	3476.0	4739.6	6459.6	8391.4	10952.9	18318.4
#可支配收入	6789.0	1948.2	3250.0	4484.4	6112.5	8011.4	10464.0	17668.2
平均每人借贷收入	1769.9	990.8	853.7	1231.6	1440.9	1803.2	2731.3	4851.1
#提取储蓄存款	1495.1	734.2	710.6	922.2	1261.0	1558.1	2432.8	4219.6
平均每人借贷支出	1700.1	295.3	464.1	769.8	1445.6	2110.6	3142.0	5388.8
#存入储蓄款	1365.0	175.3	290.1	607.7	1159.8	1773.6	2502.7	4375.3
平均每人总支出	7159.7	3329.2	4003.2	5229.2	6517.3	7951.0	10365.7	16813.0
#消费性支出	5608.9	2671.2	3352.0	4273.9	5274.8	6232.1	8077.8	12045.1
一、食　　品	2087.8	1215.2	1472.8	1733.0	2082.0	2344.3	2800.9	3479.4
粮　　食	181.1	144.5	157.5	170.8	184.7	193.6	209.3	214.5
淀粉及薯类	9.4	9.1	7.9	8.8	8.7	9.5	11.8	11.9
干豆类及豆制品	29.9	26.1	26.3	27.5	28.9	33.2	33.4	37.0
油　脂　类	79.8	65.2	72.7	78.7	79.7	85.9	86.8	88.3
肉禽及其制品	390.5	243.7	295.6	342.4	391.9	433.1	503.1	588.7
蛋　　类	50.6	40.5	42.3	46.6	51.5	55.3	60.1	60.6
水　产　品	114.9	72.1	77.1	95.4	110.5	134.4	159.8	181.4
菜　　类	226.1	167.1	186.7	203.4	233.6	250.7	272.9	282.0
调　味　品	33.9	22.0	25.2	29.0	33.8	40.6	42.3	47.3
糖　　类	21.1	9.6	11.5	13.2	17.6	23.3	30.7	59.7
烟　草　类	132.9	58.3	81.7	97.7	133.4	172.4	200.1	214.3
酒和饮料	94.5	38.6	57.1	64.9	86.5	109.1	144.8	214.2
干鲜瓜果类	120.4	54.7	72.4	94.6	117.1	140.4	171.7	232.1
糕　点　类	44.1	19.4	26.8	36.5	44.5	48.8	63.5	82.9
奶及奶制品	82.5	29.7	49.1	59.3	82.8	106.1	137.1	135.0
其他食品	43.2	16.7	22.6	29.7	35.7	52.7	58.0	114.7
在外用餐	431.7	197.5	259.4	333.3	439.8	454.1	614.4	912.5
食品加工服务费	1.2	0.4	0.9	1.3	1.2	1.1	1.1	2.3

8-5 续表 (2002年) 单位:元

项目	总计	最低收入户	低收入户	中等偏下户	中等收入户	中等偏上户	高收入户	最高收入户
二、衣着	592.9	201.7	314.9	427.8	566.3	680.8	880.2	1381.5
服装	427.8	138.3	218.6	296.6	399.6	486.1	650.1	1062.1
衣着材料	11.1	4.7	6.1	10.4	13.0	13.9	10.3	16.9
鞋、袜、帽及其他衣着	147.5	56.5	86.4	116.4	147.1	172.1	210.2	291.0
衣着加工服务费	6.5	2.2	3.8	4.4	6.6	8.7	9.6	11.5
三、家庭设备、用品及服务	398.1	136.1	161.7	261.9	320.5	444.5	699.0	1103.3
耐用消费品	217.2	32.7	62.2	123.1	153.8	244.9	438.0	716.4
室内装饰品	11.7	2.0	2.4	8.0	8.0	10.0	24.6	42.2
床上用品	21.1	13.2	7.1	14.7	18.1	22.7	26.8	61.6
家庭日用杂品	128.2	78.4	83.7	102.9	122.3	143.2	173.3	239.9
家具材料	2.6	4.2	0.1	3.5	3.7	1.3	0.5	4.3
家庭服务	17.3	5.6	6.2	9.7	14.6	22.4	35.8	38.9
四、医疗保健	370.5	152.9	199.0	276.2	345.5	438.7	538.7	808.2
医疗器具	1.7	0.3	1.1	0.2	0.9	2.8	6.9	1.4
保健用品	2.0	0.4	0.1	0.3	0.8	2.3	1.9	12.7
医药费	345.7	147.4	191.5	266.1	327.0	404.9	497.7	725.1
滋补药品	15.2	2.9	4.3	6.4	8.6	23.4	26.4	50.3
其他	5.9	1.9	2.0	3.2	8.2	5.3	5.8	18.7
五、交通和通讯	532.1	202.4	265.1	349.8	491.0	574.4	759.1	1473.1
交通	216.4	65.7	89.2	128.8	195.4	198.3	291.6	780.6
通讯	315.7	136.7	175.9	221.0	295.6	376.1	467.5	692.5
六、娱乐、教育、文化服务	863.2	376.7	478.7	666.0	818.4	943.3	1252.5	1931.5
文娱耐用消费品	199.3	40.9	98.9	146.2	185.4	236.9	303.3	484.5
教育	521.9	300.7	330.4	450.5	517.9	535.6	721.7	974.3
文化娱乐	142.0	35.1	49.4	69.3	115.1	170.8	227.5	472.7
七、居住	612.2	302.3	380.0	459.4	517.6	628.6	943.4	1483.7
住房	239.3	61.8	102.4	136.5	134.6	180.4	481.2	993.2
水、电、燃料及其他	352.3	233.9	265.4	311.9	363.2	420.0	433.0	442.7
居住服务	20.6	6.6	12.2	11.0	19.8	28.2	29.2	47.8
八、杂项商品和服务	152.1	83.9	79.8	99.8	133.5	177.5	204.0	384.4
杂项商品	98.0	52.5	50.8	69.3	97.6	110.8	147.1	204.5
服务	54.1	31.4	29.0	30.5	35.9	66.7	56.9	179.9

8-6 城镇居民家庭平均每百户年末耐用消费品拥有量

(2002年)

品名	单位	总平均	最低收入户	低收入户	中等偏下户	中等收入户	中等偏上户	高收入户	最高收入户
成套家具	套	82.4	65.7	76.8	81.5	82.1	87.0	89.2	90.2
摩托车	辆	13.1	9.3	11.4	11.9	15.1	14.2	12.1	15.4
自行车	辆	111.6	98.4	118.7	114.3	115.2	110.1	114.7	104.0
助力车	辆	1.7	1.3	1.5	1.5	1.4	1.7	2.7	2.1
家用汽车	辆	0.2	0.1	0.0	0.2	0.3	0.1	0.2	0.4
洗衣机	台	94.5	82.7	87.1	94.6	95.2	98.0	99.6	99.7
电风扇	台	229.5	227.0	225.8	238.1	224.3	226.1	229.6	234.3
电冰箱	台	94.0	77.3	89.7	93.4	95.8	98.3	97.8	99.2
冰柜	台	6.2	5.7	7.4	5.6	5.8	7.1	5.4	6.8
彩色电视机	台	126.1	105.2	116.3	122.3	125.6	131.2	138.2	142.2
影碟机	台	63.3	42.3	54.3	62.2	64.9	69.4	69.9	72.4
录放像机	台	14.6	5.2	11.5	12.1	14.4	16.9	19.4	22.8
家用电脑	台	21.2	5.5	8.7	14.4	20.3	28.2	34.9	36.9
组合音响	套	29.9	13.1	23.4	27.0	30.7	35.4	37.6	38.1
录音机	台	37.1	28.2	29.2	34.5	38.1	41.5	42.9	41.7
摄像机	台	1.2	0.3	0.6	0.5	1.1	1.7	1.7	2.7
照相机	架	43.4	18.4	28.5	36.7	44.4	49.1	59.3	67.1
钢琴	架	2.0	0.8	1.4	1.0	2.0	2.9	2.8	3.4
其他中高档乐器	件	7.1	4.0	3.9	4.7	5.0	9.4	11.3	13.6
微波炉	台	32.1	10.2	13.9	21.4	33.7	41.9	48.3	54.0
空调器	台	70.5	29.4	37.5	56.7	71.6	89.0	98.0	104.6
电炊具	套	106.7	88.7	93.9	98.9	100.6	117.8	121.1	127.8
淋浴热水器	台	63.0	38.5	49.5	55.6	66.5	72.3	77.7	74.8
排油烟机	台	50.2	29.6	40.0	48.1	53.9	53.7	62.4	57.9
吸尘器	台	7.2	2.7	5.3	4.4	5.3	8.2	11.6	16.8
健身器材	件	2.8	1.0	1.1	1.4	2.5	3.3	4.8	6.4
移动电话	部	52.5	23.4	28.5	39.3	52.2	67.1	74.0	81.7

8－7　城镇居民家庭平均每百人全年购买商品数量

（2002年）

品名	单位	总平均	最低收入户	低收入户	中等偏下户	中等收入户	中等偏上户	高收入户	最高收入户
粮食	千克	7586	7027	7324	7412	7555	7667	8138	8327
淀粉及薯类	千克	480	516	450	479	447	474	532	511
食用植物油	千克	1105	923	1022	1126	1117	1177	1145	1138
食用动物油	千克	44	63	50	50	36	38	37	39
猪肉	千克	2134	1619	1907	1991	2183	2250	2451	2691
牛肉	千克	197	115	140	159	190	232	258	331
羊肉	千克	50	23	32	36	46	60	75	96
其他肉及制品	千克	271	132	164	209	256	297	428	534
鸡	千克	350	228	290	330	356	366	360	563
鸭	千克	115	50	66	96	122	145	155	175
其他禽类及制品	千克	188	76	116	157	178	237	283	310
鲜蛋	千克	772	631	683	722	779	825	901	914
蛋制品	千克	80	54	49	72	84	100	102	94
鱼	千克	1152	921	922	1046	1117	1279	1369	1551
虾	千克	93	68	66	97	98	93	123	103
其他水产品	千克	90	41	60	71	93	109	141	127
鲜菜	千克	11350	10073	10831	11011	11503	11666	12422	12203
干菜	千克	44	23	30	36	44	53	55	76
白酒	千克	266	226	233	205	238	282	281	521
果酒	千克	11	2	4	7	10	11	21	31
啤酒	千克	381	210	273	316	372	519	496	474
其他酒	千克	23	6	21	11	14	27	50	62
干鲜瓜果	千克	4704	2694	3293	4205	4702	5389	6286	6947

8-7 续表 (2002年)

品名	单位	总平均	最低收入户	低收入户	中等偏下户	中等收入户	中等偏上户	高收入户	最高收入户
糕点	千克	337	162	225	304	334	371	460	577
鲜乳品	千克	893	206	427	560	965	1263	1553	1453
奶粉	千克	92	57	81	79	89	93	151	120
酸奶	千克	160	43	77	123	132	229	260	302
男士服装	件	236	128	184	199	236	260	311	389
女士服装	件	313	160	202	280	290	358	422	551
各式童装	件	83	55	72	76	87	80	88	146
鞋类	双	238	145	197	224	237	256	287	343
洗衣机	台	0.3	0.0	0.0	0.3	0.1	0.3	0.7	0.8
电风扇	台	0.9	0.5	0.8	0.7	1.4	1.0	0.9	1.1
电冰箱	台	0.3	0.1	0.1	0.1	0.2	0.5	0.5	1.2
微波炉	台	0.4	0.1	0.1	0.2	0.4	0.5	0.7	0.9
空调器	台	1.1	0.1	0.2	0.6	0.5	1.5	2.4	3.7
电炊具	台	0.8	0.4	0.4	0.6	0.8	0.4	1.9	1.6
淋浴热水器	台	0.5	0.0	0.3	0.3	0.5	0.4	1.1	1.1
摩托车	辆	0.1	0.0	0.0	0.0	0.3	0.0	0.1	0.2
自行车	辆	0.9	0.5	0.5	1.0	0.6	1.0	1.2	1.4
电话	部	0.5	0.4	0.4	0.4	0.5	0.4	1.1	0.9
移动电话	部	1.3	0.4	0.4	0.7	0.9	1.5	2.0	5.2
彩色电视机	台	0.6	0.1	0.3	0.3	0.8	0.5	0.6	2.0
家用电脑	台	0.3	0.0	0.1	0.4	0.3	0.4	0.5	0.5
水	吨	5074	3601	4408	4896	5519	5625	5701	5217
电	千瓦时	37185	22126	24961	31411	38278	46953	48511	48790
煤炭	千克	9522	15726	15156	12196	7799	5325	5363	5970
液化石油气	千克	2611	1847	2133	2458	2755	2898	2982	3150
管道煤气	立方米	2405	821	872	1730	2278	3735	4477	3074

8－8　城镇居民家庭房屋居住分布情况

分　　组	各组户数占总户数比重（%）	
	2001 年	2002 年
总　　计	1540 户	1600 户
一、房屋产权		
租赁公房		14.14
租赁私房		1.43
原有私房		7.04
房改私房		73.94
商品房		2.14
其他		1.31
二、住宅样式		
单栋住宅	5.78	3.01
四居室	2.14	1.59
三居室	25.58	26.19
二居室	43.31	47.47
一居室	5.39	4.24
普通楼房	9.22	11.75
平房及其他	8.51	5.75
三、用水情况		
独用自来水	93.96	94.50
公用自来水	5.52	5.42
井、河水		0.08
其他	0.52	
四、卫生设备		
无卫生设备	3.25	2.87
有浴室厕所	20.13	53.85
有厕所无浴室	67.86	36.93
公用卫生设备	8.77	6.35
五、取暖设备		
无取暖设备	90.06	68.63
空调设备	7.34	22.28
暖　　气	2.60	9.09
其　　他		
六、燃料使用情况		
管道煤气	13.12	17.33
液化石油气	67.08	71.07
煤	19.81	11.43
其　　他		0.17
七、通信设备使用情况		
1. 电话		
无电话	18.31	6.03
有电话	81.69	93.97
2. 移动电话		
无移动电话		47.46
有移动电话		52.54

8-9 农民家庭基本情况

年份	调查户数（户）	常住人口（人）	平均每户常住人口（人）	平均每户整半劳动力（人）	平均每个劳动力负担人口（人）	平均每户经营耕地面积（亩）	平均每户年末拥有生产性固定资产原值（元）
1978	1072	6453	6.02	2.52	2.39	0.26	
1980	954	5586	5.86	2.59	2.26	0.49	
1981	954	5497	5.76	2.67	2.16	0.52	
1982	948	5364	5.66	2.73	2.08	0.57	159.20
1983	1470	8267	5.62	2.99	1.88	8.95	389.97
1984	1510	8317	5.51	3.02	1.83	8.66	530.20
1985	3300	16473	5.07	2.98	1.71	7.60	557.86
1986	3300	16432	4.98	2.96	1.68	7.48	610.47
1987	3300	16195	4.91	2.94	1.67	7.31	672.87
1988	3300	15966	4.84	2.93	1.65	7.04	759.61
1989	3300	15567	4.72	2.86	1.65	6.95	819.53
1990	3300	15411	4.67	2.84	1.65	6.79	861.91
1991	3300	15094	4.57	2.66	1.72	6.58	1068.45
1992	3300	14900	4.52	2.63	1.71	6.47	1146.94
1993	3300	14651	4.44	2.65	1.67	6.36	1281.66
1994	3300	14466	4.38	2.72	1.61	6.69	1542.58
1995	3300	14447	4.38	2.77	1.58	6.73	1775.57
1996	3300	14053	4.26	2.75	1.55	6.82	2291.60
1997	3200	13453	4.20	2.64	1.60	6.56	2688.67
1998	3200	13239	4.14	2.62	1.58	6.08	2604.21
1999	3200	13082	4.09	2.63	1.55	6.08	2543.61
2000	3300	13557	4.11	2.76	1.49	5.93	2482.02
2001	3300	13490	4.09	2.75	1.49	5.94	2773.52
2002	3300	13420	4.07	2.78	1.46	6.01	2953.37

8-9 续表

年份	平均每户年内新建房屋面积（平方米）	平均每人年末使用房屋面积（平方米）	平均每户年末使用房屋价值（元）	平均每人总收入（元）	平均每人纯收入（元）	平均每人生活消费支出（元）
1978				122.78	110.52	107.00
1980		14.00	1173.80	182.89	169.96	152.74
1981	6.51	15.31	1249.13	232.64	217.44	183.78
1982	5.36	16.45	1261.51	311.51	286.07	226.96
1983	5.65	18.04	1688.93	405.14	299.24	252.47
1984	6.70	19.03	1786.54	525.86	392.29	305.03
1985	8.24	21.18	2068.78	569.74	421.24	334.63
1986	8.45	22.63	2319.44	605.67	445.13	373.53
1987	7.79	23.50	2514.22	638.64	460.66	408.69
1988	4.90	24.15	2751.40	710.47	497.84	450.62
1989	5.50	25.10	3095.15	820.70	571.84	540.13
1990	6.20	25.73	3545.50	957.01	670.80	607.58
1991	4.56	27.33	4661.58	936.57	626.92	615.40
1992	4.07	27.94	4885.77	1015.62	677.82	611.84
1993	3.75	25.80	5004.02	1135.77	783.18	722.09
1994	3.91	25.22	5887.81	1690.49	1170.06	1012.95
1995	4.66	25.92	6729.46	2184.20	1511.22	1245.10
1996	4.25	26.58	10050.26	2642.45	1863.62	1630.41
1997	4.98	27.99	11432.61	2913.16	2102.20	1660.13
1998	4.74	28.38	12966.45	2917.66	2172.24	1699.43
1999	4.19	29.87	13654.80	2871.62	2217.08	1572.90
2000	3.48	30.11	13717.28	2930.31	2268.50	1555.61
2001	2.98	31.19	16007.50	3051.08	2352.16	1649.18
2002	4.65	31.55	16581.94	3152.80	2444.06	1745.63

8-10 农民家庭年人均纯收入

单位:元

指　　标	1998年	1999年	2000年	2001年	2002年
全年总收入	**2917.66**	**2871.62**	**2930.31**	**3051.08**	**3152.80**
全年纯收入	2172.24	2217.08	2268.50	2352.16	2444.06
#工资性收入	396.18	496.40	547.69	582.60	662.19
家庭经营纯收入	1652.48	1596.58	1617.80	1676.19	1694.40
转移性收入	109.65	107.62	83.46	80.52	73.38
财产性收入	13.93	16.48	19.55	12.85	14.09
比　重(纯收入=100)					
工资性收入	18.24	22.39	24.14	24.77	27.09
家庭经营纯收入	76.07	72.01	71.32	71.26	69.33
转移性收入	5.05	4.85	3.68	3.42	3.00
财产性收入	0.64	0.74	0.86	0.55	0.58

8-11 农民家庭年人均纯收入分组

单位:户

指　　标	1998年	1999年	2000年	2001年	2002年
调查户总计	**3200**	**3200**	**3300**	**3300**	**3300**
200元以下	5	5	4	3	3
200-400元	8	1	4	5	7
400-600元	32	31	21	24	36
600-800元	86	80	56	54	68
800-1000元	141	127	156	121	95
1000-1500元	604	594	605	562	468
1500-2000元	752	748	734	706	696
2000-3000元	894	939	975	983	1032
3000-4000元	411	412	419	448	495
4000-5000元	155	131	172	212	206
5000元以上	112	132	154	182	194

8-12 农民家庭年人均经营总收入

单位:元

指　　标	1998年	1999年	2000年	2001年	2002年
家庭经营总收入	**2391.38**	**2243.19**	**2277.46**	**2369.01**	**2394.24**
农业收入	1512.27	1375.29	1357.03	1404.75	1430.09
♯种植业收入	1439.87	1326.00	1311.12	1346.11	1360.29
林业收入	30.74	36.36	37.60	34.80	34.71
牧业收入	504.96	464.44	478.69	504.77	500.70
渔业收入	56.39	63.72	85.42	108.83	128.40
工业收入	63.11	60.71	61.02	65.60	65.06
建筑业收入	52.23	68.71	42.51	40.25	35.98
交通运输邮电业收入	46.89	54.40	65.90	64.19	59.10
批零贸易餐饮业收入	61.71	64.72	72.01	68.40	66.80
社会服务和文教卫生业收入	28.93	24.73	25.62	26.71	25.90
其他家庭经营收入	34.15	30.11	51.67	50.72	47.51

8-13 农民家庭年人均生产支出

单位:元

指　　标	1998年	1999年	2000年	2001年	2002年
一、家庭经营费用支出	537.40	459.28	474.06	507.42	537.70
♯农业生产支出	256.23	232.65	239.30	252.12	264.14
林业生产支出	1.99	2.57	2.00	2.43	2.28
牧业生产支出	216.03	171.42	154.27	164.49	170.24
渔业生产支出	12.40	12.23	21.78	34.29	38.35
工业生产支出	11.96	9.98	16.73	19.04	19.09
建筑业支出	5.06	3.90	3.52	2.90	7.49
交通运输邮电业支出	14.55	11.42	17.70	16.65	16.23
批零贸易餐饮业支出	10.88	9.53	10.94	9.32	11.02
社会服务和文教卫生业支出	2.97	2.56	2.75	3.08	2.91
其他家庭经营支出	5.34	3.01	5.04	3.11	5.95
二、购置生产性固定资产支出	25.63	26.99	27.59	42.71	33.42
三、税费支出	159.54	145.85	145.32	140.17	113.73
附:生产性固定资产折旧	41.96	41.48	40.28	45.23	48.42

8－14　农民家庭年人均生活消费支出

单位:元

指　　　　标	1998年	1999年	2000年	2001年	2002年
全年总支出	**2473.61**	**2260.42**	**2257.56**	**2422.68**	**2520.42**
生活消费支出	1699.43	1572.90	1555.61	1649.18	1745.63
一、食品消费	918.95	863.47	827.25	856.25	872.49
＃主　　食	299.14	258.68	243.50	247.05	245.62
副　　食	431.86	413.50	395.34	402.39	406.31
其他食品	115.05	115.92	107.15	105.23	107.86
在外饮食	60.91	63.10	68.82	89.23	101.21
二、衣着消费	88.88	74.39	75.19	77.28	80.63
三、居住消费	274.61	198.00	179.42	184.53	235.61
＃住　　房	88.56	98.66	106.56	95.93	146.64
电　　费	21.66	21.62	21.84	24.67	24.45
燃　　料	152.59	63.29	43.94	56.69	57.91
四、家庭设备用品及服务	84.07	74.96	69.40	73.77	71.54
＃耐用消费品	16.55	15.57	19.52	14.55	17.20
日用杂品	52.49	49.13	40.32	47.20	45.11
五、医疗保健消费	57.91	55.38	69.67	87.60	90.51
＃医药卫生用品	31.83	31.91	32.59	42.35	38.92
医疗保健服务费	25.54	22.87	33.22	40.72	48.14
六、交通通讯消费	46.57	69.10	72.67	88.13	98.92
＃交通工具	14.66	33.75	16.17	19.70	21.59
通讯工具	2.07	1.74	3.45	4.56	7.26
交通、邮电费	26.73	30.32	45.96	57.18	62.33
七、文教娱乐用品及服务	205.91	212.88	209.89	213.61	232.84
＃文教娱乐用品	37.93	40.66	36.23	31.75	35.46
学杂费	158.85	166.29	165.70	174.70	190.68
技术培训费	1.96	1.69	3.32	2.57	1.85
文娱费	1.33	1.92	2.55	3.05	2.63
八、其他商品和服务	22.53	24.71	52.11	68.00	63.10

8－15　农民家庭年人均现金收支

单位:元

指　　　　标	1998年	1999年	2000年	2001年	2002年
期内现金收入合计	**1887.38**	**1906.87**	**2106.41**	**2200.56**	**2331.57**
工资性现金收入	395.73	492.65	543.70	580.55	660.42
家庭经营现金收入	1264.52	1204.71	1388.62	1440.57	1477.16
♯出售产品现金收入	989.62	913.98	1089.73	1162.02	1182.91
♯出售农业产品现金收入	635.56	579.68	685.41	732.55	739.77
出售林业产品现金收入	20.24	15.64	22.82	17.06	16.89
出售牧业产品现金收入	292.25	260.82	298.89	309.77	316.17
出售渔业产品现金收入	28.39	43.29	58.66	72.32	86.57
出售工业产品现金收入	11.23	12.42	17.19	26.20	20.37
出售其它产品现金收入	1.94	2.13	6.77	4.12	3.13
工业加工费现金收入	22.30	21.35	43.83	35.40	44.68
建筑业现金收入	52.23	68.71	42.51	40.25	35.98
交通运输邮电业现金收入	46.89	54.40	65.90	64.19	59.10
批零贸易餐饮业现金收入	61.71	64.72	72.01	68.40	66.80
社会服务和文教卫生业现金收入	28.93	24.73	25.62	26.71	25.90
其他家庭经营现金收入	62.82	56.83	44.91	36.60	44.38
转移性现金收入	198.93	190.68	158.96	163.60	171.49
财产性现金收入	28.20	18.82	15.13	15.84	22.50
期内现金支出合计	**1765.95**	**1717.01**	**1808.57**	**1994.45**	**2115.46**
家庭经营费用现金支出	419.71	367.62	393.00	446.99	472.03
♯购买化肥	125.67	115.40	119.04	129.50	130.03
购买农药	22.83	23.66	27.39	28.77	28.88
购买农用薄膜	2.71	2.34	3.79	3.16	3.05
购买生产性固定资产现金支出	25.63	26.99	27.59	42.71	33.42
税费现金支出	158.18	144.34	138.73	133.40	108.12
生活消费现金支出	989.87	998.31	1058.31	1134.77	1242.30
转移性现金支出	166.85	175.34	180.90	226.86	243.39
财产性现金支出	5.71	4.41	10.04	9.72	16.20

8－16　农民家庭年人均出售主要农副产品情况

品　　名	单位	1998年	1999年	2000年	2001年	2002年
粮食(原粮)	千克	284.58	273.92	299.21	314.93	328.47
♯ 小　　麦	千克	46.03	23.98	28.62	26.77	28.91
稻　　谷	千克	223.88	233.89	245.66	259.07	258.20
棉　　花	千克	9.36	8.62	10.75	17.62	15.91
油　　料	千克	21.68	23.49	50.11	46.87	46.91
麻　　类	千克	0.89	0.67	1.38	1.19	1.88
糖　　料	千克	9.81	8.97	6.68	6.25	3.90
烟　　叶	千克	2.43	3.53	2.98	2.38	1.91
蔬　　菜	千克	60.69	63.38	118.99	119.59	129.35
水　　果	千克	36.12	37.30	55.43	55.50	40.05
茶　　叶	千克	1.35	1.51	0.75	1.11	0.63
肉　　猪	头	0.20	0.30	0.31	0.33	0.36
家　　禽	只	1.10	1.08	1.46	1.13	1.74
猪　　肉	千克	2.48	2.57	2.25	1.94	2.62
蛋　　类	千克	8.98	10.42	5.54	5.88	6.51
蚕　　茧	千克	0.35	0.26	0.22	0.27	0.16
蜂　　蜜	千克	0.01		0.01	0.02	0.08
水 产 品	千克	5.27	9.16	12.24	17.65	21.59

8－17　农民家庭主要生活用品购买量

品　　名	单位	1998年	1999年	2000年	2001年	2002年
粮食(原粮)	公斤/人	15.01	15.64	7.79	6.09	8.90
植物油	公斤/人	1.47	1.57	1.89	1.94	2.52
动物油	公斤/人	0.85	0.88	0.68	0.74	1.29
蔬　菜	公斤/人	12.00	12.89	16.13	15.38	17.55
猪　肉	公斤/人	4.96	5.02	5.51	5.78	6.87
牛羊肉	公斤/人	0.36	0.33	0.27	0.30	0.31
家　禽	公斤/人	0.41	0.48	0.64	0.49	0.52
鲜　蛋	公斤/人	0.57	0.47	0.84	1.19	0.69
鲜活鱼类	公斤/人	3.96	4.40	5.10	5.52	5.89
糖　类	公斤/人	1.45	1.43	1.43	1.29	2.24
卷　烟	盒/人	29.56	27.68	28.04	27.99	28.01
酒	公斤/人	7.01	6.82	6.99	7.35	11.30
水　果	公斤/人	7.34	6.72	4.55	5.07	4.44
棉布服装	件/人	0.10	0.09	0.12	0.12	0.13
化纤布服装	件/人	1.03	0.94	0.97	1.10	1.57
水　泥	公斤/人	48.91	58.19	63.55	54.45	87.18
钢　材	公斤/人	2.94	3.87	3.34	2.25	5.94
生活用煤	公斤/人	40.63	41.63	56.67	57.04	52.58
电视机	台/百户	2.66	3.16	3.79	3.18	4.64
洗衣机	台/百户	0.25	0.31	0.79	0.36	1.06
电风扇	台/百户	6.88	5.00	6.58	6.58	7.00
电冰箱	台/百户	0.38	0.41	0.58	0.48	0.42
自行车	辆/百户	2.81	4.28	4.33	4.48	5.61
摩托车	辆/百户	1.25	2.06	1.58	1.76	2.09
热水器	台/百户			0.21	0.24	0.21
电话机	部/百户			2.21	2.48	3.76
手　机	部/百户			0.18	0.88	1.88
寻呼机	部/百户			0.15	0.12	0.03

8-18　农民家庭年人均主要食品消费量

单位:公斤

品　　名	1998年	1999年	2000年	2001年	2002年
一、粮　　食	276.42	258.69	300.58	274.01	273.74
#小　　麦	33.07	27.52	34.86	29.67	30.13
稻　　谷	214.28	202.47	226.53	208.07	207.42
二、豆类及豆制品	4.25	5.31	5.63	5.75	7.26
#大　　豆	2.18	2.77	3.12	2.43	3.00
三、蔬菜及菜制品	160.24	164.13	155.06	152.30	150.61
#鲜　　菜	159.77	163.59	154.30	151.54	149.54
四、油　脂　类	10.50	10.10	10.34	9.69	10.75
#植　物　油	8.35	7.73	8.43	7.70	8.21
动物油	2.15	2.37	1.91	1.99	2.54
五、肉禽及其制品	19.29	20.87	19.31	19.73	20.79
#猪　　肉	16.91	18.06	16.66	17.22	18.12
牛　羊　肉	0.40	0.39	0.27	0.33	0.35
家　　禽	1.76	2.11	2.19	2.01	2.07
六、蛋类及蛋制品	3.78	3.93	3.94	3.95	3.47
七、奶及奶制品	0.03	0.03	0.04	0.21	0.05
八、水　产　品	5.31	5.82	6.42	6.56	7.31
#鱼　　类	5.06	5.60	6.02	6.28	7.00
九、糖　　类	1.49	1.47	1.43	1.29	2.25
十、酒和饮料	9.04	8.96	10.27	9.47	13.90
#白　　酒	3.96	4.07	4.21	4.15	7.79
十一、糕　　点	1.10	0.75	0.43	0.45	0.58
十二、水果及果制品	17.64	16.17	15.12	20.50	14.94
十三、坚果及果仁制品	1.52	2.59	0.89	0.37	0.31

8－19　农民家庭每百户主要耐用物品拥有量

品　　名	单位	1998年	1999年	2000年	2001年	2002年
自行车	辆	113.81	114.97	110.58	110.36	111.33
电视机	台	96.91	100.40	102.03	105.25	110.21
#彩电	台	19.69	24.09	31.70	37.58	44.33
收录机	台	22.94	22.84	12.64	11.45	10.52
照相机	架	0.91	0.94	1.42	1.33	1.30
电风扇	台	135.34	140.50	150.55	160.73	166.15
洗衣机	台	14.69	15.31	16.33	17.09	20.42
电冰箱	台	4.25	5.09	6.91	7.55	8.09
摩托车	辆	10.56	13.16	15.94	18.39	20.88
大型家具	件	922.75	898.53	267.55	251.64	251.91
录像机	台	0.97	0.97	2.21	1.91	1.52
抽油烟机	台	0.69	0.75	0.67	0.91	1.03
吸尘器	台	0.09	0.13	0.06	0.00	0.03
空调机	台	0.19	0.19	0.24	0.42	0.42
热水器	台			1.39	1.85	3.24
影碟机	台			9.88	13.12	16.42
组合音响	台			5.76	6.39	7.88
电话机	部			15.24	20.00	23.94
手机	部			1.48	3.82	7.64
寻呼机	部			2.76	3.06	3.09

8－20 市、州居民消费水平(2002年)

市、州	居民消费(亿元)	非农业居民	农业居民	居民消费水平(元)	非农业居民	农业居民
全省	**2114.11**	**1227.58**	**886.53**	**3535**	**7211**	**2072**
武汉市	587.36	494.97	92.39	7696	10900	2898
黄石市	112.93	75.72	37.21	4529	8516	2319
十堰市	100.45	58.25	42.20	2972	6585	1691
宜昌市	170.18	96.72	73.46	4282	7868	2678
襄樊市	235.90	124.12	111.78	4091	7729	2686
鄂州市	58.25	22.50	35.75	5626	6775	5084
荆门市	137.73	63.21	74.52	4595	7577	3444
孝感市	123.91	50.38	73.53	2450	5749	1758
荆州市	196.20	116.00	80.20	3095	5430	1909
黄冈市	167.31	59.99	107.32	2311	3466	1948
咸宁市	74.08	43.27	30.81	2668	5290	1573
随州市	71.89	38.03	33.86	2883	4472	2061
恩施自治州	71.86	28.11	43.75	1888	4616	1369
仙桃市	34.07	17.30	16.77	2301	3235	1772
天门市	42.83	22.49	20.34	2650	5164	1723
潜江市	24.83	12.88	11.95	2504	4134	1710
神农架林区	1.88	1.05	0.83	2380	4007	1574

8－21 市、州居民消费水平指数(2002年)

(上年＝100)

单位:%

市、州	居民消费指数	非农业居民	农业居民	居民消费水平指数	非农业居民	农业居民
全省	**113.4**	**117.6**	**107.9**	**113.1**	**115.4**	**108.4**
武汉市	111.8	112.9	106.6	110.5	110.6	106.5
黄石市	109.7	110.9	107.1	109.4	109.4	107.2
十堰市	111.1	111.1	111.1	111.5	109.5	112.3
宜昌市	113.9	113.6	114.3	114.0	114.2	100.3
襄樊市	110.2	109.7	110.8	109.8	108.5	110.6
鄂州市	106.7	113.8	102.6	105.9	107.2	104.5
荆门市	108.6	112.0	105.8	108.2	110.0	106.1
孝感市	115.6	116.9	114.7	114.8	116.3	113.7
荆州市	110.7	114.5	105.5	109.5	112.2	105.4
黄冈市	103.3	109.0	110.3	103.1	115.0	98.4
咸宁市	103.9	105.6	101.5	102.7	106.6	101.0
随州市	106.8	109.9	103.4	106.6	104.5	105.8
恩施自治州	104.4	111.4	100.3	104.1	106.3	100.9
仙桃市	105.0	107.8	102.3	104.6	105.4	102.3
天门市	113.4	110.8	116.4	113.1	106.8	115.5
潜江市	106.5	104.0	104.6	108.6	112.1	104.5
神农架林区	104.0	103.0	105.1	103.2	102.3	103.8

8-22 市、州农民年人均纯收入

单位:元

地 区	1998 年	1999 年	2000 年	2001 年	2002 年
全 省	**2172**	**2217**	**2269**	**2352**	**2444**
武 汉 市	2730	2845	2953	3100	3295
黄 石 市	1853	1962	2034	2140	2230
十 堰 市	1563	1433	1487	1592	1714
宜 昌 市	2229	2314	2363	2413	2440
襄 樊 市	2310	2347	2386	2479	2564
鄂 州 市	2710	2802	2863	2591	2693
荆 门 市	2940	2930	2980	2999	2999
孝 感 市	2227	2295	2316	2356	2444
荆 州 市	2002	2133	2185	2303	2408
黄 冈 市	2005	2039	2079	2083	2131
咸 宁 市	1984	2012	2052	2123	2204
随 州 市	2541	2402	2356	2298	2455
恩施自治州	1468	1560	1520	1467	1465
仙 桃 市	2919	2946	2991	3083	3153
天 门 市	2409	2479	2586	2630	2716
潜 江 市	2463	2501	2541	2599	2680
神农架林区	1483	1588	1241	1330	1465

主要统计指标解释

【农民全年总收入】 指农村住户年内从各种来源得到的全部实际收入（包括现金收入和实物收入）。由工资性收入、家庭经营收入、转移性收入和财产性收入组成。

【农民全年纯收入】 指在总收入中扣除相对应的各项费用性支出后，归农民所有的收入。它可以用于生产、非生产投资，改善物质和文化生活，以及用于再分配的支出和结余的收入。这个指标用来观察农民实际收入水平，以及农民扩大再生产和改善生活的能力。（纯收入＝总收入－家庭经营费用支出－生产性固定资产折旧－税费支出－调查补贴－农村内部亲友赠送）

【农民全年生活消费支出】 指农村住户年内用于物质生活和精神生活方面的实际支出，是直接反映农民生活水平，研究农民消费结构变化的基本指标。生活消费支出包括食品、衣着、居住、家庭设备用品及服务、医疗保健、交通通讯、文教娱乐用品及服务、其他商品和服务。

【城镇居民家庭人口】 指居住在一起。经济上合在一起共同生活的家庭成员。凡计算为家庭人口的成员其全部收支都应包括在一起。

【城镇居民家庭就业人口】 指从事社会劳动并取得劳动报酬或经营收入的人口。不论在全民所有制、集体所有制单位工作或从事个体劳动，不论有固定性职业或临时性职业都是就业人口。

【实际收入】 指家庭的全部实际的现金收入，包括经常或固定得到的收入和一次性收入。不包括周转性的收入，如提取银行存款、向亲友借入款、收回借出款以及其他各种暂收款。

【可支配收入】 指居民家庭在支付个人所得税之后，所余下的实际收入。计算公式为：可支配收入＝实际收入－个人所得税－家庭副业生产支出－记帐补贴。

【实际支出】 指实际用于家庭日常生活的各项支出以及赡养赠送给亲友的现金。不包括存入储蓄款、存入储金会款、借出款、归还借款以及各种暂垫款等周转性支出。

【居住面积】 指家庭成员在调查时点实际居住的住房面积，不包括厨房、厕所、走廊面积和临时搭建房屋的面积。

【辅助面积】 指除了居住面积以外的住房使用面积。包括厨房、走廊、卫生间、阳台、壁柜、门厅、过道等，不包括公用楼道和三家以上公用的院子。

【居住间数】 指自然分隔间数，不管大间、小间均作一间计算。

【家庭常住人口】 按户籍管理部门登记的常住户口统计。可包括家庭成员中在部队服役的士兵（不包括干部），户口在本市学校或工作单位住单身宿舍的学生或职工、入全托儿童。

城市概况 9

资料整理:张　勇

9－1　12个城市社会经济主要指标

（2002年）

城　　市	年末总人口（万人）	#非农业人口	年出生人口（人）	年死亡人口（人）	年末总户数（万户）
总　　计	1853.57	944.14	138022	79535	558.39
武　　汉	768.10	459.34	54005	37551	224.59
黄　　石	65.92	59.88	5949	2508	19.52
十　　堰	49.07	40.48	4953	1657	17.72
宜　　昌	122.35	65.79	9526	6111	39.62
襄　　樊	217.67	83.52	18776	7132	61.94
鄂　　州	103.64	32.56	9038	4902	33.54
荆　　门	71.81	38.96	5361	1914	24.28
孝　　感	88.20	24.40	6746	3315	26.00
荆　　州	109.79	61.92	8210	3950	35.07
黄　　冈	35.75	20.12	2370	1177	12.21
咸　　宁	55.56	22.26	3514	1967	17.44
随　　州	165.71	34.91	9574	7351	46.46

注：此资料系市区资料，不包括市辖县（下表同）。

9－1　续表1　　　　　　　　　　（2002年）

城　　市	土地面积（平方公里）	#建成区面积	年末单位从业人员数（万人）	城镇私营和个体从业人员数（人）	年末城镇登记失业人员数（人）
总　　计	29027	755	276.46	1827505	244554
武　　汉	8494	214	136.09	997300	139300
黄　　石	234	57	16.49	119621	5308
十　　堰	1193	52	16.45	40747	9300
宜　　昌	527	62	21.82	72723	13478
襄　　樊	3564	77	24.63	204277	13946
鄂　　州	1504	43	14.02	54786	18700
荆　　门	2171	41	7.03	29610	7513
孝　　感	946	32	6.82	73470	2816
荆　　州	1558	53	14.16	154903	6512
黄　　冈	353	24	5.27	19900	2710
咸　　宁	1494	31	5.14	21326	14771
随　　州	6989	69	8.54	38842	10200

9-1　续表2　　(2002年)　　单位:万元

城　　市	综合经济					
	国内生产总值(当年价)	第一产业增加值	第二产业增加值	#工业增加值	第三产业增加值	人均国内生产总值(元)
总　　计	27371446	2207999	13356321	10965097	11807126	
武　　汉	14927435	895342	6604633	5340128	7427460	19792
黄　　石	1209400	17600	676320	617400	515480	18405
十　　堰	1353100	11500	953900	922600	387700	27459
宜　　昌	2105151	136815	1336748	684429	631588	17240
襄　　樊	2215300	322600	1029700	918030	863000	10210
鄂　　州	1113400	156500	571600	531300	385300	10627
荆　　门	1286503	79401	741201	654602	465901	22826
孝　　感	496176	89120	193906	161743	213150	5628
荆　　州	987021	156816	441098	419290	389107	8494
黄　　冈	312260	33305	165315	127275	113640	8778
咸　　宁	351000	61900	189500	178400	99600	6317
随　　州	1014700	247100	452400	409900	315200	6330

9-1　续表3　　(2002年)　　单位:万元

城　　市	中央财政预算内收入	地方财政预算内收入	地方财政预算内支出	#科学事业费支出	#教育事业费支出
总　　计	1550866	1387148	2322680	12030	298927
武　　汉	907763	858287	1472036	5935	163968
黄　　石	51106	67660	97938	1813	10067
十　　堰	73086	46479	70602	88	9969
宜　　昌	157905	134576	189358	2312	24366
襄　　樊	145593	86566	98516	714	18592
鄂　　州	34742	32730	61357	203	11723
荆　　门	78385	39902	60413	106	9916
孝　　感	14772	17469	50012	164	8287
荆　　州	51364	38469	87349	386	14774
黄　　冈	8538	19303	42531	210	7445
咸　　宁	13470	22725	42468	66	6703
随　　州	14142	22982	50100	33	13117

9-1　续表 4　　　　　　　　　　(2002 年)

城　市	外国和港澳台地区在华直接投资				环境污染治理投资额（万元）
	当年合同外资金额（万美元）	当年实际使用外资金额（万美元）	已投产(营业)企业数（个）	从业人员（人）	
总　计	207380	210767	2457	139694	101569
武　汉	161418	157602	1848	62520	41729
黄　石	12031	13801	103	17112	28011
十　堰	3587	1849	43	6125	2691
宜　昌	10279	18277			5773
襄　樊	8699	4540	146	4865	3387
鄂　州	952	4523	142	27200	2480
荆　门	1666	3201	63	1470	6939
孝　感	1182	1961	24	4052	4439
荆　州	2629	3081	60	11890	626
黄　冈	4104	568	2	400	664
咸　宁	218	218	14	3500	3570
随　州	615	1146	12	560	1260

(注:环境污染治理投资额为全市数)

9-1　续表 5　　　　　　　　　　(2002 年)

城　市	工业总产值（限额以上）（当年价、万元）			从业人员平均人数（万人）	流动资产年平均余额（万元）
		＃内资企业	＃外商投资企业		
总　计	24799703	21338854	2493814	128.73	15641768
武　汉	11389825	8962462	1913138	53.10	8044903
黄　石	1266773	1137925	58933	9.65	1115240
十　堰	3545177	3445638	87395	11.22	1765955
宜　昌	1141302	1027645	15996	7.19	944665
襄　樊	2385210	2128144	244116	15.30	1380932
鄂　州	1278443	1080034	61856	7.20	439870
荆　门	1197075	1183583		4.18	387955
孝　感	210099	169014	25049	1.85	159440
荆　州	865009	768200	69875	6.94	686791
黄　冈	315397	250823	17456	2.79	275583
咸　宁	286439	281438		2.25	137058
随　州	918954	903948		7.06	303376

9-1 续表6 (2002年) 单位:万元

城市	固定资产净值年平均余额	产品销售收入	#销售税金及附加	利润总额	工业总产值(限额以下)
总计	15326049	23548886	523576	1567602	11337375
武汉	7129108	10880564	312559	647889	6309444
黄石	1143348	1179430	11093	21701	486310
十堰	1054498	3497373	15089	370054	53145
宜昌	1556889	1044768	36802	53585	611503
襄樊	1412330	2090290	65870	89869	1263209
鄂州	795273	1215697	6423	85403	800377
荆门	615364	1197464	49455	103010	221968
孝感	206557	274313	1769	74426	401647
荆州	662788	795340	5432	13359	455703
黄冈	472803	370849	1149	80316	120729
咸宁	129193	259185	11521	-2059	213187
随州	147898	743613	6414	30049	400153

9-1 续表7 (2002年)

城市	年末邮电局(所)数(处)	邮政业务总量(1990年不变价)(万元)	电信业务总量(1990年不变价)(万元)	本地电话用户(万户)	年末移动电话用户数(户)	国际互联网用户数(户)	能源消费量(万吨)
总计	994	117435	443158	395.04	4276475	999662	4770
武汉	307	61612	234323	209.60	2706327	640040	2356
黄石	56	5420	57896	19.77	208450	34649	311
十堰	71	4766	19019	17.10	179500	17908	432
宜昌	99	6844	25789	27.89	273008	49546	208
襄樊	91	10377	26780	32.79	207450	64285	343
鄂州	88	4023	8491	11.95	141645	25300	337
荆门	33	3616	9432	10.37	102852	19310	410
孝感	18	3018	10100	9.97	92481	18905	132
荆州	59	5775	29375	27.70	187789	84690	140
黄冈	12	3560	5780	6.60	25200	13500	16
咸宁	42	3676	8930	8.90	57120	13529	63
随州	118	4748	7243	12.40	94653	18000	22

9－1　续表 8　　　　　　　　　　(2002 年)

城　　　市	全年用电量 (万千瓦小时)	#工业用电	#居民生活用电	在岗职工平均人数 (万人)	在岗职工工资总额 (万元)
总　　　计	3410282	2374598	464323	272.84	3085360
武　　　汉	1587842	975571	251758	136.77	1774025
黄　　　石	373944	336987	21103	14.46	150041
十　　　堰	335246	275381	29687	16.02	238826
宜　　　昌	232653	156839	39328	21.70	218192
襄　　　樊	183307	115408	30553	24.55	211643
鄂　　　州	190654	151301	15447	13.72	104926
荆　　　门	162778	143574	10625	6.74	73156
孝　　　感	37000	14809	13910	6.56	59851
荆　　　州	166358	115322	26348	13.9	118740
黄　　　冈	41270	27200	9760	5.10	33260
咸　　　宁	58796	41185	6135	4.78	42121
随　　　州	40434	21021	9669	8.54	60579

9－1　续表 9　　　　　　　　　　(2002 年)

城　　　市	固定资产投资完成额 (万元)	房地产开发投资完成额 (万元)	#住　　宅	商品房销售额 (万元)	#销售给个人
总　　　计	10169032	1675661	1245242	1083903	935614
武　　　汉	5493295	1325012	993929	868143	747598
黄　　　石	282228	21073	15503	22053	21165
十　　　堰	273529	54227	42752	21789	19615
宜　　　昌	2037705	68863	37664	49385	44049
襄　　　樊	500504	79589	58104	44694	44228
鄂　　　州	265291	18166	16136	9580	9580
荆　　　门	207766	31007	26952	9726	9726
孝　　　感	151192	25534	16971	22983	10521
荆　　　州	426431	32653	24916	19610	16660
黄　　　冈	172858	8243	6450	6856	6488
咸　　　宁	168865	5102	2127	1798	1798
随　　　州	189368	6192	3738	7286	4186

9-1 续表10 (2002年)

城市	商品房屋销售面积(万平方米)	#销售给个人	全年新增固定资产(万元)	居民最低生保已保人数(人)	基本养老保险参保职工(人)	基本医疗保险参保人数(人)
总计	671.97	587.88	6599116	646352	2771758	2072761
武汉	450.27	393.01	4296963	225011	1427901	813845
黄石	21.51	20.59	243940	44066	204158	178106
十堰	17.24	14.96	186480	21654	137071	142100
宜昌	35.05	32.14	487875	53988	192978	195944
襄樊	49.3	48.87	429817	86550	240093	279678
鄂州	18.09	18.09	214939	29946	105400	82700
荆门	10.19	10.19	90049	18715	84983	67621
孝感	26.08	14.85	149096	31552	28095	35960
荆州	21.37	17.62	314162	56454	168338	129143
黄冈	9.29	8.85	28145	13800	31960	27800
咸宁	2.59	2.59	70226	17746	52278	42024
随州	10.99	6.12	87424	46870	98503	77840

9-1 续表11 (2002年)

城市	全年供水总量(万立方米)	生活用水量(万立方米)	用水人口(万人)	年末实有公共汽(电)车营运车辆数(辆)	全年公共汽(电)车客运总量(万人次)	年末实有出租汽车数(辆)
总计	204399	84376	1049.09	12705	165493	20857
武汉	73763	32710	439.02	5628	97908	12137
黄石	21885	7949	65.92	765	9490	983
十堰	11538	3472	49.07	573	9280	1124
宜昌	12194	4434	65.30	2128	13593	354
襄樊	27006	15051	122.00	868	9628	1939
鄂州	25631	3519	38.51	444	2672	396
荆门	6489	2928	46.43	419	7080	322
孝感	3809	2392	28.10	302	2963	522
荆州	10191	5117	85.74	466	7447	1588
黄冈	3459	1861	33.00	388	1910	593
咸宁	5092	3500	33.00	90	1250	380
随州	3342	1443	43.00	634	2273	519

9-1 续表12 (2002年)

城市	年末实有铺装道路总面积(万平方米)	城市排水管道总长度(公里)	园林绿地面积(公顷)	#公共绿地面积	建成区绿化覆盖面积(公顷)
总计	10924	4544	49634	7809	27337
武汉	3407	1544	6280	3031	7317
黄石	656	324	1961	653	2115
十堰	575	313	12155	414	2358
宜昌	995	353	2313	666	2482
襄樊	1096	302	4244	743	2749
鄂州	513	198	847	262	1188
荆门	488	249	1578	273	1750
孝感	488	221	1528	217	1614
荆州	732	362	1549	478	1711
黄冈	552	131	710	393	806
咸宁	305	85	532	262	818
随州	1117	462	15937	417	2429

9-1 续表13 (2002年)

城市	工业废水排放总量(万吨)	工业废水排放达标量(万吨)	工业二氧化硫排放量(吨)	工业二氧化硫去除量(吨)
总计	95000	80679	452739	395608
武汉	34976	32182	116276	28546
黄石	11533	9183	42752	276717
十堰	3695	3688	24404	1879
宜昌	7693	6381	43994	21492
襄樊	9769	8042	60393	25028
鄂州	2317	2203	19281	11
荆门	5356	4884	55247	19690
孝感	5677	4605	30472	6103
荆州	5097	3159	35769	13118
黄冈	5255	3773	8127	1956
咸宁	2476	1547	7227	1068
随州	1589	1032	8797	

(注:此类指标全部为全市数)

9－1　续表14　　　　　　　　(2002年)

城　　市	液化石油气供气总量(吨)	＃家庭用量(吨)	用液化气人口(人)	环境噪声达标面积(平方公里)	生活污水处理率%(全市)	生活垃圾无害化处理率%(全市)
总　　计	226118	212625	7904460	773		
武　　汉	92620	88514	2931000	139	21	97
黄　　石	24980	24980	600000	32	13	53
十　　堰	6720	6720	227300	44	16	64
宜　　昌	8876	7621	358400	82	56	57
襄　　樊	19050	19010	1434000	47	4	77
鄂　　州	7209	7163	288300	23	48	90
荆　　门	27193	24861	464300	121	3	100
孝　　感	5910	3526	239600	72	6	20
荆　　州	14600	13000	432000	49	32	22
黄　　冈	8130	7200	300560	111	0	40
咸　　宁	4000	3200	299000	27	10	20
随　　州	6830	6830	330000	26	33	92

(注:环境噪声达标面积为全市数)

9－1　续表15　　　　　　　　(2002年)

城　　市	高等学校(所)	中等专业学校(所)	普通中学(所)	小　学(所)	高等学校教师数(人)	中等专业学校教师数(人)
总　　计	72	145	1162	3801	37825	9094
武　　汉	47	61	536	1463	27312	3626
黄　　石	2	12	47	64	723	622
十　　堰	3	8	37	94	915	495
宜　　昌	2	9	84	180	1731	704
襄　　樊	2	10	120	642	1195	548
鄂　　州	1	2	65	315	391	198
荆　　门	2	8	42	80	657	427
孝　　感	2	5	42	215	1051	405
荆　　州	6	14	68	144	2257	920
黄　　冈	2	10	10	39	720	530
咸　　宁	2	5	37	242	826	433
随　　州	1	1	74	323	47	186

9-1　续表16　　(2002年)

城　　市	普通中学教师数(人)	小　学教师数(人)	高等学校学生数(人)	中等专业学校学生数(人)	普通中学(万人)	小　学(万人)
总　　计	71118	76530	592257	172836	137.71	161.98
武　　汉	31963	34006	390681	77419	53.22	66.92
黄　　石	2736	3023	15845	9848	4.78	6.34
十　　堰	2622	2647	13056	5664	3.95	5.09
宜　　昌	5160	4408	20929	18557	8.27	8.56
襄　　樊	5563	10531	24330	11287	21.10	18.23
鄂　　州	3730	5268	4018	5732	7.56	12.20
荆　　门	2822	1992	21718	6233	5.09	4.00
孝　　感	2713	3767	17718	5600	6.04	9.90
荆　　州	4783	3517	51242	10384	8.49	7.37
黄　　冈	890	1020	18361	8260	1.60	2.50
咸　　宁	2133	2303	13704	8045	5.17	6.43
随　　州	6003	4048	655	5807	12.44	14.44

9-1　续表17　　(2002年)

城　　市	各类专业技术人员(万人)	剧场、影剧院数(个)	公共图书藏量(千册、件)	医院、卫生院数(个)	医　　生(人)	社会福利院数(个)
总　　计	93.98	132	12344	649	41613	381
武　　汉	49.30	68	7667	276	19696	165
黄　　石	6.48	8	757	35	2042	5
十　　堰	3.59	2	526	27	2068	10
宜　　昌	11.90	3	702	51	3535	53
襄　　樊	5.35	3	647	66	4581	5
鄂　　州	3.30	18	300	38	1806	22
荆　　门	2.46	2	132	28	1549	12
孝　　感	1.90	2	263	24	1218	13
荆　　州	4.50	3	774	24	1578	17
黄　　冈	1.40	2	310	18	970	10
咸　　宁	1.26	1	158	19	721	14
随　　州	2.54	20	108	43	1849	55

农　　业　10

资料整理:周克莉

10－1 农村基层组织和乡村劳动力情况

项　　目	单位	1990年	1995年	1999年	2000年	2001年	2002年
一、农村基层组织个数							
乡政府	个	1121	1040	491	476	231	227
镇政府	个	844	861	864	853	738	739
办事处	个	153	184	129	145	141	144
村民委员会	个	32765	32802	32509	32400	31616	28671
村民小组	个	260847	260641	259965	259250	253047	232367
二、乡村户数、劳动力							
乡村户数	万户	1005.32	1004.21	982.96	983.94	986.97	994.55
乡村人口数	万人	4110.59	4041.67	3966.39	3947.26	3939.33	3960.70
乡村劳动力	万人	1791.30	1810.44	1769.82	1781.70	1781.68	1797.56
1.按性别分组							
男劳动力	万人	944.72	955.74	931.76	937.67	937.25	953.17
女劳动力	万人	846.58	854.70	838.06	844.03	844.43	844.39
2.按行业分组							
农林牧渔业劳动力	万人	1453.96	1329.18	1210.91	1159.13	1143.72	1130.97
工业劳动力	万人	112.29	130.91	117.04	116.12	112.30	110.38
建筑业劳动力	万人	55.33	82.82	99.78	104.08	106.10	108.85
交通运输、仓储及邮电通讯业劳动力	万人	24.20	35.60	43.42	44.61	45.09	45.71
批发、零售贸易业、餐饮业劳动力	万人	29.53	55.61	69.81	72.07	71.55	73.60
其他非农行业劳动力	万人	115.99	176.32	228.86	285.69	302.92	328.05
＃外出合同工、临时工	万人	38.11	91.95	149.35	194.16	214.55	243.59
三、国营农林牧渔场劳动力		61.07	59.05	57.63	54.94	51.76	50.67
农业劳动力	万人	38.71	35.59	33.86	34.08	33.24	31.86
非农业劳动力	万人	25.53	23.46	23.77	20.86	18.52	18.81

10-2 乡村劳动力情况

单位:万人

年份	合计	农林牧渔业	工业	建筑业	交通运输仓储邮电业	批发零售贸易业、餐饮业	其他
1957	969.62						
1965	1181.58	1145.04					36.54
1970	1340.75	1292.25					48.50
1975	1434.83	1367.13					67.70
1978	1468.48	1354.92	39.11				74.45
1980	1500.56	1393.69	34.81				72.06
1985	1648.88	1324.44	126.90	45.99	19.10	25.17	107.28
1990	1791.30	1453.96	112.29	55.33	24.20	29.53	115.99
1991	1808.96	1486.44	104.75	54.41	24.56	29.26	109.54
1992	1805.11	1452.23	109.50	59.46	27.06	34.26	122.60
1993	1822.75	1422.49	111.53	71.11	29.33	43.70	144.59
1994	1826.21	1379.52	121.68	79.48	32.23	51.93	161.37
1995	1810.44	1329.18	130.91	82.82	35.60	55.61	176.32
1996	1792.83	1296.46	131.49	86.32	40.70	60.16	177.70
1997	1783.50	1266.04	130.56	90.08	41.68	63.11	192.03
1998	1770.48	1232.85	122.21	95.70	42.59	69.82	207.31
1999	1769.82	1210.91	117.04	99.78	43.42	69.81	228.86
2000	1781.70	1159.13	116.12	104.08	44.61	72.07	285.69
2001	1781.68	1143.72	112.30	106.10	45.09	71.55	302.92
2002	1797.56	1130.97	110.38	108.85	45.71	73.60	328.05

10-3 耕地面积变化情况

单位:千公顷

年份	年末实有耕地面积	水田	旱地	年内减少的耕地面积	#国家基建占地	#乡村集体占地	#农民个人建房占地
1952	4015.90	1876.62	2139.28				
1957	4172.31	1945.05	2227.26				
1965	4239.93	1966.31	2273.62				
1970	3964.01	1982.20	1981.81				
1975	3822.00	1996.23	1825.77				
1978	3768.07	1959.64	1808.43	30.77	7.75	6.83	
1980	3738.51	1929.50	1809.01	35.82	4.69	5.87	
1985	3584.61	1864.15	1720.46	71.70	8.56	8.06	4.59
1990	3476.77	1871.77	1605.00	15.60	2.73	2.75	0.41
1991	3458.46	1869.19	1589.27	24.11	4.03	2.47	0.47
1992	3421.57	1845.29	1576.28	41.67	4.95	2.99	0.67
1993	3392.74	1815.75	1576.99	32.84	6.11	3.41	1.04
1994	3375.60	1805.42	1570.18	21.21	3.77	3.41	0.71
1995	3358.01	1780.40	1577.61	21.36	4.23	3.04	0.72
1996	3349.25	1800.00	1549.25	13.80	2.85	2.46	0.74
1997	3342.45	1796.07	1546.38	12.24	2.43	2.45	0.63
1998	3327.16	1788.95	1538.21	19.95	3.83	2.49	0.86
1999	3310.40	1786.34	1524.06	23.08	5.13	2.20	0.87
2000	3282.96	1757.63	1525.33	34.15	5.18	2.00	0.81
2001	3242.85	1742.69	1500.16	46.26	7.76	1.97	1.03
2002	3094.03	1708.58	1385.45	110.10	12.04	13.70	

10－4　农、林、牧、渔业分项产值

单位:亿元

项　　目	现　价		不　变　价	
	2001年	2002年	2001年	2002年
农林牧渔业总产值	**1172.82**	**1203.30**	**737.20**	**752.01**
农业总产值	658.26	671.20	393.04	383.69
一、种植业产值	638.17	649.99	379.80	368.21
(一)粮食作物	260.11	239.36	137.49	127.52
主产品	235.94	216.81	124.95	115.68
副产品	24.17	22.55	12.54	11.84
(二)棉花	28.45	35.75	23.03	20.32
主产品	27.09	34.05	21.94	19.36
副产品	1.36	1.70	1.09	0.97
(三)油料	63.44	51.94	42.48	37.91
主产品	61.12	50.04	40.92	36.52
副产品	2.32	1.90	1.55	1.39
(四)麻类	2.38	2.53	2.13	2.52
主产品	2.33	2.48	2.09	2.47
副产品	0.05	0.05	0.04	0.05
(五)糖料	4.15	6.60	1.13	1.47
(六)烟叶	8.09	7.59	3.55	3.14
(七)药材	16.74	25.16	14.81	20.12
(八)蔬菜瓜果	186.90	216.38	98.61	101.57
(九)茶桑果	61.23	57.55	51.46	48.46
(十)其他农作物	6.68	7.13	5.11	5.18
二、采集野生植物	3.00	2.43	2.24	1.91
林业产值	27.11	28.33	20.84	21.47
(一)营林	10.69	11.36	6.65	6.77
(二)林产品	6.55	5.73	4.14	4.56
(三)竹木采伐	9.87	11.24	10.05	10.14
牧业产值	352.63	354.84	211.09	220.74
(一)大牲畜	10.57	13.43	5.62	6.86
(二)猪(出栏)	241.08	229.31	118.24	122.03
(三)羊	2.91	4.67	1.07	1.28
(四)兔	0.11	0.11	0.08	0.03
(五)家禽(出笼)	29.74	35.39	24.37	25.98
(六)活的畜禽产品	62.70	67.98	59.05	61.74
(七)其他动物及产品	4.31	3.62	2.48	2.71
(八)捕猎野兽野禽	1.21	0.32	0.18	0.12
渔业产值	134.82	148.93	112.22	126.11
(一)鱼类	111.46	118.24	83.73	90.32
(二)虾蟹类	11.57	12.39	8.98	11.31
(三)贝类	0.72	0.95	0.59	0.73
(四)其他	11.07	17.36	18.92	23.75

10－5　农、林、牧、渔业总产值

单位:亿元

年　份	合　计	农　业	林　业	牧　业	渔　业
1952	16.59	12.08	0.79	1.48	0.18
1957	28.59	20.55	1.46	3.81	0.46
1965	47.48	37.44	1.98	6.02	0.51
1970	51.27	40.62	2.07	6.41	0.92
1975	74.68				
1978	84.46				
1980	94.95	64.70	7.28	17.29	1.46
1985	192.32	129.61	8.15	39.08	8.18
1990	402.23	252.92	14.15	98.04	23.88
1991	405.04	247.01	16.81	102.19	25.06
1992	435.42	265.53	17.36	110.37	27.59
1993	501.17	301.99	22.39	134.02	42.77
1994	786.84	481.82	26.48	219.53	59.01
1995	988.53	612.12	28.33	268.10	79.98
1996	1140.76	670.27	33.62	337.02	99.86
1997	1243.68	711.91	37.33	381.40	113.04
1998	1222.58	688.06	41.29	371.37	121.86
1999	1126.10	645.98	40.86	311.43	127.83
2000	1125.64	615.74	40.24	338.77	130.89
2001	1172.82	658.26	27.11	352.63	134.82
2002	1203.30	671.20	28.33	354.84	148.93

10－6　农、林、牧、渔业总产值指数

(上年＝100)

单位:%

年　份	合　计	农　业	林　业	牧　业	渔　业
1978	104.0	103.1	104.9	107.6	94.2
1980	88.8	83.7	102.8	108.1	111.3
1985	106.3	101.7	103.0	127.8	133.3
1986	103.4	100.6	98.5	107.3	129.8
1987	102.7	101.2	104.5	101.0	120.1
1988	97.2	93.9	90.6	105.4	105.6
1989	105.0	104.5	101.6	105.2	108.3
1990	107.1	108.4	106.0	104.9	106.7
1991	99.2	95.8	110.0	105.8	98.1
1992	107.0	107.4	95.4	108.0	109.1
1993	106.7	105.9	107.8	113.9	135.8
1994	109.8	103.9	116.5	115.1	128.8
1995	114.1	111.6	102.6	115.9	127.2
1996	106.8	101.4	108.0	114.2	113.2
1997	109.5	107.8	106.4	109.9	115.8
1998	101.1	98.0	114.1	101.6	107.8
1999	100.7	105.3	96.1	92.0	104.9
2000	102.8	102.8	98.5	103.6	102.4
2001	103.0	105.5	72.9	102.9	102.5
2002	102.0	97.6	103.0	104.6	112.4

10－7 农、林、牧、渔业总产值指数

(1978年＝100)　　　　单位：%

年份	合计	农业	林业	牧业	渔业
1978	100.0	100.0	100.0	100.0	100.0
1979	109.6	109.2	101.8	118.8	109.2
1980	97.3	91.4	104.7	127.9	121.5
1981	108.2	102.4	95.4	138.2	134.1
1982	122.6	116.5	104.1	135.6	156.8
1983	122.7	115.9	105.3	160.5	181.2
1984	148.4	140.0	110.6	164.7	254.0
1985	157.7	142.4	114.0	206.2	338.6
1986	163.1	143.3	112.3	263.5	439.5
1987	167.5	145.0	117.3	282.7	527.8
1988	162.9	136.1	106.3	285.5	557.3
1989	171.0	142.3	108.0	301.0	603.6
1990	183.1	154.2	114.5	315.7	644.0
1991	181.7	147.7	125.9	334.0	631.8
1992	194.4	158.7	120.1	360.7	689.3
1993	207.4	168.0	129.5	410.9	936.1
1994	227.8	175.0	152.0	461.7	1203.0
1995	259.9	195.3	156.0	535.1	1530.2
1996	277.6	198.0	168.5	611.1	1732.0
1997	304.0	213.4	179.3	671.6	2007.4
1998	307.3	209.1	204.6	682.3	2164.0
1999	309.5	220.2	196.7	627.9	2270.0
2000	318.1	226.3	194.2	650.4	2324.5
2001	327.6	238.7	141.6	669.6	2382.4
2002	334.2	233.1	145.9	700.2	2677.3

10－8 农、林、牧、渔业增加值

(2002年)　　　　单位：亿元

项目	合计	农业	林业	牧业	渔业
一、总产值	1203.30	671.20	28.33	354.84	148.93
二、中间消耗	469.04	254.09	11.08	153.42	50.45
中间物质消耗	410.47	217.29	8.64	140.76	43.73
对非物质生产部门劳务支出	58.57	36.80	2.39	12.66	6.73
三、增加值	734.26	417.11	17.25	201.42	98.48

10-9 农业机械年末拥有量

项目	单位	1990年	1995年	1999年	2000年	2001年	2002年
农业机械总动力	亿瓦特	110.00	117.43	136.37	141.40	146.92	155.74
大中型农用拖拉机混合台	万台	8.60	7.12	7.03	6.82	6.58	6.64
	亿瓦特	18.00	14.78	14.75	14.38	13.86	14.13
小型及手扶拖拉机混合台	万台	17.70	15.47	22.67	23.63	24.88	26.68
	亿瓦特	15.20	12.53	16.70	17.42	18.16	19.19
机动收割机	万台	0.20	0.04	0.17	0.18	0.21	0.26
机动脱粒机	万台	12.50	11.25	11.56	12.25	12.79	12.81
农用泵	万台	24.30	26.56	32.57	35.47	40.46	43.89
大中型农用拖拉机机引农具	万台	2.70	2.85	4.80	4.81	5.22	5.97
农用汽车	万辆	1.30	1.58	1.97	3.44	2.25	2.31
	亿瓦特	9.60	11.12	13.13	13.19	14.14	14.18
机动喷雾器	万部	3.70	6.44	8.00	8.70	9.07	9.72
渔用机动船	万艘	1.40	1.17	1.24	1.26	1.28	1.32
	万吨	19.40	2.35	4.32	2.97	3.08	3.13
	亿瓦特	1.30	0.64	0.60	0.62	0.65	0.66

10-10 农业机械化、用电、化肥、水利情况

项　　目	单　位	1990 年	1995 年	1999 年	2000 年	2001 年	2002 年
一、农业机械化情况							
当年实际机耕面积	千公顷	1097.23	796.24	1933.85	2214.65	1998.94	1951.56
占耕地面积比重	%	31.50	23.70	58.40	67.50	61.60	63.08
二、农村用电情况							
乡村及村以下办水电站	个	1563	1177	949	893	829	669
发电量	亿千瓦		5.54	6.54	5.92	5.50	5.10
已通电的村	万个		3.21	3.24	3.23	3.15	
农村用电量	亿千瓦小时	27.21	47.36	56.64	60.86	60.17	60.74
三、化肥施用量(折纯量)	万吨	148.61	228.41	251.53	247.08	245.27	256.97
#氮　　肥	万吨	91.20	129.64	128.17	132.70	126.75	133.10
磷　　肥	万吨	31.05	44.76	62.59	52.46	54.56	56.78
钾　　肥	万吨	7.33	14.90	16.77	16.19	17.53	19.41
四、农药使用量	万吨	4.63	11.24	10.34	11.54	10.97	10.63
五、农田水利情况							
有效灌溉面积	千公顷	2324.35	2172.08	2130.27	2072.53	2027.92	2006.49
占耕地面积比重	%	66.80	64.70	64.40	63.10	62.54	64.85
旱涝保收面积	千公顷	1961.22	1817.85	1764.97	1750.06	1712.04	1649.69
占耕地面积比重	%	56.40	54.10	53.30	53.30	52.79	53.32

注:当年实际机耕面积从 1999 年起改用省农机局数。

10－11 主要农作物播种面积

单位:万亩

年 份	总播种面积	粮食作物	＃稻 谷	＃小 麦	＃玉 米	＃薯 类	＃大 豆	棉 花	油 料
1952	9612	7609	28545	1386	676	330	420	785	537
1957	10514	8260	3164	1676	694	386	510	839	610
1965	11541	8737	3536	1678	777	584	400	893	479
1970	10975	8092	3974	1485	643	467	320	874	345
1975	11907	8368	4646	1583	548	596	272	895	430
1978	11897	8317	4342	1683	604	644	329	890	454
1980	11216	8028	4062	1938	610	581	260	888	496
1985	10997	7662	3808	1997	561	531	251	697	907
1990	11042	7800	3955	2028	579	588	247	684	1116
1991	11136	7792	3934	2021	593	604	226	692	1206
1992	16170	7800	3955	2028	579	588	247	684	1116
1993	10688	7218	3567	1907	549	576	273	729	1100
1994	10772	7197	3560	1838	560	594	302	746	1235
1995	11121	7165	3613	1770	591	597	282	753	1571
1996	11368	7320	3672	1845	607	629	262	711	1589
1997	11609	7417	3701	1915	600	624	274	721	1558
1998	11544	7106	3367	1818	664	647	302	647	1693
1999	11683	7010	3427	1612	691	673	311	466	1924
2000	11376	6234	2993	1268	636	701	337	477	2255
2001	11233	6024	2982	1104	601	700	327	520	2198
2002	10922	5724	2833	1019	576	646	327	430	2261

10－11 续表

年 份	＃花 生	＃油菜籽	＃芝 麻	麻 类	＃苎 麻	糖 料	＃甘 蔗	烟 叶	＃烤 烟	其他作物
1952	47	204	285	23	13	7	7	21		627
1957	102	213	294	42	32	2	2	13		741
1965	43	176	259	27	20	2	2	25	7	1364
1970	40	134	165	26	20	1	1	10	5	1613
1975	41	244	145	34	17	5	5	31	22	2122
1978	51	248	154	30	15	4	4	51	37	2122
1980	61	264	170	37	16	2	2	23	15	1721
1985	99	542	260	172	29	12	12	90	57	1414
1990	95	825	190	63	22	12	12	114	70	1227
1991	92	915	192	45	15	13	13	140	85	1222
1992	96	825	190	63	22	12	12	114	70	1227
1993	120	783	191	48	14	23	23	149	96	1398
1994	130	924	172	45	27	24	24	107	58	1418
1995	138	1258	165	48	32	24	24	101	62	1459
1996	136	1282	161	42	30	24	24	119	77	1560
1997	143	1245	161	42	27	27	27	153	106	1691
1998	182	1331	170	37	25	30	30	102	73	1929
1999	216	1505	191	28	21	35	35	112	73	2108
2000	290	1738	216	34	29	33	33	112	72	2230
2001	315	1677	195	36	32	28	28	95	61	2332
2002	309	1733	208	42	34	29	29	91	64	2345

10－12　主要农作物播种面积和产量

指　　标	2000年		2001年		2002年	
	播种面积（万亩）	产　量（万吨）	播种面积（万亩）	产　量（万吨）	播种面积（万亩）	产　量（万吨）
粮　　食	6234.30	2218.49	6023.60	2138.49	5724.12	20447.00
#稻　　谷	2992.94	1497.25	2981.78	1451.90	2833.13	1469.79
小　　麦	1267.65	233.69	1103.78	212.95	1018.53	151.17
玉　　米	636.15	216.71	601.35	194.89	576.06	187.41
薯　　类	701.42	184.79	699.78	189.15	645.92	159.05
大　　豆	337.13	45.79	327.35	42.76	326.73	42.17
棉　　花	477.11	30.43	519.98	37.35	429.56	32.26
油　　料	2255.16	269.98	2197.89	279.45	2260.95	245.29
#花　　生	290.13	53.46	315.09	63.99	309.06	72.25
油菜籽	1738.41	192.40	1677.09	194.79	1732.88	151.40
芝　　麻	215.73	22.98	194.90	19.55	208.32	20.77
麻　　类	34.23	5.15	36.30	5.12	41.96	6.54
#苎　　麻	29.12	3.28	32.07	3.67	34.25	4.10
黄红麻	4.71	1.83	3.98	1.42	7.70	2.43
糖　　料	33.26	101.66	28.32	78.42	28.77	91.91
#甘　　蔗	33.26	101.66	28.32	78.42	28.77	91.91
烟　　叶	111.84	13.73	95.07	12.29	91.28	10.82
#烤　　烟	72.15	8.22	60.65	7.31	64.35	7.22
蔬　　菜	1619.73	2717.27	1630.05	2990.03	1780.83	3048.99
青饲料	143.49		140.58		165.96	
绿　　肥	235.34		224.73		171.35	
蚕茧、茶叶、水果						
1.蚕　　茧		1.22		1.24		1.31
#桑蚕茧	1.21		1.23		1.30	
2.茶　　叶	181.53	6.37	233.41	6.44	172.74	6.72
#绿毛茶	5.15		5.13		5.38	
3.水　　果	350.90	215.68	352.78	672.46	344.14	223.11
#桃　　子	50.24	30.87	57.73	34.43	57.53	35.43
柑　　桔	148.69	94.62	147.76	107.17	150.40	93.88
苹　　果	13.47	3.02	10.17	2.18	6.44	1.24

10-13 主要农作物产量

单位:万吨

年份	粮食	#稻谷	#小麦	#玉米	#薯类	#大豆	棉花	油料	#花生
1952	747.60	469.20	72.20	44.25	35.00	23.75	12.17	22.34	4.56
1957	986.10	642.70	110.80	55.45	47.60	33.75	21.02	25.26	11.23
1965	1241.35	775.10	151.70	78.80	83.65	26.75	38.29	22.32	5.15
1970	1268.65	914.55	127.30	58.15	65.30	23.55	29.64	14.93	4.82
1975	1561.50	1178.20	165.90	59.15	82.90	19.40	40.61	21.44	5.12
1978	1725.65	1207.86	227.82	102.80	90.15	30.13	36.67	23.71	4.90
1980	1536.45	1037.8	266.30	86.25	87.80	11.70	31.63	20.58	5.85
1985	2216.13	1571.80	345.43	115.33	101.01	23.80	49.22	72.98	13.52
1990	2475.03	1789.60	391.14	122.17	99.60	26.43	51.73	95.75	12.79
1991	2244.10	1553.94	388.70	120.28	106.62	20.58	49.11	106.29	11.44
1992	2426.60	1746.50	372.30	130.10	113.30	24.70	60.99	99.74	15.72
1993	2325.70	1621.50	386.70	116.40	117.80	35.20	42.50	111.74	20.68
1994	2422.10	1690.20	383.30	133.70	124.20	42.40	45.00	137.77	24.81
1995	2463.84	1730.71	363.60	150.18	135.23	39.45	58.60	189.44	27.28
1996	2484.40	1721.80	378.75	165.81	137.30	33.28	43.01	181.82	30.77
1997	2634.40	1818.50	446.80	161.00	132.25	30.00	58.09	195.47	31.24
1998	2475.79	1633.21	409.33	186.73	160.44	40.75	32.50	216.69	42.87
1999	2451.88	1685.56	304.67	204.05	172.69	43.70	28.15	228.27	48.15
2000	2218.49	1497.25	233.69	216.71	184.79	45.79	30.43	269.98	53.46
2001	2138.49	1451.90	212.95	194.89	189.15	42.76	37.35	279.45	63.99
2002	2047.00	1469.79	151.17	187.41	159.05	42.17	32.26	245.29	72.25

10-13 续表

年份	#油菜籽	#芝麻	麻类	#苎麻	糖料	#甘蔗	烟叶	#烤烟
1952	7.09	10.69	1.43	0.92	13.73	13.73	1.28	
1957	4.86	9.16	2.11	1.72	4.58	4.39	0.66	
1965	6.76	10.20	1.34	0.97	2.83	2.83	2.02	0.96
1970	3.94	5.94	1.24	0.93	1.84	1.84	0.66	0.42
1975	10.65	5.61	2.00	0.86	9.92	9.77	2.76	2.10
1978	10.72	8.02	1.74	0.58	8.73	8.65	5.37	3.80
1980	11.59	3.07	4.13	0.98	4.54	4.47	2.28	1.42
1985	41.14	17.81	31.35	2.29	39.64	39.64	9.70	5.84
1990	70.90	11.75	12.27	1.52	34.66	34.63	10.74	6.24
1991	83.75	10.82	6.82	0.94	33.49	33.48	14.48	8.62
1992	70.86	12.68	6.90	0.91	51.62	51.56	17.18	11.48
1993	78.35	12.15	8.78	1.09	79.49	79.49	14.81	8.70
1994	98.07	14.18	6.75	2.28	64.62	64.61	10.78	5.80
1995	146.24	15.07	8.14	3.42	73.58	73.58	11.11	6.74
1996	134.88	15.04	7.53	3.38	85.57	85.57	14.68	9.45
1997	147.53	15.62	8.81	3.15	100.90	100.90	19.99	13.91
1998	154.76	18.10	7.45	2.98	110.03	110.03	11.95	8.34
1999	159.97	19.25	4.87	2.67	121.66	121.66	13.96	9.13
2000	192.40	22.98	5.15	3.28	101.66	101.66	13.73	8.22
2001	194.79	19.55	5.12	3.67	78.42	78.42	12.29	7.31
2002	151.40	20.77	6.54	4.10	91.91	91.91	10.82	7.22

10－14 主要农产品单位面积产量

单位:千克/亩

年份	粮食	#稻谷	#小麦	#玉米	#薯类	#大豆	棉花	油料	#花生
1952	98	165	52	65	106	57	16	42	96
1957	119	203	66	80	123	66	25	41	110
1965	142	219	90	101	146	67	43	47	119
1970	157	230	86	90	140	74	34	43	120
1975	187	254	105	108	139	71	45	50	126
1978	207	278	135	170	140	92	41	52	96
1980	187	235	137	141	151	45	36	41	96
1985	289	413	173	205	190	95	71	80	137
1990	317	453	193	211	169	107	76	86	134
1991	288	395	122	203	179	91	71	92	124
1992	327	459	193	231	192	117	80	91	160
1993	322	455	203	212	204	129	58	102	173
1994	334	475	209	238	209	140	60	112	190
1995	344	479	205	254	227	140	78	121	198
1996	339	468	205	272	249	127	60	114	225
1997	355	491	233	268	212	110	81	125	219
1998	348	485	225	281	248	135	50	128	235
1999	350	492	189	295	257	141	60	119	223
2000	374	526	207	316	264	150	74	127	226
2001	355	487	193	324	270	131	72	127	203
2002	351	519	148	325	246	129	73	108	234

10－14 续表

年份	#油菜籽	#芝麻	麻类	#苎麻	糖料	#甘蔗	烟叶	#烤烟
1952	35	38	62	71	1853	1853	60	
1957	19	31	50	54	1868	2230	52	
1965	38	39	50	50	1848	1848	82	130
1970	29	36	47	47	1578	1578	68	81
1975	44	39	59	52	2042	2147	89	96
1978	43	52	58	39	2379	2494	105	102
1980	44	18	112	60	1876	1996	101	98
1985	76	69	183	78	3368	3368	107	103
1990	86	62	194	69	2862	2862	94	90
1991	92	56	150	65	2630	2634	104	101
1992	88	67	165	63	3228	3231	108	105
1993	100	64	185	79	3526	3533	100	90
1994	106	82	149	83	2738	2738	101	100
1995	116	91	169	108	3066	3066	110	109
1996	105	93	175	112	3437	3437	122	121
1997	119	96	208	116	3737	3737	130	131
1998	116	106	202	120	3673	3673	117	115
1999	106	101	175	124	3261	3261	125	126
2000	114	100	150	113	3057	3057	123	114
2001	116	100	142	115	2801	2801	129	120
2002	87	100	156	120	3195	3195	119	112

注:本表按播种面积计算。

10－15 林业生产情况

指　　　标	单 位	1990 年	1995 年	1999 年	2000 年	2001 年	2002 年
当年造林面积	千公顷	221.17	271.63	223.22	196:93	159.55	251.28
人工造林	千公顷	167.79	269.18	223.22	196.93	159.42	251.28
飞机播种造林	千公顷	53.38	2.46			0.13	
按主要林种分							
用　材　林	千公顷	155.13	99.33	93.23	75.18	67.89	101.87
经　济　林	千公顷	34.29	136.69	102.33	87.00	51.52	55.90
防　护　林	千公顷	24.09	21.67	21.95	28.20	33.09	82.54
薪　炭　林	千公顷	5.06	13.72	5.21	6.15	5.49	6.80
特种用途林	千公顷	2.60	0.23	0.51	0.40	1.56	4.18
当年零星植树	万株	17981	27899	31021	29934	24520	22904
迹地更新面积	千公顷	15.95	29.75	61.18	51.29	27.94	28.32
育苗面积	千公顷	6.53	7.48	8.65	10.82	21.67	11.69
幼林抚育作业面积	千公顷	264.55	444.75	375.80	341.82	288.75	306.64
成林抚育面积	千公顷	140.14	353.16	519.98	474.31	370.46	344.02
主要林产品产量							
生　　　漆	万吨	0.04	0.04	0.04	0.04	0.03	0.02
油　桐　籽	万吨	2.18	2.15	2.09	1.94	1.67	1.35
油　茶　籽	万吨	1.06	1.32	1.88	1.73	1.50	1.61
乌　桕　籽	万吨	1.97	1.62	1.83	1.81	1.38	1.06
五　倍　子	万吨	0.12	0.11	0.10	0.11	0.10	0.06
棕　　　片	万吨	0.27	0.31	0.45	0.43	0.42	0.43
松　　　脂	万吨	0.04	0.12	0.52	0.37	0.37	0.37
竹　笋　干	万吨	0.03	0.06	0.14	0.14	0.16	0.22
核　　　桃	万吨	0.15	0.22	0.21	0.26	0.17	0.22
板　　　栗	万吨	0.94	2.90	6.32	7.08	5.57	6.33
木材采伐量	万立方米	104.90	112.80	129.44	116.85	94.64	95.33
楠竹采伐量	万根	1237.00	2882.06	3880.04	4024.23	3663.12	3407.40

10－16 主要土特产品产量

单位:万吨

年份	茶叶	#绿毛茶	蚕茧	#桑蚕茧	水果	#桃子	#柑桔	#苹果	白木耳(千克)	黑木耳
1952	0.54	0.13	0.08	0.08	22.91				2500	0.12
1957	0.56		0.25	0.20	23.53				3000	0.18
1965	0.78		0.12	0.16	6.83				1100	0.06
1970	0.90		0.22	0.18	5.35				5900	0.07
1975	1.43		0.42	0.36	11.13	1.91	2.22	0.32	299901	0.08
1978	1.74		0.47	0.36	10.27	1.38	0.38	0.26	137005	0.08
1980	1.73	0.81	0.69	0.57	11.39	1.68	1.63	0.31	252188	0.07
1985	2.27	1.03	0.50	0.46	21.73	1.79	7.66	0.73	233399	0.16
1990	2.84	0.55	0.79	0.70	26.89	2.50	13.08	1.20	121048	0.13
1991	2.98	1.87	1.04	1.00	46.47	3.41	28.40	2.37	51189	0.12
1992	3.05	2.13	1.42	1.41	33.81	4.41	14.12	2.21	117735	0.11
1993	3.41	2.62	1.62	1.61	56.39	6.26	27.18	2.89	24332	0.12
1994	3.59	2.73	2.08	2.07	68.41	9.05	30.35	2.42	32168	0.13
1995	3.90	3.05	2.24	2.23	114.70	14.59	58.14	3.21	39655	0.14
1996	4.37	3.42	1.26	1.24	129.70	17.78	59.83	4.30	39940	0.12
1997	4.77	3.71	1.26	1.25	179.08	22.48	84.92	5.86	152262	0.10
1998	5.63	4.38	1.42	1.41	182.84	26.90	73.09	6.00	125104	0.11
1999	6.12	5.02	1.48	1.42	208.50	28.74	99.35	3.04	173243	0.13
2000	6.37	5.15	1.22	1.21	215.68	30.87	94.62	3.02	147410	0.15
2001	6.44	5.13	1.24	1.23	672.46	34.43	107.17	2.18	46000	0.36
2002	6.72	5.38	1.31	1.30	223.11	35.43	93.88	1.24	118000	0.50

注:2001年起,由于国家统计局指标口径变化,将果用瓜归入水果类,故2001年水果产量与上年不可比。

10－17 水产品生产情况

年份	水产品产量(万吨)	#鱼类	养殖面积(千公顷)	养殖产量(万吨)	鱼苗(亿尾)
1952	7.85	7.54	44.67	1.05	11.24
1957	12.36	12.10	175.33	4.71	45.62
1965	11.39	11.39	289.89	6.70	59.15
1970	11.40	11.40	320.47	7.36	48.95
1975	11.40	11.33	268.97	8.72	93.57
1978	11.00	10.90	236.63	8.98	94.20
1980	13.57	13.35	275.35	10.70	135.84
1985	37.49	37.11	411.95	33.03	272.06
1990	70.98	67.96	439.86	60.41	262.36
1991	69.63	66.77	431.17	57.90	252.72
1992	81.63	77.91	442.50	69.90	284.97
1993	101.29	95.68	473.68	87.83	328.01
1994	129.41	120.31	501.66	111.20	351.51
1995	150.91	141.44	533.75	131.69	373.84
1996	174.64	165.78	538.98	148.81	397.59
1997	202.37	189.05	549.14	171.23	402.24
1998	218.32	204.69	565.39	174.42	442.26
1999	228.97	215.37	564.84	187.94	429.10
2000	234.34	220.66	573.25	193.12	444.00
2001	242.18	227.13	604.41	210.79	491.98
2002	272.04	255.75	633.49	225.15	447.14

10－18 畜牧业生产情况

指　　标	单位	1990年	1995年	1999年	2000年	2001年	2002年
主要牲畜年末存栏情况							
大牲畜合计	万头	356.64	413.86	433.08	431.50	419.73	411.65
牛	万头	351.50	409.45	429.87	428.38	416.90	409.70
马	万头	2.56	2.52	1.90	1.83	1.72	1.68
驴	万头	2.28	1.60	1.03	0.98	0.85	0.65
骡	万头	0.30	0.29	0.29	0.30	0.26	0.26
猪年末存栏	万头	2063.55	2449.11	2121.03	2132.79	2116.41	2145.32
#能繁殖的母猪	万头	108.05	157.92	144.42	143.45	151.32	149.11
羊年末存栏	万只	163.15	263.23	166.16	224.80	229.97	306.54
#山　羊	万只	106.72	260.04	165.00	223.55	228.43	305.12
年末家禽存笼	万只	15434.83	22387.67	23463.83	23825.77	24572.81	24979.83
#鸡	万只	13780.50	19112.75	19487.89	19630.41	20174.13	19703.12
鸭	万只	1448.23	2662.31	3285.89	3416.72	3515.53	3552.43
主要畜禽出栏和畜禽产品产量							
当年出售和自宰的肉用牛	万头	12.44	67.40	99.95	104.26	104.30	105.30
当年出售和自宰的肉用羊	万只	78.70	197.46	163.30	205.26	223.64	283.02
当年出售和自宰的肉猪	万头	1714.30	2981.48	2604.16	2714.44	2804.59	2893.59
当年出笼家禽	万只	7341.80	22457.83	29496.04	29967.30	31438.69	33525.35
肉类总产量	万吨	146.83	279.40	265.85	271.19	288.56	295.53
#猪　肉	万吨	134.97	239.60	209.79	215.84	228.78	234.32
牛　肉	万吨	1.34	8.33	13.06	13.80	14.01	13.91
羊　肉	万吨	1.07	2.78	2.47	3.04	3.56	4.26
牛奶产量	万吨	5.19	3.82	3.90	5.64	8.80	10.07
禽蛋产量	万吨	51.87	87.92	105.45	102.56	108.18	112.10
蚕茧产量	万吨	0.79	2.24	1.48	1.22	1.24	1.31
#桑　蚕　茧	万吨	0.70	2.23	1.42	1.21	1.23	1.30
羊毛产量	吨	98.00	251.64	122.72	86.74	60.09	53.25
#绵羊毛产量	吨	83.00	141.55	60.30	34.57	24.23	22.97

10-19 按人平均粮、棉、油、猪、水产品生产水平

单位:千克

年份	粮食	棉花	油料	肉类	水产品	禽蛋
			按总人口平均			
1978	379	8.1	5.2		2.4	
1980	330	6.8	4.4	11.9	2.9	
1985	452	10.0	14.9	20.7	7.6	8.2
1990	467	9.8	18.1	27.7	13.4	9.8
1991	415	8.9	19.6	29.0	12.9	10.1
1992	443	11.1	18.2	31.9	14.9	11.5
1993	416	7.6	20.0	35.3	18.1	12.5
1994	431	8.0	24.5	41.8	23.0	14.0
1995	429	10.2	33.0	48.6	26.3	15.3
1996	428	7.4	31.4	40.4	30.1	17.5
1997	450	9.9	33.4	44.4	34.6	20.2
1998	419	5.5	36.7	44.2	37.0	20.6
1999	413	5.0	38.4	44.8	38.6	17.8
2000	372	5.1	45.3	45.5	39.3	17.2
2001	358	6.3	46.8	48.3	40.5	18.1
2002	342	5.4	41.0	49.4	45.4	18.7
			按农业人口平均			
1978	444	9.4	6.1		2.8	
1980	392	8.1	5.2	14.1	3.5	
1985	566	12.6	18.6	25.9	9.6	10.2
1990	603	12.6	23.3	35.8	17.3	12.6
1991	545	11.9	25.8	38.5	16.9	13.5
1992	575	14.4	23.6	41.4	19.3	15.0
1993	546	10.0	26.2	46.3	23.7	16.4
1994	571	10.6	32.5	55.4	30.5	18.6
1995	578	13.8	44.5	65.6	35.4	20.6
1996	585	10.1	42.8	55.2	41.2	23.9
1997	619	13.6	45.9	61.1	47.6	27.8
1998	540	7.1	47.3	57.0	47.7	26.5
1999	571	6.6	53.2	61.9	53.3	24.6
2000	562	7.7	68.4	68.7	59.4	26.0
2001	543	9.5	49.4	73.3	61.5	27.5
2002	517	8.1	61.9	74.6	68.7	28.3

注:本表总人口数为第五次人口普查数。

10－20 市、州乡村劳动力

单位:万人

市、州	2000年	♯农林牧渔业劳动力	♯工业劳动力	2001年	♯农林牧渔业劳动力	♯工业劳动力
全　　省	**1781.68**	**1143.72**	**112.30**	**1797.56**	**1130.97**	**110.38**
武　汉　市	121.33	78.06	10.60	123.78	77.78	10.78
黄　石　市	52.85	31.06	4.69	55.58	32.28	5.39
十　堰　市	111.24	71.39	5.98	112.36	70.78	6.07
荆　州　市	207.53	147.77	7.65	209.17	143.55	7.59
宜　昌　市	134.34	95.85	7.24	136.74	96.25	6.95
襄　樊　市	165.05	118.95	11.10	164.62	116.96	10.57
鄂　州　市	34.90	19.91	4.67	35.79	20.68	3.96
荆　门　市	79.35	58.68	3.48	78.87	56.38	4.30
孝　感　市	190.96	115.07	13.98	192.36	113.56	13.65
黄　冈　市	236.58	134.73	16.39	237.95	132.20	15.35
咸　宁　市	77.37	47.11	5.31	76.40	45.26	5.45
随　州　市	81.97	45.09	8.34	85.06	47.11	8.04
恩施自治州	152.76	98.96	4.46	153.86	98.35	4.35
仙　桃　市	59.61	33.66	4.61	59.31	33.44	4.45
天　门　市	51.96	30.41	2.68	51.73	29.68	2.42
潜　江　市	21.35	14.96	1.09	21.37	14.65	1.06
神农架林区	2.53	2.06	0.03	2.61	2.06	0.02

10－21 市、州耕地面积

单位:万人

市、州	1990年		1995年		2000年		2002年	
	年末耕地面积(千公顷)	人平耕地(亩)	年末耕地面积(千公顷)	人平耕地(亩)	年末耕地面积(千公顷)	人平耕地(亩)	年末耕地面积(千公顷)	人平耕地(亩)
全　　省	**3476.78**	**0.96**	**3358.00**	**0.88**	**3282.96**	**0.83**	**3094.03**	**0.78**
武　汉　市	240.11	0.54	225.75	0.48	217.84	0.40	213.13	0.42
黄　石　市	84.08	0.60	39.70	0.41	79.32	0.48	75.16	0.45
十　堰　市	207.27	0.95	194.44	0.86	181.54	0.79	142.84	0.63
荆　州　市	480.48	1.31	590.98	1.11	432.58	1.03	422.61	0.98
宜　昌　市	275.72	1.07	264.98	0.10	257.71	0.94	233.66	0.88
襄　樊　市	429.00	1.26	415.64	1.14	412.96	1.09	382.28	0.99
鄂　州　市	44.33	0.73	40.90	0.61	40.28	0.59	37.04	0.54
荆　门　市	240.96	1.34	122.00	1.54	256.53	1.29	248.11	1.24
孝　感　市	296.41	0.83	289.86	0.75	247.10	0.74	242.15	0.72
黄　冈　市	335.85	0.77	317.96	0.68	312.36	0.65	297.58	0.62
咸　宁　市	150.46	0.93	188.78	0.79	145.94	0.81	131.22	0.71
随　州　市	99.63	1.52	98.10	0.98	136.58	0.85	132.19	0.77
恩施自治州	291.61	1.22	288.70	1.16	280.59	1.11	262.11	1.03
仙　桃　市	108.29	1.17	104.50	0.98	98.68	1.01	91.24	0.86
天　门　市	110.63	1.08	108.50	1.71	107.62	1.00	109.12	0.93
潜　江　市	73.39	1.27	69.02	0.63	66.99	1.01	66.74	0.99
神农架林区	8.57	1.66	8.20	1.54	8.35	1.54	6.40	1.22

注:本表各年度数据均按新行政区划统计(下同)。

10－22 市、州农、林、牧、渔业总产值及指数

单位：亿元

市、州	绝对数			指数		
	1995年	2000年	2002年	1995年	2000年	2002年
全省	**988.53**	**1125.64**	**1203.30**	**114.1**	**102.8**	**102.0**
武汉市	94.34	126.94	141.25	112.0	105.3	105.2
黄石市	23.75	27.63	31.31	109.0	104.2	105.9
十堰市	43.43	44.65	48.89	106.7	111.1	105.4
荆州市	178.07	147.69	157.42	112.3	91.0	101.9
宜昌市	80.26	97.19	94.60	116.4	102.6	95.54
襄樊市	155.08	158.15	165.01	113.0	93.5	101.2
鄂州市	18.42	13.92	26.13	123.2	106.7	107.3
荆门市	103.56	100.13	100.38	115.3	103.0	100.8
孝感市	124.45	111.63	117.79	115.0	90.7	105.6
黄冈市	119.17	127.48	126.02	108.9	102.4	101.4
咸宁市	47.61	52.87	57.32	110.8	104.5	103.2
随州市	30.07	58.06	59.68	112.6	141.5	107.3
恩施自治州	48.32	76.78	74.60	111.0	102.3	99.9
仙桃市	37.47	39.01	37.71	125.9	102.2	96.3
天门市	41.58	33.15	31.41	122.0	100.4	95.5
潜江市	28.61	30.58	29.37	127.6	101.9	97.4
神农架林区	0.84	0.99	1.07	103.2	87.1	107.0

注：本表产值按当年价格计算，指数按不变价格计算；全省合计数为调整数，故市、州相加不等于合计数。

10－23 市、州农、林、牧、渔业产值

(2002年)

单位：亿元

市、州	合计	农业	林业	牧业	渔业
全省	**1203.30**	**671.20**	**28.33**	**354.84**	**148.93**
武汉市	141.25	84.29	0.87	33.84	22.25
黄石市	31.31	15.26	1.17	8.80	6.08
十堰市	48.89	31.35	2.18	13.91	1.45
荆州市	157.42	79.11	1.41	36.49	40.42
宜昌市	94.60	55.30	2.19	31.28	5.83
襄樊市	165.01	106.55	3.01	47.01	8.43
鄂州市	26.13	11.14	0.36	5.85	8.78
荆门市	100.38	57.64	1.97	24.38	16.39
孝感市	117.79	60.10	2.75	37.94	17.00
黄冈市	126.02	71.21	3.98	32.51	18.32
咸宁市	57.32	33.68	3.60	12.74	7.30
随州市	59.68	34.81	1.99	19.43	3.45
恩施自治州	74.60	43.75	2.19	28.34	0.32
仙桃市	37.71	17.35	0.25	8.60	11.52
天门市	31.14	16.61	0.11	9.76	4.67
潜江市	29.37	15.22	0.14	8.93	5.08
神农架林区	1.07	0.58	0.16	0.33	

10－24 市、州农、林、牧、渔业中间消耗

(2002年)

单位:亿元

市、州	合计	农业	林业	牧业	渔业
全省	**469.04**	**254.09**	**11.08**	**153.42**	**50.45**
武汉市	51.71	28.96	0.36	15.13	7.27
黄石市	10.62	4.70	0.28	4.07	1.56
十堰市	20.01	12.00	1.43	6.11	0.48
荆州市	60.72	31.09	0.63	14.13	14.87
宜昌市	34.90	19.31	0.82	12.48	2.29
襄樊市	61.09	36.50	1.09	20.69	2.81
鄂州市	10.48	4.46	0.19	2.89	2.94
荆门市	39.12	20.63	0.65	11.28	6.57
孝感市	41.81	17.50	1.21	16.08	7.02
黄冈市	43.15	22.09	1.52	13.35	6.18
咸宁市	21.38	11.69	1.04	6.15	2.49
随州市	23.08	14.49	0.53	7.37	0.69
恩施自治州	24.00	14.30	0.92	8.71	0.07
仙桃市	13.66	5.75	0.15	5.60	2.16
天门市	10.81	6.09	0.10	4.14	0.48
潜江市	11.01	4.24	0.10	5.10	1.57
神农架林区	0.48	0.29	0.07	0.13	

注:全省中间消耗为调整数,故市、州相加不等于合计数。

10－25 市、州农、林、牧、渔业增加值

(2002年)

单位:亿元

市、州	合计	农业	林业	牧业	渔业
全省	**734.26**	**417.11**	**17.25**	**201.42**	**98.48**
武汉市	89.53	55.33	0.51	18.72	14.98
黄石市	20.69	10.56	0.89	4.73	4.52
十堰市	28.88	19.35	0.75	7.80	0.97
荆州市	96.71	48.02	0.78	22.36	25.55
宜昌市	59.70	35.98	1.37	18.80	3.55
襄樊市	103.92	70.05	1.93	26.32	5.62
鄂州市	15.65	6.68	0.17	2.96	5.84
荆门市	61.26	37.01	1.33	13.10	9.82
孝感市	75.98	42.60	1.54	21.87	9.98
黄冈市	82.87	49.11	2.46	19.16	12.14
咸宁市	35.95	21.99	2.56	6.59	4.81
随州市	36.60	20.32	1.47	12.06	2.76
恩施自治州	50.59	29.45	1.27	19.63	0.24
仙桃市	24.05	11.60	0.10	2.99	9.36
天门市	20.34	10.52		5.63	4.19
潜江市	18.36	10.98	0.04	3.83	3.51
神农架林区	0.59	0.30	0.09	0.20	

10－26 市、州农业机械拥有量(2002年)

市、州	农业机械总动力(万千瓦特)	大中型农用拖拉机		小型及手扶拖拉机(台)	大中型机引农具(台)
		混合台	万千瓦特		
全省	**1557.43**	**66439**	**141.31**	**266834**	**59749**
武汉市	168.41	6151	14.21	7519	2680
黄石市	38.23	2348	4.58	1211	1890
十堰市	67.83	2574	4.96	2395	1324
荆州市	209.54	5807	14.59	25164	4371
宜昌市	119.92	4971	10.00	24408	5945
襄樊市	175.53	8991	17.82	78828	17689
鄂州市	33.38	1074	2.47	1158	330
荆门市	133.95	5866	12.60	55959	8545
孝感市	122.76	5067	11.57	8618	2357
黄冈市	127.00	8575	16.10	5821	5763
咸宁市	78.99	2702	5.14	4605	3383
随州市	55.59	4686	8.66	25856	1248
恩施自治州	59.86	3141	5.75	2133	166
仙桃市	56.36	523	1.08	4163	367
天门市	63.82	1764	4.92	9719	1634
潜江市	43.59	1958	6.43	9239	2034
神农架林区	2.68	241	0.44	48	23

10－26 续表

市、州	小型及手扶拖拉机机引农具(台)	农用水泵(台)	机动脱粒机(台)	农用汽车(辆)
全省	**464409**	**438940**	**128117**	**23135**
武汉市	9983	37069	8568	5673
黄石市	2232	8555	3893	957
十堰市	3668	10980	17412	1512
荆州市	18450	70013	18999	1510
宜昌市	60695	65338	13651	2540
襄樊市	157695	27911	16142	1753
鄂州市	3313	5486	3248	910
荆门市	101498	35159	7455	2189
孝感市	18601	56126	10380	586
黄冈市	12766	34548	9746	1156
咸宁市	12388	21139	2574	1279
随州市	46188	20197	4971	615
恩施自治州	813	2878	714	721
仙桃市	1987	21463	3375	875
天门市	10542	12634	2448	539
潜江市	3580	9399	4351	273
神农架林区	10	45	190	47

10－27 市、州农、林、牧、渔业劳动生产率

(2002 年)　　　　单位:元/人

市、州	平均每个农林牧渔劳动力创造		
	农林牧渔业总产值(不变价格)	农林牧渔业总产值(当年价格)	农林牧渔业增加值(当年价格)
全　省	**6649**	**10639**	**6492**
武汉市	9511	18109	11479
黄石市	5626	9785	6466
十堰市	3788	6886	4067
荆州市	6939	10932	6716
宜昌市	5588	9855	6219
襄樊市	8046	14104	8882
鄂州市	7472	12441	7451
荆门市	11091	17926	10940
孝感市	6338	10333	6665
黄冈市	5747	9547	6278
咸宁市	7131	12738	7988
随州市	7281	12698	7788
恩施自治州	3970	7612	5163
仙桃市	7415	11427	7288
天门市	6438	10381	6779
潜江市	11563	19581	12238
神农架林区	3053	5363	2950

10－28 市、州农业机械化、用电、化肥、水利情况(2002 年)

市、州	农业机械总动力(万千瓦特)	当年实际机耕面积(千公顷)	农村用电量(万千瓦小时)	化肥施用量(折纯量)(万吨)	有效灌溉面积(千公顷)
全　省	**1557.43**	**1951.56**	**607416.52**	**256.97**	**2006.49**
武汉市	168.41	131.21	112487.35	16.09	165.14
黄石市	38.23	31.60	51998.00	3.68	34.56
十堰市	67.83	36.71	14188.96	9.83	33.31
荆州市	209.54	297.95	76161.26	30.24	320.67
宜昌市	119.92	92.18	31415.53	22.35	102.56
襄樊市	175.53	286.93	36746.67	45.36	229.76
鄂州市	33.38	42.00	29528.00	3.28	26.43
荆门市	20.73	195.10	31383.51	20.99	171.96
孝感市	122.76	175.94	42469.68	16.10	215.61
黄冈市	127.00	257.25	77171.42	32.46	209.89
咸宁市	78.99	80.36	22419.70	8.59	87.97
随州市	55.59	104.67	18446.00	10.25	106.89
恩施自治州	59.86	23.59	13331.93	16.82	51.39
仙桃市	56.36	74.00	26035.00	7.69	83.91
天门市	63.82	70.00	11280.26	6.07	109.12
潜江市	43.59	51.67	11957.25	7.08	56.14
神农架林区	2.68	0.40	396.00	0.09	1.18

10－29　市、州主要农作物产量

（2002年）

单位:万吨

市、州	粮食	稻谷	小麦	玉米	薯类	大豆	棉花	油料	花生
全　　省	**2047.00**	**1469.79**	**151.17**	**187.41**	**159.05**	**42.17**	**32.26**	**245.29**	**72.25**
武　汉　市	121.70	98.33	4.53	5.67	4.90	4.26	1.45	17.52	3.89
黄　石　市	59.96	43.13	1.83	4.14	8.36	1.54	0.21	6.03	0.84
十　堰　市	72.35	17.86	14.83	19.78	15.84	2.60	0.01	6.24	1.16
荆　州　市	289.93	255.19	7.36	9.78	4.50	6.10	10.06	28.32	0.73
宜　昌　市	144.16	69.42	4.81	39.53	24.33	3.17	1.46	17.16	5.00
襄　樊　市	300.56	162.53	83.69	26.45	16.12	3.34	4.62	44.29	22.41
鄂　州　市	25.14	20.66	0.92	0.52	1.50	0.64	0.26	4.31	0.35
荆　门　市	187.39	151.48	14.32	8.24	5.34	5.14	3.09	32.17	13.06
孝　感　市	181.97	150.86	18.73	0.65	3.77	4.28	2.32	14.41	4.51
黄　冈　市	246.56	205.96	15.46	1.77	1.43	5.47	3.66	36.18	11.04
咸　宁　市	89.76	69.56	0.80	6.73	8.97	2.08	0.12	7.90	1.46
随　州　市	108.32	78.39	22.36	0.95	2.97	1.00	1.22	6.26	3.04
恩施自治州	143.43	37.45	3.55	54.26	43.80	3.11	0.01	6.43	1.08
仙　桃　市	56.92	48.89	0.61	3.01	1.10	2.44	1.80	6.36	0.39
天　门　市	46.35	33.40	4.17	1.19	1.48	4.73	3.18	7.20	1.83
潜　江　市	32.32	26.87	1.82	1.04	0.72	1.61	3.79	4.49	1.49
神农架林区	1.58	0.04	0.11	0.77	0.57	0.05		0.02	

10－29　续表

市、州	油菜籽	芝麻	麻类	苎麻	糖类	甘蔗	烟叶	烤烟
全　　省	**151.40**	**20.77**	**6.54**	**4.09**	**91.91**	**91.91**	**10.82**	**7.22**
武　汉　市	11.06	2.56	0.22	0.22	8.91	8.91	0.03	
黄　石　市	4.29	0.91	0.72	0.72	0.40	0.40		
十　堰　市	3.43	1.55			0.93	0.93	0.59	0.40
荆　州　市	26.01·	1.56	1.57	0.01	35.75	35.75		
宜　昌　市	11.43	0.58			0.56	0.56	1.27	0.72
襄　樊　市	16.76	5.13	1.35	0.70	13.40	13.40	1.50	1.47
鄂　州　市	3.32	0.65	0.02	0.02	3.50	3.50		
荆　门　市	17.62	1.49	0.01	0.01	3.39	3.39		
孝　感　市	8.77	1.12	0.01		6.26	6.26	0.01	0.01
黄　冈　市	23.04	1.93	0.41	0.40	8.62	8.62	0.01	0.01
咸　宁　市	5.84	0.60	1.94	1.94	4.91	4.91		
随　州　市	2.13	1.09			0.34	0.34	0.11	0.11
恩施自治州	4.94	0.03			0.19	0.19	7.28	4.50
仙　桃　市	5.23	0.74	0.25	0.06	2.54	2.54		
天　门　市	4.73	0.64			1.21	1.21		
潜　江　市	2.80	0.19	0.02		0.99	0.99		
神农架林区	0.01							

10－30　市、州大牲畜、羊、猪年末存栏、出栏、肉产量

（2002 年）

市、州	大牲畜存栏（万头）	牛	羊存栏（万只）	山羊	年末生猪存栏（万头）	能繁殖母猪
全省	**411.65**	**409.07**	**306.54**	**305.12**	**2145.32**	**149.11**
武汉市	25.33	25.28	3.83	3.80	124.89	6.91
黄石市	7.79	7.78	4.60	4.60	60.61	3.75
十堰市	25.12	25.07	39.82	39.82	126.70	5.50
荆州市	19.81	19.28	7.68	7.65	229.87	9.64
宜昌市	20.69	20.64	51.82	51.70	226.69	20.13
襄樊市	91.99	91.89	72.56	71.43	272.63	26.33
鄂州市	3.59	3.59	0.52	0.52	36.68	1.28
荆门市	23.02	22.85	24.48	24.28	132.28	8.19
孝感市	45.07	44.42	7.41	7.41	171.68	12.01
黄冈市	64.20	64.18	24.51	24.51	192.58	14.95
咸宁市	12.78	12.78	5.88	5.89	81.73	4.26
随州市	27.09	27.06	23.33	23.32	80.15	4.45
恩施自治州	30.09	29.52	35.69	35.62	270.12	23.12
仙桃市	4.21	4.14	0.19	0.19	50.99	3.22
天门市	6.10	5.94	0.29	0.29	46.34	3.75
潜江市	3.58	3.56	1.16	1.16	36.31	1.37
神农架林区	1.10	1.10	2.76	2.76	4.71	0.25

10－30　续表

市、州	年内出栏肉猪（万头）	年内出栏羊（万只）	出笼禽（万只）	肉类总产量（万吨）	猪肉产量	羊肉	禽蛋产量（万吨）
全省	**2893.59**	**283.02**	**33525.35**	**295.53**	**234.32**	**42.55**	**112.10**
武汉市	198.33	5.19	4277.86	25.77	19.09	0.07	14.89
黄石市	85.34	5.52	585.47	7.42	6.27	0.10	1.37
十堰市	130.40	25.66	475.80	11.95	10.48	0.41	2.45
荆州市	318.35	7.52	3477.25	27.72	22.65	0.11	12.20
宜昌市	318.85	56.57	2259.03	28.81	23.86	0.86	3.96
襄樊市	366.45	71.18	4947.01	41.22	29.09	1.12	13.64
鄂州市	55.52	0.67	805.86	5.67	4.40	0.02	2.25
荆门市	207.96	17.71	2034.98	19.75	15.88	0.27	7.08
孝感市	208.30	7.57	6253.73	25.55	17.07	0.08	21.13
黄冈市	243.13	20.06	2234.46	28.37	22.30	0.30	8.69
咸宁市	121.08	6.95	490.08	11.61	10.79	0.09	2.60
随州市	119.57	30.02	2300.58	13.91	9.91	0.46	7.44
恩施自治州	306.24	26.11	520.23	27.27	25.75	0.33	1.63
仙桃市	70.03	0.28	584.80	6.02	5.25	0.02	4.22
天门市	70.05	0.19	1007.34	6.47	5.25		5.42
潜江市	70.00	0.08	1257.55	7.65	5.90	0.01	3.11
神农架林区	3.99	1.03	13.37	0.41	0.36	0.02	0.03

10－31 市、州生猪年末存栏和年内出栏头数

单位：万头

市、州	生猪年末存栏头数			生猪年内出栏头数		
	2000年	2001年	2002年	2000年	2001年	2002年
全　　省	**2132.79**	**2116.41**	**2145.32**	**2714.44**	**2804.59**	**2893.59**
武　汉　市	125.49	120.04	124.89	181.25	192.19	198.33
黄　石　市	61.83	59.79	60.61	78.10	81.36	85.34
十　堰　市	130.95	126.58	126.70	134.25	132.90	130.40
荆　州　市	214.95	215.98	229.87	289.42	301.91	318.35
宜　昌　市	219.30	222.31	226.69	307.03	312.14	318.85
襄　樊　市	252.38	247.66	272.63	321.07	345.53	366.45
鄂　州　市	30.48	34.77	36.68	45.06	50.39	55.52
荆　门　市	123.91	134.76	132.28	194.75	200.53	207.96
孝　感　市	163.97	170.79	171.68	189.39	197.48	208.30
黄　冈　市	203.03	193.45	192.58	238.80	241.24	243.13
咸　宁　市	83.48	84.33	81.73	115.82	118.71	121.08
随　州　市	78.18	79.82	80.51	106.49	116.20	119.57
恩施自治州	289.93	279.02	270.12	306.17	303.68	306.24
仙　桃　市	61.63	57.33	50.99	65.17	68.16	70.03
天　门　市	52.47	48.77	46.34	70.04	70.44	70.05
潜　江　市	36.52	36.53	36.31	68.18	68.31	70.00
神农架林区	4.29	4.48	4.71	3.14	3.42	3.99

10－32 市、州水产品产量

单位：万吨

市、州	1990年	1995年	1999年	2000年	2001年	2002年
全　　省	**70.98**	**150.91**	**228.97**	**234.34**	**242.18**	**272.04**
武　汉　市	11.30	21.74	30.58	32.09	33.95	36.32
黄　石　市	2.71	5.52	7.73	7.93	8.25	8.56
十　堰　市	0.70	1.89	1.89	2.09	2.07	2.37
荆　州　市	16.74	33.44	46.35	44.25	49.44	56.80
宜　昌　市	2.51	4.84	85.83	9.18	9.36	9.76
襄　樊　市	2.12	7.94	13.36	13.93	14.22	14.51
鄂　州　市	1.97	4.93	7.12	7.83	9.01	11.38
荆　门　市	4.92	14.07	19.21	21.00	21.43	22.55
孝　感　市	7.20	16.09	25.35	24.19	24.83	27.55
黄　冈　市	7.75	21.65	28.40	27.58	27.70	29.18
咸　宁　市	3.62	6.34	7.80	8.29	9.73	11.32
随　州　市	0.89	2.51	3.60	5.27	4.61	5.63
恩施自治州	0.17	0.25	0.41	0.42	0.46	0.55
仙　桃　市	5.01	10.02	14.00	15.82	18.79	19.94
天　门　市	1.56	5.50	6.81	6.65	6.82	7.32
潜　江　市	1.80	5.23	7.50	7.82	8.01	8.29
神农架林区						

注：水产品产量合计为调整数，故市、州相加不等于合计（下表同）。

10－33　市、州水产品生产情况

(2002 年)

市、州	水产品产量（万吨）	鱼　类	养殖面积（千公顷）	养殖产量（万吨）	鱼　苗（亿尾）
全　　省	**272.04**	**255.75**	**633.49**	**233.11**	**447.14**
武 汉 市	36.32	35.39	102.90	33.11	75.01
黄 石 市	8.56	8.07	33.94	8.15	10.12
十 堰 市	2.37	2.24	6.01	1.67	2.83
荆 州 市	56.80	53.02	100.50	47.93	91.94
宜 昌 市	9.76	9.61	20.48	8.07	6.47
襄 樊 市	14.51	14.40	45.33	13.52	17.40
鄂 州 市	11.38	9.95	29.04	9.05	0.72
荆 门 市	22.55	21.84	59.63	20.24	33.30
孝 感 市	27.55	25.94	58.65	22.73	40.20
黄 冈 市	29.18	24.25	66.08	22.77	90.69
咸 宁 市	11.32	10.82	42.00	9.74	18.81
随 州 市	5.63	5.45	23.90	3.88	8.00
恩施自治州	0.55	0.55	2.11	0.47	1.15
仙 桃 市	19.94	19.21	22.95	18.16	28.00
天 门 市	7.32	7.25	11.06	6.65	12.00
潜 江 市	8.29	7.76	8.94	6.97	18.50
神农架林区					

注:水产品、鱼类的合计数为调整数,故市、州相加不等于合计数。

10－34　市、州主要土特产品产量

(2002 年)

市、州	茶叶（万吨）	绿毛茶	蚕茧（吨）	桑蚕茧	水果（万吨）	桃子	柑桔	苹果	白木耳（吨）	黑木耳（吨）
全　　省	**6.72**	**5.38**	**13063**	**12962**	**223.11**	**35.43**	**93.88**	**1.24**	**118**	**4978**
武 汉 市	0.18	0.12			11.74	1.26	2.00	0.01	71	29
黄 石 市	0.03	0.03	90	90	1.18	0.05	0.92			
十 堰 市	0.12	0.12	206	206	9.35	0.32	7.85	0.10	1	297
荆 州 市	0.02	0.02			17.41	0.66	10.17		1	1
宜 昌 市	0.99	0.95	2447	2447	60.15	0.86	49.03	0.06	10	42
襄 樊 市	0.55	0.54	2271	2271	42.21	17.18	3.61	0.43	5	990
鄂 州 市	0.02	0.02			1.93	0.33	0.89	0.04		
荆 门 市	0.02	0.02			28.11	3.70	7.87			54
孝 感 市	0.14	0.14	8	8	9.80	4.60	0.41	0.03	18	12
黄 冈 市	1.49	1.46	7773	7773	5.38	0.75	3.29	0.04	7	81
咸 宁 市	1.44	0.52	30	30	2.77	0.32	1.54			7
随 州 市	0.09	0.09	136	136	10.31	4.13	0.61	0.09	5	3455
恩施自治州	1.62	1.37	101		7.27	0.23	3.78	0.23		
仙 桃 市					7.62	0.55	1.43	0.19		
天 门 市			1	1	4.83	0.37	0.22			
潜 江 市					3.00	0.10	0.26			
神农架林区					0.07	0.01		0.01		10

10-35 市、州人平粮、棉、油、猪、水产品生产水平

(2002 年)

单位:千克

市、州	粮　食	棉　花	油　料	肉　类	水产品	禽　蛋
			按总人口平均			
全　　省	**342**	**5.40**	**40.92**	**49.43**	**45.42**	**18.70**
武 汉 市	159	1.90	23.44	33.85	46.88	19.53
黄 石 市	237	0.80	23.72	27.67	35.57	5.41
十 堰 市	212		17.70	35.40	6.99	7.22
荆 州 市	448	15.5	43.21	43.21	87.96	18.52
宜 昌 市	363	3.7	76.26	73.05	24.56	9.97
襄 樊 市	522	8.0	38.46	71.06	26.00	24.26
鄂 州 市	240	2.3	106.31	57.69	105.77	21.68
荆 门 市	621	10.3	27.67	66.45	76.41	23.58
孝 感 市	360	4.6	49.72	51.38	55.34	41.50
黄 冈 市	341	5.1	28.78	38.67	40.06	12.43
咸 宁 市	324	0.4	23.35	43.17	39.57	10.79
随 州 市	420	4.7	15.75	54.47	23.35	27.24
恩施自治州	375		37.50	70.89	1.45	5.25
仙 桃 市	356	11.7	39.77	37.50	124.63	26.38
天 门 市	261	18.1	39.60	34.09	39.73	24.39
潜 江 市	317	37.4	2.78	75.54	79.21	29.96
神农架林区	250			51.77	0.51	46.60
			按农业人口平均			
全　　省	**517**	**8.10**	**61.85**	**74.73**	**68.67**	**28.28**
武 汉 市	439	5.20	64.75	93.53	129.96	53.96
黄 石 市	435	1.50	43.78	50.72	65.22	9.91
十 堰 市	296		24.69	49.38	9.76	10.08
荆 州 市	679	23.60	65.57	65.57	133.49	28.10
宜 昌 市	527	5.30	62.37	106.23	35.73	14.50
襄 樊 市	822	12.60	120.22	112.02	40.98	38.25
鄂 州 市	352	3.60	56.34	85.71	154.93	31.70
荆 门 市	969	16.00	165.80	103.63	119.17	36.65
孝 感 市	460	5.90	35.35	65.66	70.71	53.03
黄 冈 市	448	6.60	65.34	50.82	52.63	16.33
咸 宁 市	459	0.60	40.82	61.22	56.12	15.31
随 州 市	593	6.70	32.79	76.50	32.79	38.25
恩施自治州	429		18.02	81.08	1.66	6.01
仙 桃 市	456	14.30	48.00	48.00	159.13	33.68
天 门 市	351	24.30	53.44	45.80	53.44	32.82
潜 江 市	615	73.30	76.92	147.87	153.85	58.65
神农架林区	400		4.34	80.67	0.79	72.61

10－36 市、州造林面积和主要林产品产量

(2002 年)

市、州	造林面积（千公顷）	用材林	经济林	育苗面积（千公顷）	木材采伐量（万立方米）	竹材采伐量（万根）
全　　省	**251.28**	**101.87**	**55.90**	**11.69**	**95.33**	**24998.95**
武 汉 市	9.00	4.79	3.27	1.22	2.81	82.51
黄 石 市	6.28	2.11	2.05	0.25	3.46	1574.25
十 堰 市	40.09	14.26	11.19	1.18	2.17	2605.20
荆 州 市	12.56	9.22	1.26	1.26	11.98	288.54
宜 昌 市	25.94	9.18	4.74	0.63	10.21	3381.42
襄 樊 市	19.32	8.43	4.80	0.91	15.31	3433.00
鄂 州 市	5.09	2.78	1.80	0.25	0.80	169.00
荆 门 市	14.10	10.39	1.14	0.54	6.50	1890.20
孝 感 市	11.67	3.73	3.35	1.09	5.21	2103.30
黄 冈 市	26.15	7.08	8.22	1.11	10.74	2649.30
咸 宁 市	23.85	18.05	3.23	1.26	13.37	1725.76
随 州 市	14.34	2.93	3.25	1.01	3.68	2595.54
恩施自治州	35.08	5.40	6.85	0.58	5.31	2392.82
仙 桃 市	2.87	2.11	0.64	0.15	1.70	2.60
天 门 市	0.75	0.68	0.04	0.06	0.81	28.00
潜 江 市	0.83	0.74	0.03	0.16	1.22	70.50
神农架林区	3.33		0.03	0.02	0.06	7.00

10－36　续表

市、州	生漆（千克）	油桐籽（吨）	油茶籽（吨）	乌桕籽（吨）	核桃（吨）	五倍子（吨）
全　　省	**241385**	**13497**	**16110**	**10595**	**2186**	**609**
武 汉 市		76	352	235		18
黄 石 市		547	3022			
十 堰 市	23191	3595	41	397	754	74
荆 州 市		20	18	2	1	
宜 昌 市	8404	801	66	303	278	34
襄 樊 市	5929	410	377	360	353	15
鄂 州 市		69	167			
荆 门 市		313	97	445	44	115
孝 感 市		1271	649	6310	8	
黄 冈 市	50	2830	4988	885	64	16
咸 宁 市		302	4479		24	
随 州 市		2374	1708	1316	209	129
恩施自治州	200084	889	146	342	357	208
仙 桃 市						
天 门 市						
潜 江 市						
神农架林区	3727				94	

10－37 乡镇企业单位数

单位:万个

年份	合计	#集体企业	#个体私营企业	农业	工业	建筑业	交通运输业	商业饮食业及其他
1978	10.21	10.21		3.48	3.89	0.33	0.46	2.05
1980	10.09	10.09			3.70	0.30	0.54	2.30
1985	63.19	12.97	50.22	3.26	29.73	3.86	7.79	19.64
1986	79.81	11.83	67.98	2.16	33.49	5.29	12.13	26.74
1987	88.55	11.90	76.65	2.39	36.30	5.82	13.84	30.20
1988	91.07	12.03	79.04	2.63	36.98	6.29	14.72	30.45
1989	89.76	11.66	78.10	2.64	36.09	5.78	14.87	30.38
1990	89.42	11.46	77.96	2.73	35.40	5.49	14.85	30.95
1991	89.17	11.35	77.82	2.72	35.02	5.58	15.24	30.62
1992	91.71	11.54	80.17	2.85	36.19	5.67	15.79	31.22
1993	111.34	13.37	97.97	3.30	42.18	7.20	18.52	42.24
1994	119.13	13.61	105.52	3.94	41.39	7.84	18.98	46.99
1995	117.64	13.37	104.27	3.75	37.62	8.23	21.30	46.74
1996	113.08	14.05	99.03	3.93	37.41	7.71	19.17	44.86
1997	74.53	12.71	61.82	3.26	26.72	5.01	10.29	29.25
1998	83.61	10.68	72.93	2.86	29.24	4.83	12.48	34.19
1999	95.42	10.38	85.04	2.90	32.17	5.40	14.88	40.07
2000	92.62	8.61	83.19	2.48	30.64	5.15	14.56	39.80
2001	96.81	7.24	89.57	2.29	31.00	5.36	15.10	43.07
2002	99.37	6.44	92.93	2.76	28.24	5.27	15.16	47.94

注:1978－1983年为乡、村集体企业数。1984－1986年集体企业为乡、村办企业数,个体私营企业为联户、个体企业数。1997年以后为集体企业和个体私营企业数。(以下表同)

10－38 乡镇企业职工人数

单位:万人

年份	合计	集体企业	个体私营企业	农业	工业	建筑业	交通运输业	商业饮食业及其他
1978	150.87	150.87		48.99	70.73	8.72	5.51	16.92
1980	142.39	142.39		39.84	69.91	11.76	5.18	15.71
1985	314.01	181.39	132.62	15.98	181.48	42.98	19.02	54.56
1986	351.28	182.59	168.69	15.20	196.02	49.93	23.98	66.15
1987	368.95	189.77	179.18	16.71	203.91	51.88	26.79	69.66
1988	384.34	198.32	186.02	18.15	211.60	54.29	28.06	72.24
1989	381.29	198.39	182.90	19.24	210.63	52.93	26.84	71.66
1990	371.82	192.08	179.73	19.21	204.39	51.80	26.64	69.79
1991	370.57	189.05	181.53	20.98	199.59	53.40	28.31	68.30
1992	394.74	198.91	195.83	22.80	210.36	57.75	29.67	74.17
1993	482.51	235.88	246.63	26.72	249.59	70.80	34.93	100.29
1994	533.52	249.26	284.26	28.99	273.61	80.44	38.00	112.49
1995	582.47	268.33	314.14	32.14	299.62	88.54	44.26	117.92
1996	615.76	291.03	324.73	34.71	316.33	98.99	42.47	123.26
1997	575.23	287.00	288.24	33.68	305.76	89.56	34.68	112.15
1998	598.20	271.89	320.01	34.87	313.88	86.85	36.86	125.73
1999	657.42	292.34	365.07	38.38	345.79	93.89	40.34	139.03
2000	629.69	243.14	386.55	31.81	322.31	94.92	38.20	142.44
2001	648.58	210.77	437.81	27.53	330.86	93.52	42.23	154.43
2002	647.90	181.84	466.06	29.20	316.25	88.68	40.91	172.86

10-39 乡镇企业总产值

单位:亿元

年份	合计	集体企业	个体私营企业	农业	工业	建筑业	交通运输业	商业饮食业及其他
1978	30.81	30.81		2.55	20.84	1.79	1.55	4.08
1980	38.69	38.69		2.99	26.48	2.60	1.79	4.83
1985	139.11	88.25	50.86	4.34	88.11	18.05	8.80	19.81
1986	177.37	106.58	70.79	5.01	109.61	22.78	13.69	26.28
1987	228.66	137.30	91.37	6.63	140.63	28.29	18.78	34.33
1988	295.80	177.44	118.36	8.54	183.59	35.73	23.28	44.67
1989	347.76	209.23	138.53	11.02	218.22	41.42	26.64	50.47
1990	394.68	236.76	157.92	13.01	250.38	45.27	29.54	56.47
1991	457.78	276.23	181.55	14.91	287.71	53.42	35.80	65.94
1992	588.71	353.17	235.54	19.40	368.58	71.04	44.08	85.61
1993	1082.41	625.14	457.26	37.45	654.76	131.48	82.14	176.58
1994	1816.52	1009.60	806.92	64.14	1105.18	226.21	128.61	292.39
1995	2452.42	1364.88	1087.55	94.20	1439.58	322.84	178.40	417.41
1996	3149.32	1696.73	1452.59	125.11	1831.27	400.05	323.90	560.00
1997	3272.61	1718.75	1553.86	144.57	1980.04	413.93	197.54	536.53
1998	3790.23	1951.07	1839.17	167.70	2271.83	463.11	213.62	673.96
1999	4179.49	2047.11	2131.38	176.56	2485.10	492.02	260.82	765.00
2000	4711.02	2015.37	2695.65	169.79	2830.25	553.67	288.46	868.75
2001	5238.76	1895.06	3343.70	154.22	3132.42	585.11	340.57	1026.43
2002	5655.85	1816.68	3839.17	198.48	3319.14	607.79	344.59	1185.85

注:本表按当年价格计算。1991、1992 年商业饮食业及其他总产值中不包括服务业及其他。

10-40 乡镇企业增加值

单位:亿元

指标	合计		集体企业		个体私营企业	
	2001 年	2002 年	2001 年	2002 年	2001 年	2002 年
总计	1210.26	1317.21	439.13	427	771.13	890.21
农业企业	33.82	46.62	33.82			
工业企业	738.49	774.32	300.09		438.40	
建筑业	132.99	139.25	52.90		80.09	
交通运输企业	75.87	80.00	11.63		64.24	
批发零售、贸易业	138.77	149.41	27.95		110.82	
旅游饮食服务企业	77.91	103.66	10.59		67.33	
其他	12.41	23.95	2.15		10.26	

主要统计指标解释

【农林牧渔业总产值】 以货币表现的农、林、牧、渔四业全部产品的总量。它用价值量形式综合说明了一定时期内（通常指一年）农林牧渔业的总规模和总成果。它是观察农林牧渔业生产水平和发展速度、研究其内部比例关系及其在国民经济中产业布局的一个重要指标。

农林牧渔业总产值统计范围是：

(1) 农业：包括粮、棉、油料、麻类、烟叶、蔬菜、药材、瓜类和其他农作物的种植，以及茶园、桑园、果园的生产经营等种植业和采集野生植物及农民家庭、兼营商品性工业等其他农业。

(2) 林业：包括林木的栽培（不包括茶园、桑园和果园的栽培、管理和收获等活动。）林产品的采集和村及村以下的竹木采伐。

(3) 牧业：包括除渔业养殖以外的一切畜禽饲养和放牧，以及捕猎野兽、野禽。

(4) 渔业：包括水生动物、海藻类植物的养殖和捕捞。

从所有制看，包括全民所有制的各种专业农(林、牧、渔）场和农业试验场、所；集体所有制的农村各种经济组织经营的农、林、牧、渔业；农民自营的农作物栽培、动物饲养及农民家庭兼营工业（商品部分）等。

农林牧渔业总产值的计算方法通常是以农、林、牧、渔业产品及其副产品的产量乘以该项产品单位价格而得该项产品的产值。少数生产周期较长，当年没有产品或产品产量不易统计的则采用间接方法匡算产值。四业产品产值之和即为农林牧渔业总产值。

【农村工业总产值】 以货币表现的乡办工业（即原来的社办工业），村办工业（即原大队办工业）和村以下办工业（即原生产队办工业、农民联办工业和个体办工业）企业生产的产品总量，包括成果价值和对外承做的工业性作业价值两部分。出售的半成品的价值也计入总产值。

农村工业总产值按“工厂法”计算，即按每个工业企业生产活动的最终成果计算，在企业内部不允许重复计算，即不允许将企业内部各个车间生产的成果相加。计算工业产值的工业产品必须符合国务院和各省、自治区、直辖市主管部门规定的质量标准或订货合同规定的技术条件。凡不符合产品质量标准的不合格品，一律不准计算产量、产值。工业性作业只恢复或提高原来产品价值或只完成成品生产中个别工序，应按加工费计算总产值，不包括原材料的价值。

【农村建筑业总产值】 以货币表现的农村各种合作经济组织的建筑队（组）和个体的专业人员从事建筑生产活动的总成果。建筑生产活动包括各种建筑物的建筑工程、各种机械设备的安装工程（不包括被安装的机械设备本身的价值)、建筑物和房屋修理产值以及与工程项目有关的勘察设计和地质勘探活动。

农村建筑业总产值主要包括兴建房屋、农田水利建设（包括安装工程和地质勘探的产值）及开垦荒地的产值。其产值按兴工动料的全部投资额（但不包括被安装设备本身的价值）计算。

【农村运输业总产值】 指农村各级合作经济组织和农户从事货物运输活动的产值，包括水运（装卸驳运和堆存活动)、汽车运输、拖拉机运输、畜力车运输、人力车运输和装卸搬运等货物运输活动。其产值按这些农村运输单位的全部货运收入计算。

【农村商业总产值】 指农村供销合作社及其他各种合作经济组织和农户从事商业活动的产值。其产值按这些农村商业单位的商品附加费（已销售产品购销差价减托运费和装卸搬运费）计算。在搜集资料比较困难的情况下，也可根据这些农村商业单位的零售额乘以毛利率（购销差价率）再减去托运费和装卸搬运费来估算。

【农村饮食业总产值】 指农村各种合作经济组织和农户从事饮食业活动的产值。其产值按饮食业的营业额计算。

【农林牧渔业增加值】 也叫附加值或追加价值，是指各单位生产经营或劳务活动的最终成果，即本单位或本行业对社会所作的贡献。

【农林牧渔业中间消耗】 指在农业生产过程中所投入或消耗的各种物质产品和劳务价值总和。分为中间物质消耗和中间劳务消耗。计算中间消耗有两个原则，一是中间消耗仅包括以生产为目的，在生产过程中消耗掉的物质产品和劳务，不包括人民生活消费的物质产品和劳务，其计算口径必须和总产值保持一致。二是中间消耗必须是本期投入生产并一次性消耗的不属于固定资产的低值易耗产品和劳务。某些小农具（价值在50元以下）的购置仍作为当年中间消耗处理。

【乡村从业人员】　指乡村人口中16岁以上实际参加各种行业生产经营活动并取得实物或货币收入的人员。包括劳动年龄内实际参加劳动的人员和超过劳动年龄实际参加劳动的人员数。不包括户口在家的在外学生、现役军人和丧失劳动能力的人，也不包括待业人员、家务劳动者。

【耕地面积】　是指能够种植农作物、经常进行耕锄的田地。包括熟地、当年新开荒地、连续撂荒未满三年的耕地和当年的休闲地（轮歇地)。以种植农作物为主并附带种植桑树、茶树、果树和其他林木的土地以及沿海、沿湖地区已围垦利用的“海涂”、“湖田”等也应包括在内。但专业性的桑园、茶园、果园、果木苗圃、林地、芦苇地、天然草原等不应包括在内。

【农业机械总动力】　是指主要用于农、林、牧、渔业的各种动力机械的动力总和。包括耕作机械、排灌机械、收获机械、农产品加工机械、运输机械、植保机械、牧业机械、林业机械、渔业机械和其它农业机械。按能源又分为柴油、汽油、电力和其他动力，总动力的计算单位为千瓦。

【水产品产量】　指本年度内捕捞的水产品（包括人工养殖捕捞的水产品和天然生长捕捞的水产品）产量。捕捞多少就算多少产量，不论自食的还是出售的，都应计算在内。

用作继续扩大再生产的水产品（如鱼种、鱼苗、亲鱼、鱼饵及转塘鱼、存塘鱼等）不作水产品产量统计。在渔业生产单位出售以前已经变质的水产品，不论是改作饲料、肥料还是其它用途，也不作水产品产量统计。

在淡水中生长的各种水生植物如莲藕、菱角等，同属农作物的范畴，均不包括在水产品产量之内。

【猪牛羊肉产量】　指当年出栏已屠宰的猪、牛、羊的肉产量。即屠宰后除去头蹄下水后带骨肉的重量，也叫胴体重。此项指标可通过典型调查、抽样调查和收购部门掌握的资料，取得平均每头胴体重数据和出栏头数推算。

工　业　11

资料整理:潘天曙

11-1 工业企业单位数

单位:个

分类	1990 年	1995 年	1999 年	2000 年	2001 年	2002 年
合计	**25913**	**27815**	**6874**	**6282**	**6197**	**6183**
一、按经济类型分						
国有经济(含国有控股)	6227	7373	2653	2965	2498	2100
集体经济	19583	19115	2426	1960	1456	1183
其他经济	103	1327	1795	1357	2243	2900
二、按轻重工业分						
轻工业	14885	14827	3308	3026	2981	2947
重工业	11028	12988	3566	3256	3216	3236
三、按企业规模分						
大型企业	169	262	306	306	307	305
中型企业	385	660	551	542	565	542
小型企业	25359	26893	6017	5434	5325	5336

注:本表 1997 年以前为乡及乡以上工业企业单位数(包括独立核算和非独立核算企业),1998 年后为全部国有及年产品销售收入在 500 万元以上的非国有工业企业(下表同)。

11-2 工业企业单位数构成

单位:%

分类	1990 年	1995 年	1999 年	2000 年	2001 年	2002 年
合计	**100**	**100**	**100**	**100**	**100**	**100.00**
一、按经济类型分						
国有经济(含国有控股)	24.0	26.5	38.6	47.2	40.3	33.96
集体经济	75.6	68.7	35.3	31.2	23.5	19.13
其他经济	0.4	4.8	26.1	21.6	36.2	46.90
二、按轻重工业分						
轻工业	57.4	53.3	48.1	48.2	48.1	47.66
重工业	42.6	46.7	51.9	51.8	51.9	52.34
三、按企业规模分						
大型企业	0.6	0.9	4.5	4.9	5.0	4.93
中型企业	1.5	2.4	8.0	8.6	9.1	8.77
小型企业	97.9	96.7	87.5	86.5	85.9	86.30

11－3 工业产销总值

单位:亿元

指标	工业总产值(不变价)		工业总产值(现价)		工业销售产值(现价)	
	2001 年	2002 年	2001 年	2002 年	2001 年	2002 年
总计	**2913.25**	**3277.55**	**3239.51**	**3589.26**	**3161.77**	**3514.47**
按登记注册类型分组						
内资企业	2497.44	2792.60	2857.13	3150.51	2787.04	3077.61
国有企业	882.64	702.83	1111.69	914.58	1085.14	898.32
中央企业	484.76	364.29	637.18	612.58	629.73	507.70
地方企业	397.88	338.54	474.51	401.99	455.41	390.62
集体企业	383.29	304.72	415.05	331.20	403.06	319.61
股份合作企业	52.59	41.90	53.99	43.60	52.14	41.57
联营企业	42.51	56.66	42.97	55.80	43.81	53.12
国有联营企业	15.98	19.08	15.41	16.66	15.12	15.05
集体联营企业	8.93	6.22	9.41	6.67	9.23	6.47
国有与集体联营企业	14.62	24.47	14.77	24.14	16.28	23.99
其他联营企业	2.98	6.89	3.38	8.32	3.19	7.61
有限责任公司	395.58	701.37	421.11	744.24	410.90	730.47
国有独资公司	136.70	147.73	135.09	144.96	133.38	144.42
其他有限责任公司	258.88	553.65	286.02	599.28	277.52	586.05
股份有限公司	487.80	594.83	540.15	644.42	528.30	632.63
私营企业	249.47	379.95	268.27	405.61	259.90	391.41
私营独资企业	96.10	130.09	105.37	142.60	102.61	137.94
私营合伙企业	24.05	29.12	26.24	31.91	25.46	30.48
私营有限责任公司	103.89	173.82	108.68	182.11	105.06	175.80
私营股份有限公司	25.43	46.92	27.99	48.99	26.76	47.18
其他企业	3.56	10.34	3.91	11.06	3.78	10.49
港、澳、台商投资企业	130.63	163.70	124.29	159.13	122.11	158.27
合资经营企业(港或澳、台资)	93.67	90.60	88.53	86.23	86.98	84.59
合作经营企业(港或澳、台资)	7.28	8.66	6.69	7.74	6.74	7.67
港澳台商独资企业	27.40	50.16	26.94	49.09	26.45	50.27
港澳台商投资股份有限公司	2.28	14.28	2.13	16.08	1.93	15.74
外商投资企业	285.18	321.26	258.08	279.61	252.62	278.58
中外合资经营企业	251.81	293.93	225.89	251.42	220.93	250.84
中外合作经营企业	8.84	6.25	11.31	8.59	11.11	8.56
外资企业	21.75	20.64	18.11	19.15	18.11	18.74
外商投资股份有限公司	2.77	0.44	2.77	0.45	2.47	0.45
总计中:						
轻工业	1139.79	1154.86	1194.90	1184.78	1160.37	1152.23
重工业	1773.46	2122.69	2044.61	2404.48	2001.40	2362.24
总计中:						
国有及国有控股工业	1757.87	1903.57	2038.47	2168.29	1995.05	2136.04
大中型工业企业	1780.62	2061.58	2027.90	2291.05	1991.16	2262.53

11－4 工业企业主要经济指标

单位:亿元

指 标	1990年	1995年	1999年	2000年	2001年	2002年
企业单位数(个)	19665	21021	6874	6282	6197	6183
#亏损企业(个)	5370	4367	1813	1427	1367	1269
工业总产值(当年价)	816.49	2193.91	2831.70	3064.43	3239.51	3589.26
工业总产值(不变价)	885.58	1796.86	2508.03	2664.61	2913.25	3277.55
工业增加值(当年价)	313.24	611.30	945.54	1011.78	1072.77	1170.48
全部职工年平均人数(万人)	358.65	379.84	250.07	230.36	212.48	205.82
实收资本		811.17	1007.58	1135.46	1269.66	1333.03
流动资产合计		1353.91	1859.39	1914.07	2039.90	2155.91
流动资产年平均余额	265.36	1322.96	1806.70	1914.07	1904.01	2080.32
固定资产合计		1539.15	2234.08	2281.64	2343.15	2466.61
固定资产原价	660.22	1806.93	2893.58	2989.31	3243.45	3356.17
#生产经营用	538.57	1460.39	2344.42	2346.75	2406.71	2520.99
本年折旧	30.35	94.20	114.05	129.77	138.46	129.86
固定资产净值年平均余额	455.70	1007.75	1931.08	1943.85	2045.23	2148.25
资产总计		3085.91	4614.21	4776.01	4954.09	5254.12
流动负债		1348.52	1813.65	1831.87	1892.48	2024.56
长期负债		659.69	1076.31	1081.86	1046.27	1124.58
所有者权益		1067.40	1652.91	1743.45	1945.84	2014.73
产品销售收入	705.97	2066.38	2602.26	2870.36	3043.82	3378.31
#产品销售成本	595.40	1668.13	2095.31	2294.36	2474.43	2694.26
产品销售费用	10.99	59.11	101.41	109.66	124.56	151.49
产品销售税金及附加	62.51	40.09	49.26	55.85	61.00	72.16
产品销售利润	31.62	299.05	301.67	358.45	383.83	460.41
管理费用		168.28	185.57	206.04	227.53	245.84
利润总额	26.73	52.26	68.82	106.47	134.49	175.60
亏损企业亏损总额	17.35	36.81	54.33	50.62	43.99	35.14
利税总额	88.40	181.57	232.24	293.58	335.36	404.23
本年应交增值税		88.22	114.16	131.27	139.87	156.48

11－5 工业企业主要经济效益指标

指　　标	单位	1990 年	1995 年	1999 年	2000 年	2001 年	2002 年
亏损面	%	27.31	20.77	26.37	22.72	22.06	20.52
百元固定资产原值实现产值(当年价)	元	123.67	121.42	97.86	102.51	99.88	106.94
百元固定资产原值实现利税	元	13.39	10.05	8.03	9.82	10.34	12.04
百元固定资产原值实现利润	元	4.05	2.89	2.38	3.56	4.15	5.23
百元资金实现产值(当年价)	元	113.23	92.90	75.76	64.16	65.39	68.31
百元资金实现利税	元	12.26	7.79	6.21	6.15	6.77	7.69
百元资金实现利润	元	3.71	2.24	1.84	2.23	2.71	3.34
百元产值实现销售收入(当年价)	元	86.46	94.19	91.90	93.67	93.96	94.12
百元产值实现利税(当年价)	元	10.83	8.28	8.20	9.58	10.35	11.26
百元产值实现利润(当年价)	元	3.27	2.38	2.43	3.47	4.15	4.89
流动资金周转次数	次	2.66	1.56	1.44	1.50	1.49	1.57
流动资金周转天数	天	135.00	231.00	250.00	243.00	228.32	229.74
百元销售收入实现利润	元	3.79	2.53	2.64	3.71	4.42	5.20
百元销售收入实现利税	元	12.52	8.79	8.92	10.23	11.02	11.97
工业增加值率	%		27.86	33.39	33.02	33.12	32.61

11－6　各种分组的工业企业主要经济指标

单位:亿元

分　　组	企业单位数(个)		亏损企业数(个)		工业总产值(当年价)(亿元)	
	2001年	2002年	2001年	2002年	2001年	2002年
总　　计	**6197**	**6183**	**1367**	**1269**	**3239.51**	**3589.26**
一、按轻重工业分						
轻　工　业	2981	2947	650	593	1194.90	1184.78
以农产品为原料	2229	2191	489	422	911.96	916.04
以非农产品为原料	752	756	161	171	282.94	268.74
重　工　业	3216	3236	717	676	2044.61	2404.48
采掘工业	248	259	28	32	93.14	101.98
原料工业	807	778	230	182	789.30	771.94
加工工业	2161	2199	459	462	1162.17	1530.56
二、按企业规模分						
大型企业	307	305	106	95	1549.81	1746.79
中型企业	565	542	217	193	478.71	544.26
小型企业	5325	5336	1044	981	1211.61	1298.21
三、按工业行业分						
煤炭采选业	38	39	11	7	5.33	6.52
石油和天然气开采业	1	1	1		37.27	32.13
黑色金属矿采选业	37	39	1	3	19.27	20.52
有色金属矿采选业	32	36	3	2	10.10	12.53
非金属矿采选业	142	149	17	20	24.16	27.78
其他矿采选业	3	1			0.10	0.05
木材及竹材采运业	3	2			0.20	0.16
食品加工业	591	545	122	97	186.13	181.57
食品制造业	150	154	41	34	38.32	44.51
饮料制造业	175	169	39	31	84.15	89.37
烟草加工业	23	21	12	9	94.36	92.50
纺　织　业	445	475	130	116	221.89	221.45
服装及其他纤维制品制造业	239	238	33	27	110.50	112.10

11－6　续表1　　单位:亿元

分　　组	企业单位数(个)		亏损企业数(个)		工业总产值(当年价)(亿元)	
	2001 年	2002 年	2001 年	2002 年	2001 年	2002 年
皮革、毛皮、羽绒及其制品业	41	38	4	5	12.70	10.68
木材加工及竹、藤、棕、草制品业	78	69	13	8	20.34	20.90
家具制造业	50	59	10	8	13.69	13.79
造纸及纸制品业	214	217	37	35	58.08	65.09
印刷业、记录媒介的复制	150	87	36	26	29.98	36.11
文教体育用品制造业	21	17	1	1	5.85	5.07
石油加工及炼焦业	18	22	4	6	145.37	148.66
化学原料及化学制品制造业	488	466	104	94	204.89	223.96
医药制造业	188	190	32	44	98.72	122.59
化学纤维制造业	24	23	7	9	18.94	18.22
橡胶制品业	47	46	10	14	18.54	21.74
塑料制品业	208	219	32	36	55.63	61.97
非金属矿物制品业	742	722	129	126	162.78	175.47
黑色金属冶炼及压延加工业	80	82	20	19	267.25	289.68
有色金属冶炼及压延加工业	67	73	20	15	61.15	71.40
金属制品业	229	246	32	35	92.84	89.71
普通机械制造业	312	311	86	70	88.24	116.15
专用设备制造业	245	229	62	59	82.09	86.02
交通运输设备制造业	367	396	94	86	518.40	711.05
电气机械及器材制造业	208	208	37	50	105.94	105.05
电子及通信设备制造业	113	127	20	31	132.34	126.70
仪器仪表及文化、办公用机械制造业	90	70	33	27	19.68	18.54
其他制造业	38	44	4	7	11.01	11.35
电力、蒸汽、热水的生产和供应业	176	171	77	50	159.48	172.05
煤气生产和供应业	9	6	4	3	3.76	4.35
自来水的生产和供应业	111	109	47	55	16.58	16.58

11-6 续表2 单位:亿元

分组	工业增加值(亿元)		全部职工年平均人数(万人)	
	2001年	2002年	2001年	2002年
总计	**1072.77**	**1170.48**	**212.48**	**205.82**
一、按轻重工业分				
轻工业	406.53	397.14	84.78	84.44
以农产品为原料	316.18	311.23	65.46	64.23
以非农产品为原料	90.35	85.90	19.31	20.21
重工业	666.23	773.34	127.70	121.39
采掘工业	36.86	39.42	12.35	10.62
原料工业	262.73	285.82	40.61	36.52
加工工业	366.65	448.10	74.73	74.25
二、按企业规模分				
大型企业	519.17	562.25	80.86	75.40
中型企业	160.04	172.84	35.15	36.21
小型企业	393.56	435.39	96.47	94.22
三、按工业行业分				
煤炭采选业	2.30	2.54	2.07	2.34
石油和天然气开采业	16.77	15.02	3.98	1.83
黑色金属矿采选业	5.95	6.00	1.31	1.31
有色金属矿采选业	3.23	4.53	0.95	1.19
非金属矿采选业	9.81	11.00	4.59	4.54
其他矿采选业	0.03	0.01	0.02	0.01
木材及竹材采运业	0.06	0.06	0.11	0.07
食品加工业	57.29	59.43	8.22	7.85
食品制造业	12.45	14.86	2.68	2.73
饮料制造业	32.86	35.13	4.24	4.03
烟草加工业	50.35	41.17	1.96	1.89
纺织业	65.28	72.50	26.23	25.49
服装及其他纤维制品制造业	37.54	34.15	9.69	10.38

注:工业增加值按生产法计算(下表同)。

11－6　续表 3　　单位:亿元

分　　组	工业增加值(亿元)		全部职工年平均人数(万人)	
	2001 年	2002 年	2001 年	2002 年
皮革、毛皮、羽绒及其制品业	3.59	3.02	0.98	0.85
木材加工及竹、藤、棕、草制品业	5.88	8.84	1.18	1.06
家具制造业	4.16	4.65	0.63	0.78
造纸及纸制品业	19.06	21.22	3.94	3.79
印刷业、记录媒介的复制	9.79	14.42	2.61	2.25
文教体育用品制造业	1.76	1.68	0.44	0.63
石油加工及炼焦业	21.84	29.34	1.15	1.26
化学原料及化学制品制造业	62.91	65.96	15.75	15.38
医药制造业	37.13	39.92	6.11	6.60
化学纤维制造业	4.07	3.79	1.57	1.39
橡胶制品业	6.72	7.09	1.89	1.72
塑料制品业	18.67	20.53	3.49	3.51
非金属矿物制品业	54.58	59.72	18.03	16.56
黑色金属冶炼及压延加工业	92.86	110.09	13.77	13.03
有色金属冶炼及压延加工业	14.38	21.81	3.84	3.81
金属制品业	27.97	28.96	5.21	4.99
普通机械制造业	35.49	34.27	9.36	8.64
专用设备制造业	25.69	26.40	8.63	7.20
交通运输设备制造业	149.42	198.83	25.25	26.50
电气机械及器材制造业	29.09	33.53	4.86	4.76
电子及通信设备制造业	50.92	41.66	3.39	3.32
仪器仪表及文化、办公用机械制造业	5.80	6.27	1.94	1.72
其他制造业	3.77	3.44	0.73	0.75
电力、蒸汽、热水的生产和供应业	85.18	80.68	8.73	8.16
煤气生产和供应业	0.17	1.28	0.38	0.35
自来水的生产和供应业	7.04	5.76	2.71	2.65

11－6　续表 4　　　　单位:亿元

分　　组	实收资本		流动资产平均余额		固定资产原价	
	2001 年	2002 年	2001 年	2002 年	2001 年	2002 年
总　　计	**1269.66**	**1333.03**	**1904.01**	**2080.32**	**3243.45**	**3356.17**
一、按轻重工业分						
轻　工　业	338.34	346.52	556.95	562.43	675.07	667.02
以农产品为原料	225.76	240.31	414.42	414.75	477.07	472.54
以非农产品为原料	112.59	106.21	142.53	147.69	198.00	194.47
重　工　业	931.32	986.52	1347.06	1517.89	2568.38	2689.16
采掘工业	73.58	47.22	73.38	73.6	200.44	203.14
原料工业	369.52	399.57	514.32	509.32	1543.61	1576.03
加工工业	488.21	539.72	759.37	934.90	824.33	909.99
二、按企业规模分						
大型企业	809.21	832.66	1193.51	1309.81	2217.62	2291.49
中型企业	181.22	198.29	286.53	313.72	438.45	478.03
小型企业	279.22	302.08	423.97	456.79	587.37	586.65
三、按工业行业分						
煤炭采选业	4.07	4.70	3.55	4.08	10.24	9.49
石油和天然气开采业	51.02	20.48	51.87	51.94	116.19	116.60
黑色金属矿采选业	2.67	2.90	6.05	3.84	4.10	4.45
有色金属矿采选业	4.45	5.81	3.29	4.12	9.96	10.33
非金属矿采选业	12.81	14.01	11.62	12.60	66.80	67.69
其他矿采选业	0.05	0.00	0.03	0.02	0.05	0.04
木材及竹材采运业	0.33	0.22	0.29	0.08	0.21	0.16
食品加工业	32.24	33.25	47.43	50.90	76.17	73.81
食品制造业	13.94	15.03	17.35	15.05	24.20	28.00
饮料制造业	37.89	37.58	39.15	47.38	55.92	56.84
烟草加工业	15.15	15.87	66.46	73.23	55.25	56.55
纺　织　业	50.36	61.22	105.57	103.94	142.72	136.22
服装及其他纤维制品制造业	22.65	45.24	43.17	36.82	37.86	

11-6 续表5

单位:亿元

分组	实收资本		流动资产平均余额		固定资产原价	
	2001年	2002年	2001年	2002年	2001年	2002年
皮革、毛皮、羽绒及其制品业	2.08	20.03	7.45	6.71	4.83	3.50
木材加工及竹、藤、棕、草制品业	7.63	8.01	7.44	6.80	14.83	16.50
家具制造业	3.37	2.43	2.35	3.28	3.89	4.20
造纸及纸制品业	16.38	17.35	23.23	28.47	24.07	26.04
印刷业、记录媒介的复制	21.84	11.19	23.20	22.82	23.67	23.96
文教体育用品制造业	1.04	1.19	0.76	1.24	1.08	2.27
石油加工及炼焦业	16.20	36.68	44.18	34.38	85.75	87.12
化学原料及化学制品制造业	68.78	70.08	118.38	114.38	173.55	173.36
医药制造业	32.93	40.24	55.63	71.94	47.32	57.50
化学纤维制造业	9.47	6.6	13.21	12.15	34.71	34.84
橡胶制品业	9.09	10.77	16.41	19.30	20.60	22.86
塑料制品业	17.32	19.20	27.48	29.62	31.22	28.71
非金属矿物制品业	53.86	56.85	68.29	66.66	142.61	144.77
黑色金属冶炼及压延加工业	102.18	104.39	210.97	217.02	520.76	525.09
有色金属冶炼及压延加工业	24.72	26.77	26.75	30.67	53.08	60.30
金属制品业	26.07	24.76	38.83	37.87	44.31	42.52
普通机械制造业	48.20	48.61	71.76	82.13	77.77	78.97
专用设备制造业	30.26	30.56	50.07	50.95	59.42	55.23
交通运输设备制造业	265.55	256.52	351.09	428.88	392.33	421.91
电气机械及器材制造业	39.51	40.17	74.41	74.62	53.50	46.62
电子及通信设备制造业	24.72	36.89	76.35	104.95	34.14	33.00
仪器仪表及文化、办公用机械制造业	8.50	6.56	17.75	17.58	13.20	11.13
其他制造业	1.81	2.67	3.45	3.31	2.91	3.55
电力、蒸汽、热水的生产和供应业	164.49	188.52	155.34	180.99	713.83	783.54
煤气生产和供应业	3.87	5.22	1.50	1.53	8.61	7.18
自来水的生产和供应业	21.26	20.73	14.33	16.48	58.23	58.66

11－6　续表6　　单位:亿元

分　　组	生产经营用固定资产原价		本年折旧		固定资产净值年平均余额	
	2001年	2002年	2001年	2002年	2001年	2002年
总　　计	**2406.71**	**2520.99**	**138.46**	**129.86**	**2045.23**	**2148.25**
一、按轻重工业分						
轻　工　业	492.32	493.91	30.50	33.02	447.24	442.03
以农产品为原料	341.08	359.60	21.65	21.53	314.17	322.25
以非农产品为原料	139.72	134.30	8.84	11.48	133.07	119.77
重　工　业	1925.91	2027.09	107.96	96.84	1597.99	1706.22
采掘工业	168.96	159.98	8.26	8.56	122.70	119.86
原料工业	1132.39	1145.22	66.66	42.17	930.05	1003.36
加工工业	624.55	721.88	33.04	46.11	545.24	583.00
二、按企业规模分						
大型企业	1702.68	1766.35	94.34	85.02	1388.44	1417.05
中型企业	322.30	343.75	18.40	20.54	248.20	316.19
小型企业	381.73	410.90	25.71	24.30	408.60	415.00
三、按工业行业分						
煤炭采选业	7.97	5.27	0.35	0.21	7.03	6.16
石油和天然气开采业	108.53	96.73	6.86	6.86	48.37	48.43
黑色金属矿采选业	2.68	3.15	0.23	0.25	3.32	2.94
有色金属矿采选业	8.40	7.97	0.41	0.52	7.66	7.63
非金属矿采选业	46.91	50.07	0.81	0.96	59.74	57.31
其他矿采选业	0.03	0.04			0.04	0.03
木材及竹材采运业	0.05	0.03			0.15	0.04
食品加工业	44.46	45.43	2.38	2.54	47.17	51.05
食品制造业	17.45	20.94	0.89	1.00	17.22	17.98
饮料制造业	38.66	50.49	2.79	3.16	40.24	41.18
烟草加工业	43.40	42.66	2.43	3.14	31.79	33.54
纺　织　业	109.00	112.37	5.59	6.38	90.31	87.36
服装及其他纤维制品制造业	25.46	27.69	1.55	1.69	25.31	28.09

11－6　续表 7　　单位:亿元

分　组	生产经营用固定资产原价		本年折旧		固定资产净值年平均余额	
	2001 年	2002 年	2001 年	2002 年	2001 年	2002 年
皮革、毛皮、羽绒及其制品业	3.46	2.77	0.17	0.13	3.30	2.46
木材加工及竹、藤、棕、草制品业	9.09	13.07	0.51	0.50	12.46	12.46
家具制造业	2.61	2.34	0.22	0.20	2.67	3.41
造纸及纸制品业	16.97	18.55	0.88	1.77	17.14	19.34
印刷业、记录媒介的复制	17.13	17.25	1.30	1.49	14.03	14.25
文教体育用品制造业	0.94	1.68	0.05	0.14	0.61	1.87
石油加工及炼焦业	80.93	85.61	6.22	4.17	43.85	42.76
化学原料及化学制品制造业	142.40	140.80	8.13	8.71	111.70	106.63
医药制造业	31.49	39.54	4.10	3.41	38.65	42.69
化学纤维制造业	19.50	33.52	1.52	0.77	24.26	14.28
橡胶制品业	17.38	19.34	1.16	0.93	13.58	14.23
塑料制品业	21.67	23.47	1.45	1.43	21.89	23.52
非金属矿物制品业	103.52	116.52	6.02	6.94	100.87	100.19
黑色金属冶炼及压延加工业	295.94	348.42	23.68	2.38	288.13	276.17
有色金属冶炼及压延加工业	36.05	48.09	1.66	2.47	34.93	43.71
金属制品业	32.99	33.46	1.88	1.70	29.17	30.13
普通机械制造业	50.70	62.45	2.32	4.24	49.14	47.91
专用设备制造业	38.42	38.06	2.10	2.31	40.32	32.46
交通运输设备制造业	314.20	343.04	15.00	20.41	260.01	266.53
电气机械及器材制造业	37.41	37.87	2.40	2.29	33.76	30.97
电子及通信设备制造业	21.92	19.25	2.13	3.47	28.78	34.94
仪器仪表及文化、办公用机械制造业	7.28	7.63	0.61	0.58	8.29	6.97
电力、蒸汽、热水的生产和供应业	1.51	2.49	0.11	0.19	1.94	1.75
其他制造业	591.46	568.37	28.20	28.37	440.32	550.22
煤气生产和供应业	6.56	3.73	0.17	0.19	7.28	6.74
自来水的生产和供应业	48.54	29.39	2.00	3.88	37.87	37.95

11－6　续表 8　　　　单位:亿元

分　　组	流动负债		产品销售收入		产品销售税金及附加	
	2001 年	2002 年	2001 年	2002 年	2001 年	2002 年
总　　计	**1892.48**	**2024.56**	**3043.82**	**3378.31**	**61.00**	**72.16**
一、按轻重工业分						
轻　工　业	582.07	574.78	1073.58	1077.49	38.00	29.12
以农产品为原料	445.90	446.06	812.80	826.87	35.45	26.62
以非农产品为原料	136.17	128.72	260.77	250.62	2.56	2.51
重　工　业	1310.40	1449.78	1970.24	2300.82	23.00	43.03
采掘工业	63.75	78.73	101.39	111.63	1.77	1.61
原料工业	489.00	476.67	776.83	763.67	12.79	10.71
加工工业	757.65	894.39	1092.02	1425.52	8.43	30.71
二、按企业规模分						
大型企业	1126.65	1252.80	1533.45	1742.73	35.61	44.47
中型企业	311.81	326.76	441.00	510.35	10.28	13.97
小型企业	454.02	445.00	1069.36	1125.23	15.10	13.72
三、按工业行业分						
煤炭采选业	6.04	5.79	4.89	6.22	0.10	0.12
石油和天然气开采业	40.70	52.94	47.45	44.23	0.69	0.48
黑色金属矿采选业	2.67	2.76	20.24	19.91	0.44	0.43
有色金属矿采选业	2.97	4.31	9.61	12.82	0.11	0.16
非金属矿采选业	15.64	17.09	22.19	25.45	0.61	0.62
其他矿采选业	0.03		0.10	0.05	0.01	
木材及竹材采运业	0.19	0.06	0.20	0.14	0.01	0.01
食品加工业	52.54	52.81	161.00	149.52	1.44	1.70
食品制造业	15.12	16.02	37.41	42.75	0.78	0.39
饮料制造业	42.54	45.79	76.12	82.30	3.83	3.97
烟草加工业	70.72	79.68	89.98	88.19	26.11	32.03
纺　织　业	124.95	125.16	188.03	195.46	1.42	1.42
服装及其他纤维制品制造业	43.22	39.65	100.55	103.66	0.64	0.75

11-6 续表 9 单位:亿元

分组	流动负债		产品销售收入		产品销售税金及附加	
	2001年	2002年	2001年	2002年	2001年	2002年
皮革、毛皮、羽绒及其制品业	7.58	6.68	10.13	8.40	0.11	0.07
木材加工及竹、藤、棕、草制品业	6.01	6.42	16.63	17.43	0.25	0.12
家具制造业	2.70	2.91	11.44	11.86	0.11	0.14
造纸及纸制品业	23.60	26.46	50.92	61.46	0.49	0.68
印刷业、记录媒介的复制	17.86	19.62	26.73	30.90	0.20	0.34
文教体育用品制造业	0.64	1.51	5.77	5.55	0.05	0.06
石油加工及炼焦业	31.00	33.44	146.96	147.41	7.22	7.97
化学原料及化学制品制造业	106.92	113.97	193.61	206.98	1.47	1.57
医药制造业	54.97	54.54	93.51	107.80	0.64	0.93
化学纤维制造业	15.02	20.19	23.61	33.87	0.05	0.11
橡胶制品业	21.63	23.86	17.11	20.31	0.44	0.53
塑料制品业	21.00	19.20	54.21	56.06	0.49	0.58
非金属矿物制品业	79.63	74.56	146.69	155.63	1.78	1.72
黑色金属冶炼及压延加工业	200.51	197.18	262.15	295.69	2.30	3.00
有色金属冶炼及压延加工业	34.14	38.90	55.62	68.29	0.27	0.33
金属制品业	38.37	36.59	82.44	79.70	0.71	0.70
普通机械制造业	78.82	85.32	68.88	88.96	0.52	0.67
专用设备制造业	48.92	48.20	75.10	83.60	0.63	0.51
交通运输设备制造业	379.16	446.68	512.43	695.90	3.89	6.29
电气机械及器材制造业	58.10	66.56	93.17	88.79	0.54	0.57
电子及通信设备制造业	60.82	66.86	121.56	115.04	0.35	0.54
仪器仪表及文化、办公用机械制造业	19.55	14.44	19.70	17.69	0.28	0.15
其他制造业	3.10	2.71	7.96	7.92	0.15	0.09
电力、蒸汽、热水的生产和供应业	141.97	152.25	168.16	179.66	1.71	2.11
煤气生产和供应业	2.35	2.12	3.58	4.00	0.02	0.02
自来水的生产和供应业	15.79	15.79	14.54	14.49	0.16	0.17

11-6 续表10 单位:亿元

分组	利润总额		利税总额		本年应交增值税	
	2001年	2002年	2001年	2002年	2001年	2002年
总计	**134.49**	**175.60**	**335.36**	**404.23**	**139.87**	**156.48**
一、按轻重工业分						
轻工业	31.40	36.01	114.47	109.03	45.07	43.89
以农产品为原料	20.19	25.94	90.41	86.30	34.78	33.75
以非农产品为原料	11.22	10.07	24.06	22.73	10.29	10.15
重工业	103.09	139.59	220.89	295.21	94.81	112.59
采掘工业	2.54	1.79	7.72	7.11	3.40	3.70
原料工业	42.83	52.05	106.40	117.22	50.77	54.45
加工工业	57.71	85.74	106.78	170.89	40.63	54.43
二、按企业规模分						
大型企业	87.00	113.50	206.97	252.05	84.34	94.08
中型企业	15.01	26.45	46.50	65.76	21.18	25.34
小型企业	32.45	35.65	81.90	86.43	34.35	37.06
三、按工业行业分						
煤炭采选业	0.02	0.28	0.38	0.80	0.26	0.39
石油和天然气开采业	0.63	-0.12	3.18	2.20	1.86	1.84
黑色金属矿采选业	0.98	0.79	1.78	1.59	0.36	0.37
有色金属矿采选业	0.63	0.94	0.97	1.44	0.23	0.34
非金属矿采选业	0.17	-0.07	1.83	1.66	1.05	1.11
其他矿采选业			0.01			
木材及竹材采运业	0.01	0.01	0.02	0.02		
食品加工业	4.78	3.84	9.45	9.64	3.24	4.10
食品制造业	1.54	1.67	3.90	3.79	1.59	1.72
饮料制造业	3.20	6.46	11.46	15.86	4.43	5.43
烟草加工业	-0.42	1.67	34.41	42.13	8.72	8.43
纺织业	0.88	2.50	9.22	10.62	6.91	6.70
服装及其他纤维制品制造业	2.34	3.21	5.64	6.07	2.66	2.11

11－6　续表 11　　单位:亿元

分　　组	利润总额		利税总额		本年应交增值税	
	2001年	2002年	2001年	2002年	2001年	2002年
皮革、毛皮、羽绒及其制品业	0.23	0.14	0.64	0.46	0.30	0.25
木材加工及竹、藤、棕、草制品业	0.70	1.18	1.63	2.02	0.68	0.73
家具制造业	0.53	0.58	0.92	0.98	0.29	0.25
造纸及纸制品业	1.75	3.36	4.41	6.82	2.17	2.79
印刷业、记录媒介的复制	2.18	1.74	3.75	3.91	1.38	1.83
文教体育用品制造业	0.27	0.31	0.53	0.49	0.21	0.11
石油加工及炼焦业	－2.32	0.11	10.58	13.37	5.69	5.28
化学原料及化学制品制造业	0.81	－0.45	8.20	8.23	5.92	7.11
医药制造业	8.81	8.89	14.64	15.26	5.20	5.44
化学纤维制造业	0.13	0.23	0.90	1.06	0.73	0.72
橡胶制品业	－0.60	0.09	0.52	1.57	0.68	0.95
塑料制品业	3.67	3.06	5.79	5.67	1.64	2.03
非金属矿物制品业	4.37	4.69	11.91	12.83	5.76	6.42
黑色金属冶炼及压延加工业	10.98	18.76	30.88	44.30	17.60	22.54
有色金属冶炼及压延加工业	0.68	0.65	2.99	3.41	2.04	2.43
金属制品业	3.69	4.43	7.06	7.79	2.66	2.65
普通机械制造业	－0.01	3.05	3.29	7.21	2.79	3.49
专用设备制造业	2.27	2.08	5.41	5.25	2.51	2.65
交通运输设备制造业	24.33	58.27	49.12	90.43	20.90	25.87
电气机械及器材制造业	4.39	5.01	8.47	9.82	3.54	4.24
电子及通信设备制造业	19.94	9.33	24.81	13.57	4.52	3.69
仪器仪表及文化、办公用机械制造业	1.87	0.44	3.24	1.32	1.09	0.72
其他制造业	0.20	0.16	0.61	0.49	0.25	0.23
电力、蒸汽、热水的生产和供应业	30.37	28.94	51.19	51.36	19.11	20.31
煤气生产和供应业	－0.12	－0.10	－0.03		0.07	0.08
自来水的生产和供应业	0.76	－0.36	1.70	0.75	0.78	0.94

11－7 大中型工业企业主要经济指标

单位:亿元

指标	合计		大型企业		中型企业	
	2001年	2002年	2001年	2002年	2001年	2002年
企业单位数(个)	872	847	307	305	583	542
＃亏损企业(个)	323	288	106	95.00	217	193
工业总产值(当年价)	2027.90	2291.05	1549.18	1746.79	478.71	544.26
工业总产值(1990年不变价)	1780.62	2061.58	1323.75	1514.40	456.87	547.18
工业增加值(当年价)	679.20	735.09	519.17	562.25	160.05	172.84
全部职工年平均人数(万人)	116.01	11.16	80.85	75.40	35.15	36.20
实收资本	990.44	1030.95	809.21	832.66	181.22	198.29
流动资产年平均余额	1480.04	1623.53	1193.51	1309.81	286.53	313.72
固定资产原价	2656.08	2769.52	2217.63	2291.49	438.45	478.03
＃生产经营用	2024.98	2110.09	1702.68	1766.35	322.30	343.75
本年折旧	112.74	105.55	93.89	85.02	18.40	20.54
固定资产净值年平均余额	1636.63	1733.24	1388.44	1417.05	248.20	316.19
资产总计	3903.23	4183.05	3189.97	3392.94	713.26	790.12
流动负债	1438.46	1579.56	1126.65	1252.80	311.81	326.76
长期负债	856.36	954.02	689.20	768.35	167.16	185.67
所有者权益	1573.84	1611.32	1351.75	1341.03	222.09	270.29
产品销售收入	1974.46	2253.08	1533.45	1742.73	441.00	510.35
＃产品销售成本	1576.68	1747.44	1220.92	1344.25	355.77	403.19
产品销售费用	71.50	94.58	49.54	70.28	21.97	24.31
产品销售税金及附加	45.91	58.44	35.63	44.47	10.28	13.97
产品销售利润	280.36	352.62	227.38	283.74	52.99	68.88
管理费用	167.94	186.07	132.60	148.08	35.34	37.99
利润总额	102.04	139.95	87.00	113.50	15.05	26.45
亏损企业亏损总额	32.33	27.00	20.37	17.21	11.98	9.79
利税总额	253.47	317.81	206.97	252.05	46.50	65.76
本年应交增值税	105.52	119.42	84.34	94.08	21.18	25.34

11-8 大中型工业企业主要经济效益指标

指标	单位	合计		大型企业		中型企业	
		2001年	2002年	2001年	2002年	2001年	2002年
亏损面	%	37.04	34.00	34.53	31.15	37.22	35.61
百元固定资产原值实现产值	元	76.35	82.72	69.86	76.23	109.18	113.85
百元固定资产原值实现利税	元	9.54	11.48	9.33	11.00	10.61	13.76
百元固定资产原值实现利润	元	3.84	5.05	3.92	4.95	3.43	5.53
百元资金实现产值	元	51.95	54.77	48.56	51.48	67.12	68.88
百元资金实现利税	元	6.49	7.60	6.49	7.43	6.52	8.32
百元资金实现利润	元	2.61	3.35	2.73	3.35	2.11	3.35
百元产值实现销售收入	元	97.36	98.34	100.28	99.77	92.12	93.77
百元产值实现利税	元	12.50	13.87	13.36	14.43	9.71	12.08
百元产值实现利润	元	5.03	6.11	5.62	6.50	3.14	4.86
流动资金周转次数	次	1.33	1.39	1.28	1.33	1.54	1.63
流动资金周转天数	天	274	263	284	274	237	224
百元销售收入实现利税	元	12.84	14.11	13.50	14.46	10.54	12.89
百元销售收入实现利润	元	5.17	6.21	5.67	6.51	3.41	5.18
工业增加值率	%	33.49	32.09	33.51	32.19	33.43	31.76
平均每一企业拥有固定资产原值	万元	30460	32698	72236	75131	7760	8820

注:本表按当年价格计算。

11-9 国有及国有控股工业企业主要经济指标

单位:亿元

指　　　　标	1990年	1995年	1999年	2000年	2001年	2002年
企业单位数(个)	3813	4229	3363	2965	2498	2100
#亏损企业(个)	1206	1487	1382	1066	893	726
工业总产值(当年价)	596.53	1220.72	1746.99	1929.01	2038.47	2168.29
工业总产值(不变价)	656.07	918.81	1519.46	1601.05	1757.88	1903.57
工业增加值(当年价)		361.24	598.17	655.93	691.62	709.81
全部职工年平均人数(万人)	213.69	210.16	172.80	153.77	134.11	117.08
实收资本		551.43	831.00	909.97	994.81	1000.68
流动资产合计		900.48	1479.20	1571.02	1611.60	1648.75
流动资产年平均余额	195.11	903.49	1442.78	1550.89	1487.02	1583.83
固定资产合计		1153.76	1923.14	1965.86	1982.90	2025.58
固定资产原价	548.72	1382.74	2518.36	2595.52	2779.61	2780.14
#生产经营用	448.97	1109.23	2059.55	2052.40	2093.98	2096.82
本年折旧	23.95	72.13	96.08	107.58	114.98	102.06
固定资产净值年平均余额	375.33	724.28	1663.45	1659.54	1704.64	1751.62
资产总计		2186.30	3839.40	3983.45	4059.45	4158.06
流动负债		925.88	1484.09	1493.81	1512.62	1582.10
长期负债		453.16	972.70	989.15	928.13	988.26
所有者权益		803.61	1342.09	1416.86	1565.18	1544.04
产品销售收入	548.59	1176.62	1631.97	1856.42	1965.90	2107.37
#产品销售成本		938.41	1305.10	1469.27	1583.41	1643.71
产品销售费用		26.50	50.72	56.89	61.60	74.18
产品销售税金及附加	53.70	27.19	37.13	43.47	48.26	57.67
产品销售利润	30.12	184.52	209.11	257.80	272.62	331.81
管理费用		113.17	209.11	257.80	172.30	182.43
利润总额	26.78	24.40	30.18	63.92	90.10	122.87
亏损企业亏损总额	11.54	24.32	48.52	45.48	36.04	27.49
利税总额	79.79	109.80	151.61	205.79	241.95	291.34
应交增值税		58.10	84.30	98.38	103.59	110.80

注:固定资产净值年平均余额1990年为固定资产净值年末数。

11-10 国有及国有控股工业企业主要经济效益指标

指　　标	单位	1990年	1995年	1999年	2000年	2001年	2002年
亏损面	%	31.63	35.16	41.09	35.95	35.75	34.57
百元固定资产原值实现产值(当年价)	元	108.71	88.28	69.37	74.32	73.34	77.99
百元固定资产原值实现利税	元	14.54	7.97	6.02	7.93	8.70	10.49
百元固定资产原值实现利润	元	4.88	1.76	1.20	2.46	3.24	4.42
百元资金实现产值(当年价)	元	104.57	74.99	56.24	60.08	50.22	52.15
百元资金实现利税	元	13.99	6.75	4.88	6.41	5.96	7.01
百元资金实现利润	元	4.69	1.50	0.97	1.99	2.22	2.96
百元产值实现销售收入(当年价)	元	91.96	96.39	93.42	96.24	96.44	97.19
百元产值实现利税(当年价)	元	13.38	8.99	8.68	10.67	11.87	13.44
百元产值实现利润(当年价)	元	4.49	2.00	1.73	3.31	4.42	5.67
流动资金周转次数	次	2.81	1.30	1.13	1.18	1.32	1.33
流动资金周转天数	天	128	281	319	309	276	274
百元销售收入实现利润	元	4.88	2.07	1.85	3.44	4.58	5.83
百元销售收入实现利税	元	14.54	9.33	9.29	11.08	12.31	13.82
工业增加值率	%		29.59	29.74	34.00	33.93	32.74

11－11　各种分组的国有及国有控股工业企业主要经济指标

单位:亿元

分　　组	企业单位数(个)		亏损企业数(个)		工业总产值(当年价)		工业增加值	
	2001年	2002年	2001年	2002年	2001年	2002年	2001年	2002年
总　　计	**2498**	**2100**	**893**	**726**	**2038.47**	**2168.29**	**691.62**	**709.81**
一、按轻重工业分								
轻　工　业	1165	921	424	329	519.85	416.14	188.80	147.95
以农产品为原料	880	664	320	226	416.41	330.70	154.73	118.19
以非农产品为原料	285	257	104	103	103.44	85.44	34.07	29.75
重　工　业	1333	1179	469	397	1518.61	1752.15	502.82	561.86
采掘工业	79	69	25	19	50.05	46.80	21.41	20.88
原料工业	350	306	150	105	662.88	618.51	222.81	236.60
加工工业	904	804	294	273	805.68	1086.84	258.59	304.39
二、按企业规模分								
大型企业	254	246	91	84	1397.29	1544.49	469.89	497.67
中型企业	380	338	65	142	321.34	336.30	110.46	109.07
小型企业	1864	1516	629	500	319.83	287.50	111.26	103.06
三、按工业行业分								
煤炭采选业	27	24	11	6	4.18	5.02	1.98	1.98
石油和天然气开采业	1	1	0	1	37.27	32.13	16.77	15.02
黑色金属矿采选业	4	4	1	2	0.37	0.50	0.17	0.14
有色金属矿采选业	9	8	2	2	4.34	4.00	0.99	1.91
非金属矿采选业	42	38	15	9	6.97	8.66	2.72	3.36
其他矿采选业	1				0.02		0.01	
木材及竹材采运业	3	2	0.20	0.16	0.06	0.06		
食品加工业	316	227	105	76	79.00	60.37	25.46	19.43
食品制造业	56	42	27	15	8.10	9.20	2.89	3.36
饮料制造业	77	52	24	15	32.02	21.03	15.24	8.59
烟草加工业	22	19	12	9	88.66	87.82	49.25	40.18
纺　织　业	166	138	76	52	117.87	92.28	32.08	29.64
服装及其他纤维制品制造业	34	29	12	8	31.20	24.72	9.44	7.03

注:工业增加值按生产法计算(下表同)。

11－11　续表1　　　　单位:亿元

分　　组	企业单位数(个)		亏损企业数(个)		工业总产值(当年价)		工业增加值	
	2001年	2002年	2001年	2002年	2001年	2002年	2001年	2002年
皮革、毛皮、羽绒及其制品业	12	7	2	1	4.24	2.46	1.31	0.76
木材加工及竹、藤、棕、草制品业	25	14	8	2	8.05	7.02	1.99	3.56
家具制造业	9	10	5	4	0.67	1.67	0.22	0.51
造纸及纸制品业	45	34	13	8	17.25	20.58	6.52	7.44
印刷业、记录媒介的复制	99	74	30	23	17.18	16.09	5.44	7.39
文教体育用品制造业	5	3	1	1	1.04	0.68	0.30	0.20
石油加工及炼焦业	6	9	3	4	138.85	141.22	20.36	27.76
化学原料及化学制品制造业	168	130	56	49	110.61	112.57	31.92	31.18
医药制造业	66	66	15	19	42.17	58.24	15.64	19.13
化学纤维制造业	10	6	5	4	15.47	7.37	2.62	1.74
橡胶制品业	12	9	4	4	5.28	5.37	2.72	1.87
塑料制品业	47	38	17	17	16.62	14.85	6.05	5.69
非金属矿物制品业	241	206	74	61	54.35	56.97	19.10	20.62
黑色金属冶炼及压延加工业	19	18	8	7	243.28	259.28	86.51	101.50
有色金属冶炼及压延加工业	22	20	10	9	41.88	45.36	8.61	14.15
金属制品业	52	42	14	16	17.80	17.84	5.08	5.71
普通机械制造业	138	133	57	49	58.17	72.76	25.42	19.93
专用设备制造业	116	83	44	42	43.21	39.68	14.02	12.06
交通运输设备制造业	193	193	60	54	449.58	622.42	129.65	170.32
电气机械及器材制造业	74	62	18	18	49.14	35.95	14.15	10.90
电子及通信设备制造业	57	52	12	13	103.13	82.86	42.15	27.46
仪器仪表及文化、办公用机械制造业	53	41	26	18	10.88	10.00	2.95	3.39
其他制造业	7	7	2	2	2.45	1.58	1.19	0.50
电力、蒸汽、热水的生产和供应业	154	148	71	47	154.73	165.85	83.10	77.92
煤气生产和供应业	4	4	3	3	3.25	3.44	0.05	0.91
自来水的生产和供应业	102	103	47	53	15.55	16.11	6.66	5.57

11－11　续表2　　单位:亿元

分　　组	实 收 资 本		流动资产年平均余额		固定资产原价	
	2001年	2002年	2001年	2002年	2001年	2002年
总　　计	**994.81**	**1000.68**	**1487.02**	**1583.83**	**2779.61**	**2780.14**
一、按轻重工业分						
轻　工　业	197.60	172.54	332.16	300.79	437.10	361.70
以农产品为原料	121.32	114.01	246.08	211.72	295.84	239.98
以非农产品为原料	76.28	58.54	86.07	89.07	141.25	121.73
重　工　业	797.21	828.14	1154.86	1283.04	2342.51	2418.44
采掘工业	65.33	36.66	61.96	62.01	188.72	187.92
原料工业	335.31	359.58	475.20	463.39	1476.20	1491.83
加工工业	396.56	431.90	617.70	757.64	677.59	738.70
二、按企业规模分						
大型企业	746.65	758.35	1087.10	1195.04	2122.88	2168.24
中型企业	135.66	142.16	222.79	228.59	361.17	369.00
小型企业	112.49	100.17	177.13	160.20	295.56	242.91
三、按工业行业分						
煤炭采选业	3.35	3.65	3.30	3.68	9.45	8.38
石油和天然气开采业	51.02	20.48	51.87	51.94	116.19	116.60
黑色金属矿采选业	0.17	0.28	0.27	0.17	0.39	0.19
有色金属矿采选业	2.54	3.28	1.97	1.87	7.94	7.59
非金属矿采选业	9.73	9.66	7.58	8.19	61.64	61.08
其他矿采选业			0.01		0.01	
木材及竹材采运业	0.33	0.22	0.29	0.08	0.21	0.16
食品加工业	15.89	11.14	19.39	17.39	46.71	25.18
食品制造业	3.95	4.52	7.34	4.38	7.47	11.27
饮料制造业	17.53	11.04	14.66	12.35	25.83	14.39
烟草加工业	14.28	14.99	65.30	71.93	52.81	53.81
纺　织　业	34.79	39.81	76.41	58.82	100.12	82.80
服装及其他纤维制品制造业	10.60	13.38	17.16	14.92	15.86	15.77

11－11　续表 3　　单位:亿元

分　组	实收资本		流动资产年平均余额		固定资产原价	
	2001 年	2002 年	2001 年	2002 年	2001 年	2002 年
皮革、毛皮、羽绒及其制品业	0.87	0.67	5.10	4.47	2.70	1.46
木材加工及竹、藤、棕、草制品业	3.88	2.30	3.28	2.86	7.46	5.08
家具制造业	0.07	0.20	0.29	0.52	0.38	0.64
造纸及纸制品业	6.05	5.58	11.84	13.38	8.07	9.99
印刷业、记录媒介的复制	17.89	5.72	15.45	13.16	16.95	15.04
文教体育用品制造业	0.18	0.20	0.19	0.14	0.20	0.22
石油加工及炼焦业	15.11	34.29	42.30	32.05	83.68	83.96
化学原料及化学制品制造业	49.93	48.93	86.14	79.62	143.39	137.61
医药制造业	19.40	24.51	30.91	51.94	29.11	36.36
化学纤维制造业	8.68	2.06	11.99	10.26	32.14	19.79
橡胶制品业	2.82	3.64	6.16	7.06	8.19	8.65
塑料制品业	8.87	8.12	17.01	16.71	18.52	12.85
非金属矿物制品业	29.46	29.45	35.77	30.30	91.69	89.06
黑色金属冶炼及压延加工业	98.29	98.98	204.76	209.25	513.67	515.03
有色金属冶炼及压延加工业	20.22	21.29	20.67	22.97	46.61	51.01
金属制品业	11.39	9.29	15.86	13.63	19.30	17.25
普通机械制造业	40.06	39.56	59.07	67.55	65.43	63.60
专用设备制造业	21.39	19.97	36.78	35.93	43.86	38.82
交通运输设备制造业	250.07	254.39	318.89	391.30	362.47	386.18
电气机械及器材制造业	23.23	19.84	47.52	35.65	33.56	22.03
电子及通信设备制造业	13.92	25.39	65.84	87.94	25.19	24.00
仪器仪表及文化、办公用机械制造业	4.45	4.17	11.60	11.88	10.85	9.25
其他制造业	0.66	0.46	1.03	0.84	1.13	0.75
电力、蒸汽、热水的生产和供应业	158.38	182.30	152.25	176.18	701.08	765.27
煤气生产和供应业	3.49	4.62	1.38	1.28	7.51	6.11
自来水的生产和供应业	20.95	20.45	13.93	15.98	57.26	58.13

11－11　续表 4　　单位:亿元

分　　组	生产经营用固定资产原价		本 年 折 旧		固定资产净值年平均余额	
	2001 年	2002 年	2001 年	2002 年	2001 年	2002 年
总　　计	**2093.98**	**2096.82**	**114.98**	**102.06**	**1704.64**	**1751.62**
一、按轻重工业分						
轻　工　业	315.44	262.67	17.53	18.59	270.76	231.58
以农产品为原料	214.82	187.39	11.96	10.87	178.13	155.31
以非农产品为原料	100.62	75.28	5.57	7.72	92.63	76.27
重　工　业	1778.54	1834.15	97.44	83.47	1433.88	1520.04
采掘工业	161.03	149.52	7.65	7.79	113.80	109.31
原料工业	1089.69	1082.87	63.86	38.69	878.28	941.08
加工工业	527.81	601.76	25.94	36.99	441.80	469.65
二、按企业规模分						
大型企业	1640.20	1665.46	89.16	78.32	1314.67	1339.19
中型企业	269.90	264.26	14.13	14.91	193.93	241.08
小型企业	183.88	167.10	11.68	8.83	196.04	171.35
三、按工业行业分						
煤炭采选业	7.34	4.24	0.32	0.16	6.49	5.26
石油和天然气开采业	108.53	96.73	6.86	6.86	48.37	48.43
黑色金属矿采选业	0.11	0.09	0.01		0.30	0.08
有色金属矿采选业	7.25	6.59	0.37	0.43	6.07	5.38
非金属矿采选业	43.35	45.57	0.49	0.58	56.03	53.21
其他矿采选业	0.01				0.01	
木材及竹材采运业	0.05	0.03			0.15	0.04
食品加工业	20.43	17.25	0.97	0.99	22.89	17.12
食品制造业	4.73	9.39	0.22	0.45	4.64	7.89
饮料制造业	21.96	12.20	1.44	0.63	18.56	11.17
烟草加工业	41.38	40.37	2.24	2.93	30.04	31.73
纺　织　业	79.89	67.81	3.55	3.72	61.19	50.49
服装及其他纤维制品制造业	11.54	12.61	0.64	0.72	10.28	11.18

11－11　续表 5　　　　单位:亿元

分　　组	生产经营用固定资产原价		本年折旧		固定资产净值年平均余额	
	2001 年	2002 年	2001 年	2002 年	2001 年	2002 年
皮革、毛皮、羽绒及其制品业	2.20	1.26	0.03	0.02	1.82	1.01
木材加工及竹、藤、棕、草制品业	4.13	2.83	0.24	0.26	6.45	3.58
家具制造业	0.18	0.34	0.01	0.01	0.30	0.73
造纸及纸制品业	6.96	8.42	0.34	1.18	6.13	6.91
印刷业、记录媒介的复制	11.30	10.31	0.88	1.10	9.42	8.48
文教体育用品制造业	0.18	0.20	0.01	0.01	0.17	0.20
石油加工及炼焦业	80.26	83.77	6.07	3.96	42.27	40.51
化学原料及化学制品制造业	120.91	114.35	6.30	5.99	88.70	82.06
医药制造业	18.94	24.08	1.91	2.21	21.54	23.76
化学纤维制造业	17.14	18.85	1.43	0.27	22.60	11.70
橡胶制品业	5.92	6.97	0.52	0.20	4.88	4.54
塑料制品业	13.13	11.14	0.78	0.68	12.71	12.03
非金属矿物制品业	69.05	75.19	3.56	4.10	62.35	60.35
黑色金属冶炼及压延加工业	291.00	341.01	23.44	1.95	283.16	268.57
有色金属冶炼及压延加工业	33.09	43.04	1.48	2.11	30.03	36.96
金属制品业	15.38	12.78	0.73	0.68	11.80	11.19
普通机械制造业	43.11	51.08	1.82	3.67	41.04	38.46
专用设备制造业	28.08	29.05	1.32	1.64	27.71	22.51
交通运输设备制造业	292.63	318.48	13.26	18.50	240.61	245.72
电气机械及器材制造业	26.40	18.68	1.07	1.04	19.42	11.80
电子及通信设备制造业	18.94	14.22	2.15	2.92	22.65	29.37
仪器仪表及文化、办公用机械制造业	6.31	7.20	0.45	0.47	6.88	5.40
其他制造业	0.53	0.49	0.04	0.01	0.70	0.48
电力、蒸汽、热水的生产和供应业	584.57	556.99	27.77	27.50	430.69	537.90
煤气生产和供应业	5.54	2.66	0.13	0.15	6.50	5.77
自来水的生产和供应业	47.88	29.10	1.97	3.85	37.16	37.67

11－11 续表 6

单位:亿元

分组	流动负债		产品销售收入		产品销售税金及附加	
	2001年	2002年	2001年	2002年	2001年	2002年
总计	**1512.62**	**1582.10**	**1965.90**	**2107.37**	**48.26**	**57.67**
一、按轻重工业分						
轻工业	371.78	337.71	472.47	387.58	30.86	20.73
以农产品为原料	287.51	261.19	374.56	312.17	30.05	19.92
以非农产品为原料	84.27	76.52	97.91	75.41	0.81	0.82
重工业	1140.84	1244.39	1493.43	1719.79	17.40	36.94
采掘工业	57.03	69.22	58.72	58.33	0.84	0.67
原料工业	449.36	431.55	660.59	626.12	11.58	9.39
加工工业	634.45	743.62	774.11	1035.34	4.98	26.87
二、按企业规模分						
大型企业	1036.80	1149.69	1393.64	1546.39	33.37	41.81
中型企业	248.97	238.81	300.37	321.59	8.92	12.50
小型企业	226.85	193.60	271.88	239.40	5.97	3.36
三、按工业行业分						
煤炭采选业	5.76	5.56	3.73	4.86	0.07	0.05
石油和天然气开采业	40.70	52.94	47.45	44.23	0.69	0.48
黑色金属矿采选业	0.36	0.19	0.17	0.35	0.01	0.02
有色金属矿采选业	2.36	2.13	3.66	4.25	0.03	0.03
非金属矿采选业	12.13	13.11	6.77	8.11	0.24	0.29
其他矿采选业	0.02		0.02			
木材及竹材采运业	0.19	0.06	0.20	0.14	0.01	0.01
食品加工业	30.28	27.27	63.89	41.22	0.68	0.62
食品制造业	5.39	6.62	7.53	8.10	0.10	0.07
饮料制造业	18.25	14.81	26.59	17.54	2.19	1.52
烟草加工业	70.07	78.80	84.93	84.12	26.11	32.01
纺织业	89.54	77.55	102.42	84.99	0.53	0.61
服装及其他纤维制品制造业	19.31	17.78	29.90	28.19	0.10	0.15

11－11　续表 7　　　　　　　　　　　　　　　　　　　　　　　　　　单位:亿元

分　　组	流 动 负 债		产品销售收入		产品销售税金及附加	
	2001 年	2002 年	2001 年	2002 年	2001 年	2002 年
皮革、毛皮、羽绒及其制品业	5.37	4.62	3.25	1.41	0.04	0.01
木材加工及竹、藤、棕、草制品业	3.34	2.81	6.68	6.63	0.15	0.02
家具制造业	0.95	0.69	0.55	1.24		0.01
造纸及纸制品业	12.57	13.57	14.98	19.66	0.12	0.16
印刷业、记录媒介的复制	11.12	10.80	15.47	13.71	0.12	0.10
文教体育用品制造业	0.15	0.12	0.91	0.52	0.01	0.01
石油加工及炼焦业	28.37	30.84	140.59	139.78	7.14	7.87
化学原料及化学制品制造业	75.96	76.11	106.39	107.28	0.42	0.51
医药制造业	34.29	36.58	44.94	54.07	0.30	0.50
化学纤维制造业	13.81	15.87	20.92	23.51	0.03	0.07
橡胶制品业	7.58	8.38	5.42	5.45	0.05	0.03
塑料制品业	11.61	9.37	19.11	13.44	0.09	0.12
非金属矿物制品业	47.08	40.44	47.10	49.31	0.49	0.45
黑色金属冶炼及压延加工业	193.81	189.91	241.14	267.88	1.99	2.69
有色金属冶炼及压延加工业	29.62	32.38	38.02	44.48	0.19	0.23
金属制品业	21.78	18.50	15.99	16.53	0.05	0.06
普通机械制造业	68.35	73.81	42.45	50.68	0.21	0.32
专用设备制造业	37.40	34.18	39.92	40.95	0.27	0.18
交通运输设备制造业	350.83	414.20	450.63	613.94	3.49	5.65
电气机械及器材制造业	35.61	35.76	41.26	25.93	0.15	0.13
电子及通信设备制造业	52.51	53.88	96.42	78.09	0.24	0.33
仪器仪表及文化、办公用机械制造业	15.05	11.88	11.23	9.94	0.15	0.06
其他制造业	1.03	0.45	1.94	1.33	0.01	
电力、蒸汽、热水的生产和供应业	138.05	147.38	163.09	173.61	1.63	2.03
煤气生产和供应业	1.52	1.79	3.14	3.64	0.01	0.02
自来水的生产和供应业	15.50	15.45	13.63	14.06	0.15	0.17

11－11　续表 8　　　　单位:亿元

分　　组	亏损企业亏损总额		利 润 总 额		利 税 总 额		本年应交增值税	
	2001 年	2002 年	2001 年	2002 年	2001 年	2002 年	2001 年	2002 年
总　　计	**36.04**	**27.49**	**90.10**	**122.87**	**241.95**	**291.34**	**103.59**	**110.80**
一、按轻重工业分								
轻　工　业	13.20	8.98	7.61	8.44	62.93	47.72	24.45	18.55
以农产品为原料	11.12	6.47	3.17	6.22	52.65	40.22	19.43	14.08
以非农产品为原料	2.09	2.50	4.44	2.22	10.28	7.50	5.02	4.46
重　工　业	22.83	18.52	82.48	114.43	179.02	243.62	79.13	92.25
采掘工业	0.59	1.14	0.48	－0.26	3.68	2.98	2.36	2.56
原料工业	10.54	6.64	38.28	47.60	96.47	106.52	46.61	49.53
加工工业	11.70	10.74	43.73	67.09	78.87	134.12	30.16	40.16
二、按企业规模分								
大型企业	16.68	14.79	80.63	102.57	191.10	227.92	77.10	83.54
中型企业	10.66	7.92	6.44	15.58	30.55	44.62	15.19	16.54
小型企业	8.70	4.78	3.04	4.73	20.30	18.80	11.29	10.72
三、按工业行业分								
煤炭采选业	0.13	0.02	－0.05	0.19	0.23	0.57	0.22	0.33
石油和天然气开采业	0.12	0.63	－0.12	3.18	2.20	1.86	1.84	
黑色金属矿采选业		0.01	0.02	0.05	0.02	0.01		
有色金属矿采选业	0.01	0.02	0.27	0.51	0.42	0.71	0.13	0.18
非金属矿采选业	0.56	0.94	－0.47	－0.78	0.27	0.13	0.50	0.61
其他矿采选业								
木材及竹材采运业		0.01	0.01	0.02	0.02			
食品加工业	0.47	0.66	0.49	－0.31	2.39	1.05	1.21	0.74
食品制造业	0.20	0.08	0.28	0.26	0.74	0.80	0.36	0.47
饮料制造业	0.52	0.31	0.69	0.84	4.71	3.64	1.83	1.29
烟草加工业	5.61	1.74	－0.78	1.31	33.75	41.57	8.43	8.26
纺　织　业	2.18	1.93	－0.71	－0.15	3.81	3.50	3.99	3.05
服装及其他纤维制品制造业	1.05	0.98	－0.73	0.09	－0.21	0.63	0.41	0.40

11－11　续表 9　　　　　　　　　　　　　　　　　　单位:亿元

分　　组	亏损企业亏损总额		利 润 总 额		利 税 总 额		本年应交增值税	
	2001 年	2002 年	2001 年	2002 年	2001 年	2002 年	2001 年	2002 年
皮革、毛皮、羽绒及其制品业	0.01		0.03		0.18	0.09	0.11	0.08
木材加工及竹、藤、棕、草制品业	0.15		0.04	0.35	0.43	0.68	0.25	0.31
家具制造业				0.08	0.02	0.09	0.02	0.01
造纸及纸制品业	0.23	0.06	0.68	2.37	1.75	3.91	0.96	1.37
印刷业、记录媒介的复制	0.20	0.20	1.60	1.06	2.62	2.29	0.90	1.13
文教体育用品制造业		0.02	0.01	－0.01	0.05		0.03	0.01
石油加工及炼焦业	2.52	1.00	－2.52	－0.01	10.17	12.87	5.55	5.02
化学原料及化学制品制造业	3.35	4.64	－0.57	－1.97	3.14	1.88	3.28	3.35
医药制造业	0.44	0.36	4.69	5.58	7.85	8.88	2.86	2.80
化学纤维制造业	0.30	0.29	0.15	0.35	0.84	0.83	0.66	0.42
橡胶制品业	0.39	0.37	－0.23	－0.21	－0.05	0.04	0.13	0.22
塑料制品业	0.21	0.11	2.22	1.35	3.09	2.21	0.78	0.74
非金属矿物制品业	1.26	0.82	0.70	0.72	3.77	3.93	2.58	2.76
黑色金属冶炼及压延加工业	0.81	0.29	10.66	18.27	29.68	42.79	17.04	21.83
有色金属冶炼及压延加工业	0.56	0.30	－0.03	0.25	1.62	2.18	1.46	1.70
金属制品业	0.55	0.69	0.17	0.29	0.90	1.02	0.68	0.66
普通机械制造业	1.76	1.18	－0.90	1.15	1.33	3.71	2.02	2.25
专用设备制造业	1.21	0.86	0.68	0.50	2.30	1.90	1.36	1.22
交通运输设备制造业	4.54	3.02	21.78	54.97	43.67	83.10	18.40	22.47
电气机械及器材制造业	0.43	0.23	1.77	0.56	3.56	1.68	1.64	0.99
电子及通信设备制造业	0.34	0.18	18.82	7.46	22.72	10.49	3.66	2.71
仪器仪表及文化、办公用机械制造业	0.33	0.32	0.50	0.09	1.28	0.66	0.63	0.52
其他制造业	0.03	0.01	0.03	0.04	0.13	0.10	0.09	0.06
电力、蒸汽、热水的生产和供应业	4.89	3.88	29.78	28.47	50.07	50.34	18.66	19.84
煤气生产和供应业	0.13	0.13	－0.13	－0.13	－0.06	－0.03	0.06	0.08
自来水的生产和供应业	0.51	1.52	0.69	－0.36	1.59	0.73	0.75	0.91

11-12 主要工业产品产量

产品名称	单位	1995年	1998年	1999年	2000年	2001年	2002年
化学纤维	万吨	5.92	7.08	8.00	9.82	9.05	10.61
♯合成纤维	万吨	3.11	4.61	5.65	7.75	6.61	7.82
纱	万吨	49.84	49.42	53.21	64.73	63.29	67.03
布	亿米	23.24	14.38	15.10	17.15	17.09	18.28
♯纯棉布	亿米	14.60	8.00	8.91	10.68	10.99	12.25
针棉织品(折用棉纱线量)	万吨	3.99	2.82	2.25	2.65	2.81	3.64
毛线	吨	7622	1974	2353	3001	2516	2168
呢绒	万米	691.00	283.05	321.17	379.50	340.37	357.43
麻袋	亿条	0.83	0.79	0.51	0.21	0.16	0.10
丝	万吨	0.18	0.06	0.06	0.13	0.21	0.15
机制纸及纸板	万吨	83.08	45.81	51.37	54.42	57.87	103.46
表	万只	92.06	4.97	6.53	3.77	44.86	188.17
钟	万只	50.45	5.42	3.65	0.04	23.00	49.40
灯炮	亿只	2.04	1.43	3.05	3.86	4.86	4.47
合成洗涤剂	万吨	13.53	11.32	15.81	13.91	10.41	6.51
肥皂	万吨	4.20	1.32	1.41	1.09	0.86	1.03
牙膏	万支	111.24	69.09	110.67	123.42	75.77	67.19
火柴	万件	85.97	34.52	32.55	46.50	62.50	62.91
原盐	万吨	177.12	206.62	236.51	240.57	262.38	281.17
糖	万吨	1.10		0.83	0.82	1.40	1.28
卷烟	万箱	220.03	205.30	203.28	207.45	189.00	180.04
罐头	万吨	8.56	3.70	2.90	3.13	3.88	3.38
白酒(商品量)	万吨	4.89	14.15	19.65	21.89	16.34	11.39
啤酒	万吨	67.90	92.24	90.22	94.70	103.07	104.95
乳制品	万吨	1.09	0.48	1.18	1.00	0.17	0.37

注:1997年以前为乡及乡以上工业企业统计口径;1998年以后为全部国有和年销售收入500万元以上工业企业统计口径。

11-12　续表1

产品名称	单位	1995年	1998年	1999年	2000年	2001年	2002年
摩托车	万辆	2.89	4.41	7.38	10.58	8.05	10.73
拖拉机(14.92千瓦及以上)	万台	0.49	0.20	0.14	0.09	0.12	0.09
小型拖拉机	万台	0.57	0.71	0.39	0.23	0.05	0.23
内燃机(商品量)	万千瓦	470.00	605.77	920.28	1219.01	1852.37	2424.60
电话机(单机)	万部	39.32	35.66	50.01	21.20	20.66	32.39
原煤	万吨	1533.31	439.02	444.52	389.34	333.86	372.55
原油	万吨	85.03	75.70	78.51	75.11	77.20	78.30
汽油	万吨	126.32	115.11	118.98	164.00	130.38	144.65
柴油	万吨	153.05	130.15	214.93	247.01	219.31	227.27
天然气	亿立方米	0.76	0.82	0.92	0.91	0.76	0.91
发电量	亿千瓦小时	452.74	475.23	508.00	538.11	574.89	606.57
#水电	亿千瓦小时	258.82	227.92	225.01	269.86	254.69	272.59
生铁	万吨	645.73	721.58	751.11	778.84	839.14	942.85
钢	万吨	711.57	813.18	851.55	895.92	1003.91	1108.35
成品钢材	万吨	661.34	732.23	762.03	811.10	911.70	993.52
#重轨	万吨	4.13	5.84	2.80	5.93	8.26	8.68
普通大型钢材	万吨	39.57	29.10	26.21	31.66	38.63	41.07
普通中型钢材	万吨	17.55	7.25	8.13	4.60	13.80	12.20
普通小型钢材	万吨	58.21	66.03	86.11	94.71	125.48	162.33
优质型钢材	万吨	51.78	73.94	77.64	62.33	70.11	97.90
线材	万吨	63.09	83.36	106.85	107.45	113.53	128.53
特厚钢板	万吨	6.49	9.66	5.70	10.62	13.15	15.32
中厚钢板	万吨	139.29	153.92	126.93	149.78	192.18	186.04
薄钢板	万吨	208.57	198.22	203.93	189.37	173.27	180.09
硅钢片	万吨	17.76	25.29	28.57	35.68	37.17	41.15
钢带	万吨	26.87	32.01	42.37	52.26	46.18	48.97
无缝钢管	万吨	4.17	6.12	7.13	11.06	20.21	26.38
铁合金	万吨	9.59	8.37	8.00	6.49	6.70	6.06
焦炭	万吨	398.44	402.78	401.74	410.52	408.23	415.56
水泥	万吨	1838.25	1965.83	2209.70	2460.92	2603.70	2948.66
平板玻璃	万重量箱	496.54	564.09	658.01	625.98	677.85	1098.17
木材	万立方米	119.68	10.56	8.29	4.63	1.34	1.56

11－12　续表2

产品名称	单位	1995年	1998年	1999年	2000年	2001年	2002年
味精	万吨	1.24	1.75	2.12	2.03	2.40	2.26
化学原料药	万吨	0.75	1.44	1.48	1.58	1.48	2.11
中成药	万吨	1.80	1.90	1.87	2.05	1.97	4.78
塑料制品	万吨	51.02	22.84	25.14	25.31	29.65	34.37
家用洗衣机	万台	20.90	73.40	82.68	78.19	64.21	68.88
电视机	万台	14.56	4.80	7.85	3.46	0.25	0.01
♯彩电	万台	8.95	4.66	7.85	3.46	0.21	0.01
硫酸	万吨	127.39	166.89	179.82	178.17	206.46	240.31
纯碱	万吨	30.33	48.25	52.52	60.09	66.51	69.59
烧碱	万吨	16.53	15.86	16.51	18.43	19.08	20.89
合成氨	万吨	157.67	169.39	185.68	165.11	181.72	195.05
农用化肥	万吨	186.89	224.20	233.73	221.11	283.44	253.22
♯氮肥	万吨	111.55	129.97	149.95	118.59	137.04	145.82
磷肥	万吨	75.47	93.45	82.79	101.53	143.35	102.53
化学农药	万吨	2.05	4.16	4.33	5.18	5.10	5.33
电石(折合量)	万吨	11.15	4.06	10.86	14.49	5.73	5.86
塑料	万吨	8.11	12.46	15.27	25.31	24.24	25.42
轮胎外胎	万吨	220.38	266.29	252.77	176.26	203.25	178.75
矿山设备	万吨	1.87	0.47	0.38	0.40	0.49	0.70
石油钻采设备	万吨	2.37	1.27	0.73	0.97	1.15	0.57
化工设备	万吨	0.45	1.27	1.35	0.55	0.83	1.36
发电设备	万千瓦	80.56	43.49	46.52	37.50	60.37	98.54
交流电动机	万千瓦	124.45	66.82	64.48	67.51	49.57	45.44
金属切削机床	台	4634	1274	1475	1655	2057.00	2132.00
♯数控机床	台	48.00	166.00	261.00	239.00	222.00	554.00
大型机床	台	57.00	86.00	50.00	113.00	70.00	294.00
汽车	万辆	15.52	19.35	22.39	19.57	22.21	41.64
♯载货汽车	万辆	9.98	9.02	12.11	8.50	9.28	13.40

11－13　市、州工业总产值按轻、重工业分(2002年)

单位:亿元

市、州	总　计	轻工业	以农产品为原料	以非农产品为原料	重工业	采掘工业	原料工业	加工工业
全　　省	**3589.26**	**1184.78**	**916.04**	**268.74**	**2404.48**	**101.98**	**771.94**	**1530.56**
武　汉　市	1138.98	312.17	248.70	63.47	826.81	7.83	263.94	555.04
黄　石　市	182.71	31.11	24.00	7.11	151.60	26.79	100.06	24.75
十　堰　市	400.05	15.28	8.57	6.71	384.77	0.64	23.23	360.90
宜　昌　市	222.05	86.49	67.19	19.30	135.55	6.69	54.93	73.93
襄　樊　市	313.30	103.01	91.63	11.38	210.29	2.34	36.73	171.21
鄂　州　市	127.84	39.20	24.76	14.44	88.64	5.00	61.96	21.68
荆　门　市	171.15	36.04	24.82	11.22	135.11	3.52	93.46	38.13
孝　感　市	192.79	99.03	64.04	35.00	93.76	2.62	46.06	45.07
荆　州　市	212.79	94.34	72.15	22.19	118.45	0.99	26.41	91.05
黄　冈　市	171.17	101.38	75.95	25.43	69.79	5.29	14.95	49.54
咸　宁　市	80.30	43.55	38.58	4.96	36.75	3.35	13.82	19.58
随　州　市	106.19	60.33	54.18	6.15	45.85	4.57	5.66	35.62
恩施自治州	34.23	22.77	19.82	2.95	11.46	0.21	9.62	1.63
仙　桃　市	97.87	74.03	47.65	26.37	23.84		2.62	21.22
天　门　市	48.21	32.87	27.17	5.70	15.34		1.37	13.97
潜　江　市	88.53	33.14	26.81	6.33	55.39	32.13	17.10	6.16
神农架林区	1.09	0.02		0.02	1.07			1.07

注:本表按当年价格计算,统计范围为全部国有及非国有产品销售收入在500万元以上独立核算的工业企业(19－33、34－35表同)

11－14　市、州工业总产值按经济类型和企业规模分(2002年)

单位:亿元

市、州	国有及国有控股企业	集体企业	其他企业	大型企业	中型企业	小型企业
全　　省	**2168.29**	**331.20**	**1089.77**	**1746.79**	**544.26**	**1298.21**
武　汉　市	785.86	50.28	302.85	739.21	121.51	278.25
黄　石　市	105.86	23.50	53.35	92.31	33.26	57.14
十　堰　市	345.90	5.06	49.09	318.00	49.07	32.98
宜　昌　市	131.83	7.08	83.13	97.16	49.78	75.10
襄　樊　市	242.15	21.07	50.08	174.15	71.33	67.82
鄂　州　市	50.62	21.92	55.30	38.64	13.83	75.37
荆　门　市	123.37	12.03	35.75	114.70	14.82	41.63
孝　感　市	65.29	39.63	87.87	52.85	16.48	123.46
荆　州　市	77.87	21.32	113.61	43.51	61.47	107.81
黄　冈　市	92.44	41.06	37.66	9.28	45.37	116.52
咸　宁　市	35.49	9.20	35.61	6.98	18.31	55.02
随　州　市	30.65	44.01	31.53	2.99	16.06	87.13
恩施自治州	22.65	0.34	11.24	2.32	8.90	23.01
仙　桃　市	4.28	8.63	84.96	17.62	9.17	71.07
天　门　市	4.73	20.45	23.04	0.00	2.71	45.51
潜　江　市	48.22	5.61	34.70	37.06	12.12	39.36
神农架林区	1.09				0.05	1.04

11-15 市、州工业企业主要经济指标(2002年)

单位:亿元

市、州	企业单位数(个)	工业增加值(当年价)	全部从业人员年平均人数(万人)	流动资产年平均余额	固定资产原价
全　　省	**6183**	**1170.48**	**205.82**	**2080.32**	**3356.17**
武 汉 市	1360	365.04	53.12	804.49	1146.50
黄 石 市	284	70.60	13.88	130.57	208.61
十 堰 市	266	106.85	15.30	214.51	261.58
宜 昌 市	382	83.03	13.83	174.48	397.72
襄 樊 市	399	97.81	19.26	167.35	261.45
鄂 州 市	233	38.30	6.30	43.99	113.59
荆 门 市	314	52.21	9.21	66.51	195.88
孝 感 市	537	64.12	12.16	90.87	154.25
荆 州 市	490	67.73	14.12	110.66	157.86
黄 冈 市	649	61.82	13.41	57.97	94.68
咸 宁 市	283	28.52	7.62	35.78	70.56
随 州 市	338	38.28	7.78	36.26	28.96
恩施自治州	106	14.99	2.73	27.88	59.82
仙 桃 市	215	31.95	7.05	32.79	28.31
天 门 市	166	19.34	3.63	12.43	28.45
潜 江 市	154	29.39	6.22	72.29	144.53
神农架林区	7	0.49	0.21	1.50	3.44

市、州	固定资产净值年平均余额	产品销售收入	产品销售税金及附加	利润总额	利税总额	本年应交增值税
全　　省	**2148.25**	**3378.31**	**72.16**	**175.60**	**404.23**	**156.48**
武 汉 市	712.91	1088.06	31.26	64.79	160.06	64.02
黄 石 市	135.20	170.68	2.09	4.65	14.51	7.77
十 堰 市	147.86	394.97	2.08	39.08	54.24	13.08
宜 昌 市	280.54	205.87	4.83	6.83	23.55	11.89
襄 樊 市	170.72	279.81	6.93	14.23	34.48	13.32
鄂 州 市	79.53	121.57	0.64	8.54	14.29	5.11
荆 门 市	130.80	166.09	5.39	1.59	13.01	6.02
孝 感 市	106.07	188.37	2.72	13.09	23.19	7.38
荆 州 市	105.94	187.08	1.70	5.85	15.04	7.49
黄 冈 市	71.26	152.58	4.22	8.02	18.36	6.11
咸 宁 市	37.28	69.78	1.41	0.36	4.52	2.75
随 州 市	20.28	87.67	2.90	3.13	8.16	2.13
恩施自治州	42.15	33.94	3.75	-0.17	5.97	2.38
仙 桃 市	19.81	87.76	0.27	2.53	5.15	2.35
天 门 市	16.94	46.40	0.89	1.46	3.26	0.90
潜 江 市	68.19	96.95	1.06	1.67	6.47	3.73
神农架林区	2.77	0.74	0.01	-0.07	-0.01	0.05

11－16 市、州国有及国有控股工业企业主要经济指标(2002年)

单位:亿元

市、州	企业单位数(个)	工业增加值(当年价)	全部从业人员年平均人数(万人)	流动资产年平均余额	固定资产原价
全　　省	**2100**	**709.81**	**117.08**	**1583.83**	**2780.14**
武　汉　市	441	251.54	33.30	640.42	989.39
黄　石　市	100	43.18	7.59	102.02	173.10
十　堰　市	150	91.59	11.29	181.25	226.23
宜　昌　市	127	54.62	8.61	137.43	338.32
襄　樊　市	193	69.92	13.92	145.07	229.05
鄂　州　市	58	16.38	3.45	26.36	97.35
荆　门　市	115	35.59	5.87	48.12	163.58
孝　感　市	110	23.76	5.55	60.70	124.88
荆　州　市	128	27.02	6.33	60.76	98.41
黄　冈　市	304	36.03	7.64	43.59	74.19
咸　宁　市	138	13.70	4.32	23.77	55.25
随　州　市	64	12.55	2.73	15.39	13.68
恩施自治州	58	10.47	1.91	23.20	49.54
仙　桃　市	8	1.86	0.34	7.85	6.80
天　门　市	31	1.84	0.66	5.03	5.71
潜　江　市	68	19.29	3.34	61.35	131.22
神农架林区	7	0.49	0.21	1.50	3.44

市、州	固定资产净值年平均余额	产品销售收入	产品销售税金及附加	利润总额	利税总额	本年应交增值税
全　　省	**1751.62**	**2107.37**	**57.67**	**122.87**	**291.34**	**110.80**
武　汉　市	603.37	766.89	28.32	45.42	121.73	47.98
黄　石　市	112.00	103.15	0.83	2.24	8.77	5.70
十　堰　市	124.28	342.09	1.40	38.50	50.37	10.48
宜　昌　市	245.74	128.32	3.48	3.48	15.36	8.41
襄　樊　市	149.34	219.58	6.32	11.67	28.89	10.90
鄂　州　市	68.34	52.22	0.36	6.48	10.36	3.52
荆　门　市	108.52	123.54	4.50	0.54	9.73	4.70
孝　感　市	81.83	68.16	0.82	8.44	13.27	4.01
荆　州　市	62.84	69.16	0.72	1.23	5.65	3.69
黄　冈　市	55.90	83.59	3.05	5.86	13.05	4.13
咸　宁　市	27.22	32.63	1.18	-1.23	1.61	1.66
随　州　市	9.92	24.92	2.28	0.24	3.45	0.94
恩施自治州	33.54	24.75	3.67	-0.70	4.90	1.94
仙　桃　市	4.21	3.95	0.01	0.41	0.61	0.19
天　门　市	4.08	4.75	0.05	0.01	0.16	0.11
潜　江　市	57.73	58.93	0.68	0.35	3.44	2.40
神农架林区	2.77	0.74	0.01	-0.07	-0.01	0.05

主要统计指标解释

【工业总产值】 1.定义:工业总产值是以货币形式表现的,工业企业在一定时期内生产的工业最终产品或提供工业性劳务活动的总价值量。

2.计算原则:计算工业总产值应遵循三条基本原则。

①工业生产的原则:即凡是企业在报告期生产的经检验合格的产品,不管是否在报告期销售,均应包括在内。反之亦然,凡不是本企业生产的产品,均不计入本企业的工业总产值中。

②最终产品的原则:即凡是计入工业总产值的产品必须是本企业生产的经检验合格,不需再进行任何加工的最终产品。如果企业有中间产品(半成品)对外销售,那么对外销售的中间产品也应视为企业的最终产品;

③工厂法原则:即工业总产值是以工业企业作为基本计算(核算)单位,即按企业的最终产品计算工业总产值。按这种方法计算的工业总产值,不允许同一产品价值在企业内部重复计算,但允许企业间的重复计算。

3.内容及计算方法:工业总产值包括本期生产成品价值、对外加工费收入,在制品半成品期末期初差额价值三部分。

①本期生产成品价值:是指企业本期生产,并在报告期内不再进行加工,经检验、包装入库的全部工业成品(半成品)价值合计,包括企业生产的自制设备及提供给本企业在建工程、其他非工业部门和生活福利部门等单位使用的成品价值,本期生产成品价值按自备原材料生产的产品的数量乘以本期不含增值税(销项税额)的产品实际销售平均单价计算;会计核算中按成本价格转帐的自制设备和自产自用的成品,按成本价格计算生产成品价值。生产成品价值中不包括用定货者来料加工的成品(半成品)价值。

②对外加工费收入:是指企业在报告期内完成的对外承接的工业品加工(包括用定货者来料加工产品)的加工费收入和对外工业修理作业所取得的加工费收入。对外加工费收入按不含增值税(销项税额)的价格计算,可根据会计"产品销售收入"科目的有关资料取得。

对于本企业对内非工业部门提供的加工修理、设备安装的劳务收入,如果企业会计核算基础比较好,能取得这部分资料,而且这部分价值所占比重较大,应包括在对外加工费收入中。

③自制半成品在制品期末期初差额价值:是指企业报告期自制半成品、在制品期末减期初的差额价值,本指标一般可从会计核算资料中取得。如果会计产品成本核算中不计算半成品、在制品的成本,则总产值中也不包括这部分价值,反之则包括。

【工业销售产值】 1.定义:工业销售产值是以货币形式表现的,工业企业在一定时期内销售的本企业生产的工业产品或提供工业性劳务活动的价值总量。

2.内容及计算方法:工业销售产值包括以下内容:

①销售成品价值:指企业在报告期内实际销售(包括本企业本期生产和非本期生产)的全部成品、半成品的总金额,即按报告期产品实际销售量乘以不含增值税(销项税额)的产品实际销售平均单价计算。销售成品价值包括为本企业在建工程,生活福利部门等提供的成品和自制设备价值、不包括用定货者来料加工的成品和半成品价值。

②对外加工费收入:是指企业在报告内完成的对外承接的工业品加工(包括用定货者来料加工产品)的加工费收入;对外工业品修理作业可收取的加工费收入和对内非工业部门提供的加工修理、设备安装等收入:对外加工费收入按不含增值税(销项税额)的价格计算;

3.与工业总产值的关系

工业总产值与销售产值的区别在于:

①工业销售产值计算的基础是工业产品销售总量,不管是否本期生产,只要是在本期销售的都应计算工业销售产值,因此工业销售产值是以产品所有权的转移为计算原则;工业总产值的计算基础是工业产品生产总量,只要是本期生产的不论是已销售的还是尚未销售的都要计算工业总产值,所以工业总产值是以产品的生产为计算原则。

②销售产值不含半成品在制品期末期初差额价值,而工业总产值包括。

【资产总计】 资产是指企业拥有或控制的能以货币计量的经济资源,包括各种财产、债权和其他权利。资产按其流动性分为:流动资产、长期投资、固定资产、无形资产、递延资产和其他资产。该指标根据企业会计“资产负债表”中“资产总计”项目的期末数增列。

【流动资产合计】 流动资产是企业资产的重要组成部分,通常是指一年内或超过一年的一个营业周期内可以变现或耗用的资产。其特点是在企业的生产经营或者业务活动中不断地在生产循环中周转,不断改变其形态,其价值一次性消耗、转移或者实现。

流动资产包括:货币资金、短期投资、应收票据、应收帐款、预付帐款、其他应收款、存货、待摊费用、待处理流动资产损失、一年内到期的本期债券投资及其他流动资产。

流动资产按其性质可分为速动资产和非速动资产.速动资产是指货币资金、短期投资和应收款项等随时可以变现的资产。非速动资产主要是指存货。

【流动资产平均余额】 指企业在报告期内全部流动资产的平均余额。其计算公式为:

流动资产月平均余额=

$$\frac{\text{月初流动资产余额}+\text{月末流动资产余额}}{2}$$

流动资产季平均余额=季内各月流动资产平均余额之和÷3

流动资产年平均余额=1至12月各月月初、月末流动资产余额之和÷24

该指标根据会计“资产负债表”中“流动资产合计数”的期初数和期末数计算填列。

【应收帐款净额】 是指工业企业因销售产品或提供劳务等业务,应向购货单位或个人收取的款项减去坏帐损失准备金后的余额。

坏帐损失是指企业确实无法收回的应收帐款,列入坏帐损失处理的应收帐款必须按规定程序报批同意,企业只有在下述两种情况下才能确认坏帐损失:①债务人破产或死亡,依照民事诉讼法清偿后,确实无法收回的应收帐款;②债务人逾期未履行偿债义务,超过三年仍不能收回的应收帐款。该指标根据企业会计“资产负债表”中“应收帐款”和“坏帐准备”两项的期末数差额填列。

【固定资产合计】 固定资产是指使用期限较长,单位价值较高,并且在使用过程中保持原有实物形态的资产。

固定资产按经济用途和使用情况综合分为以下七大类:

①生产经营用固定资产

②非生产经营用固定资产

③租出固定资产

④不需用固定资产

⑤未使用固定资产

⑥土地

⑦融资租入固定资产

固定资产合计包括固定资产净值、固定资产清理、在建工程、待处理固定资产净损失,可根据企业会计“资产负债表”中“固定资产合计”项的期末数填列。

【固定资产净值平均余额】 固定资产净值是指固定资产原价减去累计折旧后的净额。其平均余额指报告期内余额的平均数。计算公式为:

固定资产净值=固定资产原价-累计折旧

固定资产净值月平均余额=月初、月末固定资产净值之和÷2

固定资产净值季平均余额=季内各月固定资产净值之和÷3

固定资产净值年平均余额=1至12月各月月初、月末固定资产净值之和÷24

该指标根据“资产负债表”中“固定资产原价”、“累计折旧”指标的期初、期末数计算填列。

【负债合计】 负债是企业资产总额中属于债权人的那部分权益,是企业所能承担的能以货币计量需以资产或劳务偿付的债务。负债一般按偿还期限长短分为流动负债和长期负债。该指标根据“资产负债表”中“负债合计”项的期末数填列。

【流动负债合计】 流动负债是指将于一年或超过一年的一个营业周期内偿还的债务。流动负债包括短期借款、应付票据、应付帐款、预收帐款、应付工资、应付福利费、应交税金、应付利润、其他应付款、预提费等。

流动负债具有偿还期限短,在债权人提出要求时即期偿付,或在一年内必须偿还的特点,该指标根据“资产负债表”中“流动负债”项的期末数填列。

【所有者权益合计】 所有者权益是指投资者对企业净资产所拥有的权利,表明企业的产权关系。所有者权益在数量上等于全部资产的数额减去全部负债后的余额。从其形成来看,所有者权益主要来源于投资者的原始投资和企业生产经营活动中形成的积累。

现行会计制度规定,企业所有者权益按照其形成的来源和性质的不同,一般分为实收资本、资本公积金、盈余公积金和未分配利润四部分。该指标根据会计“资产负债表”中“所有者权益合计”项的期末数填列。

【实收资本】 实收资本是指企业实际收到投资

者投入企业的可作为长期周转使用的经营资金。根据现行会计制度规定,实收资本按投资主体分为:国家资本、集体资本、法人资本、个人资本、港澳台资本和外商资本。

1.国家资本:指有权代表国家投资的政府部门或者机构以国有资产投入企业形成的资本。

2.集体资本:指有权代表国家投资的集体部门或者机构以国有资产投入企业形成的资本。

3.法人资本:指其他法人单位以其依法可以支配的资产投入企业形成的资本。

4.个人资本:指社会个人或者本企业内部职工以个人合法财产投放到企业形成的资本。

5.外商资本:指外国投资者对企业投资形成的资本。

6.港澳台资本:指我国香港、澳门和台湾地区投资者以各种形式的资产进行投资形成的资本。

实收资本及其分项可根据会计"实收资本"的期末数和明细科目填报。

【产品销售收入】 产品销售收入是指企业销售产品和提供劳务等经营业务取得的收入总额。现行的会计制度是 采用"权责发生制"的原则计算产品销售收入、即以销售实现为依据,销售实现一般有两个标志:一是物权转移;二是收到货款或取得索取货款的权利,以上两个标志必须同时具备,才能确认为销售实现。

该项指标内资企业根据会计"损益表"中"产品销售收入"填列;三资企业根据会计"损益表"中"产品销售收入净额"填列。

【产品销售成本】 产品销售成本是指企业在销售产品和提供劳务等主要经营业务过程中的实际成本。该指标不包括期间费用,即不包括管理费用、销售费用和财务费用。

企业应当按照权责发生制原则确认当期费用,即对应属于本期的各项费用,不论其是否实际支付,均应确认为本期的费用;对于不属本期的费用,即使款项已经在本期付出,也不应确认为本期费用。该指标根据"损益表"中"产品销售成本"项的期末数填列。

【产品销售费用】 指企业在销售产品、自制半成品和提供工业性劳务等过程中发生的各项费用以及专设销售机构的各项费用。包括包装费、运输费、保险费、展览费、广告费以及销售人员的工资、福利费、差旅费、办公费、折旧费等其他经费,该指标根据会计"损益表"中"销售费用"项的期末数填列。

【产品销售利润】 指企业销售产品和提供劳务等主要经营业务收入扣除其成本、费用、税金后的利润。该指标根据会计"损益表"中"产品销售利润"项的期末数填列。

【管理费用】 指企业行政管理部门为组织和管理生产经营活动而发生的各种费用。包括公司经费、工会经费、职工教育经费、劳动保险费、待业保险费、董事会费、咨询费、审计费、诉讼费、排污费、税金、土地使用费、土地损失费、技术开发费、技术转让费、无形资产、咨询费、开办推销费、业务招待费、坏帐损失、存货盘亏等。该指标根据会计"损益表"中"管理费用"项的期末数填列。

【财务费用】 指企业筹集生产经营过程中所需资金而发生的费用。包括利息支出(减去利息收入后的支出)、汇兑损失(减去汇兑收益后的损失)、金融机构手续费以及筹集生产经营资金发生的其他费用等。该指标根据会计"损益表"中"财务费用"项的期末数填列。

【营业利润】 指企业生产经营活动所取得的利润,包括主营业务利润和其他业务利润,其计算公式为:营业利润=产品销售利润+其他业务利润—管理费用—财务费用。该指标根据企业会计"损益表"中"营业利润"项的期末数填列。

【利润总额】 利润总额是指企业在一定时期的最终经营成果,是企业的收入减去有关的成本与费用后的差额,收入大于相关的成本费用,企业就盈利,反之则亏损:

其计算公式为:利润总额=营业利润+投资净收益+补贴收入+营业外收支净额+以前年度损益调整

该指标根据"损益表"中"利润总额"项的期未数填列。

【上交税金】 指企业上交的各项税金,包括产品销售税金及附加,管理费用中的资源税、房产税、印花税和土地使用税,所得税,应交增值税。实行定额税的村及村以下企业和个体单位,填报其上交的定额税。

【工业中间投入】 1.定义:指企业在报告期内用于工业生产活动所一次性消耗的外购原材料、燃料、动力及其他实物产品和对外支付的服务费用。

2.计算原则:计算工业中间投入须遵循以下三条原则:(1)必须是从企业外部购入的产品和服务的价值,不包括生产过程中回收的废料以及自制品的价值。(2)必须是本期投入生产,并一次性消耗的产品和服务的价值,不包括固定资产转移价值:(3)中间投入的计算口径必须与总产值的计算口径相一致:即计入工业中间投入的产品和服务价值必须已经计入了工业总产值中。

3.分类:工业中间投入按企业支付对象可以分为中间物质投入和中间劳务投入。中间物质投入是指生产过程中所消耗的外购原材料、燃料、动力以及其它实物产品和支付给物质生产部门(工业、农业、批发零售贸易业、建筑业、货物运输及邮电业)的服务费用,中间劳务投入指支付给非物质生产部门(如金融、保险、文化教育、科学研究、医疗卫生、行政管理)的服务费用。

工业中间投入按照具体内容分为直接材料、制造费用中的中间投入、管理费用中的中间投入、销售费用中的中间投入和利息支出五大项。

日常统计中计算中间投入是按第二种分类计算的。

4.计算方法:计算工业中间投入的具体方法可以分为二种。一是正算法,即将制造费用、管理费用、销售费用中属于中间投入的部分分别相加,再加上直接材料和利息支出,得出工业中间投入合计。二是倒算法,即分别用制造费用、管理费用、销售费用合计减去其中属于增加值的项目(大体包括工资、福利费、折旧、劳动保险费、职工待业保险费等),倒算出三项费用中的中间投入,再加上直接材料和利息支出,得出工业中间投入合计。在实算操作过程中,采用倒算法计算比较简便易行。

5.资料来源:计算中间投入的资料来源,可分别根据企业"产品成本表"、"管理费用"、"财务费用"、"销售费用"明细表归纳整理填报。

【工业增加值】 1.定义:指工业企业在报告期内以货币形式表现的工业生产活动的最终成果,是企业全部生产活动的总成果扣除了在生产过程中消耗或转移的物质产品和劳务价值后的余额,是企业生产过程中新增加的价值。

2.公式:计算工业增加值通常采用两种方法。一是"生产法",即从工业生产过程中产品和劳务价值形成的角度入手,剔除生产环节中间投入的价值,从而得到新增价值的方法。公式为:

工业增加值=工业总产值—工业中间投入+本期应交增值税

上述公式中,本期应交增值税的企业为负数,综合部门汇总时按零处理。

二是"收入法",即从工业生产过程中创造的原始收入初次分配的角度,对工业生产活动最终成果进行核算的一种方法,其计算公式为:

工业增加值=固定资产折旧+劳动者报酬+生产税净额+营业盈余

目前工业统计主要采用"生产法"计算工业增加值。

【从业人员平均人数】 从业人员是指在企业工作并取得劳动报酬的全部人员数。包括在岗职工,再就业的离退休人员、民办教师及在企业工作的外方人员和港澳台方人员、兼职人员、借用的外单位人员和第二职业者。不包括离开本单位但仍保留劳动关系的职工。

从业人员平均人数是指报告期内每天平均拥有的从业人员人数。其计算公式为:

月平均人数=报告月内每天实有人数之和÷报告月日历日数

季平均人数=季内各月平均人数之和÷3

年平均人数=全年各月平均人数之和÷12

建筑业 12

资料整理:樊喜珍

12-1 建筑业企业单位数

单位:个

年份	总计	国有经济	中央企业	地方企业	城镇集体经济	其他经济
1978	183	94	13	81	89	
1980	290	119	13	109	171	
1985	514	157	38	119	357	
1986	510	174	39	135	336	
1987	602	175	44	131	426	
1988	589	173	42	131	416	
1989	571	173	41	132	398	
1990	570	174	42	132	396	
1991	575	179	42	137	396	
1992	603	184	42	142	419	
1993	898	241	40	208	642	15
1994	823	307	39	268	492	24
1995	912	323	46	277	539	50
1996	1696	403	53	350	1198	95
1997	1761	429	51	378	1207	125
1998	1838	433	54	379	1206	199
1999	2120	491	59	432	1297	332
2000	2072	488	48	440	1175	409
2001	1661	393	43	350	809	459
2002	1625	363	36	327	480	782

注:1995 年以前统计范围为城镇以上各经济类型的建筑企业,1996 年开始为四级以上各种经济类型建筑企业。

12-2 建筑业平均人数

单位:万人

年份	总计	国有经济	中央企业	地方企业	城镇集体经济	其他经济
1978	25.94	22.79	10.56	12.23	3.15	
1980	30.71	25.68	9.78	15.90	5.03	
1985	39.49	27.49	13.89	13.60	12.00	
1986	39.98	28.28	14.12	14.16	11.70	
1987	43.04	28.78	14.46	14.32	14.26	
1988	46.05	31.70	16.87	14.83	14.35	
1989	43.51	30.95	16.60	14.35	12.56	
1990	41.88	29.35	15.38	13.97	12.53	
1991	43.08	30.34	15.82	14.52	12.74	
1992	46.13	30.92	16.03	14.89	15.21	
1993	55.75	36.41	16.76	19.65	19.15	0.19
1994	52.66	36.83	17.76	19.07	15.43	0.40
1995	57.28	38.05	19.19	18.86	16.62	2.61
1996	76.51	36.83	18.25	18.58	36.20	3.48
1997	76.09	36.36	17.76	18.60	35.96	3.77
1998	82.63	38.22	19.00	19.22	38.82	5.59
1999	85.72	39.57	17.00	22.57	36.69	9.46
2000	82.76	36.58	14.83	21.73	35.36	10.82
2001	83.11	36.16	16.44	19.99	29.30	17.65
2002	93.50	34.20	12.95	21.25	23.50	35.80

12－3 建筑业总产值

单位:万元

年份	总计	国有经济			城镇集体经济	其他经济
			中央企业	地方企业		
1978	111065	98334	50734	47600	12731	
1980	131862	109974	45984	63990	21888	
1985	280088	212219	108910	103307	67869	
1986	306475	239415	121760	117655	67060	
1987	361426	271143	143364	127779	90283	
1988	434748	334488	182387	152101	100260	
1989	457294	362169	206087	156082	95125	
1990	493016	389211	225812	163409	103805	
1991	575593	441935	250288	191647	133658	
1992	784379	595070	344749	250321	189309	
1993	1199016	902712	541046	361666	290964	5340
1994	1692795	1402876	833382	569494	277515	12404
1995	2274060	1785099	1195458	589641	337039	151922
1996	2844273	1869986	1261712	608274	791426	182861
1997	3059698	1995259	1359351	635908	846971	217468
1998	3436527	2237997	1498223	739774	931517	267013
1999	3990201	2465770	1585071	880699	1073168	451263
2000	4543489	2660269	1592683	1067586	1234578	648642
2001	5290240	2793941	1670732	1123209	1176958	1319341
2002	6391096	3019294	1580335	1438959	988952	2382850

12－4 建筑业全员劳动生产率

单位:元/人

年份	总计	国有经济			城镇集体经济	其他经济
			中央企业	地方企业		
1978	4282	4315	4804	3892	4041	
1980	4294	4282	4702	4025	4351	
1985	7093	7720	7840	7596	5656	
1986	7665	8466	8623	8309	5732	
1987	8397	9421	9915	8923	6331	
1988	9441	10552	10811	10256	6987	
1989	10510	11702	12415	10877	7574	
1990	11772	13261	14682	11697	8285	
1991	13361	14566	15821	13199	10491	
1992	17004	19245	21506	16811	12446	
1993	21507	24793	32282	18405	15194	28105
1994	32146	38091	46924	29863	17985	31010
1995	39701	46915	62296	31264	20279	58208
1996	37175	50773	69134	32738	21863	52546
1997	40214	54873	76521	34194	23552	57797
1998	41589	58556	78854	38490	23996	47766
1999	46551	62314	93239	39021	29250	47702
2000	54899	72725	107337	49129	34911	59948
2001	63649	77261	106614	56189	40170	74750
2002	68355	88276	122050	60102	42077	82841

12－5　国有建筑业企业房屋建筑面积、竣工率

年　份	房屋建筑施工面积（万平方米）	#本年新开工面积	房屋建筑竣工面积（万平方米）	#住　宅	房屋建筑面积竣工率（%）	人平施工面积（平方米）	人平竣工面积（平方米）
1978	596.0		297.4		49.09	26.16	13.05
1980	747.2		352.3		47.15	29.09	13.71
1985	955.7	481.1	425.7	182.8	44.55	31.85	14.19
1986	955.3	429.7	481.4	202.4	48.37	32.23	15.59
1987	1025.6	482.0	424.6	161.1	41.40	32.79	14.75
1988	1191.9	536.0	426.5	153.9	35.78	35.32	12.64
1989	1167.0	356.1	433.5	164.4	37.15	35.07	13.03
1990	1061.4	378.4	455.9	185.8	42.95	32.54	13.98
1991	1103.3	478.5	474.9	180.0	43.00	33.10	14.30
1992	1190.4	572.8	508.4	187.6	42.70	34.70	14.80
1993	1439.3	711.3	480.5	176.2	33.90	39.50	13.20
1994	1894.5	851.5	577.5		30.50	51.40	15.70
1995	2122.8	873.9	622.2		41.20	55.80	16.40
1996	2224.6	726.1	653.3		29.40	60.40	17.70
1997	2330.6	848.4	765.3		32.80	64.10	21.10
1998	2488.8	975.2	836.0	424.5	33.60	65.10	21.90
1999	2703.4	1060.6	1023.1	614.0	37.80	68.30	25.90
2000	2889.1	1220.1	1096.3	662.6	37.90	79.00	30.00
2001	2792.5	1255.5	1237.0	685.0	44.30	78.00	34.20
2002	2836.0	1421.1	1261.8	712.7	44.50	83.00	37.00

12－6　地方国有建筑业企业房屋建筑面积、竣工率

年　份	房屋建筑施工面积（万平方米）	#本年新开工面积	房屋建筑竣工面积（万平方米）	#住　宅	房屋建筑面积竣工率（%）	人平施工面积（平方米）	人平竣工面积（平方米）
1978	444.5		218.7		49.2	36.4	17.9
1980	618.6		290.5		47.0	38.9	18.3
1985	697.2	350.5	326.3	157.3	46.8	48.0	22.5
1986	701.3	303.9	344.5	166.6	49.1	46.5	22.9
1987	717.9	362.4	322.8	133.9	45.0	47.3	21.3
1988	820.7	395.0	316.8	135.1	38.6	52.2	20.1
1989	820.7	272.4	344.4	148.3	40.8	53.4	21.8
1990	746.1	290.7	351.6	172.9	47.1	49.8	23.5
1991	758.1	359.2	338.7	162.0	44.7	48.9	21.9
1992	829.9	422.9	378.5	170.9	45.6	51.4	25.5
1993	989.1	475.6	384.4	163.2	38.9	50.3	19.6
1994	1319.1	627.6	485.2	36.8	36.8	69.2	25.4
1995	1185.2	553.6	466.9		39.4	62.8	24.8
1996	1203.3	418.5	501.3		41.7	64.8	27.0
1997	1226.9	536.8	522.1		42.6	66.0	28.1
1998	1288.8	642.2	624.0	372.5	48.4	67.1	32.5
1999	1578.4	749.6	776.1	530.0	49.2	69.9	34.4
2000	1564.5	825.4	836.1	532.9	53.4	72.0	38.5
2001	1480.2	774.2	828.3	523.1	56.0	74.0	41.4
2002	1452.0	884.2	889.3	543.5	61.2	68.3	41.8

12-7 国有建筑业企业工程质量情况

年份	单位工程竣工个数（个）	中央企业	地方企业	优良单位工程个数（个）	中央企业	地方企业	优良品率（%）	中央企业	地方企业
1985	5507	3150	2357	4065	2809	1256	73.8	53.3	53.3
1990	3648	1690	1958	1621	1278	343	44.4	75.6	17.5
1991	3983	1922	2061	1886	1484	402	47.4	77.2	19.5
1992	4137	2045	2092	1982	1503	479	47.9	73.5	22.9
1993	4150	2155	1995	1959	1550	409	47.2	71.9	20.5
1994	4287	2082	2205	2114	1727	387	49.3	82.9	17.6
1995	5339	3030	2309	2689	2264	425	50.4	74.7	18.4
1996	5665	3141	2524	2893	2549	344	51.1	81.2	13.6
1997	6418	3557	2861	3196	2748	448	49.8	77.3	15.7
1998	6144	3425	2719	3391	2860	531	55.2	83.5	16.2
1999	8255	3855	4400	4530	3231	1299	54.9	83.8	29.5
2000	8666	2862	5804	4268	1734	2534	49.2	60.6	43.7
2001	8061	3188	4873	3619	1693	1926	44.9	53.1	39.5
2002	7577	2349	5228	3622	1339	2283	47.8	57.0	43.7

12-7 续表

年份	房屋建筑竣工面积（万平方米）	中央企业	地方企业	优良工程竣工面积（万平方米）	中央企业	地方企业	优良品率（%）	中央企业	地方企业
1985	380.1	58.2	321.9	236.6	46.0	190.6	62.2	79.0	59.2
1990	432.8	95.6	337.2	117.9	48.7	69.2	27.2	50.9	20.5
1991	432.4	104.7	327.7	130.4	57.7	72.7	30.2	55.1	22.2
1992	560.9	217.1	343.8	154.8	69.6	85.2	27.6	32.1	24.8
1993	480.9	96.5	384.4	138.6	52.1	86.6	28.8	54.0	22.5
1994	577.5	92.3	485.2	162.3	63.7	98.6	28.1	69.0	20.3
1995	622.2	155.3	466.9	187.9	89.8	98.1	30.2	57.8	21.0
1996	653.3	152.0	501.3	165.9	89.1	76.8	25.4	58.6	15.3
1997	765.3	243.2	522.1	289.0	162.5	126.5	37.8	66.8	24.2
1998	836.0	212.0	624.0	269.5	130.0	139.5	32.2	61.3	22.4
1999	1023.1	247.0	776.1	406.9	178.0	228.9	39.8	72.1	29.5
2000	1096.3	260.2	836.1	450.4	206.6	243.8	41.1	79.4	29.2
2001	1237.0	408.7	828.3	502.8	255.1	247.8	40.6	62.4	29.9
2002	2836.0	1384.0	1452.0	1268.0	873.3	394.7	44.7	63.1	27.2

12－8 国有建筑业企业主要财务指标

单位:亿元

年份	固定资产原价	中央企业	地方企业	固定资产净值	中央企业	地方企业
1985	20.73	15.01	5.72	15.14	10.91	4.23
1986	21.70	15.19	6.51	15.71	10.78	4.93
1987	23.07	16.12	6.95	16.78	11.37	5.41
1988	26.18	18.91	7.26	18.77	13.27	5.50
1989	28.81	20.59	8.22	20.34	14.30	6.04
1990	29.36	20.76	8.60	20.42	14.26	6.16
1991	31.29	22.24	9.04	21.21	14.91	6.30
1992	33.43	22.24	9.04	21.21	14.91	6.30
1993	41.18	29.66	11.53	28.26	19.99	8.27
1994	58.95	43.27	15.68	40.91	29.87	11.04
1995	76.19	54.20	21.99	54.16	37.69	16.47
1996	92.78	66.03	26.75	63.81	45.00	18.81
1997	110.03	82.32	27.71	76.41	56.88	19.54
1998	119.96	87.46	32.50	80.89	57.55	23.34
1999	133.90	94.99	38.91	88.20	60.75	27.44
2000	144.39	98.70	45.69	91.84	61.98	29.86
2001	147.44	93.26	54.18	93.39	54.44	38.95
2002	166.33	92.12	74.21	114.60	59.07	55.53

12－8 续表

年份	利润总额(万元)	中央企业	地方企业	资金利润率(%)	中央企业	地方企业	产值利润率(%)	中央企业	地方企业
1985	16156	9265	6891	7.1	6.3	8.4	7.6	8.5	6.7
1986	9260	4650	4610	3.3	2.6	4.7	3.9	3.8	3.9
1987	11033	7904	3129	4.0	4.7	2.9	4.1	5.5	2.4
1988	12109	8453	3656	3.8	4.2	3.2	3.6	4.6	2.4
1989	3025	3337	－312	0.9	1.5	－0.2	0.8	1.6	－0.2
1990	－3292	145	－3437	－0.9	0.1	－2.3	－0.8	0.1	－2.1
1991	2286	2424	－138	0.4	0.8	0.4	0.5	0.9	－0.1
1992	6475	5895	580	1.1	1.8	1.1	1.1	1.7	0.2
1993	10423	6929	3494	1.0	1.2	1.0	1.2	1.3	1.0
1994	13993	6072	7921	1.0	0.7	1.3	1.0	0.7	1.4
1995	9896	7175	2721	0.5	0.6	0.4	0.5	0.6	0.5
1996	5582	10191	－4609	0.3	0.8	－0.6	0.3	0.8	－0.8
1997	－9313	－1308	－8005	－0.4	－0.1	－1.0	－0.5	－0.1	－1.3
1998	12531	19401	－6870	0.4	1.0	－0.7	0.6	1.3	－0.9
1999	6777	15974	－9197	0.2	0.7	－0.8	0.3	1.0	－1.0
2000	6461	4703	1758	0.2	0.2	0.2	0.2	0.3	0.2
2001	2679	－2187	4866	0.1	－0.1	0.4	0.1	－0.1	0.4
2002	10454	－4015	14469	0.3	－0.2	0.8	0.4	－0.3	0.9

12－9 国有建筑业企业技术装备情况

年 份	自有机械设备总台数（台）	自有机械设备净值（万元）			技术装备率（元/人）		
			中央企业	地方企业		中央企业	地方企业
1985	62059	96069	73365	22704	3063	4566	1484
1986	68121	99654	71852	27802	3134	4364	1814
1987	59912	103416	73710	29706	3190	4472	1864
1988	71029	118348	87950	30398	3537	4963	1931
1989	79963	124140	91720	32420	3696	5011	2121
1990	79074	127295	94960	32335	3870	5311	2153
1991	77690	124325	92103	32222	3648	5137	1995
1992	67134	140564	102123	38441	4105	5736	2339
1993	77588	185584	145883	39701	4952	8658	1924
1994	75593	272171	210946	61224	7392	11878	3210
1995	82736	327257	268414	58843	8601	13987	3120
1996	89843	325252	255433	69819	8831	13997	3757
1997	99867	317977	236839	81138	8745	13332	4363
1998	103152	366552	273304	93248	9591	14384	4852
1999	111687	426013	326217	99796	10766	19189	4422
2000	121992	399682	280902	118780	10926	18941	5466
2001	127889	252898	110402	142496	6994	6715	7128
2002	125947	509118	274403	234715	14439	20768	9352

12－9 续表

年 份	自有机械设备总功率（万千瓦）			动力装备率（千瓦/人）		
		中央企业	地方企业		中央企业	地方企业
1983	124.5	79.1	45.4	6.0	6.7	2.8
1984	133.1	104.5	28.6	5.5	5.4	2.4
1985	128.2	90.4	37.8	4.1	5.6	2.5
1986	137.5	93.3	44.2	4.3	5.7	2.9
1987	147.1	100.0	47.1	4.5	6.1	3.0
1988	127.7	119.2	53.5	5.2	6.7	3.4
1989	168.8	115.8	53.0	5.0	6.6	3.5
1990	175.6	125.3	50.3	5.3	8.0	3.0
1991	175.8	126.1	49.7	5.2	7.0	3.1
1992	169.5	116.7	52.8	4.9	6.6	3.2
1993	169.9	101.7	68.2	4.5	6.1	3.3
1994	196.1	129.1	67.0	5.3	7.3	3.5
1995	197.7	134.7	63.0	5.2	7.0	3.3
1996	208.0	136.8	71.2	5.6	7.5	3.8
1997	213.4	142.4	71.0	5.9	8.0	3.8
1998	229.1	148.0	81.1	6.0	7.8	4.2
1999	213.1	127.0	86.1	5.4	7.5	3.8
2000	233.3	129.2	104.1	6.4	8.7	4.8
2001	246.0	128.2	117.8	6.8	7.8	5.9
2002	226.2	111.4	114.8	6.4	8.4	5.5

12－10　城镇集体建筑业企业主要经济效益指标

年　份	房屋建筑施工面积（万平方米）	房屋建筑竣工面积（万平方米）	房屋建筑面积竣工率（%）	人　平竣工面积（平方米）	单位工程竣工个数（个）	#优良单位工程个数	优良品率（%）
1978	253.1	135.0	53.3	42.9			
1980	395.4	223.8	59.1	44.5			
1985	726.4	395.3	54.4	32.9	3966	1799	45.4
1986	644.8	373.6	57.9	31.9	3154	1089	34.5
1987	821.2	424.7	51.7	29.8	3546	1108	31.2
1988	808.8	402.5	49.8	28.0	3180	653	20.1
1989	677.2	383.8	56.8	30.5	2770	490	17.7
1990	623.5	330.0	52.9	26.3	2887	496	17.2
1991	736.6	377.5	51.2	28.3	3057	460	15.0
1992	938.1	494.4	52.7	30.4	3585	485	13.5
1993	1143.9	641.0	56.0	23.0	5422	713	13.2
1994	922.3	481.6	52.2	31.2	3382	536	15.8
1995	867.6	484.3	55.8	29.1	3797	621	16.4
1996	2008.4	1123.5	55.9	31.0	7128	683	9.6
1997	1885.3	1124.5	59.6	31.3	7640	787	10.3
1998	2247.5	1298.5	57.8	33.4	7958	949	11.9
1999	2329.4	1484.3	63.7	40.5	7714	1207	15.6
2000	2448.2	1572.0	64.2	44.5	8383	1834	21.9
2001	2053.0	1334.1	65.0	44.0	6181	1421	23.0
2002	1742.0	1146.0	65.8	49.1	4157	939	22.6

12－10　续表

年　份	建筑业总产值（万元）	固定资产原价（万元）	固定资产净值（万元）	利润总额（万元）	产值利润率（%）	人均利润（元）
1978	12731					
1980	21888	3402	2612	435	2.0	87
1985	67869	17166	12774	2348	3.5	196
1986	67060	18880	13602	1512	2.3	130
1987	90283	24490	17767	1730	1.9	121
1988	100260	27192	19764	1958	2.0	136
1989	95125	39226	25506	2205	2.3	176
1990	103805	35855	25784	2090	2.0	167
1991	133658	44795	30730	2604	1.9	195
1992	189309	57249	36947	3045	2.0	212
1993	297284	87583	63809	5018	1.7	178
1994	277514	66283	49373	5169	1.9	335
1995	337039	106425	88346	4505	1.3	271
1996	791426	249155	203743	16248	2.1	449
1997	846971	280482	224707	17717	2.1	493
1998	931517	309820	226115	23637	2.5	609
1999	1073168	394300	291607	33141	3.1	903
2000	1234578	455001	342532	39103	3.2	1106
2001	1176958	424703	329620	40496	3.4	1349
2002	986312	417893	317249	38765	3.9	1649

12－11 建筑业企业生产情况

（2002 年）

单位：万元

分组	建筑业总产值	建筑工程	安装工程	其他产值	竣工产值
总计	6391096	5448039	541775	373550	4679922
其中：国有及国有控股					
一、按登记注册类型分组					
内资企业	6353844	5443239	529859	353014	353014
国有企业	2733536	2390022	259888	82642	1696773
集体企业	865250	773793	49667	39150	705233
股份合作企业	109651	89758	5674	14219	74681
联营企业	33403	23421	2131	6145	29060
有限责任公司	1728153	1451620	119147	140116	1446581
股份有限公司	407878	341922	40025	23939	323276
私营企业	474813	371543	53327	46803	376892
其他企业	1160	1160			1036
港、澳、台商投资企业	14341	548	6731	7062	7765
外商投资企业	22911	4252	5185	13474	18625
二、按国民经济行业分组					
土木工程建筑业	5809502	5234264	313003	235731	4291544
房屋建筑业	4223772	3796630	249458	151302	3004996
线路管道设备安装业	441294	196889	212196	30981	307403
装修装饰业	140300	16886	16576	106838	80975
三、按市州分组					
武汉市	2575499	2072331	304134	197511	2033763
黄石市	308301	273467	19168	15666	192852
十堰市	117013	92182	12284	12547	80456
宜昌市	751580	688038	36625	26827	420780
襄樊市	834462	749080	63083	22257	514994
鄂州市	130331	114848	9562	5921	99894
荆门市	67977	47167	11070	9740	53508
孝感市	370800	323500	21330	13163	303597
荆州市	298761	259410	12109	27140	276293
黄冈市	399756	340898	25780	28704	302202
咸宁市	153488	136622	6747	1325	105018
随州市	95817	89079		6738	81719
恩施自治州	75672	70587	4993	92	63936
仙桃市	46426	45301	1105	20	38767
天门市	15888	15008	340	540	6765
潜江市	139369	122689	11321	5359	96260
神农架林区	9956	7832	2124		9118

12－12 建筑业企业工程情况

(2002 年)

分组	单位工程竣工个数(个)	♯一次交验合格个数	房屋建筑竣工面积(万平方米)	♯一次交验合格面积	单位工程施工个数(个)	♯本年新开工个数
总计	22150	20459	41465725	36943461	34253	22227
其中:国有及国有控股	11653	10827	14478183	13362411	18169	11482
一、按登记注册类型分组						
内资企业	22092	20407	41442754	36920490	34172	22173
国有企业	7036	6755	10818101	9987928	11415	7374
集体企业	3682	3365	10573773	9352780	5926	3867
股份合作企业	402	274	697629	641148	566	409
联营企业	138	101	289350	160600	205	127
有限责任公司	7035	6303	9917954	8988592	9979	6741
股份有限公司	1884	1780	3910404	3269553	3415	1709
私营企业	1906	1820	5217583	4501929	2652	1932
其他企业	9	9	17960	17960	14	14
港、澳、台商投资企业	38	38			48	48
外商投资企业	20	14	22971	22971	33	33
二、按国民经济行业分组						
土木工程建筑业	17929	16542	40844153	36339303	28787	18102
房屋建筑业	12609	11727	39702580	35261893	20953	13171
线路管道设备安装业	4221	3917	621572	604158	5466	4125
装修装饰业						
三、按市州分组						
武汉市	8758	8415	14225994	13289535	13780	8901
黄石市	1082	913	2285272	1831440	1656	1160
十堰市	516	452	960698	859100	859	559
宜昌市	1756	1675	2482807	2209768	2470	1863
襄樊市	3188	2725	3515019	3091354	4844	2860
鄂州市	399	387	1766358	1558296	564	420
荆门市	342	319	706453	565921	821	387
孝感市	995	926	4060708	3406170	1428	1010
荆州市	1532	1383	2741440	2641917	1865	1413
黄冈市	1244	1192	4042954	3731305	1862	1345
咸宁市	463	373	1328253	1095277	634	451
随州市	364	360	1274098	1108565	1171	358
恩施自治州	263	253	568719	567742	458	259
仙桃市	234	153	617503	389431	324	217
天门市	33	32	59480	35880	101	48
潜江市	931	851	744731	481713	1353	932
神农架林区	50	50	85238	80047	63	44

12－13　建筑业企业财务状况

（2002 年）　　单位:万元

分　　组	资产总计	#流动资产年末合计	#固定资产年末合计	流动负债	长期负债	所有者权益
总　　计	7495838	4622599	2199960	4070630	371587	3053621
其中:国有及国有控股	5273408	3386803	1388080	3283291	277969	1712148
一、按登记注册类型分组						
内资企业	7450388	4588149	2190576	4057257	371485	3021646
国有企业	3580651	2167709	1070129	2232804	200182	1147665
集体企业	715196	372867	292415	228066	36362	450768
股份合作企业	99172	39343	47552	28238	7593	63341
联营企业	67112	44072	14970	30835	1308	34969
有限责任公司	2101085	1454119	453129	1209523	88571	802991
股份有限公司	413514	243327	143726	171465	27703	214346
私营企业	471826	265767	168085	155934	9766	306126
其他企业	1832	945	570	392		1440
港、澳、台商投资企业	21767	18278	3129	5841		15926
外商投资企业	23683	16172	6255	7532	102	16049
二、按国民经济行业分组						
土木工程建筑业	6749309	4103204	2015622	3678883	345817	2724609
房屋建筑业	4930046	2941003	1522114	2633535	266864	2029647
线路管道设备安装业	553566	376740	142577	314786	20938	217842
装修装饰业	192963	142655	41761	76961	4832	111170
三、按市州分组						
武　汉　市	3399809	2456338	702804	2133211	119339	1147259
黄　石　市	285697	179334	89655	147521	6694	131482
十　堰　市	150874	93595	42652	87731	5258	57885
宜　昌　市	1278939	553934	504929	630072	140656	508211
襄　樊　市	781342	524885	213585	464646	31559	285137
鄂　州　市	127504	65714	52977	49607	8359	69538
荆　门　市	97743	45986	33457	40034	3370	54339
孝　感　市	237769	119117	90018	80069	10897	146803
荆　州　市	342556	194096	121487	131566	15991	194999
黄　冈　市	274965	137772	112649	93329	8609	173027
咸　宁　市	112129	44639	58821	33142	4946	74041
随　州　市	70178	30575	33397	17420	2209	50549
恩施自治州	125798	48870	70563	67025	2279	56494
仙　桃　市	37482	19691	16687	13797	68	23617
天　门　市	34103	21875	8518	9839	7702	16562
潜　江　市	122765	76418	42593	63004	1703	58058
神农架林区	16185	9760	5168	8617	1948	5620

12－13 续表 （2002年） 单位：万元

分组	企业总收入	工程结算收入	工程结算成本	利税总额	#利润总额	增加值（按工程结算利润计算）
总计	6576524	6319771	5441260	381829	121391	1833027
其中：国有及国有控股	4110660	3935301	3433886	173581	37970	1052841
一、按登记注册类型分组						
内资企业	6538900	6282305	5409118	379760	120300	1823696
国有企业	2818859	2664823	2322577	103841	9243	761252
集体企业	958279	926486	754885	98901	37906	324028
股份合作企业	98698	98047	86116	5039	732	29642
联营企业	30012	28091	24577	1194	－102	7281
有限责任公司	1752428	1698640	1476806	107955	47764	447865
股份有限公司	389620	382799	331608	30122	14316	107299
私营企业	489885	482586	411803	32672	10441	146105
其他企业	1119	833	746	36		224
港、澳、台商投资企业	177	14203	11833	997	619	3938
外商投资企业	23304	23263	20309	1072	472	5393
二、按国民经济行业分组						
土木工程建筑业	6093381	5858030	5053173	353897	109736	1675998
房屋建筑业	4465918	4260491	3670580	256872	74410	1268937
线路管道设备安装业	354733	334160	283712	16407	4904	120487
装修装饰业	128310	127581	104375	11525	6751	36542
三、按市州分组						
武汉市	2661966	2575772	2247413	129586	37629	671250
黄石市	294050	287681	257272	16124	4163	78019
十堰市	100472	94095	81278	3315	－403	29850
宜昌市	889957	831628	702141	34129	3055	278059
襄樊市	839021	805979	703086	41335	13106	209030
鄂州市	124481	122547	108255	7554	2477	34478
荆门市	159570	143449	88243	33772	6213	71081
孝感市	322232	307769	267959	21907	8437	101448
荆州市	323098	319674	265298	31080	17877	110546
黄冈市	359473	350582	303348	28278	14207	100276
咸宁市	156167	140170	121336	10099	4358	47435
随州市	88900	86613	76082	5566	2021	24370
恩施自治州	72530	71774	62645	5292	2341	22246
仙桃市	43625	43393	36822	4108	1681	15975
天门市	28189	27957	24821	1888	625	7728
潜江市	103111	101383	86731	7044	3440	28872
神农架林区	9582	9305	8530	552	164	2364

主要统计指标解释

【建筑施工企业】 指从事房屋、构筑物和设备安装生产活动的独立施工单位,分为建筑安装企业和自营施工单位两种组织形式。建筑安装企业是指行政上有独立组织、经济上实行独立核算的企业。一般称为建筑公司、安装公司、工程公司、工程局(处)等。自营施工单位是指附属于现有生产企业、事业内部或行政单位的,主要是为建造和修理本单位固定资产而自行组织的,并同时具备下述条件:①对内独立核算;②有固定组织和施工队伍;③全年施工期在半年以上。

【农村建筑队】 指有组织的并有固定人员从事房屋、构筑物修建及设备安装的专业队、组。应具备的条件:有固定组织;有核算制度;全年施工期在3个月以上并持有当地工商行政管理部门颁发的营业执照。

【建筑业总产值】 即自行完成施工产值。建筑业总产值是以货币表现的建筑安装企业和附营施工单位在一定时期内生产的建筑业产品的总和。它是反映建筑业生产规模、发展速度、经营成果的重要标志,也是用以计算建筑业经济效益、劳动生产率和建筑业在国民经济中所占比重的依据。建筑业总产值包括四部分内容:1.建筑工程产值;2.设备安装工程产值;3.房屋构筑物修理产值;4.非标准设备制造产值。

【建筑业增加值】 建筑业增加值是建筑业企业在报告期内以货币表现的建筑业生产经营活动的最终成果,建筑业增加值有两种计算方法:一是生产法,即建筑业总产出减去建筑业中间消耗后的余额;二是分配法(收入法)即从收入的角度出发,根据生产要素在生产过程中应得到的收入份额计算,具体构成项目有固定资产折旧、劳动者报酬、生产税净额、营业盈余。

【建筑业产值价格指数】 建筑业产值是以当年的预算价格为基础计算的。预算价格由于受建筑材料、人工费价格及取费标准的变动而不断调整,造成建筑产品价格不可比。编制建筑业产值价格指数就是为了消除价格因素对建筑产品的影响,使其正确反映建筑业的发展速度和企业的经济效益。

建筑业产值价格指数的计算方法,是以报告期全部竣工的单位工程为对象,采用等距抽样(或划类选点)调查方法,确定所调查的样本单位工程。然后根据样本单位工程的竣工决算资料和本施工企业报告期、基期建筑材料、人工费、机械台班单价及取费标准,运用价格指数计算方法,分别求得各样本单位工程的材料费、人工费、机械使用费和其他费用价格指数。再采取加权调和平均数的计算方法,求得样本工程产值价格指数和样本总体的各类费用价格指数,并用样本总体的价格指数代替全部整体的价格指数。

【年末自有机械设备价值】 指年末本单位自有施工机械、生产设备、运输设备的全部机械价值,分别按原值和净值计算,不包括非生产用的机械设备价值。

【企业总收入】 指与企业生产经营直接有关的各项收入,包括工程结算收入与其他业务收入。即:

企业总收入=工程结算收入+其他业务收入

【工程结算收入】 指本企业承包工程实现的工程价额结算收入以及向发包单位收取的除工程价款以外按规定列作营业收入的各种款项,如临时设施费、劳动保险费、施工机构调迁费等以及向发包单位收取的各种索赔款。本项根据"损益表"中"工程结算收入"项的本年累计数填列。

【其他业务收入】 指企业除工程结算收入外的其他业务收入,如产品销售收入、机械作业收入、材料销售收入、无形资产转让收入、固定资产出租收入等。

【利税总额】 指企业的实现利润与上缴税金(利前税)之和,包括利润总额、工程结算税金及附加、管理费用中的税金。即:

利税总额=利润总额+工程结算税金及附加+管理费用中的税金

【利润总额】 指建筑业企业在一定时期内所实现的利润。其构成为:营业利润+投资收益-营业外收入+用含量工资节余弥补利润-营业外支出-结转的含量工资包干节余。

【资金利润率】 指在一定时期内利润总额和资金占用比,他的计算方法是:利润总额除以固定资产期末净值和流动资产之和。

【产值利润率】 指在报告期内每百元产值所实现的利润。他的计算方法是:利润总额除以总产值。

【资产负债率】 指在企业全部资产总额中,借用外部资金所占份额的指标。他的计算方法是:负债总额除以总资产。

【资本金利润率】 指在报告期内每百元资本金所实现的利润。他的计算方法是利润总额除以资本金额。

运输和邮电 13

资料整理:潘天曙

13-1 运输线路长度

单位:公里

指　　　标	1990 年	1995 年	1999 年	2000 年	2001 年	2002 年
铁路营业里程	1605	1940	2205	2225	2025	2025
♯电气化里程	230	708	724	724	841	838
公路通车里程	47511	48728	55389	57850	85757	86098
♯二级以上公路里程	2169	5608	8421	9091	10769	12870
内河航道里程	8960	8969	8309	7256	7256	8324
民用航空航线里程	49747	78307	116331	100784	114620	186510
输油(气)管道里程	301.8	362.9	507.8	507.8	507.8	486.9
公路通车里程中:						
干线公路	9506	13203	13313	13351	13728	13868
国道公路	3771	3774	4222	4252	4428	4538
省　道	5735	9429	9091	9099	9300	9330
县级公路	12362	11014	12494	12631	15495	15854
乡镇公路	24845	23617	28644	30912	54960	54802
专用公路	798	894	938	956	1574	1574
公路通车里程中:						
等级公路里程合计	24532	30910	44120	48062	66048	66048
高　速			538	569	805	805
一　级	196	641	557	611	812	812
二　级	1973	4967	7326	7911	9152	9152
三　级	4689	5063	7350	8313	10718	10718
四　级	17674	20239	28349	30658	44561	44561
公路通车里程中:						
有路面里程合计	37614	41135	50500	53414	81922	82339
高级次高级	11720	16210	21692	23023	26178	27585
中　级	13989	14434	19971	21954	33482	32789
低　级	11905	10491	8837	8446	22262	21965
公路通车里程中:						
晴雨通车里程	34669	39493	49390	51920	77749	78191
绿化里程	25534	25659	30909	31939	47645	48155

13-2 交通部门客运量

单位:万人

年份	总计	铁路	公路	水运		民航
					#长航	
1952	702.00	334	61	307	76	
1957	1611.00	539	382	690	128	
1962	4161.01	2132	811	1218	111	0.01
1965	3305.31	1243	1246	816	444	0.31
1970	5954.52	2063	2422	1469	677	0.52
1975	9332.05	2518	5188	1625	687	1.05
1980	16629.26	3217	11282	2123	906	7.26
1985	28178.22	3353	22378	2433	1093	14.22
1990	32145.93	2107	27333	2693	1018	12.93
1995	28508.20	2300	24315	1743	524	150.00
1996	29045.40	2248	25180	1449	450	168.00
1997	29503.08	2127	25684	1538	484	154.08
1998	28208.00	2218	24540	1306	408	144.00
1999	29360.14	2545	25596	1080	324	139.14
2000	31593.00	3469	27184	679	83	261.00
2001	31404.00	3632	26950	543	83	279.00
2002	28193.00	3813	23684	388	10	308.00

13-3 交通部门旅客周转量

单位:亿人公里

年份	总计	铁路	公路	水运		民航
					#长航	
1952	9.23	3.87	0.36	5.00	3.55	
1957	16.30	6.74	2.12	7.44	4.57	
1962	30.66	14.45	3.60	12.61	4.96	
1965	24.75	12.30	4.75	7.69	6.09	0.01
1970	12.33		9.46	2.85		0.02
1975	55.92	25.46	17.85	12.58	10.43	0.03
1980	95.88	41.79	36.20	17.52	15.01	0.37
1985	185.25	84.00	81.33	19.40	17.27	0.52
1990	225.85	82.83	112.83	29.28	26.18	0.91
1995	285.29	129.47	117.76	22.71	19.40	15.35
1996	285.04	121.17	124.97	21.09	17.83	17.81
1997	282.53	118.62	123.39	24.14	20.53	16.38
1998	278.66	126.68	118.51	18.79	16.31	14.68
1999	300.38	146.54	124.46	14.09	12.17	15.29
2000	398.32	232.00	132.00	8.84	7.86	25.48
2001	407.02	248.00	128.00	4.17	3.54	27.02
2002	449.07	283.00	135.00	1.00	0.78	30.07

13-4 交通部门货运量

单位:万吨

年份	总计	铁路	公路	水运	#长航	民航
1952	1009.00	208	294	507	129	
1957	3126.00	545	931	1650	418	
1962	3199.00	722	1024	1453	245	
1965	4336.01	1070	1456	1810	491	0.01
1970	6121.05	1851	2029	2241	544	0.05
1975	8144.01	2739	2727	2678	601	0.01
1980	8420.17	3211	2199	3110	1062	0.17
1985	11059.25	2659	3852	3463	1276	0.25
1990	10916.10	3901	2941	3784	1741	0.10
1995	10173.62	3986	2600	3585	1617	2.12
1996	9927.74	3779	2537	3268	1658	2.74
1997	9389.06	3882	2280	3119	1703	2.49
1998	10153.79	3999	2009	4040	2827	2.66
1999	10517.39	3964	2141	4313	3162	3.37
2000	9345.19	3857	2228	3255	2288	5.19
2001	8865.10	4277	2300	2284	1414	4.10
2002	11679.52	7400	934	3341	2436	4.52

13-5 交通部门货物周转量

单位:亿吨公里

年份	总计	铁路	公路	水运	#长航	民航
1952	25.53	9.72	0.20	15.61	11.40	
1957	55.41	25.53	1.05	27.83	14.43	
1962	71.31	39.62	1.92	29.77	17.15	0.0001
1965	114.53	68.41	2.42	43.70	31.87	0.0002
1970	18.66		4.35	14.31		0.0025
1975	209.01	144.71	6.95	57.35	36.15	0.0012
1980	326.85	206.14	9.85	110.85	77.72	0.0100
1985	507.57	320.37	16.59	169.94	89.61	0.0208
1990	670.53	415.17	14.72	235.04	147.97	0.0061
1995	776.44	544.40	9.62	222.20	128.36	0.2133
1996	775.79	552.32	9.93	208.05	128.95	0.2953
1997	725.34	501.77	8.72	212.21	138.29	0.2916
1998	696.62	465.81	7.59	220.63	155.53	0.2917
1999	696.27	457.70	8.25	227.76	166.73	0.3985
2000	831.64	618.37	10.00	202.71	150.47	0.5600
2001	829.70	634.90	11.00	183.36	134.21	0.4400
2002	922.00	680.00	5.00	236.00	176.55	0.4600

13－6 铁路机车及客车拥有量

单位:台、辆

指　　标	1990 年	1995 年	1999 年	2000 年	2001 年	2002 年
铁路机车总计	595	705	681	651	658	655
武汉铁路分局	371	406	391	378	387	377
襄樊铁路分局	224	299	286	273	271	278
蒸汽机车	250	176	61	23	9	
武汉铁路分局	134	83	42	19	5	
襄樊铁路分局	116	96	15	4	4	
内燃机车	279	282	389	399	376	381
武汉铁路分局	236	159	204	219	196	191
襄樊铁路分局	43	123	185	180	180	190
电力机车	66	244	231	230	273	274
武汉铁路分局	1	164	145	141	186	186
襄樊铁路分局	65	80	86	89	87	88
客车总计	1052	1231	1386	1666	1759	1861
武汉铁路分局	704	762	937	1092	1138	1172
襄樊铁路分局	348	469	449	574	621	689
软 座 车	3	4	14	12	13	13
武汉铁路分局	3	4	14	12	12	12
襄樊铁路分局					1	1
硬 座 车	801	674	783	776	795	856
武汉铁路分局	532	405	513	479	481	509
襄樊铁路分局	269	269	270	297	314	347
软 卧 车	37	59	87	91	105	115
武汉铁路分局	24	35	55	56	69	73
襄樊铁路分局	13	24	32	35	36	42
硬 卧 车	202	267	465	485	512	554
武汉铁路分局	139	166	322	338	355	377
襄樊铁路分局	63	101	143	147	157	177
行李邮政车总计	82	97	117	112	118	103
武汉铁路分局	52	63	78	73	78	63
襄樊铁路分局	30	34	39	39	40	40
餐车总计	69	65	93	98	104	110
武汉铁路分局	45	36	59	62	66	69
襄樊铁路分局	24	29	34	36	38	41

13－7 铁路运输主要技术经济指标

指　　标	单　位	武汉铁路分局			襄樊铁路分局		
		2000 年	2001 年	2002 年	2000 年	2001 年	2002 年
客运机车日车公里	公里	515.6			554.0	534.0	529.0
货运机车日车公里	公里	417.0	420.0	418.3	389.0	389.0	390.0
货运机车平均牵引总重	吨	2976.0	3067.2	3093.0	3005.0	3006.0	2996.0
蒸汽机车	吨	1847.0	1459.0		2112.0	2722.0	
内燃机车	吨	2795.0	2854.0	2847.0	2826.0	2856.0	2879.0
电力机车	吨	3114.0	3211.0	3178.0	3291.0	3282.0	3251.0
货运机车日产量	万吨公里	112.0	115.4	116.1	102.9	101.9	102.3
蒸汽机车	万吨公里	138.0	26.0		33.2	21.5	
内燃机车	万吨公里	89.0	90.0	78.2	108.3	109.8	110.6
电力机车	万吨公里	29.0	141.0	136.3	96.1	90.3	87.8
蒸汽机车每万吨公里耗煤	千克	446.2			387.1	4284.3	
内燃机车每万吨公里耗油	千克	24.4	24.1	27.0	24.5	23.8	23.7
电力机车每万吨公里耗电	千瓦/小时	93.6	89.4	87.1	112.2	113.0	117.0
旅客列车技术速度	公里/小时				64.1	71.1	74.1
旅客列车旅行速度	公里/小时				52.5	59.1	60.8
旅客列车出发正点率	%	99.9	94.1	99.6	100.0	99.8	99.6
旅客列车运行正点率	%	99.2	94.0	98.7	99.4	99.0	98.6
货物列车技术速度	公里/小时	44.1	45.1	45.8	43.6	45.9	46.8
货物列车运行速度	公里/小时	29.5	31.6	30.1	26.5	27.4	27.5
货物列车出发正点率	%	94.1	99.7	94.0	97.4	98.1	98.1
货物列车运行正点率	%	94.1	98.4	94.0	95.8	96.7	95.6
货车周转时间	天	2.6	2.3	2.2	2.0	1.9	2.0
一次货物作业时间	小时	30.1	27.3	26.8	30.5	29.5	28.2
货车中转停留时间	小时	4.9	4.1	4.0	7.0	6.4	6.8

13－8 民用车辆、船舶拥有量

（2002 年）

单位：辆

指标名称	总计	营运	非营运	特种	载客汽车客位（人）	个人	载货汽车吨位（吨）	个人
合　计	**3265320**	**660309**	**2581890**	**23121**	**3612594**	**1135168**	**808412**	**265013**
一、汽车	623273	208859	402621	11793	3612594	1135168	808412	265013
1.载客汽车	338663	87300	242709	8654	3612594	1135168	0	0
其中：大型	31214	20736	10443	35	1157146	135830	0	0
中型	34786	12307	22381	98	565463	204608	0	0
小型	255844	49992	197396	8456	1710379	662089	0	0
微型	16819	4265	12489	65	179606	132641	0	0
其中：轿车	158211	29716	123450	5045	791055	290825	0	0
2.载货汽车	269386	119696	149469	221	0	0	808412	265013
其中：重型	12763	6708	6053	2	0	0	95744	22290
中型	122464	62222	60224	18	0	0	566362	188131
轻型	97766	35591	62092	83	0	0	126947	44602
微型	36393	15175	21100	118	0	0	19359	9990
其中：普通载货	193282	81880	111302	100	0	0	231938	79394
3.其它汽车	15224	1863	10443	2918	0	0	0	0
二、电车	847	291	556	0	0	0	0	0
1.无轨	1	0	1	0	0	0	0	0
2.有轨	846	291	555	0	0	0	0	0
三、摩托车	1924314	38953	1882592	2769	0	0	0	0
1.普通	1844682	38816	1803100	2766	0	0	0	0
2.轻便	79632	137	79492	3	0	0	0	0
四、农用运输车	288291	151395	136665	231	0	0	0	0
1.三轮	126268	61057	65085	126	0	0	0	0
2.四轮	162023	90338	71580	105	0	0	0	0
五、拖拉机	401198	257522	135676	8000	0	0	0	0
1.大型	230889	172522	53767	4600	0	0	0	0
2.小型	170309	85000	81909	3400	0	0	0	0
六、挂车	7303	2185	5118	0	0	0	0	0
七、其它类型车	20094	1104	18662	328	0	0	0	0

13-9 邮 政 业 务 量

指 标	计量单位	2001年	2002年
邮政业务总量合计	万元	200770.70	208584.34
其中:国际邮政业务量	万元	3875.60	-
(一)函件总数	万件	48178.00	58454.17
国内函件合计	万件	36876.20	40896.46
(1)国内平常函件合计	万件	35615.40	39805.80
(2)国内给据函件合计	万件	1260.80	1090.66
大宗函件	万件	4082.07	5655.65
其中:信件	万件	2901.49	4248.33
印刷品	万件	1162.33	1407.32
邮政商业信函	万件	6952.09	8270.30
其中:帐单类	万件	2197.02	1743.46
(3)国际及港澳台函件	万件	68.97	60.54
(4)邮送广告	万件	11232.87	17501.76
(二)邮资广告明信片制作量	万件	3394.42	2183.80
(三)机要邮件合计	万件	47.46	46.93
(四)包件合计	万件	421.10	372.52
(五)直递业务	万吨	4.65	4.39
(六)特快专递合计	万件	493.73	568.03
(1)国内特快专递合计	万件	485.54	563.49
(2)国际特快专递合计	万件	8.19	4.54
(七)邮购业务	万件	27.82	10.10
邮购商品销售额	万元	2405.80	-
(八)邮政礼仪业务	万件	3.12	1.57

13－9　续表

指　　　　标	计量单位	2001 年	2002 年
(九)国内汇票合计	万张	475.96	486.00
(十)报刊累计份数合计	万份	92870.00	－
(1)报纸累计份数	万份	84525.40	80783.00
订阅报纸累计份数	万份	76614.40	74338.14
零售邮发报纸累计份数	万份	3020.50	1688.00
零售特发报纸累计份数	万份	4890.60	4756.87
(2)杂志累计份数	万份	8344.60	7648.00
订阅杂志累计份数	万份	3504.80	3066.80
零售邮发杂志累计份数	万份	1046.00	927.87
零售特发杂志累计份数	万份	3739.80	3653.27
(十一)邮政储蓄平均余额	万元	1795458.40	2585253.60
邮政储蓄期末余额	万元	2218911.50	2978367.76
(1)定期储蓄余额	万元	1644053.40	2236509.73
一年定期以下	万元	1563746.70	－
二年定期	万元	31890.40	－
三年以上定期	万元	48416.30	－
(2)活期储蓄	万元	574858.10	741858.02
(十二)邮储异地存取交易量	万笔	110.29	270.35
邮储异地存取交金额	万元	514845.00	532711.38
(十三)集邮业务量	万枚	32335.10	21565.50
集邮品册数	万册	593.54	495.33
(十四)邮政其他业务量	万元	2821.30	2092.28
其中:代办电信业务量	万元	584.90	416.50

13－10 电 信 业 务 量

指 标	计量单位	2001 年	2002 年
电信业务收入	亿元	100.20	116.00
电信建设投资	亿元	93.30	68.00
本地电话用户	万户	639.00	735.50
城市电话用户	万户	439.00	539.20
其中:住宅电话用户	万户	344.00	415.00
乡村电话用户	万户	200.00	196.30
其中:住宅电话用户	万户	185.00	184.50
公用电话用户	户	113406	16.90
移动电话用户	万户	426.00	616.50
无线寻呼用户	万户	168.00	55.40
互连网用户	户	103	153.00
窄带综合业务数字网(2B＋D)用户	户	29654	35729.00
窄带综合业务数字网(30B＋D)用户	户	55	110.00
分组交换拨号用户	户	678	644.00
分组交换专线用户	户	1750	1598.00
数字数据(DDN)用户	户	21458	23440.00
长途电话交换机容量	路端	208056	244000.00
长途电话业务电路	路	136695	379000.00
本地局用交换机容量	万门	753.00	818.90
本地用户交换机容量	万门	56.00	43.70
GSM 数字移动系统容量	万户	769.00	789.00

13－10　续表

指　　　　　　标	计量单位	2001 年	2002 年
GDMA 数字移动系统容量	万户		47.00
无线寻呼系统容量	万户	172.00	108.00
国内长途电话通话量	万次	51550.00	189731.00
国际电话通话量	万次	107.00	383.00
港、澳、台电话通话量	万次	91.00	263.00
国内长途电话通话时长	万分钟	142233.00	428502.00
国际电话通话时长	万分钟	388.00	1622.00
港、澳、台电话通话时长	万分钟	266.00	703.00
本地网电话通话量	亿次	145.33	218.15
互联网拨号上网使用时长	万分钟	474256.00	670438.00
人均通话次数	次/人.年	331.00	396.00
百万人互联网用户数	户/百万人	17265.00	25668.00
长途光缆长度	芯长公里	332559.00	445012.00
电话普及率	部/百人	17.80	22.60
移动电话普及率	部/百人	7.10	10.30
主线普及率	线/百人	10.70	12.30
城镇电话普及率	部/百人	17.90	22.00
乡村电话普及率	部/百人	5.70	5.60
已通电话行政村比例	%	85.90	89.90

13－11 市州民用机动车年末拥有量

(2002年)　　单位:辆

市、州	汽车总计	载客汽车	＃大型	载货汽车	＃重型	其他汽车
全省	**623273**	**338663**	**31214**	**269386**	**12763**	**15224**
武汉市	203864	126203	11090	72974	4509	4687
黄石市	22989	10197	1522	12168	386	624
十堰市	36285	16138	1837	19659	495	488
宜昌市	68481	26024	2473	40916	5205	1541
襄樊市	49115	24641	2370	23303	470	1171
鄂州市	7131	4158	478	2757	25	216
荆门市	28347	12684	1173	14970	666	693
孝感市	25123	15387	1140	9287	43	449
荆州市	36613	19460	2623	16408	300	745
黄冈市	26855	16855	1542	9433	41	567
咸宁市	19919	11284	1244	8094	214	541
随州市	12904	6759	749	5974	81	171
恩施自治州	27376	14261	1041	12668	101	447
仙桃市	7888	3594	521	4079	23	215
潜江市	10866	5091	400	5053	193	722
天门市	6910	3520	315	3307	5	83
神农架林区	2054	891	24	1142	2	21
省直	30553	21516	672	7194	4	1843

市、州	摩托车	＃普通	拖拉机	＃大型	挂车	其他类型车
全省	**1924314**	**1844682**	**1198**	**889**	**7303**	**20094**
武汉市	178308	171199	0	0	2098	573
黄石市	48690	46646	36	32	146	125
十堰市	78826	73608	1	1	131	430
宜昌市	249573	244326	12	6	188	7023
襄樊市	151620	144859	146	136	2252	5075
鄂州市	39874	38653	1	1	129	633
荆门市	156213	150156	74	74	562	236
孝感市	126485	120788	112	99	85	1277
荆州市	206239	195310	37	36	347	122
黄冈市	242270	234838	39	25	31	430
咸宁市	125141	120575	2	2	82	94
随州市	109331	106996	190	188	348	702
恩施自治州	68655	66663	118	87		1318
仙桃市	32271	30062	270	82	313	446
潜江市	23929	23084	152	106	187	187
天门市	46563	45127	0	0	226	142
神农架林区	1514	1511	0	0	6	43
省直	38812	30281	8	14	172	1238

主要统计指标解释

【铁路营业里程】 指办理客货运输的铁路正线总长度。凡是全线或部分建成双线及以上的线路，以第一线的实际长度计算；复线、站线、段管线、岔线和特别用途线以及不计算运费的联络线都不计算营业里程。铁路营业里程是反映铁路运输业基础设施发展水平的重要指标，也是计算客货周转量、运输密度和机车车辆运用效率等指标的基础资料。

【公路里程】 也称"公路通车里程"，是指实际达到交通部制定的公路工程技术标准规定的等级的公路长度。他包括大中城市的郊区公路以及通过小城镇街道的公路里程，也包括桥梁、渡口的长度，但不包括城市的街道以及厂矿，林区和农业生产用道路里程。两条或多条公路共同经由同一路段，只计算一次，不得重复计算里程长度。公路里程是反映公路建设发展规模的重要指标，也是计算运输网密度等指标的基础资料。

【内河航道里程】 也称"内河通航里程"，是指在枯水季节水深在0.3米以上，能通航运输船舶及排筏的天然河流、湖泊水库、运河及通航渠道的长度。包括全年季节性通航累计三个月以上的航道，但不包括仅供零散流放竹、木排河道。内河航道里程是反映内河水运网规模、水平和发展情况的主要指标。

【民用航空航线里程】 指民航运输定期班机飞行的航线长度的总和。航线长度按机场之间的距离计算，通常有两种计算方法：将每条航线相加称为重复计算航线里程；如将两条或多条航线经过同一区段里程，只计算一次航线长度长为不重复计算航线里程。一般常用的是后者，他能确切反映民航运输网的规模，表明民航事业为国民经济服务和方便人民程度的主要指标。

【民用汽车】 由公安交通监理部门所掌管的领有本地区民用车辆牌照的机动车辆中的一部分。不包括拖拉机、摩托车、其他机动车等。民用汽车包括普通载货汽车、专用载货汽车、载客汽车、其他专用汽车、特种汽车等。

【民用运输船舶】 是指一定时期内全社会实际拥有的可用来进行水上运输的船舶数量。按航行的水域可分为远洋船舶、沿海船舶和内河船舶；按船舶技术特征及行驶方式可分为机动船（指装有各种动力机械的船舶，包括客船、客货船、货船、拖船）、驳船、木帆船；按船体材料可分为钢质船、水泥船、木质船；按使用的燃料分为燃油船和燃煤船。

【货（客）运量】 指运输业实际运送的货物（旅客）数量。货运按吨统计，客运按人统计。货物不论运输距离长短，货物类别，均按实际重要统计；旅客不论行程远近或票价多少，均按一人一次作为客运量统计。半价票、小孩票也按一人统计。货（客）运量反映运输业为国民经济和人民生活服务的数量指标，也是制定和检查运输生产计划，研究运输发展规模和速度的重要指标。

【货物（旅客）周转量】 指运输业运送的货（旅客）数量与其相应运输距离的乘积之总和。通常以吨公里和人公里为计算单位。计算货物周转量通常按发出站与到达站之间最短距离，也就是计费距离计算。他是反映运输业生产总成果的重要指标，也是编制和检查运输生产计划，计算运输效率、劳动生产率以及核算运输单位成本的主要基础资料。

【邮电业务总量】 是以货币表示的邮电部门为社会提供通信服务的总数量；是用于观察邮电业务发展变化总趋势的综合性总量指标。根据邮电管理体制不同，分为中央国有业务总量和地方国有业务总量。根据专业性质分为邮政业务总量和电信业务总量。

国内外贸易 14

资料整理:张四运　范　维

14－1　社会消费品零售总额

单位:亿元

项　　目	1990 年	1995 年	1998 年	1999 年	2000 年	2001 年	2002 年
社会消费品零售总额	**181.07**	**326.36**	**931.80**	**1617.14**	**1789.35**	**1975.16**	**2198.42**
一、按销售地区分							
1.市的零售额	75.26	166.44	539.79	1019.58	1128.47	1267.09	1462.15
2.县的零售额	31.64	45.62	127.76	150.95	177.65	194.21	206.92
3.县(市)以下的零售额	74.17	114.30	264.25	446.61	483.23	513.86	529.35
二、按行业分							
批发零售贸易业	128.00	225.86	615.30	997.37	1107.40	1221.64	1376.12
餐　饮　业	7.79	15.44	68.72	157.14	192.42	225.67	266.93
其　　他	45.28	85.06	247.78	462.63	489.53	527.85	555.37
＃农业生产者	17.11	48.31	154.70	273.82	307.73	317.55	327.03
制　造　业	21.07	26.03	53.71	92.40	98.12	99.45	111.35

14－2　批发零售贸易业商品销售总额

(2002 年)

单位:亿元

项　　目	销售合计	批　发	零　售	库　存
总　　计	**3212.07**	**1835.96**	**163.61**	
一、按行业分组				
批发业	1776.19	1503.03	36.72	
零售业	1435.88	332.93	126.89	
二、按规模分组				
限额以上企业(单位)	1169.54	837.18	38.66	88.15
限额以下和个体户	2042.53	998.78	124.95	

14—3 限额以上批发零售贸易业商品销售类值表

单位:万元

指标名称	商品销售总额		批发		零售	
	2001年	2002年	2001年	2002年	2001年	2002年
总计	**11007984**	**11695424**	**8157772**	**8371770**	**2850212**	**3323654**
食品、饮料、烟酒类	1859094	2203158	1345803	1538517	513291	664641
肉禽蛋类	251825	273925	137745	159250	114080	114675
其他食品类	371133	511977	148568	183536	222565	328441
饮料类	80651	84413	30489	19473	50162	64940
烟酒类	1155485	1332843	1029001	1176258	126484	156585
服装、鞋帽、针纺织类	812807	833577	276630	175703	536177	657874
服装类	399581	519933	62864	92698	336717	427235
鞋帽类	113451	128679	13622	6074	99829	122605
针纺织品类	299775	184965	200144	76931	99631	108034
化妆品类	102334	105401	19043	20006	83291	85395
金银珠宝类	58078	54212	739	6027	57339	48185
日用品类	222616	253609	58415	46397	164201	207212
洗涤用品类	67672	79984	16167	16321	51505	63663
儿童玩具类	11632	13732	2446	2043	9186	11689
五金、电料类	61645	47992	24872	19396	36773	28596
体育、娱乐用品类	23353	23703	3280	2994	20073	20709
书报杂志类	195109	186768	122016	105831	73093	80937
电子出版物、音像制品	39211	7088	13609	2201	25602	4887
家用电器、音像器材类	595160	719257	205699	212849	389461	506408
中西药品类	346469	446830	157388	257552	189081	189278
西药	263948	316240	108614	162612	155334	153628
中草药及中成药	80885	130590	48003	94940	32882	35650
文化办公用品类	51219	57733	13809	9626	37410	48107
家俱类	47414	27239	1444	665	45970	26574
通讯器材类	158732	130103	128176	105123	30556	24980
煤炭及制品类	40110	43439	38110	43057	2000	382
木材及制品类	15333	9801	5218	4254	10115	5547
石油及制品类	4774696	4914968	4390374	4484698	384322	430270
化工材料及制品类	282362	187824	270281	183749	12081	4075
化肥类	116501	75713	115201	75713	1300	
金属材料类	366245	327011	352049	318310	14196	8701
建筑及装潢材料类	33693	30287	23709	17992	9984	12295
机电产品及设备类	255680	335627	249677	327743	6003	7884
农机类	11085	10952	10832	10952	253	
汽车类	126832	164623	125323	160323	1509	4300
种子饲料类	23398	35034	23179	35034	219	
棉麻类	174491	283704	170863	283704	3628	
其他类	468735	431059	263389	170342	205346	260717

14-4　消费品零售额分类

单位:亿元

年份	消费品零售总额	吃	穿	用	烧	比重(%) 吃	穿	用	烧
1950	8.39	5.81	1.01	1.27	0.30	69.25	12.04	15.14	3.57
1952	11.01	6.63	1.76	2.17	0.45	60.22	15.98	19.71	4.09
1957	19.60	10.85	3.62	4.33	0.80	55.36	18.47	22.09	4.08
1962	24.47	13.89	3.31	6.24	1.03	56.76	13.53	25.50	4.21
1965	26.85	14.76	5.36	5.63	1.10	54.97	19.96	20.97	4.10
1970	34.88	19.25	8.08	6.46	1.09	55.19	23.16	18.52	3.13
1975	48.96	25.25	11.92	10.45	1.34	51.57	24.35	21.34	2.74
1978	59.84	31.47	13.11	13.61	1.65	52.59	21.91	22.74	2.76
1980	81.91	42.09	18.32	19.66	1.84	51.39	22.37	24.00	2.24
1985	181.07	84.34	35.15	57.82	3.76	46.58	19.41	31.93	2.08
1986	200.20	91.23	37.02	67.91	4.04	45.57	18.49	33.92	2.02
1987	234.06	108.97	40.10	79.71	5.28	46.56	17.13	34.06	2.25
1988	295.80	138.19	47.49	104.49	5.63	46.72	16.06	35.32	1.90
1989	320.68	153.91	50.29	109.94	6.54	47.99	15.68	34.28	2.05
1990	326.36	157.31	50.79	111.06	7.20	48.20	15.56	34.03	2.21
1991	362.26	172.79	58.92	120.81	9.74	47.70	16.26	33.35	2.69
1992	411.51	193.44	66.48	139.69	11.90	47.01	16.16	33.95	2.88
1993	521.35	239.72	85.14	181.16	15.33	45.98	16.33	34.75	2.94
1994	723.75	330.19	120.65	240.20	32.71	45.62	16.67	33.19	4.51
1995	931.80	416.13	153.39	318.78	43.50	44.66	16.46	34.21	4.67
1996	1145.73	499.39	191.74	394.43	60.17	43.59	16.73	34.43	5.25
1997	1345.34	575.67	199.24	469.52	100.91	42.79	14.81	34.90	7.50
1998	1481.38	627.36	208.89	521.59	123.54	42.35	14.10	35.21	8.34
1999	1617.14	681.30	226.40	568.42	141.02	42.13	14.00	35.15	8.72
2000	1789.35	739.36	266.26	630.92	152.81	41.32	14.88	35.26	8.54
2001	1975.16	807.64	295.09	707.70	164.73	40.89	14.94	35.83	8.34
2002	2198.42	895.20	330.20	792.53	180.49	40.72	15.02	36.05	8.21

14－5 城乡集市贸易情况

单位:万元

项　　目	1990 年	1995 年	1999 年	2000 年	2001 年	2002 年
集　市　数(个)	3933	4274	4605	4278	4058	4008
城市	1582	1128	1726	1697	1802	1847
农村	2351	3146	2879	2581	2256	2161
集市贸易成交额	93.85	394.25	788.59	962.51	1060.02	1219
粮　食　类	3.84	25.66	50.21	73.57	69.81	62.71
油脂油料类	3.06	16.03	30.39	36.72	35.22	34.29
棉烟麻类	0.39	1.24	2.31	3.77	5.53	3.19
肉食禽蛋类	27.77	86.05	155.36	176.34	177.06	186.09
水产品类	9.76	30.17	65.13	80.26	79.77	76.72
蔬　菜　类	14.76	50.28	90.37	101.11	99.16	104.40
干鲜果类	7.80	22.32	48.69	58.48	59.90	69.60
耕　畜　类	1.33	2.61	3.26	3.77	9.53	5.37
家　畜　类	3.06	8.61	11.64	13.51	14.57	13.07
工业品类	17.17	134.78	305.33	365.91	440.50	484.60
其　他　类	1.88	16.49	25.88	49.06	68.98	26.11

14－6　外贸部门进出口总额及构成

单位:万美元

年　份	进出口总额	出　口　额	占总额比重(%)	进　口　额	占总额比重(%)
1957	6296	6252	99.3	44	0.7
1965	3758	3496	93.0	262	7.0
1970	6348	6086	96.0	262	4.0
1975	12826	12304	96.0	522	4.0
1978	17333	15901	91.7	1432	8.3
1980	26669	25109	94.2	1560	5.8
1985	68943	52985	76.9	15958	23.1
1990	118969	107180	90.1	11789	9.9
1991	137231	116203	84.7	21028	15.3
1992	177921	138157	77.7	39764	22.3
1993	254390	168610	66.3	85780	33.7
1994	284844	209714	73.6	75130	26.4
1995	369941	232999	63.0	136942	37.0
1996	320565	223164	69.6	97401	30.4
1997	328268	253103	77.1	75165	22.9
1998	349191	280468	80.3	68723	19.7
1999	268107	151378	56.5	116729	43.5
2000	321032	193090	60.1	127942	39.9
2001	357802	179771	50.2	178031	49.8
2002	395457	209896	53.1	185561	46.9

注:1999 年以后为海关数。

14－7　出口商品分主要贸易方式、企业性质总值表

单位:万美元

项　　目	合　计	国有企业	外商投资企业	集体企业	其　他
一般贸易	152122	99433	31676	12776	8236
国家间、国际组织援助和赠送	45	45			
补偿贸易					
来料加工装配贸易	24000	3399	20160	39	403
进料加工	32750	17228	15090	334	99
对外承包工程出口货物	968	901			
租赁贸易					
出料加工贸易					
保税仓库进出境货物					
其　他	11	8	2		
总　值	209896	121014	66928	13215	8740

14－8　市州社会消费品零售总额

(2002 年)

单位:亿元

市　州	合　计	批发零售贸易业	餐饮业	其　他
全　省	**2198.42**	**1376.12**	**266.93**	**555.37**
武 汉 市	770.08	451.65	93.55	224.88
黄 石 市	91.80	56.49	13.74	21.57
十 堰 市	83.52	48.76	10.64	24.12
宜 昌 市	167.07	106.40	24.26	36.41
襄 樊 市	170.23	111.67	15.52	43.04
鄂 州 市	44.92	31.02	3.08	10.82
荆 门 市	106.67	70.76	13.93	21.98
孝 感 市	124.68	76.26	21.14	27.28
荆 州 市	203.98	119.82	27.50	56.66
黄 冈 市	127.88	91.64	12.90	23.34
咸 宁 市	52.21	38.92	4.58	8.71
随 州 市	66.91	53.21	4.31	9.39
恩施自治州	40.31	26.23	4.11	9.97
仙 桃 市	61.20	37.15	7.93	16.12
天 门 市	53.59	35.99	6.53	11.07
潜 江 市	31.44	19.11	2.98	9.35
神农架林区	1.59	0.79	0.28	0.52

14－9　市州进出口总额

单位:万美元

市　州	2000 年		2001 年		2002 年	
	出　口	进　口	出　口	进　口	出　口	进　口
全　省	**193090**	**127942**	**179771**	**178031**	**209896**	**185561**
武 汉 市	117407	85678	94679	120969	109054	111343
黄 石 市	16031	18768	16833	24780	17279	23319
十 堰 市	2590	3109	2733	1380	3499	3203
宜 昌 市	7216	2597	15459	8559	13854	22857
襄 樊 市	5022	3548	4743	6665	6614	8613
鄂 州 市	5080	5384	4504	5507	5365	5391
荆 门 市	4218	436	3623	318	4860	437
孝 感 市	2968	1796	2489	1505	4008	2048
荆 州 市	9062	3317	9178	4760	10707	3931
黄 冈 市	10425	1965	9768	2169	10352	2539
咸 宁 市	3307	213	4309	169	6924	408
随 州 市	2318	96	2823	139	6964	242
恩施自治州	904	200	688	170	752	190
仙 桃 市	4135	595	4106	610	4419	722
天 门 市	935	31	1214	70	2727	183
潜 江 市	1472	208	2622	261	2416	135

主要统计指标解释

【法人机构】 指独立核算法人批发零售贸易业、餐饮业企业。独立核算法人批发零售贸易企业、餐饮企业应同时具备以下条件：

(1) 依法成立，有自己的名称、组织机构和场所，能够承担民事责任；

(2) 独立拥有和使用资产，承担负责，有权与其他单位签订合同；

(3) 独立核算盈亏，并能编制资产负债表。

【附营单位】 指其他行业的独立核算法人单位或非独立核算单位所属的从事批发零售贸易活动的附营单位。例如，工业企业办的商店等，如果是批发零售贸易企业附属的工厂开办的商店，这个商店应作批发零售贸易业附营单位处理，但如果是批发零售贸易企业在另一个地点开办的商店，这个商店归入主营单位，不作为附营单位处理。附营单位应同时具备以下条件：

(1) 具有一个场所，从事或主要从事批发零售贸易活动；

(2) 单独组织经营或业务活动；

(3) 在工商行政管理部门登记注册领取《营业执照》；

【批发贸易网点数】 指本批发零售贸易企业（单位）设立的从事批发贸易业务的自然单位［包括本企业（单位）自身］，凡具有独立固定的营业场所，配备一定的业务 人员，不论单位大小、不论是否单独核算，均按自然网点计算，即有一个点就算一个网点。

【零售贸易网点数】 指本批发零售贸易企业（单位）设立的从事批发贸易业务的自然单位［包括本企业（单位）自身］，凡具有独立固定的营业场所，配备一定的业务人员，不论单位大小、不论是否单独核算，均按自然网点计算，即有一个点就算一个网点。不包括同一营业场所内各柜组以及派出的流动推销小组、流动售货车等，不论临时性还是经常性的均不作为自然网点统计（但固定的售货亭应作为网点统计）。

【从业人员】 指在批发、零售贸易网点工作并取得劳动报酬的人员。包括职工、聘请的离退休人员等。应分别按批发贸易网点和零售贸易网点统计。

【餐饮业网点数】 指本餐饮企业（单位）设立的从事餐饮业务的营业单位［包括本企业（单位）自身］，凡具有固定的营业场所，配备一定的业务人员，不论单位大小、不论是否单独核算，均按自然网点计算，即有一个营业点就算一个网点。不包括派出的流动饭档、流动饮食货车等，不论临时性还是经常性的均不作为网点统计（但固定的饮食售货亭应作为网点统计）。

【从业人员】 指在餐饮业的全部工作人员。包括行政管理人员、炊事人员、服务人员、既包括临时工、合同工等，也包括聘请的离休人员。

【营业面积】 指按建筑面积计算的供顾客用餐的餐厅营业面积和从事食品加工、烹饪、调制的厨房的面积，不包括专门储存商品的仓库面积和办公用房的面积。

【社会消费品零售额】 指各种经济类型的批发零售贸易业、餐饮业、制造业和其他行业对城乡居民和社会集团的消费品零售额和农民对非农业居民零售额的总和。对居民的消费品零售额：指售给城乡居民用于生活消费的商品。对社会集团的消费品零售额：指售给机关、团体、部队、学校、企业、事业单位和城市街道居民委员会、农村村民委员会用公款购买的用作非生产、非经营上使用的公用消费品。

【农村集市贸易成交额和城市集市贸易成交额】 指农村集市和城市集市的全部成交额。（包括村（队）和农民之间、农民之间、村（队）、农民和商业、工业、饮食业、其他行业之间，村（队）、农民和机关、团体、部队、企事业单位之间以及农民和非农业居民之间的成交额。

【社会农副产品收购总额】 包括商业、饮食业、工业和其他部门以及非农业居民从农民、国营农场、劳改农场、机关和部队农场以及乡、村（队）办集体所有制农业生产单位等农业生产者收购的全部农副产品金额。

【进出口总额】 外贸部门统计的进出口总额，其出口总额，是指我国向国外和港澳地区销售的商品总额，按离岸价格计算。进口总额，是指我国从国外和港澳地区购进的商品总额，按到岸价格计算。出口总额进口总额都包括转口商品。凡转口商品运达我国口岸国境时作为进口，离开我国口岸或国境时作为出口，如商品不进入国境，直接由国外转口的，在国外转口时即按照合同规定的价格分别作为进口和出口。

海关进出口总额是指实际进出我国国境的货物总金额。包括对外贸易实际进出我国国境的货物总金额。包括对外贸易实际进出口货物、来料加工装配进出口货物、中外合资企业、合作企业和外商独资企业进出口货物和公用物品，以及国家间、联合国及国际组织无偿援助的 物资和赠送品，华侨、港澳同胞、外籍华人的捐赠品的金额。进口按到岸价格计算，出口按离岸价格计算。

对外经济和旅游 15

资料整理:范　维

15－1　外商投资企业基本情况

（2002 年）　　单位：个、万美元

	本年登记			年末实有		
	企业数	注册资本	#外方注册资本	企业数	注册资本	#外方注册资本
合　　计	**452**	**92366**	**72995**	**3705**	**931142**	**560740**
一、按投资方式分						
中外合资企业	213	39097	21324	2258	609718	284171
中外合作企业	16	14748	13150	187	91776	56429
外商独资企业	223	38521	38521	1254	211600	211600
中外股份公司				6	18049	8540
二、按行业分						
A.农、林、牧、渔业	12	1334	978	63	15012	7902
#农、林、牧、渔业	11	1310	954	58	10441	6384
农、林、牧、渔服务业	1	24	24	5	4571	1518
B.采　掘　业	7	1014	656	45	5482	3730
石油和天然气开采业	1	689	337	1	689	337
黑色金属矿采选业				7	357	278
有色金属矿采选业	1	90	90	4	465	320
非金属矿采选业	4	229	223	32	3965	2789
C.制造业	232	39144	32061	2087	480217	267095
#食品加工业	25	2265	1852	112	16134	12095
食品制造业	9	597	597	91	15297	12804
饮料制造业	7	659	424	78	44955	27581
纺　织　业	26	1702	1281	141	22636	10950
服装及其他纤维制品制造业	35	2032	1656	233	21381	12326
皮革、毛皮、羽绒及其制品业	6	167	99	36	2822	1260
木材加工及竹、藤、棕、草制品业	3	26	23	45	9395	4873
家俱制造业	4	37	37	30	2306	1505
造纸及纸制品业	2	22	22	46	9833	6218
印刷业、纪录媒介的复制	2	291	153	30	7007	3147
文教体育用品制造业				12	815	507
石油加工及炼焦业	2	364	364	28	6754	3533
化学原料及化学制品制造业	17	5335	4836	163	36864	23883
医药制造业	7	3815	3612	93	18705	11630
化学纤维制造业	3	1243	756	11	8586	4583
橡胶制品业	1	21	10	26	9858	5755
塑料制品业	7	467	444	100	14852	7632
非金属矿物制品业	8	4490	3662	107	25178	15922
金属制品业	6	1064	820	98	15179	9741

15－1　续表　　(2002 年)　　单位:个、万美元

	本年登记			年末实有		
	企业数	注册资本	＃外方注册资本	企业数	注册资本	＃外方注册资本
交通运输设备制造业	9	1994	731	108	102745	38871
电子及通信设备制造业	9	1823	1561	117	24145	14447
D.电力煤气及水的生产和供应业	1	6	2	27	45737	28783
E.建筑业	13	10045	8753	211	60255	37454
土木工程建筑业	12	10016	8724	64	49019	30533
线路、管道和设备安装业				12	667	322
装修装饰业	1	29	29	135	10569	6599
F.地质勘查业、水利管理业				1	10	3
G.交通运输、仓储及邮电通讯业	3	150	146	47	9817	5095
＃仓　储　业				5	677	333
邮电通讯业	1	100	100	3	175	172
H.批发和零售贸易、餐饮业	34	9957	5014	184	32955	17486
＃批　发　业	1	150	128	1	150	128
零　售　业	23	5614	3099	50	8618	5051
餐　饮　业	10	4193	1787	133	24187	12307
I.金融、保险业	1	722	722	2	843	795
J.房地产业	45	14521	11083	510	182228	126992
K.社会服务业	42	8392	8099	329	67658	41113
＃公共设施服务业	6	1959	1944	30	7670	5602
居民服务业	3	127	81	33	1327	741
旅　馆　业	5	1707	1704	30	22023	13991
旅　游　业	6	2317	2257	18	6406	4529
娱乐服务业	5	1580	1542	99	13920	9914
信息咨询服务业	14	387	258	63	11296	3531
计算机应用服务业	1	5	3	41	2914	1462
L.卫生、体育和社会福利业				9	1849	1722
＃卫　　生				4	365	304
体　　育				5	1484	1418
M.教育、文化艺术和广播电影电视业				6	711	594
＃文化艺术业				2	44	38
广播电影电视业				3	529	453
N.科学研究和综合技术服务业	59	6501	5011	162	21222	15465
＃科学研究业	18	1248	994	61	6339	4854
综合技术服务业	41	5253	4017	101	14883	10611
O.其他行业	3	579	470	22	7146	6510

15－2 利 用 外 资 情 况

单位:万美元

项　　　目	1990 年	1995 年	2000 年	2001 年	2002 年
利用外资合计	**16967**	**110941**	**130363**	**201735**	**226579**
一、借用国外资金	13914	48688	24551	45627	50543
＃外国政府贷款	5090	18639	6778	13393	19017
国际金融组织贷款	1318	1365	6353	11373	16202
国际商业贷款			7504	16425	15324
二、利用国外直接投资	2900	62253	94368	120993	140151
＃合资经营	2492	40259	59879	64285	53628
合作经营	85	5012	2789	11561	27731
独资经营	323	16982	31700	38661	58068
三、其他方式	153		11444	35115	35885

15－3　利用国外直接投资和其他投资表

(2002 年)

单位:个、万美元

方　　　式	本年批准利用外资		实际使用外资金额
	项目个数	合同外资金额	
合　　　计	**486**	**142161**	**176036**
一、外商直接投资	486	100255	140151
中外合资企业	218	32046	53628
中外合作企业	19	17344	27731
外资企业	249	50865	58068
外商投资股份制企业			724
合 作 开 发			
其　　他			
二、外商其他投资		41906	35885
对外发行股票		14015	14015
国 际 租 赁		13000	13000
补 偿 贸 易			
加 工 装 配		14891	8870

15－4 分国家或地区利用外商直接投资

（2002 年）

单位：个、万美元

国家或地区	项 目 数	合同外资金额	实际使用外资金额
合 计	**486**	**100255**	**140151**
亚 洲	339	70685	95356
香 港	201	59086	69371
澳 门	5	2555	3544
台 湾	81	3994	9777
泰 国	4	1181	2712
菲律宾	2	274	
马来西亚	3	307	1779
新加坡	12	3244	5362
印 尼	2	－685	370
日 本	15	－3423	
斯里兰卡			
韩 国	6	744	735
非 洲	3	281	301
塞舌尔	1	121	121
毛里求斯			
南 非	1	98	
欧 洲	31	12525	15512
欧 盟			
德 国	8	531	1321
法 国	4	8351	5807
意大利	4	408	329
荷 兰	2	－211	3966
比利时			180
英 国	9	2918	2986
奥地利		185	218
西班牙			
匈牙利	1	73	127
拉丁美洲	41	11721	9384
巴拿马			78
秘 鲁			50
巴拉圭			
阿根廷	2	210	203
巴哈马			240
维尔京群岛	34	10871	8818
凯曼群岛	4	634	163
北美洲	63	3757	17523
加拿大	4	634	163
美 国	46	2748	9186
百慕大			3793
大洋洲	17	1275	2075
澳大利亚	11	263	689
新西兰		30	36
西萨摩亚	6	982	1350
东萨摩亚			

15－5　分市州利用外资投资情况

（2002 年）　　单位：个、万美元

市　州	项目数	合同外资金额	实际使用外资金额
全　省	**486**	**142161**	**176036**
武汉市	173	68276	114594
黄石市	15	12465	15404
十堰市	17	4643	2405
宜昌市	47	14361	7506
襄樊市	41	9398	5526
鄂州市	12	952	4523
荆门市	20	3507	4604
孝感市	30	6597	5808
荆州市	28	4420	5011
黄冈市	31	9607	3242
咸宁市	16	1394	3372
随州市	14	642	1212
恩施州	2	737	17
仙桃市	14	1067	1200
天门市	5	1205	810
潜江市	2	641	802

15－6　旅游事业发展情况

指　标	1990 年	1995 年	1999 年	2000 年	2001 年	2002 年
旅游人数总计(人次)	**155734**	**270890**	**305408**	**450805**	**667818**	**1024312**
外国人	35839	168313	223331	357352	542737	755718
华侨	535	4556	1417	2637		
港澳台同胞	119360	98021	80660	90816	125081	268594
旅游人数比重(％)	100	100	100	100	100	100
外国人	23.0	62.1	73.1	79.3	81.3	73.8
华侨	0.3	1.7	0.5	0.6		
港澳台同胞	76.7	36.2	26.4	20.1	18.7	26.2
旅游人天数(天)	178837	517720	622037	852455	1208938	1712230
外国人	48684	273357	476106	676130	891787	1232818
华侨	134.00	6213	2380			
港澳台同胞	130019	238150	143551	173529	317151	479412
旅游外汇收入(万美元)	**1557**	**7317**	**10498**	**14572**	**20075**	**28391**

15—7 入境旅游(外汇)收入构成

单位:万美元

项目	2001 年	2002 年
总计	**20075.16**	**28390.95**
一、长途交通	8592.16	11015.68
1、民航	5139.24	5536.23
2、铁路	1144.28	1305.98
3、汽车	361.35	766.56
4、轮船	1947.29	3406.91
二、住宿	2569.62	1533.11
三、餐饮	1626.09	2356.45
四、游览	461.73	766.56
五、娱乐	843.16	1391.16
六、购物	3412.78	6927.39
七、市内交通	542.03	823.34
八、邮电通讯	963.61	1277.59
九、其他	1063.98	2299.67

15—8 分地区接待入境海外旅游者人数和外汇收入情况

单位:人次、万美元

指标	入境人数		外汇收入	
	2001 年	2002 年	2001 年	2002 年
全省	**667818**	**1024312**	**20075.16**	**28390.95**
武汉市	285929	383711	12138.91	16034.74
黄石市	1064	1161	26.81	29.04
十堰市	16095	19893	325.87	304.65
荆州市	25860	29948	501.56	514.38
宜昌市	234289	420164	4799.24	8394.16
襄樊市	7029	10049	236.31	281.26
鄂州市	5590	6015	373.93	374.37
荆门市	3007	3549	130.95	135.22
孝感市	343	424	45.68	73.10
黄冈市	1383	756	26.06	16.77
咸宁市	1984	2250	36.24	39.83
随州市	670	671	13.42	11.99
恩施州	83182	143360	1378.22	2131.04
仙桃市	291	1575	7.48	31.19
潜江市	258	161	9.58	5.39
天门市	485	329	15.63	7.38
神农架	359	296	9.27	6.44

主要统计指标解释

【利用外资】 指利用境外的资金。外资包括现汇、实物、工业产权或专有技术等有形资本和无形资本。按利用外资的形式分，主要有三方面：①借用国外资金。包括外国政府贷款，国际金融组织贷款、国际商业贷款。②外商直接投资。包括中外合资经营企业、合作经营企业、合作开发企业、外商独资经营企业中的外商投资额。③其他方式。主要包括发行外币债券、对外担保、商品信贷及其他等三种方式。商品信贷主要指以贸易为背景而开展的补偿贸易、租赁贸易、来料加工等。

在统计中，对外借款按实际提取数或拨交的使用数填列；外商直接投资实际投入的现金、实物、工业产权及专有技术的计价投资额填列；商品信贷按到货数价金额填列。

下列经济活动，不作利用外资统计：①用我国自有外汇，包括国家外汇、地方外汇、留成外汇、调剂外汇和中国银行自有外汇发放的外汇贷款。②有关单位在经济特区举办的内联企业，若无外商参与投资，不作为利用外资。③华侨、港澳台同胞以人民币（不是以外币兑换的人民币）投资经营企业和与我方合资经营。合作经营企业，一般也不作利用外资。

【外国政府贷款】 是以国家政府的名义提供的，属于国家资本收入的贷款，对于地方来说，实质上是转贷款。

【国际金融组织贷款】 是指诸如国际货币基金组织、世界银行及其附属的开发协会，国际金融公司以及联合国农业开发组织在全球性或区域性的金融组织提供的贷款。一般以国家名义借贷，对于地方来说，实质上是转贷款。

【国际商业贷款】 是一国的借款人在国际金融市场上向外国贷款银行或贷款人借入的货币资金。是国际金融市场的一种主要融资方式，其债权、债务主体广泛。

【其他类】 指外国政府贷款、国际金融组织贷款、国际商业贷款等贷款方式以外的对外借款，包括买方信贷、国际金融租赁转贷款及其他转贷款。

【旅游人数】 指来我国参观、访问、旅行、探亲、访友、休养、考察、参加会议和从事经济、科技、文化、体育、教育、宗教等活动的外国人、华侨、港澳台同胞的人数。不包括外国在我国的常驻机构、如领使馆、通讯社、企业办事处的工作人员和来我国常住的外国专家、留学生等。

【旅游外汇收入】 指国内各部门为来我国旅游的外国人，华侨、港澳台同胞提供商品和劳务而得到的外汇收入。包括供应商品、饮食和提供住宿、交通、邮电、文化娱乐，导游等各项服务所得的全部外汇收入。

金融和保险 16

资料整理:陶　萍

16－1 金融机构信贷收支

（年末余额）

单位:亿元

来源项目	2001年	2002年
总计	**4156.31**	**4727.62**
一、各项存款	4238.47	5022.85
1.企业存款	1556.86	1764.74
(1)活期存款	1033.45	1327.77
(2)定期存款	523.42	436.97
2.财政存款	80.27	66.76
3.机关团体部队存款	52.50	92.14
4.储蓄存款	2287.40	2754.96
(1)活期存款	711.50	900.07
(2)定期存款	1575.90	1854.89
5.农业存款	57.18	71.10
6.信托存款	1.70	
7.委托存款	27.30	23.12
8.其他存款	175.26	250.03
二、金融债券	0.08	0.08
三、应付及暂收款	97.88	69.89
四、各项准备	31.10	38.88
五、流通中货币		
六、所有者权益	－192.19	－180.84
其中:实收资本	85.27	62.93
当年结益	－67.14	－59.33
七、其他	－19.03	－223.23

运用项目	2001年	2002年
总计	**4156.31**	**4727.62**
一、各项贷款	3787.25	4312.79
1.短期贷款	2263.82	2331.64
(1)工业贷款	705.93	674.52
(2)商业贷款	861.43	852.72
其中:农副产品贷款	497.55	480.64
(3)建筑业贷款	37.85	56.97
(4)农业贷款	154.70	167.07
(5)乡镇企业贷款	80.32	90.68
(6)三资企业贷款	63.99	58.16
(7)私营企业及个体贷款	17.97	21.86
(8)其他短期贷款	341.63	409.67
2.中期流动资金贷款	147.21	215.47
3.中长期贷款	1244.54	1559.39
(1)基本建设贷款	787.03	1057.53
(2)技术改造贷款	182.26	64.59
(3)其他中长期贷款	275.25	437.28
4.信托贷款	6.51	5.02
5.融资租赁	0.03	…
6.委托贷款	34.45	29.80
7.其他	90.69	171.46
二、国家投资债券贷款		
三、有价证券及投资	160.68	249.99
四、应收及预付款	164.38	119.52
五、委托投资	2.96	2.58
六、金银占款	2.96	0.38
七、外汇占款	0.66	1.42
八、库存现金	37.42	40.95

16-2 银行机构信贷收支

（年末余额）

单位:亿元

来源项目	2001年	2002年	运用项目	2001年	2002年
总计	**3730.84**	**4260.26**	**总计**	**3730.84**	**4260.26**
一、各项存款	3629.90	4342.71	一、各项贷款	3423.46	3924.34
1.企业存款	1385.13	1572.00	1.短期贷款	1991.54	2033.12
活期存款	1003.98	1211.27	工业贷款	670.45	642.71
定期存款	381.15	360.73	商业贷款	860.23	851.91
2.财政存款	78.10	65.83	建筑业贷款	34.10	54.43
3.机关团体存款	51.09	89.91	农业贷款	37.51	34.73
4.储蓄存款	1940.15	2364.20	乡镇企业贷款	30.98	30.14
#定期	1308.38	1564.15	私营及个体贷款	17.61	21.82
5.农业存款	7.15	8.33	三资企业贷款	63.99	58.16
6.信托类存款			其他短期贷款	276.67	339.21
7.其他类存款	168.28	242.44	2.中期流动资金贷款	141.84	210.60
二、金融债券	0.08	0.08	3.中长期贷款	1205.50	1515.76
三、各项准备	24.70	33.93	基本建设贷款	778.18	1047.45
四、应付及暂收款	58.25	40.47	技术改造贷款	177.27	58.66
五、委托存款及投资基金	-9.28	-8.33	其他中长期贷款	250.04	409.65
六、同业往来	169.94	164.98	4.其他类贷款	84.58	164.86
七、流通中货币			二、有价证券及投资	101.71	163.09
八、所有者权益	-167.26	-148.69	三、应收及预付款	141.88	103.25
#实收资本	14.99	15.78	四、同业往来	33.71	38.22
当年结益	-54.31	-56.01	五、金银占款	2.96	0.38
九、其他	24.51	-164.88	六、外汇占款	0.66	1.42
			七、库存现金	26.46	29.55

16－3 银行存款和贷款年末余额

单位:亿元

年　份	存款余额	♯企业存款	♯储蓄存款	♯农业存款	贷款余额	♯工业短期贷款	♯商业短期贷款
1952	2.57	1.04	0.26		0.98	0.14	0.64
1957	4.17	1.05	0.69	0.97	13.30	1.00	10.71
1965	15.39	5.45	1.39	3.26	33.54	2.92	23.32
1970	25.82	9.45	2.12	5.01	54.89	10.67	29.18
1975	37.69	14.61	3.74	6.80	70.50	18.67	14.51
1978	42.16	13.67	4.91	5.62	96.78	29.04	50.39
1980	72.21	20.77	8.85	8.45	120.44	35.67	60.11
1985	163.27	67.71	41.24	13.14	319.81	94.32	121.56
1990	406.56	135.94	192.61	25.66	732.77	252.53	243.84
1991	505.43	165.96	244.49	29.87	850.22	291.24	270.47
1992	617.96	211.85	302.92	32.56	983.48	320.90	300.14
1993	796.85	277.86	385.57	40.42	1161.00	367.84	413.02
1994	1043.77	445.22	556.58	5.40	1396.82	415.88	471.10
1995	1325.60	542.30	739.18	5.43	1750.41	466.13	577.70
1996	1746.80	700.68	969.57	6.01	2273.20	643.06	708.81
1997	1906.97	773.93	1086.06	6.02	2617.67	687.03	860.78
1998	2293.87	895.18	1268.27	6.26	3137.01	730.95	894.48
1999	2612.35	1026.36	1410.35	5.82	3172.23	716.26	918.86
2000	3037.22	1212.03	1598.35	5.40	3147.77	637.78	831.66
2001	3629.89	1385.13	1940.15	7.15	3423.45	670.45	860.23
2002	4342.71	1572.00	2364.20	8.33	3924.34	642.71	851.91

注:1997 年后为银行机构数。

16－4 金融机构现金收支

单位:亿元

年　份	收入合计	♯商品销售收入	♯服务业收入	支出合计	♯国家工资支出	♯农产品收购支出	♯行政管理费支出	投放(＋)回笼(－)
1952	9.04			9.51				0.47
1957	22.69	15.79	1.17	22.62	5.72	5.37	2.15	－0.07
1965	30.20	21.57	2.31	31.22	7.84	7.44	1.83	1.02
1970	39.50	28.23	2.14	38.79	11.05	4.31	2.55	－0.71
1975	50.40	36.34	4.03	50.94	15.06	5.45	3.76	0.54
1978	59.36	42.70	4.87	60.75	19.29	5.69	4.38	1.39
1980	87.84	60.11	6.78	89.87	24.31	11.25	6.31	2.03
1985	230.17	127.25	15.94	238.24	40.31	45.23	17.90	8.07
1990	626.24	229.82	39.25	665.10	89.76	90.60	44.95	38.86
1991	767.57	261.11	47.76	814.56	105.30	85.50	55.95	46.99
1992	1022.54	292.81	62.33	1089.03	120.06	70.64	79.88	66.49
1993	1564.39	360.77	89.90	1629.22	150.09	101.34	120.18	64.83
1994	2297.21	456.67	123.99	2364.86	227.04	156.58	148.70	67.65
1995	3219.38	583.76	162.14	3264.14	269.86	187.65	186.54	44.76
1996	4144.71	675.16	202.91	4177.98	294.90	155.44	215.81	33.28
1997	5143.29	744.60	251.41	5179.03	319.52	187.39	254.81	35.74
1998	5657.84	821.55	333.17	5659.66	340.85	119.13	353.34	1.81
1999	7198.17	894.17	399.24	7183.98	386.05	157.18	414.73	－14.19
2000	8206.70	990.53	434.98	8146.92	402.12	186.91	481.87	－59.77
2001	9831.77	1095.36	485.38	9745.09	419.75	202.41	548.95	－86.68
2002	10645.27	1191.18	528.57	10550.24	457.29	201.53	594.09	－95.02

16-5 金融机构现金收入

单位:亿元

项目	1990年	1995年	1999年	2000年	2001年	2002年
收入合计	**626.24**	**3219.38**	**7198.17**	**8206.70**	**9831.77**	**10645.27**
商品销售收入	229.82	583.76	894.17	990.53	1095.36	1191.18
服务业收入	39.25	162.14	399.24	434.98	485.38	528.57
税款收入	5.23	17.38	52.85	61.47	73.12	81.77
城乡个体经营收入	3.69	44.33	260.11	275.62	323.15	324.58
储蓄存款收入	258.25	1813.17	4743.52	5471.73	6761.84	7402.16
其他金融机构收入	7.69	127.37	162.99	156.91	123.40	90.89
居民归还贷款收入			67.71	72.87	88.95	121.85
汇兑收入	6.94	24.41	75.66	106.31	110.64	99.58
其他收入	38.51	292.92	527.38	614.45	769.93	794.56
金融债券收入	3.65	23.44	14.53	21.83		10.13
投放(+)或回笼(-)	38.86	44.76	-14.19	-59.77	-86.68	-95.02

16-6 金融机构现金支出

单位:亿元

项目	1990年	1995年	1999年	2000年	2001年	2002年
支出合计	**665.10**	**3264.14**	**7183.98**	**8146.92**	**9745.09**	**10550.24**
工资性支出	169.14	502.26	630.31	664.09	700.13	758.62
1.国家工资及奖金支出	104.35	321.09	386.05	402.12	419.75	457.29
2.国家对个人其他支出	33.22	99.34	125.43	126.09	118.45	123.56
3.部队存款支出	3.11	9.39	17.26	19.17	20.72	19.25
4.其它单位工资性支出	28.47	72.47	101.57	116.70	141.21	158.52
农副产品采购支出	90.60	187.65	157.18	186.91	202.41	201.53
工矿及其它产品采购支出			75.19	104.38	124.15	124.96
行政管理费支出	44.95	186.54	414.73	481.87	548.95	594.09
城乡个体经营支出	4.67	37.64	292.11	307.92	349.36	351.58
储蓄存款支出	236.32	1763.60	4760.90	5443.97	6681.04	7310.81
其他金融机构支出	8.94	63.23	141.39	140.38	132.54	99.12
居民提取贷款支出			55.47	59.61	85.91	125.78
汇兑支出	7.34	48.38	91.39	108.99	113.30	113.51
其他支出	93.77	435.91	549.64	630.39	807.30	859.50
金融债券支出	5.77	20.71	15.67	18.38		10.75

16-7 保险主要业务指标

项目	单位	2001年	2002年	项目	单位	2001年	2002年
一、保险密度	元/人	117.86	152.78	四、各项赔款和给付	万元	271843.29	285120.52
二、保险深度	%	1.50	1.84	(一)财产险	万元	107798.12	131031.78
三、保费收入	万元	701241.75	913825.86	1.财产保险	万元	100337.25	120083.22
(一)财产险	万元	206310.75	224674.71	#机动车辆保险	万元	65810.53	85050.78
1.财产保险	万元	196441.36	208376.36	2.责任险	万元	6770.85	9699.00
#机动车辆保险	万元	121346.87	130511.08	3.信用保证保险	万元	690.02	27.79
2.责任险	万元	9863.93	13015.68	4.其它	万元		1221.77
3.信用保证保险	万元	5.46	202.77	(二)人身保险	万元	164045.17	154088.74
4.其它	万元		3079.90	1.人身意外伤害保险	万元	16021.82	9991.96
(二)人身保险	万元	494931.00	689151.15	(1)团体保险	万元	15323.49	8905.45
1.人身意外伤害保险	万元	40179.94	25369.68	(2)个人保险	万元	789.33	1086.51
(1)团体保险	万元	37824.94	22956.59	2.健康险	万元	14241.19	30349.37
(2)个人保险	万元	2355.85	2413.09	(1)团体保险	万元	6366.54	17879.77
2.健康险	万元	19792.57	55322.27	(2)个人保险	万元	7874.65	12469.60
(1)团体保险	万元	7295.72	28219.26	3.寿险	万元	133782.16	113747.41
(2)个人保险	万元	12496.85	27103.01	(1)团体保险	万元	24979.01	44443.14
3.寿险	万元	434958.49	608459.19	(2)个人保险	万元	108803.15	69304.27
(1)团体保险	万元	108313.73	106840.25				
(2)个人保险	万元	326644.76	501618.94				

主要统计指标解释

【存款】 企业、机关、团体或居民根据可以收回的原则，把货币资金存入银行或其他信用机构保管并取得一定利息的一种信用活动形式。根据存款对象的不同可划分企业存款、财政存款、机关团体存款、城镇居民储蓄存款、农村存款、信托存款、委托存款等科目。它是银行信贷资金的主要来源。

【贷款】 银行或其他信用机构根据必须归还的原则，按一定利率，为企业、个人等提供资金的一种信用活动形式。我国银行贷款，分流动资金贷款、固定资产贷款等科目。

【现金支出】 指银行向市场支出的现金，亦称货币投放。主要的投入方式有工资支出、农副产品收购、工矿产品收购、行政事业管理费、储蓄存款支出等。

【现金收入】 指银行把市场流通中的货币通过某种方式吸收回银行，亦称货币回笼，其主要的回笼方式有：商品销售收入、服务事业收入、税款收入、储蓄存款收入等。

【保险金额】 也称承保额。是指保险人承担赔偿或者给付保险金责任的最高限额。

【保险费】 又叫保费。是保险人根据保险合同的有关规定，为被保险人取得因约定危险事故发生所造成的经济损失补偿（或给付）权力，付给保险人的代价。包括财产险和人身险储金收入。

【财产保险】 指以被保险人自有的或为他人保管的财产作为保险标的保险。

【赔款】 保险事故发生后，经查证确属保险责任范围以内的保险标的损失，保险人根据保险合同的规定履行赔偿义务，给予被保险人的款项叫做赔款。

教育、科技和文化 17

资料整理:陈云清　龙江舫

17-1 各级各类学校数

单位:所

学校分类	1990年	1995年	1999年	2000年	2001年	2002年
普通高等学校	63	56	57	54	61	75
♯地方院校	36	33	39	45	53	67
普通中等专业	222	239	222	203	190	168
♯中师	35	35	29	23	19	16
普通中学	4737	3761	3301	3261	3331	3295
♯初中	4091	3186	2713	2678	2750	2696
城市	510	671	756	757	706	720
县镇	348	216	171	189	530	650
农村	3233	2299	1786	1732	1514	1326
高中	646	575	588	583	581	599
城市	280	316	373	371	309	334
县镇	149	121	110	111	177	201
农村	217	138	105	101	95	64
职业中学	451	414	354	290	245	224
初中	126	130	72	53	42	38
城市	5	6	6	5	1	1
县镇	5	6	6	4	8	8
农村	116	118	60	44	33	29
高中	325	284	282	237	203	186
城市	117	140	198	168	135	120
县镇	73	65	41	33	41	51
农村	135	79	43	36	27	15
小学	32309	29422	25107	23372	21522	17994
城市	2067	3000	3520	3319	2487	2283
县镇	1822	1387	1099	1155	862	874
农村	28420	25035	20488	18898	18173	14837
特殊教育学校	34	59	70	74	74	76
幼儿园	3914	3486	3729	3748	1897	2153
技工学校	160	196	136	204	204	204

17－2 各级各类学校在校学生数

单位:人

学校分类	1990年	1995年	1999年	2000年	2001年	2002年
普通高等学校	130355	182703	259410	346568	453277	585023
#地方院校	47581	68013	132771	205615	294187	406787
普通中等专业	145811	299284	354369	278602	215076	188729
#中师	30579	44107	56438	26431	16694	10354
普通中学	2115639	2475861	3180863	3509318	3824736	4166154
#初中	1772975	2108402	2587432	2810909	2997821	3224319
城市	366119	567811	722700	772160	728871	780301
县镇	195474	178331	196694	232916	683804	958581
农村	1211382	1362260	1668038	1805833	1585146	1485437
高中	342664	367459	593431	698409	826915	941835
城市	125245	194044	358367	424406	401656	465253
县镇	108073	106153	142289	171592	307797	387960
农村	109346	67262	92775	102411	117462	88622
职业中学	129022	170353	162219	148770	130286	174946
初中	40012	54401	43814	40110	36857	38279
城市	1731	2281	2985	3246	405	429
县镇	2618	3959	3241	2606	9683	9551
农村	35663	48161	37588	34258	26769	28299
高中	89010	115952	118405	108660	93429	136667
城市	37690	79074	89630	79268	57773	88832
县镇	22531	23115	18923	20705	21340	38666
农村	28789	13763	9852	8687	14316	9169
小学	6230606	6741588	6984361	6677422	6280480	5799930
城市	879555	1299498	1639349	1585037	1276543	1264795
县镇	534066	488988	463346	457132	642326	722056
农村	4816985	4953102	4881666	4635253	4361611	3813079
特殊教育学校	1838	6888	7706	9739	9990	9283
幼儿园	764436	1081822	856859	726712	580095	590405
技工学校	83083	109772	61673	55812	56117	74328

17－3 各级各类学校招生数

单位:人

学校分类	1990 年	1995 年	1999 年	2000 年	2001 年	2002 年
普通高等学校	38024	54226	97910	139666	158916	207023
♯地方院校	15904	21594	54540	94524	112491	158506
普通中等专业	48931	115007	89643	62418	54441	63177
♯中师	9467	17665	14402	4724	4487	4563
普通中学	785143	934182	1230626	1352592	1439906	1550509
♯初中	666252	784593	996724	1075527	1120797	1185705
城市	134913	198349	268872	281648	256103	262724
县镇	73696	62980	77213	89106	248948	362583
农村	457643	523264	650639	704773	615746	560398
高中	118891	149589	233902	277065	319109	364804
城市	44835	76947	142539	168541	150575	178663
县镇	35709	43166	52220	68314	119869	150727
农村	38347	29476	39143	40210	48665	35414
职业中学	54592	69961	55524	52411	47867	74720
初中	17089	20716	17441	15178	13878	15001
城市	649	937	1106	1319	183	123
县镇	818	1326	1439	986	3873	3617
农村	15622	18453	14896	12873	9822	11261
高中	37503	49245	38083	37233	33989	59719
城市	15329	33883	26735	24548	18455	35742
县镇	9907	9214	7253	8725	9315	18735
农村	12267	6148	4095	3960	6219	5242
小学	1003126	1289448	997103	904559	803883	712199
城市	143680	256580	250293	239984	186272	174712
县镇	84105	92890	71497	75192	86948	87251
农村	775341	939978	675313	589383	530663	450236
特殊教育学校	859	1672	1212	1655	1415	1364
幼儿园		833382	642096	523542	447726	424856
技工学校	32823	40601	19252	23052	26817	41130

17－4　各级各类学校毕业生数

单位：人

学校分类	1990年	1995年	1999年	2000年	2001年	2002年
普通高等学校	36979	41675	49362	51932	60443	78430
＃地方院校	13850	16176	24528	26461	34931	47605
普通中等专业	39548	52245	122331	125593	102122	75067
＃中师	10213	9402	20001	14908	11305	6549
普通中学	639910	677385	842640	883828	954044	1067105
＃初中	517078	578537	695967	718015	763373	829300
城市	105100	164450	199696	198402	180548	203734
县镇	56172	50976	50679	61909	182992	250030
农村	355806	363111	445592	457704	399903	375536
高中	122832	98848	146673	165813	190671	237805
城市	41997	50757	88120	98353	94043	123199
县镇	38742	28109	36234	41382	69816	93572
农村	42093	19982	22319	26078	26812	21034
职业中学	36179	41340	61406	52549	43504	42594
初中	8745	11107	13091	11465	9486	10300
城市	545	546	1807	1328	377	27
县镇	815	834	903	701	3010	2733
农村	7385	9727	10381	9436	6099	7540
高中	27434	30233	48315	41084	34018	32294
城市	9545	18835	37492	31396	23258	22672
县镇	6863	6653	6645	6790	6186	7668
农村	11026	4745	4178	2898	4574	1954
小学	899610	907560	1112412	1160203	1210011	1221654
城市	140827	193790	272910	281706	249159	255871
县镇	80501	64105	74469	84207	134800	148426
农村	678282	649665	765033	794290	826052	817357
特殊教育学校	89	532	793	1310	969	944
技工学校	25637	34558	36062	24848	19549	19619

17－5　各级各类学校教职工数

单位：人

学校分类	1990年	1995年	1999年	2000年	2001年	2002年
普通高等学校	63315	65989	70404	72265	76610	83051
＃地方院校	16386	19261	31188	35120	40598	48017
普通中等专业	28323	33061	31136	28816	25020	18134
＃中师	5957	5450	5597	3384	1110	1607
普通中学	199516	214686	231764	237500	246668	255678
教育部门办	165630	185700	209194	216338	228530	238093
其他部门办	21957	21148	16367	15483	14044	11857
集体办	11929	7449	2745	2316	4094	5728
私立		389	3458	3363		
城市	55270	76545	94414	97054	86182	90198
县镇	30572	26944	25935	28889	64242	79260
农村	113674	111197	111415	111557	96244	86220
职业中学	16297	17390	17046	15105	12636	14240
教育部门办	12724	13596	12631	11722	10360	11475
其他部门办	2395	3114	3816	2819	2006	2466
集体办	1178	680	84	69	270	299
城市	5643	7974	10599	9255	6842	8214
县镇	3399	3461	2691	2665	3125	3942
农村	7255	5955	3756	3185	2669	2084
小学	334985	343246	307676	299994	281807	265514
城市	52992	74533	87671	84877	70118	71043
县镇	30368	26164	22747	23515	33533	36581
农村	251625	242549	197258	191602	178156	157890
特殊教育学校	635	1482	1563	1676	1665	1689
幼儿园	47838	47833	44030	40484	26793	28280
技工学校	18003	18196	14803	13070	12088	10778

17-6 各级各类学校专任教师数

单位:人

学校分类	1990年	1995年	1999年	2000年	2001年	2002年
普通高等学校	24624	25220	27858	30363	33505	39624
♯地方院校	7129	8143	13504	15995	19703	25290
普通中等专业	14407	17124	16614	15549	13589	10006
♯中师	3424	3353	3575	2161	1948	1083
普通中学	154388	171408	191343	198486	206271	215544
♯初中	124998	141902	152091	154543	158010	164033
城市	29020	42652	49711	49752	43807	45491
县镇	14479	12580	11554	13138	36578	47399
农村	81499	86670	90826	91653	77625	71143
高中	29390	29506	39252	43943	48261	51511
城市	11501	15319	24171	27663	24677	26602
县镇	8882	8238	9325	10336	17546	20452
农村	9007	5949	5756	5944	6038	4457
职业中学	11306	12643	12518	11047	9293	10555
初中	3043	3783	2684	2292	1729	1891
城市	114	187	196	238	10	26
县镇	204	289	226	156	541	503
农村	2725	3307	2262	1898	1178	1362
高中	8263	8860	9834	8755	7564	8664
城市	3696	5380	7199	6185	4683	5610
县镇	2018	2095	1718	1775	1892	2618
农村	2549	1385	917	795	989	436
小学	295710	305852	278689	274979	258226	245773
城市	45167	64191	76637	75377	61707	63294
县镇	27057	23271	20593	21459	30071	33581
农村	223486	218390	181459	178143	166448	148898
特殊教育学校	411	1080	1150	1231	1236	1253
幼儿园	29622	35264	32828	29889	16327	17423
技工学校	8182	9026	8786	6182	9176	7190

17-7 高等学校分类别情况

单位:所、人

学校分类	2001年				2002年			
	学校数	在校生数	招生数	毕业生数	学校数	在校生数	招生数	毕业生数
总　　计	61	453277	158916	60443	75	585023	207023	78430
综合大学	6	100026	31154	17013	7	112386	32681	18484
理工院校	11	156505	52279	20059	11	202690	68307	25001
农业院校	2	16509	5559	2161	2	20606	6882	3021
医药院校	4	13292	4016	1453	4	13043	5125	1479
师范院校	7	49608	17437	6545	6	50737	16276	7056
财经院校	4	30767	9839	5717	3	34158	10503	6458
政法院校	1	3280	1161	523	1	4030	1735	985
体育院校	1	3389	1200	598	1	4481	1660	614
艺术院校	2	2640	794	415	2	3116	953	484
民族院校	2	15581	5281	2154	2	19334	6412	2463
短期职大	21	61680	30197	3805	36	120442	56489	12385

注:1999年"在校生数"、"招生数"总计中含成人高校招收的新高职学生数1535人。

17-8 中等专业学校分类别情况

单位:所、人

学校分类	2001年				2002年			
	学校数	在校生数	招生数	毕业生数	学校数	在校生数	招生数	毕业生数
中等技术学校	171	198382	49954	90817	168	188729	63177	75067
工业学校	66	77912	22306	30894	59	67555	23999	21662
农业学校	8	4733	1079	2964	7	2850	830	1457
林业学校	4	5439	1466	2736	3	3882	1100	1256
医药学校	22	37864	7492	14693	18	17878	5786	8139
财经学校	30	29614	7636	15424	23	20401	6854	6067
政法学校	9	11325	3258	5283	8	5560	1706	2541
体育学校	10	5972	1661	2361	10	5097	1318	1495
艺术学校	13	5081	1208	1655	14	5050	1526	1432
其他学校	9	20442	3848	14807	10	50102	15495	24469
中等师范学校	19	16694	4487	11305	16	10354	4563	6549
#幼儿师范	3	2306	868	1286	3	2609	1093	741

17-9 各级各类学校专任教师学历分类

单位:人

学历分类	1990年	1995年	1999年	2000年	2001年	2002年
一、中等专业学校	14407	17124	16614	15549	13589	10006
高等学校本科毕业及以上	6798	9496	10942	10539	9414	6734
高等学校专科毕业及本专科肆业两年以上	5541	6050	4770	4158	3474	2716
高等学校本专科肆业未满两年的	108	173	126	165	235	191
中专、高中毕业及以上	1960	1405	776	687	466	365
二、技工学校	8812	9026	8786	6182	7937	7190
高等学校本科毕业及以上	1708	2141	2566	2661	2873	2710
高等学校专科及本科肆业、中专、技校、高中及其他	6474	6885	6220	3521	5064	4480
三、职业中学	11306	12643	12518	11047	9293	10555
高等学校本科毕业及以上	1797	2410	4290	4364	4073	5151
高等学校专科毕业	5448	7171	6480	5450	4414	4696
中专、高中毕业的	1726	3062	1748	1233	747	665
四、普通中学	154388	171408	191343	198486	206271	215544
高等学校本科毕业及以上	22459	30295	45248	52496	61018	70836
高等学校专科毕业	58750	94185	114476	117589	121844	125041
中专、高中毕业的	69345	46928	31619	28401	22417	19008
五、小学	295710	305852	278689	274979	258226	245773
中师、高中毕业及以上的	217066	263274	231772	263472	246160	237411
六、幼儿园(不包括园长)	29622	35264	32828	29889	16327	17423
中师、高中毕业及以上的	17861	27922	29632	27777	15618	16802

17－10 大学、中专专任教师职称情况

单位:人

职称	1990年	1995年	1999年	2000年	2001年	2002年
普通高等学校专任教师数	24624	25220	27858	30363	33505	39624
正高级	932	2092	2763	3253	3402	4263
副高级	5215	7013	8498	9448	10568	12552
中级	9077	9576	9275	9847	10935	13312
初级	902	4960	5377	5741	6378	6722
无职称	8498	1579	1945	2074	2222	2775
中等专业学校专任教师数	14407	17124	16614	15549	13589	10006
副高级	1463	2470	3378	3523	3206	2588
中级	4493	6644	7479	7229	6347	4590
初级	4419	6713	5099	4399	3694	2607
无职称	4032	1297	658	398	342	221

17－11 各级各类学校校舍建筑面积情况

单位:万平方米

项目	1990年	1995年	1999年	2000年	2001年	2002年
中等专业学校	319.52	552.32	711.51	736.78	627.84	481.44
中等技术学校	248.20	456.26	579.61	647.55	547.81	414.07
中等师范学校	66.46	96.06	131.90	89.23	80.03	67.37
普通中学	1509.29	2013.25	2947.19	3140.54	3141.70	3309.50
城市	424.21	709.97	1131.83	1251.43	1050.33	1190.64
县镇	247.29	261.04	343.97	381.35	841.23	1031.54
农村	877.79	1042.25	1471.39	1507.76	1250.14	1087.32
职业中学	147.74	204.21	259.34	235.91	205.23	227.54
城市	48.40	94.68	160.06	149.14	112.57	130.24
县镇	36.03	43.97	46.39	44.53	54.17	69.82
农村	63.31	65.56	52.89	42.24	38.49	27.48
小学	2400.12	2934.09	3646.82	3603.03	3410.23	3268.53
城市	311.13	562.38	799.92	781.80	651.73	665.47
县镇	192.48	211.93	237.22	251.07	318.59	352.38
农村	1896.51	2159.78	2609.68	2570.17	2439.91	2250.67

17－12 初中毕业生和小学毕业生升学率

年份	初中毕业生升入高中升学率			小学毕业生升学率		
	初中毕业生数（万人）	高中招生数（万人）	升学率（%）	小学毕业生数（万人）	初中招生数（万人）	升学率（%）
1957	3.67	1.64	44.80	18.32	6.45	35.20
1965	7.60	3.75	49.40	29.60	24.95	84.30
1975	49.25	31.26	63.50	116.05	110.11	94.90
1978	98.80	43.33	43.90	132.37	119.46	90.30
1980	52.23	25.04	47.70	107.64	88.93	82.60
1985	49.92	19.13	38.30	104.89	69.21	66.00
1990	51.71	16.78	32.50	89.96	66.63	74.10
1991	46.10	16.76	33.00	91.77	69.85	78.10
1992	49.40	17.93	36.30	95.47	72.51	78.20
1993	52.49	19.61	37.40	94.00	75.75	80.50
1994	53.20	16.70	31.40	91.32	78.02	85.40
1995	57.85	19.88	34.40	90.76	80.53	88.70
1996	59.33	19.86	33.50	90.19	83.59	92.70
1997	64.70	21.29	32.90	95.35	89.30	93.70
1998	69.23	24.53	35.40	103.75	96.10	92.60
1999	69.60	27.20	39.10	111.24	101.40	91.20
2000	71.80	27.71	38.60	116.02	109.06	94.00
2001	76.34	31.91	41.80	121.00	112.10	92.60
2002	82.93	42.45	51.19	122.17	120.07	98.29

17－13 小学学龄儿童入学率

年份	学龄儿童数（万人）	已入学学龄儿童数（万人）	入学率（%）
1952			47.40
1957			57.57
1965	545.42	481.32	87.80
1975	629.50	611.00	97.10
1978	616.86	597.73	96.90
1980	594.80	576.86	97.00
1985	496.69	489.38	98.50
1990	485.00	480.32	99.04
1991	556.39	549.35	98.73
1992	571.44	563.44	98.60
1993	574.54	566.84	98.66
1994	599.47	593.88	99.08
1995	637.12	632.34	99.24
1996	661.72	658.38	99.50
1997	681.52	678.95	99.62
1998	685.87	682.53	99.51
1999	669.16	665.88	99.51
2000	641.60	638.57	99.53
2001	585.99	583.29	99.54
2002	538.02	535.98	99.62

17－14 各级各类学校服务的人口及每万人口中在校学生数

项目	1990年	1995年	1999年	2000年	2001年	2002年
每一学校服务的人口数(万人)						
普通高等学校	86.34	101.26	104.18	111.63	98.82	79.84
成人高等学校	63.25	79.07	109.97	188.37	200.93	230.30
普通中等专业学校	24.50	24.15	26.75	29.69	31.73	35.64
成人中等专业学校	18.01	18.99	26.16	33.86	54.31	63.03
普通中学	1.45	1.53	1.80	1.85	1.81	1.82
职业中学	12.06	13.94	16.77	20.79	24.60	26.73
小学	0.16	0.20	0.24	0.26	0.28	0.33
幼儿园	1.39	1.66	1.59	1.61	3.18	2.78
每万人口中的学生数(人)						
普通高等学校	23.97	31.65	43.69	57.49	75.20	97.70
成人高等学校	21.22	29.62	30.42	35.94	41.95	53.39
普通中等专业学校	26.81	51.85	59.68	46.22	35.68	31.52
成人中等专业学校	21.29	25.79	16.41	12.08	7.68	10.65
普通中学	388.95	428.94	535.68	582.19	634.50	695.77
职业中学	23.72	29.51	27.32	24.68	21.60	29.22
小学	1145.48	1167.97	1176.21	1107.77	1041.88	968.63
幼儿园	140.54	187.42	144.30	120.56	96.23	98.60

17－15 各级各类学校每个专任教师负担的学生数

单位:人

项目	1990年	1995年	1999年	2000年	2001年	2002年
普通高等学校	5.30	7.20	9.26	11.41	13.53	15.37
普通中等专业学校	10.10	17.50	21.33	17.92	15.82	18.86
#中师	8.90	13.20	15.79	12.23	8.57	9.56
普通中学	13.70	14.40	16.62	17.68	18.54	19.33
#初中	14.20	14.90	17.01	18.19	18.97	19.66
高中	11.70	12.50	15.12	15.89	17.13	18.28
职业中学	11.40	13.50	12.96	13.47	14.02	16.57
#高中	10.80	13.10	12.04	12.41	12.35	15.77
小学	21.10	22.00	25.06	24.28	24.32	23.60
幼儿园	25.80	30.70	26.10	24.31	35.53	33.89

17－16　各级学校女学生和女教师数

单位:万人

项　　目	1990 年	1995 年	1999 年	2000 年	2001 年	2002 年
一、女学生数	387.79	453.65	507.21	506.17	500.84	498.93
普通高等学校	3.53	5.38	9.11	11.93	17.00	23.25
中等专业学校	6.10	14.27	18.54	14.33	11.29	9.90
普通中学	83.22	106.53	139.41	155.66	171.19	187.57
职业中学	5.28	7.63	7.53	6.80	5.91	8.06
小　　学	289.66	319.84	332.62	317.45	295.45	270.15
二、女学生占学生总数%	44.07	45.96	46.35	46.18	45.93	45.71
普通高等学校	27.06	29.43	35.11	34.42	37.51	39.74
中等专业学校	41.84	47.68	53.31	51.44	52.47	52.46
普通中学	39.34	43.03	43.82	44.36	44.76	45.02
职业中学	40.96	44.81	46.42	45.70	45.33	46.08
小　　学	46.49	47.44	46.19	47.54	47.04	46.58
三、女教师数	16.39	18.70	19.74	20.33	20.27	20.55
普通高等学校	0.64	0.73	0.93	1.02	1.20	1.44
中等专业学校	0.48	0.56	0.62	0.60	0.53	0.41
普通中学	3.84	4.65	5.83	6.26	6.65	7.08
职业中学	0.24	0.33	0.42	0.38	0.32	0.36
小　　学	11.19	12.47	11.94	12.07	11.57	11.26
四、女教师占教师总数%	32.44	35.14	37.45	38.33	38.91	39.41
普通高等学校	26.04	28.82	33.33	33.55	35.75	36.36
中等专业学校	33.30	35.58	37.34	38.50	39.30	41.12
普通中学	24.86	27.15	30.47	31.54	32.25	32.85
职业中学	21.62	27.68	33.60	34.55	34.05	34.04
小　　学	37.82	40.65	42.84	43.89	44.80	45.81

17－17　各级各类成人学校在校学生数

单位:万人

各　类　学　校	1990 年	1995 年	1999 年	2000 年	2001 年	2002 年
成人高等学校	11.54	17.10	18.06	21.66	25.29	31.97
广播电视大学	2.26	3.11	2.55	2.78	1.59	2.27
职工大学	0.77	1.17	1.35	1.36	1.26	1.44
管理干部学院	0.25	1.02	0.80	0.90	1.17	1.32
教育学院	1.54	0.77	0.71	0.94	1.05	1.08
独立函授学院	0.41	0.24	0.40	0.52	0.61	-
普通高等学校办函授部、夜大学	6.31	8.92	12.40	15.16	19.61	25.84
干部专修科		1.87				
成人中等学校	60.42	134.76	217.01	139.75	51.22	98.27
中等专业学校	11.44	14.89	9.74	7.28	4.63	5.36
中　　学	1.22	0.88	1.21	0.61	0.21	0.17
技术培训学校	47.76	118.99	206.06	131.86	46.38	92.74
成人初等学校	45.59	15.07	15.28	12.50	8.16	5.62
职工初等学校	0.16	0.44	0.39	0.27	0.03	0.05
农民初等学校	45.43	14.63	14.89	12.23	8.13	5.57
#扫　盲　班	14.22	11.19	9.81	6.43	4.93	3.77

注:1.成人高等学校学生数是本、专科学生数;2.1999 年成人高等学校在校学生数总计中,减去了成人高校招收的新高职学生 1535 人。

17－18　成人教育基本情况

单位:所、人

项　　目	1990年	1995年	1999年	2000年	2001年	2002年
成人高等学校数	72	73	54	32	30	26
在校学生数	52271	170991	180624	216618	252878	319664
招　生　数	13612	56543	69616	89937	97202	123068
毕业生数	28071	50463	55431	54957	59357	77118
教职员工数	10076	12830	10387	9771	8374	7807
＃专任教师数	4739	5809	5308	5036	4568	4118
成人中等学校数	302	304	227	178	111	95
在校学生数	114354	148864	97472	72822	46270	53606
招　生　数	31024	66417	23263	18235	15709	24597
毕业生数	49506	53599	45791	47129	28409	12003
教职员工数	13471	13672	12214	8880	6013	5026
＃专任教师数	7082	7633	6934	5062	3469	2930
成人中学学校数	134	79	83	33	11	14
在校学生数	12183	8794	12067	6081	2070	1698
招　生　数	9969	7408	7637	8512	15332	840
毕业生数	6950	6713	11153	13613	15925	1870
教职员工数	612	528	1014	476	159	92
＃专任教师数	405	209	713	344	101	73
成人技术培训学校数	1221	9118	14505	12304	4903	5342
在校学生数	477588	1189854	2060586	1318555	463801	927350
招　生　数	423858	1661649	2569405	1815629	921908	1281626
毕业生数	459999	1992889	3031458	2294247	1071695	1200606
教职员工数	4461	14145	26479	18685	10599	11291
＃专任教师数	2858	7346	9572	10242	5595	6740
成人初等学校数	2595	6535	7420	6010	2445	1218
在校学生数	455917	150660	152847	125004	81625	56243
招　生　数	341128	136226	216323	134645	120679	57585
毕业生数	410793	172353	198590	143090	140243	70966
教职员工数	3205	5451	8758	5450	3481	1636
＃专任教师数	1691	3329	3658	2540	1921	1197

17－19 研究生基本情况

单位：人

项　　目	1990年	1995年	1999年	2000年	2001年	2002年
高等学校在校研究生数	6411	11091	19033	23745	30082	38517
攻读博士学位研究生	628	1941	3939	4803	5999	7743
攻读硕士学位研究生	5721	9084	15074	18942	24083	30748
研究生班研究生	71	66	20			26
招收研究生数	2116	3732	7278	9942	12669	15189
攻读博士学位研究生	215	710	1463	1688	2323	2812
攻读硕士学位研究生	1857	3022	5815	8254	10346	12351
研究生班研究生	44					26
毕业研究生数	2346	2343	4394	4955	5671	6604
攻读博士学位研究生	125	324	702	648	1023	1128
攻读硕士学位研究生	2144	2006	3672	4287	4648	5476
研究生班研究生	77	13	20	20		
科研单位在学研究生数	309	345	495	630	792	1026
攻读博士学位研究生	46	93	158	191	240	331
攻读硕士学位研究生	263	252	337	439	552	695
招收研究生数	76	134	184	266	346	437
攻读博士学位研究生	12	43	47	80	98	137
攻读硕士学位研究生	64	91	137	186	248	300
毕业研究生数	126	98	126	120	139	160
攻读博士学位研究生	4	22	32	38	39	44
攻读硕士学位研究生	122	76	94	82	100	116

17－20 教育事业经费支出情况

单位：万元

项　　目	1990年	1995年	1999年	2000年	2001年	2002年
教育事业经费支出总计	114540	284901	472244	536915	678182	885404.3
#高教支出	13457	36985	66084	72912	102695	121188.6
普教支出	101084	213478	406160	464003	575487	764215.7

注：1.该表不包括中央属院校教育情况；2.该表为地方财政预算内教育经费。

17－21　科技活动人员与经费情况

项　　　　目	单　位	2000 年	2001 年	2002 年
科技活动人员	人	167732	196694	190840
＃科学家和工程师	人	105051	140217	145107
R&D 人员	人	44544	45045	55509
科技经费筹集额	万元	1090169	1187186	1063136
＃政府资金	万元	243653	276702	336455
企业资金	万元	673978	710190	606829
科技经费支出	万元	943575	906392	1029007
＃内部支出	万元	881869	860799	974639
R&D 经费内部支出	万元	348239	456565	478834
＃基础研究	万元	15341	19848	21416
应用研究	万元	75102	100520	97232
实验发展	万元	257796	298078	316338

17－22　科技活动项目、成果与机构情况

项　　　　目	单　位	2000 年	2001 年	2002 年
专利申请数	件	1390	1227	2207
＃发明专利申请数	件	610	500	975
拥有发明专利数	件	702	894	1395
发表科技论文	篇	38749	45922	51707
出版科技专著数	种	1561	2326	2260
项目(课题)数	个	21533	17559	16412
项目经费支出	万元	476360	399640	417371
科学研究与开发机构数	个	1558	1460	1098
科研机构科技活动人员数	人	52755	59729	51989
科研机构科技经费内部支出	万元	255319	400841	448137
科研机构年末固定资产原价	万元	2520305	2054668	1952356

注:1.17—21,17—22 表数据范围包括政府部门、高等院校及各类企事业单位科技活动数据。2.17—22 表科技研究与开发机构不包括县级综合科技服务机构,但包括科技情报文献机构。3.2002 年国家对各省市数据进行了调整,17—21,17—22表 2002 年数据为省算数,与国家公布数有出入。

17－23 政府部门所属科学研究与开发机构科技活动情况

项　　目	机　构（个）	从事科学活动人员（人）	#科学家与工程师	#R&D人员	经费收入（万元）	#政府拨款
2001年总计	**403**	**11530**	**7514**	**4070**	**101440**	**53359**
一、自然科学和技术领域	390	11230	7290	4003	99891	52025
县级政府部门属	211	1876	698	178	7644	1252
市、州级政府部门属	129	3654	2248	714	22935	8814
省政府部门属	31	2745	1956	931	22701	9339
国务院部门属	19	2955	2388	2180	46611	32620
#中科院武汉分院属	6	763	698	986	20762	16569
二、社会、人文科学领域	13	300	224	67	1549	1334
2002年总计	**376**	**10614**	**6811**	**4245**	**111108**	**67853**
一、自然科学和技术领域	364	10106	6433	4055	107600	64706
县级政府部门属	201	1779	650	190	7680	1351
市、州级政府部门属	120	3380	2066	580	22197	8077
省政府部门属	27	2493	1740	896	21968	9816
国务院部门属	16	2454	1977	2389	55756	45463
#中科院武汉分院属	6	705	608	1260	30223	26191
二、社会、人文科学领域	12	508	378	190	3508	3147

17—23　续表

项　　目	经费支出（万元）	#科技经费支出	R&D经费内部支出	研究课题数（个）	课题经费投入（万元）	参加课题组人员（人年）
2001年总计	**98651**	**88927**	**30038**	**2008**	**29715**	**4902**
一、自然科学和技术领域	97084	87405	29857	1925	29622	4793
县级政府部门属	9625	5386	352	172	4426	303
市、州级政府部门属	21119	17217	1589	359	2147	1073
省政府部门属	20472	20237	2857	426	2607	1128
国务院部门属	45869	44565	25059	968	20442	2289
#中科院武汉分院属	20285	20268	14680	431	9637	756
二、社会、人文科学领域	1567	1522	181	83	93	109
2002年总计	**106105**	**98787**	**41553**	**1855**	**29473**	**4072**
一、自然科学和技术领域	102495	95271	41237	1785	29389	3950
县级政府部门属	8589	5913	87	109	360	275
市、州级政府部门属	20597	16734	1609	280	1954	867
省政府部门属	19787	19574	2843	373	2875	1053
国务院部门属	53523	53050	36698	1023	24200	1755
#中科院武汉分院属	27485	27372	24566	490	13647	505
二、社会、人文科学领域	3610	3516	316	70	84	122

注:1、本表数据没有包括科技情报文献机构数据,但包括了县政府所属科技综合服务机构数。2.科技部门的课题数包括生产性活动课题。3.2003年以前的年鉴中课题数、课题经费及参加人员均没有包括县级科技服务机构数据。

17－24 科学情报文献机构情况

项　　目	单位	1990年	1995年	1999年	2000年	2001年	2002年
机　　构	个	18	12	13	14	13	13
职工总数	人	615	609	560	564	586	575
从事科技活动人员	人	209	158	446	511	537	533
＃科学家与工程师	人	292	329	338	337	349	342
经费收入总额	千元	6669	15292	21395	26293	31521	52307
＃政府拨款	千元	5353	9345	16188	16792	21171	41184
经费支出总额	千元	5810	14800	18368	23399	29887	53424
＃劳务费	千元	1738	4482		9702	13521	14077

17－25 高校所属科学研究与开发机构科技活动情况

项　　目	2001年			2002年		
	合　计	自然科学和技术领域	社会、人文科学领域	合　计	自然科学和技术领域	社会、人文科学领域
科学研究与开发机构数(个)	379	271	108	444	271	173
科技活动人员数(人)	67975	51901	16074	57314	52048	5266
＃科学家和工程师	65173	49469	15704	55144	49898	5246
科技经费筹集额(万元)	115386	108096	7290	134388	125703	8685
＃政府资金	58324	52809	5515	67199	62299	4900
科技经费支出(万元)	95953	90001	5952	111812	104125	7687
＃研究与发展经费内部支出	42952	41428	1524	54122	52598	1524
研究课题数(个)	9457	6769	2688	11293	8381	2912
项目(课题)经费投入(万元)	82007	78223	3784	82182	78290	3892
项目(课题)参加人员(万人)	12205	10014	2191	17435	12169	5266

17－26　大中型工业企业科技活动情况

单位:万元

项　　目	1990 年	1995 年	1999 年	2000 年	2001 年	2002 年
科技活动经费筹集额	60882	229905	290553	398463	408800	423111
1. 政府部门资金	2588	11830	19513	15253	16966	24454
2. 金融机构贷款	10075	48029	16213	37137	37463	31209
3. 企业资金	44029	165390	251251	313576	345739	357760
4. 其　　他	4190	4655	3576	32497	8632	9688
科技活动经费支出总额	57133	208682	279561	374166	384607	415672
#研究与发展经费支出			66317	140828	163132	164573
新产品开发费支出	23572	87157	98692	162302	146398	165295
技术改造经费支出	89966	535621	272964	323734	637842	523546
技术引进经费支出	103227		34175	106801	116954	163436
消化吸收经费支出	1248		3514	9092	7435	7639
购买国内技术经费支出	1144		4370	12919	8126	6851

17—26　续表

项　　目	单位	1990 年	1995 年	1999 年	2000 年	2001 年	2002 年
大中型工业企业数	个	551	922	857	848	872	847
有科技活动的企业数	个			436	484	397	384
从事科技活动人员数	人	36289	63340	85144	69678	63077	61212
#科学家和工程师	人	13491	25602	38577	38762	35221	38138
研究与发展人员数	人			17856	26614	24208	23199
企业办技术开发机构数	所	396	587	581	306	254	198
#有经常性开发任务	所	360	445	437	283	223	182
有较稳定经费来源	所	291	308	333	263	213	171
有一定试验测试条件	所	373	339	352	297	235	187
技术开发项目数	项	1525	5414	5175	5482	4890	5257
开发项目经费支出	万元	25222	208682	130925	217040	267933	286691

17－27　有科技活动的大中型工业企业主要分组指标

项　　目	有科技活动的企业(个)		科技活动人员(人)		研究与发展人员(人)	
	2001年	2002年	2001年	2002年	2001年	2002年
总　　计	**397**	**384**	**63077**	**61212**	**24208**	**23199**
一、按企业规模分组						
大型企业	178	192	48601	46424	18732	18338
特大型企业	12	10	9215	6906	3376	3306
大一型企业	61	56	21795	21044	8214	8614
大二型企业	105	126	17591	18474	7142	6418
中型企业	219	192	14476	14788	5476	4861
中一型企业	76	68	5821	7043	2194	1977
中二型企业	143	124	8655	7745	3282	2884
二、按登记注册类型分组						
国有	169	142	27947	27453	11390	9575
集体	7	4	762	553	747	389
股份合作	11	12	628	475	186	129
国有联营	1	1	1500	500	605	50
国有与集体联营	2	2	193	203	92	67
国有独资公司	27	23	6039	4544	2496	2382
其他有限责任公司	45	57	5291	8120	2422	3574
股份有限公司	95	101	16763	15390	4757	5768
私营独资	1		40			
私营合伙						
私营有限责任公司	4	6	155	242	75	134
私营股份有限公司	2	2	440	416	90	93
其他内资		1		87		60
与港澳台商合资经营	13	15	403	479	165	265

17—27 续表 1

项目	有科技活动的企业(个)		科技活动人员(人)		研究与发展人员(人)	
	2001年	2002年	2001年	2002年	2001年	2002年
与港澳台商合作经营	1	1	15	15	15	
港澳台商独资	2	1	46	218	20	78
港澳台商投资股份有限公司		1		60		50
中外合作经营	2	4	50	149	6	33
中外合资经营	13	10	2719	2264	1090	508
外商独资	1	1	44	44	44	44
外商投资股份有限公司	1		42		8	
三、按工业行业大类分组						
煤炭采选业	1	1	12	12	12	
石油和天然气开采业	1	1	2376	2600	492	480
黑色金属矿采选业	2	1	83	42	83	42
有色金属矿采选业	2	1	130	55	23	55
非金属矿采选业	4	1	55	6	37	
食品加工业	6	6	481	465	141	82
食品制造业	4	4	660	484	160	165
饮料制造业	8	5	799	701	602	445
烟草加工业	7	8	1149	849	254	255
纺织业	26	22	2829	4397	727	504
服装及其他纤维制品制造业	3	4	916	1473	197	157
皮革、毛皮、羽绒及其制品业	1	1	8	12	8	6
木材加工及竹、藤、棕、草制品业	4	3	316	354	140	96
家具制造业						
造纸及纸制品业	5	4	1146	1199	125	252

17—27 续表 2

项目	有科技活动的企业(个)		科技活动人员(人)		研究与发展人员(人)	
	2001 年	2002 年	2001 年	2002 年	2001 年	2002 年
印刷业、记录媒介的复制业	4	1	1120	4	56	
文教体育用品制造业						
石油加工及炼焦业	3	2	413	453	265	192
化学原料及化学制品制造业	32	33	4495	4278	1709	1856
医药制造业	24	31	2838	3287	1392	1341
化学纤维制造业	4	4	357	328	253	285
橡胶制品业	6	4	674	523	338	277
塑料制品业	6	7	1104	967	554	377
非金属矿物制品业	21	16	2237	1133	1082	548
黑色金属冶炼及压延加工业	5	4	3379	3390	1113	1240
有色金属冶炼及压延加工业	6	3	867	790	412	327
金属制品业	12	5	1642	1315	349	60
普通机械制造业	28	31	3676	3648	1062	925
专用设备制造业	26	27	2930	2713	1348	1197
交通运输设备制造业	72	89	15120	16484	7076	7542
武器弹药制造业	2	4	1011	607	551	607
电气机械及器材制造业	21	18	1774	1403	557	293
电子及通信设备制造业	20	18	4147	3128	1752	1995
仪器仪表及文化办公用机械制造业	7	7	982	1146	174	123
其他制造业						
电力、蒸汽、热水的生产和供应业	19	14	3216	2718	1147	1460
煤气生产和供应业	1	1	38	38		4
自来水的生产和供应业	4	3	97	210	17	11

17—27 续表 3

项　　目	有科技活动的企业(个)		科技活动人员(人)		研究与发展人员(人)	
	2001 年	2002 年	2001 年	2002 年	2001 年	2002 年
四、按隶属关系分组						
中央属	85	95	26226	23997	10593	9974
省(直辖市)属	39	40	5061	5772	2613	2249
地区属	156	145	20035	20097	6581	6923
县属	81	60	7458	6178	3334	2576
其他属	36	44	4297	5168	1087	1477
五、按地区分组						
武汉市	92	107	19187	18481	5165	5916
黄石市	33	24	2880	2562	1076	680
十堰市	36	40	3996	3352	2239	2546
宜昌市	47	48	9763	11336	3417	3973
襄樊市	41	32	6657	6488	4932	2948
鄂州市	17	14	2527	2382	950	991
荆门市	19	19	2672	2747	1697	1881
孝感市	10	10	1798	1780	566	437
荆州市	33	34	4510	4155	1905	1579
黄冈市	41	27	2625	1873	338	610
咸宁市	12	11	1240	873	541	341
随州市	7	7	1103	870	249	310
恩施土家族苗族自治州	3	3	173	386	148	237
仙桃市	2	4	610	577	179	191
潜江市	3	2	2776	2700	792	530
天门市	1	2	560	650	14	29

17—27 续表 4

单位:万元

项目	科技活动经费筹集额		科技活动经费支出		研究与发展经费支出	
	2001 年	2002 年	2001 年	2002 年	2001 年	2002 年
总计	408800	423111	384607	415672	163132	164573
一、按企业规模分组						
大型企业	342214	338499	324486	339503	140721	128041
特大型企业	133246	134136	125329	141390	38419	34797
大一型企业	125043	107960	98479	103713	50918	48743
大二型企业	83925	96404	100678	94401	51384	44502
中型企业	66586	84612	60121	76169	22412	36532
中一型企业	30687	36928	29229	29860	8064	14721
中二型企业	35899	47684	30893	46309	14348	21811
二、按登记注册类型分组						
国有	186087	174418	186431	176555	68107	47205
集体	2656	1492	11748	1110	1935	868
股份合作	9973	4457	9271	2761	1268	486
国有联营	11310	13200	7275	12530	6760	6500
国有与集体联营	893	1213	958	1241	192	1117
国有独资公司	31725	26021	28077	25874	11544	8597
其他有限责任公司	14194	41516	14810	47753	8091	18759
股份有限公司	107783	110534	91717	100692	41072	47078
私营独资	1		5			
私营合伙						
私营有限责任公司	604	1766	604	1766	168	1148
私营股份有限公司	5352	586	2838	524	209	185
其他内资		738		320		19
与港澳台商合资经营	1395	5590	1321	4941	822	2373

17—27　续表 5　　单位:万元

项　　目	科技活动经费筹集额		科技活动经费支出		研究与发展经费支出	
	2001 年	2002 年	2001 年	2002 年	2001 年	2002 年
与港澳台商合作经营	87	80	87	80	87	
港澳台商独资	489	73	157	156	5	73
港澳台商投资股份有限公司		5300		5300		3623
中外合作经营	367	946	310	735	200	162
中外合资经营	35680	35176	28795	33329	22631	26375
外商独资	5	5	5	5	5	5
外商投资股份有限公司	199		199		35	
三、按工业行业大类分组						
煤炭采选业	116	65	109	65	104	
石油和天然气开采业	3803	3745	3761	3745	1076	1100
黑色金属矿采选业	117	68	222	65	111	45
有色金属矿采选业	259	369	327	369	80	68
非金属矿采选业	61	3	141	3	122	
食品加工业	866	759	866	759	826	431
食品制造业	2261	2764	2261	2764	709	496
饮料制造业	1486	2302	1826	2272	926	918
烟草加工业	6291	4832	5676	4752	1444	1309
纺织业	5296	5972	4627	6625	3307	4520
服装及其他纤维制品制造业	3057	3231	3097	3781	1378	815
皮革、毛皮、羽绒及其制品业		22	19	22	9	22
木材加工及竹、藤、棕、草制品业	11673	8198	11675	6377	11611	6149
家具制造业						
造纸及纸制品业	6248	5522	3147	4865	604	412

17—27　续表 6　　单位:万元

项　　目	科技活动经费筹集额		科技活动经费支出		研究与发展经费支出	
	2001 年	2002 年	2001 年	2002 年	2001 年	2002 年
印刷业、记录媒介的复制业	4262	10	3387	10	170	
文教体育用品制造业						
石油加工及炼焦业	5171	1749	4755	1549	3253	476
化学原料及化学制品制造业	32294	38926	23547	37336	13348	20311
医药制造业	23327	29270	22247	23565	8978	9178
化学纤维制造业	1862	1175	1128	1095	549	770
橡胶制品业	630	1292	640	1467	373	662
塑料制品业	14464	7914	14413	7444	2224	1110
非金属矿物制品业	8442	6998	4855	6751	2835	3457
黑色金属冶炼及压延加工业	78435	85252	78294	88783	4208	3569
有色金属冶炼及压延加工业	4249	5118	4249	5118	3025	346
金属制品业	5683	1190	3646	1191	2486	520
普通机械制造业	7161	11238	7646	10853	3123	5421
专用设备制造业	8969	15670	9118	11152	3717	6762
交通运输设备制造业	101247	134281	101494	140105	54100	69936
武器弹药制造业	5265	4849	5221	3894	4535	1654
电气机械及器材制造业	14808	4934	11435	4760	1447	978
电子及通信设备制造业	35850	25993	39485	23401	28615	16903
仪器仪表及文化办公用机械制造业	7282	2161	4803	2161	440	220
其他制造业						
电力、蒸汽、热水的生产和供应业	7735	7009	6331	8346	3378	5855
煤气生产和供应业	71	139	71	139		139
自来水的生产和供应业	63	90	91	89	25	21

17—27 续表 7　　单位：万元

项　　目	科技活动经费筹集额		科技活动经费支出		研究与发展经费支出	
	2001 年	2002 年	2001 年	2002 年	2001 年	2002 年
四、按隶属关系分组						
中央属	199573	209289	198651	214456	76878	57225
省(直辖市)属	14963	19508	14371	20460	10449	9352
地区属	99047	106213	93416	103129	33062	47605
县属	39531	45335	34961	35782	22053	21745
其他属	55685	42767	43208	41846	20691	28647
五、按地区分组						
武汉市	212862	193894	205603	191540	57304	53514
黄石市	17365	12989	13459	11511	7567	1967
十堰市	27097	34481	30355	43145	14089	18310
宜昌市	37355	33943	30087	33240	7805	9910
襄樊市	36933	50240	37031	50408	29988	29525
鄂州市	7581	6695	7430	6638	6350	6190
荆门市	13142	13402	11479	11300	7496	7544
孝感市	5594	4825	5557	4787	3390	2953
荆州市	30047	40791	26117	34417	19063	19671
黄冈市	6184	10073	3997	9516	1660	2819
咸宁市	6813	5588	5744	5748	4846	4993
随州市	719	725	721	767	596	541
恩施土家族苗族自治州	1661	2109	1661	2029	670	896
仙桃市	532	6109	504	6034	469	4208
潜江市	4716	7045	4664	4271	1641	1330
天门市	200	202	200	324	200	200

17－28　国有经济单位自然科学技术人员

单位:万人

年　　份	总　　计	工　程 技术人员	农　业 技术人员	科　学 研究人员	卫　生 技术人员	教学人员
1978	22.0	7.5	1.2	1.5	7.1	4.7
1980						
1985	40.1	15.4	1.7	1.5	12.5	9.0
1986	41.7	16.1	1.7	1.5	12.7	9.7
1987	45.2	18.2	1.9	1.3	13.2	10.7
1988	49.2	19.9	2.1	1.2	14.3	11.6
1989	54.0	23.0	2.2	1.2	15.5	12.0
1990	56.1	24.4	2.3	1.3	16.1	12.0
1991	86.9	24.9	2.0	1.5	16.8	41.7
1992	89.2	25.5	2.2	1.5	17.3	42.7
1993	92.8	25.6	2.4	1.5	18.4	44.9
1994	97.2	27.7	2.5	1.5	19.2	46.3
1995	97.9	28.2	2.5	1.5	19.1	46.6
1996	83.6	17.9	2.7	0.4	17.6	44.9
1997	87.0	18.1	2.9	0.5	18.0	47.5
1998	89.8	18.1	3.0	0.5	18.9	49.3
1999	92.6	18.8	3.1	0.6	19.3	50.9
2000	89.3	16.5	3.0	0.6	18.7	50.6
2001	89.9	16.0	3.1	0.6	18.9	51.4

注:1.1991年后自然科技人员中的“教学人员”包括社会和自然科学领域及小学教师人数。

2.1996年不含中央在鄂专业技术人员。3.本表数据来源为《中国统计年鉴》。

17－29　专利受理量、批准量及分布状况

单位:项

项　　目	受理量					批准量				
	1990年	1995年	2000年	2001年	2002年	1990年	1995年	2000年	2001年	2002年
合　　计	**1238**	**2004**	**3486**	**4322**	**4960**	**721**	**2228**	**2198**	**2204**	**2209**
发　明	220	384	771	1085	1179	61	107	156	186	192
实用新型	969	1430	2102	2400	2905	610	1628	1573	1513	1475
外观设计	49	190	613	837	876	50	493	469	505	542
在合计中										
个　　人	854	1472	2411	2928	3281	451	1503	1502	1424	1395
大专院校	71	117	205	318	466	65	84	92	121	152
科研单位	79	84	128	133	147	51	76	82	75	82
工矿企业	164	229	721	908	1040	125	543	509	569	553
机关团体	70	102	21	35	26	29	22	13	15	2

17－30　申报登记省、部级以上成果分类及经济效益

单位:项

项　　目	1990年	1995年	1999年	2000年	2001年	2002年
成　果　总　类	**480**	**500**	**584**	**571**	**651**	**775**
一、按成果水平分类						
国际首创/领先	2	4	19	19	25	33
国际先进	48	48	107	97	159	135
国内首创/领先	159	236	318	276	265	407
国内先进	222	212	140	84	101	109
其　　它	49		0	18	10	9
二、按成果类型分类						
基础理论研究	33	30	28	37	59	40
应用开发研究	442	446	509	494	560	693
其　　他	5	24	47	40	32	42
三、按成果产业属性分类						
工业类成果	250	207	128	145	292	181
农业类成果	79	71	62	79	110	143
医学类成果	113	147	190	199	193	285
其他类成果	38	21	129	148	103	246
四、按成果完成单位分类						
高等院校完成	152	163	178	149	202	231
研究单位完成	121	92	116	92	88	90
厂矿企业完成	139	101	116	137	138	165
其他单位完成	68	144	174	193	223	289
五、经济效益(亿元)						
本年度新增产值	1.98	8.58	50.10	78.33	99.69	143.51
本年度节约资金	0.02	1.77	3.94	6.33	45.02	32.80

注:1993年以后的“按成果产业属性分类”改为“按成果应用行业分类”。

17－31　科学技术协会组织与活动

项　　目	单位	1990年	1995年	1999年	2000年	2001年	2002年
一、机构与人员							
1.省直学会	个	132	101	122	119	128	127
会　员	人	163444	198641	155717	166066	170312	148187
#高级(资深)会员	人						51114
外国会员	人	10	3	17	28	1	7
2.省科协	个	1	1	1	1	1	1
3.地、市科协	个	15	12	12	12	13	13
4.县(区)科协	个	71	89	100	100	100	96
二、省级学会、科协学术活动							
国内学术会议	次	658	477	343	286	269	239
国际学术会议	次	70	17	15	15	16	12
参加人数	人次	79870	30865	42306	51588	17828	19900
论文数	篇	13330	13971	9189	7696	6906	7262
三、科普活动							
省学会及县以上科协举办							
科普讲座	次						2559
听讲人数	万人次						87.2
科普展览	次						716
参观人数	万人次						318.8
科普宣传	次						1170
四、社会、科技服务							
省学会及县以上科协举办							
无偿科技咨询	项						3631
完成科技咨询合同数	项						737
咨询合同实现金额	千元						102.8
#技术交易额	千元						51.3
举办培训班	个						2597
培训人数	万人次						87.2
五、科技下乡							
省学会及县以上科协举办							
组织科技下乡	次						1012
举办科普讲座	次						904
开展科普咨询	次						1746
举办实用技术培训	次						1029

注:1、科协系统统计指标2002年全部重新修订,新增指标历史资料缺。2、地市学会没有列入统计范围,本表数据不含地、市学会数据。

17－32 技术贸易机构与人员情况

单位:人

分类	机构(个)	从事技术贸易人员	专职科技人员	#高级职称
2001年合计	**3363**	**56401**	**29962**	**5000**
国有经济	684	17613	12484	2019
集体经济	499	6309	3366	468
私营经济	478	14925	3230	300
个体或合伙	1394	14623	9123	1837
其他经济	308	2931	1759	376
2002年合计	**3019**	**109585**	**51163**	**10540**
国有经济	728	44811	23133	6102
集体经济	352	5871	3674	578
私营经济	428	3986	3492	436
其他经济	1511	54917	20864	3424

注:2001年数据不含武汉市数。

17－33 各类技术合同签定及执行情况

项目	合同数(项)	合同金额(万元)	实现金额(万元)
2000年	**7203**	**276000**	**209347**
技术开发合同	2175	118620	83262
技术转让合同	900	65864	56988
技术咨询合同	1243	12114	10537
技术服务合同	2885	79402	58560
2001年	**9024**	**338597**	**257667**
技术开发合同	2009	153553	121971
技术转让合同	2236	83257	64107
技术咨询合同	954	9210	7433
技术服务合同	3825	92577	64157
2002年	**9832**	**348603**	
技术开发合同	3721	198109	
技术转让合同	1092	69324	
技术咨询合同	1197	8258	
技术服务合同	3822	72912	

17－34　全省技术买卖情况

单位:项

卖方＼买方	合计	工业企业	科研机构	各级管理部门	技贸机构	个人	其他
2001年	**9024**	**5152**	**945**	**685**	**580**	**224**	**1438**
科研机构	1812	936	234	223	30	11	378
大中专院校	1846	1197	259	185	40	23	142
工业企业	1077	774	98	13	124	45	23
技术贸易机构	3456	1973	350	237	360	87	449
个人及合伙	187	100	1	4	19	55	8
其他	646	172	3	23	7	3	438
2002年	**9832**	**4980**	**709**	**1420**	**773**	**644**	**1306**
科研机构	2100	1032	156	155	151	414	192
大中专院校	3124	1299	382	1005	65	22	351
工业企业	1929	1333	103	66	166	67	194
技术贸易机构	1745	1069	66	160	254	34	162
个人及合伙	355	109	1	14	129	93	9
其他	579	138	1	20	8	14	298

17－35　“星火计划”、“火炬计划”实施情况

项目	单位	星火计划			火炬计划		
		2000年	2001年	2002年	2000年	2001年	2002年
一、项目数	个	111	73	59	40	60	51
国家级项目	个	56	26	26	36	40	37
省级项目	个	55	47	33	4	20	14
二、总投资	万元	183300	181111	121700	97400	144868	142100
国家级项目	万元	104744	96046	79100	86084	115337	128000
省级项目	万元	87556	85065	42600	11316	29531	14100
1.拨(借)款	万元	630	960	720	1000	1100	1050
国家级项目	万元		480	240		100	50
省级项目	万元	630	480	480	1000	1000	1000
2.贷款	万元	95600	94925	69400	52600	71625	44000
国家级项目	万元	56440	47573	45500	46690	51737	36600
省级项目	万元	39160	47352	23900	5910	19888	7400
3.自筹	万元	87070	85226	51590	43800	72143	97050
国家级项目	万元	48304	47993	33370	39394	63500	71350
省级项目	万元	30766	37233	18220	4406	8643	5700

17－36　地震观测及地方地震工作情况

项　　　　目	单位	1990年	1995年	1999年	2000年	2001年	2002年
职　工　总　数	人	681	597	533	589	586	535
＃专业技术人员	人	437	396	356	386	375	340
高级技术人员	人	66	94	106	107	103	109
地(市、州)级地震局	个	13	18	18	12	12	15
重点县地震办公室	个	7	13	13	52	52	52
地方地震工作人员	人	91	122	139	255	257	256
地震观测台(网)人员	人	61	65	63	74	71	70
＃观测技术人员	人	48	54	51	64	66	54
地震台站	个	10	11	11	11	11	10
＃基　准　台	个	2	4	4	4	3	2
基　本　台	个						4
省　级　台	个						4
GPS测量	千米/点						1300/20
流动重力测量	千米/点						63000/164

17－37　气象部门基本情况

项　　　　目	单位	1990年	1995年	1999年	2000年	2001年	2002年
一、气象观测人员总数	人	511	400	345	333	440	340
地面测测	人	440	343	297	285	373	289
高空观测	人	46	31	24	24	20	19
雷达观测	人	25	26	24	24	32	32
特种观测	人					26	
二、气象台站总数	个	85	86	85	85	85	85
气象台	个	10	10	13	13	13	13
气象站	个	73	74	70	70	70	70
独立农试站	个	2	2	2	2	2	2
三、卫星云图接收站点数	个	2	2	11	11	11	11
极轨卫星	个	1	1	2	2	2	2
同步卫星	个	1	2	9	9	9	9
接收卫星云图图片数	张	3500	14000				
使用云图单位数	张	4	22	140	144		
四、拥有计算机数	台	279	421	949	1019	1020	1050
中小型机	台	5	8	14	8	9	9
微型机	台	90	279	863	950	950	980
袖珍机	台	184	134	72	61	61	61
五、拥有雷达数	部	12	11	11	11	11	11
701测风	部	4	4	4	4	4	4
3厘米	部	5	3	3	2	2	2
5厘米	部	1	2	2	2	2	2
10厘米	部	2	2	2	3	3	3
其　　他	部						

注:2001年特种观测26人中11人同时做地面观测。

17－38　质量技术监督事业基本情况

年份	机构（个）	职工人数（人）	＃专业技术人员	经费收入（万元）	经费支出（万元）	固定资产（万元）	＃仪器设备	计量器具检定台（万套件）	＃衡具	＃强制检定
1980	88	1211	327	308	306	1667	512	60		
1985	107	1668	356	640	515	3234	1402	146	36	
1990	105	3299	1409	3063	2610	7994	3760	136	68	118
1991	107	3433	1458	3051	2774	8425	3971	153	64	120
1992	105	4161	1692	3976	3680	9607	4070	150	67	112
1993	104	4169	1755	4150	4010	14043	4183	144	63	106
1994	103	4879	2006	6165	6154	13368	4531	136	55	113
1995	167	6275	2121	10095	10374	21213	6327	150	64	140
1996	102	2265	1252	3237	3177	6985	3261	136	61	108
1997	101	2337	1337	3491	3418	6751	3680	150	62	110
1998	106	2479	1439	4079	4034	6314	3810	126	50	100
1999	105	2531	1446	4515	4532	6732	3713	120	43	103
2000	104	2790	1478	4568	4853	8829	5286	150	43	105
2001	91	1632	911	3005	2899	6537	3881	132	33	65
2002	360	9583	4059	36371	34024	39461	9806	165	40	138

注：1、1995年、2002年含技术监督标准事业数据。2、2001年由于机构改革，人员调整，数据变化较大。

17－39　标准事业基本情况

项目	单位	1990年	1995年	1999年	2000年	2001年	2002年
质量监督机构	个	57	85	86	86	86	86
制定标准	项	47	15	52	29	5	27
修定标准	项					2	71
废止标准	项						157
当年采用国际标准	项	261			4		
受检产品质量监督	种	389	92	100	99	97	
质量监督检测	批次	15579	29105	11366	20093	25919	28578
标准文件馆藏	万件	17	21	25	25	26	24

17－40 档案事业基本情况

项　　目	单位	1990 年	1995 年	1999 年	2000 年	2001 年	2002 年
1.机构数	个	212	230	553	553	553	841
＃档案馆	个	112	135	148	148	148	148
2.专职人员数	人	3064	3325	3667	3597	3597	3265
＃副研究馆员以上	人	36	136	172	136	105	129
馆　　员	人	479	924	932	911	731	652
助理馆员	人	699	980	821	707	504	482
管理员	人	747	323	258	268	214	169
3.馆藏档案卷宗	个	8907	14258	11242	13005	13690	13727
案　　卷	万个	369	527	742	837	866	688
案卷总长度	万米	5	8	59	13	14	14
零散文件长度	米	442	339	338	1234	1256	327
馆藏资料种数	万种	12			—		
馆藏资料册数	万册	96	145	206	201	209	167
4.本年度利用档案人次	万人次	46	27	12	11	7	9
利用档案卷次	万卷次	88	55	35	40	22	33
利用资料册次	万册次		36	6	6	5	5
5.本年编研档案资料							
公开出版种数	种	47	31	25	507	28	27
公开出版字数	万字	1075.53	452	720	1259	135	522
内部参考种数	种	746	362	230	218	119	164
内部参考字数	万字	2576.3	1828	1205	909	7048	1295
库房面积	万平方米	11	17	19	22	25	31

17-41 文化事业机构、人员数

单位:机构:个　人员:人

项　　目	1990 年	1995 年	1999 年	2000 年	2001 年	2002 年
电影事业机构	7041	5356	3365	2897	2834	2834
电影放映单位	6465	4959	3055	2815	2753	2752
艺术事业机构	263	192	178	217	213	214
♯剧　团	108	105	101	99	96	98
♯剧　场	90	87	77	78	74	68
文物事业机构	121	128	137	144	148	161
♯博 物 馆	85	88	92	94	95	98
图书馆事业机构	101	100	102	103	103	103
群众文化事业机构	1849	2048	1728	1695	1411	1291
群众艺术馆	16	13	18	18	18	18
文化馆(站)	1833	2035	1710	1677	1274	1156
电影事业人员数	22839	18333	12723	5088	4972	4972
♯电影放映单位人员	18446	14580	8357	4224	4808	4808
艺术事业人员数	9668	9264	9176	8655	8823	8646
♯剧团人员	6900	6566	6489	6381	6222	6150
♯剧场人员	2256	2698	2687	2274	2209	1965
文物事业人员数	1884	2351	2812	2924	3093	3227
♯博物馆人员	1140	1452	1603	1707	1794	1874
图书馆事业人员数	1815	2054	2257	2299	2280	2293
群众文化事业人员数	6101	6718	6016	5928	5821	5427
群众艺术馆人员	662	663	762	776	702	688
文化馆(站)人员	5439	6055	5254	5152	5119	4739
♯乡镇文化站		2295	2612	2574	2447	2406

17-42 公共图书馆发展情况

项　　目	单位	1990 年	1995 年	1999 年	2000 年	2001 年	2002 年
机构数	个	101	100	102	103	103	103
藏书数	万册	1222	1445	1643	1678	1709	1759
书架单层总长度	万米	57	38	104	109	107	105
发放借书证数	万个	33	40	40	41	51	71
图书流通情况							
人　次	万人次	548	558	675	714	801	986
册　次	万册数	960	540	918	949	723	1899
为读者服务举办各种活动							
次　数	次	1032	1053	1715	1222	1100	7398
参 加 人 数	万人次	65	47	97	115	133	184
当年新购图书	万册	43	29	33	36	37	71
图 书 费	万元	256	404	675	699	863	1023

17－43　公共图书馆藏书及分类情况

单位:万册

年份	合计	#外文	古籍	新书籍
1986	1096	156	88	1008
1990	1227	161	97	1125
1991	1319	84	97	1222
1992	1343	80	96	1247
1993	1372	83	97	1275
1994	1408	81	97	1311
1995	1445	82	97	1356
1996	1472	82	97	1375
1997	1533	81	97	1436
1998	1599	81	96	1503
1999	1643	81	96	1547
2000	1678	82	97	1581
2001	1709	83	98	1611
2002	1759	81	98	1661

17－44　图书、杂志、报纸出版基本情况

项目	单位	1990年	1995年	1999年	2000年	2001年	2002年
一、图书出版种数	种	2546	3028	4369	4529	4841	5053
新出版	种	1827	1379	2163	2443	2624	2515
总印数	万册	40252	35207	33870	28842	30384	31511
总印张	万印张	141899	158283	163177	155213	175264	182412
1.书籍出版种数	种	2104	2553	3675	3620	3774	3803
#新出版	种	1484	1238	1948	2177	2134	2163
总印数	万册	27443	18210	15219	11832	12481	11955
总印张	万印张	97712	80570	70722		71178	69212
2.课本出版种数	种	313	463	673	896	976	1155
#新出版	种	220	128	202	266	400	337
总印数	万册	12170	16958	18624	16995	17869	19545
总印张	万印张	42147	77239	92200	92655	104058	113194
3.图片	种	129	13	21	13	81	95
#新出版	种	123	13	13		90	15
总印数	万张	639	39	26	64	33	11
总印张	万印张	1357	446	255	236	275	61
4.活页小件印品	万印张	684	28		9		90
二、杂志出版种数	种	254	337	350	391	398	393
平均期印数	千册	6078	8357	10153	12273	9657	9840
总印数	千册	73456	113893	169646	220280	156919	156506
总印张	万印张	11952	29217	54001	74615	53103	56902
三、报刊出版种数	种	84	113	101	164	167	163
平均期印数	千份	4454	4930	5789	5693	6178	6460
总印数	千份	623820	721590	1245240	1342282	1378464	1500400
总印张	万印张	44247	96719	267596	339434	336313	405273

17-45 电影、艺术活动、群众文化活动、图书馆及博物馆活动情况

项目	单位	1990年	1995年	1999年	2000年	2001年	2002年
电影活动							
放映场次数	万场	130.0	11.2	14.0	7.6	15.4	5.4
群众人数	千人次	559940	16290	10101	2940	35000	1460
年人均观看次数	次	10.42	0.28	0.17	0.05	0.59	0.24
艺术活动							
年表演场次	场	13100	13100	15000	15000	16000	17000
观众人数	千人次	10620	16681	16584	21211	21858	22853
年人均观看次数	次	0.20	0.23	0.40	0.36	0.37	0.38
群众文化活动							
举办展览个数	个	1166	1863	2610	2785	2153	1830
举办训练班结业人数	万人次	4.9	5.4	9.1	9.9	11.9	
图书馆活动							
图书流通人次	千人次	5480	5583	6752	7138	8011	9861
图书流通册次	千册	9600	5400	4325	9485	7227	18993
人均年借阅册数	册	0.18	0.09	0.09	0.16	0.12	0.32
人均年借阅人数	次	0.10	0.10	0.13	0.12	0.13	0.16
博物馆活动							
现有陈列展览个数	个	145	246	104	210	246	200
参观人数	千人次	2089	2231	2256	1819	1844	1882
人均年参观次数	次	0.04	0.40	0.04	0.03	0.03	0.03

17-46 艺术表演团体、群众艺术馆、文化馆经费情况

项目	单位	1990年	1995年	1999年	2000年	2001年	2002年
艺术表演团体							
补贴团体	个	107	105	101	99	96	98
国家经费补贴	万元	1962	3459	5888	6609	7622	8993
业务及其他收入	万元	941	2550	2988	2989	3363	3866
#演出收入	万元	427	1075	1405	1610	1555	1988
总支出	万元	2774	6368	9058	9808	11348	12615
第三产业增加值	万元	1549	3979	4383	4827	5106	6066
经费自给率	%	34	40	37	33	30	30.65
群众艺术馆、文化馆(站)							
总支出	万元	1487	3885	7038	7841	7681	7736
#预算内	万元	895	2016	6176	7104	6469	7061
#业务费	万元	286	550	997	1382	1122	1193
修缮费	万元	219	418	364	713	443	362
第三产业增加值	万元	684	2355	5510	4357	4776	4940

注:本表各项指标仅指文化厅系统内的。

17－47　文化、文物事业经费支出及基本建设情况

单位:万元

项　　目	1990年	1995年	1999年	2000年	2001年	2002年
文化、文物事业经费支出总计	10923	29384	38068	43079	48092	53018
文化事业	9908	25423	32286	33256	38063	42396
艺术表演团体	2774	6368	9058	9808	11348	12615
艺术表演场所	1525	4558	3811	3268	3557	3386
图　书　馆	1109	2371	3659	3952	4687	6070
群众文化	1706	4036	7038	7841	7681	7675
中等专业学校	218	1179	2132	2244	2252	2441
干部训练	80	236	29	38	255	318
其他文化事业	2496	6674	6560	8348	10535	12333
文物事业	1015	3961	5782	7579	7778	8181
博　物　馆	573	1818	2566	3104	4003	4374
文物事业机构	305	1483	1965	2460	2804	2687
其它文物事业	137	660	530	397	420	1120
文化、文物基本建设完成投资	2407	9076	11111	28849	8735	3309
文化事业	1887	7656	11111	24760	8476	1924
文物事业	516	1420		4089	259	1385

17－48　广播、电视机构人员数

单位:个、人

项　　目	1990年	1995年	1999年	2000年	2001年	2002年
机构个数	14699	18801	2978	2914	2514	1745
行政机构	92	90	106	114	114	116
业务机构	14607	18711	2872	2800	2400	1629
人　员　数	16463	23192	26293	27790	27047	27540
＃固定职工数	12576	20599	23726	25183	25294	25355
＃专业技术人员	11485	11426	8262	9127	9467	9372
＃编辑记者人数	1213	4678	5641	5785	5826	6021

注:1998年业务机构数减少,是由于广电总局下文,县级局台合一,乡镇级业务机构数变动。

17－49　广播、电视基本情况

项　　　目	单位	1990年	1995年	1999年	2000年	2001年	2002年
广播电台	座	58	70	13	13	11	11
广播电台节目套数	套	60	78	75	82	72	70
广播电台平均每日播音时间	时、分	427°57′	616°40′	714°53′	821°42′	747°54′	755°10′
中短波发射台和传播台	座	28	32	33	31	31	29
中短波发射功率	架/千瓦	51/882.6	57/836.6	50/655.6	49/643.0	48/632	44/618
电　视　台	座	31	56	14	14	13	13
电视台节目套数	套	31	58	62	70	80	88
电视台平均每周播出时间	时、分	1216°46′	2697°53′	3300°32′	4160°32′	5145°13′	6428°14′
电视发射台和转播台	座	1025	1424	1251	1311	1281	1146
＃一千瓦以上发射台和转播台	座	42	55	49	49	49	48
发射功率	架/千瓦	1233/258.6	1684/312.6	1600/382.5	1724/332.5	1675/331.7	1489/331.6
＃一千瓦以上	架/千瓦	70/299.2	0.33	107/334.8	97/280.9	106/286.2	105/285.23
广播人口覆盖率	%	86.77	87.00	92.22	93.89	94.72	95.03
电视人口覆盖率	%	84.36	86.50	91.71	93.73	94.73	95.76
县(市)广播台站	台	105	83	62	65	66	45
村通播率	%	64.10	43.30				
广播喇叭总数	万只	240.15	153.08	107.32	95.47	102.94	68.23
入农户率	%	24.80	14.93				
事业经费支出	万元	7091	21078	89568	119798	150243	144904.45
基本建设投资完成额	万元	4349	3024	14767	20516	34581	42545.91

注："事业经费支出"不含企业。

17－50　广播、电视节目构成

单位：%

项　　　目	1990年	1995年	1999年	2000年	2001年	2002年
广播电台						
日均播音时间	100	100	100	100	100	100.00
自办节目时间	71.89	78.74	81.09	79.01	81.01	78.65
＃新　　闻	16.82	13.40	10.55	8.71	8.78	8.34
专　　题	16.16	25.97	24.71	16.24	20.95	18.55
教　　育	6.26	7.21	3.45	4.38	4.59	4.38
文　　艺	46.29	39.84	39.44	27.67	27.97	26.43
其　　他	14.47	13.58	21.85	22.00	18.72	20.95
电　视　台						
周播音时间	100	100	100	100	100	100.00
＃自办节目时间	33.63	78.04	79.19	86.39	86.91	88.67
新　　闻	9.05	7.70	7.55	6.35	6.38	7.15
专　　题	3.81	9.18	12.71	8.50	16.58	13.20
教　　育	0.63	3.85	1.91	1.91	2.54	3.41
文　　艺	76.14	64.03	57.71	44.67	41.19	46.45
其　　他	10.37	15.24	20.12	24.95	20.22	18.46

主要统计指标解释

【普通高等学校】 指按照国家规定的审批程度批准举办，通过全国统一招生考试，招收高级中等学校毕业生和具有同等学历者，实施高等教育、培养高等专门人才的学校，包括大学、专门学院、专科学校和短期职业大学。

【成人高等学校】 指按照国家规定的审批程度批准举办，招收在职高中毕业或同等学历者，利用多种形式对成人实施高等教育，培养相当普通高等学校专科或本科毕业水平的专门人才的学校。包括广播电视大学、职工高等学校、干部管理学院、教育学院、独立函授学院以及普通高等学校举办的函授、夜大学等。

【小学学龄儿童入学率】 指调整范围内已入小学学习的学龄儿童占校内外学龄儿童总数（包括弱智儿童在内，但不包括盲聋哑的儿童），计算公式为：

$$\text{小学学龄儿童入学率}=\frac{\text{已入学的小学学龄儿童数}}{\text{校内外小学学龄儿童总数}}\times 100\%$$

【技术开发机构】 指主要从事提供国家、国内第一次出现的新的产品、工艺、材料、方法等和为新的技术成果应用提供完整的技术规范设计图纸，样品和操作规程的机构。

【从事科技活动人员】 指各种研究与开发课题（项目）组织人员；各类科技服务人员（如从事图书、情报、咨询等工作的人员）；管理人员；实验室、试验性工厂（车间）、农场的工人等。

【科学家工程师】 指大学毕业及以上文化程度和其他具有高、中级职称的从事科技活动人员。

【其他技术人员】 指中专、大专毕业和具有初级职称的从事科技活动人员。

【自然科学技术人员】 指已取得科学技术职称，或大学、中专的理、工、农、医等自然科学技术的研究、教学、生产（事业）技术方面工作的专业人员和在机关、企业、事业中从事科学技术业务管理工作的专业人员。

【工程技术人员】 指在国民经济各行业从事工程技术工作的自然科学技术的专业人员，包括：高级工程师、工程师、助理工程师、技术员和未评定职称的技术人员。

【农业技术人员】 指在国民经济各行业从事农业技术工作的自然科学技术的专业人员，包括：高级农艺师、农艺师、助理农艺师、技术员和未评定职称的技术人员。

【卫生技术人员】 指在国民经济各行业从事卫生医务工作的自然科学技术的专业人员，包括：正副主任医师、主治医师、医（护）士和未评定职称的技术人员。

【教学人员】 指在国民经济各行业从事自然科学技术方面的教学活动的专业人员，包括：正副教授、讲师、助教、教师和在中学从事自然科学技术方面的教学活动人员。

【发明】 专利法所称的发明是指对产品、方法或者对其改进所提出的新的技术方案。

【实用新型】 专利法所称的实用新型是指对产品的形状、构造或者其结构所提出的适用于实用的新的技术方案。

【外观设计】 专利法所称的外观设计是指对产品的形状、图案、色彩或者其结果所作出的富有美感并适于工业上应用的新设计。

【新产品】 是指采用新技术原理、新设计构思、生产的全新产品或在结构、材质、工艺等某一方面比老产品有明显改进，从而显著提高了产品性能或扩大了使用功能的产品，其范围包括：1. 本企业本年在免税期的新产品；2. 已开发成功本年投产但未享受免税的产品。

【文化事业机构】 指从事专业文化工作和为专业文化工作服务的单独核算、独立建制的单位。不包括文化主管部门直属单位举办的其他行业和各部门的业务文化组织。

【艺术表演团体】 指从事戏曲、音乐、舞蹈、杂技等专业艺术表演、有独立帐户、实行单独核算的团体。不包括半工半艺、半农半艺的业余剧团。

【电影放映单位】 指具有放映机器设备、固定或不固定的放映场所与专职或兼职的放映技术人员，经文化行政部门登记批准，经常为一定的观众对象映出电影的机构。包括经批准对外开放进行营业、并与电影发行放映管理机构分帐的专用放映单位或军委系统租片单位在内。

【电影观众人数】 指各类型放映单位及军委系统租片单位映出的观众人数。一个观众连续看了一部长片和短片专场规定的短片，为二人次。

【艺术表演观众人数】 指售票、包场演出或民族地区免费演出的艺术表演观众人数。不包括彩排审查和内部观摩演出的观看人次数。

体育、卫生、社会福利和其他 18

资料整理:陈云清

18－1 体委系统职工人数

单位:人

人员分类	1990年	1995年	1999年	2000年	2001年	2002年
总计	4716	5414	6535	6673	6672	5675
#教练员	951	959	937	917	915	988
等级裁判员	1652	1381	1321	2544	2650	3090
运动员	878	700	745	745	745	782
科技人员	31	35	52	38	40	16

18－2 体委系统体育场、馆、池、房基本情况

项目	单位	1990年	1995年	1999年	2000年	2001年	2002年
体育场使用场地个数	个	25	37	44	219	196	229
使用场次	次	3002	11506	13473	45558	44427	45800
体育馆使用场地个数	个	16	25	28	53	53	54
使用场次	次	1890	7816	5942	4181	7337	7537
室内游泳使用场地个数	个	9	5	9	11	13	61
使用场次	次	3320	2213	3060	1989	2185	4505
室外游泳使用场地个数	个	65	36	41	50	51	51
使用场次	次	2375	7092	7281	8049	7952	6579
有固定看台灯光球场使用个数	个	45	48	64	70	41	92
使用场次	次	4730	9485	4325	18666	18028	1840

注:本表场、馆、池、房数为体委年报数,系指当年实际使用的体委系统场馆房数。

18－3 等级裁判员、运动员人数

单位:人

项目	1990年	1995年	1999年	2000年	2001年	2002年
等级裁判员合计	1652	1381	2721	2544	5457	6076
国际裁判					54	57
国家级裁判		14	25	29	312	332
一级裁判	357	280	191	143	891	1042
二级裁判	486	452	756	1023	1500	1940
三级裁判	809	635	2565	1349	2700	2705
等级运动员合计		1535	1831	1278	1288	5113
国际运动健将		3	6	6	8	29
运动健将		24	36	36	44	88
一级运动员	35	40	40	10	10	414
二级运动员	88	197	376	366	382	130
三级运动员	256	702	932	568	594	682
少年级运动员	139	569	441	292	250	3770

18－4 体育竞赛成果情况

项　目	单位	1990 年	1995 年	1999 年	2000 年	2001 年	2002 年
世界比赛获奖牌数	枚	10	25	10	13	7	7
金　牌	枚	9	16	4	4	4	2
银　牌	枚	1	9	3	6	2	2
铜　牌	枚			3	3	1	3
亚洲比赛获奖牌数	枚	51	22	12	5	14	12
金　牌	枚	37	18	5	4	12	6
银　牌	枚	7	3	3	0	1	4
铜　牌	枚	7	1	4	1	1	2
全国比赛获前六名情况							
第一名	人	52	38	25	35	36	29
第二名	人	50	35	20	22	28	22
第三名	人	40	34	29	21	32	31
第四名	人	29	32		35	21	17
第五名	人	31	31		29	27	38
第六名	人	38	16		26	29	27
破、超世界纪录							
项　数	项	6	2	1	－	－	－
人　数	人	6	2	1	－	－	－
次　数	次	7	2	1	－	－	－

18－5 群众体育活动情况

项　目	单位	1990 年	1995 年	1999 年	2000 年	2001 年	2002 年
国家体育锻炼标准达标人数	万人	386.01	572.79	715.44	764.55	890.09	912.00
举办县及县以上运动会次数	次	3403	2034	2179	2063	2010	2161
参加运动会运动员人数	万人	90.71	76.24	209.87	76.53	88.98	317.99
训练体育干部人数	万人	1.13	0.22	0.35	0.17	0.18	1.60

18-6 卫生机构数

单位:个

年份	总计	医院	#县及县以上医院	疗养院、所	门诊部、所	专科防治所、站
1952	2198	104	103	8	1770	5
1957	11566	158	137	17	9381	287
1965	10863	789	202	27	9613	201
1970	7847	16003	234	10	1500	104
1975	5381	1834	347	2	3079	39
1978	5940	1817	355	6	3626	42
1980	6146	1827	376	12	3785	52
1985	9885	1853	417	12	7486	67
1990	10472	2024	483	11	7878	70
1991	10509	2111	502	11	7824	74
1992	10590	2115	507	11	7903	73
1993	10268	2139	523	12	7526	73
1994	9762	2147	516	12	7002	84
1995	9744	2119	523	11	7020	84
1996	9167	2105	514	10	6453	82
1997	11562	2078	523	10	8867	86
1998	11584	2082	526	10	8885	88
1999	11311	2077	532	11	8631	85
2000	11065	2041	524	11	8430	83
2001	10941	1924	519	10	8500	73
2002	10045	1852	585	4	7146	187

18-6 续表

年份	卫生防疫站	妇幼保健所、站	药品检验所、室	医学科学研究机构	其他卫生机构
1952	7	10	1		293
1957	21	542	1	1	1158
1965	86	80	2		65
1970	106	54	5	2	63
1975	99	85	83	6	154
1978	107	92	88	6	156
1980	110	97	88	7	168
1985	111	96	87	7	166
1990	120	96	87	9	177
1991	122	98	87	7	175
1992	119	96	86	8	179
1993	149	96	87	8	178
1994	149	97	87	8	176
1995	151	95	85	8	171
1996	156	95	84	8	174
1997	158	96	84	8	175
1998	158	96	85	8	172
1999	156	94	83	7	167
2000	155	94	81	7	163
2001	130	91	53	7	153
2002	117	92			

注:“药品检验所”、“医学科研机构”、“其他卫生机构”因报表制度调整,分类方法发生变化无数据。

18－7 卫生机构人员数

单位:万人

年份	总计	卫生技术人员	#医生	中医	西医师	西医士	#护师、护士	每千人口医生数(人)
1952	3.57	3.46	1.74	1.31	0.26	0.17	0.20	0.63
1957	6.42	5.33	2.64	1.84	0.33	0.47	0.40	0.86
1965	8.60	7.13	3.48	1.76	0.85	0.87	1.32	0.99
1970	10.30	8.33	4.15	1.86	1.22	1.07	1.83	1.03
1975	15.05	11.85	4.91	1.74	1.63	1.55	2.05	1.11
1978	17.84	14.06	5.82	1.88	2.02	1.92	2.24	1.27
1980	19.94	15.59	6.32	1.82	2.59	1.91	3.09	1.35
1985	23.58	18.48	7.27	2.22	3.09	1.95	3.77	1.47
1990	26.75	20.92	8.68	2.19	5.09	1.40	5.66	1.62
1991	27.51	21.55	8.79	2.18	5.11	1.50	5.97	1.62
1992	28.24	22.15	9.02	2.20	5.18	1.65	6.25	1.64
1993	28.91	22.46	9.16	2.12	5.48	1.57	6.49	1.64
1994	29.31	22.84	9.38	2.04	5.64	1.65	6.64	1.66
1995	29.55	23.20	9.58	1.98	5.79	1.76	6.83	1.68
1996	29.65	23.47	9.72	1.93	5.92	1.90	7.00	1.67
1997	30.38	23.90	9.96	1.84	6.09	1.90	7.21	1.70
1998	30.31	23.96	10.11	1.84	6.30	1.90	7.29	1.71
1999	30.40	24.05	10.31	1.81	6.58	1.85	7.41	1.74
2000	30.14	23.88	10.30	1.76	6.76	1.74	7.53	1.74
2001	29.48	23.41	10.21	1.60	6.91	1.63	7.51	1.72
2002	25.34	20.57	8.61	1.14			6.36	1.43

18－8 卫生机构床位数

单位:万张

年份	总计	医院	#县及县以上医院	疗养院、所	其他卫生机构	每千人口医院床位数(张)
1952	0.90	0.52	0.52	0.18		0.19
1957	2.10	1.38	1.35	0.17		0.45
1965	4.14	3.13	2.45	0.31		0.89
1970	6.14	5.56	2.84	0.18		1.38
1975	9.90	9.02	4.33	0.02		2.05
1978	11.52	10.34	4.94	0.07		2.26
1980	12.59	11.22	5.41	0.20		2.40
1985	14.70	11.52	6.80	0.20	2.98	2.34
1990	16.34	13.16	8.27	0.19	2.99	2.45
1991	16.52	13.43	8.50	0.21	2.88	2.47
1992	16.62	13.46	8.58	0.22	2.84	2.44
1993	16.30	13.48	8.71	0.21	2.61	2.41
1994	16.13	13.40	8.73	0.21	2.52	2.36
1995	15.78	13.08	8.58	0.20	2.50	2.29
1996	14.42	13.08	8.63	0.15	1.19	2.24
1997	15.30	13.08	8.76	0.16	2.05	2.24
1998	15.09	13.03	8.77	0.17	1.89	2.21
1999	14.90	12.91	8.76	0.16	1.83	2.07
2000	14.96	12.99	8.80	0.16	1.81	2.18
2001	14.62	12.91	8.80	0.16	0.60	2.18
2002	12.68	11.85	8.50	0.03	0.80	1.98

18－9 各类卫生工作人员数

单位:人

人员分类	1990年	1995年	1999年	2000年	2001年	2002年
合计	**267548**	**295515**	**303957**	**301415**	**294795**	**253362**
医院	182490	210766	142047	140720	139144	－
县及县以上医院	118718	135708	141711	140355	138501	－
中医院	11386	14909	16234	17442	16452	16401
乡镇卫生院	58518	68500	75170	54500	53557	66849
疗养院、所	1271	1409	1555	1387	1292	277
门诊部、所	44450	37647	34984	34020	32113	19108
专科防治所、站	6218	7764	8205	7830	8019	6858
卫生防疫站	7602	8875	10078	10388	9642	8286
妇幼保健所、站	4139	5755	6620	6874	6974	7996
药品检验所、室	1098	1230	1403	1373	942	－
其他卫生事业机构	6376	3810	4009	4087	3909	－
医学科研机构	810	777	717	746	255	－
高等医院院校	6489	7020	7061	6154	6067	－
中等卫校	3762	6510	6095	6043	5062	－
个体开业	2843	3952	3948	4252	5050	－

18－10 县及县以上医院业务工作开展情况

项目	单位	1990年	1995年	1999年	2000年	2001年	2002年
机构数	个	474	523	510	507	507	512
诊疗总人次数	万人次	6287.20	5764.80	4923.30	4616.20	4729.50	4212.74
＃门、急诊人次数	万人次	6018.00	5460.20	4736.30	4396.10	4537.20	4043.94
出院人数	万人	145.65	147.71	155.04	158.93	166.19	159.52
＃出院病人数	万人	129.03	135.11	144.36	147.94	154.79	－
＃治愈	万人	97.44	95.19	90.95	89.25	90.54	83.44
死亡	万人	1.68	1.56	1.54	1.59	1.65	1.62
治愈率	%	75.60	70.50	63.00	60.33	58.49	52.31
病死率	%	1.40	1.20	1.07	1.08	1.07	1.02
病床平均周转次数	次	18.50	17.80	18.42	18.66	19.54	20.38
病床平均工作日	日	286.40	247.50	218.99	218.79	225.44	239.22
病床使用率	%	78.50	67.80	60.00	59.94	61.76	65.54
出院者平均住院日	日	15.20	13.30	11.47	11.12	11.16	10.72

18－11　村卫生室基本情况

项　　目	单位	合　计	村　办	乡卫生院设　点	联合办	私人办	其　他
机构数	个	11693	8224	403	1013	1558	495
执业(助理)医师	人	2216	1061	153	348	587	67
乡村医生和卫生员	人	31604	19862	1268	3364	5806	1304
1、乡村医生	人	29699	19040	1226	3285	4954	1194
其中:大专以上学历	人	431	281	16	44	81	9
中专学历、中专水平	人	10381	6397	534	1361	1561	528
在职培训合格者	人	7642	4517	244	912	1708	261
2、卫生员	人	1906	823	42	79	852	110
年总收入	万元	198993	84266	4928	10810	90026	8963
其中:上级补助收入	万元	66886	152	5	2	66727	
村或集体补助收入	万元	12808	3774	9	64	8961	
业务收入	万元	106366	71266	4078	9703	12726	8593
年总支出	万元	109806	73585	4590	8987	14349	8295
其中:人员经费	万元	38508	23521	1699	3541	6371	3376
药品支出	万元	52743	35929	2436	4211	6301	3866
诊疗人次数	人次	22755831	15420612	1106415	2450956	2785884	991964
孕产妇检查人次数	人次	108979	71853	8267	7792	16427	4640
接生人次数	人次	15990	8841	541	2991	3377	240
儿童疫苗接种人次数	人次	2120538	1441977	126867	269927	241272	40495

18－12　全省法定报告传染病的发病及死亡情况

病　　名	2001年			2002年		
	发病率(1/10万)	死亡率(1/10万)	病死率(%)	发病率(1/10万)	死亡率(1/10万)	病死率(%)
总　　计	170.58	0.56	0.03	175.73	0.57	0.32
#病毒性肝炎	58.74	0.25	0.42	72.72	0.23	0.31
痢　　疾	29.97	0.03	0.11	26.16	0.02	0.06
伤寒副伤寒	2.79	0.01	0.18	2.69		0.06
淋　　病	12.53			7.77		
梅　　毒	2.21			1.28		
脊髓灰质炎						
百　日　咳	0.25			0.36		
白　　喉						
流　　脑	0.13	0.02	13.33	0.09	0.01	5.45
猩　红　热	0.37			0.27		
出　血　热	1.48	0.03	2.27	1.17	0.03	2.30
狂　犬　病	0.01	0.01	100.00	0.03	0.03	100.00
钩端螺旋体病	0.43	0.01	2.77	0.14	0.01	4.71
乙　　脑	0.82	0.01	1.64	0.50	0.01	2.01
疟　　疾	4.66		0.04	8.96		

18－13　部分城市十种主要疾病死亡构成及顺位

顺位	2000年		2001年		2002年	
	死亡原因	占死亡总数%	死亡原因	占死亡总数%	死亡原因	占死亡总数%
1	脑血管病	28.21	脑血管病	26.19	脑血管病	25.79
2	恶性肿瘤	21.28	恶性肿瘤	22.59	恶性肿瘤	22.69
3	心脏病	15.07	心脏病	12.98	呼吸系病	14.41
4	呼吸系病	11.24	呼吸系病	11.02	心脏病	10.78
5	损伤和中毒	7.12	损伤和中毒	7.92	损伤和中毒	7.42
6	消化系统	3.48	消化系统	3.97	消化系统	3.86
7	内分泌系统	2.47	内分泌系统	2.21	泌尿生殖系病	1.82
8	传染病	1.82	泌尿生殖系病	1.91	传染病	1.54
9	泌尿生殖系病	1.51	传染病	1.71	高血压病	1.36
10	精神病	1.49	精神病	1.46	新生儿病	1.06
	合计	93.69	合计	91.96	合计	90.73

注:1987年及以后均采用《国际疾病(ICD2)》法进行。

18－14　部分农村十种主要疾病死亡构成及顺位

顺位	2000年		2001年		2002年	
	死亡原因	占死亡总数%	死亡原因	占死亡总数%	死亡原因	占死亡总数%
1	脑血管病	24.92	脑血管病	27.05	脑血管病	26.91
2	呼吸系病	19.52	恶性肿瘤	17.83	恶性肿瘤	18.24
3	恶性肿瘤	16.74	呼吸系病	16.10	呼吸系病	16.84
4	损伤和中毒	12.17	心脏病	14.10	心脏病	15.33
5	心脏病	11.80	损伤和中毒	11.22	损伤和中毒	10.56
6	消化系统	4.26	消化系统	4.24	消化系统	4.03
7	传染病	1.73	传染病	1.80	泌尿生殖系病	1.74
8	高血压病	1.64	泌尿生殖系病	1.71	传染病	1.06
9	泌尿生殖系病	1.62	新生儿病	1.38	新生儿病	0.90
10	新生儿病	1.48	肺结核	1.21	高血压病	0.76
	合计	95.88	合计	96.64	合计	96.37

18－15 工会组织情况

年份	工会基层组织数（个）	全省已建工会的基层单位会员人数（万人）		工会专职工作人员人数（万人）
		会员人数	＃女会员	
1952	3667	35.98	7.20	0.17
1957	7758	69.90	13.99	0.33
1970	14952	135.52	38.64	0.72
1975	18872	174.72	56.24	0.87
1978	21224	197.24	78.80	0.96
1980	22802	299.41	94.91	1.04
1985	25286	404.58	156.62	2.76
1990	3990	498.00	198.00	3.40
1991	34270	513.62	204.92	3.96
1992	33972	492.00	201.00	3.47
1993	33441	480.60	193.06	3.72
1994	28459	511.84	208.05	2.86
1995	28461	511.11	207.49	1.81
1996	28459	584.30	213.08	2.88
1997	20151	419.72	168.89	2.68
1998	17488	400.90	163.90	2.30
1999	18976	396.90	155.03	3.18
2000	45251	475.57	176.87	2.45
2001	111309	728.94	198.25	2.45
2002	114000	669.37	203.30	3.22

注：1、因文革期间工会统计中断，表中1970、1975、1978年数据根据年平均增长值推算。2、1994年工会基层组织数不包括“双停”企业数。

18－16 社会福利事业、企业单位机构及人员数

单位：机构：个　人员：人

项目	机构			人员		
	2000年	2001年	2002年	2000年	2001年	2002年
全省合计	**4027**	**3557**	**3465**	**55845**	**48487**	**45247**
一、事业单位	2949	2703	2691	21342	21582	22155
（一）收养性事业单位	2459	2191	2145	14203	14173	14414
1.优抚休（疗）养院	121	116	115	2688	2830	2779
2.社会福利收养院	2338	2075	2030	11515	11343	11635
（二）非收养性事业单位	490	512	546	7139	7409	7741
1.烈士纪念建筑物管理单位	39	42	44	645	686	691
2.军队离退休干部管理机构	90	93	95	770	777	820
3.军供站	8	8	8	322	329	325
4.社区服务中心	175	179	185	2131	2183	2232
5.收容遣送站	20	21	22	385	409	401
6.殡葬事业单位	105	111	116	2661	2736	2957
其中：殡仪馆	78	80	79	2264	2413	2490
7.福利彩票发行单位	50	53	64		277	272
8.慈善团体	3	5	12		12	43
二、社会福利企业	1078	854	774	34503	26905	23092
其中：国有	92	64	47	6609	4446	2065

18－17 集体统筹情况

单位:万元

	合计	群众优待	补助困难户	供养散居孤老残幼	供给光荣院	供给敬老院
1980	3820.84	1312.55	1224.37	1247.54		36.38
1981	4686.86	1994.30	1134.30	1518.50		39.76
1982	6312.29	3099.16		1758.77		70.74
1983	7134.42	3418.50	1320.33	2266.40		129.19
1984	7727.29	3748.94	1197.34	2393.47		387.54
1985	10707.40	5744.00	1368.20	2953.10	21.50	620.60
1986	9999.60	4337.80	1221.70	3357.80	24.70	1067.60
1987	11214.30	4854.90	1222.20	3825.30	23.00	1288.90
1988	11907.00	5087.60	1198.90	4240.60	26.50	1353.40
1989	12984.00	5176.40	1058.10	5272.90	26.90	1449.70
1990	13617.67	6189.89	929.12	4777.88	30.46	1690.32
1991	14470.76	6014.35	1425.62	5419.60	30.83	1580.36
1992	16774.10	656.30	2472.30	5778.30	40.80	1826.40
1993	17597.90	7066.50	2204.50	6243.80	72.50	2010.60
1994	18899.10	8674.20	1140.60	6631.40	89.60	2363.30
1995	23368.80	10802.70	1173.70	8354.20	105.40	2932.80
1996	26440.70	12319.10	1397.50	9102.40	110.40	3511.30
1997	30915.50	14333.00	1539.00	9754.00	95.20	5194.30
1998	33749.60	15984.00	1542.00	10768.00	102.10	5348.50
1999	35588.10	16877.10	1588.10	11018.70	169.80	5934.40
2000	42004.00	18963.30	1687.10	12486.50	72.30	8794.80
2001	37358.70	16983.70		12460.30	79.70	7835.00
2002	37083.10	17037.20		15303.10	39.50	4703.30

18－18 社会救济对象享受补助、救济情况

单位:万人

项目	1990年	1995年	1999年	2000年	2001年	2002年
国家临时救济困难户人(次)数	111.79	104.04	70.73	79.24	122.67	124.56
＃农业人口	78.87	96.48	64.92	71.03	144.65	114.77
困难户得到国家定期定量救济人数	1.49	1.51	4.06	3.54	0.83	2.35
＃农业人口	0.93	0.56	1.61	0.94	0.83	1.63
城乡居民最低生活保障人数			22.66	31.16	92.30	151.21
＃城　　镇			15.30	24.10	83.69	132.57

18－19　城乡各种福利院基本情况

年　份	单 位 数 (个)	职工人数 (人)	床 位 数 (张)	收养人数 (人)
1980	367	2995	9430	8194
1985	3033	9716	39458	35652
1986	3955	12373	52912	46818
1987	3655	12360	57698	49356
1988	3300	11901	57356	47448
1989	3285	11759	57022	470375
1990	3252	11854	57878	48017
1991	3130	11966	57839	47684
1992	3114	12361	61878	50885
1993	3101	12955	61389	51638
1994	3066	13280	63451	52866
1995	2977	13607	64417	53662
1996	2907	13664	65853	54987
1997	2715	14163	69970	57471
1998	2650	14392	72284	59753
1999	2603	14552	76203	63326
2000	2459	14203	77871	63901
2001	2191	14173	78119	62590
2002	2145	14414	79522	65564

18－20　婚姻登记和离婚情况

年　份	准予登记结婚 (对)	初　婚 (人)	再　婚 (人)	离　婚 (人)	离婚率 (‰)
1980	348003	676633	19373	6129	0.26
1985	373015	730106	15924	6481	0.26
1986	402315	785319	19311	6322	0.25
1987	417552	809808	25296	6660	0.26
1988	362654	698447	26861	7389	0.29
1989	413460	801171	25749	9203	0.35
1990	408688	790477	26899	9477	0.35
1991	424708	820092	29324	9584	0.35
1992	463279	897899	28659	10793	0.39
1993	425276	822044	28508	11937	0.43
1994	457324	884817	29831	12910	0.46
1995	482063	930832	33294	13340	0.46
1996	442532	851577	33487	14590	0.50
1997	426460	820615	32305	21260	0.72
1998	399900	763163	36637	24711	0.84
1999	376961	716175	37747	19519	0.66
2000	353781	673294	34268	21255	0.71
2001	335421	632188	38654	22077	0.74
2002	321517	605055	37979	23662	0.80

18-21 残疾人基本情况

单位:万人

年份	残疾人总数	听力语言残疾人数	视力残疾人数	智力残疾人数	肢体残疾人数	精神病残疾人数	综合残疾人数
1952	177.53	64.68	34.25	28.34	21.51	3.55	25.20
1957	197.62	72.00	38.13	31.54	23.95	3.95	28.05
1965	226.15	82.39	43.63	36.10	27.41	4.52	32.10
1975	284.46	103.64	54.88	45.40	34.47	5.69	40.38
1978	295.23	107.56	56.96	47.12	35.78	5.90	41.91
1980	302.28	110.13	58.32	48.25	36.63	6.04	42.91
1981	305.91	111.45	59.02	48.83	37.07	6.12	43.42
1982	309.80	112.87	59.77	49.45	37.54	6.19	43.98
1983	313.99	114.39	60.58	50.12	38.05	6.25	44.57
1984	317.35	115.62	61.23	50.65	38.46	6.34	45.05
1985	321.37	117.08	62.00	51.30	38.95	6.42	45.62
1986	325.72	118.67	62.84	51.99	39.47	6.51	46.24
1987	330.42	120.38	63.75	52.74	40.04	6.61	46.90
1988	334.58	121.90	64.55	53.40	40.55	6.69	47.49
1989	339.35	123.64	65.47	54.17	41.12	6.78	48.17
1990	351.00	127.88	67.72	56.02	42.54	7.02	49.82
1991	355.71	129.59	68.63	56.78	43.11	7.11	49.82
1992	360.06	131.18	69.47	57.47	43.63	7.20	51.11
1993	364.82	132.91	70.39	58.23	44.21	7.29	51.79
1994	369.03	134.45	71.20	58.90	44.72	7.38	52.38
1995	372.47	135.70	71.86	59.45	45.14	7.45	52.87
1996	375.89	136.95	72.52	60.00	45.55	7.51	53.36
1997	378.95	138.06	73.11	60.49	45.92	7.58	53.79
1998	381.64	139.04	73.63	60.92	46.25	7.63	54.17
1999	383.00	139.68	73.68	61.20	46.42	7.68	54.35
2000	384.36	140.32	73.73	61.48	46.59	7.73	54.53
2001	388.58	141.53	74.85	62.17	47.08	7.74	55.21
2002	383.20	138.78	72.48	61.30	47.22	8.77	54.65

注:1.本统计表根据全国残疾人抽样调查资料推算。2.精神病残疾人从15岁起算。

18－22　刑事案件发、破案情况

指　　标	单位	1990年	1995年	1999年	2000年	2001年	2002年
刑事案件发案总数	件	166630	85876	105127	114866	177558	162556
刑事案件破案总数	件	99604	73831	71660	72796	94674	84188
刑事案件破案率	%	59.8	86.0	68.2	63.4	53.3	51.8

18－23　城市交通事故与火灾情况

指　　标	单位	1990年	1995年	1999年	2000年	2001年	2002年
交通事故处理发生件数	起	6862	8336	13298	20148	20369	20469
死亡人数	人	2267	3401	4146	3792	3024	2776
受伤人数	人	4937	5353	11356	16492	15995	15822
折合经济损失	万元	738	4460	5706	7041	7178	8155
火灾发生数	起	1757	1393	6207	6780	6249	5456
死亡人数	人	73	64	58	54	49	48
受伤人数	人	206	86	110	106	98	61
折合经济损失	万元	3368	3221	2019	1754	1367	1759

18－24 审查批捕、起诉情况

单位：人、件

项　　目	1991年	1995年	1999年	2000年	2001年	2002年
受理批捕件数	27703	18870	19333	20378	22247	18811
受理批捕人数	50926	31122	28845	31245	33573	27955
批准逮捕人数	42700	25257	23868	25114	28510	24850
不批捕人数	2791	1545	3665	4329	3341	1726
受理审查起诉件数	30116	21240	17815	17660	22169	20861
受理审查起诉人数	52916	33532	25510	25416	32878	30487
起诉人数	42587	24404	22174	22396	26012	24614
不起诉人数	221	43	961	1019	1090	1014

18－25 检察机关查办职务犯罪情况

单位：人、件

项　　目	1991年	1995年	1999年	2000年	2001年	2002年
受理案件件数	9555	10906	7849	8343	7458	6019
立案件数	4316	3640	1918	2034	2086	1971
立案人数	4961	4290	2212	2312	2362	2153
其中：贪污贿赂件数	3736	3081	1760	1821	1820	1714
渎职侵权件数	580	559	158	213	266	257
查办大案件数	263	824	783	881	867	853
其中：5万元以上件数	189	685	763	850	826	813
查办要案人数	46	110	88	108	139	118
其中：厅局级人数	1	4	2	11	13	7
提起公诉人数	2402	1738	1305	1490	1403	1423

18－26 履行法律监督情况

单位：人、件

项　　目	1991年	1995年	1999年	2000年	2001年	2002年
监督公安机关案件数			159	247	511	916
监督追捕人数	775	272	252	300	270	211
监督追诉人数	468	132	106	61	80	72
审判监督抗诉人数	252	78	167	192	156	178
都督刑罚执行纠错人次	2788	3005	3536	3546	2456	2066
民事行政监督抗诉件数		260	765	894	703	577

18－27　律师、公证、调解工作基本情况

项　　　目	单位	1990年	1995年	1999年	2000年	2001年	2002年
一、律师工作							
律师事务所	个	150	281	336	350	378	367
律师工作人员	人	1624	3190	4392	4568	4559	4738
专职律师	人	622	1593	2268	2383	2526	2801
兼职律师	人	157	297	455	472	437	404
担任法律顾问	家	5535	12763	9936	9727	10366	8467
民事案件诉讼代理	件	15452	13190	21494	21412	23077	22267
经济案件诉讼代理	件		18689	19666	18931	18274	14862
刑事诉讼辩护及代理	件	15326	8836	10570	10078	10912	10308
非诉讼法律事务	件	5406	35542	28851	25142	31952	29182
涉外及港澳台法律事务	件	273	582	356	305	325	541
解答法律咨询	万人次	13.07	9.91	13.75	11.37	11.41	9.58
代写法律事务文件	万件	2.07	2.38	3.58	3.44	3.66	2.89
二、公证工作							
公证机构	个	101	116	117	117	118	118
公证人员	人	659	746	782	769	778	751
#公 证 员	人	386	404	536	506	500	511
公证员助理	人	105	144	105	108	106	87
办理公证文件	万件	22.12	25.68	30.00	36.30	36.57	29.19
#涉外公证	件	7134	22915	47250	63993	77280	71174
三、人民调解工作							
司法助理员	人	2608	2652	1539	1732	1513	1666
#专职司法助理员	个	1790	1788	1539	1589	1391	1475
人民调解委员会	万个	4.88	5.09	4.95	4.90	4.75	4.22
调解人员	万人	37.33	55.87	44.96	38.53	35.39	35.81
调解纠纷总数	万件	40.91	32.53	27.89	26.47	25.54	25.73
调解成功总数	万件	38.69	31.36	27.14	25.77	24.93	25.40

18－28　涉外公证文书分类情况

单位:件

分　　类	1990年	1995年	1999年	2000年	2001年	2002年
合　　计	**7134**	**22915**	**47250**	**63993**	**77280**	**71174**
出　　生	1349	3302	7660	9748	11619	9566
学　　历	819	2742	7735	9134	10881	10844
经　　历	738	654	1076	1015	1600	1098
生存和居住	8	183	28	74	88	103
死　　亡	29	101	94	83	223	89
收养子女	30	331	466	683	463	340
亲属关系	813	1929	2995	3225	4621	4956
婚姻状况	814	1920	3353	4228	5396	3853
继承权	6	13	4	14	27	127
遗　　嘱	2	31	0	18	28	18
职　　称		337	495	438	351	144
国　　籍		49	111	69	143	229
法人资格		46	71	30	33	20
委托书	124	359	254	133	145	207
公司章程		9	20	22	15	10
副本与原本相符		2672	8747	11532	10577	13159
营业证书		25	142	139	176	167
声明书	56	136	559	384	557	515
其他经济合同		142	51	16	29	24
受、未受刑事处分	765	2267	5756	6646	8955	6537
其　　他	1675	5667	7633	16362	3424	3061

18－29 调解民间纠纷分类

项目	调解纠纷（件）			各种纠纷所占比重(%)		
	1995年	2000年	2001年	1995年	2000年	2001年
合计	**264661**	**255415**	**257327**	**100**	**100**	**100.0**
婚姻	35942	33492	35614	13.6	13.1	13.8
继承	14143	13604	13469	5.3	5.3	5.2
赡扶、抚养	18463	18441	18397	7.0	7.2	7.1
房屋、宅基地	23872	22147	22916	9.0	8.7	8.9
债务	32144	32824	32869	12.1	12.9	12.8
生产经营	31774	29343	29210	12.0	11.5	11.3
损害赔偿	21060	20556	20347	8.0	8.0	8.0
家庭	24286	22977	22739	9.2	9.0	8.8
邻里	34768	33973	33847	13.1	13.3	13.1
其他	28209	28058	27919	10.7	11.0	11.0

18－30 人民法院一审案件收案情况

单位：件

年份	收案	刑事	民商事(其中海事海商)	行政
1985	63079	12709	50370(26)	
1990	221443	23545	197598(275)	300
1995	319815	21391	294065(456)	4359
1996	342644	23332	312729(542)	6583
1997	332013	17134	306990(516)	7889
1998	293277	17763	269146(606)	6368
1999	281869	19598	256024(647)	6247
2000	276041	27450	241837(618)	6754
2001	251003	21741	222702(745)	6560
2002	211464	19548	188163(525)	3753

18－31 人民法院刑事一审案件收结案情况

单位:件

项目	收案		结案	
	2001年	2002年	2001年	2002年
合计	**21741**	**19548**	**21786**	**19434**
危害公共安全罪	1612	1271	1613	1270
破坏社会主义市场经济秩序罪	594	516	593	517
侵害公民人身权利民主权利罪	8136	7137	8171	7061
侵犯财产罪	7774	7559	7781	7530
妨害社会管理秩序罪	2357	1934	2352	1939
危害国防利益罪	8	4	8	4
贪污贿赂罪	1191	1041	1195	1030
渎职罪	62	85	65	82
其他	7	1	8	1
合计中含自诉案件	3115	2423	3150	2409

注:结案中含上年旧存。

18－32 人民法院民商事一审案件收结案情况(2002)

单位:件

项目	收案	结案	调解	判决	驳回	撤诉	其他
合计	**188163**	**187571**	**53294**	**74933**	**1443**	**36940**	**20961**
婚姻家庭	43422	43210	19362	15797	137	7457	457
继承	443	441	107	257	2	69	6
买卖合同纠纷	15900	15748	4476	6748	184	4011	329
房地产开发经营合同纠纷	2068	2023	499	955	63	461	45
借款合同纠纷	44009	43377	14603	18101	154	9394	1125
建筑工程合同纠纷	2447	2323	482	1267	31	483	60
运输合同纠纷	555	542	137	227	3	171	4
劳动争议	2201	2156	287	1487	63	286	42
其他合同纠纷	25045	25182	6931	7364	131	8672	2084
所有权及所有权相关权利纠纷	9607	9681	2099	4575	195	2636	176
票据、证券权益纠纷	153	146	26	91	4	23	2
股东权纠纷	68	92	17	59	4	9	3
不正当竞争纠纷	71	67	7	36	1	23	0
人身权纠纷	11174	11127	2353	6787	97	1677	213
特殊侵权纠纷	953	963	351	425	36	115	36
适用特别程序	25390	25489	33	8813	261	435	15947
其他	4657	5004	1524	1953	3	1018	506

注:结案中含上年旧存。

18-33 人民法院行政一审案件收结案情况(2002)

单位:件

项目	收案	结案	维持	撤消	驳回	撤诉	单独赔偿	其他
合计	**3753**	**3834**	**305**	**300**	**303**	**1687**	**17**	**1222**
公安	632	646	68	57	52	322	7	140
资源	234	234	31	29	26	88	1	59
城建	681	673	53	48	58	146	2	366
工商	198	203	30	41	7	93	1	31
技术监督	155	156	14	22	3	105	0	12
卫生	55	60	5	3	4	32	2	14
环保	25	27	4	2	2	19	0	0
交通	110	122	13	7	10	48	2	42
税务	207	209	3	10	6	173	0	17
财政	154	154	0	4	2	145	0	3
劳动和社会保障	134	134	7	11	11	61	0	44
乡政府	579	578	15	8	50	179	1	325
其他	589	638	62	58	72	276	1	169

注:结案中含上年旧存。

18-34 人民法院刑事案件中青少年犯罪情况

单位:人

年份	刑事犯罪总数	青少年犯罪	不满18岁	18至25岁	青少年罪犯占刑事罪犯%
1997	18822	6064	1121	4943	32.22
1998	18423	6593	1356	5237	35.79
1999	20534	6836	1302	5534	33.29
2000	20076	5922	1279	4643	29.50
2001	22911	6597	1774	4823	28.79
2002	20868	5669	1901	3768	27.17

18－35　排污费征收、使用和污染赔(罚)款情况

项　　目	单位	1990年	1995年	1999年	2000年	2001年	2002年
交纳排污费单位	个	4072	9409	25417	32581	32489	34560
本年征收排污费数	万元	7823.0	13870.4	18211.3	20092.3	18881.1	21048.0
超标排污费	万元	6430.0	9609.7	7126.9	8921.0	8351.3	9574.6
治理污染源(环保治理基金)	万元	4037.0	5384.5	4778.3	7209.2	5651.2	9733.9
综合治理补助	万元	676.0	232.6	1248.4	241.2	498.1	592.4
购置仪器设备	万元	287.0	487.9	550.4	374.0	529.2	826.0
其他	万元	1430.0	4477.7	6994.4		9953.8	10076.6
污染事故	次	98	62	18	30	35	68
污染赔款总额	万元	362.0	77.7	34.6	22.7	12.5	38.7
污染罚款总额	万元	45.0	7.6	0.4	0.5	1.6	7.3

18－36 “三废”排放和处理综合利用情况

分　　类	单位	1990年	1995年	1999年	2000年	2001年	2002年
一、废水排放总量	万吨	259699	300598	233461	233086	222995	232347
工业废水排放总量	万吨	162302	139938	115985	106733	97714	98481
#符合排放标准的	万吨	85709	86342	69385	80591	78736	82930
排放达标率	%	52.8	61.7	59.8	75.5	80.6	84.2
二、废气排放总量	亿标立方米	3416	4485	5566	5674	5820	6440
1.燃料燃烧废气排放量	亿标立方米	1955	2394	2492	2468	2695	2963
2.生产工艺过程中废气排放量	亿标立方米	1461	2042	3074.61	3206	3125	3476
三、废气中污染物排放量							
二氧化硫	万吨	55.60	54.00	55.33	56.04	54.05	53.92
#工业二氧化硫	万吨			50.38	50.82	48.44	47.28
烟　尘	万吨	47.20	43.20	33.60	36.34	30.82	29.63
四、工业粉尘							
1.已去除的	万吨	108.0	124.4	182.3	233.2	240.1	257.5
工业粉尘去除率	%	77.7	83.9	79.0	85.0	87.2	88.5
2.工业粉尘排放量	万吨	31.0	23.8	48.4	41.4	35.3	33.5
五、工业固体废物产生量	万吨	1799.0	2063.1	2510.6	2817.8	2694.1	2976.7
已处置的	万吨	254.0	267.0	129.0	128.0	189.8	109.6
工业固体废物处置率	%	14.1	12.8	5.1	4.5	7.0	3.7
已综合利用的	万吨	763.0	1157.6	1493.9	1514.3	1732.6	2004.4
工业固体废物综合利用率	%	42.4	55.5	59.5	53.7	62.2	66.4
已贮存的	万吨	731.0	665.9	838.3	790.9	860.6	892.9
工业固体废物贮存率	%	40.6	32.3	33.4	28.1	31.9	30.0
工业固体废物排放量	万吨	91.0	16.3	27.5	16.2	12.3	12.2
六、锅炉总数	台	10880	3994	2838	2661	2587	2470
#已达标的	台	4605	3335	2378	2442	2237	2170
锅炉蒸吨数	蒸吨	33820	31697	38314	37565	36302	37130
#烟尘排放达标的	蒸吨	19893	28250	35344	36622	33982	35780
七、工业炉窑	座	3356	2980	2535	2349	2431	2422
烟尘排放达标的	座	1662	1904	1537	1698	1772	2058
八、三废综合利用产品产值	万元	28416	97058	90382	128351	150186	334564.6

18－37 工业污染治理情况

项　　目	单位	1990年	1995年	1999年	2000年	2001年	2002年
一、汇总工业企业单位数	个	991	613	354	583	326	293
二、污染治理项目本年投资来源合计	万元	18051.0	27433	31803.5	85237.9	56742.9	71079.1
国家预算内资金	万元	5568.0	3540	343.5	962.0	10772.6	2590.9
环境保护补助资金	万元	2531.0	5430	1764.0	1282.4	5312.7	3704.8
环保贷款	万元	2149.0	3143	2143.3	7579.4	1133.5	1553.3
其　　他	万元	1372.0	7966	21466.1	61880.5	39524.1	63230.1
三、污染治理项目本年完成投资合计	万元			31803.5	85237.9	56742.9	71079.1
治理废水	万元	5637.0	12042	13287.6	45653.4	18617.3	22487.1
治理废气	万元	9891.0	9164	11439.2	26667.7	35286.4	27539.7
治理固体废物	万元	1371.0	5293	1894.3	6072.3	1035.4	9440.9
治理噪声	万元	534.0	583.0	195.3	644.0	498.4	366.5
其　　他	万元	618.0	351.0	4987.1	6200.5	1305.4	11244.9
四、本年施工项目数	个	1545	939	503	851	470	449
治理废水	个	450	305	205	384	187	169
治理废气	个	758	367	203	361	204	180
治理固体废物	个	119	121	25	27	33	33
治理噪声	个	139	109	26	31	27	20
其他	个	79	37	44	48	19	47
五、本年竣工项目	个	1312	832	367	692	407	372
治理废水	个	353	256	138	316	153	139
治理废气	个	662	339	150	286	180	150
治理固体废物	个	99	96	19	22	32	28
治理噪声	个	126	106	23	26	25	17
其他	个	72	35	37	42	17	38

18－38　各地区工业企业废水处理设施情况

项　　目	单位	1990年	2000年	2001年	2002年
汇总企业单位数	个	1016	2172	2263	2247
治理设施数量	套	1923	2120	1918	1926
处理能力	万吨/日			708.26	749.92
运行费用	万元	7320	46650.74	9327.90	45220.9
污染物去除量					
酚(挥发酚)	吨	855.45	1761.27	1633.17	1735.13
氰化物	吨	78.23	1193.56	353.73	234.16
石油类	万吨	1.15	1.34	0.25	1.14
氨　氮	吨			14514.72	8736.42

注:1990年为部分企、事业单位数据。

18－39　全省当年建成投产的建设项目“三同时”执行情况

项　　目	单位	1990年	1995年	1999年	2000年	2001年	2002年
一、应执行“三同时”的建设项目	个	306	245	278	359	499	649
二、实际执行“三同时”的建设项目投资总额	亿元	12.72	33.60	48.90	69.61	47.90	74.58
＃环保工程投资	亿元	0.32	1.50	3.30	2.37	2.10	4.95
三、“三同时”执行情况							
实际执行项目数	个	221	227	273	356	484	631
执行项目中合格的	个	217	211	270	356	477	613
四、新增处理利用“三废”能力							
废　水	万吨/日	6.34	31.45	11.31		1.60	41.26
废　气	万标/时立方米	2979.10	265.00	295.45	112.93	582.14	2416.67

主要统计指标解释

【等级运动员人数】 指经考核正式批准授予等级运动员称号的人数。运动员等级分为国际级运动健将、运动健奖、一级运动员、二级运动员、三级运动员、少年级运动员。

【等级裁判人员数】 指经考核正式批准授予等级裁判员称号的人数。裁判员等级分为国际裁判、国家级裁判、一级裁判、二级裁判、三级裁判。

【体育场】 指有400米跑道（中心含足球场），有固定道牙，跑道6米以上，并有固定看台的田径场，以看台容纳观众人数分：甲级25 000人以上，乙级15 000人，丙级5 000人，丁级5 000人以下。

【体育馆】 指有固定看台可供篮球、排球、羽毛球、乒乓球、体操等项目训练活动用的室内场地。以看台容纳观众人数分：甲级6 000人以上，乙级4 000人，丙级2 000人，丁级2 000人以下。

【医院】 指名称为医院、设有固定床位能收容病人住院并能为病人提供医疗、护理服务的医疗机构包括县及县以上医院、农村乡卫生院、其他医院三部分。按所属性质分为卫生部门、工业及其他部门、集体所有制三类。其中县及县以上医院业务性质分为综合医院和专科医院。

【卫生技术人员】 指卫生事业机构支付工资的全部固定职工和合同制职工中现任职务为卫生技术工作的人员。包括中医师、西医师、中西医结合、高级医师、护师、中药师、西药师、检验师、其他技师、其他中医、护理员、中药剂员、西药剂员、检验员、其他初级卫生技术人员。

【医生】 指经卫生部门审查合格，从事医疗工作的专业人员，分为中医医生和西医医生。包括卫生技术人员中的中医师、西医师、中西医结合高级医师、中医士、西医士和其他中医。

【社会福利事业单位】 指集中收养社会孤老、残、幼的机构。包括由民政部门管理的社会福利院、儿童福利院、精神病人福利院和城镇集体办的福利院，以及农村集体举办的敬老院。儿童、缺乏生活自理能力的残疾人员和精神病人。

【社会福利事业单位收养人数】 包括民政部门管理的和城镇农村集体举办的社会福利事业单位中收养的老人、少年儿童、缺乏生活自理能力的残疾人和精神病人。

【社会福利企业单位】 指以安置城镇有一定劳动能力的盲、聋、哑和肢体残疾人员就业为目的，享受国家减免税待遇的全民或集体所有制企业。包括福利工厂、福利商业服务业、假肢厂和安置农场等单位。

【农村五保户】 指农村中既无劳动能力、又无经济来源孤老、幼、残家 庭户。由集体供养，做到保吃、保穿、保住、保医、保葬（孤儿保教）。

【双扶户】 包括被扶持的优抚户和贫困户，主要是对具有一定劳动能力且生活困难的两户给予一定的救济金以扶持其通过生产自救达到脱贫的目的。

【律师工作者】 指受聘参加法律顾问处工作，担任法律顾问、刑（民事）代理人、刑事辩护人，办理非诉讼事件、解答法律询问、代写法律事务文书等主要律师业务的专职法律工作者和兼职律师。

【公证人员】 指在国家公证机关依法办理公证事务的司法人员。包括公证员、助理公证员和在公证处工作的其他人员。

【办理公证】 指公证处处内办结的公证文书件数。公证文书等按司法部规定或批准的格式制作。包括国内公证和涉外公证两部分。其中国内公证分为经济合同公证和民事法律关系公证两大类。

【调解人员】 在人民调解委员会担负调解民间一般民事纠纷和轻微违法行为所引起的纠纷的工作人员。包括调解委员会的委员和调解小组的调解员。

【调解民间纠纷】 指调解委员会依照法律规定，根据自愿原则，用说服方法调解民间发生的有关民事权利和义务的争执，促成当事双方达成协议和谅解、解决纠纷。包括婚姻家庭纠纷、财产权益纠纷等。不包括法院受理调解的民事案件数。

【废水排放总量】 包括生产废水和生活污水。生产废水指企、事业单位在生产、科研过程中向外环境排放的所有排放口的废水量总和。生活污水指城镇居民区和企、事业单位职工集中居住区排放的污水量。

【工业废水排放量】　指经过企业所有排放口排到企业外的生产废水总量，包括外排的直接冷却水和矿区超标排放的有害有毒矿井地下水，但不包括外排的间接冷却水（清污不分流的应计算在内）。

【符合排放标准的工业废水量】　指全面达到国家标准的外排工业废水量（包括经过处理和未经处理的）。但不包括虽经处理仍未达到国家排放标准的工业废水。国家尚未正式颁布标准的，以地方制订的标准为准。

【工业废水处理量】　指经过各种水处理装置净化处理后的外排工业废水量和处理后回用的工业废水量。（包括虽经处理仍未达到国家或地区标准的外排工业废水量和回用工业废水量）。

【废气排放总量】　指燃料燃烧和生产工艺过程中排放的各种废气总量，以标准状态下每年万标立方米表示。

【燃料燃烧过程废气排放量】　指燃煤、油、气锅炉及工业窑炉在燃烧过程中所排废气的总量。

【生产工艺工程废气排放量】　指生产工艺过程中排放的废气总量。

【净化处理的废气量】　指生产工艺过程中排放的废气经过各种处理装置净化、处理的量。

【工业粉尘排放量】　指生产工艺过程中排放的固体微粒重量。

【工业粉尘回收量】　指经过各种回收处理装置回收的工业粉尘和尘泥量（包括干法和湿法）。

【工业固体废物产生量】　指工矿企业、事业单位在生产（试验）过程中产生的工业固体废弃物总量，不包括矿山开采的剥离废石和气掘废石（煤矸石除外）。

【工业固体废物处理量】　指以填埋、焚烧等方式最终处理的工业固体废物量。

【工业固体废物综合利用量】　指已用作农业肥料、造田、生产建筑材料，以及其它方式综合利用的工业固体废物量（不包括填埋和焚烧量），利用量由原产固体废物的单位统计。

【“三废”综合利用产品产值】　指企业利用“三废”作为主要原料生产和回收利用的产品产值。

【“三废”综合利用利润】　指企业利用“三废”作为主要原料生产和回收利用的产品出售后所得的利润额。

【污染治理项目名称】　指由国家、部门、地方、企业安排的污染治理项目，包括当年新建的续建的废水、废气、废渣、噪声及其他治理项目。

【企事业污染治理资金】　指企事业单位当年实际完成的各项治理资金。

【污染事故】　指由于某种原因引起的、偶然的、突发性的向环境排放污染物，从而造成污染的损害，其直接经济损失在千元以上的事件。

企业景气与监测 19

资料整理:彭　刚　王　虹
祁　炜

19－1 企业家信心指数

	2001年				2002年			
	一季度	二季度	三季度	四季度	一季度	二季度	三季度	四季度
企业家信心指数	**115.57**	**113.99**	**111.82**	**110.28**	**117.87**	**122.38**	**124.96**	**119.81**
一、按行业门类分								
(一)工　　业	118.59	117.23	112.19	107.24	117.52	122.91	123.54	120.72
#采　掘　业	99.57	98.75	99.53	105.84	102.85	103.88	100.74	107.00
制　造　业	120.02	117.28	109.93	106.33	118.34	124.86	124.91	121.00
电力、煤气及水生产供应	110.44	125.02	130.20	116.73	111.64	108.17	117.18	120.10
(二)建筑业	122.60	115.09	114.35	105.45	116.18	122.49	123.74	115.30
(三)交通运输、仓储及邮电通信业	100.31	97.54	101.29	115.88	110.13	102.45	110.61	108.72
(四)批发和零售业	98.66	96.41	94.95	108.78	109.99	120.65	121.79	105.80
(五)房地产业	120.33	116.67	124.79	124.13	130.59	117.47	125.60	122.65
(六)社会服务业	116.67	142.86	157.14	142.86	140.00	150.00	200.00	166.67
(七)信息传输、计算机服务和软件	142.20	129.48	141.66	141.66	160.84	159.86	152.91	158.79
(八)住宿和餐饮业	104.56	110.58	114.21	110.81	101.97	100.87	113.05	115.50
二、按企业登记注册类型分								
(一)国有企业	108.00	104.74	107.95	110.07	106.76	115.92	120.86	111.80
(二)集体企业	100.95	94.17	96.00	88.78	104.95	101.09	96.92	108.19
(三)股份合作企业	93.73	111.38	105.50	96.68	113.83	116.67	116.96	105.26
(四)有限责任公司	121.38	120.60	113.16	112.36	122.70	117.39	118.16	118.41
(五)股份有限公司	125.02	126.80	113.10	111.58	125.30	126.11	129.34	127.37
(六)私营企业	117.39	139.13	130.43	150.00	125.00	119.35	122.58	106.25
(七)外商及港、澳、台投资企业	144.13	136.94	136.88	136.09	147.55	145.73	137.01	145.26
三、按企业规模分								
特大型及大型	123.66	120.64	119.01	120.88	119.36	147.34	147.99	131.42
中小型	110.75	110.14	107.77	107.66	116.05	110.27	113.18	112.97
中　型	111.14	113.54	109.13	110.71	116.94	110.68	113.54	114.94
小　型	110.30	106.49	106.35	104.38	115.00	109.77	112.76	110.58
附:国家重点联系企业	118.03	124.65	113.95	125.64	105.31	154.41	147.22	124.00
国家试点企业集团成员	120.32	120.32	120.32	125.15	100.00	170.55	170.55	130.40
乡镇企业	116.99	112.46	111.01	115.16	132.53	128.95	120.00	124.05
上市公司	142.36	144.58	131.19	119.60	144.23	152.19	145.48	138.29
国有控股企业	100.00	100.00	100.00	100.00	112.31	120.08	122.83	115.89

19-2 企业景气指数

	2001年				2002年			
	一季度	二季度	三季度	四季度	一季度	二季度	三季度	四季度
企业家信心指数	**110.77**	**117.77**	**110.65**	**113.37**	**117.48**	**118.75**	**117.66**	**120.61**
一、按行业门类分								
(一)工　　业	112.70	121.40	108.94	113.89	120.42	124.82	120.74	124.82
#采　掘　业	131.41	106.07	106.58	99.11	102.40	129.46	101.92	114.51
制　造　业	112.58	122.88	110.09	114.98	121.54	125.61	120.98	127.00
电力、煤气及水生产供应	116.26	121.80	102.89	112.78	114.89	121.72	127.69	110.90
(二)建筑业	103.10	109.67	128.95	112.96	101.80	115.18	113.10	117.74
(三)交通运输、仓储及邮电通信业	108.03	98.34	98.24	103.84	110.57	96.71	94.63	102.96
(四)批发和零售业	115.56	114.84	102.86	111.43	120.58	116.26	120.47	111.96
(五)房地产业	96.62	108.44	121.87	114.27	119.90	107.95	113.15	105.25
(六)社会服务业	66.67	142.86	142.86	128.57	110.00	110.00	133.33	133.33
(七)信息传输、计算机服务和软件	142.20	115.87	129.03	127.37	121.13	87.90	105.72	130.00
(八)住宿和餐饮业	86.04	99.65	104.37	101.24	90.60	101.04	100.45	106.47
二、按企业登记注册类型分								
(一)国有企业	107.72	113.97	109.69	113.40	115.63	112.01	116.95	117.66
(二)集体企业	81.63	89.08	93.00	87.76	95.81	101.09	99.74	106.78
(三)股份合作企业	90.41	93.35	81.59	79.03	118.83	100.00	94.12	89.47
(四)有限责任公司	113.82	122.68	108.83	114.35	108.78	114.48	115.91	113.55
(五)股份有限公司	124.12	130.14	115.60	117.33	120.05	131.44	117.09	125.86
(六)私营企业	100.00	126.09	130.43	118.18	118.75	109.68	93.55	103.13
(七)外商及港、澳、台投资企业	133.96	128.99	137.19	135.24	141.20	142.68	117.43	138.57
三、按企业规模分								
特大型及大型	141.04	148.66	136.21	138.77	148.01	153.02	149.88	148.49
中小型	98.24	105.41	101.44	103.33	105.59	104.50	103.10	107.18
中　型	99.34	110.04	101.96	107.28	104.45	105.56	101.53	109.54
小　型	96.98	100.45	100.91	99.08	106.92	103.26	104.96	104.29
附:国家重点联系企业	122.34	162.07	154.20	161.98	174.29	167.64	163.22	171.43
国家试点企业集团成员	139.83	179.37	172.04	179.37	187.70	179.74	179.17	182.56
乡镇企业	104.41	121.09	112.53	103.49	125.06	127.37	110.40	123.80
上市公司	155.08	155.41	139.19	136.16	146.17	156.26	142.54	154.03
国有控股企业	100.00	100.00	100.00	100.00	116.59	117.67	117.94	120.09

19－3 企业生产营运主要景气观察指标

			生产总量	盈利（亏损）变化	流动资金	货款拖欠	劳动力需求	固定资产投资
二〇〇一年	一季度	偏好(%)	35.91	32.94	9.27	30.47	13.24	18.44
		持平(%)	26.88	27.52	38.25	44.10	54.98	56.95
		偏差(%)	37.21	39.54	52.48	25.43	31.78	24.61
		景气指数	98.70	93.40	56.80	105.04	81.46	93.82
	二季度	偏好(%)	45.95	38.21	9.72	21.66	14.71	26.01
		持平(%)	28.18	28.61	38.71	52.28	58.74	58.46
		偏差(%)	25.87	33.18	51.57	26.06	26.56	15.52
		景气指数	120.08	105.02	58.15	95.59	88.16	110.49
	三季度	偏好(%)	39.15	36.49	9.38	26.15	15.64	28.46
		持平(%)	32.14	27.87	36.42	49.69	54.96	56.15
		偏差(%)	28.72	35.64	54.20	24.16	29.40	15.39
		景气指数	110.43	100.85	55.19	101.98	86.24	113.06
	四季度	偏好(%)	42.31	36.86	8.65	21.72	12.76	29.89
		持平(%)	32.26	30.52	39.58	52.19	58.55	53.02
		偏差(%)	25.44	32.62	51.77	26.09	28.70	17.09
		景气指数	116.88	104.23	56.88	95.64	84.06	112.81
二〇〇二年	一季度	偏好(%)	37.29	37.92	10.13	26.38	14.57	19.62
		持平(%)	31.24	25.86	43.17	53.52	56.22	58.76
		偏差(%)	31.47	36.22	46.70	20.10	29.21	21.62
		景气指数	105.81	101.69	63.43	106.28	85.36	97.99
	二季度	偏好(%)	41.49	41.07	10.29	21.65	15.39	28.88
		持平(%)	31.81	27.42	42.62	55.17	57.05	56.52
		偏差(%)	26.70	31.52	47.09	23.19	27.57	14.61
		景气指数	114.78	109.55	63.20	98.46	87.82	114.27
	三季度	偏好(%)	46.95	39.96	9.28	25.76	20.54	25.96
		持平(%)	30.81	29.08	48.80	53.68	54.12	61.30
		偏差(%)	22.25	30.96	41.92	20.57	25.35	12.74
		景气指数	124.70	109.00	67.36	105.19	95.19	113.22
	四季度	偏好(%)	45.05	38.75	13.94	23.37	14.01	26.35
		持平(%)	30.35	31.44	45.10	56.27	57.03	59.00
		偏差(%)	24.59	29.82	40.96	20.37	28.96	14.65
		景气指数	120.46	108.92	72.98	103.00	85.06	111.71

19－4 湖北省重点企业集团主要经济指标

单位:万元

分组标志	集团数(户)	年末资产总计		固定资产原价		流动资产年平均余额	
		2001年	2002年	2001年	2002年	2001年	2002年
总计	**46**	**21004177**	**22512703**	**13683501**	**14568474**	**8867050**	**10024405**
按集团审批部门分							
国务院	4	11854395	12895915	9175397	9670529	4675412	5538537
国务院主管部门	5	1498406	1780836	626114	731715	1037514	1135278
省级人民政府	9	2693952	2883744	1513326	1598660	1300165	1512516
省级政府主管部门	21	3744498	3837516	1973686	2163274	1422759	1462397
其他	7	1212926	1114692	394978	404296	431200	375677
按母公司控股情况分							
国有及国有控股	43	20579202	22102091	13582016	14465718	8664249	9820082
国有绝对控股	38	19503528	20923791	12945298	13763257	8308625	9423687
国有相对控股	5	1075674	1178300	636718	702461	355624	396395
集体绝对控股	0	0	0	0	0	0	0
集体相对控股	3	424975	410612	101485	102756	202801	204323
其他	0	0	0	0	0	0	0
按企业集团主营行业分							
农、林、牧、渔业	2	260124	262092	107467	109852	89543	98903
工业	30	16063520	17549780	10888470	11548395	7015873	8139191
采掘业	0	0	0	0	0	0	0
制造业	29	15709950	17209286	10572857	11197090	6867049	8004814
电气水的生产和供应业	1	353570	340494	315613	351305	148824	134377
建筑业	4	1412803	1283630	679211	691001	523197	457906
运输邮电业	1	1466002	1571177	1240869	1331758	581526	610503
批发零售贸易餐饮业	9	1801728	1846024	767484	887468	656911	717902
金融保险业	0	0	0	0	0	0	0
房地产业	0	0	0	0	0	0	0
其他	0	0	0	0	0	0	0
按母公司登记注册类型分							
国有企业	3	6469589	6982311	5611996	5776149	2524929	2646986
公司制企业	43	14534588	15530392	8071505	8792325	6342121	7377419
国有独资企业	28	11286295	12142787	6244930	6840873	5153684	6083180
其他有限责任公司	5	1644461	1720429	1131258	1209414	512203	581569
股份有限公司	10	1603832	1667176	695317	742038	676234	712670
中外合资企业	0	0	0	0	0	0	0
港澳台合资企业	0	0	0	0	0	0	0
其他	0	0	0	0	0	0	0
按重点企业类型分							
520户国家重点企业	19	15033288	16320364	10822879	11473924	6336738	7392975
原512户重点企业	2	5909550	6634372	3662544	4029884	2583766	3408644
中央管理企业	3	11054495	12075915	8651697	9120529	4392912	5239037
其他	26	5170989	5372339	2336922	2544550	2247812	2331930
按母公司企业规模分							
特大型	3	9942063	10845232	7726441	8140076	3960210	4762911
大型	40	10708460	11325042	5844017	6317407	4706491	5051313
中型	3	353654	342429	113043	110991	200349	210181

19－4　续表 1　　单位:万元

分　组　标　志	主营业务收入		主营业务成本		利　润　总　额	
	2001 年	2002 年	2001 年	2002 年	2001 年	2002 年
总　　计	**11753439**	**13973708**	**9435417**	**10789175**	**509781**	**928561**
按集团审批部门分						
国务院	6892873	8449818	5550163	6419781	330159	759519
国务院主管部门	1028050	1186360	666145	758032	90908	87989
省级人民政府	1192118	1487163	1021274	1223173	14504	23162
省级政府主管部门	1948042	2115048	1666016	1819851	43011	35828
其　　他	692356	735319	531819	568338	31199	22063
按母公司控股情况分						
国有及国有控股	11498982	13752296	9270288	10640834	467499	904061
国有绝对控股	10831206	12937150	8697413	9939729	462760	893452
国有相对控股	667776	815146	572875	701105	4739	10609
集体绝对控股	0	0	0	0	0	0
集体相对控股	254457	221412	165129	148341	42282	24500
其　　他	0	0	0	0	0	0
按企业集团主营行业分						
农、林、牧、渔业	142682	122279	112013	100212	11040	6625
工　　业	8981226	11053607	7074996	8293863	494998	898848
采掘业	0	0	0	0	0	0
制造业	8827812	10869565	6969323	8154686	482863	884436
电气水的生产和供应业	153414	184042	105673	139177	12135	14412
建筑业	713970	766793	602581	644361	－9935	707
运输邮电业	671614	687800	570867	574209	－13096	1986
批发零售贸易餐饮业	1243947	1343229	1074960	1176530	26774	20395
金融保险业	0	0	0	0	0	0
房地产业	0	0	0	0	0	0
其　　他	0	0	0	0	0	0
按母公司登记注册类型分						
国有企业	2716541	2936188	2166113	2252370	94012	165911
公司制企业	9036898	11037520	7269304	8536805	415769	762650
国有独资企业	7220948	8947390	5790074	6796144	360629	714268
其他有限责任公司	669601	772488	551880	645787	－187	6468
股份有限公司	1146349	1317642	927350	1094874	55327	41914
中外合资企业	0	0	0	0	0	0
港澳台合资企业	0	0	0	0	0	0
其　　他	0	0	0	0	0	0
按重点企业类型分						
520 户国家重点企业	8541249	10491671	6785552	7920220	431246	846497
原 512 户重点企业	4405321	5786368	3558828	4344384	240791	607036
中央管理企业	6498873	7999818	5223063	6044781	339859	763519
其　　他	2818190	3032037	2322765	2493955	88235	86064
按母公司企业规模分						
特大型	5980673	7496060	4757869	5609749	365090	775945
大　型	5535598	6278275	4478073	5015121	126686	143678
中　型	237168	199373	199475	164305	18005	8938

19－4　续表2　　　　　　　　　　　　　　　　　　　　　　　　　　单位:万元

分　组　标　志	年末负债合计		流 动 负 债		年末所有者权益总计	
	2001年	2002年	2001年	2002年	2001年	2002年
总　　计	**12310121**	**13400220**	**8742689**	**9536829**	**8694056**	**9112483**
按集团审批部门分						
国 务 院	6989600	7682646	4819962	5299888	4864795	5213269
国务院主管部门	934076	1126741	850900	1044095	564330	654095
省级人民政府	1535288	1680740	1137783	1169573	1158664	1203004
省级政府主管部门	2151658	2275092	1366070	1520625	1592840	1562424
其　　他	699499	635001	567974	502648	513427	479691
按母公司控股情况分						
国有及国有控股	12165701	13259971	8648946	9444348	8413501	8842120
国有绝对控股	11503363	12500699	8178042	8877850	8000165	8423092
国有相对控股	662338	759272	470904	566498	413336	419028
集体绝对控股	0	0	0	0	0	0
集体相对控股	144420	140249	93743	92481	280555	270363
其　　他	0	0	0	0	0	0
按企业集团主营行业分						
农、林、牧、渔业	72064	68680	49437	49051	188060	193412
工　　业	9151533	10209483	6547385	7313801	6911987	7340297
采 掘 业	0	0	0	0	0	0
制 造 业	8987288	10071652	6430158	7204130	6722662	7137634
电气水的生产和供应业	164245	137831	117227	109671	189325	202663
建 筑 业	910996	833842	742909	675812	501807	449788
运输邮电业	1157933	1263676	583127	636513	308069	307501
批发零售贸易餐饮业	1017595	1024539	819831	861652	784133	821485
金融保险业	0	0	0	0	0	0
房地产业	0	0	0	0	0	0
其　　他	0	0	0	0	0	0
按母公司登记注册类型分						
国有企业	3746009	4124765	2475392	2592160	2723580	2857546
公司制企业	8564112	9275455	6267297	6944669	5970476	6254937
国有独资企业	6627897	7207670	5016416	5549007	4658398	4935117
其他有限责任公司	1082630	1162364	544440	623577	561831	558065
股份有限公司	853585	905421	706441	772085	750247	761755
中外合资企业	0	0	0	0	0	0
港澳台合资企业	0	0	0	0	0	0
其　　他	0	0	0	0	0	0
按重点企业类型分						
520户国家重点企业	8742142	9627621	6103887	6700025	6291146	6692743
原512户重点企业	3679799	4161448	2759097	3271470	2229751	2472924
中央管理企业	6483900	7162646	4439262	4899888	4570595	4913269
其　　他	3062279	3252599	2258102	2436804	2108710	2119740
按母公司企业规模分						
特大型	5490212	6036801	3973362	4373046	4451851	4808431
大　型	6682447	7225684	4649381	5043489	4026013	4099358
中　型	137462	137735	119946	120294	216192	204694

注:企业集团统计范围为:国务院主管部门、省级人民政府批准成立及中央企业工作委员会管理的企业集团;年营业收入、资产总计均达到5亿元以上的企业集团。

主要统计指标解释

【景气指数】 企业景气调查是适应我国社会主义市场经济发展的新形势，借鉴市场经济国家的经验而建立起来的一项统计调查制度。它是通过对样本企业的经营决策者定期进行问卷调查，并根据他们对行业经济形势和经营状况的判断及预期而编制的景气指数。

景气指数又称景气度，是对企业景气调查中的定性指标通过定量方法加工汇总后形成的综合性数量指标。通过其上升和下降的动态变化，反映和预测经济发展状态及其变化过程。

景气指数的表述方法较多，目前我国编制的企业景气指数在0—200点的范围内上下波动，指数大于100表示经济处于上升、繁荣的景气状态，越接近200，景气状态越好；反之，景气指数小于100时，表示经济处于衰退、萧条的不景气状态，指数越接近0，景气度越差。

【企业家信心指数】 亦称宏观经济景气指数，是根据企业家对本行业经济发展状况的判断及其对未来走势的预期而编制的，反映企业家对宏观经济形势的信心、心态。

【企业景气指数】 亦称企业综合经营景气指数，是根据企业家对本企业当前经营状况的判断和未来发展的预计而编制的指数，它综合反映了调查总体范围内企业的生产经营状况。

现行的企业景气调查包括工业、建筑业、交通运输和邮电通信及仓储业、批发和零售贸易及餐饮业、房地产业和社会服务业等六大行业门类。我省于1998年正式开展企业景气调查，2001年全省共抽取调查样本单位1200余家，按季对样本企业进行调查汇总，编制反映全省企业经济运行状况的企业景气指数。

县市主要经济指标 20

资料整理:任伟红

20－1 县市主要经济指标

	社会从业人员（万人）		第一产业（万人）		第二产业（万人）		第三产业（万人）	
	2001年	2002年	2001年	2002年	2001年	2002年	2001年	2002年
武汉市								
蔡甸区	21.20	21.22	7.65	7.48	7.75	7.88	5.80	5.86
江夏区	21.03	21.53	12.18	12.64	4.17	4.47	4.68	4.42
黄陂区	50.85	50.77	26.88	26.83	10.63	11.41	13.34	12.53
新州区	44.71	44.75	25.33	24.33	6.51	6.44	12.97	13.98
黄石市								
阳新县	45.42	38.77	18.52	15.81	6.07	5.27	20.73	17.69
大冶市	40.85	45.80	9.19	13.85	13.50	11.65	18.16	20.30
十堰市								
郧　县	28.04	29.80	15.93	16.70	5.08	5.40	7.03	7.67
郧西县	21.56	22.91	12.93	12.78	2.02	2.14	6.61	7.99
竹山县	20.70	19.90	13.10	12.30	2.10	2.00	5.50	5.60
竹溪县	1.55	1.48	0.15	0.11	0.23	0.19	1.17	1.18
房　县	2.12	1.92	0.07	0.06	0.37	0.27	1.68	1.59
丹江口	20.86	21.53	9.38	9.51	3.75	3.25	7.73	8.77
宜昌市								
夷陵区	24.19	24.82	11.70	11.90	3.83	4.02	8.66	8.90
远安县	11.00	10.70	6.10	6.20	2.30	2.00	2.60	2.50
兴山县	10.83	11.09	7.48	7.06	1.26	1.27	2.09	2.76
秭归县	19.26	22.54	14.13	13.74	1.03	1.48	4.10	7.32
长阳县	22.46	22.79	14.70	14.80	1.66	1.74	6.10	6.25
五峰县	10.13	10.44	6.98	7.23	0.50	0.54	2.65	2.67
宜都市	18.95	18.95	8.95	8.70	4.30	4.30	5.70	5.95
当阳市	25.97	25.81	10.17	10.28	4.97	3.64	10.83	11.89
枝江市	24.13	23.95	12.50	12.20	3.83	4.21	7.80	7.54
襄樊市								
襄阳区	49.64	49.11	24.12	24.51	10.27	7.71	15.25	16.89
南漳县	24.30	27.30	15.20	14.00	4.00	6.85	5.10	6.45
谷城县	21.05	21.09	9.95	9.17	4.68	4.97	6.42	6.95
保康县	18.62	18.57	11.77	11.50	2.28	2.45	4.52	4.67
老河口	25.52	25.83	9.20	9.17	7.56	7.64	8.76	9.02
枣阳市	54.25	53.86	25.69	25.47	12.80	12.16	15.76	16.23
宜城市	31.45	31.53	14.35	14.33	4.04	4.04	13.01	13.16
荆门市								
京山县	23.72	24.72	12.07	10.74	4.83	5.54	6.82	8.44
沙洋县	24.50	24.30	18.00	17.10	1.20	1.70	5.30	5.50
钟祥市	34.89	36.46	20.46	20.97	4.36	4.98	10.07	10.51
孝感市								
孝南区	45.87	45.96	15.97	15.86	12.10	12.20	17.80	17.90
孝昌县	34.45	35.18	15.58	15.29	6.73	7.05	12.14	12.84
大悟县	30.50	30.60	13.70	14.30	5.00	4.10	11.80	12.20
云梦县	35.46	35.46	14.41	13.71	10.53	10.84	10.52	10.91
应城市	28.23	28.85	10.63	10.61	5.18	6.19	12.42	12.05
安陆市	31.54	31.80	14.34	14.49	7.78	7.08	9.42	10.23

20－1 续表 1

	社会从业人员（万人）		第一产业（万人）		第二产业（万人）		第三产业（万人）	
	2001 年	2002 年	2001 年	2002 年	2001 年	2002 年	2001 年	2002 年
汉川市	54.14	54.55	28.40	28.45	11.60	11.24	14.14	14.86
荆州市								
公安县	47.14	47.05	30.45	28.09	3.89	4.56	12.80	14.40
监利县	59.54	60.19	33.39	33.64	6.72	6.23	18.97	20.32
江陵县	20.80	20.85	14.40	14.45	2.50	2.28	3.90	4.12
石首市	32.30	32.91	15.92	16.63	6.32	5.90	10.06	10.38
洪湖市	38.81	37.95	24.18	24.94	4.31	2.17	10.32	10.84
松滋市	45.28	45.97	25.53	25.29	6.82	7.10	11.93	13.58
黄冈市								
团风县	15.45	14.68	8.03	7.36	2.71	2.83	4.71	4.49
红安县	34.92	35.13	16.61	16.60	5.34	5.32	12.97	13.21
罗田县	27.17	28.75	11.83	11.62	7.30	7.68	8.04	9.45
英山县	24.10	24.04	12.06	11.94	4.84	4.89	7.20	7.21
浠水县	44.55	44.18	21.50	20.78	7.45	7.83	15.60	15.57
蕲春县	31.68	32.13	16.42	16.53	4.44	4.74	10.82	10.86
黄梅县	46.29	46.32	18.62	18.58	11.41	11.40	16.26	16.34
麻城市	51.88	51.92	23.92	22.71	9.20	9.11	19.16	20.10
武穴市	31.10	32.00	12.00	11.90	11.70	12.27	7.40	7.83
咸宁市								
咸安区	20.79	20.86	7.45	7.35	5.18	5.24	8.16	8.27
嘉鱼县	16.52	17.04	8.48	8.66	3.17	3.22	4.87	5.16
通城县	19.00	19.13	8.25	8.00	4.56	4.21	6.19	6.92
崇阳县	25.30	25.32	9.94	9.95	6.62	6.50	8.74	8.87
通山县	13.59	13.65	6.96	6.75	1.45	1.64	5.18	5.26
赤壁市	22.13	22.10	7.22	7.01	6.63	6.11	8.28	8.98
随州市								
曾都区	68.59	67.53	28.67	28.63	16.31	15.38	23.61	23.62
广水市	46.66	46.48	28.26	22.31	6.41	5.82	11.99	18.35
恩施州								
恩施市	43.64	41.55	21.05	21.08	6.09	4.73	16.50	15.74
利川市	35.16	36.20	17.14	17.95	3.27	3.36	14.75	14.89
建始县	22.17	21.80	11.65	11.26	2.10	2.11	8.42	8.43
巴东县	23.20	23.10	13.50	13.48	1.40	1.45	8.30	8.17
宣恩县	16.85	17.18	10.31	10.28	1.69	1.72	4.85	5.18
咸丰县	18.52	18.56	11.46	11.44	2.24	2.25	4.82	4.87
来凤县	17.50	17.60	8.20	8.10	1.00	1.00	8.30	8.50
鹤峰县	9.78	9.79	6.20	5.89	1.39	1.59	2.19	2.31
仙桃市	76.89	77.39	33.66	33.44	18.36	18.99	24.87	24.96
潜江市	53.17	53.67	18.95	19.16	17.41	15.99	16.81	18.52
天门市	66.44	66.63	30.83	30.09	9.47	9.32	26.14	27.22
神农架	3.70	3.73	2.50	2.40	0.20	0.32	1.00	1.01

20-1　续表 2

	在岗职工人数（万人）		国内生产总值(当年价)（万元）		第一产业（万元）		第二产业（万元）	
	2001 年	2002 年	2001 年	2002 年	2001 年	2002 年	2001 年	2002 年
武汉市								
蔡甸区	3.54	3.68	677875	757023	89480	94679	357144	403060
江夏区	4.75	4.30	919868	1040082	178129	187533	413211	487706
黄陂区	5.45	5.74	998478	1111037	207813	219667	352265	398440
新州区	7.27	7.30	912200	1030100	171300	180721	452800	508104
黄石市								
阳新县	4.10	3.50	471800	509100	95000	99200	198000	212400
大冶市	5.43	5.59	668300	736000	88500	91900	360600	404600
十堰市								
郧　县	2.88	2.75	153120	163180	51902	52333	47980	53623
郧西县	1.61	1.49	93182	110437	47415	56526	16010	21031
竹山县	1.50	1.40	88706	94592	41675	42917	22907	25180
竹溪县	1.55	1.47	69424	75599	39219	36893	12638	15554
房　县	2.10	1.89	108573	113516	45967	49162	26250	27000
丹江口	4.51	4.04	389015	404946	39294	42341	171576	174149
宜昌市								
夷陵区	2.84	2.87	812924	899144	102656	96762	518118	577274
远安县	1.92	1.63	149151	158474	37740	35570	70081	78904
兴山县	1.53	1.46	119384	127888	28661	27268	60078	65910
秭归县	1.60	1.65	182041	197514	39910	36526	68667	78933
长阳县	1.86	1.85	243660	261913	56227	50433	129537	148135
五峰县	0.88	0.85	99343	100263	35343	33038	40360	41695
宜都市	2.37	2.29	320791	355444	54291	49570	167558	192294
当阳市	2.63	2.92	685429	691219	133332	129099	362975	363593
枝江市	2.30	2.26	409088	442734	100444	98690	140949	157408
襄樊市								
襄阳区	7.66	7.05	747623	810168	226703	236203	344704	379938
南漳县	4.09	3.48	211175	233236	77195	80019	87849	99486
谷城县	3.53	3.37	216590	234320	77880	81618	73215	81880
保康县	1.62	1.48	120289	130658	45600	46158	42100	48500
老河口	4.93	4.91	473400	500800	116500	119900	203700	216200
枣阳市	6.04	5.68	716400	724300	253400	259400	252500	261400
宜城市	3.35	3.34	284510	313243	120023	123975	87090	102724
荆门市								
京山县	3.82	3.38	440000	477000	143700	157000	145500	159000
沙洋县	1.92	1.86	367210	394191	153128	156808	110690	118200
钟祥市	5.43	5.23	750248	776944	215593	208149	264550	285289
孝感市								
孝南区	3.40	3.10	268233	295176	82415	85094	89655	101308
孝昌县	1.96	1.89	232842	253940	76048	80407	79915	88028
大悟县	2.90	2.82	291757	315680	73470	77372	121775	131180
云梦县	3.88	4.63	318573	389435	94345	103930	149696	167702
应城市	6.05	6.18	680749	744269	137814	141677	322681	358387
安陆市	3.64	3.92	288013	312839	94712	98213	107946	120056

20－1 续表3

	在岗职工人数（万人）		国内生产总值(当年价)（万元）		第一产业（万元）		第二产业（万元）	
	2001年	2002年	2001年	2002年	2001年	2002年	2001年	2002年
汉川市	6.98	6.82	806973	871610	165660	171072	354614	382385
荆州市								
公安县	3.85	3.45	429900	472700	147400	151200	105100	122600
监利县	6.20	5.61	431500	469015	170815	183760	131808	143626
江陵县	2.36	2.29	118140	128800	64440	67400	35200	40600
石首市	3.07	2.90	480158	517570	88023	98765	212199	224474
洪湖市	6.72	5.64	491436	534682	149538	159712	196292	201234
松滋市	4.01	3.88	463700	500700	125500	114300	185700	208300
黄冈市								
团风县	1.39	1.01	91092	99399	35137	37947	37519	41370
红安县	4.79	4.90	333371	355124	50624	57284	176854	183394
罗田县	2.35	2.20	231350	249677	62074	62533	106738	117986
英山县	2.02	1.86	146064	154553	67015	67597	48818	54744
浠水县	3.90	3.61	401101	429647	114379	113088	165926	183745
蕲春县	3.49	3.65	442441	393568	100702	100191	211868	152079
黄梅县	3.33	3.12	429769	461239	128949	131600	205812	222027
麻城市	4.16	3.91	557181	597414	130088	134782	237609	257526
武穴市	3.74	3.90	465243	504396	85215	84452	223130	248965
咸宁市								
咸安区	2.90	2.57	204400	225100	56800	56900	81300	94300
嘉鱼县	3.45	3.28	237300	258700	80100	86800	93200	102000
通城县	1.79	1.71	151309	161223	41305	38756	53545	60214
崇阳县	2.22	2.16	169500	178600	49400	50600	68500	71400
通山县	1.92	1.76	110506	116300	37089	37298	37368	39200
赤壁市	4.26	4.15	460027	500142	80161	83224	228214	250692
随州市								
曾都区	6.04	5.55	930400	1014700	224400	247100	408000	452400
广水市	3.66	3.56	379500	415300	110600	118900	165700	181000
恩施州								
恩施市	2.22	1.93	299897	318800	97481	95100	93600	102200
利川市	2.39	2.23	204351	205557	103077	99322	53535	50842
建始县	1.88	1.52	153836	151748	75177	70548	35284	35190
巴东县	1.84	1.52	173307	179893	69880	61345	48849	59179
宣恩县	0.95	0.94	108890	114813	48960	45534	27021	32800
咸丰县	1.09	0.98	126983	131143	60897	59584	33348	26942
来凤县	1.23	1.13	99948	100283	42546	40463	25202	25990
鹤峰县	1.18	1.17	85176	90712	35556	34319	30245	34886
仙桃市	7.54	7.54	1010441	1101323	229428	240489	410007	455608
潜江市	13.57	12.68	797000	854400	143500	146300	378600	407300
天门市	4.26	4.72	942000	995200	199446	203400	417900	440500
神农架	0.90	0.77	31546	35285	5507	5899	10050	11080

20－1 续表 4

	工业（万元）		第三产业（万元）		国内生产总值(可比价格)（万元）		第一产业（万元）	
	2001 年	2002 年	2001 年	2002 年	2001 年	2002 年	2001 年	2002 年
武汉市								
蔡甸区	324045	373306	231251	259284	680084	767800	89578	94584
江夏区	379909	461466	328528	364843	918784	1054910	178325	187346
黄陂区	308255	354683	438400	492930	1000755	1120892	208042	219448
新州区	379705	418367	288100	341275	911724	1031248	171488	178733
黄石市								
阳新县	80200	73000	178800	197500	456800	492900	93000	97000
大冶市	310000	354600	219200	236500	675500	741700	86300	92400
十堰市								
郧　县	41050	46804	53238	57125	153300	163384	51980	53411
郧西县	10314	13356	29757	32880	93044	112689	47368	57679
竹山县	20219	22115	24124	26495	88283	93802	42403	43003
竹溪县	11307	13984	17567	23152	68969	76160	37995	36965
房　县	21678	22163	36356	40275	107755	112883	45561	45945
丹江口	145726	144699	178145	188456	387465	400274	38518	43516
宜昌市								
夷陵区	263883	291050	192150	225108	823822	894671	102738	100584
远安县	65041	73307	41330	44000	149300	161543	37778	36259
兴山县	49112	52732	30645	34710	118660	128667	29209	27789
秭归县	37730	45592	73464	82055	181000	196385	39674	36302
长阳县	117608	135614	57896	63348	243454	261713	56170	50182
五峰县	32556	33695	23640	25530	99176	101252	36521	34687
宜都市	140117	158265	98942	113580	328200	365250	53850	51766
当阳市	344873	345129	189122	198527	679644	689838	137915	128841
枝江市	124505	140554	167695	186636	412459	449640	10152	99432
襄樊市								
襄阳区	339236	373811	176216	194027	739247	805352	214687	223683
南漳县	82045	92963	46131	53731	210360	231438	76431	79412
谷城县	63986	72590	65495	70822	220256	239512	77652	78817
保康县	35600	41000	31277	36000	119077	129688	45500	46158
老河口	190500	202700	153200	164700	480300	508200	116000	119400
枣阳市	243200	246400	210500	218500	719300	728700	254700	258900
宜城市	81410	96420	77397	86544	285119	308890	119946	122525
荆门市								
京山县	122000	133900	150800	161000	436497	475600	143083	156900
沙洋县	95630	100483	103392	119183	364988	394491	152493	156808
钟祥市	237903	255948	270103	283506	744949	778538	215514	208497
孝感市								
孝南区	79735	90267	96163	108774	268000	292101	81121	85136
孝昌县	62106	67347	76879	85505	232540	253650	75785	80140
大悟县	105075	112810	96512	107128	289873	313930	75095	79500
云梦县	138710	154416	91952	117803	349810	386674	99298	102971
应城市	302037	332853	220254	244205	677574	745584	137951	140413
安陆市	95082	105161	85355	94570	287147	312336	95862	99505

20-1 续表5

	工业（万元）		第三产业（万元）		国内生产总值(可比价格)（万元）		第一产业（万元）	
	2001年	2002年	2001年	2002年	2001年	2002年	2001年	2002年
汉川市	334234	358783	286699	318153	799465	872408	167672	173360
荆州市								
公安县	93400	109300	177400	198900	436100	472500	150900	150700
监利县	115389	127603	128877	141629	427600	464272	169800	181500
江陵县	32007	38380	18500	20800	116400	126929	63700	66694
石首市	206055	218208	179936	194331	480393	519965	86423	89539
洪湖市	196292	201234	145606	173736	490984	534190	149465	159621
松滋市	172100	193000	152500	177700	457000	493500	122100	116600
黄冈市								
团风县	29756	32154	18436	20082	98120	106655	39620	41383
红安县	159400	163646	105893	114446	332464	354075	50410	56977
罗田县	94832	105185	62538	69158	234500	251101	63191	63285
英山县	40808	48966	30231	32212	152267	161426	65157	68442
浠水县	139910	155423	120796	132814	399667	427928	113902	112762
蕲春县	182036	133821	129871	141298	440169	387877	99968	96657
黄梅县	178603	192401	95008	107612	412788	438188	112203	114398
麻城市	167292	186631	189484	215106	558861	598540	131548	135758
武穴市	199350	223653	156898	170979	475684	514690	87977	86657
咸宁市								
咸安区	72800	84900	66300	73900	204500	222300	58900	59200
嘉鱼县	80100	88100	64000	69900	238000	258200	80300	86600
通城县	41732	47088	56459	62253	149810	161062	40897	38717
崇阳县	56400	57000	51600	56600	168300	180000	49400	51000
通山县	33339	34518	36049	39802	110406	116258	37051	37758
赤壁市	213151	234542	151652	166226	458619	504940	79842	84235
随州市								
曾都区	375000	417400	298000	315200	921000	1004200	220800	236100
广水市	153100	166000	103200	115400	375100	408600	108600	117100
恩施州								
恩施市	74700	80700	108816	121500	302515	320700	97190	95300
利川市	48550	44976	47739	55393	204576	205319	103287	99126
建始县	29675	24737	43375	46310	154449	152473	75744	70540
巴东县	26385	28697	54578	59369	171182	178292	68219	59888
宣恩县	21251	23310	32909	36479	108240	114126	48667	45261
咸丰县	25149	35907	32738	35652	128021	132037	61762	60369
来凤县	22473	23090	32200	33830	100661	102121	43193	41480
鹤峰县	25470	27079	19375	21507	84543	90038	35792	34548
仙桃市	407025	452265	371006	405226	998812	1091020	225118	231629
潜江市	359000	385700	274900	300800	792900	849200	144200	146400
天门市	372200	391900	324654	351300	941400	1008900	199400	200300
神农架	7200	8130	15989	18306	31035	35064	5570	5971

20－1 续表 6

	第二产业（万元）		工 业（万元）		第三产业（万元）		全社会固定资产投资（万元）	
	2001 年	2002 年	2001 年	2002 年	2001 年	2002 年	2001 年	2002 年
武汉市								
蔡甸区	357045	410471	324045	380924	233461	262745	68951	80618
江夏区	413111	496942	379909	470884	327348	370622	111064	145760
黄陂区	352133	405374	308255	361921	440580	496070	115675	150599
新州区	452586	513420	379705	424571	287650	339131	117439	147676
黄石市								
阳新县	190100	205300	79200	72000	173700	190600	84000	96400
大冶市	368700	410900	317000	354900	220500	238400	152383	170150
十堰市								
郧 县	47930	53491	41000	46689	53388	56982	27718	27300
郧西县	16191	21460	10677	13628	29485	33550	21689	27997
竹山县	22377	24752	19829	21739	23503	26047	22021	24230
竹溪县	12866	15785	11421	14125	18108	23410	18803	20105
房 县	25533	26119	21158	21505	36661	40819	24113	26702
丹江口	170909	172352	145159	142484	178038	184406	61179	57158
宜昌市								
夷陵区	526009	574402	267902	289602	195075	219685	160146	162088
远安县	70151	80432	65106	74802	41371	44852	31450	35278
兴山县	60306	67204	49654	52980	29145	33674	58689	81722
秭归县	68829	78891	37686	45568	72497	81192	64991	74381
长阳县	129407	148559	117490	136171	57877	62972	41390	39372
五峰县	39468	41404	31439	33561	23187	25161	24388	25298
宜都市	173350	201670	141390	163852	101000	111814	92152	121227
当阳市	361613	362867	343529	344440	180116	198130	103018	51617
枝江市	142179	162486	125636	145486	169128	187732	100706	105438
襄樊市								
襄阳区	349039	386667	343806	381172	175521	195002	74349	81099
南漳县	87587	98953	81800	92501	46342	53073	36818	40753
谷城县	75180	86457	65674	76717	67424	74238	48737	53555
保康县	42300	47530	35800	40030	31277	36000	30531	36938
老河口	208200	221000	194900	207000	156100	167800	57118	61051
枣阳市	253700	257200	241500	242700	210900	212600	109047	98040
宜城市	87530	100530	81820	94230	77643	85835	44043	51352
荆门市								
京山县	143001	158900	121693	134227	150413	159800	87106	97362
沙洋县	109490	118500	94450	100783	103005	119183	67100	73400
钟祥市	264542	286311	237896	257945	264893	283730	131049	140009
孝感市								
孝南区	91000	100304	81110	89296	95879	106661	67933	76563
孝昌县	79835	87914	61969	67260	76920	85596	70020	77536
大悟县	120070	129405	103420	111090	94708	105025	69722	79876
云梦县	147479	166462	136526	154138	103033	117241	78360	87156
应城市	319383	360602	298656	334862	220240	244569	126036	141062
安陆市	106411	118720	93585	104534	84874	94111	103559	114517

20－1 续表 7

	第二产业（万元）		工业（万元）		第三产业（万元）		全社会固定资产投资（万元）	
	2001 年	2002 年	2001 年	2002 年	2001 年	2002 年	2001 年	2002 年
汉川市	349306	385540	328987	362990	282487	313508	124387	135937
荆州市								
公安县	106000	123000	94400	109800	179200	198800	89612	100148
监利县	129241	141678	113297	126237	128559	141094	88019	97914
江陵县	34498	39776	31608	37898	18202	20459	25430	19632
石首市	214034	235865	207862	229150	179936	194561	98122	100060
洪湖市	196148	200213	167934	184903	135371	174356	155667	148057
松滋市	184900	207800	171500	188200	149900	169100	79061	82700
黄冈市								
团风县	37909	42333	29966	33191	20591	22939	36804	39665
红安县	176734	183229	158700	162789	105420	113869	80595	85317
罗田县	107809	118199	95771	105261	63500	69617	82094	67317
英山县	51910	55996	43815	49345	35200	36988	36508	39102
浠水县	165437	182947	139313	154796	120418	132219	94639	97085
蕲春县	210519	150020	181659	132009	129682	141200	99492	106665
黄梅县	205616	218128	178509	189069	94969	105662	98808	102612
麻城市	236298	256295	165591	185131	191015	206487	128137	136779
武穴市	237414	262342	212085	235414	150293	165691	91590	93467
咸宁市								
咸安区	79300	91200	71000	82300	66300	71900	60507	64019
嘉鱼县	93500	101800	80300	88000	64200	69800	75338	75699
通城县	53014	60154	41318	47041	55899	62191	50201	53970
崇阳县	68000	72000	56100	57500	51200	57000	52208	54397
通山县	37331	39200	33306	34518	36024	39300	36498	41806
赤壁市	227729	252460	212726	236197	151048	168245	110165	144624
随州市								
曾都区	409900	454100	376900	419100	290300	314000	126040	149412
广水市	166400	181800	153800	166800	100100	109700	105500	119300
恩施州								
恩施市	96312	104600	77233	83000	109013	120800	60268	78113
利川市	53735	50733	48694	44687	47554	55460	46005	54580
建始县	42180	35173	29531	24614	43509	46762	29309	51955
巴东县	48633	59085	26464	28785	54330	59319	46952	65084
宣恩县	26747	32485	21062	23105	32826	36380	23930	38885
咸丰县	25024	26835	33307	35891	32952	35777	42702	46910
来凤县	25134	26096	22383	23173	32334	34545	20960	21106
鹤峰县	29818	34393	25060	26643	18933	21097	23847	28266
仙桃市	407212	458296	404206	455090	366482	401095	291994	323159
潜江市	379800	408300	354500	384400	268900	294500	235374	238152
天门市	422100	455500	376000	405400	319900	353100	249457	263219
神农架	9923	10999	7082	8041	15542	18094	18902	21687

20－1 续表8

	国有经济（万元）		财政收入（万元）		地方财政收入（万元）		各项税收（万元）	
	2001年	2002年	2001年	2002年	2001年	2002年	2001年	2002年
武汉市								
蔡甸区	13803	20897	27494	34506	13545	16929	6433	8204
江夏区	37515	38511	30693	40124	22650	23405	13897	12923
黄陂区	54770	55793	22723	31497	14370	21722	7219	11325
新州区	43527	60037	28655	33077	24349	27792	17398	21962
黄石市								
阳新县	61598	65600	15017	16642	12196	10121	12196	13317
大冶市	37127	34491	30019	34899	22892	25074	20893	24624
十堰市								
郧　县	16600	15216	13171	14068	5838	5635	10589	12016
郧西县	14526	17802	5818	6886	4579	4328	3391	4262
竹山县	12837	14644	6576	7046	4958	4537	4151	6487
竹溪县	12871	13387	5290	6110	3948	4014	4604	4974
房　县	9901	12410	6608	7160	4587	4421	5656	5358
丹江口	42568	35222	27612	31688	10451	11541	10435	10539
宜昌市								
夷陵区	55550	40052	43916	46556	27229	17556	34793	40031
远安县	19104	19839	10018	10558	5404	5436	5232	4407
兴山县	55563	77412	11548	12026	8242	5498	5623	4273
秭归县	45262	47682	10908	11058	9285	6181	5750	5400
长阳县	28182	23680	11000	11939	8485	8135	5850	4835
五峰县	13320	13626	6629	6821	4773	4306	3469	2803
宜都市	26951	26744	17966	22069	13090	12202	14752	19270
当阳市	41375	19263	38436	39208	21073	16471	12326	11044
枝江市	19830	397	22464	22486	16240	11955	11762	19545
襄樊市								
襄阳区	37836	20699	29805	24005	26269	14829	12402	12910
南漳县	19764	20663	12179	11368	8784	5454	7984	8484
谷城县	27074	29723	16168	17400	7808	8495	7823	7530
保康县	14296	20659	9523	10162	7614	7058	5900	6880
老河口	34058	26721	31785	21965	25757	15631	14680	11688
枣阳市	36749	39183	34906	29272	29636	21461	12214	13813
宜城市	24369	23931	18775	21044	15720	14089	13704	14089
荆门市								
京山县	53796	58298	23999	25376	13199	14875	9420	10813
沙洋县	14722	16080	10355	12374	6830	8861	5129	7383
钟祥市	51433	64073	27706	25015	20795	17661	16173	20460
孝感市								
孝南区	44710	58294	15202	15535	11964	8499	9135	13187
孝昌县	29660	44911	8933	8568	7887	6124	5908	6898
大悟县	41517	39226	15568	14739	12321	9020	7598	6146
云梦县	42464	51866	18206	18206	14117	15369	14000	15884
应城市	53990	52721	30172	35613	19516	19220	25969	30518
安陆市	65694	67678	16319	16901	11669	10080	10477	14247

20－1　续表 9

	国有经济（万元）		财政收入（万元）		地方财政收入（万元）		各项税收（万元）	
	2001 年	2002 年	2001 年	2002 年	2001 年	2002 年	2001 年	2002 年
汉川市	34794	40132	42048	43088	19677	20867	37734	39362
荆州市								
公安县	55696	55342	26620	32463	18606	21380	18154	25413
监利县	32948	33650	21420	21255	18475	15864	11468	12894
江陵县		3932	4542	5879	3727	4537	2912	3932
石首市	34897	34381	25541	26241	17423	17606	14646	16982
洪湖市	42835	20902	26300	24051	23366	17653	15394	17272
松滋市	33012	36000	23800	25016	17200	17197	15077	10982
黄冈市								
团风县	13819	15757	7121	6558	5478	4650	4191	3089
红安县	37617	43694	29916	32996	29916	32996	26129	29343
罗田县	39136	17376	13000	12082	9528	6404	6608	4613
英山县	14446	18237	9001	9358	7037	6914	4385	4929
浠水县	35073	29640	22788	23608	20035	19283	12961	16581
蕲春县	33155	39354	23830	23192	20545	18399	10441	10347
黄梅县	53849	63383	24429	23506	19506	18131	14137	14950
麻城市	43466	51611	27001	28975	27068	23309	17639	17841
武穴市	19547	17986	27269	30119	22681	20328	13078	19483
咸宁市								
咸安区	33442	38829	12706	11990	10452	7077	6678	4776
嘉鱼县	45190	30052	12758	12496	10872	9858	7449	9112
通城县	22479	24136	9800	8241	5367	4644	7181	7223
崇阳县	31379	30764	9800	8900	7201	5614	5356	5126
通山县	15930	17203	7970	7723	6637	5149	4896	4613
赤壁市	65083	89169	22128	23328	18837	15586	12600	14718
随州市								
曾都区	51267	78052	16302	21499	13507	18235	17868	18797
广水市	56785	62500	27968	30919	16414	14267	11310	10812
恩施州								
恩施市	22249	40634	16806	17660	13118	11565	10914	8937
利川市	23278	26252	22800	24100	12182	11666	9981	8766
建始县	14859	36973	9818	9221	6896	6043	8866	7934
巴东县	31684	51321	9816	10900	7734	6550	7009	3123
宣恩县	16440	23403	6428	6868	5471	5043	4771	4136
咸丰县	21692	21200	8006	8656	6532	5508	6156	6017
来凤县	11898	9541	12000	13500	5348	4638	10807	12917
鹤峰县	13457	13196	6418	6818	4928	3801	5785	6285
仙桃市	91190	91780	47741	50161	26514	29153	38399	41003
潜江市	190758	203185	53523	57000	33214	31891	25689	26154
天门市	65173	50987	26789	32251	22818	22765	14009	24530
神农架	15511	15856	2867	2728	1623	1412	1417	1508

20－1　续表 10

	财政支出（万元）		行政管理费支出（万元）		教育事业费支出（万元）		在岗职工工资总额（万元）	
	2001 年	2002 年	2001 年	2002 年	2001 年	2002 年	2001 年	2002 年
武汉市								
蔡甸区	30428	37406	2760	3170	5622	6837	19787	22062
江夏区	34458	42116	5654	5058	7779	11444	38695	37363
黄陂区	39568	50561	4942	6843	10324	13585	39595	42182
新州区	34396	44655	5189	5789	11031	13364	36620	39629
黄石市								
阳新县	23089	27687	2780	2974	6559	8789	25428	25712
大冶市	31930	37809	3297	4746	7337	9385	43518	48710
十堰市								
郧　县	18595	24093	2762	2840	4731	6633	17239	18877
郧西县	14991	18686	2201	2656	4413	6246	10526	13132
竹山县	15686	19357	3378	3933	4708	5198	8978	10048
竹溪县	13913	17492	2194	2470	3064	3549	8370	10933
房　县	17736	22591	2021	3061	4945	4781	11008	14285
丹江口	23121	26035	4663	4351	4907	5977	40343	43414
宜昌市								
夷陵区	35680	39762	4946	5462	7737	9090	23240	24837
远安县	12698	14812	1996	1771	1920	2481	16404	14582
兴山县	13395	19665	972	1201	2427	3507	11380	12463
秭归县	17881	15537	1467	1567	4284	5529	8841	10771
长阳县	17110	20290	2740	3363	4985	6667	12930	13232
五峰县	14424	18952	2073	2396	3009	3575	5733	6067
宜都市	19781	24664	2192	2434	4904	6367	18288	20202
当阳市	33739	33875	4748	4080	5135	7107	22340	25293
枝江市	22088	24120	3703	4003	5120	7362	21248	20112
襄樊市								
襄阳区	46246	29429	6312	4601	12996	11788	27037	28800
南漳县	17734	17560	3437	3771	3658	5172	20830	19595
谷城县	16351	18841	2798	3109	5410	6968	23147	23351
保康县	11011	11634	2426	2586	2369	3618	10335	9936
老河口	31779	26865	3661	4512	3483	5336	30759	31937
枣阳市	47824	42872	4427	3269	12531	11915	34813	36840
宜城市	22100	26879	4863	4967	4609	6485	18414	18734
荆门市								
京山县	23330	26235	2639	3789	5125	6816	28957	28485
沙洋县	14501	21204	2083	3046	4334	6658	14099	17115
钟祥市	32434	34015	2902	3268	6445	8512	33352	39335
孝感市								
孝南区	21112	22850	3698	4045	5071	5948	23253	23190
孝昌县	16518	16692	2595	2722	4028	6390	11355	13135
大悟县	23804	27192	2846	3069	5847	6199	19816	21829
云梦县	18857	22187	3970	4066	6992	7614	25591	34385
应城市	24073	28468	4822	5908	4999	6388	39679	45734
安陆市	24929	28398	3817	3918	6784	8862	20534	26477

20－1　续表 11

	财政支出（万元）		行政管理费支出（万元）		教育事业费支出（万元）		在岗职工工资总额（万元）	
	2001 年	2002 年	2001 年	2002 年	2001 年	2002 年	2001 年	2002 年
汉川市	30725	36847	3913	5447	5483	8165	41586	43211
荆州市								
公安县	32378	33562	3994	5047	5682	8001	31074	29700
监利县	32122	35315	4100	6593	7658	11569	37324	37910
江陵县	8331	9155	1300	1689	2483	2647	13509	14355
石首市	29069	32099	2534	2610	7260	7826	24253	25203
洪湖市	27145	31078	2750	2790	2700	6005	40207	35688
松滋市	30223	32359	4365	6700	5900	8900	33190	34227
黄冈市								
团风县	13950	13084	1788	1802	3450	4226	7967	6529
红安县	23941	32654	5755	6069	6376	7530	19479	20348
罗田县	17937	19682	3223	2225	3465	3761	17431	17893
英山县	14921	16547	2678	2970	3478	5600	12083	11498
浠水县	26453	30550	3958	4958	6443	7110	25347	24450
蕲春县	25198	29016	3952	4358	6893	8370	22872	27051
黄梅县	24488	23620	4093	4190	7240	7368	22523	25087
麻城市	43645	41410	3392	3493	10671	10794	27051	27706
武穴市	29437	32748	2936	3347	5831	7855	25590	28134
咸宁市								
咸安区	11778	18366	1963	3357	2484	4050	19586	21336
嘉鱼县	13232	16896	1723	1908	2238	3238	18495	20830
通城县	14230	14944	2451	3228	4437	3653	13021	14295
崇阳县	15496	17483	2456	2604	2900	4133	15433	16081
通山县	16429	16567	2540	3163	3860	4809	11738	13082
赤壁市	27691	27315	3926	4039	5101	6168	31031	31011
随州市								
曾都区	40996	36525	4422	5998	9893	8504	37480	38041
广水市	28838	37999	3343	4819	8142	10791	26242	27697
恩施州								
恩施市	27400	32520	3988	4251	5208	6172	17123	18610
利川市	27329	32431	3733	4320	6590	8398	17119	19602
建始县	22675	27092	3444	5599	5398	5925	12522	13605
巴东县	20593	22513	2625	2638	5004	5747	12522	13605
宣恩县	14623	16827	2345	2512	3255	3483	7031	8459
咸丰县	16429	19811	1900	2718	3574	3662	8126	9528
来凤县	16722	19344	2494	2385	2794	3422	8636	9986
鹤峰县	14673	16514	2444	2957	2403	3046	8604	10380
仙桃市	53467	56744	5071	6830	10185	14160	50517	50891
潜江市	36003	45687	4471	5379	8467	10778	133913	112999
天门市	34829	42832	3052	4474	7866	10997	29919	35034
神农架	10657	17685	1289	1659	1141	1392	6119	7232

20－1　续表 12

	在岗职工平均工资（元）		城镇居民人均可支配收入（元）		农村居民人均纯收入（元）		农村居民人均生活费支出（元）	
	2001 年	2002 年	2001 年	2002 年	2001 年	2002 年	2001 年	2002 年
武汉市								
蔡甸区	7343	8626			3098	3291	1911	2060
江夏区	8657	9117			3051	3246	1916	2162
黄陂区	7274	7326	5946	6368	2845	3025	1630	1757
新州区	5296	5836	4642	5105	2779	2957	1796	2009
黄石市								
阳新县	5872	7438	3340	4949	1593	1663	1310	1427
大冶市	7901	8727	5203	5910	2522	2609	2453	2613
十堰市								
郧　县	5815	6854	3200	3445	1612	1708	1348	1286
郧西县	6630	8564	3108	4084	1401	1580	1486	1522
竹山县	6090	7048	4313	4784	1438	1550	1150	1264
竹溪县	5227	7449	4450	5592	1453	1557	1251	1536
房　县	5223	7595	4328	5288	1462	1555	1346	1519
丹江口	8978	10656	6195	6205	2272	2283	1242	1539
宜昌市								
夷陵区	8177	8640	6081	6956	2797	2827	1962	2085
远安县	8608	8957	5652	6256	2408	2436	1786	1849
兴山县	7677	8731	5340	6072	1916	1928	1603	1564
秭归县	5557	6465	5858	5928	1679	1705	1445	1652
长阳县	6955	7172	5869	6303	1790	1809	1631	1556
五峰县	6480	7123	5045	5550	1464	1467	1935	1815
宜都市	7625	8756	6555	6605	2506	2537	2032	2076
当阳市	8454	8457	6394	6679	2980	2980	2458	2312
枝江市	8934	8959	6428	7008	2959	2975	2154	2173
襄樊市								
襄阳区	5438	6388	4360	4988	2984	3076	1518	1587
南漳县	5095	5749			2044	2145	1626	1515
谷城县	6300	6926	4273	4998	2108	2198	1457	1503
保康县	6400	6859	3912	4685	1630	1734	1559	2024
老河口	5905	6235	4603	5058	2894	2979	1682	1721
枣阳市	5689	6350	5020	4535	2674	2768	1368	1431
宜城市	5125	5616	4332	4375	2867	2930	1604	1640
荆门市								
京山县	7653	8435	4946	5465	2778	2898	2327	2081
沙洋县	7322	9193		4278	2999	2960	1435	1223
钟祥市	6041	7520	5155	5320	3048	3052	1926	2186
孝感市								
孝南区	6813	7405	5420	6206	2640	2734	1802	1843
孝昌县	5970	6947			1451	1632	1253	1182
大悟县	6709	7744	5540	5749	1529	1601	1403	1417
云梦县	6895	7620	5084	5532	2829	2929	1950	1989
应城市	6542	7455	5865	6238	2864	2966	1637	2160
安陆市	6095	6660			2154	2242	1205	1595

20－1 续表 13

	在岗职工平均工资（元）		城镇居民人均可支配收入（元）		农村居民人均纯收入（元）		农村居民人均生活费支出（元）	
	2001 年	2002 年	2001 年	2002 年	2001 年	2002 年	2001 年	2002 年
汉川市	5987	6419			2626	2711	1443	1590
荆州市								
公安县	8184	8608	5789	6514	2171	2317	1897	1922
监利县	5761	6576	5660	5860	2193	2281	1607	1801
江陵县	5404	6137	5580	5598	2431	2458	1658	1697
石首市	7837	8492	5658	6159	2171	2303	1822	1976
洪湖市	5804	6327	5578	5999	2361	2447	1619	1672
松滋市	8184	9014	5484	5848	2248	2323	1582	1677
黄冈市								
团风县	6160	6452	3800	3980	1243	1316	1108	1225
红安县	6864	7270	4852	5095	1662	1789	1392	1612
罗田县	7386	8088			2025	2038	1621	1667
英山县	5961	6037	4613	4829	1905	1956	1558	2038
浠水县	6504	6776	4852	5326	2138	2195	1734	1654
蕲春县	6521	7421	4433	4601	2208	2202	1729	1797
黄梅县	7105	8330	4140	4348	2038	2122	1551	1598
麻城市	6842	7205	4599	4831	1850	1992	1462	1543
武穴市	6847	7212			2436	2464	1484	1736
咸宁市								
咸安区	6694	8219	5602	6301	2155	2237	1554	1687
嘉鱼县	5354	6532	5303	5680	2351	2458	1383	1466
通城县	7311	8362	4678	5078	2282	2341	1849	1890
崇阳县	6669	7242	4730	4884	1951	2029	1509	1544
通山县	6093	7505	4310	4526	1447	1502	1264	1219
赤壁市	7316	7546	5584	5800	2578	2671	1617	1370
随州市								
曾都区	5976	6762	5280	5716	2456	2619	2016	2001
广水市	6694	7942	4948	5542	2079	2231	1574	1660
恩施州								
恩施市	7238	9441	5775	6367	1495	1512	1526	1529
利川市	7120	8793	4258	4294	1486	1510	1357	1278
建始县	6659	8862	5197	5287	1407	1416	1555	1601
巴东县	7594	9573			1424	1400	1575	1640
宣恩县	7268	9083	5515	5815	1490	1448	1346	1367
咸丰县	6992	9171	4600	4680	1430	1434	677	624
来凤县	704	8900	4592	4672	1491	1441	1468	1471
鹤峰县	7329	9573	6248	6498	1515	1522	1293	1320
仙桃市	6500	6807	5584	5820	3083	3153	1399	1649
潜江市	9117	8909		6350	2599	2680	1667	1576
天门市	6746	7096	5585	5892	2630	2716	1468	1722
神农架	7269	9582	4676	5002	1330	1465	1518	1522

20-1 续表14

	金融机构存款年末余额（万元）		♯城乡居民储蓄存款年末余额(万元)		金融机构贷款年末余额（万元）		农林牧渔业总产值（当年价）(万元)	
	2001年	2002年	2001年	2002年	2001年	2002年	2001年	2002年
武汉市								
蔡甸区	155998	200055	118478	157953	136480	147315	138174	146203
江夏区	239537	296055	187875	225425	155038	148029	274438	289329
黄陂区	252728	284345	209666	234834	197328	199297	323373	342192
新州区	237614	270728	188887	214609	216412	220828	264000	278531
黄石市								
阳新县	113603	144376	83178	107351	114397	116796	130619	139029
大冶市	238875	286971	183198	213875	138340	136356	142148	146380
十堰市								
郧　县	122909	151562	82005	100257	81665	84359	91128	94738
郧西县	7089	91497	49303	65797	46808	50504	81264	97209
竹山县	48957	59402	29374	43086	62907	65650	21456	20802
竹溪县	56650	65537	38421	45955	50528	57190	65579	61489
房　县	69124	89627	51681	69923	61063	63844	73020	73588
丹江口	252019	328945	166054	204059	159317	163792	70721	72455
宜昌市								
夷陵区	242036	275714	165317	190105	109538	111374	154402	150378
远安县	132586	114939	75939	88462	58664	55627	57681	54812
兴山县	81235	97130	41909	49237	125854	158295	44899	42028
秭归县	97103	113640	69088	81210	61985	63278	68219	63195
长阳县	97509	113773	69959	79987	66733	72269	93763	87054
五峰县	49329	55189	33861	37706	44456	44817	55351	52921
宜都市	169300	204478	125402	148011	124795	137371	88668	81768
当阳市	242660	276474	199077	224629	198220	198631	202019	197099
枝江市	249970	278174	190741	211016	182893	182316	154587	151837
襄樊市								
襄阳区	179245	266412	105275	156775	223196	238809	366156	368541
南漳县	107848	131446	88546	108207	115060	112584	120253	125614
谷城县	159981	196134	117783	146742	143758	158281	123278	129238
保康县	41876	54919	27996	37827	50466	49728	71843	72524
老河口	201994	234158	168398	191427	253050	249638	184815	195467
枣阳市	331945	392612	244766	300598	292756	286021	381724	408185
宜城市	162040	193622	138832	166895	214330	214414	194588	201249
荆门市								
京山县	241292	303076	186140	226799	315672	323172	203170	221451
沙洋县	143149	166716	118173	135181	187537	166585	243057	242369
钟祥市	361779	425989	304488	359315	327078	337273	368345	352593
孝感市								
孝南区	213472	349298	134564	243260	217257	245635	121904	125924
孝昌县	82232	98460	72504	87904	85189	89347	114542	134012
大悟县	134805	161077	112668	135143	120071	118211	108224	114439
云梦县	169795	196632	139752	159522	185292	201971	149785	159446
应城市	252313	286814	196013	222373	277490	289620	219541	230991
安陆市	174858	207625	143861	171695	251488	251938	157397	164318

20－1 续表15

	金融机构存款年末余额（万元）		#城乡居民储蓄存款年末余额(万元)		金融机构贷款年末余额（万元）		农林牧渔业总产值（当年价）(万元)	
	2001年	2002年	2001年	2002年	2001年	2002年	2001年	2002年
汉川市	264563	311601	195545	236815	403295	427132	248580	258465
荆州市								
公安县	276598	323200	209600	256000	256307	265300	251200	257889
监利县	214859	261558	184604	227709	339467	334973	326393	338874
江陵县	49594	58877	38568	49009	131775	109789	105965	116200
石首市	212313	257971	161444	200162	162838	172173	142143	158077
洪湖市	176655	201002	130237	149098	298528	296012	263910	261207
松滋市	227200	272700	198000	239300	170800	169300	196400	189600
黄冈市								
团风县	57377	72161	51398	64283	72774	69919	53461	54260
红安县	142125	167040	110876	132313	146435	146677	75774	85373
罗田县	122608	147262	104725	126743	137750	137309	95937	96738
英山县	97394	115874	85571	98296	83245	84722	106335	105125
浠水县	198305	243810	168107	209077	200047	198307	174184	173922
蕲春县	206751	265344	186994	234604	233829	235209	161227	153646
黄梅县	191926	236324	165056	201755	183203	169259	180629	175488
麻城市	194416	228950	163348	191874	212927	218649	197490	220358
武穴市	190493	236928	156681	194467	190109	197895	132549	130902
咸宁市								
咸安区	125495	154005	100855	123829	111761	124046	89200	92951
嘉鱼县	91364	108372	73237	83102	120440	116059	130404	144756
通城县	97497	124540	79184	94432	55917	55150	69048	66100
崇阳县	82966	104187	72171	91216	61091	63123	77703	77128
通山县	67911	83627	55947	66428	56009	57834	57935	58421
赤壁市	181485	210291	140907	168964	157558	171854	125923	134912
随州市								
曾都区	512943	670700	417123	513600	409482	437700	383827	428346
广水市	239000	283000	209000	245000	181000	190000	171813	188495
恩施州								
恩施市	362314	399092	139009	170040	252683	277187	142992	139886
利川市	84126	110058	63404	78420	115673	118656	145527	143062
建始县	53848	73849	40677	53578	99450	99628	109427	104111
巴东县	99674	134459	52288	61919	74842	75765	97899	89234
宣恩县	33306	44642	20547	22023	45335	47006	73975	69499
咸丰县	48519	60423	36239	44767	64079	65777	90516	86731
来凤县	52546	65349	42911	51294	73009	73764	63115	61700
鹤峰县	43850	62934	30990	39993	72425	89349	52673	51740
仙桃市	435762	529669	342247	416892	476040	486112	360427	377094
潜江市	730925	834214	558668	623835	462939	483805	284386	293721
天门市	425102	496788	375396	442431	413383	406637	317109	311435
神农架	26293	38983	10575	21734	33549	33506	10292	10725

20－1　续表 16

	农村非农行业总产值（当年价）（万元）		耕地面积（公顷）		化肥施用量（按折纯法计算）（吨）		农村用电量（万千瓦时）	
	2001 年	2002 年	2001 年	2002 年	2001 年	2002 年	2001 年	2002 年
武汉市								
蔡甸区	1783035	2006415	27448	27039	66479	66537	16968	16802
江夏区	967441	1143316	46180	46091	24182	24916	13107	13744
黄陂区	1088486	1318479	56375	56340	38704	43494	30014	31763
新州区	1477853	1553223	717127	708293	198430	198569	11962	12895
黄石市								
阳新县	563776	597267	39250	38390	18157	18163	18693	18194
大冶市	1666673	1849156	37300	35270	17861	18043	30178	30215
十堰市								
郧　县	98791	152904	33690	32131	17790	21761	3303	3292
郧西县	45371	49794	32380	28714	29264	30021	1829	2010
竹山县	20219	22115	30739	42878	8300	8800	920	960
竹溪县	44793	53549	24436	21779	11117	10465	1384	1379
房　县	67999	74369	27480	26357	10936	11531	3242	3500
丹江口	264196	260418	18230	18043	9815	11279	2017	2077
宜昌市								
夷陵区	1170240	1118142	27403	25806	20809	21560	4927	4997
远安县	157398	165422	12449	12016	6098	6478	1440	1672
兴山县	159694	158321	14515	13396	7743	7489	1559	1449
秭归县	181265	212865	23860	23190	21775	22456	1500	1609
长阳县	142585	154845	35016	32787	16922	16452	1823	1723
五峰县	114700	129230	18858	28164	15676	15687	1249	1246
宜都市	661151	687883	18255	17153	15619	15153	4394	4447
当阳市	1077228	1050980	43560	38480	61761	64994	5488	5487
枝江市	753323	808200	47677	44980	41849	39984	5333	4958
襄樊市								
襄阳区	140649	142295	87550	86092	413579	411017	10191	6451
南漳县	143483	149079	45302	41787	31426	31059	1637	1882
谷城县	237739	247339	28640	26470	24707	25251	3462	3573
保康县	58129	76932	25850	23916	11891	10363	1548	1800
老河口	845191	660288	39430	39040	26947	30962	2987	3569
枣阳市	661912	663374	99488	99140	76909	84761	12508	8426
宜城市	334594	345592	44830	42080	40573	45873	4162	3700
荆门市								
京山县	308610	334113	53329	52792	41546	37587	6016	6824
沙洋县	371207	396897	64697	62096	273880	273173	9888	8645
钟祥市	795622	819051	81428	81165	66312	76737	10730	10289
孝感市								
孝南区	574410	621045	31973	30574	15298	14985	7753	7349
孝昌县	387349	461018	30265	31500	21891	19156	2850	2663
大悟县	421587	463970	24819	24349	11216	11991	5420	5671
云梦县	529339	623617	24814	24814	11885	12276	4053	4156
应城市	1166078	1316637	38070	38070	25276	24166	7506	6765
安陆市	589805	741332	33067	32440	28615	29823	3195	3225

20－1 续表17

	农村非农行业总产值(当年价)(万元)		耕地面积(公顷)		化肥施用量(按折纯法计算)(吨)		农村用电量(万千瓦时)	
	2001年	2002年	2001年	2002年	2001年	2002年	2001年	2002年
汉川市	1074467	1235185	63426	61994	48363	47942	9400	9906
荆州市								
公安县	359218	378577	77095	76840	56745	221400	13054	12882
监利县			111482	111388	54826	53898	18671	16619
江陵县			38640	38640	25243	117494	7163	6061
石首市	439526	572282			25315	23492	6368	5818
洪湖市			60427	55135	55321	55487	7840	7513
松滋市	553029	531569	61650	61080	53800	53100	9443	9092
黄冈市								
团风县	237069	170366	16572	12937	21705	20739	4032	4507
红安县	370134	382593	33353	31460	51731	56474	3204	3490
罗田县	326043	339227	23980	23410	8592	8629	4298	5507
英山县	263637	229168	10515	11230	5956	5824	1995	1982
浠水县	525421	571850	43770	43800	31434	32176	6420	7062
蕲春县	955809	857835	37840	36950	42427	40623	15487	9620
黄梅县	1093209	1152615	42850	42860	91841	91546	15547	15578
麻城市	511255	515693	55606	55610	32619	34053	9336	7562
武穴市	1365555	1381146	33040	32310	33069	42924	14208	15857
咸宁市								
咸安区	372841	381562	31249	28033	26772	26666	3962	3651
嘉鱼县	310321	340690	28493	27173	18361	18862	5499	6041
通城县	204121	209823	18847	18145	9847	10477	2169	1906
崇阳县	158618	174303	23175	21440	12201	14685	3225	3084
通山县	110729	113165	15791	13570	4798	4886	3229	3312
赤壁市	607194	646151	31074	29566	9729	10098	5414	4031
随州市								
曾都区	919061	982510	96710	94450	75958	75790	8864	11859
广水市	548533	582044	39417	37742	22721	26685	5541	6587
恩施州								
恩施市	71048	102588	51810	51510	34531	32897	2809	2864
利川市	60789	76146	59850	58650	33225	31987	2421	2447
建始县	67538	69501			31639	32710	1743	1747
巴东县	71320	81403	40850	38400	25417	26060	2214	2396
宣恩县	46869	50520	26895	24830	12376	12753	846	979
咸丰县	71268	78202	22680	22710	15338	14709	934	980
来凤县	36765	32057	28980	27980	9053	10465	1163	1310
鹤峰县	59636	67616	18690	16570	7558	6620	539	609
仙桃市	1427822	1579743	96150	94920	76461	76920	26738	26035
潜江市	890609	925810	66943	66744	74392	70849	10492	11957
天门市	1606835	1655151	107503	109122	54358	60713	11628	11280
神农架	5118	5560	7438	6400	916	867	388	396

20－1　续表 18

	粮食产量（吨）		棉花产量（吨）		油料产量（吨）		肉类总产量（吨）	
	2001 年	2002 年	2001 年	2002 年	2001 年	2002 年	2001 年	2002 年
武汉市								
蔡甸区	145253	147061	2051	2432	20713	19456	17480	21933
江夏区	265416	255305	444	218	39524	39157	52564	55942
黄陂区	346873	373507	2765	2389	54875	57057	63712	79224
新州区	318255	309741	10595	5296	52633	48126	37887	40834
黄石市								
阳新县	306940	301635	2089	1433	36794	28607	28205	30960
大冶市	290068	291139	518	615	34915	30375	33719	36130
十堰市								
郧　县	184537	148103	73	32	9674	9748	25773	23637
郧西县	155171	112495			7226	5578	16261	17845
竹山县	170850	129477	6	4	16445	14334	18915	18219
竹溪县	150055	128068			17095	16462	16846	18200
房　县	162036	118554	27	16	7038	6247	19876	18321
丹江口	89371	79700	6	3	7930	9425	17675	19902
宜昌市								
夷陵区	209209	181124	61	46	21488	17453	36828	37476
远安县	92987	87020	52	63	10110	9142	16348	16329
兴山县	77980	62446			6492	4975	10392	11683
秭归县	135765	111317			16372	10860	22428	23604
长阳县	196633	151802	3	2	16376	10898	25646	25741
五峰县	102927	77611			6497	3983	13726	13595
宜都市	144228	132232	98	96	16305	13093	36686	37619
当阳市	347334	344531	1617	586	78471	63172	54260	56683
枝江市	285234	256731	13991	10665	53781	32452	39810	42796
襄樊市								
襄阳区	804871	74703	15920	11647	151303	159160	103550	108940
南漳县	324051	291799	1658	1080	16115	17229	41278	44551
谷城县	186466	179542	333	281	13887	13705	28820	29879
保康县	125788	105488	4		7043	6265	19633	21870
老河口	255681	265892	6406	4993	24959	26023	39423	32324
枣阳市	813018	784406	17868	16750	77593	83076	92026	91580
宜城市	401012	380807	7546	8112	96349	99219	34744	35940
荆门市								
京山县	381375	424100	4242	4537	66020	68575	44907	55312
沙洋县	597900	538900	8700	8400	74900	67900	31568	33033
钟祥市	672757	628865	11407	9353	150253	122658	53935	54374
孝感市								
孝南区	176499	198226	1092	999	13697	15581	18008	18995
孝昌县	176647	240876	330	462	14760	21011	18814	19676
大悟县	204395	234287	225	188	14529	17905	30540	31307
云梦县	191671	200659	1879	1323	13064	11987	2480	2570
应城市	360754	355810	5595	3625	24346	23475	39161	42993
安陆市	272983	282594	1296	717	18276	17999	43410	46825

20－1 续表 19

	粮食产量（吨）		棉花产量（吨）		油料产量（吨）		肉类总产量（吨）	
	2001 年	2002 年	2001 年	2002 年	2001 年	2002 年	2001 年	2002 年
汉川市	309376	301708	17196	15885	41507	35695	41498	42899
荆州市								
公安县	548382	490000	37495	34000	84706	56100	47200	48500
监利县	878547	774085	14756	11196	72949	57992	45071	46831
江陵县	255329	259200	12502	8600	39896	28000	20324	22400
石首市	249607	218178	13225	11624	44543	32217	26962	27209
洪湖市	445491	427168	8993	5859	41270	22531	16920	20559
松滋市	433891	388600	16557	12700	54992	49700	65200	69900
黄冈市								
团风县	138342	131033	1008	721	16271	13312	12070	11274
红安县	144610	202360	947	2093	69030	89945	18827	18657
罗田县	181608	179927	102	81	17658	17930	15614	16554
英山县	164602	163694	267	320	16024	14095	15611	15550
浠水县	416591	389045	2260	2210	63075	55306	29642	29917
蕲春县	348739	310935	954	448	288851	228623	38316	37285
黄梅县	343706	314284	15186	15656	55623	45513	24867	24180
麻城市	332321	419251	5877	7901	54285	55173	86541	65875
武穴市	308850	298408	8578	5325	48778	40991	19295	22235
咸宁市								
咸安区	166075	166340	239	219	34988	29737	13408	15726
嘉鱼县	137547	137180	439	267	15126	11834	11261	12382
通城县	150003	144286	9	5	5381	4314	35489	35971
崇阳县	155647	151666	84	48	8921	6373	22310	21016
通山县	100658	100565	4	3	7603	6119	12592	13245
赤壁市	205242	202544	639	690	26774	20610	14758	14892
随州市								
曾都区	663300	754100	9887	9092	29667	35959	100976	104680
广水市	298789	329139	3305	3082	17920	26629	30638	29246
恩施州								
恩施市	279828	232374	59	59	17404	11222	49534	51275
利川市	381988	313922			7903	6472	42940	43235
建始县	22054	32710			13309	8733	36582	47403
巴东县	226497	181192			13661	9896	34081	35484
宣恩县	152558	133177			9565	7445	28852	27913
咸丰县	179800	155124			13822	7686	37846	38683
来凤县	144516	132089	17	3	13090	9381	23568	24149
鹤峰县	100981	89353			5019	3426	12616	12936
仙桃市	597784	569216	17663	17964	99945	63600	58400	60200
潜江市	358560	323238	34704	37907	73101	44861	74883	76521
天门市	485504	463510	38284	31845	79937	91971	55175	64669
神农架	22923	15763			399	220	3771	4090

20－1　续表 20

	水产品产量（吨）		规模以上工业总产值（当年价）(万元)		规模以上工业总产值（90 年不变价）(万元)		轻工业（万元）	
	2001 年	2002 年	2001 年	2002 年	2001 年	2002 年	2001 年	2002 年
武汉市								
蔡甸区	40614	42398	203988	313250	206476	309652	163246	173391
江夏区	79201	86037	260510	339943	255572	326233	103213	118129
黄陂区	50005	52000	178292	207110	169106	199013	74745	87971
新州区	54198	61402	264477	285477	169400	188312	68744	67842
黄石市								
阳新县	37500	38000	93723	110808	72439	89327	8565	7477
大冶市	40006	41800	384076	449650	305527	365295	77417	94355
十堰市								
郧　县	1630	1750	65937	76657	58096	68053	24322	27917
郧西县	164	151	12943	19283	9311	21797	2273	13408
竹山县	189	292	22496	24832	18112	20457	1656	205
竹溪县	240	230	21847	28053	19240	25305	11653	14911
房　县	812	877	30435	27395	23741	21076	9785	9174
丹江口	18100	19100	227386	278828	183995	228872	21493	19965
宜昌市								
夷陵区	9034	9174	262840	272449	290051	320535	230648	232990
远安县	2394	2500	147298	182623	146660	179523	3235	3430
兴山县	288	300	55777	73836	75913	95799	693	3044
秭归县	520	515	45167	56201	42069	52535	25790	31292
长阳县	20421	13548	87430	117904	37027	46214	4793	5191
五峰县	139	127	24042	25574	24174	24965	5163	5332
宜都市	2916	3328	150209	133333	160416	148449	30211	29605
当阳市	36350	38364	298991	277056	275142	266525	137895	139166
枝江市	31317	33241	207414	244746	185049	216042	113018	132019
襄樊市								
襄阳区	38534	38120	211473	231771	174194	199026	148083	164736
南漳县	4563	4850	44467	37766	46800	37952	32910	25871
谷城县	8372	8572	118310	139892	115777	145724	26915	32354
保康县	249	201	47666	58940	39099	48663	2922	4081
老河口	19536	20867	199725	201061	167388	176646	58198	64128
枣阳市	35055	36933	279218	223266	260477	209459	184156	155247
宜城市	21497	22350	91951	107141	75497	90593	32520	44157
荆门市								
京山县	26688	32427	201244	220932	197281	218923	32295	38840
沙洋县	85847	88559	61410	67538	48830	53242	24111	28119
钟祥市	80088	81379	174159	196713	180182	201499	86291	98423
孝感市								
孝南区	37500	42983	44643	43319	45191	44779	34557	37686
孝昌县	14717	17070	20738	21622	16748	17597	8466	9283
大悟县	14012	16100	99607	112462	97603	109558	39937	40861
云梦县	23467	25284	360837	386621	307293	337525	174916	220365
应城市	47090	49183	458985	525268	454834	524719	238149	252108
安陆市	26181	28357	126226	134443	108609	118532	64514	61602

20－1　续表 21

	水产品产量（吨）		规模以上工业总产值（当年价）（万元）		规模以上工业总产值（90 年不变价）（万元）		轻工业（万元）	
	2001 年	2002 年	2001 年	2002 年	2001 年	2002 年	2001 年	2002 年
汉川市	84333	95759	585181	647273	434394	493592	230242	275500
荆州市								
公安县	67304	73000	180628	210788	171505	208082	62420	68728
监利县	91640	118662	198381	218997	181837	208946	142474	152801
江陵县	15545	19500	64481	69817	72261	78978	49831	54464
石首市	43206	46964	218935	271694	252812	300914	74214	74933
洪湖市	178911	203749	367856	377014	333523	338357	110325	258633
松滋市	21956	23200	112376	134297	109575	132617	67997	90256
黄冈市								
团风县	10243	11556	19657	25650	17928	24319	12178	15716
红安县	4030	4724	132933	136814	141603	143760	125777	130782
罗田县	5263	5368	129230	150137	123894	143708	72755	72303
英山县	5500	5654	46399	48144	48333	49179	23617	23640
浠水县	56610	58000	130529	145722	118583	132220	54955	54308
蕲春县	53000	54590	148604	167497	142387	167434	84275	94928
黄梅县	61978	62244	219320	222929	180400	200424	93812	120889
麻城市	16524	20105	281979	314856	259214	302561	163656	185789
武穴市	32565	33938	254363	270279	286154	326482	157823	218496
咸宁市								
咸安区	12919	15005	161073	187006	150007	184349	94498	119191
嘉鱼县	50070	60005	114266	118685	103937	111363	39192	41716
通城县	2300	2550	56292	58926	67122	72010	13498	14603
崇阳县	5858	6359	68839	60070	66744	60757	53371	49764
通山县	2102	2200	24829	27649	24361	26735	5088	4392
赤壁市	23913	26997	237969	253035	206689	237555	123376	129151
随州市								
曾都区	26484	32284	700589	810430	591957	727740	316615	386116
广水市	19887	24027	126094	142915	111039	125480	84014	90537
恩施州								
恩施市	620	650	60526	56849	41847	37643	31206	24757
利川市	1332	2319	78506	77944	54782	54829	43437	43340
建始县	161	161	37538	26364	31233	20714	26431	16483
巴东县	168	166	24510	27616	13266	15125	9548	10396
宣恩县	310	318	22097	24359	17347	18824	14297	15268
咸丰县	448	450	11912	13272	5745	5977	745	623
来凤县	1133	1416	38636	39963	28621	27080	26096	24005
鹤峰县	69	48	49077	50930	40655	43178	36377	40022
仙桃市	186042	199409	905104	978692	815014	895976	628529	681843
潜江市	80099	82924	906784	929135	633479	702559	323085	377546
天门市	68196	73154	563009	482133	513424	443596	346835	301549
神农架	14	40	10093	10312	6887	7288	778	

20－1　续表22

	重工业（万元）		国有企业（万元）		集体企业（万元）		股份制企业（万元）	
	2001年	2002年	2001年	2002年	2001年	2002年	2001年	2002年
武汉市								
蔡甸区	43230	136261	2908	20651	6664	6400	24771	33207
江夏区	152359	208104	51777	51546	54315	47133	77412	95913
黄陂区	94361	111042	12707	24336	42083	29771	97561	123358
新州区	100656	120470	83757	85221	17576	25993	30102	38133
黄石市								
阳新县	63874	81850	17633	18354	17798	15684	17672	23717
大冶市	228110	270940	27508	7608	114801	123820	25219	25617
十堰市								
郧　县	33774	40134	39498	48179	11739	13345	2076	3688
郧西县	7038	8389	7415	9091	717	9716	879	2790
竹山县	16456	20252	6783	3239	373	1212	9408	3471
竹溪县	7588	10394	5664	5423	6654	10087	3953	5936
房　县	13956	11905	12872	21076	3607	1497	1673	1658
丹江口	162502	208907	137704	131801	20597	19292	23374	67949
宜昌市								
夷陵区	59403	87544	14516	18189	20721	24514	210299	203927
远安县	143425	176093	124399	154700	1407	1133	17116	14727
兴山县	75220	92755	4247	4251	15059	14170	56607	77378
秭归县	16279	21243	6765	8314	2539		29639	36979
长阳县	32234	41023	5881	7490	654	506	18534	27891
五峰县	19011	19633	642	39	2200		14484	15426
宜都市	130205	118844	20907	24464	27923		13632	52434
当阳市	137247	127359	84457	64258	39280	18837	102134	107868
枝江市	72031	84023	16613	20721	19463	7714	102739	124246
襄樊市								
襄阳区	26111	34290	23910	25878	90839	108787	44485	47191
南漳县	13890	12081	6418	3834	1849	3216	25165	20783
谷城县	88862	113370	13960	17476	461	646	96500	121989
保康县	36177	44582	3490	2077				
老河口	109190	112518	30437	8518	1079		28158	36922
枣阳市	95062	54212	95845	56690	60223	30711	30725	46746
宜城市	42977	46436	39903	47755	11969	11435	22628	30680
荆门市								
京山县	164986	180083	16104	16217	37247	40344	131795	146665
沙洋县	24719	25123	9432	4305	26515	23278	8067	11280
钟祥市	93891	103076	40289	9285	37970	4398	35216	23812
孝感市								
孝南区	10634	7093	1679	736	6503	2374	16523	19651
孝昌县	8283	8314	4609	5001	8255	8395	1261	1671
大悟县	57666	68697	65352	71640	32251	33545		4373
云梦县	132377	117160	16745	67099	88335	81352	188472	164278
应城市	216685	272611	27353	26162	138119	126886	226753	244948
安陆市	44095	56930	16536	16363	13188	15203	15835	27367

20－1　续表 23

	重工业（万元）		国有企业（万元）		集体企业（万元）		股份制企业（万元）	
	2001 年	2002 年	2001 年	2002 年	2001 年	2002 年	2001 年	2002 年
汉川市	204151	218092	60158	66607	158197	171280	80911	153639
荆州市								
公安县	109085	139354	12075	9982	20125	22664	110892	143680
监利县	39363	56145	12153	15832	45629	41362	43768	47353
江陵县	22430	24514	4392	3732	3609	5016	4567	4988
石首市	178598	225981	72395	70449	31700	31568	5868	128097
洪湖市	223198	79724	15232	4543	89776	40934	138777	158863
松滋市	41578	42361	19610	18530	18326	30669	43749	48335
黄冈市								
团风县	5750	8603	3137	4080	10767	9024	2822	5094
红安县	12980	10946	54244	53694	8047	7299	69004	76489
罗田县	51139	71406	18473	11840	38937	60712	36042	44974
英山县	24716	25539	16022	14040	23927	25419	6633	4439
浠水县	63628	77912	42212	39609	39347	42042	19825	17825
蕲春县	58112	72506	32093	38315	55952	66462	21028	24015
黄梅县	86588	79535	52346	42752	75353	83374	35543	46719
麻城市	95558	116772	40927	53114	67872	69001	117282	142572
武穴市	128331	107986	21700	18182	49514	63472	133596	126637
咸宁市								
咸安区	55509	65158	29974	37933	7175	7971	57552	73436
嘉鱼县	64745	69647	8658	6711	13505	12890	65549	72235
通城县	53624	57407	4478	3658	9654	10837	52990	56107
崇阳县	13374	10993	29597	20195	10600	6229	3548	3859
通山县	19273	22343	9803	10608	563	632	12995	14480
赤壁市	83313	108404	73803	73175	58859	51973	24380	28230
随州市								
曾都区	275342	341624	62030	75646	327642	399563	77757	94826
广水市	27025	34943	47581	43322	6549	5866	35512	45014
恩施州								
恩施市	10641	12886	22847	9145				
利川市	11345	11489	47053	41543	1693	1316	3405	
建始县	4802	4231	30249	17825	936	317	1943	1107
巴东县	3718	4729	11667	13936	420	140		
宣恩县	3050	3556	13055	14021				
咸丰县	5000	5354	1142	657			1663	3761
来凤县	2525	3075	27217	25130	327	342	1077	1608
鹤峰县	4278	3156	835	683	643	1543		
仙桃市	186485	214133	46244	1922	145686	76841	47238	14347
潜江市	310394	325013	236720	221395	123511	142102	146902	191915
天门市	166589	142047	55219	12002	294115	184555	29083	82484
神农架	6109	7288	6887	7288				

20－1　续表 24

	外商及港澳台企业（万元）		其他企业（万元）		中央及省属工业（万元）		县属工业（万元）	
	2001 年	2002 年	2001 年	2002 年	2001 年	2002 年	2001 年	2002 年
武汉市								
蔡甸区	156958	236337	15185	13057		18185	206476	291467
江夏区	27695	25369	44373	106272	6784	13778	248788	312455
黄陂区	6518	6300	10237	15248			169106	199013
新州区	9255	12570	9304	11259	34462	38021	134938	150291
黄石市								
阳新县			7056	18137	8719	7419	55586	71616
大冶市	4193	4468	133806	203782	14579	16401	103982	113108
十堰市								
郧　县			2642	2841			58096	68053
郧西县			300	200			9311	21797
竹山县	602		8865	12535			18112	24832
竹溪县	778	900	2192	2960			5664	5423
房　县			251	300			23741	21076
丹江口			2320	9830	113458	140282	70537	88590
宜昌市								
夷陵区			44515	73904	6265	6924	283786	313611
远安县			3738	8963	96325	147964	38171	33210
兴山县					15059	14170	60854	81629
秭归县	893	1274	2244	5968			35776	42685
长阳县			11958	10327	17724	27434	19303	18780
五峰县			6848	9500			18476	18850
宜都市	2300	29150	95654	42401	20214	23801	140202	124648
当阳市			49271	75562	7790	9738	95211	106407
枝江市	19623	27997	26611	35364	38303	51264	146746	164778
襄樊市								
襄阳区	14960	17170			15947	17368	158247	181658
南漳县	787	468	12581	9651	818	780	45982	36986
谷城县	4123	4161	733	1452	12726	17255	56579	70153
保康县			35609	46586			12136	2077
老河口	21891	21346	85823	109860	36759	50605	130629	126041
枣阳市	6093	8752	86332	66560	2705	2792	257772	206667
宜城市	997	723			30531	34060	44966	56533
荆门市								
京山县	7455	8540	2453	5064	6630	8230	172380	186615
沙洋县	1474	1598	3342	12781			48830	53242
钟祥市	36497	44129	30210	119875	8434	8513	167463	188634
孝感市								
孝南区	20486	22018			1047	47	44144	44732
孝昌县	2049	1893	574	637			16748	17597
大悟县							32010	30814
云梦县	13741	24796			12769	18726	294524	318799
应城市	8402	15354	54207	111369	111917	117731	342916	406988
安陆市	1442	1122	61608	58477	27880	32837	80732	82593

20－1　续表 25

	外商及港澳台企业（万元）		其他企业（万元）		中央及省属工业（万元）		县属工业（万元）	
	2001 年	2002 年	2001 年	2002 年	2001 年	2002 年	2001 年	2002 年
汉川市	38245	44480	96882	57586	59385	63606	375009	429985
荆州市								
公安县	1974	2071	18369	21043			171505	208082
监利县	26264	24991	54023	79408	22887	32338	158379	176203
江陵县			59693	65242			72261	78978
石首市	26111	37881	6000	32918				300914
洪湖市	10917	8884	78821	125133			333523	338357
松滋市	10485	15008	17405	20075	12182	10606	97393	122011
黄冈市								
团风县	1201	6121					17928	24319
红安县	3396	3722	13773	23376	50597	50609	75180	80173
罗田县	1950	1630					123894	143708
英山县			1751	5281			48333	49179
浠水县			17199	32740			118583	132220
蕲春县	31008	36564	2308	2079			82046	96604
黄梅县			17158	27579			180400	200424
麻城市	14566	14193	18567	23681			259214	302561
武穴市	51152	74179	30192	44012			286154	326482
咸宁市								
咸安区		1613	55306	63396	1538	2911	110067	127950
嘉鱼县	4606	6773	11619	12754	8542	6563	95395	104800
通城县		1408					67122	72010
崇阳县	21736	26213	1264	4260			56144	54527
通山县			1000	1015			24361	26735
赤壁市	7126	7580	42521	76597	38857	38657	157814	185830
随州市								
曾都区	4121	5026	1588	1985			591957	727740
广水市		966	21397	30312	39883	39460	71156	86020
恩施州								
恩施市			19000	28498			41847	37643
利川市			2631	11970	40267	36890	14515	17939
建始县	984		313	1405			31233	20714
巴东县			1179	1049			13266	15125
宣恩县			4292	4803			17347	18824
咸丰县			1940	936			5745	1791
来凤县					25714	23681	2580	3057
鹤峰县			39177	40952			49077	50930
仙桃市	179569	233540	396277	569326	1021	1472	813993	894504
潜江市	65785	76477	60561	70670	175908	332142	199559	247107
天门市	693	6808	134211	157747			408165	354877
神农架							6887	7288

20－1　续表 26

	规模以上工业销售产值（当年价）（万元）		总资产贡献率（%）		资本保值增值率（%）		资产负债率（%）	
	2001 年	2002 年	2001 年	2002 年	2001 年	2002 年	2001 年	2002 年
武汉市								
蔡甸区	196740	305160	8.50	8.70	120.00	115.40	64.70	70.40
江夏区	248074	326300	18.20	19.10	94.20	118.50	52.10	50.80
黄陂区	171449	201858	8.30	6.90	101.90	139.00	52.40	49.50
新州区	246195	274064	8.23	6.35	122.35	113.21	64.33	58.44
黄石市								
阳新县	91478	105613	3.70	4.60	117.85	139.70	73.66	66.70
大冶市	373027	431062	15.70	16.90	123.00	125.00	63.20	59.80
十堰市								
郧　县	62668	70934	11.96	8.00	390.76	112.10	75.22	72.16
郧西县	11851	18545	3.20	7.40	185.00	438.80	120.80	95.50
竹山县	21585	24024	2.55	2.70	11.46	13.32	83.38	88.99
竹溪县	21238	26621	7.60	7.39	77.68	116.10	73.43	73.10
房　县	27959	25183	4.70	2.60	82.90	84.60	73.60	68.00
丹江口	222462	274344	5.80	5.50	99.00	106.40	53.80	50.50
宜昌市								
夷陵区	259012	265545	10.40	9.90	100.70	112.10	68.40	67.20
远安县	145591	180360	3.22	1.92	113.66	116.35	71.45	79.34
兴山县	55138	72174	11.81	6.19	15.99	16.89	51.31	57.86
秭归县	42409	55147	6.10	8.66	113.20	109.66	62.10	63.40
长阳县	85950	116925	5.40	5.40	122.90	99.80	85.20	87.30
五峰县	24109	25359	4.60	4.80	98.30	101.00	69.40	72.10
宜都市	146009	128557	5.77	8.34	81.12	122.07	73.70	64.49
当阳市	294456	272676	9.70	11.00	100.20	92.10	53.90	54.00
枝江市	205520	234862	－1.09	0.13	78.75	102.84	61.37	66.52
襄樊市								
襄阳区	204852	227537	15.59	14.51	91.20	92.33	72.92	74.66
南漳县	43693	35420	14.91	10.35	116.91	135.92	70.65	81.02
谷城县	113594	136380	5.70	5.50	126.00	116.30	77.90	75.20
保康县	46706	587646	6.30	6.50	61.00	72.00	81.00	75.00
老河口	192544	195988	5.47	5.81	103.53	69.81	61.78	71.15
枣阳市	268886	211594	5.77	5.91	94.00	93.50	83.10	84.30
宜城市	86812	104134	8.68	8.50	110.28	104.80	67.02	64.80
荆门市								
京山县	194686	217471	10.64	8.46	96.36	112.78	50.08	44.51
沙洋县	60588	66986	6.30	6.60	104.20	97.30	58.50	61.10
钟祥市	164629	189255	－0.58	1.39	12.65	99.03	92.55	92.59
孝感市								
孝南区	43292	45281	14.36	10.43	142.00	139.94	49.43	62.74
孝昌县	20168	20972	112.26	115.00	105.63	123.40	46.72	51.80
大悟县	100216	109949	10.10	8.70	107.40	107.40	64.90	66.50
云梦县	356044	379152	17.70	21.00	135.30	128.00	55.50	53.80
应城市	453051	516724	8.70	9.30	130.70	93.10	49.90	52.60
安陆市	123407	131048	5.39	4.95	119.30	113.20	58.10	60.60

20-1 续表 27

	规模以上工业销售产值(当年价)(万元)		总资产贡献率(%)		资本保值增值率(%)		资产负债率(%)	
	2001年	2002年	2001年	2002年	2001年	2002年	2001年	2002年
汉川市	578452	643183	10.60	10.50	101.40	98.20	58.10	59.80
荆州市								
公安县	176032	206190	9.80	10.23	96.20	96.50	32.09	30.10
监利县	187602	211317	14.70	14.89	12.90	47.20	57.40	55.90
江陵县	63119	67723	7.87	10.09	107.67	108.71	84.25	82.73
石首市	206134	261880	5.97	12.54	125.00	155.76	62.22	55.41
洪湖市	349944	361709	9.70	11.20	84.00	82.70	43.20	47.30
松滋市	108452	130104	2.60	4.00	92.80	117.80	57.80	59.10
黄冈市								
团风县	18870	24714	8.96	7.43	109.47	113.29	78.96	81.70
红安县	113353	117319	25.70	27.00	120.50	100.90	53.60	54.60
罗田县	125414	146164	11.22	10.70	111.00	145.64	69.84	59.93
英山县	44284	46752	3.85	4.10	43.07	203.56	92.90	80.45
浠水县	125459	141328	11.41	12.90	105.83	126.25	66.05	60.05
蕲春县	162549	164704	10.95	10.38	110.46	121.72	65.50	64.60
黄梅县	212148	216683	12.13	11.90	82.50	125.20	72.23	68.68
麻城市	267864	306374	11.18	10.17	132.03	131.09	61.21	63.19
武穴市	247465	261508	9.40	10.90	100.60	121.70	65.90	51.70
咸宁市								
咸安区	156754	183408	7.60	9.00	119.90	112.70	80.70	78.30
嘉鱼县	115575	111074	10.70	12.60	88.60	105.60	65.00	63.70
通城县	55173	57156	8.03	11.24	154.50	104.88	58.01	45.75
崇阳县	65725	54289	10.80	4.00	120.30	116.40	72.60	69.30
通山县			7.73	6.30	105.00	106.00	73.10	70.60
赤壁市	234791	246775	5.00	6.20	109.80	102.40	67.30	67.50
随州市								
曾都区	663994	783784	11.55	11.72	130.56	126.07	58.59	60.53
广水市	124030	141829	21.01	26.27	89.10	115.40	74.72	74.31
恩施州								
恩施市	58321	55343	7.47	6.64	127.04	112.61	77.49	73.82
利川市	76185	76057	13.32	11.14	71.09	241.23	91.45	82.13
建始县	36428	26339	6.70	3.50	117.00	93.10	73.90	74.70
巴东县	23376	26955	7.63	8.50	69.34	-8.00	83.42	95.50
宣恩县	21748	23585	11.55	9.31	100.19	233.32	79.40	63.72
咸丰县	11524	12994	2.90	58.53	97.30	104.80	72.94	69.89
来凤县	38139	40106	13.59	16.35	102.46	31.36	78.42	93.85
鹤峰县	47480	49839	13.50	9.50	104.70	110.80	55.40	52.90
仙桃市	878926	950224	11.00	11.40	110.10	109.80	59.30	57.90
潜江市	885546	909253	13.50	5.40	90.70	109.20	57.50	55.30
天门市	535852	457666	11.70	9.98	109.30	89.87	62.70	74.18
神农架	9843	8279	1.30	0.10	125.40	96.10	81.60	81.10

20－1　续表 28

	流动资产周转率（%）		成本费用利润率（%）		全员劳动生产率（增加值不变价）(元/人)		产品销售率（%）	
	2001 年	2002 年	2001 年	2002 年	2001 年	2002 年	2001 年	2002 年
武汉市								
蔡甸区	1.40	1.96	4.10	1.40	68446	66952	96.40	97.40
江夏区	2.24	2.53	10.60	8.60	38546	49431	95.20	96.00
黄陂区	2.00	1.90	2.90	3.60	30712	38907	96.20	96.10
新州区	1.95	2.57	1.09	2.69	30248	23890	87.70	95.22
黄石市								
阳新县	1.40	1.77	0.40	1.18	29489	39326	97.00	95.30
大冶市	2.60	3.43	6.20	5.90	49526	50807	97.00	96.00
十堰市								
郧　县	1.50	0.97	0.16	0.23	23051	35446	95.05	92.50
郧西县	1.08	1.10	－0.10	5.30	12721	22910	91.60	96.20
竹山县	1.09	1.25	－1.37	－4.17	21566	28917	95.95	96.74
竹溪县	1.72	2.69	0.37	0.15	14288	20394	97.20	94.40
房　县	1.10	1.10	－1.10	－3.50	22860	23754	91.90	91.90
丹江口	0.95	1.19	5.60	5.30	24201	37308	97.80	98.40
宜昌市								
夷陵区	2.00	1.70	3.30	4.30	57769	63211	98.50	97.50
远安县	2.80	1.51	0.75	0.77	43057	56623	98.73	99.30
兴山县	1.87	1.29	9.92	8.39	22885	29844	99.47	97.75
秭归县	2.12	2.49	1.05	4.14	86277	98016	96.20	98.10
长阳县	0.35	0.46	0.90	2.00	35231	56930	98.30	99.20
五峰县	0.90	1.10	－2.60	0.30	37040	50620	99.00	99.20
宜都市	1.81	1.62	1.00	6.73	28647	37039	97.25	96.41
当阳市	1.80	1.70	2.20	2.10	52294	49906	98.40	98.40
枝江市	1.60	1.28	－7.50	－5.77	41002	51561	99.44	96.09
襄樊市								
襄阳区	2.55	2.78	3.92	3.81	45706	51095	96.86	98.17
南漳县	3.26	3.10	1.23	0.22	20212	15955	98.20	98.26
谷城县	1.23	1.47	1.00	3.00	27117	42766	96.00	95.40
保康县	2.30	2.50	1.20	2.60	4460	4578	97.80	99.70
老河口	1.52	1.63	1.29	0.74	32207	43849	96.40	97.50
枣阳市	1.68	1.82	0.09	0.09	40428	42177	96.74	96.40
宜城市	2.05	2.48	2.85	2.78	19931	24540	96.70	97.20
荆门市								
京山县	1.51	1.49	8.35	6.09	4393	4873	96.70	98.30
沙洋县	2.10	2.60	2.60	2.10	14879	15936	98.70	99.20
钟祥市	1.35	1.57	－16.42	－2.65	20685	23649	94.53	96.21
孝感市								
孝南区	1.83	1.60	7.58	4.75	28535	31666	97.00	103.29
孝昌县	2.90	2.26	2.03	3.13	21447	25103	97.30	97.00
大悟县	1.71	1.59	2.88	3.06	35687	41797	100.00	98.00
云梦县	4.00	2.90	4.20	4.20	52256	63230	98.30	98.10
应城市	1.85	2.13	2.60	2.70	43556	49029	98.70	98.40
安陆市	1.96	2.22	1.00	1.15	25349	25569	98.30	97.60

20-1 续表 29

	流动资产周转率(%)		成本费用利润率(%)		全员劳动生产率(增加值不变价)(元/人)		产品销售率(%)	
	2001年	2002年	2001年	2002年	2001年	2002年	2001年	2002年
汉川市	2.35	2.51	6.00	5.60	58066	59786	98.80	99.40
荆州市								
公安县	1.31	1.46	10.24	8.70	27407	32955	96.32	97.80
监利县	3.75	4.14	2.33	3.38	36682	43954	95.26	96.05
江陵县	4.38	4.50	1.06	1.42	35783	34843	97.22	97.12
石首市	3.19	3.46	3.98	6.72	53143	100208	94.20	96.39
洪湖市	2.50	2.98	3.60	4.28	53195	58176	95.10	95.90
松滋市	1.50	1.70	-4。7	-4。5	35100	28748	96.50	96.80
黄冈市								
团风县	1.65	1.71	1.46	1.97	13968	13992	96.00	96.00
红安县	2.12	1.66	5.95	8.26	104331	107715	98.30	97.40
罗田县	2.93	3.89	4.00	3.49	36457	46495	97.15	97.35
英山县	1.28	1.63	-0.65	0.18	16038	17229	96.40	97.10
浠水县	3.00	3.45	3.30	3.14	43905	40096	96.83	97.01
蕲春县	3.31	3.08	2.83	2.66	32166	36001	98.22	98.33
黄梅县	3.86	5.39	1.83	2.29	37563	37931	96.73	97.20
麻城市	3.01	3.02	2.86	2.91	45538	50063	95.00	97.30
武穴市	3.50	2.50	3.50	3.80			97.30	96.80
咸宁市								
咸安区	1.90	2.20	0.70	1.50	35501	50284	97.30	98.10
嘉鱼县	1.80	2.10	9.10	9.90	33634	44009	97.20	97.40
通城县	1.56	2.04	4.06	6.33	42104	32137	97.00	98.01
崇阳县	2.20	1.40	2.20	0.00	27980	24350	96.00	90.40
通山县	1.98	1.49	1.80	1.40	30146	27946	92.40	87.80
赤壁市	1.90	2.30	1.20	2.50	29071	34569	99.10	97.50
随州市								
曾都区	2.42	3.32	3.71	3.39	31693	34773	97.19	96.69
广水市	2.15	2.31	-4.78	1.11	79537	75319	98.47	99.24
恩施州								
恩施市	1.30	0.90	1.62	1.95	36501	37174	96.36	97.35
利川市	1.72	0.88	-14.59	-10.24	51458	54267	97.04	97.58
建始县	0.50	1.10	-9.10	-3.50	30668	23234	97.00	99.90
巴东县	0.87	1.39	-6.16	-2.22	23560	20750	95.40	97.60
宣恩县	2.28	2.76	1.92	2.37	63451	66619	98.42	96.82
咸丰县	1.34	1.73	-11.23	1.71	11814	17106	96.70	97.91
来凤县	0.88	1.03	-3.44	-7.85	44877	45023	98.71	100.36
鹤峰县	1.90	1.80	14.20	11.00	50733	50128	99.50	97.90
仙桃市	2.56	2.68	3.10	3.00	41325	41507	97.10	97.10
潜江市	1.40	1.30	2.80	2.10	30944	37251	98.20	97.90
天门市	1.80	3.35	3.10	3.22	36031	47053	94.18	94.97
神农架	0.40	0.50	-9.60	-7.80	10488	16278	97.50	80.30

20－1　续表 30

	职工人数（万人）		资产总额（万元）		负债总额（万元）		产品销售收入（万元）	
	2001 年	2002 年	2001 年	2002 年	2001 年	2002 年	2001 年	2002 年
武汉市								
蔡甸区	8245	12865	165027	245982	106700	173102	110186	233905
江夏区	17234	17881	209052	240780	108945	122196	232405	285744
黄陂区	13233	15337	156621	205463	82055	101793	144227	173842
新州区	18636	18859	536687	505453	416996	891839	226986	239902
黄石市								
阳新县	10514	12592	154470	170856	113785	114013	73155	96436
大冶市	28591	29762	280489	320035	177385	191512	371321	430980
十堰市								
郧　县	6913	6124	112961	113334	84809	81777	77757	65816
郧西县	2450	2525	23880	30685	22402	29305	10040	18420
竹山县	11492	10363	54248	54859	44065	48820	15251	19328
竹溪县	2920	3098	34205	39224	25117	28674	20862	28818
房　县	3989	3657	52875	80481	38935	54746	20712	18514
丹江口	22078	22562	603660	598690	325067	302133	239144	302663
宜昌市								
夷陵区	17845	16545	281741	299678	191531	199830	238817	236029
远安县	12454	10833	193815	229823	139253	180021	221852	217099
兴山县	7547	6670	184348	222312	94583	128640	58234	78651
秭归县	4368	4649	51453	61912	31027	39265	26273	32685
长阳县	4743	4844	1046628	1213789	892157	1059698	85396	116641
五峰县	2554	2033	103171	111503	71584	80347	20992	22769
宜都市	15517	11232	196955	193583	140639	124838	130793	119476
当阳市	17670	14620	379299	389981	204790	229290	260701	253403
枝江市	15757	12641	248296	293945	145883	189463	186688	217506
襄樊市								
襄阳区	11567	11340	166897	164690	121712	122969	205990	209990
南漳县	6160	6555	26448	25614	18685	18974	40274	32063
谷城县	11536	10119	185788	192794	144671	144961	98567	112062
保康县	3068	3720	15339	16993	50937	63299	41005	44244
老河口	19902	15505	202294	187107	124969	133126	149483	149660
枣阳市	17395	16354	178280	159064	139409	113836	176332	136137
宜城市	12032	10915	110701	115982	71759	75180	82230	100145
荆门市								
京山县	13209	13045	247120	265825	123751	118322	194236	209155
沙洋县	4729	4903	72463	74976	42373	45787	55731	58504
钟祥市	27302	26456	731101	723190	676058	669312	152138	169223
孝感市								
孝南区	3965	4725	41607	55830	20567	35583	40677	48446
孝昌县	2182	2093	14860	19455	6943	10073	19304	20715
大悟县	8289	8072	83159	90633	54266	60232	78579	77693
云梦县	16931	17808	264508	314145	127501	144631	34757	378774
应城市	34665	35471	490564	482590	244852	253784	433160	497144
安陆市	15514	14540	142552	117304	87320	70425	109154	124852

20－1 续表 31

	职工人数（万人）		资产总额（万元）		负债总额（万元）		产品销售收入（万元）	
	2001 年	2002 年	2001 年	2002 年	2001 年	2002 年	2001 年	2002 年
汉川市	27416	28584	767101	800517	439609	478935	547094	607862
荆州市								
公安县	12949	11328	256146	247722	82200	74446	181496	198697
监利县	12265	13608	96119	114230	55200	53889	157784	174599
江陵县	6217	6491	314596	34058	24732	21603	12892	67398
石首市	10750	8742	168855	222825	105067	123471	197043	228999
洪湖市	21721	17189	241988	215465	104557	101827	296689	316352
松滋市	15806	15164	160981	161071	93153	95138	93665	107475
黄冈市								
团风县	4530	4803	29314	28240	12995	18213	19736	24360
红安县	7076	7283	132726	139505	71080	76172	111426	114269
罗田县	12186	11617	135636	139581	96025	104574	118100	130374
英山县	6471	6937	45964	55532	42699	43011	37095	40720
浠水县	9973	10699	94240	94504	62318	55634	108095	124005
蕲春县	16282	17185	111179	127001	73701	81286	127378	150527
黄梅县	14068	15136	97769	108517	70619	74525	170520	196356
麻城市	20514	20794	250062	181662	138322	109337	211468	245203
武穴市	18451	17512	246496	211624	162561	109509	227962	253576
咸宁市								
咸安区	14065	14234	158461	161343	127914	126357	152527	174133
嘉鱼县	7913	8498	91580	92450	59772	58850	79357	71428
通城县	5468	4283	54477	49577	31604	22683	38918	43576
崇阳县	8015	7515	45920	45733	33330	31683	42367	30566
通山县	2760	2901	25259	30686	18109	21659	19639	20796
赤壁市	29582	27198	315205	325232	212081	219594	223012	245640
随州市								
曾都区	59626	58660	336020	390145	102172	124851	624280	645025
广水市	6749	7191	105501	133194	78826	98982	112524	133073
恩施州								
恩施市	5390	4206	112408	108820	87109	80332	64408	42377
利川市	5396	5054	187484	216345	171456	177680	66931	70587
建始县	3748	3503	120689	71623	89156	53502	31754	24567
巴东县	4189	3304	73069	69671	56771	66787	24149	24918
宣恩县	1449	1368	34955	46305	27755	29506	20117	22564
咸丰县	1979	1714	54433	51270	39705	35832	10961	13271
来凤县	2757	2693	94853	104303	74387	97886	37697	40192
鹤峰县	3318	3807	103044	10893	57561	57649	42107	45507
仙桃市	64058	70463	534768	566939	317257	328209	801529	877609
潜江市	80817	62233	1604845	1548231	922314	848312	998802	969497
天门市	38095	36468	394700	387924	283253	287772	476906	463996
神农架	2296	2015	51770	43432	42233	35216	7181	6807

20－1　续表 32

	企业流动资产年平均余额（万元）		企业固定资产净值年平均余额（万元）		企业利税总额（万元）		企业利润总额（万元）	
	2001 年	2002 年	2001 年	2002 年	2001 年	2002 年	2001 年	2002 年
武汉市								
蔡甸区	79720	119310	55639	72245	1158	16454	4235	3272
江夏区	103922	113111	66400	76577	36255	39366	22117	22405
黄陂区	70611	91655	73860	102138	9741	10036	3815	5609
新州区	116772	109655	375338	355179	21696	15109	2249	－3103
黄石市								
阳新县	50143	54613	71850	84529	3694	6377	269	1124
大冶市	142627	125485	110098	124084	40337	46585	21302	23780
十堰市								
郧　县	58027	67822	44049	36949	9543	8776	120	1185
郧西县	8502	16626	10890	10919	557	1909	－16	910
竹山县	14037	15500	52360	31616	889	3182	－210	－830
竹溪县	12164	10689	158503	18312	1222	1306	75	－39
房　县	17221	16827	19060	47601	1559	722	－218	－677
丹江口	252229	255073	269732	259667	31249	30714	12446	15343
宜昌市								
夷陵区	116158	186667	117730	110358	23961	25554	7596	10144
远安县	76472	107647	70646	74190	2709	3451	1186	1647
兴山县	63847	61101	107328	112562	9513	8009	4503	6063
秭归县	11201	13124	33296	35397	2097	3973	370	1287
长阳县	241792	253342	604218	594253	14308	21511	829	2219
五峰县	23517	21002	51332	62145	1423	2900	－559	73
宜都市	73529	73600	100564	88010	6764	12931	1940	7611
当阳市	148325	145014	175878	194759	32371	35197	5244	4909
枝江市	121137	166000	114816	108507	－6738	－2202	－16887	－13083
襄樊市								
襄阳区	80700	75390	72915	73828	17046	16113	7836	7693
南漳县	12369	11925	14516	12661	3257	2401	451	172
谷城县	80015	76285	86402	91538	5557	8527	979	3219
保康县	37285	16757	13282	48064	2662	2303	302	－266
老河口	98136	91681	80921	77106	9021	8713	1904	994
枣阳市	11071	7653	69978	61829	11071	7653	1047	1016
宜城市	40043	40305	50553	54843	6354	7902	1694	2706
荆门市								
京山县	119846	133883	98333	95978	23760	20114	14973	11419
沙洋县	26269	21803	36249	32540	3294	3530	1439	1202
钟祥市	112144	107826	569597	541997	－17148	2025	－24353	－4485
孝感市								
孝南区	22175	33547	15642	14853	4996	3299	2896	1659
孝昌县	6648	9162	8170	9486	1003	1847	357	592
大悟县	46614	49744	28394	26157	6717	6859	2236	2318
云梦县	125980	149540	103191	139055	38950	422124	16143	13852
应城市	234520	233219	171193	183248	33918	37763	11124	12898
安陆市	57418	55550	57376	44525	4107	4612	354	1373

20－1　续表 33

	企业流动资产年平均余额（万元）		企业固定资产净值年平均余额（万元）		企业利税总额（万元）		企业利润总额（万元）	
	2001 年	2002 年	2001 年	2002 年	2001 年	2002 年	2001 年	2002 年
汉川市	240719	242376	464584	459055	53914	61762	26810	31734
荆州市								
公安县	136819	136514	83585	85911	21328	24425	13846	15966
监利县	42065	42386	45675	48302	9314	12725	3593	5211
江陵县	10696	11851	60873	14442	1834	2173	605	668
石首市	61701	62216	78322	92807	15156	26506	8224	14306
洪湖市	119528	106259	97958	82845	21014	24228	10292	12964
松滋市	60203	63720	79097	78305	2595	5363	－4082	－4214
黄冈市								
团风县	8317	10346	8736	10606	2214	1927	445	623
红安县	54863	68722	42125	50519	30993	35845	5323	7234
罗田县	39246	33525	39868	81754	8186	9664	3611	4284
英山县	25698	24947	17781	25120	1191	1281	－250	74
浠水县	35696	36867	40790	42317	8324	10373	3404	3701
蕲春县	42683	47694	50112	60866	7446	9608	2422	3672
黄梅县	44176	36443	44912	39668	9263	10992	2927	4301
麻城市	34117	66879	71694	74401	18812	21666	5027	5651
武穴市	64607	100178	98983	64427	20601	22431	7709	9274
咸宁市								
咸安区	77799	78654	64798	64879	7207	10903	1080	2588
嘉鱼县	37505	37652	47486	48478	8069	9832	5512	6978
通城县	244995	21383	23402	21383	3708	4888	1521	2573
崇阳县	19645	21789	15813	13207	2705	1130	927	－22
通山县	10395	13964	9949	12478	1423	1691	235	282
赤壁市	119376	108599	157079	152789	11608	15519	2545	6046
随州市								
曾都区	141472	227563	99232	109293	34303	38896	22234	24662
广水市	52007	57701	43982	54934	18282	31817	－4794	1206
恩施州								
恩施市	49590	47011	51442	53822	5134	4114	968	859
利川市	38811	80411	47651	77895	13232	16991	－9051	－6155
建始县	59427	22170	41028	41305	5752	499	－3170	－874
巴东县	18067	17852	34692	35490	4624	6202	－1046	－465
宣恩县	8810	8186	21082	28081	2731	2823	369	509
咸丰县	8155	7678	41088	38027	－355	1746	－1447	222
来凤县	42833	38844	50442	56172	8847	13815	－1152	－24219
鹤峰县	21868	25922	48706	53890	7827	7055	5283	4585
仙桃市	313008	327879	175904	198134	45817	51912	24179	25322
潜江市	715578	722949	716767	681875	77564	64713	27982	16739
天门市	296442	124331	171483	169446	37471	32554	15366	14593
神农架	17027	14788	30045	27259	－102	－299	－803	－613

20－1 续表 34

	县属工业（万元）		亏损企业亏损额（万元）		县属工业（万元）		企业成本费用总额（万元）	
	2001 年	2002 年	2001 年	2002 年	2001 年	2002 年	2001 年	2002 年
武汉市								
蔡甸区	4235	4436	936	2633	936	1457	104019	229330
江夏区	21935	22249	738	249	738	249	207846	259557
黄陂区	3815	5609	13850	14115	13850	14115	130874	156303
新州区	2118	3216	181	6782	181	463	218640	234650
黄石市								
阳新县	180	781	652	649	345	343	60938	84752
大冶市	5954	9592	593	651	268	362	343884	400256
十堰市								
郧　县	120	1185	2086	12467	2086	12467	61350	55771
郧西县	－16	910	247	358	247	358	10673	17339
竹山县	－210	－830	4108	1121	4108	701	15309	19927
竹溪县	－272	－585	393	710	339	627	20082	25513
房　县	－218	－677	754	896	754	896	17697	19349
丹江口	2174	1263	5903	6944	2081	3784	224596	292716
宜昌市								
夷陵区	7090	8933	467	942	467	917	224157	218223
远安县	－1013	－290	1450	1382	1243	1263	223485	179757
兴山县	4503	6063	301	536	301	536	45387	44661
秭归县	279	993	473	603	395	603	25380	31105
长阳县	451	1172	1062	1000	1062	1000	89554	112128
五峰县	－776	－52	617	619	595	555	21491	22595
宜都市	1579	7203	412	714	412	714	131046	113175
当阳市	4180	1756	7065	3455	131	307	243211	236047
枝江市	3800	4936	21791	19272	1096	1195	207488	232118
襄樊市								
襄阳区	9201	8228	1742	1720	377	1185	199552	201904
南漳县	442	151	66	67	66	67	36671	30228
谷城县	2157	1991	2733	709	65	156	98155	108374
保康县	－73	－137	475	782	182	194	37833	39817
老河口	3330	3001	2146	2760	215	225	148067	134464
枣阳市	2961	2283	367	2512	360	2479	163737	136630
宜城市	1548	2284	284	434	284	434	79025	97471
荆门市								
京山县	14955	10810	874	435			179385	187552
沙洋县	1439	1202	30	434	30	434	47933	50404
钟祥市	2700	4408	27436	9499	383	606	158675	169329
孝感市								
孝南区	2744	1649	27	71	27	71	38191	47479
孝昌县	357	592	32	1	32	1	18422	18910
大悟县	16	1300	67	40	61	14	65360	65293
云梦县	16792	13673	840	989	68	415	324807	35005
应城市	9248	11224	1423	981	289	302	421798	478101
安陆市	1840	1827	2513	1005	184	203	108123	124109

20-1　续表 35

	县属工业（万元）		亏损企业亏损额（万元）		县属工业（万元）		企业成本费用总额（万元）	
	2001 年	2002 年	2001 年	2002 年	2001 年	2002 年	2001 年	2002 年
汉川市	18638	20623	414	721	414	721	515583	570703
荆州市								
公安县	13846	15966	550	285	550	285	142498	183931
监利县	3160	4396	1719	794	1286	588	154258	163237
江陵县	250	249	212	416	212	416	60229	65213
石首市			15	160			177323	212888
洪湖市	10292	12964	1767	814	1767	814	283440	302251
松滋市	192	876	5995	7167	1712	3704	85830	93510
黄冈市								
团风县	445	623	320	300	320	300	25186	26312
红安县	5889	5966	80	2	80	2	92958	87559
罗田县	3611	4284	1204	498	1204	498	107949	122876
英山县	-250	74	817	81	817	81	37248	41521
浠水县	3404	3701	333	240	333	240	102931	117741
蕲春县	184	913	1048	505	834	364	124324	144141
黄梅县	2927	4301	350	320	350	320	159478	187496
麻城市	5027	5651	1640	790	1640	790	140978	193656
武穴市	7709	9274	2866	773	2866	773	221015	241209
咸宁市								
咸安区	2567	3252	2061	1571	133	115	139284	168085
嘉鱼县	5899	7179	1119	617	732	416	59319	64058
通城县	1521	2573	56	32	56	32	37486	40620
崇阳县	551	-22	324	1219	324	1219	42200	31008
通山县	235	282	306	509	306	509	17669	20486
赤壁市	5841	10491	4092	4544	478	256	222013	239937
随州市								
曾都区	22234	24662	29056	17782	29056	17782	548627	587612
广水市	656	2656	7331	1795	1881	345	100963	108848
恩施州								
恩施市	968	859	308	293	308	293	59887	43985
利川市	-2279	-305	9306	6570	2534	720	61949	60100
建始县	-3170	-874	3198	611	3198	611	34713	24649
巴东县	-1046	-465	1294	664	1294	664	16965	21081
宣恩县	369	509	305	15	305	15	19204	21450
咸丰县	-968	631	1550	490	984	52	12887	12991
来凤县	-164	-286	1198	2753	648	607	33515	30859
鹤峰县	5283	4585	224	82	224	82	34358	38957
仙桃市	23969	25317	1261	810	1261	810	776267	850956
潜江市	21660	17950	3982	1811	3960	600	1001183	943946
天门市	12600	11996	1659	1582	1493	1440	50080	42932
神农架	-803	-613	811	665	811	665	8345	7774

20－1 续表 36

	邮电业务总收入（万元）		电话机（万部）		农村电话机（万部）		社会消费品零售总额（万元）	
	2001 年	2002 年	2001 年	2002 年	2001 年	2002 年	2001 年	2002 年
武汉市								
蔡甸区	5443	8251	75671	75843	47628	47628	196865	222735
江夏区	10171	12510	91940	101813	60348	67094	249899	288886
黄陂区	11620	12890	96844	112641	66837	80304	279993	320450
新州区	6931	7307	87418	101370	75347	77933	264102	296550
黄石市								
阳新县	5784	6941	57541	60936	35029	37100	140588	145900
大冶市	9130	10408	86245	97800	41600	45747	226881	252648
十堰市								
郧　县	2635	2917	25911	32911	9651	12559	105020	97619
郧西县	1474	1938	18445	20613	6930	8330	41015	45732
竹山县	1290	1458	14418	15138	8242	8654	33184	36569
竹溪县	1329	1541	15904	18866	6554	7542	26119	29229
房　县	2126	2221	21313	25870	8433	10935	42621	45843
丹江口	6462	8042	42987	52170	18767	21324	178460	190382
宜昌市								
夷陵区	5199	5756	63564	79403	25315	28793	220001	239563
远安县	2208	2887	29302	30304	6246	7573	67313	74105
兴山县	1722	1801	20114	28000	5223	6850	50558	59718
秭归县	2425	3311	22844	26845	7445	8952	60016	66860
长阳县	2926	3849	39760	52827	9960	11112	74005	79979
五峰县	1427	1689	16171	28883	5415	6219	42114	45010
宜都市	4946	6529	64630	81078	18886	19604	113412	124980
当阳市	4731	5195	76098	77782	20220	22739	244023	251100
枝江市	4835	9401	65820	50106	26202	27829	141429	156442
襄樊市								
襄阳区	6559	9485	83059	94200	54459	66622	158943	170612
南漳县	2802	3080	38000	42000	19500	22000	78105	85985
谷城县	5928	7173	42815	47415	20585	22285	77191	83619
保康县	1895	1920	20749	25237	9846	12227	51054	56533
老河口	6009	7055	54979	63880	12209	14532	195510	205448
枣阳市	8459	9308	93136	99602	43773	46862	315400	291000
宜城市	5355		42813	44037	21383	22203	124325	140500
荆门市								
京山县	827	1250	73123	99189	30545	33563	211829	235350
沙洋县	4505	5447	41793	46284	25352	27952	135413	144215
钟祥市	7871	9799	70327	70812	41653	36711	285530	304099
孝感市								
孝南区	1205	1318	110000	125000	44500	61000	132123	146252
孝昌县	2620	2978	24802	30000	14255	16000	77674	81805
大悟县	1080	1158	19960	23163	16506	17725	94871	102019
云梦县	4930	5643	45988	46614	23014	23743	137074	152411
应城市	4708	5000	63876	65647	33267	35110	194160	216307
安陆市	4282	6980	63143	58874	18586	22219	141060	153140

20－1　续表 37

	邮电业务总收入（万元）		电话机（万部）		农村电话机（万部）		社会消费品零售总额（万元）	
	2001 年	2002 年	2001 年	2002 年	2001 年	2002 年	2001 年	2002 年
汉川市	7986	8628	77662	83439	48596	52814	296908	327591
荆州市								
公安县	16712	19092	76755	79256	46299	48894	205540	236404
监利县	10444	11467	73800	84787	46073	49359	275977	305656
江陵县	1415	2412	33937	42436	21183	30963	92000	105600
石首市	5226	8248	67134	67896	32166	33083	197961	215032
洪湖市	9861	10965	77395	84800	41969	45800	310877	320825
松滋市	7958	12700	59534	69800	36978	45069	266563	234368
黄冈市								
团风县	2782	3461	26440	30380	17373	19826	37009	40335
红安县	6373	7163	40454	47445	17668	22303	84860	90886
罗田县	3190	3719	35200	36326	19543	21482	84094	80188
英山县	2049	3920	26241	34160	11826	16050	55115	58477
浠水县	6308	7921	65876	81595	32421	41289	178638	194716
蕲春县	6580	6890	74746	80402	39788	39910	119946	129318
黄梅县	6780	7456	75983	82542	59112	62953	131739	146120
麻城市	7536	7800	43295	61299	25433	37873	162466	173989
武穴市	8819	9790	65390	74297	28951	34300	170135	188141
咸宁市								
咸安区	5468	6962	40319	49426	15819	16713	85554	93728
嘉鱼县	3458	3752	33421	37571	17502	21455	48235	52523
通城县	3711	3819	29549	38991	14551	18134	85552	92119
崇阳县	3552	5195	31163	33188	15109	14851	69143	74650
通山县	4270	4650	27201	32563	12044	14229	43419	45599
赤壁市	9283	10629	53526	60380	22377	23030	104476	114490
随州市								
曾都区	15000	15000	106141	146000	54863	60000	463400	508034
广水市	5266	5502	51829	60000	32208	40000	147612	161000
恩施州								
恩施市	6803	7925	44200	58000	12000	13800	91346	102346
利川市	2468	2388	23114	26678	9226	11452	49556	52696
建始县	1922	2093	19736	21151	7563	8083	42515	42739
巴东县	2807	4899	21878	22377	10715	12372	51151	55152
宣恩县	1623	1960	11693	13380	4804	6032	36407	39334
咸丰县	1745	1783	13849	15545	4922	6013	39991	43150
来凤县	1383	1373	14272	15976	3311	3738	35840	37730
鹤峰县	1174	1262	11113	14070	4702	6032	26218	28850
仙桃市	18068	19438	141093	149365	75430	76485	563597	611995
潜江市	15801	20293	104503	107617	45113	49143	292650	314391
天门市	10890	11980	181314	225000	84745	97000	496114	535935
神农架	987	1338	7387	8006	2632	3002	14939	15900

20－1 续表 38

	外贸出口商品总值（万美元）		实际利用外资（万美元）		外商直接投资（万美元）		高新技术产品增加值（当年价）（万元）	
	2001 年	2002 年	2001 年	2002 年	2001 年	2002 年	2001 年	2002 年
武汉市								
蔡甸区	1211	2317	1214	2014	1214	2014	31166	60231
江夏区	1021	805	525	840	525	840	22637	28975
黄陂区	710	1034	600	1119	600	1119	7839	8622
新州区			507	1021			7406	7974
黄石市								
阳新县	320	500	730	600			2716	14102
大冶市	503	510	904	1002			24959	31891
十堰市								
郧　县	1	1	16	16			2558	3007
郧西县	17		18				680	2765
竹山县							133	119
竹溪县	60	45	121	81	121	81	1489	1292
房　县	14	6						80
丹江口	151	791	180	421			3939	5065
宜昌市								
夷陵区	3291	1070	800	500	800	500	10914	14944
远安县	96	83					9630	17388
兴山县	2867	4202					1329	1397
秭归县	18	14	161	173	161		853	527
长阳县							1539	2172
五峰县								1632
宜都市	63	167	471	340	471	340	9709	15055
当阳市	176		80		80		17863	20679
枝江市	1700	1810		214		214	4864	2844
襄樊市								
襄阳区	194	883	312	344	312	344	1313	1330
南漳县	17	35	20	51	20	51	607	723
谷城县	461	470	40	99	40	99	11167	14452
保康县		120	20	35	20	35	148	143
老河口	665	472	205	364	205	364	10467	9898
枣阳市	49	307	47	174	47	174	4068	4054
宜城市	314	986	150	266	150	266	10790	19451
荆门市								
京山县	2800	3337	225	649			28766	13247
沙洋县	552	417	200	391	200	391	672	1093
钟祥市	521	860	605	662	605	662	7441	8788
孝感市								
孝南区	761	1180	761	1180			1489	1788
孝昌县	152	213	208	267	208	267	748	843
大悟县	32	37	25	106	25	106	3301	1824
云梦县	192	156	1510	1600	1223	1175	19350	22810
应城市	550	911	630	732	630	732	20686	25528
安陆市	311	567	670	746	670	746	4232	4373

20－1 续表 39

	外贸出口商品总值（万美元）		实际利用外资（万美元）		外商直接投资（万美元）		高新技术产品增加值（当年价）(万元)	
	2001 年	2002 年	2001 年	2002 年	2001 年	2002 年	2001 年	2002 年
汉川市	306	865	828	928	568	928	21894	25036
荆州市								
公安县	125	423					27342	7398
监利县	200	386	100	151	41	107	1049	1854
江陵县								
石首市	3096	4124	1745	2723	1545	1036	28617	44012
洪湖市	854	738	53	23	53	23	8319	10318
松滋市	274	113		52		50		
黄冈市								
团风县	400	750	133	750	50	350	896	341
红安县	173	240	204	447			1800	1163
罗田县	315	365	90	190	90	176	4892	6226
英山县	202	140	91	150	12	150	16	46
浠水县	20	60	142	205		205	6784	6379
蕲春县	2320	2500	833	916	833	916		17845
黄梅县	696	450	129	205	129	205	47873	53527
麻城市	540	1350	154	314	154	314	5375	6714
武穴市	1323	1500	61	320	61	320	26711	31777
咸宁市								
咸安区	1370	1800						
嘉鱼县	328	1585	1500	2525			3336	5059
通城县	400	532					11273	12199
崇阳县	1596	1875	574	400	574	400	5938	5344
通山县								
赤壁市	2622	2885		3249		3249	6581	7371
随州市								
曾都区	2623	6303	507	620	507	620	13230	24068
广水市		168	216	227	216	227	2127	1886
恩施州								
恩施市	10		1700	1844				
利川市	19	29						
建始县								
巴东县								
宜恩县	9	13						
咸丰县	3	2	74				228	193
来凤县			26					
鹤峰县	1615	1850					10976	11615
仙桃市	4106	4419	557	1200	557	1200	45567	52140
潜江市	2622	2416	1306	802			24581	21592
天门市	1214	2727	508	810	508	810	13956	20088
神农架		12						

20－1　续表 40

	科技活动经费支出（万元）		科技三项费用支出（万元）		普通中学在校学生数（万人）		小学在校学生数（万人）	
	2001 年	2002 年	2001 年	2002 年	2001 年	2002 年	2001 年	2002 年
武汉市								
蔡甸区	2600	1235	360	420	3.34	3.38	4.23	3.68
江夏区	758	872	300	440	4.70	5.04	7.64	7.00
黄陂区	311	320	275	345	6.75	7.24	11.80	10.71
新州区	2000	2100	140	160	7.36	8.14	12.64	11.31
黄石市								
阳新县	117	140	25	100	4.50	6.98	14.20	14.98
大冶市	3300	1864	350	309	4.60	6.65	12.60	12.07
十堰市								
郧　县	132	131	130	160	3.75	4.63	7.80	6.78
郧西县	256	279	85	133	3.08	3.47	6.14	5.61
竹山县	104	34	98	30	1.74	1.78	4.98	4.78
竹溪县	28	30	67	80	1.81	2.12	3.79	3.86
房　县		150	88	90	2.81	3.20	5.18	4.72
丹江口	895	1871	163	177	3.20	3.50	5.50	4.90
宜昌市								
夷陵区	1416	1575	269	303	3.57	4.09	4.47	3.85
远安县	1874	772	146	136	1.34	1.28	1.60	1.26
兴山县	464	451	90	92	1.26	1.11	1.50	1.27
秭归县	510	218	17	18	3.15	2.61	3.14	2.68
长阳县	1090	583	70	50	2.98	2.81	3.02	2.79
五峰县	35	73	192	143	1.41	1.39	1.61	1.44
宜都市	1718	1520	198	403	2.48	2.70	3.13	2.69
当阳市	3740	2298	484	430	3.55	3.81	3.50	3.14
枝江市	309	295	193	238	3.52	3.67	4.00	3.57
襄樊市								
襄阳区	960	1268	448	332	5.53	5.37	11.03	10.00
南漳县	263	102	127	130	3.31	3.32	6.01	5.42
谷城县	57	176	190	142	3.97	4.65	5.58	4.91
保康县	42	45	116	156	1.59	1.75	2.74	2.42
老河口	188	193	362	370	2.15	2.27	4.87	4.61
枣阳市	506	515	498	515	8.50	8.76	11.80	10.30
宜城市	463	803	170	202	3.31	3.35	5.72	5.05
荆门市								
京山县	320	345	320	345	4.50	5.20	6.60	5.70
沙洋县	15	30	95	109	4.60	4.44	4.46	3.77
钟祥市	200	205	323	327	7.55	8.11	10.40	9.15
孝感市								
孝南区	36	30	160	198	4.14	4.58	9.51	8.69
孝昌县	52	51	146	181	3.60	3.80	8.90	8.80
大悟县			214	240	3.92	4.32	8.45	7.78
云梦县	1410	886	140	150	3.23	3.61	6.84	6.41
应城市	68	72	237	242	3.34	4.05	8.02	7.10
安陆市	106	126	217	167	3.82	4.29	7.13	6.39

20－1 续表41

	科技活动经费支出（万元）		科技三项费用支出（万元）		普通中学在校学生数（万人）		小学在校学生数（万人）	
	2001年	2002年	2001年	2002年	2001年	2002年	2001年	2002年
汉川市	780	3939	270	368	6.43	7.09	12.25	10.74
荆州市								
公安县	110	120	110	120	7.46	6.99	10.15	8.46
监利县	23	38	23	20	8.34	9.38	15.42	17.43
江陵县	45	22			1.40	1.81	3.30	3.02
石首市	175	180	310	345	4.36	4.33	7.37	6.22
洪湖市	213	221	48	52	4.84	5.29	11.75	11.76
松滋市	41	40	30	30	4.01	4.55	6.65	6.81
黄冈市								
团风县	530	460	62	31	2.43	2.71	4.19	4.22
红安县	949	1041	233	250	3.65	3.55	8.49	8.39
罗田县	734	635	210	168	4.99	5.58	7.02	6.28
英山县	14	4	17	25	2.90	2.80	3.71	3.48
浠水县	194	216	213	216	6.57	5.91	11.07	10.55
蕲春县	687	286	84	92	6.60	8.10	12.15	11.27
黄梅县	3160	3180	70	101	6.11	6.12	10.88	10.89
麻城市	518	579	124	249	5.89	6.73	13.51	12.86
武穴市	4510	5589	360	388	4.90	5.60	9.40	9.17
咸宁市								
咸安区	350	423	100	115	3.51	3.83	5.96	5.45
嘉鱼县	37	38	52	53	1.93	2.14	4.65	4.28
通城县	12	12	23	22	2.40	2.65	6.43	5.61
崇阳县	150	180	21	23	2.75	3.16	6.11	5.97
通山县	12	14	38	65	2.09	2.91	5.85	5.89
赤壁市	850	1120	320	325	3.98	4.23	6.19	5.89
随州市								
曾都区	1100	1150	161	181	10.29	11.53	16.73	14.41
广水市	101	441	260	400	6.33	7.70	11.34	11.14
恩施州								
恩施市	8	6	40	40	3.40	3.81	6.39	6.25
利川市	235	353	278	324	4.28	4.99	10.01	9.35
建始县	134	153	10	120	3.34	3.34	4.33	4.04
巴东县	10	12	20	20	2.52	3.34	4.27	3.90
宣恩县	8	18	88	96	1.32	1.57	3.27	3.23
咸丰县	22	24	170	12	1.82	1.44	3.75	3.56
来凤县	923	970	118	125	1.47	1.49	3.97	3.91
鹤峰县	912	1020	80	32	1.15	1.18	1.95	1.84
仙桃市	7083	7072	592	488	8.97	9.99	18.66	15.02
潜江市	4663	5893	363	408	6.42	7.32	8.40	8.38
天门市	1481	1970	620	831	11.29	13.02	17.65	15.28
神农架	12	14	16	17	0.39	0.33	0.73	0.67

附　　录

以全面建设小康社会为目标
推进湖北交通事业的新一轮大发展

湖北省交通厅厅长:任必年

一、五年来湖北交通发展的回顾

1998 年以来,在党的十五大精神指引下,在省委、省政府、交通部的正确领导下,我们抓住国家实施积极财政政策、西部大开发战略、加入 WTO 等机遇,使湖北交通事业步入发展的"快车道"。这五年是湖北交通迅速发展的五年,交通基础设施建设速度最快,运输结构调整成效最明显,以高速公路和长江特大桥为代表的重点工程质量和管理水平跨入全国先进行列,以引进民间资本、国外资本、股票上市为突破口的多元化筹融资渠道进一步拓宽,以高速公路公司制改革、公路养建分离和企业改革为代表的行业体制改革取得新的突破,行业管理和精神文明建设迈上了一个新的台阶。

(一)交通基础设施建设迅猛发展,质量和技术水平跨入全国先进行列。

五年来,全省交通建设共完成投入 437.7 亿元,是上一个五年的 4.8 倍。高速公路、国省干线公路、农村公路网初步形成。高速公路达到 943 公里,是 1997 年的 2.2 倍。路网建设全面实施,全省公路在册通车里程达到 86124 公里,100% 的乡镇和 97% 的村通公路。等级公路比重达到 79%,公路密度每百平方公里达到 46.3 公里,分别比 1997 年提高 10 个百分点和 19 公里。公路养护全方位加强,全省公路平均好路率达到 75.2%,干线好路率达到 84.7%,均比 1997 年提高 7 个百分点。港航建设明显加快,疏浚整治航道 400 余公里,其中新增航道 15 公里,航道升级 69 公里,改善航道 22 公里,新增港口泊位 12 个,新增港口吞吐能力 295 万吨。新建船闸 4 座,港口机械化程度达到 70%。站场网络逐步完善配套,共投入站场建设资金 8.18 亿元,是上一个五年的 2.43 倍。

全省交通基本建设管理和工程质量水平不断提高。以重点工程为代表,京珠高速公路湖北北段(含军山大桥)被交通部评为全国十大优秀竣工项目,鄂黄大桥建设开发公司被评为全国"优秀法人单位",军山、宜昌、荆州、鄂黄长江大桥科技质量水平均处在全国前列,标志着我省交通建设质量管理达到全国先进水平。

(二)交通运输生产力大幅提高,交通"瓶颈"制约明显缓解。

五年来,我省依托逐步建成的高速公路和长江水道,大力调整运输结构,整顿运输市场,开拓新型运输方式,发展高速客运、快速货运、水陆联运,水陆运输总量大幅增长。江海直达船舶、汽车滚装船、油气专用船队初具规模。去年全省完成道路水路客运量、旅客周转量、货运量、货物周转量 5.9 亿人,309 亿人公里、3.5 亿吨、342 亿吨公里,分别比 1997 年增长 15.7%、20.2%、6.1%、13.6%。以武汉为枢纽的高速客运网络基本形成,省内有 10 个市已实现四小时到达,上海、南京、重庆、郑州等大城市实现了朝发夕至。农村客运有了很大发展。

(三)全社会办交通的积极性空前高涨,多元化筹融资成绩显著。

五年来,我们实施交通基础设施建设发展目标责任制,出台了干线路网"258"和农村公路"1225"的投资补助政策,提出了分两个三年打两场战役的发展目标,在全省掀起了路网建设高潮,出现了合力发展交通事业的新格局。

我们通过积极探索,扩大开放,建立起多渠道筹融资新机制,共筹集各类资金 521 亿元,是上一个五年的 2.8 倍,有效地保证了交通发展的需要。其中,运用国内 BOT、盘活存量资产,向社会招商引资,转让公路收费经营权,合资合作等,吸引了外资和民间资金 46 亿元,是上一个五年的 7.6 倍,净增 40 亿元。面对"费改税"压力,克服困难,依法征费达 197 亿元,比上一个五年增收 61 亿元。对全省收费公路通行费秩序进行了全面规范管理,收费公路还本付息能力和服务水平明显提高。

(四)交通体制改革取得突破性进展,行业管理体系日益完善。

五年来,我们不断深化各项改革,出台了一系列改革举措,推动了交通行业管理覆盖面的扩大和行业管理水平的提高。全面推行政府部门改革、行政审批制度改革,促进了政府职能转变;突出了运输市场培育和运输企业改革,推行股份制改造和民营化,加快企业兼并重组;实行管养分离,公路养护的企业化、市场化、社会化的新机制正在形成,公路施工单位改制工作顺利推进;高速公路管理体制改革取得突破,实现了高速公路公司化;积极推进了水监、港口体制改革;交通法规体系日益完善,共出台地方性交通法规、规章 16 件,特别是出台了《湖北省交通建设管理条例》,填补了全国地方性交通建设法规的空白。

(五)交通科教工作的力度不断加大,科技创新能力和人才综合素质进一步提高。

五年来,我们加快了"科教兴交"战略的实施,以重点工程为依托,开展科技攻关,推广"四新"技术,科技创新能力不断增强。新开科研项目156项,完成鉴定项目106项,获省科技进步奖46项,其中一、二等奖7项。高速公路联网收费系统基本建成。实施了交通人才战略,形成了多层次、多渠道、多元化的交通教育格局。加强了交通教育基地建设,成立了湖北交通职业技术学院。全省交通专门人才已占职工总数的29.43%,高级以上职称的专业人才达到1476人,其中路桥、港航、机械专业正高职工程师14人,享受国务院、省政府津贴、有突出贡献的学术带头人11人。

(六)党的建设和行业精神文明建设全面加强,"两个文明"建设协调发展。

五年来,我们始终坚持"两手抓,两手都要硬",通过深入开展"三学一创"等多种群众性创建活动,行业精神文明创建成果丰硕。全省交通行政和业务管理单位中,文明单位的覆盖面达到85%。全省交通系统两次被省委、省政府评为文明系统。共创建省部级示范窗口24个,省部级文明路15条,国家级青年文明号15个、青年岗位能手12名,省部级青年文明号86个、青年岗位能手80名。荣获全国劳模、先进工作者14名,"五一"劳动奖状先进集体8个,湖北省劳模43名。1998年湖北省交通厅被评为"全国抗洪救灾先进单位",交通审计、档案、援藏等工作受到国家级表彰,2002年省交通厅被评为"全国精神文明建设先进单位"。

通过加大党风廉政建设责任制的落实,加大源头治腐力度,三项格局工作不断取得新突破。有效预防了交通建设重大腐败案件的发生。交通执法队伍建设不断加强,执法"四制"全面推行,交通行政执法人员整体素质显著提高。"三五"普法圆满完成,"四五"普法全面启动,干部职工依法办事能力明显提高。交通审计工作进一步加强,在强化交通专项资金管理、严肃财经纪律、促进增收节支等方面发挥了积极作用。

五年来,特别是2002年,我省交通围绕努力实现跨越式发展目标及全面推进"十五"计划,继续保持加快发展的良好态势,其主要特点是:

1、交通建设投资再创历史新高,建设市场进一步规范。

全年全省完成建设总投资120.69亿元,创历史最高水平。其中公路重点工程完成63.46亿元,面上工程完成53.96亿元,主枢纽及站场建设完成1.55亿元,港航建设完成1.72亿元。重点工程确保了孝襄、樊魏高速公路、宜子口船闸、梁子湖航道开工;京珠南段、汉十武许段、鄂黄、荆州长江公路大桥顺利建成通车;江汉航线、清江、大富水新沟至应城段疏浚工程完工,库区复建码头水工结构基本完工;荆宜、荆东高速公路、武汉阳逻长江公路大桥完成前期工作,开始征地拆迁。完成一、二级公路路基2600公里、路面1300公里,新铺油路1000公里,在全国率先完成通县油路建设。前三年路网建设顺利收网,后三年路网建设全面启动。武汉主枢纽建设明显加快。

2、规费收入稳步增长,多渠道筹融资取得新的突破。

全年全省共筹措交通建设资金134.91亿元,其中争取交通部资金8.11亿元,银行贷款68.7亿元。交通费收稳步增长。全省完成交通费收(含代征车购税)52.88亿元,为年度计划的114.59%,比上年增长16%,收入总额达到历史最好水平。在引进民间资本投资高速公路建设方面取得了突破,樊魏、荆宜、荆东等高速公路项目协议资金达97.6亿元,年内完成企业投资3.9亿元。楚天公司上市申请通过了证监会核准,将于今年择机上市。

与此同时,加强了资金监管。实行了厅直单位会计委派制,开展了交通"审计回头看"专项检查活动,保证了资金安全,提高了资金使用效益。

3、运输生产态势良好,运输结构调整步伐加快。

运输生产稳中有升。全年全省完成道路水路客运量、货运量分别较上年增长0.25%、13.74%。经济效益和运行质量提高,19家联系企业营运总收入增长10.18%,利润增长14.49%。

4、交通改革整体推进,依法行政职能得到强化。

公路行业改革,以彻底实现事企分开、转制和职工身份转变为目标,全面推进管养分离、公路施工企业改制和局直单位改革。港口和水监体制改革顺利推进。全省半数道路运输企业开展民营化改制,运输企业资质评定工作顺利开展。深化人事用工制度改革,对运管部门实行了全省统一编制管理。市州交通部门机构改革全部完成,各级交通主管部门进一步加快了职能转变。

适应入世需要,清理、修改、汇编了交通法规和规范性文件,突出了行政执法人员的学历教育,落实了“四五”普法规划和领导干部学法用法制度，全面推行了交通行政执法责任制，进一步理顺了公路路政管理体制，交通的法规体系建设、法制环境建设和行政执法队伍建设得到进一步加强。

5、“学查改”和“行风评议”取得阶段性成果，行业精神文明建设整体推进。

全省交通系统深入开展“学查改”和“行风评议”活动，广泛征求社会意见，“花钱买批评”，注重管理理念和管理职能的转变，从精简审批事项、减少审批程序、下放管理权限、严格依法行政、加强市场管理、规范费收征稽、治理公路“三乱”等问题入手，制定了系统性的整改措施，促进了机关作风和行风的转变，提高了工作效率和群众的满意程度。

全省交通系统精神文明建设指导管理工作进一步完善，命名表彰了一批文明示范窗口，初步形成了优胜劣汰机制，提高了创建工作质量。民主管理进一步加强，“五个一”创新活动富有成效。人才培养力度进一步加大，全年参加继续教育培训 15400 人，学历教育 11500 人，各类岗位培训 124000 人，创历史之最。

五年来湖北交通发展的成绩，是党中央、国务院路线方针政策正确指引的结果，是省委、省政府和交通部正确领导的结果，是地方各级党委政府和社会各界大力支持的结果，也是广大交通干部职工团结奋斗的结果。**我们的主要经验是：**

第一，坚持解放思想，抢抓机遇，突出加快发展主题。解放思想，是交通加快发展的前提。正因为我们不断解放思想，实事求是，与时俱进，才有好的思路、好的目标、好的措施和好的效果。从“贷款修路，收费还贷”到“敢于负债搞建设”，直至提出“只求所在，不求所有”，反映了我们不断解放思想、抢抓机遇的过程，才使我们不失时机地抓住了西部大开发和加入 WTO 的机遇，突出加快发展，年度完成投资屡创新高，促进全省交通面貌明显改变。

第二，坚持依靠各级党委、政府和人民群众，形成全社会办交通的合力。交通发展状况关系到各地的社会经济发展，与人民群众生活息息相关，涉及社会的方方面面，需要社会各方的大力支持。正因为我们坚持紧紧依靠各级党委、政府的重视、各方面的配合及广大人民群众的支持，把交通发展由单纯的部门行为变为政府行为和社会行为，出台了一系列支持政策，从而创造了良好的舆论环境、法制环境、政策环境和服务环境，初步形成了多元化投资交通建设的格局，形成了全社会办交通的合力。

第三，坚持科教兴交，为加快交通发展提供科技支撑和智力支持。现代化的交通必须要以“新技术、新材料、新设备、新工艺”作支撑，要有一大批掌握应用“四新”技术的高素质的人才。正因为我们坚持科教兴交的战略，依托重点工程和管理实践开展科技创新，将科技直接转化为生产力，并注重在实践中锻炼、培养人才，提高各种人才的能力和水平，才保证了加快交通发展过程中的科技和人才的需求。

第四，坚持改革创新，增强交通发展的活力。改革创新是交通事业兴旺发达的不竭动力。正因为我们按照“三个有利于”，积极推进交通的改革创新，推进机构改革和行政审批制度改革，加快运输、施工企业改制，推进高速公路经营企业化，从而极大地解放和发展了交通运输生产力。

第五，坚持“两手抓，两手都要硬”，保证全省交通快速持续健康发展。“两手抓，两手都要硬”是做好交通各项工作的重要指导方针。正因为我们始终坚持以人为本，针对交通行业特点，进一步完善了齐抓共管的机制，运用了各方参与、有效结合的载体，形成了凝聚人心干事业的氛围，从而提高了队伍的综合素质，增强了干部职工拒腐防变能力，塑造了良好的交通行业形象。

二、以十六大精神为指导，全面推进全省交通跨越式发展

（一）当前的形势

全面分析形势，我省交通发展是机遇与挑战并存，希望与困难同在。当前，我们主要面临四个方面的新形势：

1、国际竞争加剧的新形势，为交通带来了重要的战略机遇。

2、小康社会建设的新形势，给交通发展提出了新要求。

3、全国交通发展的新形势，增强了我省交通发展的紧迫感。

4、湖北经济发展的新形势，为我省交通发展带来了新的压力。

（二）今后我省交通发展的思路和目标

我们通过学习十六大精神，在调查研究的基础上，确定本世纪头 20 年全省交通发展的总体思路：以邓小平理论和“三个代表’’重要思想为指针，按照十六大提出的全面建设小康社会的目标，紧密联系我省交通发展不够和服务水平不高的实际，坚持解放思想、实事求是、与时俱进；坚持“只求所在，不求所有”，突出加快发展主题；坚持体制创新、机制创

新、管理创新和科技创新;坚持物质文明、政治文明、精神文明一起抓的方针;促进协调发展,充分发挥交通在国民经济和社会发展中的支撑和先导作用。2010年以前,交通运输与国民经济的关系由基本缓解向总体适应跨越;2020年以前由总体适应向初步现代化跨越,力争湖北交通走在中西部的前列,建成交通强省。在国道主干线和重要经济干线高速化和国省道高等级网络化、武汉及江汉平原率先实现交通现代化的基础上,初步实现全省交通现代化,努力做到县乡公路等级化、黑色化,港口机械化、重要枢纽港口专业化,航道等级化、网络化,客运便捷化,货运物流化,综合运输和管理的智能化。

形象目标是:

1、近五年(2003至2007年)

全省基本形成以国道主干线和西部通道为主干,以连接"大三角"经济区及周边省会城市的高速公路为主骨架,市州通达高速公路、县市通达高等级公路,乡镇通油路,村村通公路的内畅外联、四通八达的公路网;基本形成以长汉江为主通道,连通清江及江汉平原航道网,港站配套、干支相连的水路网;基本形成武汉主枢纽与高速公路沿线中心城市区域性枢纽相互配套,顺应快速客货运发展需要的客货运站场网。使我省承东启西、连南纳北的交通区位优势得以发挥;基本形成武汉至市州间当日往返,周边省会城市朝发夕至的高速客运网和农村客运网。全省交通基础设施建设及养护、管理总投资为700亿元。高速公路达到2100公里。

2、前十年(2001至2010年)

全省国道主干线和西部通道全部建成高速公路,国家重点公路及省规划的重点公路全面建设。实现武汉到周边省会城市高速化,武汉和江汉平原地区率先基本实现公路交通现代化。国省干线公路基本达到二级以上标准,县乡公路技术等级明显提高,路网结构全面改善,路面质量和服务水平大幅度提高;汉江水运主通道达标工程全面铺开,航道技术状况得到较大提高;武汉公路主枢纽建成,二类公路主枢纽建设全面启动;综合运输和管理信息化,其中重要领域智能化;初步实现城间运输快速化,长途运输网络化,短途运输便捷化。全省交通基础设施建设及养护管理总投资为1200亿元。高速公路达到2600公里。

3、后十年(2011至2020年)

全省将形成以国道主干线和国家重点公路为主干的高速公路网、高等级国省干线网、四通八达的农村公路网。实现省内地市级城市间及与周边省市毗邻地市级以上城市公路高速化,全省干线公路网高等级化,县乡公路等级化、黑色化。在武汉市和江汉平原地区率先基本实现公路交通现代化的基础上,初步实现全省公路交通的现代化;汉江主通道达标,以长江为主干,以汉江清江为两翼,平原五级航道为主体的全省内河航道网形成,港口机械化作业水平大幅度提高;规划的二类公路主枢纽建成;综合运输和管理智能化;建成以武汉为半径1000公里的客货运输网、物流网络和管理信息网络。全省交通基础设施建设及养护管理总投资为1500亿元。高速公路达到3700公里。

(三)加快交通改革发展的主要措施

为实现上述目标,在今后五年乃至更长时间内,我们必须采取有力措施深化改革,扩大开放,加快发展,狠抓落实。

1、解放思想、更新观念,坚持"只求所在,不求所有"。

解放思想、更新观念是一个永恒的主题,也是加快我省交通发展的前提。交通的发展要做到与时俱进,必须从带有计划经济色彩的思维方式、管理方式、工作方式中解脱出来,从教条主义和形而上学的思想桎梏中解放出来,站在全社会经济发展的高度,着眼于以市场配置资源,培育多元投资和建设主体,努力实现观念的更新。总的来说,要破除因循守旧的观念,革除狭隘的利益观,特别要在五个方面更新观念。一是要破除交通建设单纯依靠国家投资的思维定势,树立市场化筹融资的观念。二是要破除搞建设就一定要交通部门当业主的思维定势,树立让有能力的投资者当主角的观念。三是要破除转让经营权有损国家利益的模糊认识,树立谁条件优谁经营的观念。四是要破除组建交通企业集团一定要由自己控股的片面认识,树立谁有实力谁控股的观念。五是破除行政管理主要依靠行政审批的狭隘认识,树立服务型、法制化管理的观念。

2、把握原则,加大力度,深化各项改革工作。

深化交通改革必须以"三个代表"重要思想为指导,紧密结合交通实际,把握几大原则。一是坚持发展的原则。发展是硬道理。交通当前的主要问题是发展不够,目前存在的各种问题也是发展不够所致,解决这些问题的根本在于加快发展。在发展中,要努力实现速度、质量和效益的高度统一。二是市场经济原则。要坚持社会主义市场经济的改革方向,使市场在国家宏观调控下对资源配置起基础性作用。尊重市场规律，加快市场化步伐，构建统一、开放、竞争、有序的现代市场体系。三是分步实施原则。各类改革必须形成相互配合、稳步推进的态势，明确重点，分步实施，逐步到位。四是上下结合原则。各级交通部门都要加大对行业改革的指导，及时总结改革成功经验，积极推进改革的各项保障措施，加强与地方政府的协调，做到整体联动。五是改革发展稳定并重原则。交通改革是一场革命，必然涉及利益格局的调整，各级交通部门要正确处理改革、发展和稳定的关系，促进交通的持续、快速、健康发展。

交通各领域的改革都必须突出重点。一是加快行业管理体制改革。二是加快事业单位的改革。三是加快企业改革。四是加快养护管理改革。五是积极推进港监体制和港口管理体制改革。

3、积极探索，大胆实践，切实做到全面开放。

我们要从优化政策、环境人手，努力开创交通对外开放的新局面。

一是实行交通建设和养护市场的全方位开放。要鼓励社会各方进入交通建设、养护市场，对省内外、行业内外全面开放，坚决破除地方保护主义和市场准入壁垒。继续积极培育规范交通建设、养护市场，形成按资质进入、公平竞争的市场环境。

二是实现筹融资市场的全面开放。要大力开展招商引资，简化程序，为投资者服好务，优化投资环境。积极扩大转让经营权成果，吸纳国内其他产业和企业的资金。通过资产重组，盘活存量资产，通过股票上市、发行债券等方式，拓宽多元筹融资渠道。健全和完善引资激励机制，调动各层次各方面对招商引资的积极性。将效益好、社会投资热情高的项目拿出来，供社会各界选择，作到"靓女先嫁"。交通部门主要是继续利用规费、政府资金和贷款扩大建设规模，投入有利于社会经济发展，有利于群众脱贫致富，外资和社会资金不愿参与的基础设施建设项目。

三是实行运输市场的全方位开放。道路运输业总体上属于一般性竞争行业，国有经济应逐步从一般性竞争行业退出。因此，对所有的市场主体均实行国民待遇，坚决破除市场壁垒，坚决打破地方和部门保护，推动公平竞争。要从体制上、政策上取消限制民营经济发展的门槛，为不同所有制经济成分共同发展创造条件。要将公路运输行业作为突破口，尽快改变企业所有制结构，使国有资本逐步退出普通运输领域，放手发展民营经济。

4、突出重点，针对难点，狠抓各项工作的落实。

一是突出主题抓落实。二十一世纪头20年，要全面建设小康社会，对交通来说是一个必须紧紧抓住并可以大有作为的重要战略机遇期。在这个时期，必须始终将发展作为主题，使湖北交通发展在全国处于规模、速度和技术质量的先进地位。

二是紧扣目标抓落实。在全面建设小康社会的过程中，围绕交通发展的阶段性目标，积极发挥先行作用，加快提升公路、水路基础设施和车船运力技术水平，加快公路的上等升级，尽快完成高速公路主骨架建设。

三是优化环境抓落实。随着社会主义市场经济和民主政治的发展，特别是我国加入WTO以后，大的环境比以前有所改善，但交通建设任务重，交通发展环境有待进一步改善。各级交通部门必须履行职能，把主要精力放在改善和优化环境上。要改善法制环境，加强立法，规范执法行为；要改善信用环境，提倡守法诚信，加强职业道德建设；要改善服务环境，不断开展行业服务行为的监督和整顿；要改善舆论环境，改善行业风气，提高行业整体形象。

四是提高素质抓落实。发展交通事业，关键是要有一支过硬的职工队伍。我们要以交通职业技术学院为龙头，开展多形式、多层次、全方位的人才教育。与此同时，要办好在职人员的岗位培训，以县(市)以上交通部门负责人培训为重点，积极探索，尽快形成覆盖各层次人才的业务培训体系。

五是科技创新抓落实。为建立和完善科技创新体系，省厅拟尽快出台建立全省交通行业科技创新体系的指导意见。以交通行业需求为导向，加强对科技创新的组织和宏观指导，培育和发挥企业在科技进步中的主体作用，探索利用中介机构，加快科研成果的转化与推广。

六是强化保障抓落实。交通发展，必须是物质文明、政治文明和精神文明的协调发展。为此，我们要抓好四个方面的工作。第一，坚持三个文明一起抓。第二，以"三学四建一创"为主体，继续加强行业文明创建。第三，要加强领导班子建设和队伍建设。通过强化理论建设、民主集中制建设、作风建设和领导能力建设，增强各级领导班子的凝聚力和战斗力。第四，继续加强党风廉政建设，强化审计等自我监督约束机制。

抢抓新机遇　促进新发展

中共宜昌市夷陵区委　宜昌市夷陵区人民政府

2002年，全区人民在区委、区政府的正确领导下，坚持以邓小平理论和江泽民同志“三个代表”重要思想为指导，积极应对撤县设区和入世新形势，抢抓三峡即将蓄水发电新机遇，团结奋斗，开拓创新，全区经济保持了持续、快速、健康发展的良好势头。

——区域综合实力不断增强，经济结构进一步优化。2002年，全区国内生产总值达到66.04亿元(现价、不含三峡坝区)，增长8.5%。其中第一产业实现增加值9.67亿元，下降2.1%；第二产业实现增加值33.86亿元，增长9.2%；第三产业实现增加值22.51亿元，增长12.6%，实现工农业总产值73.6亿元，增长8.3%，乡镇企业总产值130.1亿元，增长3.8%；财政收入4.65亿元，增长6%；农民人平纯收入达到2827元。经济结构调整迈出新步伐，结构更趋合理。2002年，三次产业构成为14.7:51.3:34，与2001年相比，第一产业下降2.5个百分点，第二产业上升0.6个百分点，第三产业上升1.9个百分点。

——农业结构调整步伐加快，农村经济稳步发展。2002年，全区农村工作坚持以增加农民收入为核心，发展市场农业和高效农业，农业结构调整步伐加快，农业产业化经营取得突破性进展，在农业生产遭受严重自然灾害的情况下，农村经济仍保持了稳步发展，农民收入稳步增长。据统计，2002年全区实现农林牧渔业总产值(不变价)8.54亿元，保持上年水平。

——工业经济持续增长，运行质量不断提高。2002年，全区工业经济突出主导产业、优势企业和强势产品，以提高效益为中心，着力培育工业经济核心竞争力和新的增长点，生产持续增长，效益不断提高。全年实现工业产值(不变价)65.1亿元，增长9.6%，其中，规模工业完成产值32.08亿元，增长10.6%。实现利润9217万元，增长25.4%。规模工业企业实现利润增长25.4%，是近年来最好的一年。

——旅游、商贸等第三产业快速发展，物价总水平平稳回升。随着我区商贸流通体制改革步伐的加快，商品流通渠道、经营方式和业态均发生了积极的变化，商贸流通日趋活跃，一批连锁店、专卖店、自选超市和购物商城发展较快，个体私营企业经营规模过百万的新增23家，达到202家。全年实现社会消费品零售总额23.96亿元，增长8.9%。第三产业占国内生产总值的比重较上年上升1.9个百分点。全区居民消费价格总指数为100.5，价格总水平比上年上升0.5个百分点。成功地举办了三峡夷陵生态旅游节，全年接待中外游客95万人次，旅游直接收入1268万元，综合收入4.1亿元。

——财税金融运行平稳，改革开展全面推进。2002年，全区完成财政收入46556万元，同比增长6%，其中，工商税收3.77亿元，增长12.5%。全区金融机构各项存款余额达到27.57亿元，比年初增长14%，各项贷款余额达到11.14亿元，比年初增长1.7%。财税、金融改革进一步深化。全面完成了农村税费改革任务，农民负担明显减轻。金融增贷增效工作取得新成效，工业、农业贷款资金分别增长21.1%和40.8%，城镇职工养老保险、医疗保险、失业保险和最低生活保障制度建设全面展开，基本实现应保尽保。

——社会事业全面进步，经济和社会协调发展。全区科技、教育、文化、体育、卫生、人口等社会事业全面发展。全年组织实施科技计划项目37项，科技三项经费增长17%，有5家企业生产高新技术产品达28类，高新技术产品增加值占规模工业增加值的比重达到15%。教育事业稳步发展。九年义务教育得到巩固、提高。小学学龄儿童入学率达100%，初中适龄少年入学率达97.4%。成功地举办了首届民间艺术大赛和全省第二届全国体育先进县运动会、医疗卫生事业不断发展，医疗服务质量提高。

——城乡居民收入增长，生活质量进一步提高。经测算，2002年，我区农民人均纯收入达到2827元，比上年人平增加30元；城镇居民人均可支配收入达到6957元，增长14.4%；全区职工年平均工资水平达到8640元，比上年增加463元，增长5.7%。城乡居民储蓄存款19.01亿元，比年初增加2.5亿元，增长14.9%。随着收入的增加，城乡居民的生活质量进一步得到改善，2002年，居民用于交通通讯，文娱教育和医疗保健方面的支出大幅增加，分别达到24.4%、41%和54.9%。居民住房条件进一步得到改善，城镇居民人均住房面积28.1平方米，比上年增加2.6平方米。农民人均住宅面积达到37平方米，比上年增加3.4平方米。

当阳市2002年经济社会发展概况

当阳市人民政府

2002年，在市委的正确领导下，在市人大、市政协的监督、支持下，市人民政府组织和带领全市人民团结奋斗，基本完成了市四届人大四次会议确定的奋斗目标。

一、国民经济稳步发展，经济增长质量有新提高

2002年，全市实现国内生产总值69.1亿元，按可比价计算，比上年增长1.5%；实现财政收入3.92亿元，比上年增长2%；农民人均纯收入达到2980元，与上年持平；城镇居民人均可支配收入达到6679元，比上年增长4.46%。

农业产业结构调整初见成效。主要农产品除夏粮、夏油因面积调减、持续阴雨灾害影响减产外，其它均有较大幅度的增长。农业结构调整力度进一步加大，调整成效日益显现。农业优质品种达到80%以上，金水柑被国家评为“中华名果”，全年农业订单面积达20多万亩。全市山羊年饲养量达到11.68万头，比上年增长55.32%，奶牛养殖初具规模。

工业经济运行质量稳步提高。全市全口径实现工业总产值70亿元，比上年增长2%，新口径实现工业总产值25.4亿元，比上年增长12.98%，其中市直工业实现工业总产值11亿元，比上年增长17.9%。全市24家重点调度企业，实现了“两增长一下降”的好业绩，即实现年销售收入14.1亿元，比上年增长5.3%，上缴税金6500万元，比上年增长14.2%，企业亏损面控制在20%以内，比上年下降4.2个百分点。

以旅游业为主的第三产业快速发展。实现第三产业增加值19.85亿元，比上年增长10%，完成社会消费品零售总额25.1亿元，比上年增长2.9%。旅游业进一步发展，全年接待游客54.4万人次，比上年增长5%，实现旅游综合收入1.5亿元，比上年增长36%。电信、通讯建设取得长足发展。

财政金融在困境中稳步前进。以提高收入质量为重点，全市实现财政收入39208万元，比上年38436万元增加772万元，增长2%，占调整预算数39200万元的100%。财政收入占国内生产总值比重达到5.7%，比上年提高0.1个百分点，税收收入占财政收入比重达到86.2%，比上年提高10.1个百分点，地方实际可用财力占财政收入比重达到57%，比上年提高5个百分点。全年实现财政支出33875万元，比上年增长0.47%。

二、招商引资工作力度加大，项目建设取得新突破

2002年是我市招商引资工作力度最大、运行速度最快、招商效果最明显的一年。一年中，引进内蒙古蒙牛乳业股份有限公司首期投资6000万元在我市兴建6条冰淇淋生产线，今年4月份建成投产后年销售收入可达1.5亿元，实现税收1000多万元，可安排500多人就业；玉阳化纤科技公司与香港金悦集团、讯捷国际有限公司、深圳普纶达化纤设备有限责任公司合资兴建当阳市新阳化纤有限责任公司，今年8月份首期工程建成投产后可年实现销售收入6000万元，创利税1000多万元；引进武汉大学后勤集团独资1000万元开发百宝寨项目；引进内蒙古兴和实业股份有限公司投资4000万元启动忠信大酒店；引进宜昌“巴蜀之旅”旅游联合体投资开发月亮河旅游度假区项目；引进湖北德立房地产开发有限公司投资开发怡景嘉园项目。

三、各项改革进一步深化，管理体制有了新变革

积极稳妥推进农村税费改革。按照“减轻、规范、稳定”的指导思想，扎实开展了农村税费改革试点工作，初步实现了三个确保的改革目标。改革后，全市农民负担总额3770万元，比1999年的6635万元减负2865万元，下降43.2%；比2001年的5426万元减负1656万元，下降30.5%；比宜昌市批复的方案数4000万元减少230万元，下降5.75%。全市亩平农民负担64.5元。农民负担下降幅度，大大超过了省、宜昌市的要求。

强力推进国有(集体)企业改革。围绕国家转让产权、政府转变职能、企业转换机制、职工转变身份的目标，组成由市委、市政府主要领导牵头的强有力的企业改革专班，深入企业广泛动员，强力宣传，精心组织，因企制宜，一厂一策，抓住关键环节，全面推进了企业民营化改革。全市152家市属国有集体企业已有129家完成职工改姓任务，安置职工16602人，占应安置职工总数的74.6%。

事业单位改革已启动。认真贯彻中央关于事业单位改革的精神，以事企分开、转体为突破口，探索开展了市直事业单位改革。撤销11个事业单位，划出事业单位序列14个，实行事企分开2个。

四、城市基础设施建设不断加强，城镇化进程迈出新步伐

城乡规划编制不断完善，规划指导功能日益增强。先后完成了《环城西路控详规》、《城区电信、广播电视专项规划》、《农民建房小区规划》的编制，为城乡建设健康发展提供了科学指导。

城乡基础设施建设力度进一步加大，城市品位不断提高。多方筹措社会资金，完成了16条城区小街小巷基础设施项目的建设，整治小区道路路基3500米，硬化道路5390米，铺设下水道4690米。

城市管理日渐规范，城市面貌明显改观。结合市直机构改革，加大城市交通、卫生、市容市貌和门前"三包"管理执法力度，大力整治脏、乱、差行为，取得明显成效。我市被授予"省级园林城"，连续三年获得省"畅通工程"四等管理城市的荣誉称号。

五、精神文明建设与各项社会事业协调发展，两个文明建设有新进步

大力实施科教兴市战略。全年获得国家级科技计划1项，省级科技计划3项，宜昌市级科技计划6项，玉阳化纤科技公司5000吨醋酸丝束项目被纳入国家火炬计划，积极推进高新技术产业发展，全市高新技术产品总数达到15项，高新技术企业达到4家。荣获"全国科技进步先进市(县、区)"称号。

坚持可持续发展战略。全面加强土地资产管理、矿产资源管理，大力推进国有土地使用制度改革，努力培育规范城镇土地市场取得显著成效，庙前清平河土地开发整理项目基本完成。大力实施退耕还林工程，加强林业生态环境建设，完成绿化造林3.5万亩，其中退耕还林1.5万亩。农村能源建设取得明显成绩。强化环境执法，积极开展污染治理，巩固了"一控双达标"成果，人民群众的生存环境和生活质量有了较大的改善和提高。

教育文化体育卫生等事业协调推进。深化教育体制改革，撤销镇处教育组，落实了"以县为主"的教育管理体制。积极调整学校布局，新办了第三高级中学，完成了新职业技术教育中心学校重组工作，有效解决了高中渡峰问题。教育质量稳步提高，高考再创佳绩，九年义务教育质量评估保持宜昌市领先水平。坚持"双为"方向和"双百"方针，实施文化精品战略。以抢救和保护民间文化为重点，积极创建文化中心户，举办了第二届"沮漳风情"农村文艺汇演，荣获"湖北省民间艺术(书画)之乡"称号。医疗卫生保健水平不断提高。人民武装、人民防空、审计、物价、技术监督、信访、民族宗教、外事侨务、台湾事务、人事、统计、老龄、档案、史志、机要、保密、气象等各项工作都有新的进展，为全市两个文明创建都作出了积极贡献。

切实加强社会保障体系建设。全年通过劳动力市场，实现就业安置4390人，向深圳、上海等地劳务输出1340人，职业介绍赔偿制的经验得到上级部门充分肯定。社保扩面工作有较大突破，社保基金收支运行状况较好，保证了全市企业离退休人员养老金和失业人员失业金按时足额发放，并按政策提高了发放标准。城乡困难群体保障体系已基本形成。

深入开展文明卫生创建活动。全市省级文明单位达到8个，宜昌市级文明单位29个，当阳市级文明单位167个。大力贯彻实施《公民道德建设实施纲要》，开展社会公德、职业道德和家庭美德教育，在全市形成了爱国守法、明礼诚信、团结友善、勤俭自强、敬业奉献的基本道德规范。

六、社会稳定工作扎实有效，民主法制建设取得新进展

坚持依法治市，全面实施"四五"普法规划，全方位落实社会治安综合治理的各项措施，全年开展了6次大的严打专项斗争，社会治安状况明显好转。认真处理人民群众的来信来访，及时办理人大代表建议和政协委员提案。广泛听取人大代表、政协委员的建议意见，发挥专家咨询作用，坚持向市人大常委会报告工作，向市政协通报情况，民主决策和科学决策水平得到进一步提高。

七、加速推进县域经济民营化，民营经济有了新发展

全面推进国有(集体)企业民营化改革，一些企业走上民有民营之路。乡镇企业在困难中探索前进，民营化步伐进一步加快，培育壮大了兴牧种羊服务有限公司、宜昌三峡粉丝厂、科恩果业公司、仙草米业公司、金桥粮油公司、金龙油脂公司等一批农业龙头企业。全年新增私营企业116家，新增个体户2054户，实现税收4655万元，比上年增长24.13%。

八、政府自身建设进一步加强，发展环境有了新变化

狠抓勤政廉政建设，大力遏制政府权力部门化、部门权力利益化的倾向，初步形成了一支团结、务实、廉洁、高效的公务员队伍。加大案件查处力度，全市行政监察机关共立案查处案件7件，给予行政处分7人，移送司法机关处理5人。积极转变政府职能，改善服务环境。全市大部分职能局在新闻媒体上公开服务承诺，接受社会监督，对6起严重干扰经济发展环境的案件进行了严肃查处。市域发展环境逐步好转，受到了投资者的较好评价。

强工活商　建设小康

荆州市沙市区委　沙市区人民政府

实现党的十六大提出的全面建设小康社会目标，是新世纪新阶段我们肩负的重大而紧迫的战略任务。沙市作为鄂中南区域中心城市荆州市的中心城区和历史形成的重要商埠，具有地理区位、城市设施、交通通信、人文环境和工业基础、市场流通等诸多比较优势，在全面建设小康社会进程中应该走在全市、全省前列。为此，我们按照荆州城市发展功能定位和区情实际，确立了实施“工业兴区”战略，做好“强工活商”大文章，振兴轻纺工业和商贸流通，努力把沙市建成全省重要轻纺工业基地和两湖平原物流中心，实现以工商业强区富民，加速全面建设小康社会的发展思路。按照这一思路，本世纪前20年，我区建设小康社会的主要目标是：国内生产总值前8年翻一番，人均达到2700美元，其中“十五”期间平均增长10.8%，人均达到2000美元；后10年再翻一番，人均达到5000美元以上，为提前实现全面小康目标奠定可靠的物资基础。近阶段，**我区经济发展的重点是：**

一、发展优势产业，壮大工业支柱。开发产品，加大投入，培植一批规模较大、竞争力和带动力较强的骨干企业，加快形成五大支柱产业。即开发中高档针纺织服装产品，重点培植联昌、德赛等骨干企业，发展劳动密集型与技术密集型相结合的纺织服装产业；开发汽车、摩托车、机电配件等技术含量较高的产品，重点培植宏泰、神华、衡德等骨干企业，发展具有市场潜力的机电配件产业；开发森工建材、家具装璜等产品，重点培植万树中纤板、蓝星建材家具等骨干企业，发展市场广阔的建材家具产业；开发有机硅、石油、医药等精细化工产品，重点培植江汉精化、东信药业等骨干企业，发展高技术含量的化工医药产业；开发新型食品、饲料等产品，重点培植皇冠味品、新力食品和通威、津港饲料等骨干企业，发展具有地方特色的食品与饲料产业。

二、突出项目开发，创建工业园区。以项目开发和招商引资为突破口，加快建设和发展以骨干企业和重点项目为带动、产业聚集、特色鲜明、可持续发展的沙市工业新区，同时抓好岑河针纺工业园和立新台资工业园建设，扩展发展空间，优化产业布局。近两年内，引资和融资12—15亿元，在配套沙市工业新区基础设施建设的同时，抓紧建设投资规模较大、项目技术先进、产品档次较高、市场前景广阔的六大重点项目。即天发油菜籽加工交易中心、衡德城市生活垃圾处理设备、天济药业园、蓝星家具工业园、活力28工业园、美力生物工业园。这些项目建成投产后，每年将实现工业销售收入25—30亿元、利税3.7—4.3亿元。

三、提升市场档次，发展现代流通。推进传统商贸业向现代流通业转变，大力发展现代流通业态，做大做强各类专业市场，实行搞活流通与发展实业紧密结合，延伸扩展市场产业链，增强沙市作为荆州市中心城区在两湖平原市场枢纽中的辐射功能。在巩固发展蓝星商贸城、天缘汽配城和现有农产品、工业品等一批专业化大市场、超市、连锁店的同时，引进投资3亿多元，首先在2002年建成7万平方米规模的蓝星国际家具城，再经过一年努力，建成鄂中南规模最大、档次一流的沙市大润发卖场和百货洗涤市场。不断整合和优化市场资源，大力发展旅游业、信息业、咨询业和各类服务业，全面增强第三产业持续发展的基础。

四、坚持“一主三化”，做强民营主体。继续把发展民营经济作为推进全区工业化、农业产业化和农村城镇化的主攻方向，在鼓励、引导各类个体私营经济加快发展的同时，重点支持蓝星、兴鑫、万树等民营集团公司和神华机电、东信药业、联昌纺织、精细化工等民营骨干企业扩大规模、提档升级，重点抓好一批民营企业集团的引进和发展，培植一批能够“顶天立地”的大中型民营企业。坚持国有集体企业改革的民营取向，深化和加快产权制度改革，力争在两年内全面实现全区公有企业民营化。更新观念，拓宽思路，用工业理念发展城郊农业，着力建设优质水产、蔬菜、瓜果、畜禽等特色农产品基地，重点培植皇冠味品、新力食品、联昌纺织、金鲤鱼公司等农业产业化龙头企业，探索和推行市场引导、龙头带动、基地支持、利益联动的农业产业化发展新机制，促进农产品加工产业的发展壮大。

五、营造发展环境，加力招商引资。把招商引资作为“工业兴区”、“强工活商”的加速器，以提高招商引资质量和效益为重点，打造招商平台，完善招商政策，创新招商方法，强化招商服务，在引进内地和沿海地区资金、项目、技术的同时，加大向国外和港台招商引资的力度，提高我区全方位开放、多渠道招商的水平。围绕建设优质高效的服务环境、规范严明的法制环境、诚实守信的信用环境、宽松优惠的政策环境、和谐健康的人文环境，转变思想观念，加强制度建设，营造"尊重投资者、关爱纳税人"的良好社会氛围，强化企业优先、服务至上、依法行政、公正执法的招商服务措施，加快工业新区和郊区城镇基础设施建设，创新和扩展沙市投资创业的环境优势，促进新的战略机遇期沙市的新发展，为全面建设小康社会打下坚实的基础。

大力实施项目兴县战略 不断加快县域经济发展

中共江陵县委　江陵县人民政府

2002年，在市委、市政府的正确领导下，我们紧紧依靠和团结全县人民，坚持以"三个代表"重要思想为指针，求真务实、迎难而上，转变作风、勤勉工作，有力地推动了全县经济社会的快速、协调、健康发展。

一、坚持以发展为第一要务，国民经济继续保持较好的发展势头。实现国内生产总值12.88亿元，按可比口径比上年增长9.1%，工农业总产值26.6亿元，比上年增长11.1%，财政收入5879万元，按可比口径增长9%，农民人均纯收入2458元，增长1.1%，城镇居民人均可支配收入5817元，增长5%，社会消费品零售总额10.09亿元，增长9.7%，计划生育率98.87%。

立足抗灾夺丰收，农业发展出现好势头。一是优质水稻、无公害菜、品改猪、鄂杂棉等主要农产品优质率显著提高，油菜生产基本实现双低化。二是特色农业发展迅速。种草养羊、养牛，网箱养鳝等养殖业成为农民增收的新渠道。三是适应市场经济的现代农业主体发展势头强劲。以银岗米业、万德福集团等为代表的一批农型企业不断发展壮大，产业化链条逐步加长。家庭农庄和种养大户发展到1000多户，品牌农业、订单农业发展势头喜人，30%以上的农产品实现了产销直接挂钩。

工业经济保持良好运行态势。规模工业完成产值8.46亿元，工业增加值2.29亿元，实现利税总额2480万元，分别比上年增长16.8%、16.5%和15.9%，产品产销率、应收帐款、产成品资金占压、利税增幅等主要经济指标全面完成市下达任务。有9家工业企业进入全县纳税大户前20名。乡镇企业进一步发展，全年完成总产值21.1亿元，增加值4.56亿元，实现营业收入20.2亿元，实现利税7590万元，分别比上年增长17.7%、17.2%、17.6%、19.4%。个体私营经济不断壮大，个体工商户发展到8446户，从业人员1.74万人，产值营业额达到9.7亿元，私营企业达到185家，从业人员6925人，产值营业额达到4.9亿元，个体私营经济提供税收508.8万元，比上年增长13.1%。

财政金融平稳运行，城乡贸易活跃。全年完成财政收入5879万元，占预算的99.1%，财政支出9155万元，占预算的108.8%，加上上级财政转移支付，全年财政收支平衡、略有节余。银行各项存款余额7.9亿元，比年初增12.8%，其中，城乡居民储蓄余额6.8亿元，比年初增13.3%；贷款余额11.8亿元，各家银行通过核呆为企业减轻债务1000余万元。商业保险机构实现保费收入1522万元，理赔支出累计1320万元。全年社会消费品零售总额达到10.09亿元，比上年增9.7%，城乡市场日趋活跃。全县各类集市贸易成交额达2.98亿元，初步形成了以郝穴城区消费品市场为龙头，以乡镇农副产品市场为依托的商品流通网络。

二、坚持以深化改革为动力的各项改革、改制取得新突破。一是继续深入推进企业改革。在进一步规范完善县、乡工业企业改革的同时，突出抓了棉花、粮食、供销企业改革。棉花企业通过改革盘活资产1860万元；粮食部门整体出售县油脂公司，实现了民有民营；已基本实现民营化的供销企业以支工支农、优质服务为重点，保证了生产资料的充裕供应。二是认真组织农村税费改革和县乡分税制财政体制改革，让农民得到实惠。全县农民负担总额5536.31万元，同口径比较，农民资金负担比2001年减少3024.69万元，减幅为35.1%。进一步推进了部门预算、政府采购、会计集中核算和收支两条线管理等工作。三是稳妥、慎重推进县乡机构改革和教育管理体制改革。全县乡镇机关事业单位合并、转体120多个，分流人员近1000人。

三、坚持以项目兴县为重点，招商引资成效明显，发展后劲得到增强。全年累计引进项目42个，项目协议资金9500万元，比上年增长14%。实际到位项目14个，到位资金6050万元。与计划远东绿世界公司签订的环保制品项目合同，两期投资将达2670万元。滩桥镇5家引资企业新增投资1000多万元。计划、财政、民政等部门充分发挥优势，争取国家和省市专项资金和项目资金近5000万元。

四、坚持以优化环境为目标，经济环境得到进一步改善。在硬环境方面，全县城镇基础设施建设总投入达9100万元，城乡交通网、电力网、通讯网建设力度加大。县城仙鹤大道扩宽、二机建材商贸城、江陵大道西延路基建设等一批市政工程基本完成，以城镇交通、卫生为重点的专项整治收效明显，城市建设与管理迈上新台阶。普济镇加快后新路开发区建设，全年融资500万元，集镇面积扩展近0.5平方公里；滩桥镇投入110万元进行集镇配套建设，集镇面貌焕然一新；熊河、白马寺等乡镇从严整治集镇“脏、乱、差”现象，管理水平进一步提高。全县城镇资本营运取得实质性效果，村镇规划修编进展顺利，一个以县城为中心，以乡镇集镇为骨架，以村庄建设为基础的城乡一体化发展格局正在形成。

五、坚持“两手抓”，精神文明、民主法治建设和各项社会事业取得新进展。广泛深入地开展文明创建活动，涌现了县公路局、民政局等一批省市文明单位，以崇尚先进、弘扬正气为目标，切实加强新形势下的思想政治工作，在全县组织了向先进文化的忠实传播者—邱海洋同志学习的活动。全面启动“四五”普法，深入开展“严打”等专项整治斗争，社会治安综合治理责任制得到较好落实，“赌码”活动得到遏制，同“法轮功”等邪教组织的斗争不断深入。高度重视并切实做好群众来信来访工作，采取“听证会”等民主方式，妥善解决了一些历史遗留问题，较好地处置了一些群体性事件，社会稳定的局面进一步巩固。

六、坚持以强化服务为目的，党委、政府自身建设得到加强。制订和修改了县委、县政府工作规则及各部门工作责任目标管理体系，调整和完善了全县经济目标考核办法，广泛开展了争当经济发展先进乡镇、先进村、纳税模范户和县直“形象工程”优胜单位等“四个争当”竞赛活动。扎实开展“三为服务”、“三大建设”活动，严格规范行政行为，整顿工作纪律、生活纪律，党政机关工作人员的宗旨观念、责任意识和诚信意识显著增强，办事效率明显提高。坚持执政为民，切实维护基层和群众利益，不断加大好事实事的办理力度，机关作风和形象明显转变，干群关系明显改善。

改革调整促发展　强根固本添后劲

中共长阳土家族自治县委　王新祝
长阳土家族自治县人民政府　马尚云

2002年，长阳土家族自治县着力创优发展环境，大力调整经济结构，努力扩大招商引进，不断深化各项改革，取得了经济建设、改革开放和社会事业的全面进步。全年国内生产总值达到26.19亿元，比上年增长7.5%；县域规模以上工业总产值完成4.52亿元，比上年增长22.1%；县级财政收入达到1.19亿元，比上年增长8.5%；农民人均纯收入达到1809元，比上年增长1.1%；城镇居民可支配收入达到6303元，比上年增长7.4%。

一、农村经济结构调整步伐加快，农业产业化程度提高，农产品开始批量进入大中城市超市。一是专业村建设初见成效。筹资400万元招标建设了蔬菜、肉羊、柑桔、茶叶、药材等60个特色农业专业村，全县共调减粮油作物播种面积5.1万亩。二是龙头企业不断发展壮大。大清江公司、清江食品开发有限责任公司、宜昌夷水天然色素厂、清江椪柑公司、清江银鱼公司等龙头企业健康发展。创办的长阳无公害农产品加工园区被列为全省重点乡镇工业园区。三是农产品销售市场得到新的拓展。土家嫂豆瓣酱、岩松坪椪柑、清江银鱼等优质农产品登记注册了商标，形成了品牌，并开始批量进入武汉和沿海等大中城市的农产品超市。

二、加强了对工业经济的领导，工业建设重点进一步明确，工业发展后劲不断增强。一是项目建设成效显著。招徕河水电站落实了项目资本金，争取了国内配套贷款，顺利实现了提前一年截流的目标，并成为全省利用日元贷款进度最快的水电项目。古城万吨锰矿等项目招商与筹建工作取得重大进展。二是重点企业正常生产。宏发纸业公司改建后，总规模达到1.5万吨，当年达产75%；宜化长化公司合成氨产量首次突破3万吨；隔河岩电厂年发电量达到25.8亿千瓦时，比上年增长55.9%，成为历史上第二个高产年。三是非公有制经济发展较快。个体工商户达到7431户，比上年增加1327户；私营企业达到170家，比上年增加82家。2002年，全县工业增加值达到3.6亿元，比上年增长15.9%。县域规模以上工业企业实现工业总产值11.79亿元，比上年增长24.8%；入库税金2328万元，比上年增长18.5%。乡镇企业实现工业总产值7.51亿元，比上年增长10.8%。

三、旅游产业的建设力度加大，旅游经济的效益和质量明显提高，旅游对县域经济的拉动作用大大增强。一是一批高品位的旅游景点正逐步形成。清江奇石苑、武落钟离山白虎堂建成开放；投资1200万的盐池温泉山庄建成营运；磨市红土溪旅游岛总体工程基本竣工。二是县内旅游基础配套设施建设日益完善。投资1500万元,对景区道路、旅游码头等公共设施进行了大规模改造完善。引导民营资本投资旅游业,新增民营宾馆5家,总投资额达2000万元以上。旅游市场秩序进一步规范、旅游经营发展环境大为改善。2002年,全县共接待游客70.6万人次,实现旅游综合收入2.65亿元,外来游客人均消费额375元,比上年增长3%。

四、财政收入质量得到提高,集中财力抓建设的力度明显增强,金融信贷环境明显改善。一是财源建设不断加强,财政收入质量进一步提高,税收收入占财政收入的比重达到76.4%。二是依法治税力度加大,基本上做到了应收尽收。三是财政支出管理进一步规范,较好地实现了“保工资、保运转、保稳定”的目标。四是集中财力办大事的力度增强,为专业村、招徕河电站、大通道等重点工程建设提供了有力的资金保障。五是金融单位对地方经济发展的支持力度明显增强。金融机构各项存款余额11.4亿元,贷款余额7.2亿元,分别比年初增长16.7%和8.3%。

五、高度重视发展环境建设,创优环境工作取得了明显进展,优良环境对经济建设的推动作用开始显现。一是对破坏发展环境的查处力度加大。全年共受理投诉38件,处理完结33件,较好地解决了举报者反映的一些突出问题。二是信用、法制及政策环境得到了较为明显的改善。全县的信用水平全面提升,年底全省金融等级评定中,我县由D级跃升为B级,实现了从金融高危区向安全区的转变。三是政务公开全面推行,部门服务质量有所提高,部门行业风气得到明显好转。2002年,我县荣获“全省厂务公开先进单位”称号。四是基础设施得到加强。县城进出口大通道基本建成通车;维修了黄陵洞索道桥,确保了绿色通道的畅通;铺设了40.5公里乡镇干线柏油路,提高了乡镇公路等级;完成了农村电网改造一期工程,农村供电质量大大提高;新建了8个移动电话基站,使全县水陆两条主通道达到了无间隙覆盖;顺利推进了广播电视村村通和城区电视网络改造工程,广播电视覆盖面不断扩大,视听质量得到了进一步提高。

六、农村税费改革试点工作取得阶段性成果,县直机构改革顺利完成,工企业改革稳妥推进。一是农村税费改革试点工作成效显著,各项配套改革顺利推进。全县农民负担总额由1999年的2442.44万元下降到1220万元,减负50.4%;农民人平负担由1999年的67.45元下降到33.68元;亩平负担由1999年的45.04元下降到26.76元。全县行政村由435个减少到154个,村组干部由5878人减少到830人。落实了“以县为主”的教育管理新体制,撤销了乡镇教育站,一次性解决了204名民办教师问题。二是县直机构改革工作顺利完成。改革后,我县设立县委工作部门6个,1个议事协调办事机构和2个部门管理机构,比原来12个减少3个;县政府设工作部门22个,加上4个部门管理机构共26个,比原来36个减少10个,人员定编482人,实际分流339人,精减比例达32%。三是民营化进程进一步加快。县属26家规模以上工业企业中,已有14家实现了民营。

七、维护稳定工作成效明显,精神文明和民主法制建设取得丰硕成果,社会事业全面进步。一是维稳工作成效明显。农村各项政策落实较好,社保工作取得新成绩,“两个确保”均达到100%。矛盾纠纷查调处力度加大,全年共排查矛盾纠纷3124起,成功调处2874起。信访工作有新的起色。共受理人民来信3360件,做到了“件件有回音,事事有着落”,并妥善处理了多起集体上访和群体性事件。社会治安进一步好转。全年全县共发生刑事案件646起,破获369起,与上年相比,发案下降8.8%,破案率上升9.6%。安全工作进一步加强,各类安全事故死亡人数比上年下降34.2%。2002年,我县被评为宜昌市“维稳工作先进县”。二是精神文明和民主法制建设取得了丰硕成果,社会事业全面发展。文明创建活动扎实推进,城乡居民文明素质得到提高。

石首市东升镇人民政府

——江南明珠

该镇位于湖北省石首市城区东郊,黄金水道长江南岸,总面积110平方公里,总人口3.8万人,辖19个行政村和1个街道居委会。境内土地肥沃,水域宽广,物产丰富,环境宽松,市场活跃。“湖北省六好乡镇党委”、“湖北省西甜瓜明星乡镇”、“湖北省文明镇”、“湖北省省级工业园区”、“荆州市乡镇党委十面红旗”、“荆州市明星乡镇”等美称享誉荆楚。2002年度荆州市乡镇经济综合实力第二位。

农业产业化初具规模。形成了万亩优质无籽西瓜、万亩花卉蔬菜、万亩河蟹、网箱养殖、万亩速生丰产林等基地为主的"一带两片三区"的种养格局。"两湖"牌优质无籽西瓜被省绿办审定为"无公害产品",是该镇的龙头产业,经过十余年的发展,种植面积稳定在15000亩左右,产品畅销港澳、江浙、"两广"(广东、广西)、"两湖"(湖南、湖北)等大中城市,每年为该镇创收1600多万元。该镇因此被中国瓜协定为"全国西甜瓜新品种实验示范基地",被评为湖北省科普示范乡镇。并作为发展湖北地方经济、带动地方产业结构调整的一面红旗,被湖北省特色经济研究中心入选《新世纪湖北地方特色经济——献给中国共产党建党80周年》一书。

乡镇企业方兴未艾。该镇现有工业企业120多家,资产总值达1.2亿元,初步建成了以工业小区为载体、民营经济为主体的乡镇企业发展格局,形成了以化工业、板材业、粉体机械制造业和农副产品加工业为主的规模型、专业型、外向型的产业优势,已经成为石首市最大的油漆、板材、农机生产基地。

城镇建设日新月异。该镇交通十分发达,高等级公路贯通长沙、岳阳、荆州、武汉等大中城市、村级油路全部贯通;镇内新区布局合理,花、草、树、景配套,骨干街道纵横交错,楼房鳞次栉比,构成了"三横五纵"具有现代气息的城镇框架;镇北长江春风港口客货运输方便,开发潜力巨大;自来水普及率达85%,110KV输变电站装机容量达800KVA,电话户平占有率90%,有线电视网络辐射全镇、金融、文化、教育、卫生、商业等服务机构健全。2000年度被荆州市授予小城镇建设"明星杯"、2001年又被湖北省政府确定为中心镇并纳入全省重点发展的200个小城镇体系。

商贸经济日趋繁荣。东升镇充分利用本地区位优势、交通优势和人文优势,不断完善优惠政策、加快小集镇建设步伐,先后建成了东升综合市场、东升农贸市场、西瓜专业市场、特色经济街、私营经济园等各类专业市场和小批发市场,吸引了大批农村富余劳动力进城务工经商,有力地促进了第三产业的发展,财政收入逐年上升,人民生活水平不断提高。

近年来,为了加强区域间的经济、技术、文化等交流与合作,东升镇加大开放引进力度、广泛招商引资、全面建设小康、先后编制了凤山风景陵园旅游项目、鸭子湖高效生态农业项目,烈火山铅锌铜矿开发项目、长江春风港开发项目,东升这颗耀眼的江南明珠将会更加璀灿。

赵志国,男,1972年9月出生,汉族,中共党员,大学文化程度,华中师范大学研究生在读。荆州市第二届政协委员。现任东升镇党委书记,镇人大主席。

赵志国同志1992年10月参加工作,1996年10月任共青团石首市委副书记,1999年2月任共青团石首市委书记、党组书记,2002年3月任东升镇党委副书记、镇长,2003年4月任东升镇党委书记、镇人大主席。

任职期间,在省级以上刊物公开发表文字近10万,并先后荣获荆州市"模范团干部",湖北省"优秀团干部"等称号。

用特色架构水都经济
靠发展打造丹江形象

——丹江口市市委书记:彭承波

丹江口市,鄂西北改革开放的东大门,南水北调中线工程的水源聚集地,随着南水北调这一世纪工程的上马,丹江口市将会成为中国优质淡水代表城市,并势必成为"中国水都"。"山、水、电"——既是丹江的特点,也是丹江的优势。丹江口市市委、市政府着眼加快发展市域经济,紧密结合本市特点,创造性地把"一主三化"的战略方针积极转化为发展丹江的战役行为,及时提出"以民为本,生态立市"的发展思路,适时调整市域经济的发展方向,坚持用特色架构水都经济,用发展打造丹江形象,使市域经济综合实力显著增强,各项事业取得长足进步,城市功能进一步提升,生态环境进一步优化,"一主三化"出现生机勃勃的局面,外向型经济有了较大的发展。

一、思想解放添动力

围绕省委关于"一主三化"的发展战略,丹江口市始终把解放思想作为总揽全市工作、促进经济社会快速发展、扩大对外开放的总动力,坚持与时俱进,开拓创新。

一是甘当配角。市委、市政府及各级各部门强化配角意识,不当"评判员"、当好"服务员",不当"看客"、争当"干将",放下架子,俯下身子,做企业和客商的"马前卒",为企业营造平等公平的竞争环境、公开透明的政策环境、规范严明的法律环境、诚实守信的信用环境。为此,市委、市政府专门出台了《关于全力服务汉江集团等驻丹企业改革发展的意见》,有力促进了中央、省属驻丹企业的发展。

二是共兴共荣。市委、市政府“一班人”对招商引资和服务驻丹企业,牢固树立“你图发财,我图发展;你图所有,我图所在;你图创业,我图就业;你来投资,我去支持”的观念,大胆解放思想,突破条条框框的限制,把“发展是硬道理”落实在具体实践之中。今年以来,为引进农夫山泉果汁饮料项目,大胆实行了零地价,为农夫山泉最终落户丹江赢得了先机。

截至2002年底,全市实现国内生产总值40.5亿元,完成财政收入31468万元,农业产业发展进一步加快,特色产业优势凸显;工业主体地位进一步加强,潜在的旅游资源得到有效利用。

二、招商引资增活力

近几年来,丹江口市招商引资工作没有停留在桌面上,没有满足于制定几条优惠政策、出台几条决定,而是扎扎实实地落实在行动上。

三年来,全市共引进项目36个,合同引资额41亿元,到位投资额4.2亿元。仅今年上半年,已开工和签订正式合同的有10个,协议引资资金23.71亿元人民币,其中涉及外资的项目有3个,到位外资105万美元,合同外资365万美元;涉及内资的项目有7个,已到资2.54亿人民币,合同内资6.88亿元人民币。较大的项目有总投资达3.2亿元的农夫山泉果汁饮料项目、投资11亿元的汉江集团电解铝扩能项目、投资5000万元的净乐宫复建工程、投资3000万元的PS版扩能项目、投资260万美元的龙山风景区项目、投资1200万元的南水北调纪念馆等项目。

三、龙头企业当主力

丹江口市始终把龙头企业作为市场经济发展的生力军,突出“龙头”,抓好“龙身”,形成产业链,努力提高市域经济综合竞争力。

一是积极服务驻丹企业,壮大财源。丹江口市辖区内有中央、省、十堰市驻丹企事业单位25家,其中规模以上工业企业15家,固定资产存量高达40个亿,它们是丹江的纳税大户,也是丹江口市工业经济的龙头。几年来,市委、市政府采取各种措施,重点保护,全力为驻丹企业创造良好的发展环境。2002年,驻丹企业实现税金2.2亿元。

二是重点培育铝冶炼加工、电力能源、汽配、生物医药和高新技术“四大一新”产业,形成了丹江铝业公司、电力股份有限公司、湖北神力锻造公司、丹澳公司和丹晶公司等一批骨干企业。

三是促进企业加快技术改造步伐,提高产业科技含量和附加值,增强企业核心竞争力。汉江集团铝业公司10万吨电解铝项目、武当山药业公司易地GMP改造项目等一批重大技改项目的相继开工和实施,为企业的发展增添了无穷的活力。

截至2002年底,全市龙头企业资产总值已达到62亿元,从业人员2.2万人,所提供的税收占全市财政收入的80%。其中年缴纳税金超过1000万元的企业有5家,超过500万元的有5家,超过100万元的有32家。

四、特色经济为引力

丹江口市山水资源丰富独特,农特资源优势明显,水电矿产蕴藏丰富,民营经济活力十足,通过大力开展产业结构调整,突出特色发展经济,提高了市场竞争力和生命力。

——农业资源突出“特”。着眼推进生态农业和市场农业,通过大力开发农特资源和退耕还林,把资源优势转化为经济优势,已基本建成五大生态产业:即以柑桔、茶叶、药材为主的林特业,以银鱼等名优特水产品为主的水产业,以黄牛养殖为主的畜牧业,以干鲜蔬菜加工、无公害基地为主的蔬菜业,以农家乐、科技园为主的休闲观光农业。目前,丹江口市柑桔种植面积达15万亩,年产量7500万公斤,名列全省第二,被国家农业部命名为“中华名果”;茶叶种植面积5万亩,年产10万公斤,被授予“中华道茶文化之乡”称号。

——旅游产业突出“精”。丹江口市旅游资源得天独厚,既拥有被列为世界文化遗产名录的武当山古建筑群,又有历史悠久的“古均州八大景”,古代文明源远流长;既有以举世瞩目的道教圣地武当山为代表的名山胜地,又有以“亚州第一大人工淡水湖”著称的丹江口水利枢纽工程,名山秀水集于一市;既有中国第二大民间故事村伍家沟,又有中国汉民族民歌第一村吕家河,文化灿烂曲径通幽;既有显示古代文明的“沧浪之水”,又有展示现代文明的“调水之都”,古今文明汇集丹江。通过整合旅游资源,培育旅游精品,使旅游业已经发展成为市域经济增长的新亮点。2002年,全市共接待游客169万人次,实现旅游收入4.5亿元。

——民营经济突出“活”。县域经济的出路在民营经济,民营经济是县域经济的“发动机”和“助推器”。近几年,丹江口市不断优化民营经济发展环境,拓宽民营经济发展领域,引导民营业主建立现代企业制度,大力培养民营企业家队伍。截至今年上半年,全市国有民营化改革已完成109家,正在推进国营转民营17家,年底基本完成改制任务。2002

年,全市民营经济增加值占全市 GDP 的 60%以上,税收占全市财政收入的 20%,私营、个体工商户达 11305 户,从业人员 24000 多人。

五、城镇化建设是辐射力

城镇化是县域经济通向现代化的必由之路。近几年来,丹江口市坚持用经营城市理念,融资近亿元,加快城市基础设施建设,提升水都载体功能,新修了沿江路,改造了丹江大道、均州一路,新建了邮政、电信、供电、医院等高层建筑,坝下汉江大桥、坝上丹江口二桥正在规划建设中,全力为丹江口大坝加高和水源公司注册丹江口创造良好环境。

坚持把发展小城镇作为提升农村经济和社会发展的战略突破口,不断提高城镇化率,发挥城镇辐射力,走丹江特色的城镇化道路,已形成了以"水都"城区为中心,以江十公路和丹郎公路为两翼的两条百里集镇带,成为辐射全市工业现代化、农业产业化的经济链。近几年来,全市先后有三个镇在"楚天杯"小城镇建设竞赛活动中获奖,两个镇获得创建先进集镇。2002 年,全市城镇化率达到 43%以上,高于全省平均水平 5 个百分点。

全面提升小康乡镇建设水平

洪湖市新堤办事处

洪湖市新堤办事处位于市城区,拥有国土面积 33.7 平万公里,所辖 12 个村,12 个社区居委会,61 家处村办企业,现有人口 12.6 万人,耕地面积 7374 亩。近年来,我们按照"三个代表"的要求,联系新堤实际,以"工业抓改制,农业抓调整,社区抓服务"为主线,进一步解放思想,开门招商,为全面建设小康乡镇打下坚实的基础。2002 年,全处完成国内生产总值 77584 万元,招商引资 3800 万元,农村人平纯收入 4305 元。城市配套设施完善,村村通电、通水、通路,家家安装了电话、有线电视,城市居民和村民生活秩序井然、安家落业,全处上下形成了政令畅,民风顺,人心齐的良好氛围。**我们主要抓了如下几点:**

一、工业富处,促进工业经济实现新突破

1、企业改革不断深化。近几年,我们通过采取"转、股、租、卖、破"等形式,全处处办、村办企业改革面达 95.6%。使一批企业走出困境,重现生机。其中已有 4 家企业扭亏增盈,发展产值近 500 万元的企业有 7 家,破产企业 1 家,卖断企业 1 家,并安置下岗职工达 200 余人,缓解了职工的后顾之忧。2002 年,全处完成乡镇企业总产值 21.2 亿元,营业收入 20.5 亿元,增加值 5.2 亿元,工业销售收入 20.7 亿元,企业利润总额 6819 万元,与去年同期相比分别增长 12.8%、12.4%、10.2%、11.8%、11.1%。

2、招商引资硕果累累。一是成立以办事处主任为组长,处"四大家"班子成员为副组长,党政办、经济发展办,社会事处办、政法部门负责人为成员的招商引资领导小组、并对各村、部门下达招商引资目标和任务、签订责任状,分阶段检查验收结帐。二是制定印发了《新堤办事处招商引资优惠办法》及《全员招商目标奖惩责任制》。同时,由办事处纪委监察部门牵头成立整顿经济环境工作专班,对重点企业实行挂牌保护,下发收费明细卡。并组织人大、政协对处直部门服务经济工作的情况进行民主测评,提高部门服务意识。三是狠抓了重点项目的引资工作。对重大招商引资项目,实行"领导挂帅"工程,班子成员每人包一个村,挂一家乡镇企业。武汉酱香园食品有限公司投资水产加工一体化项目,办事处得知后,主要领导亲自上阵,接触仅一个月时间,就签订了合作协议。目前投资 300 万元的酱香园食品有限公司落户大兴村,年底可正式投产,解决就业人员 50 多人。今年,全处共引进项目 8 个,引资达 3800 万元。

二、农业强处,推动结构调整实现新跨越

1、农业调整稳步推进。坚持以市场为导向,以科技为支撑,以项目为重点,以农业增效、农民增收为目的,大力发展城郊特色农业。到目前,全处发展家禽养殖 60 万只,牲猪喂养 1.2 万头,精养水面 5380 亩,农业总产值达 11326 万元。同时还重点抓了两大项目的建设。洪湖市高新农业示范园六大基地初具规模。经过一年的努力,目前已建成国家级基地 4 个,省级基地 1 个。青虾繁养、速生莲藕、园区林网等新建项目已被省政府批准立项,明年初在园区落户。万家墩、老官庙千亩设施蔬菜基地已兴建大棚 308 个,浆砌主灌渠 2460 米,提水泵站 3 座,配套输变电线路 1500 米,修挖支灌渠 8100 米,绿化带 2000 米,形成了排灌自如、桥涵配套、路电成网、道渠成景的现代农业新格局。基本实现了"水中有蟹鳖、田里有莲藕、园区有蔬菜、栏内有家禽"的目标。

2、税费改革有条不紊。按照“减轻、规范、稳定”的原则，制订了《新堤办事处农村税费改革试点方案》及《新堤办事处农税征收实施办法》，成立领导小组及工作专班，广泛开展宣传发动，增强了广大基层干部群众的政策观念和执行政策的自觉性、有效地推动农村税费改革工作顺利进行。改革后全处负担总额 102.34 万元，其中农业税 85.28 万元，农业税附加 17.06 万元。比 1999 年六项之和减少 28.47 万元，减辐达 22%。人均负担 33.26 元，亩平负担 84.45 元，做到了群众、干部、政府三满意。截止目前，已全面完成各项征收任务。其中农业税及附加 102.34 万元、国税 672.3 万元、地税 607.4 万元。

三、社区稳处，开创社区建设实现新格局

近年来，我们紧紧围绕以社区建设为重点，以社区服务为热点，以发展社区经济为亮点，积极探索城区经济发展新路子。

1. 增强社区意识。广泛开展宣传发动，并通过广播、电视、标语，印发宣传单等形式，努力营造加强社区建设的舆论氛围，提高了社会各界和城市居民对社区的认同感和归属感。

2、完善工作机制。按照“党委政府领导、部门配合、社会参与”的原则，建立健全了社区党组织、社区成员代表大会、社区协商议事委员会、社区居委会四个层面的社区管理组织，并健全了相应的规章制度。市委书记罗贵舫、市长李江汉等领导多次深入社区调研，现场办公为社区排忧解难。并拟定把园林社区作为全市社区规范建设试点单位进行推广，现正在实施过程中。

3、提高服务水平。各社区分别成立了家政服务中心，青年志愿者组、幼儿教育、医疗站、治安巡罗队等群众性社团组织，通过培养社团带头人，组织居民开展各项便民、利民活动，2002 年，全处社区共有家政服务站 8 个，医疗网点 12 个，社区活动室 10 个。同时，我们还把社区服务与为民办实事、办好事结合起来，共疏通下水道 6 处长 2200 米，维修公厕 4 处，修建水泥路 4500 米，较好地解决社区居民的行路难、排污难、上厕难等问题，初步形成了“便民、安民、乐民、富民、育民”的社区新格局。

四、优化环境，加快城市建设实现新步伐

1、强化村庄规划和建设。切实抓好辖区“门前五包”工作，集中整治违章建筑，彻底改变脏、乱、差现状。大力开展文明村镇建设和“村级文明农户”的创建活动，提高市民的文明程度和文明意识。

2、抓好四项工程建设。一是完成仙洪公路河岭村路段花带绿化工程；二是完成新堤大道电排站涵桥工程及绿化建设；三是协助完成荷花广场及沿河东路续建工程；四是协助抓好排污工程建设。

3、加大整顿和规范市场经济秩序的力度。针对农贸、建筑市场以及乱收费等各类欺行霸市的现象，组织力量综合整治，努力营造经济发展的良好环境，为争创省级文明城市打下坚实的基础。

五、把握重点，推进社会事业实现新目标

1、切实加强计划生育和社会治安综合治理深入开展。2002 年，全处共出生人口 841 人，其中一孩 766 人，计内 764 人，二孩 74 人，计内 67 人，一孩率为 91，08%，二孩率为 8.80%。人口出生率为 6.64‰，计生率为 98.93%。综合节育率为 91.59%，出生婴儿性别比为 117，与去年同比下降了 2 点。认真搞好辖区治安保卫工作和安全防范工作，积极开展“打黑除恶”、“追逃”、“重点整治”，“治爆缉枪”等专项严打斗争。今年，全处共破获各类案件 302 起，抓获违法犯罪嫌疑人员 296 人、刑拘 92 名，其中逮捕 24 名，劳教 36 名，协外 2 人；摧毁各类犯罪团伙 3 个，抓获团伙成员 16 名；追回各类逃犯 9 名，其中包括在新堤影响极坏的 4·20 案件当事人 3 名；收缴管制刀具 68 把，确保了严打整治工作取得了明显效果。

2、文教事业和民政工作成效显著。切实加大对教育的投人，努力改善办学条件，学校教学楼房化率达 100%。深入开展教学教研活动，全面推进素质教育，不断提高教学质量。2002 年中考全处洪一中上线 80 人，居全市榜首。全面推进农村社会养老保险和城市居民最低生活保障制度。通过调查走访，解决了 1530 户 3420 名城区居民的“低保”。同时，还对福利院进行了维修改造升级，集中供养老人 26 人，分散供养 9 人。发放救济衣物 480 件，救济金 10000 元，解决了 180 户特困户的生活问题。

武汉中百集团股份有限公司

武汉中百集团股份有限公司是中国商业上市公司，中国商业名牌企业，是湖北省唯一进入 2001、2002 年全国零售连锁经营 20 强企业。资产总额 20 亿元，净资产 8 亿元。

自 1997 年以来，公司借鉴国外商业发展道路，大力拓展连锁经营模式，至今已开办 5000－12000

平方米仓储式大卖场19家,500－2000平方米便民超市180余家,主要经营食品、日用百货、家用电器、文体用品、服装鞋帽等大类商品,突出了“放心肉、放心鱼、放心米、放心油、无公害蔬菜”的经营。2002年,公司实现销售33.6亿元,利税达1.2亿元．公司不断强化流通现代化建设,投资5000余万元,建立了集团商务计算机管理系统,实现了超市连锁经营网点电脑联网和数据实时传输,同时公司在武汉东西湖台商投资区和武汉阳逻开发区兴建华中地区最大的商品物流配送中心和农产品加工配送基地,并利用自身商业网点多、物流配送及时等有利条件,积极发展农副产品的深加工、精加工业务,大力开发自有品牌,精心构建商品供应链,支撑中百连锁超市的快速发展。

面对中国加入WTO的机遇和挑战,公司将继续实施仓储超市与便民超市并举的发展战略,到2005年末,大中型仓储超市达到45家以上,便民超市直营店发展至400家,逐步形成以连锁经营为基础,多元化、多业态、跨地区的大型连锁集团。

地址:汉口江汉路129号

邮编:430021

电话:027—82824058

HTTP:WWW.WHZB.COM

E－MAIL:WHAB@WHZB.COM

湖北省烟草公司洪湖市公司

洪湖市烟草专卖局依照《中华人民共和国烟草专卖法》和《中华人民共和国烟草专卖法实施条例》负责辖区内的烟草专卖管理工作。湖北省烟草公司洪湖市公司负责全市卷烟的调拨、批发工作。自1984年7月成立以来,管理网络逐步增强,烟草专卖法规逐步深入人心,企业经济实力不断壮大。到2002年,全市共有干部职工128人,批发网点达到16个,其中市区访销部2个,配送中心1个,超市1个,批发站12个。专卖管理网络达到5个,其中稽查中队2个,市场管理中队3个。信息化网络也逐步加强,机关科室、批发网点已全部配备了微机,数字、报表传输和上报实行了自动化。年卷烟销量突破1.9万箱,销售额突破亿元大关,成为洪湖市纳税大户之一。

洪湖市烟草专卖局(公司)是一个团结奋进、充满活力的集体。近几年,在各级领导的指导下,由于改革创新、网络建设、规范经营和管理,精神文明建设成绩显著,被称之“荆州一枝独秀”,先后被授予“红旗单位”、“文明单位”等称号,湖北省烟草专卖局、荆州市政府、荆州烟草局、洪湖市政府多位领导给予肯定和表扬。

洪湖市烟草专卖局(公司)将始终视顾客为上帝,把服务作为工作的出发点和归宿,把“依法卖烟”作为烟草执法的制胜法宝,狠抓队伍建设,不断更新观念和方法;狠抓网络建设,不断提高市场占有率;狠抓制度建设,不断提高发展管理水平;狠抓自动化建设,提高办事效率。为洪湖的经济社会发展作出贡献。

法人代表:黄智勇

单位地址:湖北省洪湖市新堤办事处宏伟北路63号

邮政编码:433200

荆州市长江河道管理局江陵分局

“万里长江,险在荆江”。荆江大堤位于荆江北岸,全长182.4公里,保护着江汉平原千百万人民生命财产安全,荆江大堤因其重要的防洪地位而成为国家一级确保堤防。荆州市长江河道管理局江陵分局管理荆江大堤69.5公里,全局共有干部职工184人,辖观音寺、祁家渊、郝穴、柳口四个管理段和物资站、水政执法大队、永兴水利工程建设有限公司等七个二级单位。分局机关内设办公室、工程科、设计室、管理科、水利经济办公室、通信科、财务科、政工科等七个职能科室。主要职责是以防洪保安为中心,抓好堤防建设和管理,贯彻实施《中华人民共和国防洪法》、《中华人民共和国水法》及《中华人民共和国河道管理条例》等法律法规,确保荆江大堤防洪安全,为当地国民经济和社会发展提供可靠保障。

新中国建立后,党中央和国务院历来都十分重视荆江大堤的建设工作。特别是1998年长江流域发生百年难遇的大洪水后,鉴于荆江大堤重要的防洪地位,国家进一步加大了堤防加固建设力度,累计投资近一个亿,使荆江大堤的防洪能力得到显著提高。荆州市长江河道管理局江陵分局全体干部职工,在省市各级党委政府和上级主管部门的正确领导下,认真实践“三个代表”重要思想,转变观念、锐意进取、开拓创新,严格按照“四制”要求,把好工程建设质量关，先后完成了铁牛矶综合整治工程、陈家湾护岸工程、颜家台淤区覆盖工程、观音寺钢板桩工程、荆江大堤砼路面建设工程及文村夹崩岸整险工程等堤防加固建设工程。通过一系列的加固整治，不仅进一步增强了堤防的抗洪能力，而且有效改善了堤容堤貌，使荆江大堤成为规范、标准、整洁、美观的高标准防洪堤防。

方绍清，男，1960年3月出生，共产党员，大专文化，高级经济师，现任荆州市长江河道管理局江陵分局党委书记、局长。

湖北省监利长峰塑胶有限公司

一、主要负责人

李祖新，男，出生于1964年，经济师，大专文化程度，历任公司业务员，业务主办、经营部副经理、公司副总经理、公司总经理。李祖新同志起步于基层，善于进取，乐于奉献，勇于开拓，敢为人先，始终坚持“质量第一，信誉至上”的经营宗旨，崇尚“质量优、价格廉、产品新、服务好”的生存之道，使企业难中有进、稳中有升，在激烈的市场竞争中站稳了脚跟。至今，企业领导李祖新，年年被评为“优秀经理”、“劳动模范”，1991年被荆州行署授予“优秀经销工作者”，1997年被评为“先进工作者”，1998年被评为“优秀企业家”，1999年被县工商联聘请为“县工商联理事”……。

二、企业及产品

湖北省监利长峰塑胶有限公司是1993年组建的股份制企业，主要生产销售“碧峰”牌系列塑胶制品，其前身是始建于1970年的“监利县塑料二厂”，经过三十多年的创业，现已发展成为集生产、经营、餐饮、住宿于一体的湖北省省级先进企业、省二轻重点企业、银行“AAA”级信誉企业。

公司现有固定资产1400万元，自有流动资金1400万元，厂区占地面积15000平方米，建筑面积7500平方米，拥有从美国、日本、台湾等地引进的先进塑料挤板生产线，塑料包装生产线等专业化设备83台套，技术力量雄厚，质量检测手段完备，质量保证体系健全。主要产品有：工程塑料单层板，两到三层共挤复合板，PVC/ABS复合板，年生产能力6000吨；PP编织袋，年生产能力180万条。

湖北省监利长峰塑胶有限公司是一家发展中的企业。多年来，在社会各界部门的关心和支持下，依靠科技进步和技术引进，靠质量取胜，在竞争中发家，走出了一条科技质量效益道路，现已跻身于县、市、省二轻行业和塑料同行业的先进行列，被省二轻局、省人事厅授予“全省二轻工业企业标兵”称号，被省委、省政府授予“文明单位”称号，被荆州市人民政府评为“现场管理样板企业”。

副总经理：王学兵　朱　庆
会 计 师：邓春霞
工 程 师：余春华
通讯地址：湖北省监利县朱河镇经济技术开发区沙洪路23号
邮政编码：433325
电　　话：0716—3575808
传　　真：0716—3575708

中国统计出版社最新资料书简目

中国统计年鉴－2003
中国统计摘要－2003
2003 年中国发展报告
中国城市统计年鉴－2002
中国农村统计年鉴－2003
中国劳动统计年鉴－2003
中国人口统计年鉴－2003
中国工业经济统计年鉴－2003
中国市场统计年鉴－2003
2002 年中国城市发展报告
中国建筑业统计年鉴－2002
中国价格及城镇居民家庭收支调查统计年鉴－2003
国际统计年鉴－2003
中国对外经济贸易统计年鉴－2002
中国基本单位统计年鉴－2002
中国民政统计年鉴－2003
中国高技术产业统计年鉴－2003
中国第二次全国基本单位普查资料汇编
中国房地产行业名录
2000 人口普查分县资料

北京统计年鉴－2003
天津统计年鉴－2003
河北统计年鉴－2003
山西统计年鉴－2003
内蒙古统计年鉴－2003
辽宁统计年鉴－2003
吉林统计年鉴－2003
黑龙江统计年鉴－2003
上海统计年鉴－2003
江苏统计年鉴－2003
浙江统计年鉴－2003
安徽统计年鉴－2003
福建统计年鉴－2003
江西统计年鉴－2003
山东统计年鉴－2003
河南统计年鉴－2003
湖北统计年鉴－2003
湖南统计年鉴－2003
广东统计年鉴－2003
广西统计年鉴－2003
海南统计年鉴－2003
重庆统计年鉴－2003
四川统计年鉴－2003
贵州统计年鉴－2003
云南统计年鉴－2003
西藏统计年鉴－2003
陕西统计年鉴－2003
甘肃年鉴－2003
青海统计年鉴－2003
宁夏统计年鉴－2003
新疆统计年鉴－2003
新疆生产建设兵团统计年鉴－2003
石家庄统计年鉴－2003
唐山统计年鉴－2003
邯郸统计年鉴－2003
太原统计年鉴－2003
运城统计年鉴－2003
大同统计年鉴－2003
呼和浩特经济统计年鉴－2003
鄂尔多斯市统计年鉴－2003
包头统计年鉴－2003
赤峰统计年鉴－2003
沈阳年鉴－2003
大连统计年鉴－2003
鞍山统计年鉴－2003
长春统计年鉴－2003
吉林市社会经济统计年鉴－2003
四平统计年鉴－2003
延吉统计年鉴－2003
哈尔滨统计年鉴－2003
齐齐哈尔经济统计年鉴－2003
牡丹江统计年鉴－2003
大庆统计年鉴－2003
黑龙江垦区统计年鉴－2003
上海浦东新区统计年鉴－2003
南京统计年鉴－2003
连云港统计年鉴－2003
苏州统计年鉴－2003
无锡统计年鉴－2003
常州统计年鉴－2003
徐州统计年鉴－2003
南通统计年鉴－2003
盐城统计年鉴－2003
镇江统计年鉴－2003
杭州统计年鉴－2003
宁波统计年鉴－2003
绍兴统计年鉴－2003
台州统计年鉴－2003
舟山统计年鉴－2003
温州统计年鉴－2003
金华统计年鉴－2003
嘉兴统计年鉴－2003
湖州统计年鉴－2003
丽水统计年鉴－2003
合肥统计年鉴－2003
福州年鉴－2003
厦门经济特区统计年鉴－2003
福州经济开发区统计年鉴－2003
南昌经济社会统计年鉴－2003
九江经济统计年鉴－2003
济南统计年鉴－2003
青岛统计年鉴－2003
泰安统计年鉴－2003
淄博统计年鉴－2003
潍坊统计年鉴－2003
郑州统计年鉴－2003
洛阳统计年鉴－2003
三门峡统计年鉴－2003
平顶山统计年鉴－2003
南阳经济统计年鉴－2003
武汉统计年鉴－2003
宜昌统计年鉴－2003
荆州统计年鉴－2003
广州统计年鉴－2003
东莞统计年鉴－2003
惠州统计年鉴－2003
深圳统计信息年鉴－2003
南宁统计年鉴－2003
桂林经济社会统计年鉴－2003
柳州经济统计年鉴－2003
柳州地区统计年鉴－2003
河池地区经济社会统计年鉴－2003
海口统计年鉴－2003
成都统计年鉴－2003
攀枝花统计年鉴－2003
广安统计年鉴－2003
贵阳统计年鉴－2003
昆明统计年鉴－2003
西安统计年鉴－2003
兰州年鉴－2003
西宁统计年鉴－2003
银川统计年鉴－2003
乌鲁木齐统计年鉴－2003
巴音郭楞统计年鉴－2003
吐鲁番统计年鉴－2003

利川市地方税务局

机构改革后，利川市地税核定行政编制133人，其中机关25人，基层108人，党员76人，具有本科学历25人，专科学历87人，中专8人，高中5人。根据税源分布情况，现设5个派出机构，1个直属机构，6个内设机构。

近年来，市地税局以“收入任务、征管质量、廉政建设”为工作中心，以服从和服务于地方经济建设为宗旨，努力做好“依法治税，从严治队，科技加管理”三篇文章。征管质量得到了提高，行业形象得到了巩固，税收环境得到了改善，服务意识得到了加强，各项工作取得了可喜成绩。先后被授予省级“文明单位”，被国家税务总局授予“全国税务系统文明单位”，被省地税局授予“纪检监察工作先进集体”，被省委宣传部授予“吴天祥小组在行动”活动优秀组织单位，3个分局被命名为“州级文明单位”，3个分局被命名为“市级文明单位”。2002年，组织税费收入7376万元，其中，入库地方各税5374万元，占年度计划的103.75%，比上年增长8.26%；社保费征缴入库2002万元，比上年同期增长12.09%。圆满完成了州局下达的税收计划。

局长：谭祖明

组织税务业务考试

市局班子成员参与拔河运动

组织职工拔河比赛

组织街头税法宣传

来凤县财政局

——金凤振翅欲高翔

来凤是传说中凤凰飞临的地方，素有湖北省“西大门”之称，它南邻湘西，西接渝东。全县国土面积1339平方公里，耕地26万亩，辖5乡3镇202个村，30.68万土苗儿女。来凤县财政局认真贯彻落实省厅效益财政建设的指示精神，在县委、县政府的正确领导和省、州财政部门的大力支持下，积极投身效益财政建设的伟大实践，在财政管理、财源建设、文明创建等方面取得了较为显著的成绩。

到2002年底，全县实现国内生产总值102121万元（现行价），第一产业增加值41800万元，第二产业增加值26096万元，第三产业增加值34545万元；实现财政总收入13500万元（其中，中央收入完成8229万元，省级收入完成633万元，地方收入完成4638万元），占GDP比重为13%，人平财政收入441元。全年财政总支出19344万元（其中，本级支出15749万元，上级专款补助支出3595万元）。

一年一度的全县财政工作会议

身体力行建财源（右二挥锄者为现任来凤县财政局局长徐庭海）

科学理财，严格管理（翻账的男同志为现任来凤县农税局局长覃玉斌）

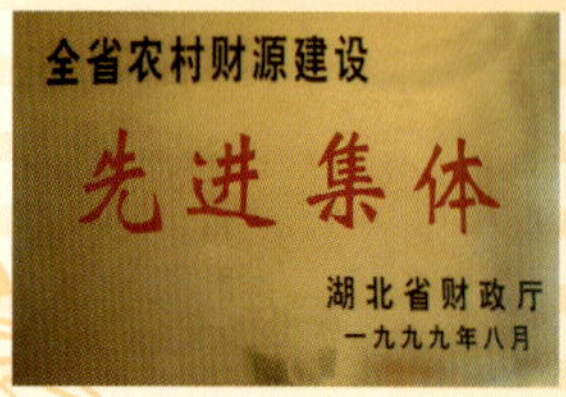

荣誉之一

全县常年坚持以效益为本，巩固基础财源、强化基地财源、壮大骨干财源、开辟新兴财源、培植后劲财源的建设思路不动摇，积极拓宽资金渠道，有力促进了全县农业和农村经济的发展，财源的结构、质量和规模都发生了可喜的变化。目前，全县已建成烟叶、桑蚕、柑桔、生姜、渔业、板栗、楠竹、油料、优质粮食等基地10多万亩，改造了翔凤镇土堡水泥厂、造纸厂、水松纸厂、大兴实业有限公司等乡镇企业，发展了农产品加工民营企业20多家，建设了林特产品、畜禽产品专业市场。2002年，全县农林牧渔业总产值现价达到61700万元，民营企业总产值现价达到41327万元。

加强业务培训，规范会计管理

在收入方面，根据“加强征管、堵塞漏洞、清缴欠税、惩治腐败”的方针，加大税收执法力度，努力做到依法行政；在支出方面坚持适度从紧的财政政策，严格执行预算管理原则，树立过紧日子思想，进一步优化财政支出结构，严格资金支出审批程序，实行财务“一支笔”签批制度。

此外，县财政局充分发挥财政职能作用，强化监督，不断探索，为效益财政理论的不断发展注入了实践内容----以人为本，始终坚持“两手抓，两手硬”的方针，加强精神文明创建力度，树立了“求真、务实、廉洁、高效”的财政新形象。到2002年末，全系统建成了县级文明系统，局机关获“州级最佳文明单位”。

新世纪伊始，西部大开发已拉开帷幕，中国也顺利入世，效益财政建设面临更多的机遇和挑战。来凤，这只金色的凤凰顺借改革的春风，一定能够展翅高飞！

关注财源大户，调研财源发展（右二挥手势者为现任来凤县财政局局长徐庭海）

建始县国土资源局

县国土资源局局长郑必照深入基层调查了解基本农田保护和土地开发整理情况

县国土资源局局长郑必照在全县国土资源管理工作会上作报告

建始县国土资源局的前身是县土地管理局，2001年11月，县地矿局与县土管局合并后更名。全系统在编162人，其中：局机关15人。县国土资源局自成立以来，始终围绕依法行政和服务土地经济两大主题开展工作，与时俱进、开拓创新，全面促进了物质文明和精神文明建设。基础业务工作连年被评为全州第一名，2000年、2001年、2002年连续三年被省国土资源厅授予“最佳单位”，2001年7月建始县被省委、省政府表彰为全省“土地执法模范县”，同年被国土资源部表彰为“全国地籍管理先进单位”，被农业部、国土资源部表彰为“全国基本农田保护先进单位”，被恩施州委、州政府授予“最佳文明单位”，2003年又被省委、省政府授予“文明单位”。

恩施州基本农田保护现场会在建始县召开，图为部分县（市）负责人现场参观情况

全县治理整顿土地市场、矿业秩序工作动员大会，图为会场一角

四川忠县至武汉天然气管道工程建始段开工典礼

文艺宣传丰富多彩

随州市公安局交通警察支队

副支队长付建平（主持工作）在街头向市民宣传交通法规

随州市公安局交通警察支队于2001年7月正式成立，支队领导班子带领全体交通民警不断创新工作方法，找准新规律、谋划新对策、实施新措施，大力开展“四个延伸”工程建设，逐步推行交通管理社会化。突出一条主线抓法制，二轮驱动抓队伍，三警联防打车匪，四练内功反袭警，五长联度抓创安，六大整治压事故。2002年2月21日，在省公安厅《关于2001各市州公安工作考评排位的通报》中，随州的交通管理在全省综合考评中名列第四；3月6日，支队被市委市政府授予“市级文明单位”称号；4月7日，在宜昌召开的全省交警系统表彰大会上，随州交警支队在强手如林，竞争激烈的情况下，一举夺得2001年工作目标达标单位等15块奖牌。全省“安全，才能回家”宣传教育现场会于2002年7月15日至17日在随州隆重召开并取得了圆满成功。这是随州交警支队组建以来第一次承办全省性重要会议，省公安厅副厅长赵志飞、交警总队长张广宏、政委王洪宪等领导，对随州交警严整的警容，规范的管理，精湛的技能，精彩的演练，高品味的演出，热情有序的接待和浓厚的“安全，才能回家”宣传氛围给予了高度评价，称随州交警是“今非昔比，面貌大变”。

交警支队领导班子商讨工作

交警的飒爽英姿

交警的游行方队上街宣传交通法规

董自红、高峰提供文稿、图片

襄樊市公安局交通警察支队

近来年，襄樊市公安局交警支队在市委、市政府和市局党委正确领导下，在上级业务主管部门关怀指导下，紧紧围绕稳定工作大局，坚持政治建警、素质强警、从严治警、科技兴警的工作思路，以确保“安全畅通”为中心，以深化实施城市“畅通工程”和创建“平安大道”为重点，以深入开展“学查改”活动为契机，大打交通秩序攻坚战和经济建设保卫战。全体公安交警团结一心，真抓实干，与时俱进，开拓进取，取得交通管理工作和交警队伍建设双丰收。2002年，城市“畅通工程”继续保持国家二等（优秀）管理水平，被省公安厅评为实施“城市畅通工程”指导有力单位，被市政府评为“2002年度安全生产先进单位”；队伍建设实现“零违纪”，先后有300余名民警受到各级党委、政府及上级业务部门的记功、嘉奖和表彰。精神文明创建取得丰硕成果，支队车管所被省公安厅授予“人民满意车管所”，支队指挥中心分别被省公安厅、团省委与公安部、团中央授予“全省十大优秀青年文明号”和“全国青年文明号”；以道路交通指挥中心为龙头的交通科技项目展现出巨大管理威力，被评为全省公安科技先进集体。

公安局副局长、交警支队长：郑双根

政委张继武深入基层交警大队为民警上政治教育课

立警为公，执法为民，立足岗位大力开展创建“人民满意车管所”活动受到群众好评

快捷、高效的摩托化巡逻执勤在襄樊市成为一道靓丽风景

湖北日报报业集团

——坚持正确舆论导向　加快新闻事业发展

办公大楼

2002年，在省委省政府的正确领导下，湖北日报报业集团高举邓小平理论伟大旗帜，以“三个代表”重要思想为指导，以加快发展为主题，以改革创新为动力，坚持党的基本路线，坚持团结、稳定、鼓劲和正面宣传为主的方针，努力实现社会效益和经济效益的统一，各项事业取得显著进步。集团现拥有8个媒体、6个公司，高级职称人才110多名，吸纳从事报纸发行、广告、印刷工作的社会下岗员工近万人。现有总资产约10亿元，年收入分别是1989年和1997年的17.66倍和2.71倍，年利润分别是1989年和1997年的15.42倍和2.73倍。

宣传报道中，《湖北日报》作为集团“旗舰”充分发挥党报政治优势；各子报子刊坚持先进文化的发展方向，突显各自特色，形成了正确舆论引导的强势媒体群。集团积极运用资本运营手段，谋求经济的超常规发展，按照“办报经营紧密配合、经济指标双重考核”的总体思路，各媒体的广告、发行业务交给本集团的广告公司和发行公司统一经营管理，对集团所属媒体和公司实行了目标经营（管理）责任制，使财务管理向集团集中，利润指标向二级单位分散，初步实现了集约化经营。同时办报和经营两翼并举，围绕主业积极稳妥地拓展其它产业，壮大了经济实力。

经济实力的不断增强，为新闻事业的发展打下了坚实的物质基础。集团自筹资金更新改造印刷设备，添置罗兰轮转胶印机、海德堡大八开4色机、CTP直接制版机、宽幅高速罗兰机等印刷设备16台套，年印力20多亿对开张。印务总公司成为全省行业首强，全国行业50强。

时速达15万份（60万对开张）
的罗兰宽幅无轴Colorman印刷机

宁静幽美、四季长青的生活大院

湖北省化学研究院

湖北省化学研究院位于湖北省武汉市东湖高新技术开发区内，组建于1973年，既是一个多种类型的综合性研究院，又是一个高新技术企业。占地面积200亩。拥有高级研究人员55人，国家级专家3人，省级专家7人，享受国家政府特殊津贴27人，拥有3个理、工科硕士授予点。该院主要从事化学新材料及化工新工艺的研究与开发，主要研究开发领域：合成氨工业催化剂、气体净化催化剂、光通信产业化学材料、纺织工业用化学材料、信息和电子产业化学材料、机电绝缘产业用化学材料、功能无机化学材料、有机催化合成、农用化学品、建材化学品、环保化学品等。

该院发展高新技术产业受到政府的肯定与支持，经国家计委、湖北省计委及科技部批准建设完成 “一氧化碳变换催化剂、气体净化剂国家重点工业性试验基地”和“国家高技术研究发展计划（863）成果产业化基地”，正在承担“光纤缆阻水材料和光纤涂料产业化国家高技术产业化示范工程”、“湖北省化工新材料中试基地”等一批重点项目，依托这些重点项目的建设，将为促进我国及湖北省相关行业科技优势转化为产业优势提供条件。

该院致力于推动化学新材料及化工新工艺研究的科技进步、科技成果商品化、产业化、国际化发展，愿在各个相关领域内与各界同仁交流与合作。

院长：刘良炎

地址：湖北省武汉市鲁巷关山路30号
邮编：430074
电话：（027）87496707
传真：（027）87800201
网址：http://www.haiso.com.cn
电子信箱：haiso@public.wh.hb.cn

湖北省化学研究院科技工业园

化肥催化剂产业楼

光通信化学材料产业大楼

湖北省化学研究院科技工业园

铁道第四勘察设计院

THE FOURTH SURVEY & DESIGN INSTITUTE OF CHINA RAILWAY

总部位于湖北武汉的铁道第四勘察设计院成立于1953年。现有工程技术人员2600余人。具有国务院有关部委颁发的工程勘察、设计、环评、承包、监理等甲级证书。连续6次被国家建设部评为全国勘察设计综合实力百强单位前十名。

铁四院朝气蓬勃的领导班子

50年来，完成了建国后全国铁路30%的勘测设计任务。其中包括举世瞩目的京九铁路、亚洲最大的铁路枢纽——郑州铁路枢纽、全国最长的双线电气化铁路隧道——大瑶山隧道和中国第一条准高速铁路——广深准高速铁路。为共和国的建设树立一座座时代的丰碑。仅1978年以来就获得国家级科技成果奖24项。3项设计获国家优秀设计最高奖——全国优秀设计金质奖。11项设计工程获中国建筑业最高奖——“鲁班奖”。此外，在公路、城市轨道交通、市政工程和高层建筑建设领域硕果累累。承担过多项境外工程任务。作为科技型企业，铁四院重视科技投入和人才培养，现有如双频GPS、Helava全数字摄影测量工作站等各类先进技术设备1000多台套，计算机2400多台，建有采用结构化布线，主干采用ATM与以太交换方式组合的先进局域网，上网结点约2000个。1997年一次通过ISO9001国际质量标准认证。连续3次获得湖北省“最佳文明单位”称号。

铁四院主持研究的18信息无绝缘自动移频自动闭塞系统2002年获国家科技进步二等奖

在目前全国最困难的山区铁路宜昌至万州铁路勘测中，铁四院首次在全路采用GPS流动测量新技术

铁四院担任总体设计的北京至香港九龙铁路获国家优秀工程设计金奖

铁四院担任总体设计的武汉轻轨一号线采用多项国内领先的新技术

地　　址：中国武汉武昌杨园和平大道745号
电　　话：(027) 86812844
传　　真：(027) 86811444
邮政编码：430063
http: www.crfsdi.com

武汉市勘测设计研究院

武汉市勘测设计研究院是国家工程勘察综合类甲级勘察设计单位。1999年1月档案工作目标管理通过国家一级考评，2001年底通过ISO9001，2000质量管理体系国际标准认证，主要从事城市勘测生产、科研、开发、应用等基础工作，担负着为城市规划与建设、土地管理及社会各界提供基础地理信息和勘测技术服务的任务。

从1950年建院至今，经过几十年的发展，该院已成为具有熟练掌握并开发应用高科技技术能力、人才设置与专业结构配置合理的大型勘测设计单位。全院现有在职职工430人，各类专业工程技术人员220人，其中教授级高级工程师12人，高级工程师25人，工程师80人，博士、硕士等高级人才14人。业务领域涵盖测绘工程（卫星大地测量、遥感与航空摄影测量、工程测量、地下管线探测、地图制印）、岩土工程（岩土工程勘察、设计、施工、监测、检测、测试、监理）、基础地理信息工程（城市GIS系统）、桩基工程与地基处理等方面。

近年来，该院坚持“改革兴院、科技立院、依法治院、勤俭建院”的方针，团结拼博、开拓进取、求实创新，先后荣获“全国城市勘测设计先进单位（金奖）”、“全国城市规划行业新技术应用十佳单位”、“全国测绘质量优秀单位”、“全国青年文明号”等 20多项国家、部（省）级荣誉称号，70多项成果获国家、部（省）、市级优秀成果奖，涌现出省、市级专家、“213”人才、市级劳模等22名。该院多项事迹及优秀工程曾被中央电视台《焦点访谈》、《科技之光》栏目、香港凤凰卫视、湖北电视台《新闻周刊》、《中国测绘报》、《科技日报》、《光明日报》、《解放日报》、《长江日报》等媒体所报导。

湖北省辐射环境管理站

湖北省辐射环境管理站是隶属于湖北省环境保护局的事业单位，前身为湖北省放射性废物管理站（1987年筹建），1999年9月经省编委批准正式成立。主要承担全省有关辐射环境监测和监督管理等工作。

该站现有职工均具有大专以上学历，技术人员占90%，全部人员获得环评上岗证书。持国家环境保护总局颁发的环境影响评价资质证书，是湖北地区唯一具有辐射环境影响评价资质的单位。1999年建成了全省唯一的省级放射性废物库，并通过了国家环境保护总局组织的验收，拥有常规放射性和电磁辐射监测仪器多台套。办公实行了自动化。

该站是全省唯一专业化辐射环境监测与管理单位，具备了放射性废源与废物收贮、辐射环境影响评价、辐射环境监测、辐射环境防护技术咨询、辐射环境规划、辐射环境应用技术研究、居室与建筑材料放射性监测等能力。多年来，该站认真贯彻落实国家和全省有关辐射环境管理法律、法规，承担和完成了多项辐射环境保护工作：完成了全省电磁辐射污染源调查；收贮多枚放射性废源和大量的放射性废物，处理了部分放射性污染场所，消除了已发现的重大环境放射性污染隐患，如鄂州段店荣华化工厂放射性废物收贮与处理；开展了湖北移动通信有限责任公司遍及全省的数字蜂窝式移动通信基站环境影响评价。起草了数部（篇）有关全省放射性和电磁辐射环境管理的法规、条例与办法；受理了多起辐射环境方面的群众投诉，调解了反映强烈的辐射环境污染纠纷，维护了社会稳定。为全省的辐射环境管理作出了贡献。

监测电磁辐射设施

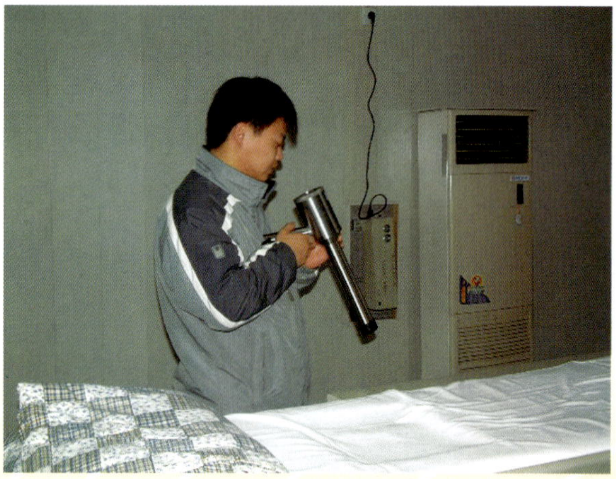
对医院同位素应用设施监测

监测环境电磁波水平

在新的世纪，该站将紧紧围绕经济建设这个中心，本着严格执法，热忱服务，高效准确的原则，承担核技术应用、射线装置、室内放射性、建筑材料放射性、伴生矿放射性、超高压输变电线、电气化铁路、移动通信基站、寻呼基站、广播电视等项目的辐射环境管理、监测、评价与技术咨询。

联系电话：87218553（兼传）

恩施自治州民族妇幼保健院

恩施自治州民族妇幼保健院现有职工50人，卫生技术人员占80%，卫技人员中，正高1 人，副高9人，中级18人，为副县级全额预算事业单位。主要承担全州妇女儿童保健、医疗、科研、教学、信息统计及基层技术指导等任务。该院占地6亩，总建筑面积4700m^2，开设病床30张，固定资产近400万元。

州妇幼保健院始终贯彻“以保健为中心，以保障生殖健康为目的，实行保健与临床相结合，面向群体，面向基层和预防为主”的妇幼卫生工作方针。注重内涵建设、文化建设，积极开拓，勇于创新，在产科、妇科、不孕症防治、乳腺病防治等专业具有较强的实力，可开展尿漏修补、盆腔清扫等复杂手术，连续10年业务收入年递增25%以上，全州孕产妇死亡率、儿童死亡率明显下降，先后被授予“全国妇幼卫生工作先进单位”、“全省爱婴医院先进单位”、“省巾帼文明示范岗”、“全州‘三八’红旗集体标兵”、“全州卫生系统先进集体”、“州级最佳文明单位”等荣誉称号。

院长：苏宏灿

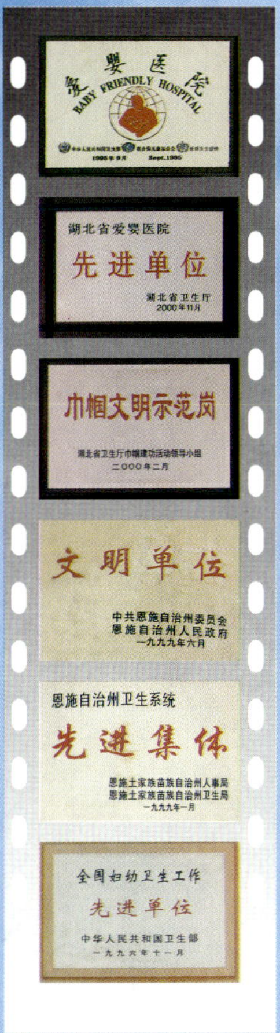

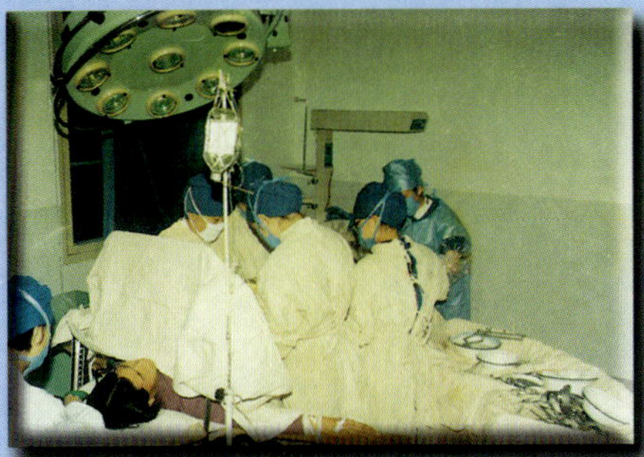

精湛的医疗技术

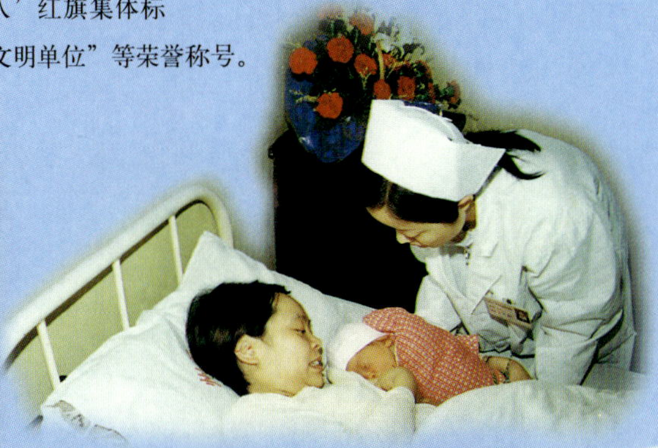

温馨的服务

利川市第五中学

校长：刘志华

利川市第五中学创办于1958年，1973年改办为一所一般高中，学校座落在交通便利的利川市西城大塘，占地面积2.67公顷，校舍建筑面积2000多万平方米，全校有102名教职工和2000多名学生。学校运用科学规范的管理制度，以质量求生存求发展，全校师生弘扬“五中人”艰苦创业，敢为人先的优良传统，坚持以人为本，全面推行素质教育，为社会培养了一批又一批优秀人才。近年来，累计向大专院校输送新生1800多名。部分学生被清华大学、武汉大学、天津大学、四川大学、重庆大学、华中科技大学等全国知名重点大学录取。2001年高考，应届生曾锐以利川市文科第一名的成绩被清华大学录取。2002年高考又创新高，上第一批重点线34人；2003年，全体教职员工乘胜前进，高考再创辉煌，全校上第一批重点大学录取线43人，第二批线92人，第三批线114人，全校上省本科线249人，创建校以来升学绝对人数最多的历史记录，其中文科应届生梁双燕、向信任分别夺得利川市文科第一、二名。目前，利川市五中已创造高考连续十五年获得恩施州一般高中第一名的成绩。

在狠抓素质教育，大面积提高学生成绩的同时，利川市五中加大投入，努力改善办学条件。现在，学校拥有学生微机室、教师微机室，拥有多媒体教室和校园宽带网，是利川市唯一的教育部定点的“农村计算机网络信息站示范校”

利川市五中以较高的教学质量，得到社会的广泛认可，从1989年至今，先后被评为恩施州“教育质量的楷模”、恩施州“高考优胜学校”、利川市“先进单位”、利川市“先进党组织”、利川市“文明单位”、湖北省“安全文明校园”。

地址：利川市西城路237号
电话：（0718）7211085

学校微机室

校园一角

武汉钢铁（集团）公司

武钢厂区座落在武汉市青山区，占地面积21平方公里。所辖的4座铁矿、2座辅助原料矿分布在鄂东、鄂南及河南焦作。武钢始终倾注着党中央三代领导集体的关心和关怀。经过四十多年的发展，武钢已具备年产钢铁各800万吨的综合生产能力，是中国重要的板材生产基地。拥有从矿山采掘、炼焦、烧结、冶炼、轧钢等一整套工艺设备。武钢主要生产热轧卷板、冷轧卷板、镀锌板、镀锡板、冷轧硅钢片、彩色镀层板以及大型型材、线材、中厚板等200多个品种，还生产焦炭、耐火材料、化工产品、粉末冶金产品、铜硫钴精矿、水渣、氧气、稀有气体等副产品。

2002年，武钢钢产量达到755万吨，实现利润15.05亿元.1993年10月，经国家批准成立了武钢集团。2000年12月，武钢被列为“中央直管的国有重要骨干企业”。近年来，武钢先后获得“国家技术创新奖”、“全国质量效益型先进企业”、“全国用户满意先进单位”、“全国企业管理杰出贡献奖”和“全国先进基层党组织”、“全国精神文明建设先进单位”等荣誉称号。

武汉钢铁（集团）公司总经理：刘本仁
General Manager of WISCO Liu Benren

2800轧机
2800mm Mill

蓝天映衬下的高炉群
Blast Furnace Group under the Blue Sky

第三炼钢厂、第二热轧厂外景
Outer View of No.3 Steel Making & No.2 Hot Strip Mill

武汉钢铁有限责任公司

武汉钢铁有限责任公司是武汉钢铁（集团）公司控股的“债转股”公司，于2001年8月21日组建，位于武汉市青山区，董事长刘本仁、总经理邓崎琳、党委书记王岭。公司拥有现代化工业码头和从烧结、炼铁、炼钢到轧钢一整套工艺设备，具备年产钢铁各800万吨的综合生产能力，以生产板材为主，主要产品有热轧卷板、大型型材、线材、中厚板等近200个品种，广泛应用于船舶、汽车、桥梁、机械制造、军工、管道、建筑等行业。2002年生产铁726万吨、钢745万吨、钢材416万吨，实现利润2.9亿元。经过多年技术改造、技术进步和技术创新，工艺技术装备全面升级，通过发挥技术装备优势和规模效益，优化品种结构，研制开发出以桥梁钢、压力容器钢、军工钢、石油管线钢、耐火耐候钢、汽车钢、高速线材、集装箱钢等为重点的一大批“双高”产品。公司凝结了武钢优良资产，设备先进、品种领先、质量一流、机制灵活，地理区位得“中”独厚。公司奉行“武钢有限、创造无限”的理念，大力弘扬“团结、高效、务实、创新”的精神，积极倡导“用户的要求就是我们的追求”的价值观，努力建设一流的钢铁精品名牌生产基地。

湖北省电力开发公司

湖北省电力开发公司总经理：肖宏江

湖北省电力开发公司成立于1986年，是具有独立法人地位的省属电力投资经营实体。下属成员包括6家控股企业，16家参股企业，现拥有资产总额达70亿元，所有者权益23亿元。截止2002年底，控股、参股的电力工程项目已经形成装机容量达到320万千瓦，占湖北省现有装机容量21%左右。

十五期间，湖北省电力开发公司将根据湖北省国民经济中长期发展规划，围绕湖北省经济发展重点，以发展湖北电力工业为宗旨，依靠科技进步，狠抓企业经营机制转化，努力盘活存量资产，加强资本运行，扩大投融资渠道，拓展投资经营领域，建立规范现代企业制度，提高整体经营管理水平，为湖北省实现电力工业可持续发展战略夯实基础，为湖北经济发展再创辉煌。

湖北鄂州发电有限责任公司

企业使命 积极履行省政府投资主体职能，精心管理与运作，实现国有资产的保值增值。

战略目标 建成控股型、经营型、集团化、现代化的地方发电集团。

核心战略 坚持以电力、能源投资为主，积极调整产业结构，巩固和扩大电力市场份额，加大大型火力发电投资力度，优先开发大中型水电、适当发展新能源。

经营理念 坚持以电力生产为主导优势产业，通过建立规范的现代企业管理制度、高效的内部经营机制、高素质的员工队伍，把公司建成有实力、有信誉、有效益、有良好企业文化、可持续发展的投资经营型的集团公司。

白水峪水电站

打造中国家轿第一品牌！

理方法，结合实际建立了科学、严格的质量管理体系和环境管理体系。1998年和2000年先后通过了ISO9001及2000版的质量管理体系、ISO14001环境管理体系的第三方国内、国际双认证；营销服务体系健全，运行高效，1999到2002连续四年被评为“全国用户满意产品”、“全国质量管理先进企业”、“全国用户满意企业”和“全国质量效益型企业”。2002年元月，神龙公司作为中国汽车行业首家获得“中国环境标志企业”和“中国环境标志产品”双绿色认证证书；2002年2月，富康（轿车）被评为“中国驰名商标”；2002年11月，神龙公司荣获全行业唯一“中国环境标志杰出贡献奖”；2003年2月神龙公司首批通过国家“3C”产品认证。

未来3—5年，是中国入世的过渡期，也是神龙公司可以实现大有作为的快速成长期，神龙公司确立的总体发展思路为：坚定打造“中国家轿第一品牌”战略目标不动摇，充分利用东风公司与PSA标致雪铁龙集团提升合资合作的机遇，实施双品牌经营，巩固发挥神龙产品安全环保、舒适节能、技术先进、精品服务等方面的优势，加强国际分工合作，保持与国际技术同步，不断开发和采用新技术，年年推出新车型。未来几年，努力使神龙汽车年销售规模由10万辆提升到30万辆以上的水平；加快神龙公司做大做强的步伐，力争在一个不太长的期限内，把神龙建设成为竞争实力更强、在国际产业链中占有重要地位的轿车企业。

中/国/长/江/航/运/集/团/青/山/船/厂

青山船厂是中国长江航运集团大型骨干造船企业，已有40余年的造船历史，地处九省通衢、商贾云集的华中重镇武汉市，具有得天独厚的发展优势和竞争潜力。工厂占地100万平方米，现在固定资产总额3.75亿元，员工3300多人，在2200米的长江岸线上有工作码头9座，横向梳式滑道总长172米，配备有完善的船舶升移台设施及各种类型的起吊设备。一年来，投资2600万元进行船台改造，特别是“华中第一吊”300吨门吊的建成投入使用，使该厂年生产能力由8.7万综合重吨提高到16万综合吨，大大提高了出口创汇能力。

多年来，青山船厂致力于科技进步，成套引进国外钢材预处理线，广泛采用数控切割、微机放样、二次喷涂、全位置自动焊等新技术、新工艺，并积极推行生产设计、分段预装、区域造船、壳舾涂一体化等先进的生产管理模式，各类设施齐全、技术力量雄厚。具备设计、制造载重3万吨级以下的货轮、油轮、化学品船、液化气船及各类客轮、工程船、大型浮坞、大功率推轮、沥青船、散装水泥船、滚装船的综合能力。出口船舶分别通过英国LR、德国GL、美国ABS、挪威DNV等船级社检验入级，企业通过了ISO9001质量体系认证。

湖北省省长罗清泉（图中）、湖北省委副书记兼武汉市委书记陈训秋（右二）在集团总经理刘锡汉（右一）、总经理助理朱宁（左二）、工业部总经理兼青山船厂厂长董家兴（左一）的陪同下视察青山船厂

中央政治局委员、湖北省委书记俞正声（图中）到青山船厂调研，集团工业部总经理兼青山船厂厂长董家兴（右二）、青山船厂党委书记刘友法（左二）向俞书记介绍企业情况

1995年以来，批量建造了818TEU集装箱船、502TEU集装箱船以及6750吨多用途集装箱船，成功开发了2000立方米LPG运输船、2000吨乙二醇（不锈钢罐体）运输船、出口加拿大2.5万吨级全潜式重大件特种运输船和5000吨级散装水泥船等产品，特别是2002年12月完工出厂出口比利时的18500吨双相不锈钢舱化学品船为我国首制船，其双相不锈钢焊接技术及建造工艺通过了专家认证，该船的成功建造不仅在国内造船界，就是在世界造船市场也具有广泛的影响，标志着青山船厂在建造国际高等级、高技术含量的特种运输船领域又向前迈进了一步，为实施品牌战略奠定了更加坚实的基础。青山船厂初步建成以万吨级特种运输船舶为主的出口船舶生产基地。

青山船厂在搞好造船主业的同时，不断加大非船产品开发力度，使之成为企业另一支柱产业，先后生产了柴油机备件、甲板和起重机械、压力容器、ZP舵浆、等离子数控切割机，并承建了高层建筑钢结构、桥梁钢围堰、水上乐园、人行天桥等市政工程项目，大大拓宽了本厂的生产经营范围。

青山船厂注重信誉第一、质量第一、用户至上，愿以先进的技术和一流的产品向国内外客户提供最佳服务。

2002年12月12日，出口比利时的我国第一艘18500吨双相不锈钢舱化学品船在上海交船，填补了国内空白

2003年8月12日，“华中第一吊”竣工投产，青山船厂年生产能力由8.7万综合吨提升到16万综合吨

2003年8月12日，青山船厂作为湖北武汉船舶出口基地正式启动。（图为厂一号门）

Jiang Toon Animation 江通动画股份有限公司

董事长：朱佑兰

江通动画股份有限公司于2003年元月，经湖北省经贸委批准，由武汉江通动画制作有限公司整体变更设立。

公司主要从事电视片制作、复制、发行；电视音像技术及产品的开发、技术服务、技术咨询。

在各级政府的关心与支持下，经过全体职工的共同努力，我公司在较短的时间里，已经发展成为一家，综合性，外向型，并以高科技为技术支撑的现代化文化传媒企业，受到国内外同行业的广泛关注。

公司目前在法国和加拿大以合资控股的方式设立了分公司，具体负责公司海外动画片加工业务的承揽和自创动画片的销售。取得了显著的经济效益。

至2002年底，我公司已先后为美国、加拿大、法国、意大利、西班牙、等国以及中国台湾地区，加工制作了各种动画片十余个系列。取得了可观的经济效益，并受到客户的广泛好评。

公司自行创意制作的动画电视系列片《天上掉下个猪八戒》正在制作中，新的动画片集《贱三爷》、《科技创造未来三步曲》等也在积极策划中。

预计，在未来的二、三年时间里，我公司将发展成为国内知名的大型动画节目内容提供商。

江通动画公司本部

省委副书记邓道坤、市委副书记张代重等省市委领导于2003年7月视察江通动画

公司董事长朱佑兰随湖北省经贸团考察国外动画公司

市委副书记殷增涛2003年7月来江通动画调研

公司电脑制作工作场景

2003年4月30日市委副书记程康彦领导一行来公司视察

地址：湖北省武汉市江汉经济开发区江旺路9号(综合楼)　电话：027—83560453　传真：027—83560441
邮编：430023　网址：www.jiangtoonanimation.com　E—mail:jiangtoon@jiangtoonanimation.com

武汉宝安房地产开发有限公司

董事长兼总经理：龚玉亮

武汉宝安房地产开发有限公司是久负盛名、实力雄厚的中国宝安集团下属的全资子公司。

公司成立于1992年4月，现有员工79人，其中大专学历员工41人，本科学历员工21人，研究生学历员工10人，占员工总数的91 %，有高级专业技术职称员工23人，占员工总数的29%，公司下设5部1室。

公司拥有一支精通房地产项目策划、项目开发、广告设计、工程管理、市场营销、物业管理等业务的高素质员工队伍，资金技术力量雄厚，管理体系先进完备，是武汉市最大的房地产开发企业之一。公司连续多年被省、市工商行政部门评为“重合同、守信用”企业，同时跻身于湖北省房地产开发百强企业和武汉市房地产开发十强企业。

1992年中国宝安集团斥巨资一次性购得武汉原南湖机场4000亩土地开发使用权，并于1995年开始大规模开发建设宝安南湖花园城。十年来，公司始终贯彻“以人为本，尊重自然”的住宅开发理念，积极引进现代住宅形态，倡导先进的生活态度，以其独特的战略眼光，规模化，科学化地建设宝安南湖花园城大社区，取得了良好的经济效益和社会效益，有力促进了武汉房地产业的健康发展。

公司先后开发了宁静苑、温馨苑、祥和苑、康乐苑四大安居小区；松涛苑、宝安花园（一、二期）、宝安花园三期、江南庭园、经典家园、新世纪宝安花园六大商品住宅小区，以及千秋庄、松涛联体别墅、金秋别墅花园三大高级别墅区。目前在建的有新世纪宝安花园、宝安公园家两大商住小区。截止2002年，宝安地产已完成建设用地1200亩，实施建设面积达100多万平方米，其中竣工面积 80多万平方米，在建面积25万多平方米，投资约20亿元人民币。在建成的11个住宅小区中共提供住房近万套，入住人口约6万人。在宝安地产项目开发的带动下，昔日的南湖旧机场已初步建成一座集居住、商务、金融、行政、文化、娱乐、教育、卫生、交通、电信、高科技为一体的多功能综合性的宝安南湖花园新城，宝安南湖花园城成为全国房地产规模开发和“造镇计划”的成功典范。

宝安花园　国家级城市住宅金牌小区
小区荣誉　2001年6月，宝安花园被国家建设部授予“建设部城市住宅优秀试点小区”

江南庭园　浓郁江南风情的人文小区
小区荣誉　中国郊居精品开发模式
武汉市优秀住宅小区
武汉市建筑设计一等奖

宝安·金秋别墅花园　武汉市唯一的大型商务别墅区
小区荣誉　武汉市“最佳尊贵豪宅”和“最佳创意样板间”奖。

武汉十里装饰装璜材料市场

武汉十里装饰装璜材料市场，是1997年经武汉市政府及有关部门批准成立的武汉市大型建筑装饰装璜材料市场中硬件设施最好的专业市场，由十里集团总设计，采取投资、合资、集资的方式。经过六年的开拓与发展，现已形成一定规模，有来自中外各地的名牌商品，经营商品有钢材、板材、陶瓷、涂料、灯具、卫生洁具、水暖器材、石材、防盗门、五金橱柜等二十余大类，上万品种。

市场座落于武汉市汉阳大道十里铺，位于九省通衢的武汉市西大门，东靠武汉长江大桥，南抵武汉经济技术开发区，西通318国道和沪蓉、京珠高速公路进出口处，北连107国道。市场总投资4800万元，占地面积53000平方米，经营店面600余间，市场经营业务遍及全省和周边十多个省市，近400多家中外著名厂家或总代理进场经营，市场配有库房、加工车间和配送运输服务队。

六年来，本市场以良好的服务态度、齐全的品牌商品、优惠的商品价格、真诚的经营信誉，赢得了社会和消费者的关爱与赞誉，得到了省、市、区各级领导的关怀和支持，被评为“市级文明市场”，省长（原市委书记）罗清泉等领导多次到我市场视察指导工作。

十全十美在十里，十里市场欢迎您。在激烈的市场竞争中，我们市场要以“务实求新，争创一流”的精神来发展十里建材市场，以公平竞争、公开监督、热忱服务的宗旨服务于市场，愿各路英豪在十里建材市场施展才华，共创美好明天。

地址：汉阳十里铺

电话：027-84874057

省长罗清泉（原市委书记），（前排右三）视察十里装饰装璜材料市场

副省长（原市委副书记）韩忠学（中）检查指导工作

十里装饰装潢材料市场大门

中国联通
CHINA UNICOM

中国联通襄樊分公司

总经理：蔡念勤

2000年1月经中国联通总部决定成立中国联通襄樊分公司。中国联通襄樊分公司自成立以来，在蔡念勤总经理的领导下，坚持技术高起点、设备高层次、建设高效率、服务高标准的方针，稳步高速发展。三年来分公司狠抓通信建设、业务发展和管理工作，从没有一间房、一寸网，发展到现在建成了能覆盖到各县乃至绝大部分乡镇的GSM、CDMA移动通信网络及长途、数据、互联网、无线寻呼等通信网络。通信枢纽楼拔地而起，营销网络遍布全市，业务增长迅速。GSM移动通信在网用户数已突破16万，CDMA移动通信在网用户数已突破2万户。

联通新时空CDMA移动通信网络，引领移动通信发展新潮流。由于其具有无辐射、通话语音清晰、保密性强、接通率高、不易掉话等诸多优点，受到广大用户的青睐。随着2002年底CDMA1X精品网络的建成，襄樊联通又隆重推出了U—MAX“联通无限”增值业务，“联通无限”创造出独具时尚的手机互联网精彩世界，以非凡的创意、强大的技术支持力量和无可比拟的高数据传输，引领用户进入到一个全新的手机互联网空间。客户选择联通新时空CDMA移动通信网络，是移动通信发展的新潮流。

在以后的工作中，中国联通襄樊分公司将继续以“一切为了客户满意”为宗旨，与时俱进、开拓创新、奋力拼搏，为推动襄樊的经济发展和社会信息化作出更大贡献。

樊城营业厅一角

通信机房一角

通信枢纽楼

中国联通湖北分公司

——快速发展　高效运营

湖北分公司虽然在1997年就挂牌成立，但直到1999年9月正式员工还不到20人，电信业务没有开展，各项工作没有启动。全省除武汉分公司在正常运行外，各市州只有宜昌仙桃两个地方在筹建机构，其它市州没有机构也没有人员。到1999年底，武汉分公司网络覆盖只限于武汉市区，网络容量不足10万户，业务发展单一。2000年湖北分公司全面启动后，三年迈出了三大步。2000年上半年在全省建立机构，招聘人才，申请计划；下半年全面开始综合电信网建设，年底建成全省骨干基础通信网络。2001年在全省全面开通各项电信业务，当年完成收入6.8亿元，实现利润1000万元，130移动电话用户超过100万户。2002年全年完成主营业收入12.27亿元，比上年增长88.8%；主营业务收入绝对数在全国省分公司中的排位由上年的第17位上升到第13位，增长速度排全国第二位。完成收支差1亿元，较上年增长10倍。移动电话用户净增100万户，累计达到200万户。移动电话市场占有率达到32%左右，其中新增用户市场占有率超过了50%。

中国联通CDMA移动电话业务开通时，夏贤忍副秘书长在联通湖北分公司试用CDMA移动电话

经过近3年的快速发展，湖北分公司现有正式员工1395人，临时工6000人。省分公司共有14个职能部门，下辖一个直属单位、17个市州分公司。公司现有固定资产40多亿元，G、C两网交换容量共达到341万门，其中G网234万门，C网107万门。全省敷设通信管道达到1150管程公里；布放光缆线路达到18000皮长公里。建成了以武汉市为中心，覆射全省的130GSM、133CDMA移动通信网、165互联网、17910和17911 IP电话网、193长途电话通信网、无线寻呼网等五大通信网络，网络覆盖到全省所有县市及乡镇。

省委副书记黄远志在联通湖北分公司指导工作

中国联通总公司原副总裁余晓芝来公司视察

湖北化纤集团有限公司

湖北化纤集团有限公司，是原纺织工业部布点兴建的国内重点化纤生产基地。建成于上个世纪70年代初，是当时中国唯一的生产工业用粘胶强力丝帘子布的大型企业。先后列入全国百家建立现代企业制度试点单位和国家重点支持的520家企业之一，湖北省85户重点企业。1996年，公司质量体系通过ISO—9000系列标准认证，拥有自营进出口权。

化纤集团有限公司党委书记、董事长：赵双桂女士

公司现有资产19.47亿元，净资产7.87亿元，辖有11个子公司和8个生产经营单位，为国有大型一档企业，占地200万平方米，主要生产设备6500台（套）。员工8000人。其中专业技术人员1300人，与国内40多所大专院校、科研单位及国外10多个国家和地区有广泛的技术交流。

公司化纤主业基地拥有年产3.5万吨化纤浆粕、1.4万吨粘胶短纤维、1.2万吨粘胶长丝、2000吨涤纶工业丝、2000吨丙纶工业丝、1500吨玻璃纸、5000吨二硫化碳的生产能力和6000吨涤纶帘子布浸胶加工能力，配套的公用工程有每小时供汽325吨、装机容量2.4万千瓦时、日供水20万吨的水厂。

作为国家粘胶纤维基地，湖北化纤是全国同行业中唯一全面进行了产品结构调整的企业，唯一生产粘胶纤维系列化产品的企业，唯一生产漂白粘胶长丝的企业和唯一与国防军工配套提供新型原材料的企业。

控股的湖北金环股份有限公司，1993年改制成立，1996年股票上市以来，一直保持了优良的经营业绩和市场形象，是鄂西北地区首家上市公司。

近十年来，公司以股份制改造支撑技术改造，盘活存量资产，挽救了湖北化纤。金环公司通过证券市场直接筹资3.3亿元，用于具有高附加值的粘胶长丝技改扩张，年产量由3300吨增长到2002年的1.2万吨，新增产能8800吨，按常规投资需8.8个亿，实际投资3.18亿元。走出了一条投入少、建设快、效益好的技改之路。

气势不凡的后加工筒子加工车间现场一角

主要产品之一：涤纶工业丝

公司大门

主要产品之一：粘胶长丝

主要产品之一：粘胶短纤维

湖北鄂州发电有限责任公司

湖北鄂州发电有限责任公司是我国首次利用日本政府海外协力基金（OECF）第三批对华贷款兴建的火电建设项目，装机容量为2×300MW燃煤机组，是具有二十世纪九十年代底国际先进水平的大型火力发电企业。1999年1月正式投产到2002年底，累计发电96亿千瓦时，创税4亿元，荣获湖北省诚信纳税百强企业，员工人均劳动生产率为203万元/年，公司连续多年获华中电力系统和全省电力系统文明单位称号；2000年被湖北省省委、省政府授予省级文明单位称号：2002年9月被国家电力公司授予“安全文明生产达标企业”。2003年6月24日，公司被授予“湖北省最佳文明单位”的称号。

总经理：王少华

汽轮发电机组

鄂州发电有限责任公司的领导高度重视环保工作，成立了环境保护领导小组，设立了环境保护小组三级监督网络，提出“企业求发展，环保需先行”的环保理念，环保管理与国际接轨，公司全面开展了ISO14001环境管理认证工作，形成了对环境保护实行全员全过程管理的新格局。几年来，公司的环保工作在各级领导的精心指导及各部门全体员工密切配合下，环境保护成绩斐然，环保设施的投运率和完好率均达到100%，污染物100%达标排放；连续四年获得鄂州市“环境保护先进单位”；连续四年两次获得湖北省电力公司环保先进单位和环境保护厂际评比第一名；2000年11月通过了污染源达标排放验收工作，成为鄂州市和湖北省电力公司第一个达标排放的企业；2002年4月顺利通过一期工程竣工环境保护设施验收工作；2002年11月获得了湖北省人民政府授予“湖北省清洁无害工厂”的光荣称号；2003年8月获得国家环境保护最高荣誉奖“国家环境保护百佳工程”。目前，全体员工正在奋力拼搏，努力工作，积极推进清洁生产、开展节能降耗、搞好环境保护等各方面的工作，为实现“建湖北窗口电厂，创全国一流企业，争世界先进水平”的目标而努力奋斗。

远景

厂房

办公楼

恩施市绿源城市污水处理有限责任公司

厂区办公楼基本竣工

污水管道

恩施市城市污水处理工程，是恩施市“十五”计划基础设施建设的重点项目。

污水处理建设项目于2000年12月获上级项目管理部门批准实施。工程规模：日处理污水6万立方米，投资1.58亿元。工程于2001年12月31日正式破土动工。截至目前，占地3066万平方米污水处理厂厂区全部土建工程已经投入施工，且已经完成了60%工程量。污水收集系统已经1.5km污水截污管及压力输送管的铺设安装，污水提升泵站正在抓紧施工。

同时完成了价值1千万余元的机械设备定货招标工作，并且大部分设备已经制成待运。全年总计完成工作量近6千万元。全长13.5km的截污干管已经完成施工招标工作，2003年8月将全面展开施工安装，并确保2003年12月全部竣工投产。

二沉池、氧化沟

来凤卷烟厂

来凤卷烟厂始建于1975年，1984纳入国家计划。属国有中型卷烟加工企业。

全厂现有在岗职工850人，研究生以上学历6人，本科学历31人，大专学历127人；取得专业技术职称229人，其中高级职称2人，中级职称40人。

全厂现有3个主要生产车间，2个辅助车间，20个职能科室。生产车间装备有国内较先进的制丝生产线、PROTOS高速卷接机组、FOCKE高速翻盖包装机组、长城卷接机组、GDx_1、6000型高速包装机组等先进设备和配套完善的水、电、汽、气等动力供给系统，年生产能力可达30万大箱。

1998年率先在全省建立了融技术研究、产品开发、工艺过程及质量监控为一体的“省级企业技术中心”，在配方技术、降焦技术、降耗技术等方面处于全省先进水平，上部烟叶的使用技术研究处于国内领先水平。

来凤卷烟厂遵循“科技兴烟、质量为本、品牌立业、信誉至上”的生产经营方针，实施技术领先的战略，采用优质原料、先进工艺及独特的配方精工制作的“4·7”、“大老板”，“金钱湖”等中高档产品多年来一直倍受广大消费者青睐。

厂长：杨 琼

来凤卷烟厂注重规范化、科学化、制度化的企业管理，目前已形成以人为本的人力资源开发管理体系，以技术中心为重点的技术支撑体系，以财务管理为核心的企业管理体系、以顾客满意为宗旨的ISO9001：2000质量管理体系和效率优先的安全管理及文明生产体系。

来凤卷烟厂在两个文明建设中，内抓管理、外拓市场，取得了巨大成就，从纳入国家计划至今已累计纳税17亿元，为少数民族地区经济振兴作出了突出贡献。

中共中央政治局委员、省委书记俞正声同志视察来凤卷烟厂

科研人员正在用API烟草自动化学分析仪检测烟草的七大常规化学成份

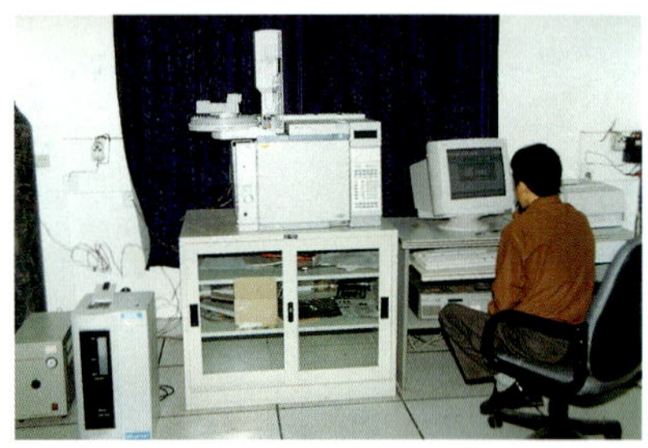
科研人员正在用HP6890气相色谱仪检测卷烟焦油含量、香精香料及添加剂成份

正在运行的“普络托斯——佛克”机组

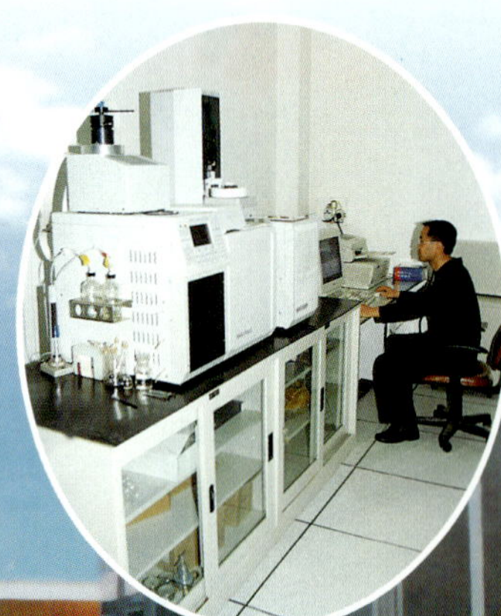
科研人员正在用VARIANCP-3800、saturn2000气质联用仪检测香精香料及分析烟草的香味成份

来凤卷烟厂生产、办公区域

湖北福星科技股份有限公司

湖北福星科技股份有限公司是国家大型企业、高新技术企业和湖北省“巨人工程”企业，A股上市公司。公司拥有资产总额近11亿元，净资产7亿元。连续多年被评为“湖北省十强企业”，被湖北省国税局评定为“百佳诚信纳税企业”，1996年荣获全国“五一”劳动奖状，1998年被中共湖北省委、湖北省人民政府评定为“最佳文明单位”，连续十二年被湖北省农行认定为特级信用企业和AAA级信用企业，被湖北省工商局评定为“重合同、守信用”先进单位。公司董事长谭功炎先生是第八、九、十届全国人大代表。

第八届、第九届、第十届全国人大代表、全国劳动模范、全国“五一”劳动奖章获得者、优秀企业家、公司董事长谭功炎

为了谋求企业的繁荣常盛，公司确立了致力科技创新，调整两个结构的发展战略，即在搞好主业（金属制品业）的同时，又向房地产业进军，形成了“齐头并进”的良好发展格局。

金属制品方面，主导产品有钢帘线、混凝土用预应力钢绞线（PC钢绞线）、镀青铜回火轮胎胎圈用钢丝、高强度钢丝、镀锌钢丝、光纤光缆增强用碳素钢丝、镀锌钢绞线、航空钢丝绳、胶带钢丝绳、操纵用钢丝绳、光面和镀锌钢丝绳、线接触钢丝绳、多层股钢丝绳等50多个品种、830多个规格。产品广泛用于交通、航空、航海、电力、石油、化工、农业、建筑、轻工、医药、通讯等部门。企业采用国际标准生产，获中国船级社（CCS）工厂认可证书和英国劳氏船级社认可证书。质量体系通过了ISO9001-2000质量标准认证，获得了国家技术监督局颁发的《采用国际标准产品标志证书》。“福星”牌商标连续三届被湖北省工商局评为“著名商标”，拥有自营进出口业务权。在国内外设有70多个经营部、办事处，拥有国内外客户千余家，销售渠道畅通，产品覆盖全国并出口东南亚、欧美、港澳等30多个国家和地区。产品合格率、产品产销率、资金回收率均达99%以上。

子午轮胎钢帘线

房地产业方面，控股公司武汉市福星惠誉房地产有限责任公司始终把创名牌与创优质放在同等重要的位置，打造了“实力+信誉”的企业品牌形象，形成了公司发展房地产业的强劲势头，现年开发能力30万平方米，销售收入5亿元，利税1亿元，公司动态储备土地2000亩，成为武汉市地产界前五强。

企业的发展目标是：在“十五”期间把企业建成集金属制品业、房地产业于一体的综合型高科技企业，为国民经济发展作出应有的贡献。

公司生产厂区外景

湖北天颐科技股份有限公司

2001年7月19日原国务院副总理吴邦国视察天颐公司

2002年12月19日，中共中央政治局委员、省委书记俞正声莅临天颐公司调研

天颐科技生产的绿色食品——“天颐”牌系列食用油

湖北天颐科技股份有限公司是天发实业集团公司收购原活力28股份有限公司国有股之后，以优良的食用油脂资产与原有的日化资产进行置换而重新组建的一家以油脂化工为主营业务，生物医药为发展方向的高科技上市公司（简称：天颐科技，股票代码：600703）。

依托当地丰富的资源优势，公司于1998年从欧、美等国引进全套油菜籽处理、加工生产线，建成了一座年处理油料30万吨，年产精炼色拉油10万吨的现代化加工厂。工厂运行几年来，公司的油菜籽收购加工量逐年翻番，企业实力稳步增强。2001-2002年，公司通过收购省内松滋康利油厂和枣阳太平油厂，油料处理能力已经提高到了50万吨/年。

公司通过了ISO9001国际质量体系认证，被湖北省认定为高新技术企业和重点扶持的十大农业产业化龙头企业，被农业部评为“长江流域双低油菜产业化示范企业”，被科技部评为“十五”首批国家级科技创新型星火龙头企业，被国家计委、国家经贸委等九大部委联合评定为全国农业化重点龙头企业。公司生产的“天颐”牌双低菜籽色拉油被中国绿色食品发展中心确认为“绿色食品”，“天颐”牌系列产品先后荣获中国粮食行业协会等部门授予的“放心油”产品、“中国名牌产品”、“金奖”产品等荣誉称号，2002年8月，公司产品被国家质检总局确定为“免检产品”。

天颐科技五年发展目标是：通过新建、收购等方式在五年内拥有现代化油脂加工厂10座以上，将油料加工处理能力提高到300万吨，菜籽油产出能力提高到100万吨，同时通过指导、合作等方式拥有600万亩双低油菜种植示范基地，成为全国最大的菜籽油加工、销售企业，成为全国最大的双低油菜产业化龙头企业，使“天颐”品牌成为全国食用油脂行业的知名品牌。

天颐科技股份有限公司厂景一瞥

来凤县金凤贸易有限责任公司

我公司原为县属国营水泥厂，1997年企业进行了改革改制，现已是民营企业。公司在县委、县政府的正确领导下，在各有关部门的大力支持下，不断发展壮大。公司与改制前比，总资产由1300万元现已有7824万元，上交税费由年25万元上升到了240万元，生产规模由年产3万吨扩大到了年产30万吨，工人年人均收入由3000元增到了8000余元。

公司由原来单一生产水泥，现已有8个分支机构即金凤建设工程分公司、金凤房地产开发分公司、金凤物资销售分公司、金凤砖厂、金凤预制构件厂、金凤水泥厂、金凤宾馆。

公司技术力量雄厚、检测手段先进、设备齐全、生产的32.5级、42.5级水泥深受用户欢迎，产品销往湖南龙山、永顺、桑植、重庆市的黔江、酉阳、州内的咸丰、宣恩、鹤丰。近几年，公司连年被县、州、省评为“重合同守信用”企业，县、州表彰的“先进党组织”，县、州、省表彰的“先进民营企业”，“纳税先进单位”，“最佳文明单位”，“AAA级信用企业”，全州“十强企业之一”，全州“十秀企业之一”，2002年又被湖北省政府授予“重合同守信用企业”，2003年被国家工商局评为“重合同守信用企业”。

本公司经营前景广阔，还准备继续扩大经营范围，将积极组建成集团公司。

公司董事长：张昌奎
（中共党员、县政协常委、州人大代表、大学本科学历、高级经济师）

公司所属水泥厂化验室化验员正在从事检测工作

公司所属水泥厂三条机立窑生产线（年产规模30万吨）

公司所属水泥厂厂区外貌一角

公司所属水泥厂配电室

利川市豹盾水泥有限责任公司

利川市豹盾水泥有限责任公司是在原利川市清江水泥厂的基础上，于2002年6月经政府批准由原厂级领导班子牵头，企业职工通过承债式整体购买而重新组建的民营企业。

公司董事长、总经理：闫本双

原利川市清江水泥厂始建于1992年7月，1995年4月建成投产，年设计生产规模11.5万吨，现实际年生产能力10万吨，该生产线是省建材工业总公司为调整水泥产品结构，而在恩施州布置的唯一一条五级旋风预热器回转窑生产线。建厂时资产总额为7333.2万元，由于建设期过长，负债总额为7662.3万元，资产负债率104.5%，企业投产之日即全额负债经营，加之工艺布局不太合理及工艺技术基础薄弱，企业难以生存发展，亏损严重，最高年亏损达960万元，后经调整厂级领导班子，生产经营有较大起色，但发展仍很艰难，为此企业选择了走改制之路，通过多方努力，争取资产重组、债务减免、资产评估处置后资产总额为4926万元，负债总额为5576万元。

企业虽然全额负债，但由于工艺技术领先，产品一经投放市场，即受到广大消费者的青睐，被广泛应用于大坝、道路、桥梁、高层建筑等重点工程，特别是高标号、中热水泥的生产填补了我州水泥品种的空白，加之销售服务的不断提高，“豹盾牌”水泥连续几年被省消协评为“消费者满意产品”，并于1998年一次性通过了ISO9002国际质量认证.

目前,企业公司制改造已全面完成,组建成了新的民有民营有限责任公司,现有员工170人,专业技术人员53人,中级以上技术人员14人,公司的各项制度及管理严格按《公司法》等进行运作，技术及管理力量较强。改制后的2002年7-12月生产水泥55920吨，比上半年增长33%，成本155.22元/吨，下降9.7%，实现利润总额102.3万元，比改制前的上半年扭亏145.8万元，生产经营处于均衡正常发展的良性循环状态。

随着国家发展战略及产业结构调整，恩施州已列入西部大开发地区，基础设施建设逐年增加，全州水电设施迅猛发展，乡镇公路逐步硬化，宜万铁路、沪蓉高速的全面动工，全州近10年国家投入600亿开发恩施，年需水泥200-300万吨，水泥需求量急剧上升，市场前景极为广阔。今年公司计划产销水泥12万吨，销售收入2500万元，上交利税200万元。

为抢抓机遇，服务于西部大开发，公司于成立之初即开始对原生产线进行改造,兴建一条φ3.2×11M现代立窑生产线，2003年8月可以全面建成投产，年底可形成24万吨的生产规模，计划明年对旋窑进行改造，力争2004年底达到年产30万吨的规模。销售收入达6000万元，利税突破500万元，到2007年底，销售收入力争超亿元大关，利税达1000万元以上。主要产品为32.5、42.5级普硅水泥和中热525#大坝、道路水泥，树立豹盾品牌。

公司地址：利川市三渡峡
公司电话：（0718）7211983

周坚卫副省长到公司视察

公司领导和员工一起进行体育竞赛

公司全貌

沙市钢管厂

沙市钢管厂是中国石化集团江汉石油管理局下属的专业制造厂，是国内实力最强的钢管制造企业之一，曾先后为塔指沙漠管线、陕京管线、甬沪宁管线、西气东输管线等国内重点工程提供过大批量的优质钢管，还曾向菲律宾、苏丹、巴基斯坦和毛里塔尼亚等国出口8万余吨优质外贸钢管。主要产品有螺旋焊缝钢管、直缝钢管和玻璃钢抽油杆。

工厂有两条先进的埋弧焊管生产线，其中螺旋焊管生产线配有两套主机，年生产能力12万吨，直缝焊管生产线引进了德国的先进技术和装备，年生产能力20万吨。产品广泛用于国内石油、石化、煤气等工程的输送管线和民用建筑的基础桩。建有2条引进全套美国飞波（FIBERFELEX）公司技术及设备的玻璃钢抽油杆生产线。建有2条铁路专线，日装车能力32节车皮；拥有长江中游最大的桥式专用码头，起重能力50t，年吞吐量60万吨；建有一座110KV的变电站；厂内还建有钢管内外表面涂敷防腐生产线。

沙市钢管厂视质量如生命，建立并不断完善质保体系，在国内同行业中首批通过了ISO9002质量体系认证，并获API会标使用证和国家一级计量证。钢管产品曾荣获“国家产品质量银质奖”、“新产品金龙奖”和“湖北省名牌产品”称号。

沙市钢管厂按照“人无我有，人有我新”的发展思路，持续推进科技进步，提升企业核心竞争力，经过科技攻关，将钢管规格由φ820～1420mm扩展到φ273～2642mm；成功完成国家重点工程“西气东输”工程钢管的首次国产化试验。面对国内外管线建设高峰带来的历史机遇，沙市钢管厂审时度势，实施市场、人才、产品发展三大战略，推动体制、技术、管理、经营四项创新，朝着建设“国内领先、国际知名”的现代化钢管制造企业的目标阔步迈进。

厂长：李 宏

从德国引进技术和设备建成的国内目前为数不多的先进的直缝焊管生产线

先进的螺旋焊管生产线

单位名称：中国石化集团江汉石油管理局沙市钢管厂
法定代表人：李 宏
电　　话：(0716) 8302639　8302649
传　　真：(0716) 8302564　8301514
地　　址：湖北荆州市北京东路2号
邮　　编：434001
电子信箱：sspckys@public.js.hb.c

沙市钢管厂生产的优质钢管用于”西气东输”等国家重点工程

工厂建有长江中下游最大的桥式专用码头

湖北沙隆达股份有限公司

湖北沙隆达股份有限公司是一家以氯碱化工为基础，农用化工为主体，精细化工为特色的大型化工企业，总资产16亿元、净资产10亿元，1993年A股上市，1997年B股上市，是我国农药行业第一家A、B股上市公司。1994年以湖北沙隆达股份有限公司为核心企业组建沙隆达集团公司，总资产26亿元、净资产15亿元，被国家经贸委确定为全国520家优强企业之一，拥有“国家级企业技术中心”和“全国微生物农药工程验证中心”。1997年，2001年公司率先在全国同行业中先后通过ISO9002质量管理体系认证和ISO14001环境管理体系认证。

公司主要产品年生产能力：农药原药3万吨，烧碱8万吨，自产盐矿20万吨，NPK三元复合肥20万吨，基本有机化工原料、精细化学品及各类中间体30万吨。目前，公司获得登记的农药原药及制剂126个，包括杀虫杀螨剂、除草剂、杀菌剂、植物生长调节剂等多种系列产品。

公司积极开拓国内国际两个市场，自1989年在全国同行业中首家获得自营进出口权以来，已累计出口创汇1亿元多美元，目前，公司已有110多个农药品种在国外20多个国家和地区登记注册，每年出口农药近万吨，创汇近2000万美元。农药产品国内市场占有率达10%。自1992年改制以来，公司农药产量、销量收入、出口创汇等主要经济指标连续多年名列全国同行业前茅。

公司先后被评为“全国用户满意企业”、“全国质量效益型企业”、“全国重合同守信用企业”、“全国节能先进企业”、“全国自营出口创汇先进企业”、“沙隆达”品牌多次被评为湖北省著名商标和精品名牌。

万吨亚磷酸三甲酯装置

“花园式工厂”——精细化工厂

总部办公大楼

公司总部地址：湖北省荆州市北京东路93号

http://www.sanonda.com.cn

电子信箱：Snd0001@public.js.hb.cn

传真：0716—8208899

电话：0716—8314802（总机）

中国人寿保险公司
恩施分公司

中国人寿保险公司是全国唯一的国有独资人寿保险公司，总公司设在北京。恩施分公司属于二级分支机构，辖有恩施、建始、巴东、利川、宣恩、咸丰、来凤、鹤峰等8个支公司和州分公司营业部共9个经营单位。各县（市）支公司在64个乡（镇）设立了保险办事处（站）。全公司现有正式职工153人，专业代理人达到1000多人。公司主要经营人寿保险、人身意外伤害保险、健康保险等三大类共60多个险种。

2002年，恩施分公司在总公司提出的“保费收入过1000亿，跻身世界500强”奋斗目标指引下，按照省公司的要求，结合自身实际，上下一心，群策群力，与时俱进，开拓创新，各项工作实现了新突破。全年实现保费收入16872.8万元，同比增长28.9%。其中，短期业务险保费收入2915万元，续期保费总收入4701.6 万元。在寿险首年保费中，期交业务收入2465.1万元。全年共受理各类赔案1108件，结案1009件，结案率99.2%。共计支付赔款1938.5万元，综合赔付率66.5%（其中，意外险赔款600万元，赔付率49.1%；健康险赔款1338.5万元，赔付率77.1%）。满期给付917万元，死伤医疗给付金额654万元，退保支出4170万元。资金清收23.7万元，完成省计划141%。全年可用费用1313万元，综合费用率7.7%。实现短险利润463.2万元，完成省计划184.5%，实现了历史性突破。

总经理：郭贵成

表彰大会

组织理论学习

湖北省著名商标
湖北省名牌产品
中国服装双百强企业
ISO9001质量体系认证
外经贸部名牌出口商品
DUOJIA®
多佳休闲服装
多佳服装 休闲时尚
湖北多佳产品经营有限公司
湖北省鄂州市武昌大道298号
E-mail:duojia-1@public.ez.hb.cn
http://www.duojia.com
Tel:(0711)3867038 3855653
Fax:(0711)3858615